"Muchas veces los profesio͟ las diferencias disciplinarias, pero en este excelente texto Elisabeth Nesbit Sbanotto, Heather Davediuk Gingrich y Fred C. Gingrich trascienden las diferencias disciplinarias y llegan al centro de cómo ser un mejor ayudador para la gente—las técnicas de ayuda interpersonal compartidas por las diferentes disciplinas. Este es un texto comprensible, legible, y un modelo de integración de cristianismo y psicología para llegar a ser un ayudante efectivo. Te encantará, independientemente de tu disciplina o enfoque teórico".

Everett L. Worthington Jr., coautor de *Terapia de Pareja*

"Cada día busco recursos que me ayuden a mí y a los demás a ser más efectivos para ayudar a los aconsejados y ministrar a otros. Si eres es estudiante neófito, un clínico experimentado o un pastor, *Técnicas para una consejería efectiva* es un libro que debes añadir a tu biblioteca. Es clínicamente excelente, bíblicamente anclado, y fácil de entender, pero lleno de inmensa sabiduría y entendimiento".

Tim Clinton, presidente,
Asociación Americana de Consejeros Cristianos

"Guau. ¡Qué agradable sorpresa! Este libro bíblicamente sólido, basado en la investigación, terapéuticamente relevante y fácil de leer es un recurso único, fresco, rico, integrador y práctico. Independientemente de tu orientación terapéutica, encontrarás algunas herramientas prácticas que te ayudarán a ser aún más eficaz. Es un soplo de aire fresco para el clínico que ejerce y será un recurso al que recurrirá a menudo. Hay varios capítulos que por sí solos valen el precio del libro. Si deseas actualizar tu conjunto de herramientas terapéuticas y aumentar tu confianza y eficacia, lee este libro. Es muy bueno".

Gary J. Oliver, director ejecutivo, El Centro para las Relaciones Saludables, profesor de psicología y teología práctica, Universidad John Brown

"*Técnicas para una consejería efectiva* está bien escrito, completo y es muy útil para la capacitación de técnicas de consejería, que cubre las microtécnicas esenciales con la integración de la fe cristiana y la consejería. Este es un libro muy necesario para el entrenamiento eficaz de consejeros profesionales cristianos, así como consejeros laicos. ¡Muy recomendable!"

Siang-Yang Tan, profesor de psicología, Seminario Teológico
Fuller, autor de *Consejería y Psicoterapia*

"¡Por fin! Se nos ha dado un libro de texto competente que aborda la necesidad de capacitar a los estudiantes de posgrado con las técnicas para una consejería efectiva que también aborde la integración basada en la fe. Sbanotto, Gingrich y Gingrich nos han dado una excelente herramienta para entender la relación de la consejería basada en la fe con los enfoques seculares de una manera que nos guíe en procesos efectivos de ayuda con aquellos de diferentes creencias espirituales".

C. Gary Barnes, psicólogo licenciado, profesor de consejería
bíblica, Seminario Teológico de Dallas

"*Técnicas para una consejería efectiva* es un libro de texto comprensible y accesible, escrito a partir de décadas de práctica profesional por parte de los autores. Está escrito para personas que ayudan en diferentes áreas—consejeros profesionales, proveedores de cuidado pastoral, directores espirituales y entrenadores de vida—y cuenta con una gran cantidad de actividades de entrenamiento, ejercicios y análisis de transcripciones. Es una adición agradable a las áreas de la educación del consejero".

Gary W. Moon, director ejecutivo, Instituto Martin y
Centro Dallas Willard, Colegio de Westmont,
autor de *Aprendizaje con Jesús*, editor de *Vida Eterna*

"*Técnicas para una consejería efectiva* se esfuerza por equipar a una nueva generación con técnicas de escucha y un marco constructivo para asesorar con amor en el servicio de Jesucristo. Hace cuarenta años, Gary R. Collins desmitificó la consejería y conectó los principios básicos de ayuda con el discipulado cristiano en *Cómo Ser un Mejor Ayudador*. En *Técnicas para una consejería efectiva*, Sbanotto, Gingrich y Gingrich honran el corazón de esa búsqueda pionera. Este es un texto fundamental que es accesible, intencional, integrador, sistemático y reflexivo. Es accesible porque es multicultural, libre de jerga y adaptable al ministerio. El diseño intencional para promover encuentros que ayudan a la calidad es evidente en su enfoque secuencial, ejemplos de diálogo y actividades de aprendizaje abundantes. El componente de integración de la fe se encuentra en las tablas comparativas y en las discusiones. La consejería contemporánea está vinculada al cuidado cristiano del alma. Cada capítulo vincula sistemáticamente los resultados empíricos fundamentales con un texto elevado. Se muestra al lector cómo aumentar los hábitos de comunicación que profundizan las relaciones interpersonales y motivan el crecimiento. Hay innumerables oportunidades para la autorreflexión con escalas de evaluación para obtener una evaluación eficaz. Este libro desarrolla un proceso de ayuda que es realista, esperanzador y, lo más importante, bíblicamente fiel. Por último, un texto sensible a la fe, para la próxima generación de ayudantes".

Stephen P. Greggo, profesor de consejería,
Trinity Evangelical Divinity School

"Este libro combina la claridad y la facilidad de lectura con un enfoque de las técnicas de consejería académicamente sólido y actualizado. Extraordinario al estar inspirado en las tres perspectivas de sus autores (un consejero, un terapeuta matrimonial y familiar y un psicólogo), será un gran texto para los estudiantes y un maravilloso recurso para los practicantes, cualquiera que sea su papel de ayuda con la gente—incluyendo pastores y otros trabajadores en la Iglesia. La perspectiva cristiana integradora está tejida en toda su extensión, hasta el punto de tener su propio capítulo. Un capítulo sobre la perspectiva de los sistemas—raro en tales libros de técnicas de consejería—es una adición importante y bienvenida".

Bradford M. Smith, profesor asociado de psicología,
Universidad de Belhaven

Técnicas

— *para una* —

CONSEJERÍA

Efectiva

Manual para
el consejero cristiano del s. XXI

Elisabeth A. Nesbit Sbanotto
Heather Davediuk Gingrich
Fred C. Gingrich

Editorial CLIE
www.clie.es

EDITORIAL CLIE
C/ Ferrocarril, 8
08232 VILADECAVALLS
(Barcelona) ESPAÑA
E-mail: clie@clie.es
http://www.clie.es

Publicado originalmente en inglés bajo el título
Skills for effective counseling : a faith-based integration
por Elisabeth A. Nesbit, Heather and Frederick Gingrich
© 2016 by InterVarsity Christian Fellowship/USA.

© 2019 por Editorial CLIE, para esta edición en castellano

TÉCNICAS PARA UNA CONSEJERÍA EFECTIVA
ISBN: 978-84-17131-32-6
Depósito Legal: B 4051-2019
Psicología
General
Referencia: 225070

Impreso en USA / *Printed in USA*

A cerca de los autores

Elisabeth A. Nesbit Sbanotto (PhD, Universidad de Arkansas) es consultora, oradora, escritora, consejera y educadora. Es profesora asistente de consejería en el Seminario de Denver. Consejera nacional certificada y psicoterapeuta registrada, mantiene una consulta privada en Littleton, Colorado.

Heather Davediuk Gingrich es consejera, académica, maestra y ex misionera. Es profesora de consejería en el Seminario de Denver y mantiene una pequeña consulta privada donde atiende a personas con traumas complejos.

Comenzó a asesorar hace más de veinticinco años en Canadá, y continuó en Filipinas donde asesoró, enseñó y completó sus estudios de doctorado en trauma complejo. Continúa sus compromisos internacionales con el Instituto para el Cuidado Internacional y el Consejo de la Universidad de Belhaven, así como la enseñanza adjunta en la Escuela de Posgrado de Asia de Teología en Filipinas y seminarios en Guatemala, Sri Lanka y Singapur. Ella también realiza evaluaciones de salud mental para los candidatos a misioneros.

Gingrich es miembro de la Sociedad Internacional para el Estudio del Trauma y la Disociación (ISSTD), la División de Psicología del Trauma de la Asociación Estadounidense de Psicología y la Asociación Estadounidense de Terapia Matrimonial y Familiar. Su trabajo académico se centra en comprender y trabajar con aquellos que tienen historias de abuso infantil y otras formas de trauma relacional, particularmente en lo relacionado con asuntos de fe cristiana y espiritualidad. Ella y su esposo Fred tienen dos hijos adultos y un nieto.

Fred C. Gingrich es profesor de consejería en el Seminario de Denver y se desempeñó como jefe de división desde 2007 hasta 2015. Practicó y enseñó en Ontario durante catorce años antes de dirigir maestrías y doctorados de asesoramiento en los seminarios de Filipinas.

Gingrich ha escrito varios artículos y ha participado en conferencias profesionales en las áreas de terapia matrimonial y prematrimonial, el cuidado y apoyo al consejero y su supervisión. Es miembro clínico y supervisor aprobado de la Asociación Estadounidense para el Matrimonio y la Terapia Familiar, y es miembro del Instituto para el Cuidado Internacional y el Consejo de la Universidad de Belhaven. También es miembro de la Asociación Cristiana de Estudios Psicológicos, la Asociación Estadounidense de Consejeros Cristianos y los Cristianos por la Igualdad Bíblica.

Después de asesorar al personal en una práctica de consejería cristiana en Ottawa, Canadá, Gingrich enseñó en una universidad en Ontario, Canadá y luego en Alliance Biblical Seminary (ahora Alliance Graduate School) en Filipinas, donde dirigió los programas de maestría en consejería cristiana y matrimonio y ministerio de familia. También desarrolló el programa de asesoramiento EdD ofrecido por la Escuela de Posgrado de Asia de Teología, un consorcio de nueve seminarios en Filipinas, y continúa sirviendo como profesor adjunto y asesor de una serie de programas en Asia. En 2005, regresó a América del Norte después de ocho años de servicio en Filipinas y se unió a la facultad del Seminario de Denver.

DEDICATORIAS

Elisabeth: *A Judy Stephen*—mentora, consejera y educadora rebosante de gracia, destreza y espíritu. Tú me enseñaste tanto en tu ser como en tu hacer. Estoy muy agradecidamente en deuda contigo por la impresión me dejaste en la forma en que aconsejo, enseño e involucro todo mi ser en la vida.

A mi marido, Stephen—te casaste conmigo en medio de este proyecto y me apoyaste en todo. Tú ejemplificas lo que significa *ser* un consejero, dejando que ese papel y los dones impregnen cada aspecto de quién eres. Estoy eternamente agradecida por lo que eres y por todo lo que encarnas como consejero, amigo y mi compañero en la vida.

Heather: La Dr. Fran White enseñó en el programa de consejería en la Escuela de Graduados de Wheaton College durante varias décadas. Su demostración de la técnica de la reflexión empática en un ejercicio de demostración en clase, conmigo actuando como aconsejada, fue tan poderosa que siempre afectó mi visión de la importancia de las técnicas que son el enfoque de este libro. Sin esta profunda experiencia, la forma en que practico la consejería, y la prioridad que doy a las técnicas fundamentales en mi enseñanza, sería muy diferente. Ciertamente, no habría participado en este proyecto de libro sin su ejemplo.

━━━━━━━━

Fred: A mis padres, Virgil y Della Gingrich. Mi papá era pastor, misionero y maestro de teología. Mi mamá era la consumada esposa de pastor, que incluso tocaba el piano. Durante las décadas de su ministerio activo pasaron muchas horas a la semana "aconsejando" a las personas. Ninguno de los dos tomó cursos de consejería o de cuidado pastoral, pero ellos eran oyentes naturales y sobrenaturalmente dotados y cuidadores compasivos para cientos de fieles. Nunca me dijeron que fuese consejero, pero tampoco me dijeron que no, así que ¿qué esperaban que sucedería?

CONTENIDO

PRÓLOGO A LA EDICIÓN EN ESPAÑOL

Toda idea nace de una necesidad. Lo mismo podría decirse de este libro. *Técnicas para una consejería efectiva* fue escrito originalmente en inglés con el propósito de llenar un vacío existente en las técnicas de una consejería que integre la teología y la psicología. No son pocos los libros de técnicas de consejería escritos desde una perspectiva meramente secular y profesional, pero escasean este tipo de libros escritos desde una perspectiva cristiana.

El mismo vacío que existe en el mundo anglosajón, existe también en el mundo hispanohablante. Por eso, desde el momento en que supe de la publicación de este libro en su versión en inglés, me propuse adquirirlo, leerlo y presentar el proyecto de traducción al español a alguna editorial con el potencial de llevarlo a cabo. Mi primera propuesta de traducción fue presentada a Editorial CLIE, quienes desde el primer momento y sin vacilar, creyeron en la necesidad de publicar este volumen en español.

Los autores, profesionales experimentados en infinidad de horas de sesiones de consejería y enseñanza en seminarios, presentan las técnicas de consejería como si de un conjunto de herramientas se tratase. Las microtécnicas de consejería son introducidas una por una en una secuencia lógica y progresiva basada, primeramente, en la dificultad de su uso y en el nivel de experiencia requerido en un consejero para poder usar las microtécnicas más complejas.

A través de la lectura de este libro, el lector se sentirá guiado en un proceso de crecimiento en el uso de las microtécnicas de consejería. Los autores presentan una explicación de cada una de las microtécnicas para después pasar a su aplicación a los aspectos prácticos de la consejería. Los capítulos de este libro incluyen cuadros y tablas con información pertinente a la microtécnica bajo discusión. Esto incluye: datos empíricos, consejos clínicos, aplicación en las relaciones, aplicación multicultural, aplicación ministerial, implicaciones de diagnóstico, así como preguntas para la reflexión, ejercicios prácticos y tablas de evaluación. Los autores no dejan ningún cabo suelto en lo que a técnicas de consejería y su uso se refiere.

Todo esto resulta en un libro que es capaz de combinar los aspectos clínicos y espirituales de la consejería en un ejercicio perfecto de integración. Por ende, este libro supone una herramienta completa e indispensable para estudiantes de consejería noveles y avanzados, pastores, líderes cristianos, trabajadores sociales y profesionales experimentados en la disciplina de la consejería.

Me resta agradecer al equipo de Editorial CLIE por su apoyo incondicional en la traducción de este libro, y por compartir la visión anticipada de que este libro será una herramienta muy útil para la formación de aquellos que invierten horas de su tiempo ayudando a los que lo necesitan (He. 12:13).

Rubén de Rus Martínez, M.A.
Brighton, Colorado

INTRODUCCIÓN

Como autores de este libro, somos conscientes de que lo que estamos tratando es una tarea ardua y compleja. Queremos ayudar a las personas a aprender cómo servir a otros de una manera efectiva. El libro es la culminación de nuestras décadas de trabajo combinadas con aconsejados y estudiantes. Esperamos que el lector sea impulsado por el mismo deseo que nos obliga a escribir el libro: una profunda preocupación espiritual por responder en formas que reflejen el amor de Dios, el sacrificio de Jesús y la compasión del Espíritu a un mundo atormentado. Aprender nuevas técnicas no es fácil; esperamos que nuestros esfuerzos por explicar y cultivar estas técnicas den fruto en tu propia vida y tus relaciones, y en el contexto específico de tu ministerio.

¿CUÁL ES TU PAPEL COMO AYUDADOR?

Esperamos que muchos de los que lean este libro se identifiquen a sí mismos como consejeros (o en proceso de convertirse en consejeros en un área específica), mientras que otros tal vez desempeñan labores relacionadas con la ayuda que no se identifican específicamente como tareas de consejería. Independientemente de tu vocación, ya seas pastor, un director espiritual, un entrenador de la vida, un mentor, un proveedor de cuidado pastoral, un consejero de salud mental en entrenamiento o cualquier otro papel de ayuda a las personas, asumimos que te preocupas por el bienestar psicológico, emocional y espiritual de la gente, porque de no ser así no estarías leyendo este libro. Queremos asegurarte desde el principio que la mayoría de todo lo que leerás en este libro será aplicable a cualquier relación que requiera ayudar a las personas, sea cual sea el tu papel específico con una persona en particular. Sin embargo, un vocabulario que incluya todos los posibles roles en el ámbito de la ayuda a las personas puede resultar muy arduo. Por lo tanto, hemos elegido utilizar el término *consejería* en un sentido amplio y genérico para abarcar todas las funciones mencionadas anteriormente. Del mismo modo, utilizaremos el término *consejero* cuando nos refiramos a alguien en el papel de ayudante, y aconsejado al referirnos al individuo que necesita ayuda. Si tú no desempeñas específicamente en el rol de consejero, mientras lees te invitamos a que remplaces para ti mismo los términos *consejero y consejería* por términos que se adapten mejor a tu tarea. Sabemos que esto es más fácil decirlo que hacerlo, pero queremos afirmar los múltiples llamados y dones en las personas, ayudando a las relaciones a través del espectro del ministerio a los demás.

A lo largo del libro hemos incluido historias basadas en nuestras propias experiencias. Si bien nuestros propios nombres (Elisabeth, Heather y Fred) y las historias y ejemplos que usamos son a menudo reales, los nombres de los aconsejados y los detalles que los pudieran identificar en las historias se han cambiado para proteger la privacidad y la confidencialidad.

LA ESTRUCTURA DE ESTE LIBRO

Como un libro de texto referente a las técnicas, este volumen está estructurado para construir una técnica sobre otra. De esta manera el libro debe ser leído y llevado a la práctica secuencialmente y no abordado temáticamente. Te animamos a leer los capítulos en orden y no pasar por alto ninguno de ellos, ya que los capítulos posteriores tendrán más sentido si has leído los capítulos anteriores.

Nosotros te guiaremos a través de una estructura bastante sistematizada pero adaptable. Hay muchas maneras de ayudar a la gente y muchas variaciones en el proceso de cómo hacerlo. Al presentarte nuestro modelo de personas que ayudan, no queremos decir que solo hay un camino o un camino correcto. Lo que tenemos para ofrecer es nuestra experiencia combinada de contextos educativos y de enseñanza únicos, una gama de relaciones ministeriales y de ayuda a las personas, y diversas experiencias culturales.

Apuntando a Objetivos específicos. El uso correcto de las técnicas implica intencionalidad. Queremos que no solo sepas *cómo* usar una técnica dada, sino también *cuándo* y *por qué* usarla. Por esta razón hemos dividido el libro en cuatro secciones, cada una de las cuales se enfoca en una tarea particular, u objetivo, dentro del proceso general de la consejería. Aunque todas las técnicas pueden ser usadas en casi cualquier punto en el proceso de consejería, las técnicas específicas son particularmente útiles para lograr un objetivo determinado.

La analogía del tiro con arco puede ser una manera útil de ilustrar esto. Como el arquero que está apuntando al objetivo y con la esperanza de dar en el blanco. Si ni siquiera sabes cuál es el objetivo, la flecha será en el mejor de los casos inútil, si no un peligro total. Un arquero principiante intentará darle al objetivo, pero puede fallar totalmente. Con una mayor práctica en la adquisición de técnicas de tiro con arco, la flecha del arquero pronto impactará en algún lugar en el objetivo y, finalmente, dará en el blanco con éxito.

Entendemos que el proceso de la consejería tiene cuatro objetivos: (1) establecer relaciones y explorar, (2) profundizar, (3) crecer y (4) consolidar y terminar. Como se mencionó anteriormente, todas las técnicas cubiertas en este libro serán usadas de vez en cuando para lograr cada una de estas metas, pero algunas técnicas serán tratadas directamente con mayor frecuencia en puntos específicos en el proceso de la consejería porque son más relevantes para la tarea u objetivo que tenemos entre manos.

Por ejemplo, la técnica de confrontar probablemente no será muy útil cuando el objetivo que se busca sea establecer la relación de consejería. Como consejeros tenemos que ganar el derecho a confrontar, o los aconsejados no aceptarán nuestra opinión. Confrontar puede a veces resultar útil cuando el objetivo sea consolidar el cambio, pero será más útil cuando el objetivo sea que el aconsejado profundice en la conciencia del meollo de su propio asunto. Por lo tanto, la técnica de confrontar se cubre bajo el objetivo 2 del libro, aunque su uso se expande a otras áreas identificadas.

El objetivo 1, "Establecer la Relación y Explorar", será más importante al comienzo de la relación de consejería, mientras que el objetivo 4, "Consolidación y Finalización", será obviamente el enfoque principal hacia el final del proceso de ayuda. A veces los aconsejados obtienen alivio simplemente al hablar con un consejero que parece entender lo que están diciendo y los valoran como personas. En este caso, los aconsejados a veces terminan la consejería sin tan siquiera entrar en la parte más dura que los objetivos 2 y 3 requieren. Estos objetivos son realmente la esencia del proceso de consejería porque llegan a la raíz del problema (es decir, la meta 2, "Profundizando") y apoyan al aconsejado para crecer de maneras que pueden resultar dolorosas y difíciles (i.e., objetivo 3, "Creciendo").

La figura 0.1 a continuación ilustra la relación entre las metas y el núcleo que refleja las técnicas a través del proceso de consejería

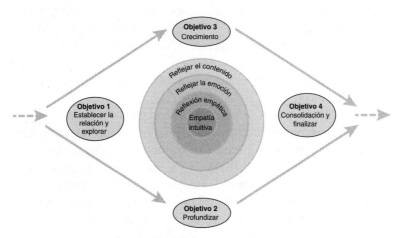

Figura 0.1. Los objetivos y la diana

Elementos comunes en los capítulos. En la mayoría de los capítulos, además de describir el enfoque en las técnicas del capítulo, encontrarás una serie de elementos que ampliarán y profundizarán tu comprensión y aplicación de las técnicas. Nuestra intención es proporcionar diferentes maneras para el aprendizaje de las microtécnicas, abordando el tema desde varias perspectivas.

Preguntas. Aprender nueva información y nuevas técnicas requiere del uso de múltiples modalidades sensoriales (p. ej., ver, pensar, escribir y conversar). En la mayoría de los capítulos hay preguntas que están pensadas para que puedas reflexionar, escribir respuestas, discutir con otros o leer más acerca del tema. Te animamos a ralentizar tu lectura y tomar el tiempo para realizar las preguntas y ejercicios que sugerimos. Cada vez que se repite una idea o una técnica, se fortalecen las vías neuronales necesarias para la memoria a largo plazo y la técnica. A veces encontrarás espacio en el libro para escribir una respuesta (si puedes soportar escribir en un libro impreso). El uso de un diario de técnicas de aprendizaje (manuscrito o bien un archivo en tu ordenador) sería otra manera de proporcionar espacio para escribir respuestas. Las versiones electrónicas de este texto pueden tener una función de anotación que puedes activar para registrar tus respuestas y reflexiones.

Al final de la mayoría de los capítulos hay preguntas para reflexionar que están específicamente relacionadas con los temas discutidos en el capítulo. También te animamos a tomar el tiempo para interactuar con esas preguntas. Más adelante se analizarán otras actividades.

En muchos capítulos aparecen los siguientes elementos, proporcionando aplicaciones del tema del capítulo a otros contextos y dimensiones del campo de la consejería. Los elementos comunes son:

Datos empíricos. Para cada tema de las técnicas habrá una sección que se ocupe de los estudios actuales o de referencias relevantes para el tema del capítulo. Es importante para nosotros que tanto los instructores como los estudiantes reconozcan las bases de la investigación que sustentan el proceso de consejería, demostrando las complejas maneras en que Dios ha determinado que la gente funcione y cambie.

Conexiones bíblico/teológicas. No solo es importante ser eficaz en el uso de las técnicas, sino que también creemos que es esencial reconocer y comprender las formas en que el asesoramiento se alinea con los conceptos bíblicos y teológicos fundamentales para la fe cristiana. Mientras que hemos intentado tejer los principios bíblicos y teológicos a través de los capítulos, en cada uno se apreciará un enfoque especial en formas específicas en las que el tema de dicho capítulo se relaciona directamente con la doctrina cristiana, las enseñanzas bíblicas o la formación espiritual cristiana.

Implicaciones de diagnóstico. A pesar de que no todos encontraréis el diagnóstico como algo relevante para vuestro ministerio particular de ayuda a la gente, hemos decidido incorporar columnas laterales llamadas "Implicaciones de Diagnóstico" en cada capítulo del libro. El diagnóstico se asocia con la evaluación psicológica, los patrones de síntomas psicológicos y las categorías de enfermedad mental, que apuntan a los beneficios del uso de teorías e intervenciones específicas de la consejería. Mientras que las técnicas fundamentales en consejería, como las enfocadas en este libro, generalmente no se discuten a la luz de un diagnóstico dado, la forma en que las técnicas se usan con individuos particulares puede estar potencialmente influenciadas por los síntomas que manifiestan cuando encajan dentro de la categoría de un diagnóstico específico. Confiamos en que muchos de vosotros encontréis estas discusiones útiles e incluso alentadoras para profundizar vuestra comprensión del diagnóstico con un estudio más detallado (p. ej.., ver Seligman y Reichenberg, 2014, para una detalla visión general del diagnóstico basada en el tratamiento, y McRay, Yarhouse y Butman, 2016, para una reflexión cristiana sobre psicopatología y diagnóstico).

Aplicación multicultural. Reconocemos que las técnicas que estamos enseñando en este libro requieren adaptación para su uso de parte de consejeros de diversos grupos culturales. Por esta razón, la mayoría de los capítulos incluirán una sección sobre consideraciones multiculturales. Estas secciones sirven para señalar maneras en que la técnica que se enseña puede verse o ser experimentada de manera diferente dependiendo de la cultura del consejero o del aconsejado.

Nuestra definición de *multiculturalidad* incluye la diversidad en términos de raza y etnicidad, trasfondo y contexto nacional, así como las diversas religiones, poblaciones de inmigrantes y refugiados, minorías sexuales, grupos de edad, género, grupos socioeconómicos y discapacitados.

Somos conscientes de que gran parte de la literatura de consejería en América del Norte ha surgido de un contexto principalmente de raza caucásica y de clase media. Por lo tanto, tradicionalmente, la consejería profesional ha tenido lugar en un entorno de oficina, con un mínimo de contacto entre el consejero y el aconsejado fuera de la hora de consejería. Este punto de vista está siendo cuestionado, sobre todo en la consejería multicultural contemporánea y en la literatura sobre consejería alrededor del mundo.

Derald Wing Sue y David Sue (2016), escritores prolíferos en el área de la consejería multicultural, afirman que la competencia de la consejería multicultural requiere que los consejeros salgan de sus funciones tradicionales y sirvan como defensores de sus aconsejados, particularmente cuando se trata de asuntos de justicia social. Este reciente énfasis se ha añadido debido al mayor reconocimiento de las barreras sociales que enfrentan muchos aconsejados de grupos minoritarios. Por ejemplo, un inmigrante recién llegado a otro país puede necesitar asistencia social pero no tiene los medios para acceder a la ayuda para la cual es elegible. En esta situación, Sue y Sue señalan que un consejero multiculturalmente competente no solo simpatizará con la situación del aconsejado, sino que también tomará medidas concretas (p. ej., transmitir la información pertinente al aconsejado, ayudar a llenar la documentación requerida, hablar con alguien en las administraciones en nombre del aconsejado).

La forma que tal defensa tomará depende del contexto de consejería particular del lector. Por ejemplo, si la mayoría de tus aconsejados son de menor nivel socioeconómico o están desfavorecidos debido a su origen étnico, discapacidad o algún otro factor, es probable que tengas que emplear un mayor porcentaje de tu tiempo abogando en nombre de tus aconsejados.

A nivel internacional, la consejería está ganando reconocimiento en muchos países, pero el reto es determinar hasta qué punto son aplicables las teorías, enfoques, técnicas e intervenciones de consejería occidentales. Una reflexión útil y multifacética sobre muchas de estas cuestiones se puede encontrar en un número especial editado por F. Gingrich y Smith (2014).

Aplicación en las relaciones. En esta sección presentamos las aplicaciones de la técnica que se enseña contextualizada en las relaciones en la "vida real" con los aconsejados, familiares o amigos. Como instructores de estas técnicas, a menudo los estudiantes de consejería, capellanía, consejería de ministerios y programas de dirección espiritual nos han compartido cómo el aprendizaje de estas técnicas ha afectado sus relaciones fuera del ministerio. Por ejemplo, los padres han notado que comenzaron a hablar con sus hijos de manera diferente. Los cónyuges y otros miembros de la familia, así como el ministerio y los colegas profesionales, también se han beneficiado de alguien en sus vidas que ha aprendido estas técnicas. *Aplicación ministerial.* Sabemos que no todos los lectores o estudiantes que usan este libro están planeando participar en consejería profesional. Algunos de vosotros tal vez han sido llamados a un ministerio de ayuda personal de otra índole en el que se emplean las técnicas de consejería en entornos más amplios orientados al ministerio. Estas secciones a lo largo del libro exploran cómo una técnica particular se aplica dentro de iglesias, organizaciones religiosas u otros contextos basados en ministerios que aportan su propia dinámica y necesidades a la relación de "consejería".

Aunque el libro pretende cubrir una amplia gama de opciones ministeriales en las que las técnicas son fundamentales, se inclina también hacia la preparación de los estudiantes para contextos específicos de consejería. Una manera en que este énfasis se notará es en las referencias a la Asociación Americana de Consejería, la Asociación Americana de Psicología y otras organizaciones de consejería profesional. Para aquellos que desarrollen otros ministerios, no hay una organización profesional central similar. Sin embargo, a continuación hay una lista incompleta de algunas organizaciones relacionadas. Nótese que varias de estas organizaciones también tienen códigos de ética que pueden ser más relevantes para los contextos alternativos del ministerio. Independientemente del contexto del ministerio, creemos que las técnicas presentadas en este libro son útiles en cualquier relación de ayuda. La aplicación a contextos profesionales específicos requerirá capacitación y familiaridad con organizaciones y recursos.

- Asociación Americana de Consejería Cristiana—www.aacc.net
- Asociación Americana de Consejeros Pastorales—www.aapc.org
- Asociación para la Educación Pastoral Clínica—www.acpe.edu
- Asociación de Capellanes Profesionales—www. professionalchaplains.org
- Asociación Cristiana para Estudios Psicológicos—www.caps.net
- Red de Capacitadores Cristianos—www.christiancoaches.com
- Asociación Internacional de Coaching Cristiano—www. iccaonline.net
- Renovaré—www.renovare.org
- Directores Espirituales Internacionales—www.sdiworld.org

Consejos clínicos. Si bien es aplicable a todos los entornos de consejería en general, este recuadro proporcionará sugerencias útiles que se centran en las necesidades de aquellos que trabajan dentro de un contexto de consejería más clínico o profesional. Los consejos clínicos a menudo se centran en aspectos cruciales para recordar y en formas creativas de aplicar la información que se encuentra dentro del capítulo.

Comprueba tu entendimiento. Siguiendo un enfoque de aprendizaje programado, estas secciones dentro de la mayoría de los capítulos permiten al lector interactuar con el contenido del capítulo de una manera que atraiga al lector en varios ámbitos del aprendizaje, incluyendo el reconocimiento, la aplicación y la creación (Anderson y Krathwohl, 2001). Esto permite a los lectores establecer su confianza y competencia a medida que avanzan. Las respuestas sugeridas se encuentran en el apéndice A al final del libro.

Inténtalo. Estas secciones dentro de un capítulo piden a los lectores que apliquen lo que están aprendiendo y que creen intervenciones basadas en lo que han aprendido hasta ahora dentro del texto. Algunas de las respuestas sugeridas se pueden encontrar en el apéndice A al final del libro. En otras ocasiones se anima a los lectores a trabajar con compañeros o grupos pequeños para desarrollar la comprensión del tema.

Actividades. Dentro de varios de los capítulos están las actividades que se pueden aplicar en el salón de clase, en grupos pequeños o individualmente. Estas actividades están diseñadas para ayudar a los lectores a aplicar el tema de un capítulo en particular. Otras actividades se pueden encontrar en el apéndice B al final del libro.

Ejercicios en grupos pequeños. Comenzando con la técnica de atender (capítulo cuatro) y pasando por la técnica del aquí y ahora (capítulo doce), se proporcionan ejercicios en grupos pequeños que requiere que los estudiantes se graben en vídeo practicando las técnicas en grupos pequeños. Se proporcionan instrucciones y plantillas claras que permiten a los estudiantes autoevaluar su uso de las técnicas, ofrecer respuestas mejores o alternativas al revisar y recibir comentarios de su instructor con respecto a la exactitud de sus autoevaluaciones, así como el nivel de competencia de sus técnicas practicadas. Estos ejercicios están destinados a facilitar la creciente capacidad del estudiante no solo para utilizar las técnicas de consejería, sino también para supervisar y autoevaluarse. Estos ejercicios se encuentran en el apéndice C al final del libro.

EL USO DE LA TECNOLOGÍA EN LA ENSEÑANZA

Llegados a este punto, se hace necesaria una breve palabra sobre la tecnología. Hay varios lugares donde la tecnología puede ser un activo considerable en el aprendizaje de técnicas de consejería:

1. *Observación de modelos* que demuestran todo, desde un uso competente a un uso inadecuado de las técnicas. Estas grabaciones se pueden obtener en las agencias de formación. También hay ejemplos disponibles en línea.

2. *Grabación de vídeo* de tus sesiones de práctica (como con un iPad o una tableta). La recuperación y funciones sencillas, como el avance rápido y el marcado de una ubicación específica en la grabación, son cruciales. Algunos programas de consejería proporcionan grabación de vídeo de las sesiones, y lo recomendamos encarecidamente. Sin embargo, esta tecnología puede ser costosa. Hay alternativas más baratas disponibles. En el entrenamiento de consejeros el uso de espejos unidireccionales para observar las sesiones de los miembros de tu grupo puede ser muy útil, aunque intimidante. Idealmente, la supervisión clínica debe tener acceso a las grabaciones reales de la sesión y a poder revisarlas.

3. *La grabación de audio*, aunque no es tan útil como el vídeo, que permite observar el comportamiento no verbal tanto del consejero como del aconsejado, puede ser muy útil. El uso de grabaciones de audio para escribir transcripciones de porciones de sesiones es muy valioso, sobre todo porque incluye más que los sentidos visuales o auditivos. Escribir una transcripción requiere de sentido táctil y motriz, que son útiles en el análisis de las respuestas del consejero. Incluso en contextos de entrenamiento informales (p. ej., contextos de ministerio en la iglesia), grabar las prácticas y el análisis de la transcripción puede ser fácilmente realizado.

4. *Los programas de capacitación* asistidos por ordenador disponibles comercialmente (p. ej., Casey, 1999) han estado

disponibles durante mucho tiempo y continúan mejorándose. Estos programas usan simulaciones de consejería de texto y vídeo con un sofisticado formato de respuesta rápida que moldea las respuestas del aprendiz para que sean más efectivas.

5. Por supuesto, la *enseñanza en clase y en el seminario* puede ser asistida por ordenador y por medio de internet. La simulación computarizada interactiva, e incluso la supervisión asistida por ordenador, la orientación profesional, el entrenamiento de autorregulación y la terapia cognitivo-conductual básica pueden ser proporcionados por programas informáticos (Hayes, 2008). Las clínicas de capacitación de consejería hacen un uso considerable de la tecnología (Lee y Jordan, 2008).

6. Por último, hay muchos productos disponibles para ayudar con los *aspectos administrativos del proceso de consejería* (p. ej., anotar, hacer un horario) y administración financiera en el caso de la consejería profesional.

Los inconvenientes del uso de la tecnología deben ser considerados, pero a menudo vale la pena asumirlos:

- el costo financiero de los programas y del equipo electrónico;
- el tiempo requerido para la capacitación y para adquirir aptitudes;
- la pérdida de aspectos no verbales y sutiles de la comunicación; y
- el mantenimiento de la confidencialidad. (Incluso con la grabación de sesiones de práctica, los consejeros en prácticas simuladas pueden revelar información personal. Reproducir una grabación para cualquier otra persona sin el permiso de todos los que aparecen en la grabación es poco ético). Este es el problema con la tecnología: una mayor facilidad y acceso significa un mayor potencial para usos no éticos de la tecnología.

UNA BREVE PALABRA EN RELACIÓN AL CONSEJERO Y LA ACREDITACIÓN DEL PROGRAMA DE CONSEJERÍA

Existen varias asociaciones que certifican y/o acreditan a consejeros individuales, programas de entrenamiento de consejería o programas de entrenamiento para personas relacionadas con trabajos de ayuda (coaching). Por ejemplo, para una amplia gama de programas individuales de capacitación y certificación véase la Asociación Americana de Consejeros Cristianos (www.aacc.net).

Para aquellos que asisten a una institución acreditada por el Consejo de Acreditación de Consejería y Programas Educativos Relacionados (CACREP, www.cacrep.org), las discusiones y sugerencias dentro del libro están de acuerdo con los estándares de CACREP y el Código de Ética de la Asociación Americana de Consejería. Para una discusión más detallada de CACREP y los estándares específicos de CACREP relacionados con este libro, vea los recursos para el instructor.

¡Bienvenido al inicio de tu viaje para convertirte en un consejero más competente! Es nuestro gozo y privilegio caminar contigo a través del proceso de entrenamiento en las técnicas de consejería.

CAPÍTULO 1

EL MÉTODO DE LAS MICROTÉCNICAS

Mas tenga la paciencia su obra completa,
para que seáis perfectos y cabales,
sin que os falte cosa alguna.

Santiago 1:4

Enfoque del Capítulo

TÉCNICA: la técnica de aprender nuevas técnicas e identificar las áreas de técnicas específicas que se relacionan con las fases del proceso de consejería.

PROPÓSITO: discutir los objetivos de la consejería, las funciones del consejero y del aconsejado, el lenguaje de las microtécnicas, el proceso de adquisición de nuevas técnicas, las áreas de la técnica específica de las diversas fases del proceso de consejería.

FÓRMULA: la mejor manera mediante la cual aprendo nuevas técnicas es_____. Las fases del proceso de consejería se caracterizan por las siguientes áreas: _____.

¿HAS LEÍDO LA INTRODUCCIÓN?

Si no has leído la introducción anterior a este capítulo, te sugerimos que lo hagas antes de entrar al mismo. Te explicará por qué hemos escogido utilizar un vocabulario particular en este libro, las audiencias específicas que estamos considerando y cómo se organiza el libro. Este capítulo tendrá más sentido si has leído la introducción.

UNA HISTORIA DE CONSEJERÍA

Comenzaremos este capítulo con una descripción de un caso extenso. Una de las maneras mediante la cual la gente aprende nuevas técnicas es leyendo historias sobre cómo otros han tenido éxito o no en el desarrollo de lecciones importantes a lo largo de su caminar. (Fred) Así que me gustaría presentarte a Tommy. A medida que leas esto, observa las respuestas de consejería que van casi en contra de la lógica. La consejería es una forma particular de comunicación en la que tiene lugar un tipo diferente de conversación.

Desde la llamada telefónica inicial, las señales de alarman aparecieron por todos lados. Tommy había visto previamente a varios consejeros, y dado que él ahora vivía en una ciudad diferente y no podía volver a ver a ninguno de ellos, no podía dejar de preguntarme qué podría ofrecerle yo que los otros no le hubieran dado ya. No solo eso, sino que Tommy era un maestro en la misma escuela a la que asistía mi hijo. Habría veces que nuestros caminos se cruzarían en la escuela, lo cual podría ser incómodo, una situación que preferiría evitar si pudiera. Al menos Tommy no era el maestro de mi hijo; eso habría sido un conflicto de intereses que se consideraría poco ético para un consejero profesional. Aún así no me gustó la situación, pero nuestra comunidad era pequeña, así que no había nadie a quien yo pudiera recomendarle a Tommy. Así que decidí reunirme con él.

Tommy era amable, en realidad un gran oso de peluche. Al principio de nuestra primera sesión bromas y curiosidades deportivas fluyeron de su boca, algo por lo que no me sentía atraído, y fue algo que causó un poco de preocupación a medida que entrábamos en lo que es típicamente un nivel más serio de conversación. Esta falta de seriedad era otra señal de alarma. ¿Sería Tommy capaz de participar en el proceso de consejería?

En un intento de guiarlo en una dirección fructífera, suavemente insté a Tommy a compartir su historia. El tema era una interpretación bastante común de muchachos adolescentes que se hacen hombres, con deportes y sexo dominando sus pasiones. Su experiencia anterior con la consejería se enfocó en la búsqueda de una relación genuina con las mujeres y con los hombres. Se había casado joven, pero él y su esposa no guardaban una relación muy cercana. Su vida familiar estaba dominada por sus tres hijos. Se reunía con compañeros del trabajo para ver deportes cada vez que podía. Él y su familia asistían a una iglesia, pero no estaban involucrados. El patrón de superficialidad en sus relaciones estaba claro desde su familia de origen hasta las circunstancias de su vida actual.

Sus consejeros anteriores, unos profesionales, otros pastores, habían sido buenas experiencias para Tommy, pero todos habían sido de corta duración, de dos a diez sesiones e irregulares, y simplemente habían repetido el patrón de la superficialidad. Los consejeros habían probado varias cosas con Tommy. Un discipulador en la universidad había estudiado con Tommy a través de un libro sobre la pureza sexual y los peligros de la pornografía. Un consejero había utilizado un enfoque cognitivo-conductual, profundizando en los supuestos de Tommy sobre su vida y desafiando sus creencias irracionales. Un pastor había comenzado una serie estructurada de estudios bíblicos sobre la intimidad con Dios. Otro consejero había trabajado en las relaciones distanciadas de Tommy con su familia de origen. Otro consejero pastoral le había confrontado con sus deficiencias como marido y padre cristiano y sus deficiencias en la dirección de su familia.

Todos estos enfoques tenían sentido para mí y habían demostrado ser algo útil para Tommy. Pero en última instancia, no habían producido ningún cambio fundamental duradero. Fuera de la sesión, oré por la dirección de Dios para Tommy y el tiempo que pasaríamos juntos.

No estaba convencido de que resultara útil seguir con un enfoque similar a los que ya se habían utilizado en cualquiera de las ayudas anteriores. Sentí que Tommy saltaría obedientemente a través de unos aros que yo prepararía para él. Pensé que él quería complacer a los demás y que estaba volcado en aparentar que estaba trabajando duro. Así que yo esperaba que él haría las tareas con diligencia. Mientras que en la superficie esto hizo de él el sueño de cualquier consejero, sabía que el cambio verdadero implicaría algo diferente.

Así que me resistí a la tentación de sugerirle a Tommy que pensara, sintiera o hiciera algo. Me volví mucho menos directivo que mi tendencia normal. Me capacitaron en las técnicas que forman el núcleo de este libro, y creí que serían útiles. He tenido instructores y supervisores que las habían corroborado como buenas técnicas fundamentales, pero ellos sugirieron que, si quería ver un cambio profundo en mis aconsejados, necesitaba ofrecerles más. Yo les creía. Pero a Tommy se le había dado ese *más* en varias formas, y él estaba luchando con los mismos temas y asuntos que habían dominado su adolescencia y su edad adulta joven. Sintiéndome como había pensado, me estaba comportando simplemente como un buen oyente, pero muy poco de consejero, entré en cada conversación con Tommy con el compromiso de no hacer lo que los demás habían hecho; en lugar de eso me comprometí a estar simplemente con Tommy, siguiendo su dirección con respecto al tema y el ritmo, no asignándole tarea alguna, y sin dirigir sus reflexiones o acciones.

Sin embargo, mi bajo nivel de ansiedad y mi cuestionamiento de mi competencia persistieron. Consulté con otro consejero sobre el "caso" de Tommy. Regularmente pregunté a Tommy con respecto a cómo estaba respondiendo y sintiendo sobre la consejería. Yo oré por ello. Pero cada sesión sentía el impulso de no dirigir, sugerir o prescribir nada. Utilicé las técnicas de este libro una y otra vez.

Terminamos la consejería un año y medio después (alrededor de cuarenta y cinco sesiones). Tommy había decidido tomar un puesto de enseñanza en otro estado, curiosamente en la ciudad donde vivía su madre y su hermana, porque había decidido que quería vivir más cerca de la familia. Su esposa apoyaba plenamente el cambio, y Tommy estaba emocionado por este nuevo capítulo en su propia vida y matrimonio.

Me encontré con Tommy cinco años después a través de un cúmulo de circunstancias. Inmediatamente pasamos de la expresión superficial a la expresión espontánea de gratitud por nuestras sesiones juntos. Ahora él sabía exactamente cómo expresar su situación actual: "Ahora soy diferente. Mi esposa y yo conectamos más profundamente. A veces incluso ve deportes conmigo. Tengo una buena relación con cada uno de mis hijos. Mi madre murió el año pasado, pero fuimos una familia mientras llorábamos su muerte. Estoy tan agradecido de tener esta oportunidad de agradecerte por no empujarme ni presionarme. No sé cómo sabías lo que necesitaba, pero lo entendiste bien. Todos los demás consejeros me habían dicho de una manera u otra que necesitaba cambiar. Sabía que tenía que cambiar, pero de alguna manera todas las tareas que completé para hacerme sentir que estaba haciendo algo no eran de un beneficio duradero. Realmente no puedo describir lo que hiciste para ayudarme, pero estoy muy agradecido".

Los objetivos de la consejería son:

✓ establecer de manera colaborativa objetivos a corto y largo plazo
✓ facilitar el siguiente paso de crecimiento
✓ enfocarse en las necesidades del aconsejado
✓ fomentar las fortalezas del aconsejado

Las metas no son:

✓ dar consejos
✓ arreglar las cosas
✓ convencer
✓ ayudar a los aconsejados a sentirse mejor o más felices

La mayoría de las veces no tenemos el beneficio de este tipo de observaciones a tan largo plazo. Particularmente en este caso fue maravilloso recibir la afirmación de que mis instintos o sintonía espiritual habían sido correctos. Estoy agradecido a Tommy por el recordatorio de que las técnicas que estamos describiendo en este libro no solo son básicas o preliminares; son fundamentales para el proceso de cambio. La investigación sobre los factores comunes en la teoría de la consejería afirma que, sin embargo, al conceptualizar el proceso de cambio, estas técnicas están en el centro. No todo el mundo tiene la paciencia de aprender bien. No todos los consejeros tienen la persistencia de pasar cuarenta y cinco sesiones con un aconsejado, y algunos consejeros raramente ven personas durante un período tan prolongado de tiempo, aunque quieran. Pero nuestra creencia es que las técnicas de este libro serán de ayuda para ti y tus aconsejados.

Preferimos un enfoque en la consejería que se base en las fortalezas, en lugar de centrarse en la psicopatología. Un enfoque

en la psicopatología se basa en el modelo médico de la enfermedad diagnosticada y se centra en los déficits o problemas presentados dentro del aconsejado. Mientras que las necesidades y los
problemas de los aconsejados los llevarán a consejería, son sus
fortalezas, habilidades y capacidad de sanidad dados por Dios los
que les harán avanzar. Esto significa que a lo largo de la consejería
buscamos identificar y construir sobre las herramientas, recursos,
habilidades y capacidades que el aconsejado ya aporta al proceso
en lugar de centrarnos principalmente en lo que falta. Si bien
los déficits o las áreas que podrían seguir desarrollándose no se
ignoran, no son el fundamento sobre el cual se construye la consejería. Esta fue la situación con Tommy. Los consejeros anteriores se habían centrado principalmente en los déficits de Tommy,
que solo lo habían hecho más resistente al cambio. Cambiar el
enfoque a escuchar atentamente la perspectiva de Tommy sobre
lo que estaba pasando y reconocer los intentos que estaba haciendo para cambiar finalmente permitió que sus defensas bajaran.
Con el tiempo, este enfoque basado más en los puntos fuertes
permitió a Tommy dar grandes pasos en las áreas en las que había
estado atrapado durante mucho tiempo.

LO QUE LA CONSEJERÍA *NO* ES

Con las muchas acepciones del término *consejería* en el idioma
español, es comprensible que pueda haber cierta confusión acerca
de lo que es la consejería y lo que no es. Por ejemplo, la gente
podría asumir que el objetivo de la consejería es simplemente que
el consejero "de consejos" y que el aconsejado actúe siguiendo esos
consejos. Sin embargo, aunque puede haber un momento y un
lugar para que el consejero pueda ofrecer una opinión o hacer una
sugerencia, la consejería se basa en
la idea de que, la mayoría de las
veces, el aconsejado tiene el potencial para tomar buenas decisiones,
pero está demasiado abrumado o
confundido, teniendo una comprensión insuficiente o carente del
apoyo que necesita para poder
identificar o actuar sobre lo que en

> *La extrema grandeza del cristianismo reside en el hecho de que no busca un remedio sobrenatural para el sufrimiento sino un uso sobrenatural para Él.*
>
> **Simone Weil, 1909–1943,
> filósofo francés**

algún grado ya sabe. La ironía es que, aunque el aconsejado puede pedir consejo, el consejero que agrega su consejo a la ecuación puede realmente ser inútil. O bien el consejero no conoce bien al aconsejado, o el aconsejado se resiente por la sabiduría del aconsejado, o el consejero le da un mal consejo.

Además, no puede ser nuestro objetivo en la consejería "arreglar" al aconsejado, "hacerle" hacer o sentir algo, o "convencerlo" de algo. Este objetivo pone al aconsejado en un papel demasiado pasivo y pone demasiada responsabilidad y poder en las manos del consejero, violando la premisa de que la consejería es colaborativa y enfocada en el aconsejado. Además, socava la creencia de que el sentido de autonomía y responsabilidad personal del aconsejado debe ser respetado. Los consejeros anteriores que Tommy tuvo no habían reconocido que al hacer lo que ellos pensaban que sería útil para Tommy (p. ej., darle tarea para hacer y hacer sugerencias sobre lo que podría ser útil) estaban realmente quitándole el control a Tommy en su proceso de curación.

> *El que anda en chismes divulga los secretos;*
> *Mas el de espíritu fiel oculta las cosas...*
> *No te entremetas, pues, con el suelto de lengua.*
> **Proverbios 11:13; 20:19**

Por último, el objetivo de la consejería no es hacer que el aconsejado se *sienta* mejor. Esto puede ser particularmente difícil para los consejeros que han sido atraídos por el trabajo de ayudar porque quieren aliviar el sufrimiento de otros. La ironía es que, para poder sanar, los aconsejados a veces tienen que experimentar una cantidad de dolor incluso mayor de lo que pensaban inicialmente. El objetivo es facilitar que los aconsejados se sientan *mejor*, lo que a su vez puede llevarlos a sentirse mejor.

EL PAPEL DEL CONSEJERO

Aunque multifacético, el consejero asume papeles muy distintos y específicos dentro de la relación de consejería. El consejero sirve como un confidente, un espejo, un entrenador y un animador. Como *confidente*, el consejero es una persona

> *Como mirándose en el agua, el rostro responde al rostro,*
> *Así el corazón del hombre responde al hombre.*
> **Proverbios 27:19**

con quien el aconsejado puede compartir cosas personales e íntimas sin temor a que dicha información sea revelada más tarde por el consejero a otra persona. Esta confidencialidad es un elemento fundamental en la relación de consejería, ya que proporciona un espacio para la seguridad emocional del aconsejado (exploraremos los límites de la confidencialidad en el próximo capítulo cuando discutamos la ética en la consejería).

Como *espejo*, el consejero usa la comunicación verbal y no verbal para reflejar de nuevo al aconsejado lo que el consejero ve, escucha y experimenta dentro de la relación de consejería. Como personas, estamos limitados en nuestra propia comprensión y dependemos de las observaciones directas e indirectas de los demás para obtener autoconciencia, percepciones y comprensión de las señales sociales. El consejero como un espejo busca reflejar de nuevo al aconsejado, sin distorsionar el mensaje o agregando juicios evaluativos, para que el aconsejado se pueda ver más claramente a sí mismo y a la situación.

> *El sabio de corazón es tenido por prudente,*
> *Y la dulzura de labios aumenta la persuasión.*
> **Proverbios 16:21**

Como *entrenador*, el consejero trae sus experiencias y entrenamiento a la relación terapéutica con el fin de guiar progresivamente al aconsejado a través del proceso de cultivar sus talentos, capacidades y aptitudes. En esto, el consejero sirve como el experto en el proceso de la consejería mientras que honra el papel del aconsejado como experto de su propia vida. El entrenador ayuda a aclarar la visión, a diseñar de forma colaborativa un plan, a ofrecer oportunidades de crecimiento y proporcionar desafíos y afirmaciones a lo largo del camino.

Como *alentador*, el consejero busca invariablemente permanecer en una posición de respeto, comprensión y esperanza hacia el aconsejado. Aunque no se puede esperar que a cada consejero le vaya a gustar o disfrutar de cada aconsejado, es necesario que los consejeros en oración e intencionalmente se esfuercen por ver, honrar y afirmar la imagen de Dios en cada aconsejado. Ya sea hablando o en silencio, el consejero

> *La congoja en el corazón del hombre lo abate;*
> *Mas la buena palabra lo alegra.*
> **Proverbios 12:25**

como un alentador busca afirmar y defender los pasos de crecimiento y los progresos realizados por el aconsejado, por pequeños que sean.

A diferencia de la mayoría de las amistades, las relaciones de consejería no son recíprocas; los participantes no toman turnos iguales compartiendo luchas, alegrías e intuiciones. En cambio, al aconsejar, el consejero tiene el papel distinto de acudir junto al aconsejado para facilitar el proceso de crecimiento de éste. La consejería tiene que ver con lo que el aconsejado necesita, no con la reciprocidad relacional. Nuestro objetivo como consejeros es, en última instancia, desempeñar nuestro propio trabajo mediante la colaboración con los aconsejados para resolver sus problemas de una manera que utilice sus fortalezas y talentos.

El enfoque del consejero es siempre fomentar, facilitar y promover el crecimiento y el bien del aconsejado, no en las necesidades del consejero para su propio crecimiento, afirmación o cumplimiento. Al trabajar con Tommy, habría sido mucho más fácil para Fred haber sido más directivo; al menos al darle tareas podría haber tenido evidencia más objetiva de llegar a algún lugar con Tommy, es decir, si de verdad las hubiera completado. El recordarse a sí mismo que el objetivo final era lo que sería beneficioso para Tommy, permitió a Fred dejar a un lado las necesidades más inmediatas de éxito y satisfacción. (En el capítulo dos discutiremos con más detalle la persona del consejero, es decir, qué cualidades personales y características son necesarias para un buen consejero.)

EL PAPEL DEL ACONSEJADO

El papel del aconsejado es mucho menos complejo que el del consejero. Esencialmente, el aconsejado necesita (1) reconocer que algo en su vida no está en la forma en que quisiera; (2) buscar el apoyo, el aporte o la ayuda de otra persona; y (3) estar dispuestos, al menos en cierto grado, a participar honestamente en un proceso de autoexploración y cambio. El grado en el que un aconsejado puede abrazar estos tres elementos variará de un individuo a otro e incluso puede cambiar durante el proceso de consejería. Recuerde que Tommy tuvo varios consejeros durante muchos años para poder eventualmente involucrarse verdaderamente en el proceso. Puesto que muchos aconsejados nunca han estado en una relación de consejería y otros no han tenido una buena experiencia previa de consejería, hemos encontrado beneficioso no asumir que los aconsejados entienden el proceso de consejería como lo hacemos nosotros. Por lo tanto, explicamos intencionadamente a los aconsejados los respectivos roles de consejero y aconsejado al comienzo de la relación de consejería. De esta manera todas las partes involucradas son claras en cuanto a cuáles son los roles respectivos y pueden ajustar sus expectativas apropiadamente al comienzo del viaje juntos.

EL CONCEPTO DE LAS MICROTÉCNICAS

Los objetivos a largo plazo a menudo son imposibles de alcanzar a menos que se desglosen en objetivos alcanzables a corto plazo. Por lo tanto, si bien es importante identificar de manera colaborativa las metas a cumplir por el aconsejado, gran parte de la consejería implica ayudar al aconsejado a pasar al siguiente paso en su proceso de crecimiento. Todos tendemos a hacer cambios en la vida dando pequeños pasos. Así como los objetivos a largo plazo del aconsejado deben ser fragmentados en pedazos más pequeños, también las técnicas de consejería necesitan ser divididas en lo que se ha llamado *microtécnicas*. Las microtécnicas son enseñables, segmentos de un nuevo comportamiento que se pueden aprender y que se combinan juntos en las técnicas generales de la consejería.

Probablemente has notado que hasta ahora hemos utilizado las palabras *técnicas* o *microtécnicas* repetidamente e intercambiablemente. Técnicamente, las *microtécnicas* se refieren al proceso de tomar una técnica grande y complicada, lo que se ha llamado una *macrotécnica* (p. ej., montar a caballo o en bicicleta) y dividirlo en pedazos más pequeños. Si las piezas más pequeñas son dominadas, las posibilidades de dominar la habilidad más grande y más compleja mejorarán considerablemente. El equilibrio, el pedalear, el frenar, el dirigir y controlar las caídas en la carretera son todas las microtécnicas necesarias para aprender montar en bici. Del mismo modo, percibir (capítulo cuatro) y asistir (capítulo cinco) son microtécnicas que, cuando se combinan entre sí y añadidas a las microtécnicas adicionales, pueden ayudarte a aconsejar eficazmente. La consejería eficaz consiste en la técnica aprendida y practicada; simplemente deseando ayudar, tener algún conocimiento del proceso de consejería, esperar que suceda lo mejor u orar por alguien no es suficiente. Hay cosas específicas que podemos aprender para ser útiles.

Tipos de aconsejados y consejeros

La literatura enfocada en la terapia breve centrada en soluciones identifica una tipología útil en las relaciones entre aconsejados y consejeros (evitando etiquetar a las personas, pero enfatizando la relación dinámica en cada caso).

1. Visitante/Anfitrión: Este tipo de aconsejado solamente quiere aparentar: certificar que ha ido a consejería, invertir mínimamente y dejar otras opciones (como los milagros) abiertas para lograr el cambio. Tales aconsejados son a menudo mandados o presionados para acudir a consejería o tienen algún motivo oculto (p. ej., complacer a alguien más). El papel del consejero es ser hospitalario y ayudar al aconsejado en el proceso mientras que éste va comprendiendo qué es y qué no es la consejería. La desventaja de este conjunto de funciones es que la consejería es en realidad mucho más que ser un anfitrión gracioso.

2. Acusador/Simpatizante: Este aconsejado está interesado principalmente en hablar de alguien más en su vida que, aparentemente, es el causante de la angustia del aconsejado. Este tipo de aconsejado quiere que la otra persona cambie y quiere ayuda para que eso suceda. Como consejeros, en respuesta a lo que a menudo son relatos tristes e incluso traumáticos en las relaciones, sentimos genuina simpatía, pero la simpatía no facilita el cambio, como este libro enfatizará. La consejería requiere algo más, algo más profundo.

3. Cliente/Consultor: Este aconsejado realmente quiere abordar un tema de su vida, desea cambiar, quiere modificar las circunstancias y está dispuesto a participar en el proceso—"comprar" el proceso. El consejero se convierte en un consultor del proceso, no determinando el resultado para el aconsejado. El poder de la relación de la consejería radica en esta dinámica y en estas funciones.

Como consejeros, buscamos invertir en clientes y no perder nuestro tiempo y energía con los demás, pero nuestras técnicas ayudarán mucho a los visitantes y acusadores a convertirse en clientes. No renuncies demasiado rápido a los visitantes y acusadores; puede que lo que se interpone en su camino sea su miedo y ansiedad a lo que la consejería requerirá de ellos. Las técnicas de un consejero pueden descubrir rápidamente esta "resistencia" al proceso.

Para más información véase Ziegler, P. B. (2010). "Visitor," "complainant," "customer" re-visited. En T. S. Nelson (Ed.), *Doing something different: Solution-focused brief therapy practices* (39-44). New York: Routledge.

LA TÉCNICA DE APRENDER NUEVAS TÉCNICAS

Todos sabemos que no basta con querer ser bueno haciendo algo nuevo; tenemos que descubrir cómo aprender a ser competentes en una tarea. En resumen, el aprendizaje de nuevas técnicas es una técnica en sí mismo. Algunas personas lo dominan; otros luchan repetidamente.

Una metáfora: aprender un idioma. El proceso de aprendizaje de técnicas de consejería es, en muchos sentidos, como aprender un nuevo idioma. Inicialmente, podrías tener un vocabulario limitado y una noción del nuevo idioma, pero a pesar de tu confianza y las capacidades naturales de aprendizaje del lenguaje, la fluidez queda muy lejos. Tal vez hayas usado algo del nuevo lenguaje en otros contextos al explicar el cambio, crecimiento y proceso de curación que las personas experimentan. Pero la profundidad de la fluidez necesaria para conectar con las profundas preocupaciones de un aconsejado viene con su propia estructura, estilo de lenguaje y vocabulario, lo que requiere que tomes las habilidades naturales que aportas a este proceso y construyas sobre ellas.

Si alguna vez has aprendido un segundo (o tercer) idioma, entenderás que el proceso es a la vez gratificante y frustrante. Sabes decir todo lo que piensas, sientes, ves, etc. En tu lengua materna, y se lleva tiempo para desarrollar el mismo nivel de vocabulario, autoexpresión y fluidez en el nuevo idioma. En el entrenamiento del consejero, como en el aprendizaje de otro idioma, puede ser necesario *desprenderse* de algo de su "lenguaje" anterior relacionado con el ayudar para *volver a aprender* el nuevo idioma con el acoplamiento sistemático con las microtécnicas.

Datos empíricos

Hearn (1976) es un estudio de investigación fundamental sobre el aprendizaje programado de técnicas de consejería que demuestra que la formación sistemática de consejeros es efectiva. En 1990, el metanálisis de Baker, Daniels y Greeley comparó el modelo de entrenamiento/desarrollo de recursos humanos de Carkhuff, el modelo de micro consejería de Ivey y el modelo de memoria de procesos interpersonales de Kagan. En los años 80 y 90 estos modelos eran los programas más populares y ampliamente utilizados para la formación de estudiantes en cursos de técnicas de consejería. El metanálisis mostró que, si bien los tres fueron eficaces, parecía haber una relación entre la duración del entrenamiento y el tamaño del efecto:

Tabla 1.1. Comparación de los modelos de entrenamiento de las microtécnicas

Modelo	Tamaños de efecto	Horas de entrenamiento
Carkhuff (final de los 60)	1.07 (grande)	37
Ivey (principios de los 70)	.63 (medio)	19
Kagan (mediados de los 80)	.20 (pequeño)	9.5

Recientemente, Little, Packman, Smaby y Maddux (2005) combinaron los modelos de Carkhuff e Ivey en un programa de entrenamiento llamado el Modelo de Capacitación de Consejeros Calificados, y muchas innovaciones y variaciones adicionales se encuentran en la literatura correspondiente.

A medida que la investigación se ha desarrollado, los estudios han comenzado a mirar qué componentes (microtécnicas) de los programas producen los tamaños de efecto más grandes. Kuntze, van der Molen y Born (2009), con una muestra de 583 estudiantes, estudiaron siete técnicas básicas (estímulos mínimos, preguntas, paráfrasis, reflexión del sentimiento, concreción, resumen y aclaración de la situación) y cinco técnicas avanzadas (empatía precisa avanzada, confrontación, reetiquetado positivo, ejemplos de la orientación de uno mismo) y se encontró que cada una de las técnicas separadas tenía un gran tamaño de efecto, a excepción de

41

una habilidad avanzada (orientación propia) que tuvo un tamaño de efecto moderado. Otra conclusión fue que los estudiantes que tomaban un segundo curso de técnicas (avanzado) aumentaron sus niveles de destreza básica y comenzaron a dominar las técnicas avanzadas; la cantidad de práctica afecta al desarrollo de técnicas. Desafortunadamente, no hay atajos.

Otra metáfora: aprender a conducir. Las microtécnicas serán enseñadas una por una y serán secuenciadas para que se construyan una sobre otra. Proporcionan la estructura básica y el marco para el proceso de consejería. Cuando yo (Elisabeth) estaba en clases de conducción, me enseñaron que mantener las manos en el volante en la posición "10 y 2", como las agujas de un reloj (no digital), era la forma correcta de conducir. La idea del 10 y 2 que se aplica a la consejería fue presentada por una amiga y colega, la Dra. Elizabeth Keller-Dupree, como una manera útil de explicar el proceso de aprendizaje de las microtécnicas de consejería básica. Si te enseñaron "10 y 2", "9 y 3" o simplemente a mantener las dos manos en el volante, eso quiere decir que hay una posición a la cual se te enseñó a buscar como la forma de conducción "adecuada". Si el proceso de consejería es una carretera por la que viajas con un aconsejado, las microtécnicas sirven como la posición 10 y 2 en el volante mientras navegas por el proceso de consejería.

Sin embargo, muchos de nosotros no conducimos con nuestras manos perfectamente en 10 y 2 en el volante todo el tiempo. De hecho, con frecuencia manejamos con una mano, o a veces ¡incluso podemos conducir con nuestras rodillas! Pero la posición 10 y 2 es donde regresamos cuando el camino es irregular, el terreno es desconocido o las condiciones ambientales son adversas. Lo mismo ocurre en el proceso de consejería. Es importante que aprendas a "conducir" en 10 y 2, probando que entiendes y puedes usar efectivamente las microtécnicas fundamentales de consejería, para que puedas volver a ellos cuando no estás seguro de cómo conducirte en una conversación de consejería. Eventualmente, cuando hayas dominado la posición 10 y 2 de las microtécnicas, poco a poco tomarás más libertad para incorporar enfoques "de una sola mano" a la consejería, e incluso conducir con las rodillas, posiciones que no se recomiendan en la conducción o la consejería, ¡pero son ocasionalmente necesarias!

FUNDAMENTO DE NUESTRO MÉTODO DE APRENDIZAJE

Nuestro fundamento para los métodos utilizados en este libro se extrae de diversas fuentes dentro de los campos de educación y consejería, combinando lo que vemos como lo mejor de las metodologías.

Las taxonomías bien conocidas de los dominios cognitivo, afectivo y psicomotor en la educación (Bloom, Engelhart, Furst, Hill y Krathwohl, 1956) sugieren que el aprendizaje de nueva información y técnicas involucra los tres dominios y no se limita a la adquisición de conocimiento cognitivo (ver Anderson y Krathwohl, 2001, para una versión actualizada de la taxonomía de Bloom). Las habilidades mentales (el dominio cognitivo) son esenciales, pero también el cambio en los sentimientos o la dinámica emocional (el dominio afectivo) y el desarrollo de habilidades manuales o físicas (el dominio psicomotor) son relevantes para la práctica efectiva de la consejería. De ahí que el aprendizaje de las técnicas de consejería envuelva al alumno cognitiva, emocional y conductualmente.

Aprender nuevas técnicas requiere:

✓ motivación: un objetivo convincente
✓ recibir comentarios
✓ riesgo
✓ resistir el desaliento
✓ práctica y más práctica
✓ persistencia

Otras influencias en nuestro modelo incluyen el punto de vista de Linehan (1993) para ayudar a los consejeros a desarrollar nuevas técnicas personales e interpersonales. Además, integraremos elementos de un enfoque de aprendizaje programado (Evans, Hearn, Uhlemann e Ivey, 2011; Hearn, 1976) en el que el proceso de aprendizaje es como un andamio, una técnica que se basa en una técnica previa. Por último, también añadiremos algunos de los pasos prácticos de la adquisición de microtécnicas según lo identificado por Chang, Scott y Decker (2013).

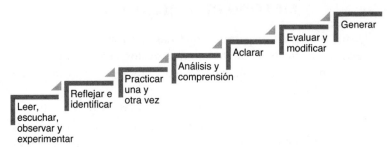

Figura 1.1. Aprendizaje secuenciado y escalonado

Aunque a menudo no desglosamos el proceso con mucho detalle, el aprendizaje de una nueva habilidad podría resumirse en una secuencia de pasos como el de la figura 1.1. A medida que los seres humanos crecemos y nos desarrollamos, tenemos la capacidad de colapsar estos pasos en una secuencia casi inconsciente. Solo cuando estamos realmente motivados tenemos más intención de dominar técnicas más complejas y significativas.

CÓMO ESPERAMOS ENSEÑAR LAS MICROTÉCNICAS

Hemos elegido dividir el proceso en cinco pasos principales que formarán un esbozo para cada uno de los capítulos de las microtécnicas. Si bien este es un enfoque secuenciado (uno después del otro) y escalonado (construyendo sobre el paso anterior), la adquisición de técnicas reales puede ser más recursiva de lo que esto sugiere. La necesidad de volver a los pasos anteriores y repetir y practicar los pasos previos que pensabas que ya dominabas no es una experiencia poco común y no debe ser motivo de desánimo.

Paso 1: Proporciona un fundamento para la técnica. Cada vez que se persigue una nueva técnica, el alumno debe entender por qué esta técnica es relevante o importante (Linehan, 1993). Por lo tanto, cuando se introduzca una nueva técnica, vamos a ver *por qué* es importante. En términos de desarrollo general de las microtécnicas, los resultados de investigaciones muestran que los aconsejados reportan mayores niveles de satisfacción con el proceso de consejería cuando se usan las microtécnicas, independientemente de si el aconsejado es un adulto o un niño (De Stefano, Mann-Feder y Gazzola, 2010; Kuntze, van der Molen y Born, 2009; van Velsor, 2004).

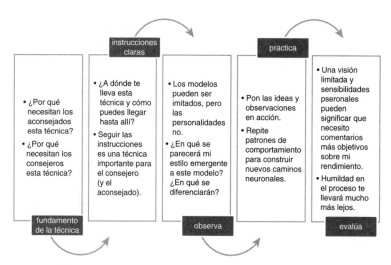

Figura 1.2. Nuestro modelo de adquisición de técnicas

Paso 2: Proporciona una instrucción clara. El segundo paso en el desarrollo de técnicas es proporcionar una instrucción clara (Linehan, 1993, p.34). Pocas cosas son más frustrantes que se nos asigne una tarea sin una idea clara de cómo se debe hacer. A la luz de esto, a medida que se introduce cada microtécnica, comunicaremos claramente *cómo* se va a aplicar y utilizar en el proceso de consejería. En muchos casos, se proporcionará una fórmula específica que sirva de plantilla para lo que se ha decir exactamente.

Paso 3: Observa un modelo efectivo. El tercer paso en el desarrollo de las técnicas es *observar un modelo efectivo* (Chang, Scott y Decker, 2013, p. xxvii; Linehan, 1993, p. 34). Se proporcionarán ejemplos de diálogos en los que se enseña el uso apropiado de la técnica en una conversación entre un consejero y un aconsejado. Más allá de lo que este libro abarca hay muchos videos de capacitación de consejería disponibles donde se observarán buenas y no tan buenas demostraciones de las técnicas.

Paso 4: Practica la nueva técnica. El cuarto paso en el desarrollo de las técnicas fluye naturalmente del tercero y es *practicar la nueva habilidad* (Chang, Scott y Decker, 2013, p. xxvii, Linehan, 1993, p.33). No basta con leer y observar una nueva habilidad; apropiarte de esto requiere diferentes maneras de practicar. En algunos casos la práctica consistirá en leer una conversación entre consejeros y aconsejados y llenar los espacios en blanco dentro de la respuesta del consejero. En otros casos, la práctica consistirá en crear tu propia respuesta desde cero, teniendo en cuenta las fórmulas y pautas presentadas a lo largo del camino. Finalmente, otros casos prácticos requerirán que trabajes con un compañero o un grupo pequeño asumiendo el papel de consejero y respondiendo a la narrativa que tu compañero que hace las veces de aconsejado comparte.

Paso 5: Evaluar. El quinto paso en el desarrollo de técnicas la *evaluación* (Chang, Scott y Decker, 2013, p. xxvii, Linehan, 1993, p.36). Los esfuerzos repetidos para aprender una nueva técnica deben ir acompañados de evaluación para que se puedan hacer los ajustes necesarios al proceso. Practicar mal las técnicas sería una pérdida de tiempo.

La evaluación tiene dos enfoques: evaluación de un mismo y evaluación de otros. La *evaluación de uno mismo* es el proceso mediante el cual reflexionas sobre tu propio trabajo, comparándolo con las pautas, estándares o claves de respuesta que están disponibles para ti en este proceso. Para las actividades prácticas escritas, esto toma la forma de comparar tus respuestas con la clave al final del capítulo. Para las actividades de práctica en clase y de tarea, esto requerirá revisar tu grabación de audio/vídeo y comparar tus respuestas con las normas y directrices que se han dado para las técnicas que se practican.

La evaluación por parte de otros es a menudo la sección que más ansiedad produce en este proceso, ya que en ella invitamos a otros a comentar nuestras técnicas exhibidas. Para aquellos que por alguna razón tienen cierta sensibilidad con respecto a la recepción de comentarios evaluativos, esto puede llegar fácilmente a ser desalentador y desmoralizante. En un capítulo posterior abordaremos la dinámica de proporcionar y recibir comentarios evaluativos con más profundidad.

Si estás evaluando a un compañero de clase o eres el que está siendo evaluado, es importante recordar que la adquisición de técnicas es un proceso de *desarrollo*. Esto significa que alguien que está aprendiendo una técnica no debe ni puede ser evaluado por el mismo estándar que se utilizaría para evaluar a alguien que ha estado utilizando una técnica durante los últimos diez años. Debido a esto, animamos a que la evaluación esté en una escala de Likert que se parezca a esta:

Tabla 1.2. Niveles de aptitud para la evaluación de las microtécnicas

Puntuación	Descripción
1	*No* emplea la técnica apropiadamente—el uso de la técnica es inefectivo o demuestra falta de comprensión para el propósito de la técnica
2	*A veces* emplea la técnica apropiadamente
3	*A menudo* emplea la técnica apropiadamente— el uso de la técnica es mínimamente efectivo o demuestra una compresión básica de la técnica
4	*Frecuentemente* emplea la técnica apropiadamente
5	*Consistente* y apropiadamente emplea la técnica—el uso de la técnica es altamente efectivo o demuestra una comprensión y aptitud avanzadas

A medida que comienzas este viaje en el desarrollo de las microtécnicas, tus primeros intentos de práctica en el proceso *no* deberían de dar una puntuación de cinco, ¡a menos que seas un genio de las microtécnicas! Tus primeras prácticas probablemente tendrán una puntuación de aproximadamente dos o tres puntos, y puede que no sea hasta dentro de unos cuantos meses (o años) de experiencia en la consejería que te consolides en un cuatro o cinco, particularmente para las microtécnicas más avanzadas. Mientras os evaluáis unos a otros, sed amables, pero tampoco seáis deshonestos. Decir a los individuos que hicieron un gran trabajo cuando realmente tienen cosas que mejorar no les ayuda a aprender la nueva habilidad. Del mismo modo, no es útil ser meticuloso cuando el trabajo en general fue adecuado y eficaz.

LA DISCIPLINA PROFESIONAL Y ESPIRITUAL DE FORMAR HÁBITOS

Las palabras *disciplina* y *hábito* no evocan respuestas positivas en nuestra cultura contemporánea. Sin embargo, cuando pensamos en cualquier persona profesional, sabemos que la práctica fue imprescindible para llegar a donde están. Sabemos que esto también es verdad espiritualmente hablando. Desgraciadamente, no crecemos simplemente pasamos a nuevos patrones sanos en la vida y las relaciones; se necesita práctica. Curiosamente, la resistencia que podrías sentir al leer las palabras *disciplina* y *hábito* son las mismas reacciones que tus consejeros tendrán cuando hables con ellos sobre la necesidad de alterar los patrones en sus vidas. El desarrollo de hábitos a menudo se percibe en forma negativa, por ejemplo, "yo tengo el mal hábito de decir 'mmm'". Nos gustaría transmitir un significado positivo para *hábito* en el sentido de animar a los consejeros a desarrollar los buenos hábitos en consejería. Sin embargo, sabemos por nuestros esfuerzos al fracasar miserablemente en las resoluciones de año nuevo que romper viejos hábitos y adquirir unos nuevos es más difícil de lo que pensamos. Aquí es donde nuestros recursos espirituales (p. ej., la meditación, la oración, el silencio, la conversación) pueden ser una parte útil del proceso de desarrollo de *habitus*, el refinamiento de buenos patrones para las relaciones con otros para el bien de ellos, no necesariamente del nuestro.

REFLEXIÓN HISTÓRICA

Si retrocedemos en el tiempo hasta llegar a Platón y Aristóteles, la humanidad siempre ha tenido curiosidad acerca de las virtudes (actitudes y comportamientos pro sociales) y sobre cómo podemos ayudar a promover el pensamiento y comportamiento virtuoso en otros. Una de las virtudes que los padres de la iglesia y los teólogos posteriores (por ejemplo, Agustín y Aquino) han discutido es la importancia del *habitus* (latín).

Habitus no es simplemente el desarrollo de buenos hábitos de comportamiento moral (repetición de comportamientos automáticos). *Habitus* se refiere a cómo las acciones repetidas se internalizan como disposiciones perfeccionadas para actuar por el bien. Las acciones repetidas también pueden convertirse en malos hábitos.

Habitus se refiere a la repetición no idéntica (hacer una cosa similar una y otra vez); es una repetición del comportamiento que "forma creencias, formas y regula la emoción, y alinea correctamente nuestros apetitos y aprehensiones" (Hampson, 2012, p. 8).

Si bien los hábitos se convierten en una segunda naturaleza para nosotros, también evolucionan y se refinan con la práctica.

La fe misma es un don que recibimos de Dios, pero también es un *habitus*; debemos practicar nuestra fe. De la misma manera que las otras virtudes deben ser practicadas, las técnicas de consejería deben ser practicadas también para formar en nosotros una forma de relacionarse que sea solo un patrón habitual no idéntico de respuesta, sino un conjunto férreo de creencias y posibles maneras de emplear comportamientos útiles dependiendo de los matices y contextos de la situación particular. Los hábitos también requieren un refinamiento continuo.

EL PROCESO DE CONSEJERÍA

Aprender a montar en bicicleta fue una de las metáforas que usamos para aprender técnicas de consejería. Las microtécnicas de equilibrio, dirección y pedaleo son todas necesarias para la macro técnica de montar en bicicleta. ¡Pero no hay valor en aprender a montar en bicicleta si no tienes un destino! En realidad, llegar a tu punto de destino implica todas las técnicas de montar en bicicleta, así como el saber cómo llegar y qué hacer si hay desvíos o algún neumático pinchado a lo largo del camino.

Del mismo modo, la consejería implica un viaje que tanto tú como consejero y el aconsejado emprendéis juntos con un destino específico en mente. Desarrollar buenas microtécnicas es esencial para el éxito del viaje, pero parte del arte de la consejería implica saber qué microtécnica usar en cada momento. Aquí es donde una comprensión del proceso de consejería resulta crucial.

Mientras que cada uno de los contextos únicos de ayuda que estamos tratando tienen sus propios aspectos y estilos distintivos, los procesos de estas diversas relaciones de ayuda tienen mucho en común. Todas las relaciones de tipo consejería consisten en dos (o más) personas que han acordado mutuamente ir juntos a un proceso de crecimiento, un viaje en el cual una persona (el consejero) tiene el objetivo principal de facilitar el crecimiento de la otra persona en un área particular.

El proceso de consejería no es lineal o secuencial; es circular y repetitivo, como una espiral, en que a veces se siente como si las cosas se repitiesen, o que no van a ningún lugar o son lentas hasta la frustración. Sin embargo, la espiral tiene una trayectoria que, en general, es ascendente. Creemos que, durante la repetición, los altibajos del proceso, el crecimiento está teniendo lugar. Creados a la imagen de Dios (Gn. 1:27), somos seres complejos con múltiples

Figura 1.3. Espiral con trayectoria ascendente

capas o facetas. Por lo tanto, el pedaleo a través de las capas de nuestras identidades en momentos diferentes, de maneras ligeramente diferentes, ayuda en el proceso de curación.

LAS FASES DEL PROCESO DE CONSEJERÍA: A LO QUE SE APUNTA EN EL MOMENTO

(Fred) La tesis de mi maestría consistió, en parte, en una revisión masiva de la literatura sobre las etapas o fases del proceso de consejería. Es sorprendente ver la variedad de maneras en que la gente puede conceptualizarlo. En 1984 encontré más de cien autores que describieron el proceso, y ahora muchos más han aportado de su sabiduría para describir el proceso por el cual las personas cambian y crecen.

Los fundamentos teóricos del lenguaje de fases. Aunque muchos de estos autores describirían sus fases como universales para todos los procesos de consejería, la realidad es que la orientación teórica a menudo influye en cómo se describen dichas fases. Por ejemplo, el modelo de cinco pasos de Wright (1984) incluye: (1) construcción de relaciones, (2) exploración de problemas, (3) decisión sobre un curso de acción, (4) acción estimulante y (5) terminación de la relación de consejería. El lenguaje suena muy conductual u orientado hacia enfoques de resolución de problemas. En contraste, las cinco fases de consejería descritas por Young (1992) incluyen: (1) contacto inicial, (2) compromiso, (3) intimidad, (4) desvinculación y (5) terminación. Los términos relacionales implican una teoría muy diferente de la consejería.

El desafío de las fases. A medida que considerábamos cómo nos gustaría identificar las fases del proceso de consejería aquí, nuestro dilema fue cómo podríamos describirlas en una manera que no estuviera específicamente orientada a un enfoque teórico en particular y sin embargo pudiera ser de beneficio para ayudar a los estudiantes a entender qué técnicas deberían usar en determinados puntos del proceso. La solución que se planteó fue discutir las fases en términos muy simples como fase *inicial, intermedia* y *final*. La cantidad de tiempo que se emplea en cada fase variará considerablemente, dependiendo de la duración total de la consejería con un consejero particular. Así, por ejemplo, si un consejero en concreto está aconsejando semanalmente durante un total de ocho semanas, la primera semana o dos constituiría la fase inicial, las sesiones tres a seis constituirían la fase intermedia y las sesiones siete y ocho constituirían la fase final. En contraste, si la consejería es de duración prolongada, la primera fase podría ser el primer año de consejería, la fase intermedia sería los próximos tres años y el último año sería la fase final.

Objetivos. Ya describimos brevemente el concepto de objetivos en la introducción de este libro. Mientras que usar el lenguaje de las fases ayuda a dar una sensación de proceso a lo largo del tiempo, la idea de los objetivos está más relacionada con tareas específicas o áreas de enfoque que pueden ser más útiles dentro de una fase dada de consejería, pero que todavía pueden ser útiles en otras fases. El objetivo 1, "Establecer la relación y explorar", es el área principal de la primera fase de consejería. El objetivo 2, "Profundizar" y el objetivo 3, "Crecimiento", son más útiles en la fase intermedia de consejería, y el objetivo 4, "Consolidación y finalización", será el enfoque principal durante la fase final.

FASES DE CRECIMIENTO Y CAMBIO EN DESARROLLO BÍBLICO Y ESPIRITUAL

Es importante recordar el papel del Espíritu Santo en el proceso de cambio. Todos hemos tenido problemas en nuestras vidas que han llevado tiempo para cambiar. Puede ser fácil mirar a los aconsejados e impacientarnos o desalentarnos por la falta de progreso que parecen estar haciendo. Es en estos momentos que necesitamos reflexionar sobre el proceso de cambio en nuestras propias vidas, recordando el tiempo y la gracia que amigos, familiares y el Espíritu Santo han tenido con nosotros en nuestro caminar.

Juan 16:7-13 nos recuerda que el trabajo del Espíritu Santo es convencer a las personas de los cambios que deben hacer en sus vidas. Este mismo pasaje también nos recuerda que a veces

Dios detiene ciertas cosas en nuestro favor porque son demasiado pesadas para soportarlas en el momento. Dios es bondadoso e y tiene un propósito en lo que revela a cada uno de nosotros en un momento dado, para que no nos sintamos abrumados y desalentados. En lugar de bombardearnos con todo lo que necesitamos cambiar, Dios nos muestra, pieza por pieza, dónde es posible que se dé el crecimiento. El trabajo del consejero es ser una fiel persona de oración y capaz de discernir, notando dónde un aconsejado está en el proceso de cambio y teniendo en mente que en última instancia es el trabajo del Espíritu Santo convencer y motivar hacia el cambio.

El énfasis en las fases no es simplemente una preocupación del siglo veinte o veintiuno. La Escritura identifica un desarrollo parecido en las fases de crecimiento y cambio (Pr. 9:6, Ef. 4:12-16, Fil. 3:14). Podemos ver etapas de la semejanza de Cristo en 1 Corintios 3:1-3 y Hebreos 5:12-14. Como señala Larkin (1967), "Las divisiones del crecimiento son, pues, un marco para la dirección espiritual de acuerdo con las necesidades y posibilidades de diferentes personas" (p. 43). Larkin reconoce la necesidad de un marco, pero también la necesidad de afirmar la singularidad de cada persona en términos de cómo se aplica el marco. Así, tanto dentro en la Escritura como en la psicología, el concepto de desarrollo es crucial para entender a las personas, incluyéndonos a nosotros mismos.

Con el fin de ayudar a conceptualizar las distintas formas en que se comprenden las etapas, en la tabla 1.3 se presenta un resumen de las etapas o fases clásicas de la dirección espiritual (columna 1). Éstas se alinean con las fases y los objetivos mientras que los conceptualizamos en el proceso de la consejería (columna dos). Como ejemplo de otro modelo de fase en la consejería, las fases de tratamiento de los supervivientes de trauma complejo se dan en la tercera columna. El lenguaje de cada uno es muy diferente y refleja el enfoque de la relación de ayuda particular. Aunque el lenguaje utilizado en la dirección espiritual clásica es casi desconocido para la mayoría de nosotros, este subraya varias dimensiones importantes del proceso de consejería.

La fase uno (*purgación*) recuerda la idea de purgar. Purgar no es una experiencia agradable, pero el término es descriptivo de la necesidad de las personas al comienzo de un proceso de consejería para expresar, a regañadientes o con una avalancha de palabras, su reprimida experiencia en la vida que no aún ha sido procesada. Esta experiencia purgante es lo que algunos psicoanalistas llaman catarsis, la ventilación de la emoción acumulada en la terapia, a menudo relacionada con las historias personales del aconsejado. La liberación catártica, o liberación, es un elemento clave en la terapia psicodinámica y centrada en la persona, es considerada como la curación en sí misma (Kearney, 2007; Von Glahn, 2012).

La segunda fase de crecimiento espiritual, la *iluminación*, pone de relieve el aumento de la comprensión de uno mismo y las circunstancias de uno y comienza el proceso de cambio interior de reflejar las virtudes de Cristo a pesar de las luchas y frustraciones que son una parte inevitable de la vida. El uso de la palabra virtud pone de relieve el hecho de que, en última instancia, el proceso de consejería consiste en identificar las fortalezas y los aspectos positivos del yo, no solo la patología y los problemas.

La tercera fase, *unión*, mientras se utiliza el lenguaje idealista de la perfección, sugiere un punto de terminación, no muy diferente de ese término extraño que a menudo se utiliza en la literatura de consejería, la *terminación* de la relación. La parte importante de esta fase de la dirección espiritual es la idea de ir más allá de uno mismo a la conexión con Dios y con otros de maneras más saludables que se caracterizan por la caridad (el amor).

La tercera columna de la tabla 1.3 identifica las fases del proceso de consejería con víctimas de trauma complejo (p. ej., abuso sexual, abuso doméstico crónico, abuso ritual). Existe una amplia gama de incidentes que pueden ser experimentados subjetivamente como traumáticos, sea o no que un observador externo necesariamente los vea como tales. Sin embargo, el trauma sin resolver inevitablemente interferirá con la vida y complicará el proceso de curación. En la primera fase, un aconsejado debe ser ayudado a sentirse seguro en la relación de consejería y a ganar un cierto sentido de la comprensión y del control de síntomas, particularmente los que son peligrosos (p. ej., automutilación). En la segunda fase el enfoque se centra en el trabajo extenso y duro de procesar los eventos traumáticos. En la tercera fase el aconsejado experimenta la resolución del trauma y a menudo surge con un nuevo sentido de identidad y plenitud.

Tabla 1.3. Comparación de las fases del proceso de cambio desde las perspectivas de la espiritualidad, la consejería y la terapia de trauma

Espiritualidad cristiana[a]	Proceso de consejería	Terapia de trauma complejo[b]
Purgación (liberación del pecado y sus efectos)	Fase inicial: Objetivo 1: Establecer la relación y explorar	Seguridad y estabilización
Iluminación (crecimiento en la virtud y en la renovación interior)	Fase intermedia: Objetivo 2: Profundizar Objetivo 3: Crecer	Procesamiento del trauma (integrando los components del experiencas traumáticas)
Union (with God and others—perfect charity)	Fase final: Objetivo 4: Consolidación y finalización	Consolidación y resolución

Nota: Las tres columnas de esta tabla no son idénticas, pero contienen similitudes. Una puede aprender de la otra, si bien cada una describe un tipo particular de relación de ayuda.
[a] Cf. Coe, 2000; Larkin, 1967; Mulholland, 1993, capítulo 8.
[b] Cf. Gingrich, 2013.

La columna central identifica las tres fases del proceso de curación que usaremos en este libro, junto con los objetivos del enfoque. Ya sea en una conversación de veinte minutos o durante una relación de consejería de veinte semanas, las tres fases son importantes y típicamente presentes. Al resumir brevemente cada fase con sus tareas relacionadas, es importante señalar que las fases están destinadas a construirse unas sobre otras y deben ser abordadas en orden. Dicho esto, siempre es posible, y a veces necesario, ir hacia atrás y revisar las fases previas para poder caminar eficazmente con los aconsejados a través de sus historias.

LA METÁFORA DEL RELOJ DE ARENA

El proceso de consejería funciona como un reloj de arena. La parte superior del reloj de arena podría representar cómo los aconsejados van inicialmente de aquí para allá—los temas abarcan muchas cosas y la discusión no es particularmente profunda. Parte de esto tiene el propósito por parte del consejero de recopilar datos sobre todas las facetas de la vida del aconsejado. Poco a poco los temas son más específicos y el trabajo terapéutico se va estrechando (el centro del reloj de arena). La arena fluye rápidamente y aumenta la intensidad y la profundidad. Finalmente, los contenidos/temas se vuelven más amplios a medida que los aconsejados aprenden a generalizar lo que han aprendido y aplicarlo a sus vidas y relaciones (el fondo del reloj de arena). Esta analogía de reloj de arena puede ser útil para describir el proceso de consejería tanto dentro de cada sesión individual como en la relación de consejería general. El reloj de arena sugiere que el tiempo y el control del proceso son cruciales—demasiado rápidos o demasiado lentos pueden dificultar el proceso.

La sección superior del reloj de arena, inicialmente llena de arena. Esto representa la información, los muchos detalles de la historia y de la vida del aconsejado. A menudo hay mucha confusión, y aunque algunos objetivos de la consejería pueden ser identificados, otros pueden no estar tan claros. Las técnicas del objetivo 1 (establecer la relación y explorar) pueden ser más eficaces aquí.

Figura 1.4. Reloj de arena

En contextos más clínicos, una de las tareas es recopilar y organizar la información proporcionada por el aconsejado dentro un diagnóstico. Una vez más, tomado de los contextos médicos, el concepto de diagnosticar un problema está profundamente arraigado en gran parte de la literatura de consejería. En la columna lateral "Implicaciones de Diagnóstico" se ofrece una introducción al proceso de diagnóstico.

Implicaciones de diagnóstico

El diagnóstico es la categorización de los trastornos mentales. En la mayoría de los contextos ministeriales diagnosticar a las personas no es útil y no se hace. En contextos de consejería profesional es necesario. El mundo del diagnóstico es el mundo de la psiquiatría, donde médicos especializados, que típicamente se reúnen con los pacientes, escuchan las descripciones de los síntomas y prescriben la medicación. Este es un componente esencial de los servicios de salud mental, y como resultado los psiquiatras son los expertos en diagnóstico.

Esto se ve con mayor claridad en el *Manual de Diagnóstico y Estadística de Trastornos Mentales* (DSM; APA, 2013) publicado por la Asociación Americana de Psiquiatría (Nota: esta no es la Asociación Americana de Psicológica, que también usa el acrónimo APA). Debido a su lenguaje técnico, su base de investigación y aspectos médicos, el DSM es un documento altamente especializado pero que se ha vuelto muy accesible con la ayuda de internet. Por lo tanto, el público en general se ha informado mucho mejor, lo que puede ser una tendencia positiva, ya que las personas pueden tener mayor interés y responsabilidad por su propia salud mental, y un factor negativo, ya que es probable que los aspectos técnicos del diagnóstico sean erróneos, y existe una tendencia de usar el lenguaje para etiquetar a otros.

El DSM se describe como *no teórico* en el sentido de que no asume una teoría particular de la causa o del tratamiento. Sin embargo, hay algunos enfoques alternativos basados en la teoría para las categorías de diagnóstico y el tratamiento (p. ej., McWilliams, 2011; PDM Task Force, 2006, L'Abate, 1998). Los consejeros profesionales deben familiarizarse con el DSM y usarlo frecuentemente, dependiendo del contexto de su práctica. Es recomendable que las personas que ayudan en otros contextos eviten usar el DSM. La razón por la cual no es recomendable utilizar el DSM es:

✓ el peligro de etiquetar a las personas—a veces cuando etiquetamos a las personas terminan actuando según su etiqueta (piensa en la influencia profunda que pueden tener en los niños)
✓ la suposición de que el DSM incluye todos los trastornos mentales—no es la única manera de conceptualizar la psicopatología
✓ la adhesión al modelo médico de entender y tratar a las personas—esto puede ser un enfoque coercitivo para entender a las personas en su totalidad
✓ la falta de reconocimiento del componente relacional de los problemas de las personas—el diagnóstico suele ser hecho a partir de la persona
✓ la dificultad al diagnosticar a personas de diferentes culturas—los síntomas pueden significar diferentes cosas en diferentes culturas
✓ el rechazo de una cosmovisión espiritual/religiosa

La razón para usar el DSM es:

✓ la capacidad de estudiar grupos de personas con síntomas similares y determinar la efectividad de diversos enfoques de tratamiento

✓ la ventaja de poder enfocar nuestros esfuerzos de ayuda para clientes específicos en formas que están basadas en evidencias en lugar de tratar a los aconsejados basado en nuestros sentimientos o preferencias

✓ el reconocimiento de que las categorías específicas de síntomas tienen un origen más fisiológico que situacional o por tendencia

✓ la capacidad de distinguir, al menos en cierto grado, aspectos biológicos, emocionales, relacionales o espirituales

El DSM es un recurso valioso; ha sido y seguirá siendo un recurso útil para los consejeros de todas las disciplinas. Sin embargo, es una especialización que no todos los consejeros se pueden permitir el lujo aprenderla bien, por lo que la precaución se justifica. Lo más importante a este respecto es el reconocimiento de que el diagnóstico no es equivalente a la consejería: ser bueno diagnosticado no es lo mismo que ser un buen consejero. Ambos utilizan diferentes conjuntos de técnicas.

La angostura del reloj de arena. El consejero está tratando de facilitar la autoexploración del aconsejado y el sentido de autoconciencia dentro de su propia situación. Hay una angostura, o aclaración, del problema o la situación a medida que el consejero y el aconsejable trabajan en su camino hacia el cuello del reloj de arena. Las técnicas del objetivo 2 (Profundizar) son esenciales para superar lo que a menudo es un sentido superficial del tipo de cambio que se necesita en el proceso, en las cuestiones subyacentes o más profundas. Esto generalmente marca el comienzo de la fase intermedia en la consejería.

En el punto más estrecho del reloj de arena. El consejero y los aconsejados realmente se concentran en aspectos específicos de las metas clave de la consejería. Hay una intensidad y profundidad en esta parte de la fase intermedia de consejería cuando las técnicas del objetivo 2 de se usan de manera efectiva.

Conexiones bíblico/teológicas

En el corazón de este libro estará lo que llamaremos una teología de la emoción. A medida que aprendemos técnicas de consejería efectivas, debemos luchar con la forma en que vemos a las personas, cómo las emociones juegan un papel central en los problemas de las personas, cómo debe el proceso de consejería debe prestar mucha atención a la experiencia emocional de los aconsejados y cómo las emociones influyen en el proceso de crecimiento personal y espiritual y de cambio (ver M. Elliott, 2006, 2014, Peterman, 2013, Scazzero, 2006, para referencias sobre este tema).

Una teología de la emoción está anclada en la enseñanza de la Escritura sobre la naturaleza de Dios; la imagen de Dios en la que las personas son creadas; la interacción de emociones, cognición, comportamiento y voluntad; y la vida de Cristo. Los capítulos siguientes desarrollarán estas ideas, las cuales, juntas, presentan un esbozo preliminar para una teología de la emoción. Creemos que este fundamento teológico es esencial para una consejería eficaz.

No damos por sentado una perspectiva positiva sobre la emoción, ya que en nuestra tradición cristiana las emociones a menudo han sido vistas como la parte de la persona que más nos llevará al pecado con más facilidad. En la historia de la psicología, las emociones han sido a menudo consideradas la causa de la disfunción y la inmadurez. Toma unos minutos para evaluar en qué grado crees/ aceptas estas afirmaciones como verdaderas. ¿De dónde provienen estas creencias? ¿Se ajustan a una comprensión bíblica de las emociones humanas?

✓ Hay una manera correcta de sentirse en cada situación.
✓ Dejar a los demás saber que me siento mal es una debilidad.
✓ Los sentimientos negativos son destructivos.
✓ Ser emocional significa estar fuera de control.
✓ Si me entrego a mis emociones, perderé el control de mí mismo.
✓ Las emociones suceden sin razón alguna.
✓ Todas las emociones dolorosas son el resultado de una visión limitada o defectuosa de Dios.
✓ Si otros no aprueban mis sentimientos, significa que no debería sentirme como me siento.
✓ Otras personas son el mejor juez de cómo me debería sentir.
✓ Las emociones dolorosas no son realmente importantes en la vida y por lo tanto deben ser descartadas.
✓ Nunca debo dejar que mis emociones saquen lo mejor de mí. Si lo hago, estaré pecando.
✓ Solo la oración puede quitar emociones que están fuera de control.

✓ Dentro del cristiano maduro y espiritual, la razón y la emoción están en guerra, y la razón debe ganar.

✓ El comportamiento se justifica porque alguien se siente de cierta manera.

✓ Ser emocionalmente reprimido es la manera de ser de los hombres.

✓ Las reacciones desmesuradas son únicamente parte de la manera de ser una mujer.

✓ Estar tranquilo, ni arriba ni abajo, es la meta y una señal de buena salud mental.

✓ Estar tranquilo, ni arriba ni abajo, es la meta y una señal de ser una persona espiritual.

En el punto más estrecho del reloj de arena. El consejero y los aconsejados realmente se concentran en aspectos específicos de las metas clave de la consejería. Cuando las técnicas del objetivo 2 se usan de manera efectiva, se crea una intensidad y profundidad en esta parte de la fase intermedia de consejería.

Lanzamiento a la base. Hasta este momento, todo lo relacionado a la consejería nos ha llevado a este punto, que no podría haber sido alcanzado sin hacer su camino a través del embudo. En esta parte de la fase intermedia de consejería, las técnicas del objetivo 2 continúan siendo utilizadas, y el objetivo 3 (Crecimiento) se convierte en un foco creciente cuando el arduo trabajo de crecer y cambiar está en su apogeo.

Acercándose al fondo de la base. A medida que el proceso avanza y se aproxima a la parte inferior del reloj de arena, la fase final de la consejería y el objetivo 4 (Consolidación y Finalización) entran en juego. Los cambios que ocurrieron durante el difícil trabajo de la fase intermedia de consejería ahora necesitan ser consolidados para que se conviertan en permanentes. Preparar al aconsejado para concluir la relación de consejería es el aspecto final del objetivo 4.

Cada fase de consejería se basa en los progresos realizados en la fase anterior, siempre y cuando las tareas relacionadas se hayan realizado bien, cada una de las cuales sirve para llevar a los aconsejados a alcanzar sus metas. Véase la figura 1.5 para un resumen de las microtécnicas que están asociadas con cada fase del proceso de consejería.

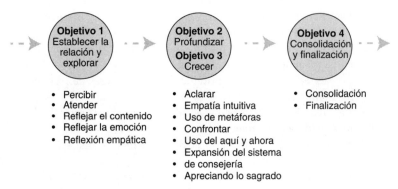

Figura 1.5. Las fases, las microtécnicas y las secciones

CONCLUSIÓN

¡Estamos muy contentos de tenerte en este viaje de desarrollo de técnicas de consejería! Tomada pieza por pieza, el enfoque de las microtécnicas ayuda a los estudiantes a desarrollar las técnicas una por una, estableciendo una base sólida en el proceso de convertirse en consejeros eficaces. Al igual que aprender un segundo idioma o montar en bicicleta, el viaje es emocionante y lleno de descubrimientos.

Con el fin de aprender las microtécnicas necesarias para la consejería, es tu responsabilidad entrar en este proceso con al menos un cierto grado de propósito (por qué deseas adquirir destrezas en consejería) y la intencionalidad (una actitud proactiva y positiva hacia el proceso). Como guías en este viaje, es nuestro trabajo, junto con tus tutores, instructores de curso o supervisores, darte una estructura y oportunidades para practicar, pero a su vez debes dedicar el tiempo y el esfuerzo que la práctica requiere. La responsabilidad de tus instructores y compañeros es proporcionarte observaciones mientras practicas. En respuesta, tendrás que aceptar graciosamente la crítica constructiva, reconociendo que recibir observaciones positivas y negativas es esencial para el dominio exitoso de una microtécnica en particular. Finalmente, la aplicación se encuentra primero dentro de tus tareas y en actividades de grupos pequeños en clase, y luego dentro del ministerio o contextos clínicos en los que puedas trabajar.

Todo esto puede resultar un poco abrumador, pero te animamos a encontrar el propósito y la motivación que te mantendrán a través del proceso. Para los consejeros cristianos, al menos parte de nuestra motivación no es solo aprender una técnica profesional o personalmente beneficiosa; también lo es seguir la enseñanza y el ejemplo de Jesús. Su preocupación y amor por todas las personas nos obliga a ser tan eficaces en ayudar a otros como humanamente posible sea. Pero a pesar de un propósito sólido los riesgos pueden ser abrumadores para algunos. Es importante considerar los costos del discipulado (Bonhoeffer, 1937/1995) en este sentido. La perseverancia, o como lo llama la versión King James, *la paciencia* (Gá. 5:22) es un fruto del Espíritu. El Espíritu Santo se convierte en nuestra fuerza cuando ya no podemos seguir en por las nuestra propias.

Bienvenidos a la comunidad de consejeros, tanto en ambientes seculares como ministeriales, que han pasado antes que tú. A medida que aprendas las técnicas que pueden ayudarte a cuidar eficazmente las almas de los demás, puedes ser alentado, transformado y renovado en tu comprensión de cómo Dios nos usa a cada uno de nosotros para cuidarnos unos a otros.

PREGUNTAS PARA LA REFLEXIÓN

1. Piensa en una técnica que hayas aprendido en el pasado (p. ej., académica, informática, atlética, música) y reflexiona sobre el proceso. ¿Qué tan difícil fue? ¿Qué tan motivado estabas? ¿Te desanimaste en el camino? ¿Cuáles fueron los elementos esenciales para lograr el éxito? ¿Qué te mantuvo en marcha cuando sentías que nunca llegarías a poder dominarla?

2. Sobre la base de esa experiencia, ¿cómo completarías esta frase: "Aprendo mejor nuevas técnicas mediante...? ¿Podría esto resultarte útil en el aprendizaje de las nuevas técnicas de consejería?

3. En el aprendizaje de una nueva técnica, ¿cuál es la parte más difícil para ti? ¿Qué se interpone en el camino? ¿Cómo vas a compensar esto mientras aprendes las técnicas de consejería?

4. ¿Qué te ha llevado hasta el punto de querer aprender técnicas de consejería?

5. En una escala de uno (bajo) a diez (alto), ¿cuál es tu nivel de motivación para aprender técnicas de consejería? ¿Qué podrías hacer para elegir aumentar ese número en uno o dos puntos?

6. ¿Cómo influyen tu fe, tu relación con Dios y Su cuerpo, la Iglesia (comunidad cristiana), en este proceso de aprendizaje?

7. ¿Cómo manejarás el desánimo cuando te sientas estancado o frustrado con el lento desarrollo de tus técnicas de consejería?

CAPÍTULO 2

LA PERSONA DEL CONSEJERO

Y teniendo diferentes dones, según la gracia que nos es dada,
si es el de profecía, úsese conforme a la proporción de la fe;
o si de servicio, en servir; o el que enseña, en la enseñanza;
el que exhorta, en la exhortación; el que reparte, con sencillez;
el que preside, con solicitud; el que hace misericordia, con alegría.

Romanos 12:6-8

Enfoque del Capítulo

TÉCNICA: Yo como instrumento.

PROPÓSITO: Examinar a la persona del consejero como una herramienta valiosa dentro del proceso de consejería.

FÓRMULA: Algunos de mis puntos fuertes son_____. Algunos de mis puntos débiles son _____.

Soy _____ y aporto _____ a la relación consejería.

Piensa en tres personas que conozcas muy bien y que, según tu opinión, son buenos ayudantes para la gente, y escribe tu respuesta a lo siguiente:

» Para cada individuo, escribe una lista de los atributos positivos que ves en ellos como ayudantes.

» Al mirar la lista de personas, ¿qué atributos tienen en común?

» ¿En qué difieren entre sí?

Ahora considera tres individuos entre tus conocidos a los que definitivamente *no* incluirías en la categoría de buenos ayudantes de otros.

» Para cada individuo, escribe una lista con los atributos que posee y que te llevaron a ponerlos en la lista de "no es un buen ayudante".

» Al mirar la lista de personas, ¿qué atributos tienen en común?

» ¿En qué difieren entre sí?

La consejería es realmente una experiencia de dicotomías. Implica tanto el arte como la ciencia, el conocimiento y la técnica, el consuelo y el desafío, la gracia y la verdad. Enfatizar una parte de cada dicotomía por encima de la otra es negar, o por lo menos minimizar, lo que puede ser el proceso de ayuda. En este capítulo exploraremos lo que significa para ti ser el instrumento más valioso e influyente en la sala de consejería y cómo desarrollar cada una de las dicotomías.

Durante esta parte del viaje, te pediremos que pases tiempo reflexionando sobre quién eres, lo que Dios te ha hecho ser, y los puntos fuertes y débiles que encarnas. Ten en cuenta que lo que eres es un trabajo en progreso y que, al igual que la consejería, el crecimiento consiste más en la participación en el proceso que en llegar a algún destino predeterminado.

YO COMO INSTRUMENTO: ABRAZANDO EL ARTE

Las microtécnicas y el aprendizaje académico son en muchos aspectos lo que forman la "ciencia" de la consejería, ya que estos elementos son más concretos, demostrables y comprobables. El arte de la consejería, por otra parte, se encuentra en la persona del consejero y en el desarrollo de su carácter, discernimiento, empatía y actitudes—el desarrollo de uno mismo como instrumento terapéutico. La literatura de consejería es muy clara en que la variable más influyente en la consejería es la persona del consejero y la relación que se cultiva con el cliente (Norcross, 2011). No es una fórmula o una serie de pasos a seguir, sino que se basa en la autorreflexión, la conciencia de uno mismo y la capacidad de recibir observaciones constructivas de los demás.

Una manera de entender este intercambio entre las microtécnicas y el yo como instrumento es utilizando la analogía del cuerpo humano. Para el propósito de esta analogía vamos a dividir el cuerpo humano en dos: el esqueleto y los órganos internos. En consejería, las microtécnicas y el aprendizaje académico son análogos al sistema esquelético, ya que proporcionan la estructura y el marco de la ayuda, mientras que el desarrollo del arte del yo como instrumento está representado por sus órganos internos, que mantienen la vida. Sin el sistema esquelético, los órganos clave quedarían desprotegidos y sobreexpuestos; sin el sistema interno, no habría vida ni energía para dar al cuerpo. La consejería funciona de la misma manera, ya que tanto la estructura como el corazón son necesarios para que el proceso esté realmente vivo y para que la relación de ayuda se desarrolle.

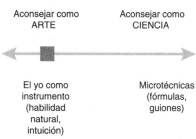

Figura 2.1. Arte frente a ciencia: El yo como instrumento de cambio

Conexiones bíblico/teológicas

¿Cómo te ves a ti mismo como "persona"? ¿Qué quieres decir cuando piensas o hablas de tu "yo"? ¿Qué piensas de ti mismo como un ser creado a imagen de Dios? ¿Hasta qué punto son tus pensamientos, emociones, comportamientos y así sucesivamente parte de lo que eres como persona? La forma en que te ves a ti mismo como persona afectará significativamente el cómo ves a tus aconsejados. El "yo" es una parte central en la psicología; se ha escrito mucho sobre la naturaleza y el desarrollo del yo. Para los consejeros, ayudar a los aconsejados a formar un yo saludable es una tarea importante en el proceso de consejería. Para hacer esto, creemos que el concepto que el consejero tiene de sí mismo es, en muchas ocasiones, el instrumento principal por el cual la consejería alcanza el cambio. Se necesita un yo para ayudar a formar un yo.

Esto lleva a la pregunta, ¿qué es el yo? Para el cristiano, el yo, o el núcleo de la persona, fue creado por Dios a Su imagen (Gn. 1:26-27). Teólogos, filósofos y estudiosos bíblicos han escrito volúmenes sobre *imago Dei*. A riesgo de simplificarlo excesivamente, la imagen de Dios tiene algo que ver con aspectos de nuestra personalidad, racionalidad, emoción, imaginación, etc. También involucra aspectos de nuestra capacidad de afectar el mundo que nos rodea, de tener un propósito de vida en general, así como nuestra capacidad para entrar profundamente en las relaciones. Durante siglos, la definición más común de la imagen de Dios fue la capacidad de los seres humanos para pensar, recopilar información y utilizar la lógica, de ahí el término *homo sapiens* (hombre que piensa). Sin embargo, ¿es ésta una visión unilateral de Dios y de las personas?

En la teología clásica ortodoxa, Dios es descrito como impasible; no está sujeto al sufrimiento, al dolor o al flujo y reflujo de las pasiones involuntarias, como lo están los seres humanos. En palabras de la confesión de fe de Westminster, Dios es "sin cuerpo, o pasiones, inmutable" (2:1). Otra manera de decirlo es que Dios no puede ser herido, sino que simpatiza y experimenta un gozo permanente. Entonces, ¿qué hacemos de los numerosos pasajes bíblicos que atribuyen a Dios muchas emociones variables: lleno de dolor (Gn. 6:6); ira (Nm. 11:1); enojado y mostrando favor (Sal. 30:5); se deleita, ama, se regocija (Sof. 3:17); ama (Jn. 3:6)? La escritura registra muchas otras emociones, tanto positivas como negativas, que Dios expresa. Algunos han argumentado que estos son simplemente antropomorfismos, definiendo a Dios en términos humanos. ¿Qué piensas?

———

Si bien trabajaremos para cultivar los aspectos científicos y artísticos de la consejería a lo largo del libro, el enfoque de este capítulo será el aspecto artístico de la consejería—los elementos intuitivos y subjetivos que hacen de la consejería una experiencia personal única.

UNA PROFESIÓN, MUCHOS ASPECTOS

1 Corintios 12:4-6 nos dice: "Ahora bien, hay diversidad de dones, pero el Espíritu es el mismo. Y hay diversidad de ministerios, pero el Señor es el mismo. Y hay diversidad de actividades, pero Dios, que efectúa todas las cosas en todos, es el mismo". Si bien Pablo estaba hablando a la iglesia en general, este concepto también se aplica al trabajo que los consejeros hacen. Aunque cada uno de vosotros está aquí por un conjunto común de intereses en el cuidado de las personas, también cada uno posee un conjunto diferente de dones, talentos, capacidades, pasiones e intereses que indican cómo y por qué cuidar a las personas. Considera, para ti mismo,

» ¿Qué es lo que te atrae de ayudar a los demás?

» Un buen amigo te llama para decirte algo realmente difícil que le sucedió ese día ¿Cómo es posible que te preocupes por eso?

Las diferencias en la forma en que las personas responden a estas preguntas pueden contribuir al tipo de especialidad de consejería a la que pueden acceder o al tipo de aconsejados con los que prefieren trabajar. Al igual que los médicos, que comparten la misma formación básica, pero luego se especializan en, por ejemplo, la cirugía, la oncología o la pediatría basado en sus intereses, talentos y temperamentos, los consejeros no pueden ser todos iguales. Por ejemplo, las talentos y dones que se necesitan para trabajar con alguien a quien la sociedad consideraría un "delincuente" de algún tipo (p. ej., un marido abusivo, un delincuente sexual, alguien condenado por violencia criminal) son diferentes de los talentos y dones necesarios para trabajar con aquellos en posiciones más vulnerables (es decir, niños, víctimas de abuso, sobrevivientes de trauma). Así como la Iglesia necesita personas con diferentes dones para llegar efectivamente al mundo que le rodea, así es que el mundo necesita diferente tipo de consejeros para tratar diferentes daños causados.

El consolador versus el desafiante. El consejero que actúa más como un consolador tiende a ver cómo el apoyo, la afirmación, la empatía y la comodidad podrían crear una sensación de seguridad para el aconsejado que podría permitirle avanzar en una dirección más saludable. El desafiante, por el contrario, tiende a ver cómo la confrontación bien intencionada o los desafíos a la lógica, el comportamiento o las decisiones podrían facilitar la capacidad del aconsejado para entender su situación de manera diferente y así avanzar hacia un cambio más saludable. Hay un tiempo y un lugar para ambos tipos de enfoques, pero la mayoría de las veces tus aconsejados necesitarán que hagas ambas cosas.

Durante mi programa de maestría, yo (Elisabeth) tenía un profesor de consejería que una vez me dijo: "Consejería es saber cómo sostener a alguien y golpearle al mismo tiempo". Él continuó diciendo, "Y no tengo ninguna duda que puedes hacer la parte del golpe, pero vamos a tener que trabajar en el área de sostener mientras estés aquí". Por supuesto, él no estaba hablando de "golpear" como violencia física o emocional. Pero la analogía realmente me ayudó a ver tanto la fuerza que traje al proceso de consejería como lo que necesitaba mejorar.

Es importante que determines si eres más naturalmente un consolador o un desafiante. ¿Tiendes a escuchar la historia de una persona y ver dónde podría necesitar ser consolada, afirmada o validada? ¿O tiendes a escuchar dónde alguien podría necesitar ser confrontado, desafiado o reorientado con el propósito de crecer y cambiar? Raramente un consejero es solo un consolador o un desafiante, pero la mayoría tienen una tendencia a preferir una modalidad por encima de la otra. También es importante tener en cuenta que, cuando sea beneficioso, tanto el consolador como el desafiador adoptan su enfoque preferido desde el mismo corazón y la misma motivación: ayudar al aconsejado a crecer. Los consejeros que han perfeccionado su técnica son capaces de identificar qué enfoque prefieren personalmente o por "defecto", pero también tienen la capacidad de ajustar su enfoque a fin de implementar lo que el aconsejado necesita en un momento dado.

Consolador	Retador
✓ Conforta	✓ Reta
✓ Afirma	✓ Confronta
✓ Valida	✓ Redirige

¿Qué hay de ti? Cuando ves a alguien que necesita ayuda, ¿en qué piensas que consiste la ayuda? ¿La ves como un abrazo o su equivalente emocional? ¿La ves como palabras de afirmación y estímulo y un replanteo positivo, enfatizando lo que ya es bueno y correcto en el aconsejado? ¿O se parece más a un desafío tierno de lo que hay que hacer, pensar o sentir de manera diferente, llamar la atención sobre lo que sería necesario cambiar o ser corregido en el aconsejado? Una vez que determines cuál de los dos lados de la dicotomía se ajusta a tu inclinación más natural, puedes comenzar a trabajar en el desarrollo del otro aspecto.

El sacerdote y el profeta. A lo largo de este libro serás introducido a los conceptos psicológicos y sus contrapartes escriturales, y viceversa. Mientras que el lenguaje psicológico utiliza el concepto de consolador y retador, la Escritura también proporciona un marco para entender la persona del consejero en el proceso de ayuda. En última instancia, la consejería funciona como cualquier proceso de discipulado: el consejero se reúne con el aconsejado en el punto donde este se encuentra y busca asociarse con él en un paso más hacia la salud y la integridad (para un cristiano, este es el proceso de santificación y crecimiento en la semejanza a Cristo). En el Antiguo Testamento había dos funciones principales, o profesiones, que tenían la responsabilidad directa de ayudar a los israelitas a estar en una relación correcta con Dios y a crecer en su relación con él: sacerdotes y profetas. Ambos papeles sirvieron para ayudar a Israel a comunicarse con Dios y a crecer en relación con Él, pero la dirección en el proceso parecía ligeramente diferente para cada uno. El oficio del sacerdote era interceder *ante Dios* en nombre del pueblo. Él era, en esencia, un pacificador, y el que facilitaba la reconciliación y la expiación implorando la misericordia de Dios. En contraste, el trabajo del profeta era comunicar al pueblo un mensaje *de parte Dios*. El profeta era el portavoz de la verdad, tanto de la afirmación como de la corrección, y servía para facilitar el cambio comunicando al pueblo la perspectiva de Dios. Al igual que el consolador y el retador, el consejero "sacerdotal" y el consejero "profético" comparten el mismo corazón y la misma pasión—ver a la gente crecer en plenitud y rectitud; solamente que sus dotes y método toman formas diferentes.

El Sacerdote

✓ Confortador   ✓ Pensar con
✓ Confesional   ✓ Caminar con
✓ Entrevistador   ✓ Afirmar la verdad
✓ Escuchante   ✓ Confortar al turbado

(Carter y Narramore, 1979, p. 114)

¿Qué hay de ti? Cuando consideras estas dos descripciones, ¿te encuentras más a menudo en el papel sacerdotal buscando consolar y traer reconciliación? ¿O te encuentras más en el papel profético del hablante de la verdad, tratando de promover el crecimiento por medio de desafiar a la gente a cambiar? Considera la posibilidad de compartir esta analogía, junto con la analogía de consolador versus retador, con amigos cercanos o familiares en tu vida y pregúnteles en qué papel(es) te han visto más enfocado.

» Soy más un _____ y aporto _____ a la relación de ayuda.

El Profeta

✓ Convencer   ✓ Pensar por
✓ Confrontar   ✓ Hablar a
✓ Predicar   ✓ Proclamar la verdad
✓ Aleccionar   ✓ Incomodar lo confortable

(Carter y Narramore, 1979, p. 114)

¿CUÁNTO SABES DE TI MISMO?

Cada uno de vosotros tiene una historia única y valiosa que os ha dado forma a hasta llegar a ser lo que sois ahora. Las piezas de tu historia, y cómo eliges entenderlas, trabajan juntas para moldear tu yo como un instrumento en el proceso de consejería. Una parte crítica de ser un consejero eficaz es la autoconciencia, que es tu capacidad de conocerte y comprenderte a ti mismo, para bien y para mal. La autoconciencia no solo incluye lo que te gusta o lo que no te gusta (aunque eso forma parte de ella), sino, incluso, la conciencia de tus propias emociones, pensamientos, motivos, valores e intenciones a medida que avanzas en la vida. La autoconciencia se cultiva generalmente a través de dos vías: (1) autorreflexión y (2) aportación de otros.

La autoconciencia implica autorreflexión y conocimiento de:

- ✓ tus fortalezas y debilidades
- ✓ cómo te afecta tu pasado
- ✓ Tu motivación
- ✓ Tus valores
- ✓ recibir información sobre cómo te perciben los demás

Autorreflexión. La autorreflexión requiere que disminuyas la velocidad y te observes en una situación dada haciéndote algunas de las siguientes preguntas:

- ¿A quién estoy presentando en este momento? (i.e., ¿al experto?, ¿al payaso?, ¿al cuidador?, etc.)
- ¿Por qué acabo de decir o hacer eso?
  - ♦ ¿Qué espero lograr con lo que acabo de decir o hacer? ¿Dónde espero que vaya esta conversación o interacción?
  - ♦ ¿Cómo me sentí antes, durante y después de esa interacción? ¿Qué estaba pensando justo antes, durante y después de esa interacción?
  - ♦ ¿Qué cosas de mi pasado están contribuyendo a cómo estoy respondiendo en este momento?
- Cuando dije o hice eso, ¿cómo lo tomaron otros?
  - ♦ ¿Qué significado podrían tener los demás en lo que acabo de decir o de hacer? ¿Cómo podría haber llegado a los demás en esta situación con mi tono, lenguaje corporal, elección de palabras y tiempo?

Conoce tus fortalezas y debilidades. Nadie es perfecto; ni tampoco hay nadie totalmente imperfecto. Una autoconciencia saludable significa que tienes la capacidad de identificar los puntos fuertes y debilidades que llevas contigo. No significa ser orgulloso o despectivo con respecto a tus fortalezas, ni tampoco significa que te desprecies o te humilles acerca de tus debilidades. Más bien se trata de ser capaz de mirar a ambos lados como parte de lo que contribuye al arte de tu práctica de la consejería. Ten en cuenta que los puntos fuertes en un contexto pueden resultar ser debilidades en otro, y viceversa. Por ejemplo, uno de tus puntos fuertes podría ser la perseverancia, pero también podría tener una tendencia hacia su lado contrario, la terquedad.

Inténtalo

Toma un momento y escribe de cinco a diez cosas (rasgos, habilidades, dones, destrezas o intereses) acerca de ti que veas como puntos fuertes o bienes que aportas a una relación de consejería.

Ahora, elige una de las cosas que enumeraste arriba y considera cómo ese aspecto positivo podría potencialmente convertirse en una debilidad en una relación de consejería. Explícalo:

Por último, identifica un rasgo que consideres una debilidad en ti mismo:

¿Cómo podría esto convertirse en algo positivo dentro de una relación de consejería?

Comprende tu pasado. Ningún consejero entra en la sala de consejería completamente libre del pasado o no influido por lo que ha sucedido con anterioridad en su vida. Una parte de la autoconciencia saludable consiste en crecer en la comprensión de cómo tu pasado ha contribuido a tu presente. Ten en cuenta que no estamos diciendo que tu pasado determina tu presente o que estás definido para siempre por tu pasado; más bien, creemos que la comprensión de los efectos de tu pasado puede ayudar a ilustrar por qué eres como eres. Al considerar tu pasado y su influencia en tu presente, algunos de tus recuerdos serán positivos, ya que son recuerdos de alegría, éxito, logro, amor, aliento y aceptación. Pero algunos de tus recuerdos serán dolorosos, estando compuestos de recuerdos de tristeza, dolor, decepción, rechazo, mediocridad o trauma. En ambos casos, el equilibrio, la humildad y el reconocimiento de lo bueno y lo no tan bueno que existen son importantes. Involucrarte en tu propia consejería personal es a menudo una buena manera de facilitar el dominio de la autoconciencia y de considerar preguntas como:

- ¿Cómo ha influido mi origen familiar o cultural a mi sentido de la identidad?
- ¿Cómo ha influido mi familia de origen o mi trasfondo cultural en mi comprensión de la salud, la disfunción, el perdón, la gracia, la justicia y la equidad, la resolución de conflictos, el éxito y el fracaso?
- ¿Cómo afectó mi relación con mis padres la forma en que ahora me relaciono con las autoridades y con Dios?
- ¿Cómo afecta mi relación con los compañeros con los que crecí la forma en que me acerco a las amistades de hoy?
- ¿Qué eventos de la infancia (enfermedad, rechazo, premios y reconocimientos, divorcio de los padres, mudanza, abuso, etc.) pueden ser vistos como influyentes en la formación de mi concepto de mí mismo?

A medida que comiences a explorar más de tu pasado, es probable que encuentres que los acontecimientos particulares han resultado en la formación de una lente a través de la cual ves el mundo, incluyendo las historias de tus aconsejados. La lente es como un marco que has desarrollado en un intento de encontrarle sentido a ti mismo y a los demás. El objetivo de la autorreflexión en este dominio es que, a medida que creces en tu autoconciencia, tu pasado ya no sirve como la lente a través de la cual ves el mundo sino que se convierte en una herramienta en tu caja de herramientas—un recurso que puedes usar cuando sea apropiado, pero también una herramienta que tú sabes que no es adecuada para cada situación que encuentres. La única manera de que los asuntos (buenos y malos) de nuestro pasado pasen de ser una lente a una herramienta es a través de la autorreflexión y la autoconciencia creciente, y muchas veces a través de la consejería personal.

Tomemos, por ejemplo, una situación en la que una consejera, Glenda, sufrió abuso sexual por parte de su pastor de jóvenes cuando era una adolescente. La lente a través de la cual Glenda veía el mundo se convirtió en una que le hacía desconfiar de todos los hombres, en particular de los líderes de la iglesia. Si Glenda no es consciente de que esto está ocurriendo, sus prejuicios negativos pueden afectar negativamente su trabajo de consejería con una aconsejada que esté luchando en la misma área (p. ej., estar de acuerdo con su aconsejada en que no es prudente confiar en ningún varón). Sin embargo, si Glenda se da cuenta de que tiene problemas de confianza con los hombres, y se da cuenta de que ha creído en la mentira de que todos los hombres son abusadores, y trabaja para determinar qué hombres son dignos de confianza y cuáles no, se encontrará en una mejor posición para ayudar a su aconsejada a luchar con cómo mantenerse segura sin tener que romper toda relación con hombres.

Conciencia de factores motivacionales. Ser consciente no solo de lo que haces, sino de por qué haces ciertas cosas te permitirá tener un mayor dominio sobre ti mismo en una relación de consejería, permitiéndote funcionar sobre todo a partir de tus puntos fuertes y dones en lugar de "filtrar" tus heridas y debilidades en tu aconsejado. Tu motivación para ayudar a los demás determinará dramáticamente cómo defines el éxito, al igual que cómo eliges las intervenciones en el proceso de consejería.

Cuando se les pregunta por qué quieren ser consejeros, la mayoría de los estudiantes dirán algo así como "porque quiero ayudar a la gente". Si bien esta es una gran razón para convertirse en consejero, entender por qué quieres ayudar a las personas y con qué fin quieres ayudar a la gente son preguntas aún más importantes. Reflexionar sobre tu motivación te exige cavar en las profundidades de tu corazón y la psique, para identificar cuál es tu meta final y cómo vas a definir "éxito" o "eficacia" al trabajar con otros.

Las posibles motivaciones para querer ayudar a la gente incluyen lo siguiente:

- Es bonito ser necesario.
- Agradezco a aquellos que estuvieron allí para mí cuando lo necesité, y ahora quiero dar algo a los demás.

- Otras personas me han dicho que tengo un don para ayudar a la gente.
- Quizás, si ayudo a otros, me curaré yo en el proceso.
- Me han dicho que soy un buen oyente.
- Veo muchas personas heridas en el mundo y quiero hacer mi parte para ayudar.
- No estoy seguro de que esté preparado para ser consejero, pero estoy dispuesto a darle una oportunidad.
- Creo que estar allí para otros es un mandato bíblico.
- Creo que tengo dones de sabiduría y discernimiento, y quiero usarlos para ayudar a la gente a tomar las decisiones correctas en la vida.

El conocimiento de tus valores. Si bien es prácticamente imposible llevar a cabo una consejería libre de valores, parte de la conciencia de ti mismo consiste en desarrollar la capacidad de distinguir entre tus valores, creencias, motivaciones, sentimientos, etc., y los de tu aconsejado. Okun y Kantrowitz (2015) lo expresan concisamente cuando dicen: "Si eres consciente de tus propios valores, es menos probable que los impongas indirectamente a otros" (p. 31). Por lo tanto, puedes facilitar mejor el proceso de crecimiento de un aconsejado a partir de una posición de respeto y diferenciación. Practicar la autorreflexión regularmente sirve para refinar tus talentos como consejero mientras que también protege a tu aconsejado de manipulación involuntaria o imposición de valores. Es importante recordar que los valores no son solo principios espirituales o religiosos que nos guían. Cuando oyen la palabra valores, muchos estudiantes cristianos piensan en "temas candentes" como la sexualidad, la moralidad y la política, y si bien están incluidos, nuestros valores están mucho más matizados y son más sutiles en la mayoría de los casos. Nuestros valores finalmente guían nuestras elecciones. Por ejemplo, si decides invitar a amigos para cenar en lugar de salir, ¿es porque valoras más (nivel de importancia) la hospitalidad, o porque valoras más ser ahorrador? Tanto la hospitalidad como ahorrar pueden ser vistas como valores bíblicos, pero ambas también pueden ser ejecutadas por motivaciones orgullosas y pecaminosas. Se cauteloso en darle a algo un valor bíblico cuando es realmente una preferencia personal. Otros temas relacionados con los valores incluyen:

- *Dinero y estado*: ¿Asumes intencionada o involuntariamente que alguien de un estatus socioeconómico es más inteligente, más sabio, más piadoso o más sano que alguien más? ¿Asumes que las personas con un nivel socioeconómico tienen más o menos necesidad de servicios de consejería? ¿Qué suposiciones haces acerca de la gente que tienen deudas excepcionales, usan solamente ropa de marca, conducen coches último modelo o no tienen un empleo fijo?
- *Roles de género*: ¿Qué concepto tienes de los hombres que no tienes de las mujeres en el trabajo, el ministerio y las responsabilidades domésticas o familiares? ¿Qué concepto tienes de las mujeres que no tienes de los hombres?
- *Composición de la familia*: ¿Qué suposiciones haces con las personas basado en su estado civil? ¿Piensas con prejuicio de alguien que nunca ha estado casado, ha estado casado durante varias décadas, está divorciado, está cohabitando, es un padre soltero, tiene hijos o no quiere hijos?
- *Estilo de educación de los hijos*: ¿Cómo reaccionas ante los padres que son autoritarios en sus estilos de educación en contraste con aquellos que son muy permisivos? ¿Cómo respondes a la conducta de los padres cuando la percibes como algo abusivo (p. ej., gritarle al niño por una infracción menor)? ¿Cómo te sientes con los padres que parecen demasiado pasivos o permisivos?
- *Sexualidad*: ¿Percibes un tipo de pecado o disfunción sexual (sexo premarital, pornografía, infidelidad, comportamiento homosexual, etc.) como más problemático que otro? ¿Está esa jerarquía basada únicamente en tu nivel de comodidad o incomodidad con el tema, o está basada en algo más?
- *Religión y espiritualidad*: ¿Qué suposiciones haces acerca de lo saludable que puede ser una persona si su sistema de fe es diferente al tuyo? ¿Qué suposiciones haces acerca de alguien que profesa tu mismo sistema de fe, pero luego vive de una manera que tú encuentras incongruente con ese sistema?
- *Salud y bienestar*: ¿Cómo defines una persona físicamente sana? ¿Qué papel juegan la nutrición y el ejercicio en tu comprensión de la salud? ¿Cómo te sientes con alguien que es significativamente más o menos disciplinado en estas áreas que tú?

- *Talentos*: ¿Respondes de manera diferente a alguien que obviamente está dotado de alguna forma (p. ej., atletismo, música, drama, danza, escritura, inteligencia) en comparación con alguien que no tiene talentos obvios o alguien con discapacidades?

Todos estos temas, y otros más, reflejan nuestros valores—las suposiciones, las expectativas, las creencias y las preferencias que dan forma a la manera en que percibimos el mundo. Al reflexionar sobre estas preguntas y otras similares, la "respuesta correcta" no se encuentra en ser lo más "políticamente correcto" que se pueda, ni en averiguar lo que tú crees que tu profesor, pastor o comunidad quiere que digas. En su lugar, la "respuesta correcta" comienza con tu propia autenticidad y honestidad, y luego se traslada a un lugar de mayor autorreflexión y voluntad para permitir que el Espíritu Santo use a otros para hablar en áreas que necesitan ser cambiadas.

Consejo clínico

En su sentido más generalizado, la contratransferencia se refiere a las reacciones emocionales de un consejero hacia un aconsejado en particular. Esto puede incluir respuestas a cómo se ve el aconsejado a o lo que el aconsejado dice o hace. Sus experiencias pasadas pueden desencadenar reacciones de contratransferencia, al igual que sus valores pueden ser desafiados directa o indirectamente. No toda la contratransferencia es negativa. La contratransferencia positiva puede ser obtenida cuando realmente nos gusta un aconsejado o incluso somos físicamente atraídos por un aconsejado. Comprender, manejar y usar adecuadamente nuestras reacciones de contratransferencia es esencial para ayudar en lugar de perjudicar a nuestros aconsejados.

Recibir aportaciones de otros. El aporte de los demás es el siguiente paso para cultivar la autoconciencia. Requiere un nivel de vulnerabilidad y capacidad de enseñanza que puede ser arriesgado, pero es esencial para el desarrollo del yo como instrumento. A medida que continúes en tu camino de convertirte en consejero, debes de ser premeditado en la búsqueda de personas en las que confíes y que pueden señalarte los rasgos, dones y puntos débiles que ven en ti. Tus profesores y supervisores, naturalmente, encajan en este papel, ya que proporcionan información sobre las tareas y tus prácticas de consejería. Además, un compañero de clase con el que conectas bien o un mentor externo también puede ser alguien a quien te puedes dirigir para obtener esta valiosa información. Te animamos a invitar intencionadamente a individuos específicos a este papel en tu vida y a pedirles directamente que compartan sus ideas contigo.

Esto puede venir en la forma de una conversación donde tú dices algo como, "Kyle, realmente respeto quién eres, y pienso que podrías tener una buena visión de quién soy yo. Si estás dispuesto, quisiera invitarte a que en los próximos meses compartas conmigo lo que ves como mis puntos fuertes y las áreas en las que necesito trabajar. Haré todo lo posible para no estar a la defensiva en esas observaciones, sino para dialogar contigo sobre lo que compartes conmigo". Si bien este proceso tiene el potencial de enriquecer muy personalmente, también facilita el desarrollo de la empatía para los aconsejados que un día se sentarán delante de ti, directa o indirectamente pidiendo tu opinión sobre sus vidas.

Además de desarrollar relaciones interpersonales que proporcionan información y retroalimentación honesta en tu vida, involucrarte en tu propia consejería personal es también una pieza crítica para el desarrollo de ti mismo como un instrumento. Siempre nos asombramos del número de estudiantes que quieren ser consejeros, pero no están dispuestos o al menos se muestran reticentes a ser los propios aconsejados. Por el contrario, nos encontramos con muchos estudiantes que quieren ser consejeros debido al impacto que la consejería ha tenido en sus propias vidas; ¡han cosechado personalmente los beneficios y ahora quieren transmitirlos a otros! Ponerse en el papel del aconsejado, con todo lo que eso conlleva (costo, vulnerabilidad, tiempo, emoción, humildad y esfuerzo), servirá para cultivar tu propia conciencia de ti mismo, así como tu empatía por aquellos que algún día confiarán que ejerzas con ellos ese papel.

Inténtalo

1. ¿A quién, de las personas cercanas a ti, podrías pedirle que te provea información en tu proceso de autoconciencia? ¿Qué hace que esas personas sean una elección segura y deseada?

2. ¿Qué esperas que provenga de otras personas que hayan participado en tu proceso de desarrollo de la autoconciencia?
3. ¿Qué dudas tienes acerca de invitar a otros a tu proceso de desarrollo de autoconciencia?

Preguntas para hacer a otros:

1. ¿Cuáles son algunos de los puntos fuertes que ves en mí?
2. ¿Cuáles son algunas áreas en las que crees que podría crecer?
3. ¿Puedes decirme acerca de un momento en el que estabas impresionado con la forma en que yo manejé algún asunto o respondí a alguien?
4. ¿Puedes identificar un momento o una situación en la que podrías decir que me sentía incómodo porque estaba siendo presionado o desafiado? ¿Qué me sugerirías hacer la próxima vez que afronte una situación similar?

Implicaciones de diagnóstico

Un gran debate en el campo de la consejería tiene que ver con los pros y los contras de buscar la patología (enfermedad mental) en las personas en lugar de mirarlos dese la perspectiva de los desafíos de desarrollo. En la historia de la psiquiatría y la psicología clínica, se ha puesto un énfasis considerable en la identificación de los síntomas y el diagnóstico de trastornos mentales. Los campos de consejería, terapia matrimonial y familiar, y trabajo social han tendido hacia un enfoque no patológico que se centra más en el desarrollo normal del individuo y de la familia y en las diferentes transiciones que todos encontramos en nuestras vidas. En este sentido, muchas enfermedades mentales pueden ser vistas como un desarrollo que no se ha llevado a cabo bien.

En el contexto de este capítulo, las implicaciones de esto son significativas. ¿Deberíamos ver a la gente, incluyendo a nosotros mismos, como si estuviésemos luchando con un trastorno mental o tratando de navegar por un período de desarrollo transitorio lo mejor que podemos? La forma en que aconsejes dependerá en parte de tu opinión sobre este tema y de cómo interpretas tus propios desafíos. Si ves a un aconsejado particular con el que te estás reuniendo, por ejemplo, un joven que es un estudiante de último año en la universidad, que tiene síntomas de ansiedad indicativos de un trastorno de ansiedad, tal vez la remisión a un consejero profesional especializado en salud mental sea lo más correcto. Esto podría incluir la remisión a un psiquiatra para la evaluación de la medicación. Sin embargo, si ves a este aconsejado luchando con una transición importante en su vida, con ansiedad comprensible proveniente del deseo de tener buenos resultados en la universidad, conseguir un trabajo cuando se gradúe, el aumento de la deuda por préstamos estudiantiles, una relación romántica fracasada y el uso creciente de alcohol como vía de escape, mirar a esa persona desde las perspectivas del desarrollo puede ser muy útil, y la consejería puede estar justificada.

Por supuesto, nuestra perspectiva es que ambos enfoques son necesarios. A veces la ansiedad es tan intensa que la medicación es necesaria para reducir los síntomas para que el estudiante pueda hacer frente a su situación. Y la consejería es necesaria para trabajar a través de las implicaciones cognitivas, emocionales, relacionales y espirituales de esta transición.

Con respecto al uso que el consejero hace de sí mismo en el proceso de consejería, es nuestra propia reflexión sobre nuestras transiciones personales de la vida, nuestras relaciones con la familia y los amigos, nuestro afrontamiento emocional, y nuestro pensamiento a través de asuntos en nuestras vidas que se convierten en la base para entender a otros. Son nuestras propias experiencias las que se convierten en la base de la comprensión de cómo las personas hacen frente, crecen y sanan. No es que los demás experimenten las cosas exactamente como lo hicimos nosotros, o que lo que funcionó para mí funcionará para ti, o que yo mismo te revelaré mi vida entera porque de alguna manera eso será relevante para ti. Es entender mi propio proceso de cambio que puede ser útil para el proceso de cambio de los demás.

CUIDADO PERSONAL: TENDIENDO AL INSTRUMENTO

Los consejeros emplean la mayor parte del tiempo, energía y atención en cuidar de los demás de diversas maneras. Con frecuencia, los consejeros interiorizan la creencia de que su estima y valía provienen del cuidado que proporcionan a las personas a su alrededor, lo que puede resultar en negligencia con respecto a la atención que necesitan darse a sí mismos. Se olvidan de que cuidar a los demás es algo que debe salir de lo que rebosa de nuestras personas. Si tu propio pozo no está lleno, no tendrás los recursos adecuados para hacer que otros rebosen. Por lo tanto, el autocuidado es un componente fundamental y crítico de la permanencia y el éxito como consejero, y es nuestra recomendación que comiences a practicarlo incluso mientras estés en este curso.

¿Qué es el cuidado personal? El cuidado personal implica prácticas premeditadas en las que uno se compromete a restaurar, refrescar, relajarse y reagruparse. Las actividades de cuidado personal pueden ser tan únicas como tú mismo, pero generalmente caen en cinco dominios: físico, mental, emocional, relacional y espiritual. Estos dominios a menudo se superponen, pero son todos importantes en el cuidado de toda la persona.

Cuidado físico. El cuidado físico incluye todo lo que hagas para cuidar tu cuerpo. Los consejeros desarrollan una tendencia a centrarse tanto en el dominio emocional que se ponen en peligro de descuidar su propio estado físico. Hay valor en el cuidado de la estructura física que alberga y sostiene todo lo que sucede dentro. Considera cómo tu capacidad de pensar o sentir se alteran cuando estás enfermo o con dolor. A menudo pasamos por alto lo que el funcionamiento saludable de nuestros cuerpos significa en nuestras vidas. A medida que consideres cuidar de ti mismo como un instrumento, reflexiona sobre lo que debes hacer para participar en el cuidado físico a nivel personal, así como lo que te impide implementar estrategias eficaces:

- ¿Cómo afecta mi consumo de alimentos a mi funcionamiento mental y emocional?
  - ¿Dispongo del tiempo necesario para comer y beber suficiente agua cada día?
  - ¿Noto que me siento mejor o peor después de comer ciertos tipos de alimentos?
  - ¿Utilizo la comida como un escape o una forma de calmarme, en lugar de enfrentar mis emociones y necesidades básicas?
- ¿Qué tipo de ejercicio o actividad física estoy realizando para cuidar mi cuerpo?
  - ¿Me siento mejor después de la actividad aeróbica (caminar, correr, etc.) que hace subir mi ritmo cardíaco y me permite expulsar la energía?
  - ¿Me siento mejor después de actividades más reflexivas y basadas en estiramientos (yoga, Pilates, etc.) que me ayudan a calmarme y conectar con mi cuerpo?
  - ¿Evito el ejercicio físico y la actividad? Si es así, ¿por qué?

- ¿Le doy al sueño la importancia que merece y permito que mi horario se adapte a la cantidad de descanso que mi cuerpo necesita—no solo con lo que me da para sobrevivir?
- ¿Qué actividades puedo realizar regularmente para contribuir a relajar y restaurar mi cuerpo?

Cuidado mental. Cuidar de tu mundo interior es de suma importancia como consejero, y eso comienza con tu mente. Filipenses 4:8 habla de este principio cuando dice: "Por lo demás, hermanos, todo lo que es verdadero, todo lo respetable, todo lo justo, todo lo puro, todo lo amable, todo lo que es de buena reputación; si hay virtud alguna, si algo digno de alabanza, en esto pensad". El cuidado mental requiere que pienses con cuidado lo que pones en tu mente, lo que lees, lo que ves, lo que piensas. Además, el cuidado mental consiste también en lo que te permites no pensar. Siempre habrá más gente a considerar, más problemas a resolver, más reflexión personal que hacer, pero a veces el cuidado mental significa permitirse "apagar" y dejar de lado esas preocupaciones por un tiempo. Esto no significa escapar o adormecerse, sino más bien el dejar de lado de manera intencionada la preocupación, la duda y la reflexión profunda y reemplazarlos con risas, gozo, paz y acción de gracias.

- ¿Qué tipos de programas de televisión y películas elijo ver? ¿Cómo pueden contribuir o disminuir mi propio cuidado mental?
- ¿Qué tipos de libros escojo leer? ¿Es mi lectura "por diversión" mental y emocionalmente beneficiosa? ¿En qué manera? ¿Doy lugar a la lectura "por diversión", o todo tiene que ser profesional y académicamente relevante? ¿Por qué?
- ¿Qué papel juega la música en mi concepto de la vida?
- ¿Qué tan cómodo me siento con el silencio en mi casa, mi coche, en la naturaleza y así sucesivamente? Cuando estoy en silencio, ¿en qué me encuentro pensando?

Cuidado emocional. Cuidar de tu propio corazón y sentimientos te permite dar de manera más apropiada de ese rebosar; no puedes dar a tus aconsejados lo que no tienes. El cuidado emocional comienza con ser auténtico y honesto contigo mismo sobre tus propias emociones. Muchos consejeros han aprendido a subyugar sus propios sentimientos con el propósito de cuidar los sentimientos de los demás. Parte del cuidado personal se convierte entonces en aprender a volver a involucrarte en tus propias emociones, dándoles voz y valor. Las emociones son una parte fuerte del mundo interior de los consejeros. Tu cuidado necesita centrarse en aprender a usar tus emociones como un activo y no como algo que abruma o domina tu vida. Independientemente de si estás demasiado conectado o desconectado a tus emociones, es probable que el cuidado emocional implique hacer tu propio trabajo terapéutico como aconsejado. El cuidado emocional también implica cultivar relaciones en tu vida que nutren tu corazón y te cuidan— hablaremos más sobre esto bajo el cuidado relacional.

- ¿Tiendes a estar demasiado conectado o desconectado de tus emociones?
- ¿Cuáles son las maneras en que puedes poner atención a sus emociones?

Cuidado relacional. Siempre nos sorprende cuando hablamos con estudiantes que solo tienen "amigos" para los cuales ejercen de cuidadores, y sin embargo una y otra vez nos encontramos con estudiantes que carecen de verdaderas amistades recíprocas. Parte del cuidado relacional consiste en cultivar relaciones en las cuales tú estás igualmente atendido, buscado, cuidado y nutrido como tú haces con los demás. Muchos de los lectores pensarán que esto es algo horriblemente desequilibrado, como si solo estuviesen "recibiendo" de la amistad particular, pero en realidad es simplemente más equilibrado de lo que han experimentado antes. Las relaciones recíprocas a menudo se identifican como aquellas en las que ambos participantes dirían que "obtienen el buen fin del trato" en la relación. Este tipo de relaciones llevan tiempo y propósito encontrarlas y cultivarlas, ¡pero está bien ser exigente! Tu vocación como ayudador te dará la salida que deseas para cuidar a los demás sin necesidad de nada; tus amistades no tienen por qué tener la misma estructura.

- ¿Qué es lo que me hace sentir incómodo de no ser el "ayudante" en una relación?
- ¿Qué persona en mi vida es un amigo recíproco?

- ¿Qué relaciones en mi vida no son recíprocas? ¿Hay algo que pueda pedir, hacer o cambiar que pueda facilitarles el equilibrio? ¿Hay algunas relaciones que necesito dejar a un lado para poder avanzar en el cuidado relacional?

Cuidado espiritual. El cuidado del alma es muy importante en la vida del consejero. En su base, la consejería consiste en ser un conducto para que el Espíritu Santo trabaje en la vida de otra persona, y un buen conducto no puede echarse a perder o desintegrarse debido a la falta de su propio cuidado. Simultáneamente, el conducto necesita tener siempre en mente que el poder, el recurso y el cambio no provienen de su propio hacer sino de algo más grande. El cuidado espiritual personal permite que el consejero permanezca en un lugar de humildad y gracia, un lugar que está desbordado por el honor y el privilegio que supone caminar junto a otra persona, mientras que simultáneamente siente el peso de esa responsabilidad santa. Como cristiano, el cuidado espiritual personal incluye varios elementos que pueden ser resumidos principalmente por (1) participación en una comunidad eclesial y (2) participación en disciplinas espirituales.

La participación en una comunidad como la iglesia es algo a lo que todos los creyentes son llamados (Heb. 10:25), pero a menudo se descuida o minimiza porque puede ser confuso y contraproducente. En la participación en la iglesia obtenemos la enseñanza y el aporte de otros y tenemos la oportunidad de crecer relacionalmente y de encontrar amistades recíprocas. Al igual que en la elección de relaciones saludables, también es importante ser diligentes en la elección de una iglesia sana (que no perfecta). La iglesia a menudo cumple cuatro propósitos primarios: enseñanza, adoración, comunidad y servicio. En un mundo ideal cada iglesia haría cada una de estas tareas, pero la realidad es que cada iglesia practica más una de estas tareas que las otras. Nuestra sugerencia para ti es que consideres, a estas alturas del entrenamiento y desarrollo, la tarea que sea de mayor prioridad para ti en tu búsqueda de cuidado espiritual personal en este momento. Luego clasifica las otras tareas y procura una comunidad cristiana basada en esa lista. Así como los consejeros no pueden ser todas las cosas que el aconsejado necesita, ninguna iglesia puede ser todas las cosas para cada congregante. Pero si eres consciente de tus necesidades y prioridades espirituales, será más fácil que identifiques y te adhieras a la comunidad de la iglesia que te conviene.

Datos empíricos

Tan y Castillo (2014) echan un vistazo comprensivo a la literatura sobre el cuidado personal en lo que respecta a consejeros, pastores y capellanes. Los temas comunes encontrados a lo largo de los diversos estudios que Tan y Castillo revisaron incluyeron:

- obtener suficiente descanso
- pasar tiempo con amigos y familiares
- pasar tiempo solo
- encontrar y fomentar relaciones de apoyo
- recibir formación continua, supervisión y consulta
- establecer límites claros y consistentes, personal y profesionalmente
- obtener crecimiento espiritual
- obtener crecimiento personal
- ejercicio
- participar en pasatiempos agradables
- pedir y aceptar el apoyo de otros
- desarrollar una rutina o un ritual al salir de la oficina para ayudar emocional y mentalmente a dejar el trabajo en el trabajo
- mantener y fomentar el sentido del humor

Las disciplinas espirituales son simplemente cualquier actividad que se persigue intencionalmente con el propósito de profundizar tu relación con Cristo. La palabra clave aquí es *intencionalmente*—ya sea una disciplina de agradecimiento y celebración, de ralentizar el ritmo de la vida o de memorizar la Escritura, el punto es que estás participando deliberadamente en actividades que facilitan tu crecimiento espiritual. Las disciplinas pueden ser cosas que tienes en tu agenda, un calendario semanal, trimestral o anual, pero tienen una posición de prioridad en tu vida. Al final de este capítulo hay una lista de lecturas recomendadas sobre el tema del crecimiento y cuidado espiritual personal.

Sabbath. El sábado podría técnicamente ser incluido bajo el cuidado físico, cuidado emocional o cuidado espiritual. Debido a su significado, sin embargo, pensamos que era apropiado darle al sábado su propia sección. El sábado es la disciplina espiritual del descanso con propósito, y es algo en que la cultura occidental es particularmente pobre en la práctica. A pesar de que es uno de los Diez Mandamientos, el sábado a menudo es algo que tenemos en cuenta solo después de hacer todas las demás cosas que tenemos por delante. En cambio, el sábado es un regalo para las personas, no una carga (Mr. 2:27); es la manera en la que Dios nos recuerda que no solo está bien descansar, sino que es una necesidad. En su sentido más estricto, el sábado es un período de veinticuatro horas en el que el trabajo es intencionalmente puesto a un lado, recordándonos que la provisión viene de Dios y no de nuestros propios esfuerzos. En su esencia, el sábado consiste en cesar el esfuerzo, abstenerse de la ocupación que consume nuestra cultura y tomar un tiempo específico para reflexionar sobre nuestra dependencia de Dios. Te animamos a reflexionar con oración sobre el papel que el sábado necesita tener en su vida.

- ¿Cómo es el día de reposo en mi vida?
- ¿Qué temo que ocurra si de verdad practico el sabbath cada semana?
- ¿Qué espero que suceda si verdaderamente practico el sabbath cada semana?

Independientemente del dominio del cuidado personal, es de vital importancia para tu éxito y supervivencia como consejero la necesidad de atenderte y cuidarte a ti mismo como instrumento. No es egoísta, derrochador o débil tomar tiempo o usar los recursos para atender tus propias necesidades. Los consejeros solamente podrán dar aquello que tengan, y sin cuidado personal los recursos se secarán. Consideremos el cuidado personal como una forma de cuidar de manera indirecta pero poderosa a los aconsejados, al mismo tiempo que obedecemos y honramos a aquel que nos ha permitido servir en este papel.

APLICACIÓN EN LAS RELACIONES

El desarrollo de ti mismo como un instrumento terapéutico afecta no solo a tu trabajo con los clientes, sino también a la forma de acercarte a otras relaciones en su vida. Piensa en esto—crecer en tu autoconciencia, así como en tu capacidad para dar y recibir observaciones, es probable que afecte tus expectativas y deseos en las relaciones personales también. Considera la manera en que cada uno de los temas discutidos en este capítulo forman parte de tus relaciones personales:

* ¿Qué tipo de amigos eliges? ¿Son más apaciguadores o desafiantes? ¿Compartes valores similares? ¿En que sois diferentes?
* ¿Qué puntos fuertes aportas a las relaciones? ¿Qué debilidades tuyas parecen ser un tema común en tus relaciones?
* ¿Eres consciente de las motivaciones que aportas a las interacciones con tus amigos? ¿Qué papel estás tratando más a menudo de vivir con ellos?
* ¿Qué tan receptivo eres a la crítica constructiva de parte de los amigos, familiares, compañeros de trabajo y jefes?

A medida que continúes en este camino de convertirte en un consejero (independientemente del título profesional que un día llevarás), es probable que experimentes un cambio. Es de esperar que cambies a medida que crezcas en la autoconciencia, mientras aprendas a dejar que otros hablen con más honestidad en tu vida, a medida que aprendas a identificar y cultivar amistades profundas y con propósito, y a medida que crezcas en tu entendimiento de quien Dios te ha hecho ser (y no ser) en diversas circunstancias. También debes de estar preparado para que las amistades crezcan, cambien e incluso se disuelvan a medida que comiences a ser moldeado y refinado como un instrumento.

APLICACIÓN MULTICULTURAL

Cada cultura asigna un valor diferente a la autenticidad y a lo que la cultura occidental consideraría "crítica constructiva". A la luz de esto, personas de diferentes culturas se sentirán más o menos cómodas tanto haciendo como recibiendo observaciones de otros. Por ejemplo, cuando yo (Elisabeth) estaba trabajando en Ucrania, había conflicto entre el personal, centrado principalmente en el estilo de liderazgo del director.

Habiendo sido contratada como consultora para ayudar en parte con la dinámica del equipo, fui con alguien que yo sabía que entendía tanto la cultura ucraniana como la cultura americana y le pregunté qué nivel de confrontación y crítica honesta era generalmente aceptable. Me miró directamente a los ojos y sin pestañear dijo, "Oh, en Ucrania, es mejor mentir a alguien que herir sus sentimientos". Su comentario rápidamente me recordó mi preferencia de hacer y recibir una crítica directa y honesta, al mismo tiempo que también me sorprendió lo ineficaz que tal retroalimentación sería para alguien que lo ve como ofensivo, grosero o dominador.

Comparemos esto con la cultura holandesa, en la que la "crítica constructiva" puede venir de casi cualquier persona en tu vida, con o sin invitación. El punto de referencia en los Países Bajos es que es realmente irrespetuoso no señalar lo que se ve en otra persona (Buckland, 2006), tanto bueno como malo, pero la crítica se toma mucho menos a nivel personal de lo que incluso lo tomarían la mayoría de americanos.

A medida que trabajas para desarrollarte como un instrumento de cambio terapéutico, reflexiona sobre el papel que tu propia cultura ha tenido en el valor que pones en la autoconciencia, la aportación de otros, en reconfortar y desafiar, o si hay un énfasis en el arte o la ciencia de la consejería. La cultura de la que procedes te proporciona una visión única y recursos en el proceso de consejería, siempre y cuando hagas la parte del trabajo que te corresponde para crecer en la comprensión de quién eres y las cosas que han contribuido a darle forma a tu persona.

CONCLUSIÓN

El arte de la consejería requiere un consejero intencionado que esté dispuesto a reflexionar sobre sí mismo y abierto a las observaciones y comentarios de otros. Tu viaje de reflexión personal será permanente—no se trata de llegar sino más bien del proceso de llegar a ser. Esto requiere que aporte valor, humildad, apertura y capacidad de enseñanza a este proceso de entrenamiento y a tu vida como un todo. Afortunadamente, este no es un viaje que se emprende en solitario sino en una relación con aquellos que te pueden animar y afirmarte mientras que también te digan verdades duras en una manera gentil cuando sea necesario. A medida que continúes avanzando en este libro y aprendiendo nuevas microtécnicas, presta atención a las técnicas que disfrutas y cuáles son menos naturales para ti. Anímate en los momentos en los que tus talentos naturales sean afirmados. Cuando te encuentres con técnicas que son menos naturales para ti, lucha contra la tentación de verte "menos" que un compañero de clase que sobresale en esa área, recordando que tus fortalezas y debilidades únicas te permiten trabajar con aconsejados con los cuales tus compañeros tal vez no puedan—así como tus compañeros estarán capacitados para trabajar con personas con las cuales tú no estés interesado en trabajar. Somos un cuerpo con muchos miembros, y necesitamos los que consuelan y los que desafían, los sacerdotes y los profetas en la misma medida.

PREGUNTAS PARA LA RELFEXIÓN (ADAPTADAS DE COREY Y COREY, 2010)

1. Bajo la sección "Conciencia de Factores Motivacionales", proporcionamos una variedad de motivaciones para ayudar. ¿Con cuáles de las motivaciones te identificas más? ¿Qué contribuye más a tu deseo de ayudar a los demás?

2. ¿Qué consideras tú un indicador de una conversación o relación de ayuda "exitosa"?

3. ¿Cuál es la diferencia entre exponer a alguien a tus valores u opinión e imponer a alguien tus valores u opinión?

4. ¿Qué experiencias has tenido en tu vida que te podrían ayudar a relacionarte mejor con los demás?

5. ¿Qué problemas no resueltos o preocupaciones abiertas existen en tu vida personal que podrían afectar tu capacidad de trabajar con diferentes tipos de aconsejados?

6. Quien eres a día de hoy se ve afectado en gran medida por las decisiones que has tomado a lo largo del camino y por el sentido que les diste a esas decisiones. ¿Cuáles son algunas de las decisiones específicas en tu vida que son particularmente significativas para quien eres hoy, y cómo elegiste darles sentido a esas elecciones hasta ahora?

7. ¿Eres consciente de las maneras en que evitas conflictos u otras situaciones que provocan ansiedad?

8. ¿Te sientes siempre como si necesitaras tener el control de las situaciones?

9. ¿Te irritas cuando otros no ven las cosas de la manera que lo haces tú o cuando los demás no responden de la manera que tú crees que deberían?

10. ¿Te sientes a menudo como si tuvieras que ser omnipotente, que debes hacer algo para hacer que otros se sientan mejor?

11. ¿Estás tan enfocado en los problemas que siempre ves lo negativo, el problema y no respondes nunca a lo positivo, a lo bueno?

12. ¿Puedes llegar a ser tan abierto con los demás, así como quieres que los demás lo sean contigo?

13. ¿Qué recursos adicionales podrías utilizar para desarrollar tu crecimiento personal y autorreflexión?

14. Algunos puntos fuertes que veo en mí son: _____

_____

15. Algunas de las áreas que veo en las que necesito crecer son:

_____

LECTURAS RECOMENDADAS SOBRE EL CUIDADO ESPIRITUAL PERSONAL

- *Streams of living water: Celebrating the great traditions of the faith* (Foster, 1998) provee seis tradiciones atemporales al presentar una formación spiritual que permite al lector conectar con los ejemplos bíblicos, históricos y modernos en los cuales las personas alcanzan y expresan su relación con Dios.

- *The search for significance: Seeing your true worth through God's eyes* (McGee, 2003) viene con un libro de trabajo para ayudar a los lectores a procesar cuatro mentiras que frecuentemente forman la base de la identidad de uno, junto con la respuesta de Dios, o la pregunta, a esas mentiras.

- *Invitation to a journey: A road map for spiritual formation* (Mulholland, 2016) es un magnífico texto introductorio al concepto de la formación spiritual. El autor provee perspectivas sobre cómo los diferentes tipos de personalidades (basado en la tipología jungiana) se acercan a Dios.

- *The life you've always wanted: Spiritual disciplines for ordinary people* (Ortberg, 2015) es un libro extraordinario para aprender manera práctica de incorporar las disciplinas espirituales en tu vida diaria. Persona, divertido y práctico, este libro quita el estigma y la sequedad que a veces hay sobre las "disciplinas" y muestra cómo estas actividades pueden llegar a convertirse en un fluir natural de nuestro amor hacia Dios.

Otras recomendaciones:
Baker, H. (1998). *Soul keeping: Ancient paths of spiritual direction.* Colorado Springs, CO: NavPress.
Barton, R. H. (2009). *Sacred rhythms: Arranging our lives for spiritual transformation.* Downers Grove, IL: InterVarsity Press.
Benner, D. G. (2002). *Sacred companions: The gift of spiritual iendship y direction.* Downers Grove, IL: InterVarsity Press.
———. (2015). *Surrender to love: Discovering the heart of Christian spirituality.* Downers Grove, IL: InterVarsity Press.
———. (2015). *e gi of being yourself: e sacred call to self-discovery.* Downers Grove, IL: InterVarsity Press.
———. (2015). *Desiring God's will: Aligning our hearts with the heart of God.* Downers Grove, IL: InterVarsity Press.
———. (2010). *Opening to God: Lectio divina and life as prayer.* Downers Grove, IL: InterVarsity Press.
Calhoun, A. A. (2015). *Spiritual disciplines handbook: Practices that transform us.* Downers Grove, IL: InterVarsity Press.
Demarest, B. (1999). *Satisfy your soul: Restoring the heart of Christian spirituality.* Colorado Springs, CO: NavPress.
———. (2009). *Seasons of the soul: Stages of spiritual development.* Downers Grove, IL: InterVarsity Press.
Foster, R. (1988). *Celebration of discipline* (revised and expanded). San Francisco, CA: Harper.
Manning, B. (2002). *Abba's child: e cry of the heart for intimate belonging.* Colorado Springs, CO: NavPress.
———. (2004). *The wisdom of tenderness: What happens when God's fierce mercy transforms our lives.* New York, NY: HarperOne.
———. (2005). *The ragamuffin gospel: Good news for the bedraggled, beat-up, and burnt out.* Colorado Springs, CO: Multnomah.
———. (2009). *Ruthless trust: The ragamuffin's path to God.* New York, NY: HarperCollins.
———. (2009). *The furious longing of God.* Colorado Springs, CO: David C. Cook.
Moon, G. W. (1997). *Homesick for Eden: A soul's journey to joy.* Ann Arbor, MI: Vine.

Moon, G. W., y Benner, D. G. (Eds.). (2004). *Spiritual direction & the care of souls: A guide to Christian approaches and practice.* Downers Grove, IL: InterVarsity Press.

Smith, J. B. (2009). *The good and beautiful God: Falling in love with the God Jesus knows.* Downers Grove, IL: InterVarsity Press.

Tan, S-Y., y Gregg, D. (1997). *Disciplines of the Holy Spirit: How to connect to the Spirit's power and presence.* Grand Rapids, MI: Zondervan.

Objetivo 1

ESTABLECER LA RELACIÓN Y EXPLORAR

El Objetivo 1 tiene que ver con la construcción de los cimientos y la creación de una base sólida sobre la cual la relación de consejería pueda desarrollarse. El objetivo 1 involucra el uso de las microtécnicas relacionadas para construir la relación con el aconsejado. Esta es la tarea principal de la fase inicial de la consejería. Considera tus propias experiencias en la vida y las personas en las que has elegido confiar a lo largo de los años. Ya sea consciente o inconscientemente, rara vez nos sentamos con un extraño y revelamos nuestros secretos más profundos y oscuros antes de tantear el terreno para ver si nos sentimos seguros, oídos y entendidos. Solo porque tengas un puesto formal como "consejero" no significa que el aconsejado debe de poner toda su confianza en ti de manera inmediata. No importa el contexto o la relación anterior, todos los consejeros deben *ganarse el honor* de escuchar las profundidades de la historia de otra persona para cada aconsejado individual y ganar el privilegio de hablar sobre la historia de otra persona. Un consejero gana este honor y privilegio escuchando bien, mostrando respeto por la historia del aconsejado y no apresurándose en el proceso de consejería precipitándose a dar consejos o confrontar.

En la literatura de consejería, las microtécnicas fundamentales que se tratan en el objetivo 1 se conocen comúnmente como las condiciones de facilitación. Estas condiciones fueron presentadas por primera vez por Carl Rogers (1957/1992). Su descripción inicial incluía seis condiciones necesarias y suficientes para que el cambio de personalidad ocurriera en la relación de consejería (ver más abajo "Las Condiciones Facilitadoras"). Tres de estas se refieren a microtécnicas específicas. Estas técnicas funcionan para establecer la relación de consejería y comenzar la exploración con el aconsejado. Cada una de estas tres condiciones basadas en técnicas pueden encontrarse dentro de las breves descripciones a continuación, pero todas serán ampliadas directa o indirectamente en capítulos separados a seguir.

Las Condiciones Facilitadoras (Rogers 1957/1992)

1. Contacto consejero-aconsejado: debe existir una relación entre los dos, y cada persona debe percibir al otro como importante.
2. Incongruencia del aconsejado: existe una desconexión entre la experiencia del aconsejado y el ideal de sí mismo.
3. Congruencia del consejero, o autenticidad: el consejero es congruente dentro de la relación. El consejero está profundamente involucrado, no está "actuando2 como si se preocupara, y puede basarse en sus propias experiencias (autorrevelación) para facilitar la relación.
4. Aceptación incondicional del consejero: el consejero acepta al aconsejado sin juicio, desaprobación o aprobación. Esto facilita una mayor autoestima en el aconsejado, ya que puede comenzar a tomar conciencia de las experiencias en las que su visión de la autoestima fue distorsionada por otros.
5. Comprensión empática del consejero: el consejero experimenta una comprensión del marco de referencia interno del aconsejado. La empatía exacta por parte del consejero ayuda al aconsejado a creer en la aceptación incondicional del consejero hacia él.
6. La percepción de la comprensión empática del aconsejado: el consejero percibe, al menos en un grado mínimo, aceptación incondicional del consejero y su comprensión empática.

TÉCNICAS NO VERBALES

El uso de las dos primeras técnicas a las que se les da una atención especial cuando se apunta al objetivo 1 no requieren que tú como consejero digas una sola palabra. Sin embargo, se basan en tus poderes de observación tanto del aconsejado como de ti mismo como consejero.

Percibir (capítulo tres). La manera en que tomamos los mensajes enviados por el aconsejado, ya sean verbales o no verbales, es lo que entendemos por percibir. Comenzamos por percibir porque tú, como consejero, no puedes saber a lo que estás respondiendo si no lo has percibido primero. Percibir es una habilidad porque no siempre nos damos cuenta del otro y algunas veces ni siquiera "vemos" a la persona que está frente a nosotros. Esta habilidad implica aprender a hacer observaciones y ser consciente no solo de lo que el aconsejado está diciendo, sino de lo que puede estar mostrándote o diciéndote a través de sus expresiones faciales y lenguaje corporal, o en sus palabras. La habilidad de percibir consiste en escuchar, ver y sentir lo que el aconsejado comparte contigo.

Atender (capítulo cuatro). Así como utilizamos la percepción para captar los mensajes verbales y no verbales del aconsejado, atendiendo aprendemos a prestar atención a los mensajes no verbales que podemos transmitir consciente o inadvertidamente al aconsejado. En otras palabras, tratamos de vernos a nosotros mismos a través de los ojos del aconsejado con respecto a nuestros propios mensajes no verbales. Estos mensajes no verbales se comunican a través de comportamientos de atención específica que, entre otras cosas, incluyen nuestras expresiones faciales, lenguaje corporal, tono de voz y uso del espacio. Si bien la atención es principalmente conductual, es decir, centrada en comportamientos específicos expuestos por el consejero, también hay un elemento autorreflexivo para la atención, porque en última instancia los comportamientos reflejan el mundo interno del consejero. Por lo tanto, la autoconciencia de nuestros propios valores, creencias y actitudes sobre el aconsejado y su situación es esencial para que podamos interactuar genuinamente y respetuosamente con el aconsejado, tanto verba como no verbalmente.

TÉCNICAS REFLEXIVAS

El propósito de las técnicas reflexivas en el objetivo 1 es permitirte a ti, como consejero, reunir toda la información que se necesita para entender la situación del aconsejado desde la perspectiva de este. Estas técnicas se derivan de la información del aconsejado permitiéndole "poner sus cartas sobre la mesa". Esto ayuda con el aspecto de exploración del objetivo 1.

El proceso de exploración, el segundo énfasis del objetivo 1 se basa en tres técnicas reflexivas claves: Reflejar el contenido, reflejar el sentimiento y la reflexión empática. Estas son llamadas técnicas reflexivas porque las palabras del consejero funcionan como un espejo, mostrando de nuevo al aconsejado lo que se dijo sin agregar, sustraer o interpretar el mensaje del aconsejado.

Con las técnicas reflexivas todavía estamos en la fase temprana de la consejería, en la división superior del reloj de arena, la parte más amplia y más general de la historia del aconsejado. Cada técnica reflexiva nos ayudará a movernos más hacia abajo en ese reloj de arena. Reflejar el contenido es la reflexión más impersonal y superficial, ya que se centra únicamente en los hechos de la historia del aconsejado. Reflejar el sentimiento es dar un paso más en el reloj de arena, atrayendo las emociones superficiales de la historia del aconsejado. La reflexión empática entonces conecta los sentimientos del aconsejado con el contenido de su historia, yendo un paso más allá en el reloj de arena. Si las técnicas del objetivo 1 se han utilizado bien, el consejero y el aconsejado deben tener un buen sentido de lo que el énfasis de la conversación y la relación de consejería serán. En términos del proceso de consejería, en este punto la fase inicial de consejería estará llegando a su fin, y el aconsejado y el consejero están avanzando hacia la fase intermedia.

Cada técnica reflexiva es única e importante a su manera y tiene un propósito crítico en el proceso de consejería. Tal vez notarás que tienes una tendencia natural o aptitud hacia una de estas técnicas reflexivas y, por tanto, puede que tengas problemas con otra. Eso es completamente normal y puede a menudo ayudar a informarte de la orientación teórica y el método para cambiar las estrategias que más probablemente emplearás cuando trabajes con tus aconsejados. Sin embargo, cada consejero debe de trabajar en el desarrollo de técnicas mejoradas y aptitudes en cada habilidad reflexiva con el fin de servir de verdad y beneficiar a sus aconsejados.

Reflejar el contenido (capítulo cinco). Reflejar el contenido es la primera de tres técnicas de reflexión a la que vas a apuntar específicamente en el objetivo 1. Al reflejar el contenido, el consejero está escuchando los hechos de la historia del aconsejado y resumiéndoselos de nuevo al aconsejado. De esta manera, el consejero asegura al aconsejado que los hechos, o el contenido, de su historia son entendidos.

Reflejar el sentimiento (capítulo seis). La microtécnica de reflejar el sentimiento implica profundizar en la historia del aconsejado y escuchar los mensajes emocionales que el aconsejado está directa o indirectamente comunicando.

Reflexión empática (capítulo siete). Esta habilidad final relacionada con el objetivo 1 va aún más allá en la historia del aconsejado, ya que el consejero hace un resume para el aconsejado sobre cómo el contenido y los sentimientos en su historia parecen estar conectados. En cada una de estas tres técnicas que reflejan el consejero no está haciendo suposiciones o interpretaciones, sino que está haciendo las veces de un espejo. Usando el lenguaje de las microtécnicas, el consejero refleja de nuevo al aconsejado lo que ha oído directa e indirectamente sobre la historia del este último.

EL USO DE LAS TÉCNICAS DEL OBJETIVO 1 A LO LARGO DEL PROCESO DE CONSEJERÍA

En la figura T1.1 se ilustra la relación entre los objetivos, las microtécnicas y el proceso de consejería. Las técnicas del objetivo 1 no solo son útiles al inicio de la relación de consejería, sino que son técnicas fundamentales a las que continuamente volverás a lo largo de todo el proceso de consejería. De hecho, las técnicas relacionadas con el objetivo 1 son tan críticas que cuando se trabaja con algunos aconsejados, pueden tener lugar relaciones de consejería completas y tener éxito sin pasar nunca a la fase intermedia de consejería o dirigirse a otras áreas. Esta era la idea de Rogers (1957/1992): las condiciones facilitadoras básicas son necesarias y suficientes para que ocurra el cambio personal.

Para las relaciones de consejería que avanzan a otras fases, el dominio de las técnicas del objetivo 1 es fundamental para ganar el honor y el privilegio de profundizar con el aconsejado y usar apropiadamente las técnicas relacionadas con las metas 2, 3 y 4. Si no se domina el objetivo 1 antes de pasar a otras metas, es posible que realmente se pueda hacer daño al aconsejado y a la relación de consejería.

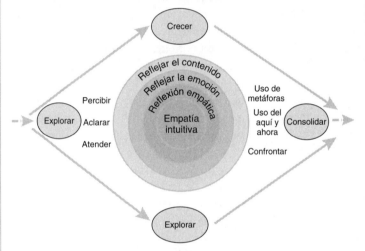

Figura O1.1. Los objetivos, las técnicas y el proceso de la consejería

CAPÍTULO 3

¿QUÉ HAS NOTADO?

Como mirándose en el agua, el rostro responde al rostro,
Así el corazón del hombre responde al hombre.

Proverbios 27:19

Enfoque del Capítulo

TÉCNICA: percibir

PROPÓSITO: desarrollar la habilidad del consejero para captar la comunicación no verbal del aconsejado

FÓRMULA: Noto _____ en este aconsejado

En medio de una acalorada conversación con su padre, una hija adolescente pregunta: "Papá, ¿por qué estás tan enojado?" En respuesta, el padre grita, con los dientes apretados, la cara roja y el ceño fruncido, "¡*No* estoy enojado!" ¿Qué mensaje piensas que creerá la hija, las palabras de su padre, que niegan cualquier sentimiento de ira, o su tono de voz y expresiones faciales, que comunican exactamente lo contrario?

Piensa en una conversación en la que notaste una discrepancia entre lo que alguien dijo verbalmente y lo que esa persona trasmitió de manera no verbal. ¿Cuál fue el resultado?

» Escribe tu respuesta

¿Recuerdas alguna situación en la que alguien con quien estabas hablando mostrara una discrepancia entre las palabras que dijo y lo que expresaron su tono de voz y lenguaje corporal? ¿Fuiste capaz de reconocer tus verdaderos sentimientos?

» Escribe tu respuesta

Ahora que has pasado algún tiempo en el capítulo dos reflexionando sobre la persona que Dios ha hecho que seas y estás empezando a tener una idea del tipo de "instrumento" que podrías llegar a ser en el proceso de consejería, es hora de comenzar a centrarnos más en las microtécnicas específicas necesarias en este viaje. Percibir es la primera microtécnica necesaria dentro del proceso de consejería. Percibir es la habilidad de entender con exactitud los mensajes obvios y encubiertos trasmitidos por el aconsejado sin juzgar, distorsionar o prejuzgar esos mensajes. Si bien percibir implica captar la comunicación tanto verbal como no verbal, en este capítulo nos centraremos en la comunicación no verbal porque los capítulos futuros ponen su punto de mira en percibir cuidadosamente el significado de palabras específicas.

Un estudio comprobado, conducido por Mehrabian (1971), mostró que las palabras representan solamente el 7% de los mensajes que la gente recibe de otros, mientras que la voz supone el 38%, y las expresiones faciales contribuyen con un asombroso 55%. A la luz de estos hallazgos, es importante que los consejeros afinen su capacidad de percibir con precisión los mensajes no verbales de sus aconsejados.

Este capítulo analizará el proceso de comunicación y los cuatro elementos básicos involucrados que contribuyen no solo a lo que se dice sino a cómo se recibe y se percibe. Ser consciente de cómo funciona este proceso contribuirá a que el consejero pueda percibir no solo los mensajes hablados del aconsejado, sino también los no hablados, y evitar percepciones erróneas. A continuación, echaremos un vistazo a las varias vías por las que los mensajes no verbales son transmitidos y cómo identificar la subyacente solicitud de ayuda o necesidad expresada en el mensaje del aconsejado. Esta aptitud para captar los mensajes no verbales que envía el aconsejado proporciona una capacidad básica sobre la que se construirán cada una de las otras técnicas.

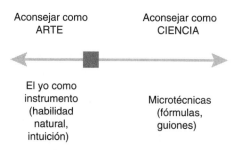

Figura 3.1. Arte frente a ciencia: Percibir

EVITAR PERCEPCIONES ERRÓNEAS

La capacidad de percibir depende de la aptitud del consejero para tomar los mensajes no verbales del aconsejado de una manera que no añada o distorsione la intención del aconsejado. Una manera de ayudar a evitar las percepciones erróneas es ser consciente de cómo funciona el proceso de comunicación, quiénes son los actores y las piezas que están involucradas. En una relación de ayuda, los "actores" son generalmente el consejero y el aconsejado(s); las "piezas" incluyen cualquier cosa que pueda ayudar o dificultar el proceso de comunicación. Sabiendo todo esto, el consejero puede así explicar mejor lo que está recibiendo del aconsejado y de la relación de consejería en cualquier momento dado. En la literatura sobre comunicación, se describe un modelo de comunicación que se compone de cuatro elementos distintos: el emisor, el receptor, el mensaje y el ruido, donde "ruido" es cualquier cosa que distorsiona el mensaje del emisor (Anderson y Ross, 1987). Muy a menudo la gente asume que la comunicación es unidireccional, va solamente del emisor al receptor, y que el mensaje llega al receptor exactamente como el emisor lo envió:

Figura 3.2. Mensaje unidireccional

La realidad, sin embargo, es que la comunicación no es unidireccional, sino bidireccional. En la comunicación bidireccional tanto el emisor como el receptor están desempeñando simultáneamente ambos roles. Por ejemplo, el aconsejado puede estar hablando, pero el consejero también está respondiendo a través del contacto visual, las expresiones faciales y el lenguaje corporal al aconsejado, quien a su vez está alterando su mensaje o la entrega del mensaje basado en lo que acaba de recibir del consejero. Al mismo tiempo, el consejero también está ajustando su mensaje al aconsejado y reaccionando según el mensaje recibido. Ambos participantes están enviando y recibiendo al mismo tiempo.

Emisor (aconsejado) 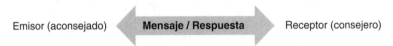 **Mensaje / Respuesta** Receptor (consejero)

Figura 3.3. Mensaje bidireccional y la retroalimentación

El concepto de "ruido" también debe ser tenido en cuenta por el consejero, pues es donde las prácticas de reflexión y conciencia de sí mismo se vuelven importantes. El ruido es cualquier cosa que el emisor o el receptor experimentan o traen al proceso de comunicación que puede alterar o dificultar la entrega o recepción del mensaje. Los factores ambientales pueden ser determinantes. Sin una reflexión propia continua y una conciencia de uno mismo bien desarrollada, los consejeros pueden inadvertidamente confundir el ruido como parte del mensaje propuesto por el aconsejado, pueden descartar parte del mensaje del aconsejado como poco importante o pueden interpretar el ruido en base a sus propios prejuicios y experiencias en lugar de comprender el ruido a través de la perspectiva del aconsejado. Cada vez que tienes una conversación con alguien en donde uno de los dos dice: "Espera, yo no dije eso", es producto del ruido, alterando el envío o la recepción del mensaje. Le corresponde al consejero ser consciente de estas barreras potenciales en el proceso de comunicación y adaptarse en la medida de lo posible.

Consideremos el siguiente ejemplo: Yo (Elisabeth), estaba trabajando con Lindsey, una aconsejada adolescente que había sufrido de abuso severo y además de eso tenía algunos retrasos de sociabilidad. La mayoría de las personas encontraron difícil trabajar con Lindsey, ya que llegaba a ser desafiante y bastante extraña en su comportamiento. Después de nuestras primeras dos citas me di cuenta de que había algo en Lindsey que me incomodaba profundamente. Mientras reflexionaba sobre todas las peculiaridades sobre la forma como Lindsey se presentaba—cómo movía los ojos, su contacto visual incongruente, su forma de vestir tan desaliñada y sus movimientos físicos exagerados—todo eso me chocó de repente: ¡Lindsey me recordaba a alguien que yo conocía que se llamaba Karen! Estuve interpretando los comportamientos de Lindsey, como habría interpretado los mismos comportamientos en Karen. En realidad, Karen y Lindsey tenían algunas similitudes en cuanto a retrasos sociales y algunos comportamientos extraños, pero los motivos eran muy diferentes en cada una de las chicas. El ruido en mi cabeza vino porque estaba saltando a conclusiones e imponiendo a Lindsey mis pensamientos y sentimientos acerca de Karen. Cuando venían de Karen, las conductas que yo percibía eran a menudo signos de pereza, desafío y falta de voluntad para asumir la responsabilidad por sí misma. Por el contrario, esos mismos comportamientos en Lindsey eran indicadores de su trauma, y hablaban de lo herida que estaba, de su miedo y soledad en la vida. Una vez que pude reconocer lo que estaba sucediendo en mi interior, pude interpretar mejor el ruido que impedía que pudiera percibir adecuadamente la manera de presentarse de Lindsey pudiendo así conocerla mejor con respecto a sus necesidades como aconsejada.

¿Es el ruido solo ruidoso?

Un bebé que llora en un avión no es más que un ruido irritante para la mayoría de los pasajeros, quienes harán todo lo posible para bloquearlo. Pero para la madre del bebé, el llanto es una fuerte señal de que algo está mal y necesita atención. El ruido no es solo ruidoso, sino que es un signo de angustia. Una vez que el problema se identifica y resuelve (p. ej., se alimenta al bebé, o se cambia el pañal), el ruido desaparece.

Del mismo modo, el "ruido" que nuestros aconsejados añaden al proceso de comunicación puede ser un indicador de problemas ocultos. La teoría de consejería que tenga el consejero determinará en parte qué ruido simplemente ignorar o qué aspectos requieren un análisis profundo. Por ejemplo, un terapeuta cognitivo-conductista tenderá a enfocarse en el ruido mental, trabajando para cambiar los patrones de pensamiento que interfieren con un funcionamiento saludable, incluyendo una buena comunicación. Las teorías que se centran más en las emociones o en la experiencia subjetiva tienden a centrarse en el ruido emocional. En los círculos psicodinámicos, las respuestas emocionales que los aconsejados transmiten al consejero se denomina transferencia. Desde algunas perspectivas psicodinámicas, trabajar a través de la transferencia se considera el núcleo del proceso terapéutico, sin duda mucho más que simplemente ruido de fondo.

El ruido puede ser mental, incluyendo pensamientos sobre otras personas y eventos, o preocupaciones y expectativas con respecto a la entrevista de consejería. El ruido también puede ser emocional. Para el consejero, el ruido emocional incluiría sentimientos acerca del aconsejado (buenos o malos), sentimientos sobre el proceso de consejería, sentimientos acerca de personas o sucesos fuera de la sala de consejería, o sentimientos sobre uno mismo. El ruido mental y emocional en el consejero tiene similitudes con el concepto psicodinámico de contratransferencia al que nos referimos en el capítulo dos. La respuesta inicial de Elisabeth a su aconsejada, Lindsey, es un ejemplo de contratransferencia. Por supuesto, los aconsejados también tendrán reacciones emocionales que pueden interferir para una comunicación clara. El ruido también puede ser físico, incluyendo el ambiente y tu propio estado físico. El ruido ambiental incluye cosas tales como la temperatura ambiente, asientos, iluminación y ruidos literales, mientras que tu condición física incluye cosas como tener hambre, estar cansado, enfermo, o sentirse físicamente mal o con dolor.

Hemos creído útil para los estudiantes tomar entre treinta segundos y cinco minutos antes de entrar a una consulta de consejería para "analizarse" a uno mismo, tomando nota de las cosas que pueden añadir ruido a la conversación para que puedan eliminar todo el ruido posible en un intento de crear un ambiente donde el aconsejado pueda ser escuchado y entendido con tanta claridad y pureza como sea posible.

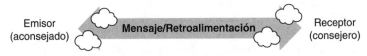

Figura 3.4. Nubes del mensaje bidireccional y la retroalimentación

Toma un momento para hacer una pausa. En el espacio de abajo, escribe el ruido que notas en tu mente, emociones y espacio físico en este momento. ¿Cómo puede afectar este ruido a tu capacidad de recibir correctamente los mensajes de otra persona?

Ruido mental:

_____

Ruido emocional:

_____

Ruido físico:

_____

Posible efecto en la comunicación:

_____

ELEMENTOS DE LA COMUNICACIÓN NO VERBAL

Ser conscientes del modelo de comunicación que acabamos de describir y de cómo el emisor, el receptor, el mensaje y el ruido actúan juntos, proporciona la estructura de lo que vamos a ver a continuación. La comunicación no verbal consiste en una suma de factores, además de las palabras habladas reales, que contribuyen tanto al mensaje como al ruido en cualquier intercambio de comunicación. Incluye el cómo se usa la voz (ritmo de voz, tono, volumen e inflexión), el lenguaje corporal y el uso del espacio personal, las características físicas y la presentación personal (vestimenta, higiene, estilo). La interacción entre padre e hija descrita en las líneas iniciales de este capítulo es un ejemplo de discrepancia entre los aspectos no verbales de la comunicación y las palabras dichas.

La comunicación no verbal es crucial para el proceso de consejería porque da una idea del inconsciente del aconsejado. También sirve para confrontar o validar los mensajes verbales que el aconsejado pueda enviar. En la comunicación no verbal, se ven y se expresan a menudo los estratos de significado, se canaliza la falta

105

de honestidad y ante todo se expresan los sentimientos. Como Mehrabian (1971) concluyó, el 93% de un mensaje se comunica de forma no verbal, por lo que se debe prestar mucha atención a lo que un mensaje no verbal podría estar diciendo.

En relación a la voz. El hecho de que algo no sea verbal no significa que sea inaudible; la percepción incluye el *cómo* el aconsejado dice algo, no solo *qué* dice. Percibir el timbre de voz, el tono, la velocidad de la voz y el uso de la inflexión todo eso se convierte en fragmentos de datos informativos que son útiles para obtener una comprensión más exhaustiva de los aconsejados y sus situaciones.

El *tono de voz* se refiere a si la voz de alguien es aguda o grave. Mientras que la voz de todo el mundo tiende a funcionar dentro de un rango dado, el tono dentro de ese rango puede variar dependiendo del estado de ánimo y de la intención. Además, se ha demostrado que el tono vocal influye en la percepción del receptor sobre el dominio, las capacidades de liderazgo y el atractivo del emisor (Klofstad, Anderson y Peters, 2012). Similar al tono es la entonación. La *entonación* tiene que ver con la actitud del emisor. Por ejemplo, alguien puede hablar con una entonación formal o jocosa. La entonación también puede a menudo comunicar la emoción oculta que el emisor siente con respecto al tema en cuestión, la persona a la que está hablando o la persona de la que se está hablando.

La *velocidad* de habla tiene que ver con la rapidez con la que alguien habla, ¿es la persona un hablante rápido o un hablante lento? Las velocidades de expresión de los individuos pueden ser influenciadas por su personalidad, cultura y estado emocional. Por ejemplo, las personas que están realmente emocionadas a menudo aceleran su ritmo de expresión, mientras que aquellos que están tristes o deprimidos pueden ralentizar su discurso. La ansiedad puede resultar en un discurso acelerado o lento, dependiendo de la persona. En última instancia, percibir la velocidad de las palabras en un aconsejado consiste en observar, en términos generales, cómo habla tu aconsejado y notar cuando su velocidad del habla aumenta o disminuye.

La *inflexión* tiene que ver con dónde el aconsejado pone el énfasis vocal dentro la oración, y dónde en cada palabra concreta, o si su tono sube o baja. Por ejemplo, para cambiar una declaración en una pregunta, el orador cambia su inflexión. Compare, "comió un sándwich para el almuerzo", con "¿comió un sándwich para el almuerzo?" Cuando se habla en voz alta, la calidad vocal que marca una frase como una declaración y la otra como una pregunta es la inflexión. La inflexión también se puede notar cuando se hace hincapié en una o más palabras en una oración determinada. Por ejemplo, "¿Fuiste al *cine* con él?" Comunica un énfasis diferente al de "¿Fuiste al cine con *él*?" En cualquier caso, cuando el orador hace hincapié en la palabra en cursiva, elevando así su inflexión, el significado de la oración se altera.

En relación al cuerpo. La capacidad de percibir también incluye la capacidad de observar e interpretar con exactitud la forma en que un aconsejado usa o presenta su cuerpo. Esto puede incluir su uso del espacio físico, así como respuestas autónomas.

La forma en que los aconsejados usan el *espacio físico* es de particular importancia. Por ejemplo, ¿hablan con sus manos, expandiendo su idea de sí mismos en el espacio físico que les rodea, o parece que intentan ocupar el menor espacio posible en la habitación o en la silla? ¿Qué supones o interpretas de cómo usan su espacio: ¿Ves los gestos grandes como un signo de confianza o arrogancia? ¿Interpretas el uso reducido del espacio como timidez, inseguridad o humildad? ¿Crea la aconsejada una barrera física entre ella y el consejero al sostener una almohada, cruzar los brazos o poner muebles entre ella y el consejero como una forma de comunicar el deseo de distancia emocional o de protección? Al igual que con cualquier tipo de percepción, para desarrollar una comprensión correcta de la intención y de lo que significa el comportamiento del aconsejado, necesitas ser consciente de tus prejuicios personales, preferencias y experiencias pasadas.

Otros componentes a percibir relacionados con el cuerpo son las *respuestas autónomas* del aconsejado. Las respuestas autónomas son respuestas físicas que no siempre son controladas conscientemente por el aconsejado, como la dilatación de la pupila, la transpiración y el ritmo cardíaco. Las respuestas autónomas están influenciadas por los factores cognitivos, físicos y emocionales, y se conectan con el mecanismo de defensa de "pelea o escapa" (Chudler, 2014; University College London Institute of Cognitive Neuroscience, 2011). Por ejemplo, ¿se empiezan a ruborizar la cara o el pecho del aconsejado cuando habla de algo embarazoso o emocional? ¿Se dilatan sus pupilas, como si tuviera miedo, cuando habla de un suceso traumático? ¿Parece el aconsejado agitado y "espasmódico" mientras habla acerca de un hecho imputable? En póquer, los jugadores llaman a estas respuestas *"tells"*—comportamientos, momentos o respuestas físicas que el aconsejado suele ignorar y que reflejan una emoción esencial subyacente.

Implicaciones del diagnóstico

Si bien existe una preocupación general en la cultura más general y en las profesiones de salud mental sobre la posibilidad de que se diagnostique en demasía el trastorno por déficit de atención e hiperactividad (TDAH), está claro que ha sido y sigue siendo una manera muy útil de entender un complejo conjunto de síntomas, a menudo observados por primera vez en la infancia. La identificación de un niño con TDAH puede ayudar a maestros y familias a reconocer que ese niño tiene dificultad con aspectos relacionales, lo que algunos autores llaman inteligencia social (Goleman, 2006), que se consideran normales para muchos otros niños.

Una de esas funciones asumidas que otros pueden hacer sin ni siquiera pensar en ello es captar, reconocer como significativas, y utilizar señales sociales en conversaciones y situaciones sociales. Las personas simplemente difieren en su capacidad para hacer esto. Para algunas personas, las limitaciones en estas áreas superan una línea, haciéndolas diagnosticables con TDAH o algún trastorno relacionado. También hay una tendencia opuesta a la que podríamos llamar la persona sensible en exceso, un individuo que está tan pendiente de las señales sociales que es incapaz de filtrar las señales sociales más importantes de las que lo son menos. Ambos constituyen un reto en las relaciones de consejería, pero nos centraremos aquí en la baja percepción de los consejeros y los aconsejados.

Consejeros. Hay consejeros que, por la razón que sea, no son por naturaleza dados a percibir el matiz verbal y no verbal en las conversaciones de consejería. Afortunadamente, hasta cierto punto, esta es una capacidad que se puede aprender y mejorar haciendo ejercicios como los que se adjuntan a este capítulo. Sin embargo, para algunos consejeros nunca será tan fácil como lo es para otros. Si tú eres así, eso no quiere decir que no deberías ser consejero. Una estrategia simple e intencional puede ayudar enormemente: alentar a los aconsejados a que piensen en las relaciones de consejería como un tipo diferente de relación—en la que no hacemos suposiciones e identificamos lo que podría ser obvio en otras relaciones. La concreción, la aclaración del significado o la repetición de las cosas importantes pueden requerir de un mayor énfasis para un consejero que tenga más facilidad en pasar por alto las señales verbales y no verbales. Esto puede resultar en una comunicación realmente clara y es verdaderamente un buen consejo para muchas parejas y familias, que a menudo hacen demasiadas suposiciones automáticas sobre lo que el otro quiere decir.

Aconsejados: Es frecuente que los aconsejados tengan dificultad para percibir correctamente a los demás. Al menos una parte del problema para muchos aconsejados es la incapacidad de leer las señales sociales o la tendencia a interpretar mal las señales sociales. Esos aconsejados tal vez ni siquiera sean conscientes de que no están asimilando muy bien las señales sociales. En cierto modo, no tener en cuenta esta dinámica interpersonal puede ser un regalo, en el sentido de que no se agobian por cosas por las que otros podrían llegar a ofuscarse—los matices infinitos y sutiles de las relaciones complicadas. Sin embargo, con más frecuencia de la que quisiéramos, el proceso de consejería se centra en ayudar a los aconsejados a ver y escuchar correctamente lo que otros en sus vidas están tratando de comunicar, minimizar las suposiciones automáticas sobre lo que observan y desarrollar maneras de hablar de ello en sus relaciones. La relación de consejería se convierte en el laboratorio en el que se pueden aprender las técnicas de la inteligencia social.

Presentación personal. Cada uno de nosotros hace suposiciones basadas en la presentación personal de otros. Si bien hemos sido advertidos contra los estereotipos y el "juzgar por la apariencia", todos lo hacemos—y muchas veces por razones arraigadas en experiencias pasadas. Por ejemplo, ¿qué suposiciones instintivas harías acerca de la inteligencia, el decoro y la cultura de una mujer con pelo largo, maquillaje perfectamente aplicado y un acento sureño? ¿Qué hay de un hombre al que le falta una de las paletas, tiene una "barriga cervecera" y pantalones vaqueros harapientos? La parte importante de percibir en este campo es reconocer nuestros prejuicios y suposiciones y luego proceder con cautela, dejando que el aconsejado corrobore o contradiga nuestras presuposiciones. Puede ser difícil reconocer y articular los prejuicios de uno sobre un supervisor o un compañero, ya que pueden parecer "políticamente incorrectos", críticos o despectivos, pero es importante recordar que lo que se deja sin reflejar y no se reconoce, es lo que en última instancia se impone sobre el aconsejado. Las predisposiciones y suposiciones acerca de la presentación física de un aconsejado también pueden ser positivas, llevando al consejero a asumir rasgos y habilidades valiosas o positivas en el aconsejado sin evidencia o apoyo empírico. Tanto si nuestros prejuicios son negativos como positivos, recuerda que la capacidad de percibir consiste en entender correctamente los mensajes del aconsejado, sin añadir ni quitar.

Si bien nunca, o casi nunca, resulta apropiado compartir esos prejuicios con un aconsejado, es necesario reconocer y trabajar a través de esos prejuicios con un consejero o un profesor. Cada persona, y por lo tanto cada consejero, tiene presunciones, estereotipos, y gustos y aversiones con respecto a la presentación no verbal de otros. El consejero eficaz puede reconocer sus prejuicios y aprender a trabajar tanto con ellos como por medio de ellos.

Áreas de consideración respecto a la presentación física:

- *Altura del cuerpo*: ¿Qué suposiciones, impresiones o juicios haces de los hombres bajos? ¿Y de las mujeres altas? ¿Hombres altos? ¿Mujeres bajas?
- *Peso corporal*: ¿Qué suposiciones, impresiones o juicios haces de los hombres/mujeres que tienen sobrepeso u obesidad? ¿Qué hay de los hombres larguiruchos? ¿Mujeres delgadas? ¿Aquellos con posible cirugía plástica?

Considera los siguientes casos

Siendo completamente honesto contigo mismo, ¿qué percepciones tienes de los siguientes aconsejados? ¿Qué suposiciones haces con respecto a su inteligencia, aportación al proceso de consejería, habilidades sociales, rasgos de la personalidad, simpatía, sexualidad, logros laborales y así sucesivamente?

Jamie es una mujer de cuarenta y cinco años, un metro y medio de estatura y aproximadamente 115 kilos (sobrepeso importante según los estándares occidentales). Siempre aparece aseada, no usa maquillaje y normalmente viste vaqueros de estilo masculino y una camisa de franela abrochada con botones. Su pelo, aunque largo, es liso y despuntado, y siempre con coleta baja. Sonríe fácilmente, pero es escueta y directa al hablar, ofreciendo poca variación en el tono o la inflexión.

Basado en esta descripción, ¿te gusta Jamie? ¿Te sientes cómodo con ella? ¿Qué suposiciones haces de ella? ¿Qué te atraería de ella, y qué te haría dudar o ser aprensivo con ella? ¿En qué cambiaría tu impresión si Jamie fuese caucásica? ¿De color? ¿Latina? ¿O asiática? ¿Y si Jamie fuese varón?

Andy es un hombre de veintiocho años de edad, metro ochenta, con un físico muy tonificado, bronceado y atractivo. Su pelo siempre está perfectamente peinado, y su ropa es a la vez elegante y bien arreglada. Lleva suficiente colonia para no pasar desapercibido, pero no inunda toda la habitación con el aroma. La postura de Andy es perfecta, y parece que ocupa más espacio en la habitación de lo que su cuerpo por naturaleza necesitaría. Su rostro es serio, aunque sonríe con facilidad, y habla rápidamente.

Según esta descripción, ¿te cae bien Andy? ¿Te sientes cómodo con él? ¿Qué suposiciones haces de él? ¿Qué te llamaría la atención de él, y qué te haría dudar o ser aprensivo acerca de él? ¿Cómo cambiaría tu impresión si Andy fuese caucásico? ¿De color? ¿Latino? ¿Asiático? ¿Qué pasaría si Andy se presentara como Andrew y no como Andy? ¿Y si Andy fuese mujer?

- *Ropa*: ¿Qué suposiciones, impresiones o prejuicios haces de los aconsejados que se visten a la moda? ¿Y de quién se viste según las normas de un grupo marginal? ¿Los que se visten sin combinar los colores? ¿O de aquellos que visten ropa arrugada o sucia?

- *Higiene*: ¿Qué suposiciones, impresiones o juicios haces sobre un aconsejado cuya higiene no está a la altura de los estándares culturales? ¿De alguien que tiene el cabello siempre grasiento? ¿Y de alguien que desprende un fuerte olor corporal? ¿De quién usa colonia o perfume que es demasiado fuerte para tu gusto? ¿De quién presenta el vello corporal descuidado (un hombre cuya barba está "descuidada", o una mujer que lleva camisetas con las axilas sin depilar o faldas con las piernas sin afeitar)?

TIPOS DE PETICIONES

Hasta ahora nos hemos centrado en percibir los aspectos no verbales de la comunicación. En esta sección nos centramos un poco en prestar atención a lo que los aconsejados están realmente pidiendo de nosotros, sean o no conscientes de lo que se esconde detrás de su solicitud aparente.

El concepto de *tipos de peticiones* (Gazda et al., 2005) tiene que ver con la lectura del tema general de una conversación. Dentro de cualquier conversación, el aconsejado está implícita o explícitamente haciendo uno de los cuatro tipos posibles de peticiones al consejero. Corresponde al consejero discernir apropiadamente lo que el aconsejado está realmente pidiendo y luego proporcionar una respuesta de consejero apropiada. Los cuatro tipos de peticiones de consejería y las correspondientes respuestas del consejero son las siguientes (Gazda et al, 2005, p. 51):

1. Petición de actuación → acción adecuada
2. Petición de información → información adecuada
3. Petición de comprensión y participación → respuesta facilitadora
4. Petición de interacción inapropiada → declinación cortés de participación

Petición de actuación. Una petición de actuación implica que el aconsejado quiere que el consejero haga algo activamente. La petición puede ser explícita, por ejemplo, "¿Puede prestarme un bolígrafo, por favor?" O puede ser implícita, como "No tengo una cita programada con usted la semana que viene". En la petición implícita, el aconsejado está insinuando que le gustaría hacer una cita con el consejero, pero puede no estar seguro de cómo realizar tal petición o puede temer que la petición sea denegada. A diferencia de una petición explícita de actuación, que es fácil de identificar, una petición implícita puede sonar más como si alguien te estuviera dejando entrar en su proceso de pensamiento interno. Independientemente de cómo se haga la petición de actuación, es necesario que el consejero discierna cuidadosamente si el cumplimiento de la petición sería lo más conveniente para el aconsejado y la relación terapéutica.

Petición de información. Una petición de información no le pide al consejero que *haga* algo por el aconsejado, aparte de compartir su conocimiento sobre un tema en particular. Similares en muchos sentidos a una petición de actuación, las peticiones de información pueden ser formuladas implícita o explícitamente: "No sé cómo llegar al aeropuerto desde aquí" frente a "¿Puedes darme instrucciones para llegar al aeropuerto desde aquí?" A medida que continúes desarrollando tus capacidades como consejero, serás cada vez más capaz de oír y de discernir no únicamente la petición superficial que se hace sino también la necesidad oculta en dicha petición.

Petición de comprensión y participación. Es probable que la mayoría de las conversaciones de consejería estén dentro del ámbito de las solicitudes de comprensión e implicación. La mayor parte de este libro de texto está destinada a proporcionar a los consejeros las herramientas para responder a estas peticiones en formas que sean honrosas y facilitadoras para el aconsejado. Este tipo de petición puede que no suene mucho como tal, sino que más bien puede sonar como alguien que está "aireando" o compartiendo sus pensamientos en voz alta. Las peticiones de comprensión y de participación son las que más comúnmente surgen en la relación interpersonal, ya que cada individuo invita al otro a comprender mejor los pensamientos, los sentimientos y las experiencias del otro. El desafío para muchos consejeros es que, en su deseo de "ayudar a la gente", terminan convirtiendo una petición de comprensión y participación en una petición de actuación o una petición de información, lo que inevitablemente dará como resultado que el aconsejado se sienta frustrado y malinterpretado.

Un ejemplo típico se ve en el caso de una esposa que llega a casa y comienza a quejarse con su marido sobre lo mucho que le disgusta su jefe y lo grosero o controlador que llega a ser. A cambio, su esposo, malinterpretando la petición de comprensión y participación de su esposa, comienza a ofrecer sugerencias sobre cómo la esposa podría hablar con su jefe (una solicitud de actuación) o mejorar la situación en el ámbito del trabajo. Al hacerlo, lo que el marido escuchó fue una petición de acción (respondiendo con "¿Has intentado…?") y una petición de información (respondiendo con "Sabías que legalmente…"). En el contexto de la consejería, a menos que estés seguro de que la petición hecha por el aconsejado es para actuación o información, se debe de asumir que es una petición de comprensión y participación.

Petición de implicación incorrecta. El último tipo de petición es mucho menos atractiva o agradable para el consejero. Una petición de implicación incorrecta es cualquier petición que pida al consejero que haga o diga algo que viole las normas, la ética, las leyes o los estándares sociales en un contexto de ayuda particular. Esto también puede incluir, pero no se limita a, chismes o rumores, queja excesiva o "queja crónica", "petición de una relación de dependencia" o "fomento de actividades contrarias al beneficio de otras personas o de la organización" (Gazda et al., 2005, p. 52).

Por ejemplo, un aconsejado podría decir algo así como, "He oído que Sara es también una aconsejada tuya. Ella y yo trabajamos en la misma oficina juntos. No sé si sabes esto acerca de ella, pero ¡ella está completamente mal de la cabeza!" Es una petición de implicación incorrecta porque se trata de un chisme e implícitamente le pide que rompa la confidencialidad sobre quién es o no es su aconsejada. Uno puede sentirse tentado a afrontar este tipo de peticiones con una objeción o refutación de algún tipo, queriendo defender a la persona (conocida o desconocida) de la que se habla. Por el contrario, también puede sentirse uno inclinado a tratar de ignorar lo que el aconsejado dijo, esperando que el silencio permita a la conversación pasar a otros temas. Desafortunadamente, el silencio también puede servir para socavar la relación entre ti y el aconsejado y puede pasivamente animar a éste a continuar tales conversaciones en lugar de evitarlas. En su lugar, las peticiones de interacción inadecuada deben abordarse directamente, pero con cortesía. En el escenario anterior, tú como consejero puedes responder con algo como, "Estas sesiones que tenemos juntos es para hablar de ti y de lo que está pasando en tu vida. No es éticamente correcto que yo hable de si alguien es o no un aconsejado mío, y no me parece que hablar de Sara sea beneficioso para los objetivos que has identificado con respecto a nuestro tiempo juntos". Es importante recordar que la mayoría de los aconsejados saben si su petición es de algún modo incorrecta, y cuando se reorienta la conversación es probable que se sientan avergonzados. No es tu trabajo proteger a los aconsejados de sus sentimientos, pero sí el trasmitir respeto, claridad en los límites y afirmarlos a ellos como personas siempre que sea posible.

Independientemente del tipo de petición que el aconsejado haga, es responsabilidad del consejero percibir lo que le está pidiendo el aconsejado y responder adecuadamente dada la situación, la relación y el contexto de la conversación. A lo largo de este libro podrás desarrollar tus aptitudes para alcanzar este objetivo, pero por el momento es suficiente que puedas simplemente identificar el tipo de petición con exactitud.

PERCEPCIÓN, INTUICIÓN Y
YO COMO INSTRUMENTO

La capacidad de percibir suele ser difícil de explicar, y mucho más concretamente de enseñar, debido al alto grado de "arte" que requiere. La percepción incluye todos los conceptos y principios que hemos analizado hasta el momento, pero también implica la percepción. Mientras que una buena percepción tiende a ser vista como algo que las personas tienen o no por naturaleza, la percepción puede desarrollarse realmente a través del aprendizaje que ha tenido lugar en situaciones previas (Witteman, Spaanjaars y Aarts, 2012). Por ejemplo, tus experiencias pasadas con los niños probablemente te dirán que un niño que viene corriendo hacia ti con los brazos abiertos y una sonrisa en su rostro significa que quiere ser abrazado o que lo tomes en brazos. No hay que ser un individuo altamente intuitivo para percibir lo que ese niño está comunicando de manera no verbal. Sin embargo, se necesitará una mayor capacidad intuitiva para que una persona perciba que un niño tímido expresa el mismo deseo de afecto simplemente siendo capaz de identificar el anhelo aparente en el rostro del niño. De esta manera, la percepción te ayuda a "descodificar" lo que estás percibiendo y te da una comprensión de lo que puedes esperar que signifiquen unas expresiones faciales concretas, tonos de voz u otros mensajes no verbales, basado en tus experiencias almacenadas y en las observaciones del pasado. Recuerda las buenas noticias que, incluso si no eres muy intuitivo por naturaleza, puedes cultivar tu capacidad de sintonizar con la percepción que tienes para usarla mejor.

Inténtalo

En los espacios que siguen, identifica el tipo de petición que el aconsejado está haciendo. Las respuestas se pueden encontrar en el apéndice A al final del libro. Las opciones incluyen (1) petición de actuación, (2) petición de información, (3) petición de comprensión y participación y (4) petición de interacción incorrecta.

1. **Aconsejado:** Antes de sentarme y sumergirme en lo que ha sucedido esta semana, necesito usar su baño urgentemente. ¿Dónde está?

   Tipo de petición _____

2. **Aconsejado:** ¡No te lo vas a creer! ¡Esta semana recibí una beca completa para la universidad de mis sueños! ¡Estoy muy emocionada!

   Tipo de petición _____

3. **Aconsejado:** Hoy tengo una migraña terrible. ¿Podríamos apagar las luces de arriba y solo tener las lámparas de mesa encendidas?

   Tipo de petición _____

4. **Aconsejado:** Ni siquiera sé por dónde empezar, ¡esta semana ha sido tan horrible! Mi niñera renunció anoche. ¡No sé lo que voy a hacer la próxima semana porque se suponía que ella iba a cuidar de los niños de miércoles a viernes, mientras mi marido y yo estamos en viajes de negocios!

   Tipo de petición _____

5. **Aconsejado:** ¡Uf!, acabo de conocer a la otra consejera en el pasillo. No sé cómo puedes trabajar con ella. Parece muy mala y bastante presumida también.

   Tipo de petición _____

6. **Aconsejado:** Acaban de diagnosticar a mi hijo con TDAH. Sé que es una de tus especialidades, así que ¿me puedes contar un poco sobre eso?

   Tipo de petición _____

7. **Aconsejado:** Acaban de diagnosticarle Alzheimer a mi madre, y estoy tan agobiada. No sé nada acerca de cómo cuidar a alguien con demencia, y hay tantas cosas de las que hacerse cargo. Ojalá hubiera un libro de *Alzheimer Para Novatos* que pudiera leer.

   Tipo de petición _____

Al igual que cualquier capacidad artística, percibir pertenece más a la historia del consejero, su personalidad, estado de ánimo o estado físico. Por estas razones, la constante consciencia del consejero sobre el impacto de este tipo de cosas sobre su capacidad para percibir correctamente lo que está pasando con un cliente en particular es un elemento esencial para perfeccionar el "yo" como instrumento.

Percepción, capacitación y el Espíritu Santo

¿Cómo sabes si la posible percepción que tienes acerca de lo que está sucediendo con tu aconsejado es el Espíritu Santo que habla contigo, tu percepción o el resultado de la capacitación en consejería que has recibido? ¡Creemos que puede ser todo lo anterior! Si le pides al Espíritu Santo que te guíe en tu papel de ayudador, Dios puede responder a tu oración aumentando tu sentido intuitivo. Él también puede utilizar el conocimiento que has adquirido a través de la formación y la experiencia, trayendo a tu mente ciertos aspectos que son relevantes para una situación dada.

Anteriormente mencionamos el concepto de contratransferencia, que puede definirse ampliamente como la "respuesta emocional de un consejero a un [aconsejado]" (Corey, 2013, p. 77). La contratransferencia es una respuesta emocional que parece que esté basada únicamente en el aconsejado, pero también puede ser influenciada por experiencias con alguien que el consejero identifica, a menudo inconscientemente, como similar al aconsejado de una manera u otra (por ejemplo, Elisabeth reaccionando emocionalmente a Lindsey como si fuera Karen). Este último tipo de contratransferencia puede obstaculizar significativamente la capacidad de un consejero para percibir correctamente lo que está sucediendo con un aconsejado. Sin embargo, la contratransferencia también puede ser una herramienta muy informativa y beneficiosa cuando se aborda con altos niveles de reflexión propia y, en última instancia, la conciencia misma del consejero sobre su persona. Por ejemplo, si te diste cuenta en medio de una sesión de que te sentías enfadado, podrías hacerte las siguientes preguntas: "¿Por qué me siento enfadado ahora? ¿Está mi enfado relacionado con lo que esta persona en particular está diciendo o haciendo, o estoy reaccionando a algo o contra alguien más? ¿Cómo puede mi enfado ayudarme a percibir correctamente a mi aconsejado?" En esta situación particular, podría ser que el aconsejado exprese abiertamente tristeza o depresión, pero que, al identificar tus sentimientos de enojo, seas capaz de percibir el enojo oculto en tu aconsejado.

Percibir *no* es

✓ asumir que el comportamiento de un aconsejado signifique lo mismo para él que para ti
✓ llegar a la conclusión de que tú sabes lo que el aconsejado quiere decir
✓ imponer los pensamientos, sentimientos o creencias del consejero sobre el aconsejado

---

Cuando tratas de usar la contratransferencia de esta manera, existe el peligro añadido de que pudieras estar proyectando tus propias emociones sobre tu aconsejado, ¡emociones que realmente en ninguna manera son recomendables! Una percepción correcta no supone que las expresiones faciales, los movimientos corporales y otras comunicaciones no verbales del aconsejado signifiquen para él exactamente lo que significarían si las hicieras tú. Además, la contratransferencia no significa que seas libre de proyectar alguna connotación sobre un aconsejado solo porque esa acción significó algo para alguien más en alguna ocasión anterior. Percibir es tomar el comportamiento no verbal del aconsejado y usar tus propias emociones y experiencias pasadas *fundamentadas* en tu comprensión de quién es el aconsejado para dar sentido a lo que has observado. Este arte requiere un equilibrio hábil que requiere aprender quién es tu aconsejado y qué significa para él un comportamiento dado o una respuesta sabiendo también quién eres tú como consejero y el significado que intuitivamente atribuyes a los comportamientos no verbales.

Conexiones bíblico/teológicas

En las culturas occidentales, es común ver a una persona, y a nosotros mismos, como si estuviésemos divididos en partes: cuerpo, alma, espíritu, mente y así sucesivamente. La distinción de Freud entre el ego y el superego, junto con la mente consciente y la subconsciente, se suma a esta tendencia a definir las partes del yo. Por lo tanto, en términos de comunicación, es común suponer que hay lenguaje explícito (por ejemplo, declaraciones verbales) y metalenguaje (comunicación sobre el lenguaje explícito—tono, ritmo, etc., así como sentimientos subyacentes y motivaciones). Todas estas suposiciones sobre "las partes de uno mismo" pueden ser muy útiles en la consejería, pero a veces pueden conducir a una visión de la persona que resalta una parte de la persona por encima de las otras, en la que el avance y la curación son solo superficiales.

En el pensamiento cristiano a menudo leemos las Escrituras a través de la lente de las partes de nosotros mismos y rápidamente nos confundimos porque la Escritura habla de las partes de manera diferente en varios pasajes. Por ejemplo, lee el conocido versículo "Y amarás a Jehová tu Dios con todo tu corazón, y con toda tu alma, y con todas tus fuerzas" (Dt. 6:5). Este versículo puede usarse para sugerir que las personas están compuestas de partes, identificadas como corazón, alma y fuerza. Sin embargo, un estudio cuidadoso de este versículo y de los otros pasajes en las Escrituras donde se hace referencia a este nos proporcionará un cuadro diferente (Beck, 1999). En Mateo 22:37, Jesús nombra las "partes" corazón, alma y mente. En Marcos 12:30 las "partes" se llaman corazón, alma, mente y fuerza. Marcos 12:33 se refiere al corazón, entendimiento y fuerza. Lucas 10:27 se refiere al corazón, alma, fuerza y mente. Añádase a esto que estos versículos fueron escritos en dos lenguas, hebreo y griego, y que es un desafío afirmar la equivalencia entre palabras en diferentes idiomas.

Entonces, ¿cuál es el asunto? Lo que subrayan estos versículos no son las partes de la persona, sino que debemos amar al Señor con todo lo que somos, con toda nuestra personalidad, incluyendo nuestras emociones, pensamientos y comportamientos. Una parte no está por encima de las otras. Creados a la imagen de Dios, los seres humanos se entienden mejor como un todo, seres integrados, y no seres compuestos de partes. Sin embargo, es útil, en ciertos contextos tales como la consejería, reconocer las motivaciones y los significados ocultos, e incluso las propias contradicciones internas, en nuestro camino hacia la plenitud personal.

Os animamos, como clase, a comentar formas en las que habéis trabajado, o podríais trabajar, para desarrollar vuestras capacidades de percepción. Algunos ejemplos que sugerimos incluyen las actividades enumeradas al final de este capítulo.

APLICACIÓN MULTICULTURAL

Ser capaces de captar las señales verbales y no verbales es la base para percibir lo que los aconsejados están experimentando. Sin embargo, el problema de percibir correctamente lo que les está pasando a los aconsejados que son de un trasfondo cultural diferente que sus consejeros es que las mismas señales pueden tener significados totalmente diferentes en el contexto cultural particular de un aconsejado (Garrett y Portman, 2011). Lo mismo ocurre con el género (Robinson y Howard-Hamilton, 2000). Por lo tanto, hay una alta probabilidad de interpretar de manera totalmente errónea al aconsejado.

Las diferencias en el significado de las palabras, incluso dentro del mismo idioma, pueden ciertamente variar entre grupos culturales. Abordaremos las implicaciones multiculturales del uso de las palabras en el capítulo ocho. Mientras que la adaptación en la diferencia de cómo se entienden las palabras es básica, las diferencias en la comunicación no verbal pueden ser aún más complejas. El uso del *espacio personal e interpersonal* (proxémica) varía mucho. Por ejemplo, los árabes, los latinoamericanos, los africanos, los sudamericanos, los franceses, los afroamericanos y los indonesios se sienten generalmente más cómodos con la proximidad de otra persona que los anglosajones (Nydell, 1996). Esto tiene implicaciones sobre cómo se distribuye el espacio de la oficina y qué tanto permitirás que un aconsejado acerque su silla a la tuya.

El género también puede desempeñar un papel. Yo (Heather) recuerdo haberle preguntado a mi terapeuta, un hombre, si no le importaba acercar un poco su silla a la mía con el fin de aproximar lo que se sentía como un gran abismo interpersonal creado por los más de dos metros de distancia que había entre ambos. Cuando se acercó a mí, me sentí más relajada. Por supuesto, el consejero tiene que sentir que sus propias fronteras interpersonales no están siendo violadas aceptando tal petición.

El uso de movimientos corporales (cinésica), incluyendo la cantidad de contacto visual, tipos de gestos, expresión facial y postura, también varían según la cultura (Chan y Lee, 2004). En la cultura anglosajona, por ejemplo, evitar el contacto visual puede ser interpretado como incomodidad, resistencia o falta de respeto, mientras que en otras culturas el contacto visual se considera indeseable e irrespetuoso (Pedersen e Ivey, 1993). Sonreír puede indicar vergüenza o cortedad en algunas culturas, y la risa puede tener diferentes significados (Sue y Sue, 2016). Fue solo después de muchos años en Filipinas que yo (Heather) llegué a entender que cuando unos hombres se rieron cuando mi hijo se cayó de su bicicleta y se lastimó, no estaban siendo maleducados e insensibles, sino que estaban tratando de mostrar simpatía. Incluso el grado en que se muestra la expresión facial se valora en mayor o menor grado dependiendo de la cultura.

Me costó muchos meses comenzar a percibir las variaciones sutiles de la expresión facial con un aconsejado que era chino. Los movimientos de cabeza (Jensen, 1985), los movimientos vibratorios de las manos (Sue y Sue, 2016) y gestos concretos (LaBarre, 1985) también varían según la cultura.

Las señales vocales (paralenguaje), tales como pausas, silencios, sonoridad de la voz, inflexiones, ritmo del habla y silencios también están motivados culturalmente (Sue y Sue, 2013). Hay que tener cuidado de no malinterpretar las señales vocales. Por ejemplo, en la cultura europea, una voz suave podría ser percibida como inseguridad, timidez o baja autoestima, mientras que en el contexto asiático una voz suave podría tener estos mismos significados o connotar meramente respeto y buenos modales.

Cuando trabajes con diversos aconsejados, tendrás que comprobar continuamente si lo que estás percibiendo es correcto. Esto puede significar el uso frecuente de contenido y sentimientos reflejos (ver capítulos cinco y seis), así como pedir aclaraciones (capítulo ocho). Esto ciertamente significa llegar a la relación de consejería con la mentalidad de un alumno y una actitud de humildad.

CONCLUSIÓN

La técnica de percibir está basada fundamentalmente en el arte, construida sobre la capacidad del consejero para hacer observaciones sobre la comunicación no verbal de un aconsejado y luego atribuir un significado correcto a esas observaciones. Percibir incluye, entre otras cosas, escuchar el tipo de petición que subyace bajo las palabras del aconsejado, recoger el significado detrás de las características vocales del aconsejado (como tono, inflexión y ritmo de las palabras) y tener indicios sobre cómo un aconsejado se comunica a través de sus características físicas y el uso de su cuerpo. Percibir no es proyectar, sino que por el contrario demanda que el consejero aprenda qué significan ciertas conductas no verbales para un aconsejado en concreto dada su propia personalidad, trasfondo y cultura. Cuando se trabaja con aconsejados multiculturales, se necesita un cuidado especial para asegurarse que lo que se percibe sea correcto.

PREGUNTAS PARA LA REFLEXIÓN

1. En una escala de uno (más bajo) a cinco (más alto), ¿qué nivel de captación tienen tus técnicas de percepción? Da tres ejemplos.
2. Si tuvieras que suponer, ¿es probable que te distraigas más por tu propio ruido mental, emocional o físico? ¿Por qué?
3. De los temas que se tratan en este capítulo, ¿cuáles son las características no verbales de otros de las que tiendes a estar más consciente? ¿Por qué crees que es así?

CAPÍTULO 4

TU PRESENCIA EN LA SALA

¿Quién como el sabio?;
¿y quién como el que sabe interpretar las cosas?
La sabiduría del hombre ilumina su rostro,
y la tosquedad de su semblante se mudará.

Eclesiastés 8:1

Enfoque del Capítulo

TÉCNICA: atender

PROPÓSITO: desarrollar la autoconciencia del consejero con respecto a su propia comunicación no verbal

FÓRMULA: me doy cuenta _____ acerca de la impresión que pedo estar dando. Me doy cuenta de que estoy haciendo _____, que puede dar la impresión de_____.

Un día, cuando yo (Elisabeth) estaba en la secundaria, mi madre me pidió que limpiara la sala de estar. Yo no estaba en desacuerdo o molesta, ya que era una petición normal en nuestra casa, así que dije, "está bien mamá". Mi madre muy amable y pacientemente me detuvo rápidamente y me dijo: "Deja tu cara como la tienes, ve al baño, mira en el espejo y dime por qué pienso que estás enfadada conmigo". Lo que encontré cuando me miré en el espejo era una cara que no reflejaba cómo me sentía por dentro. En vez de eso, mi cara se veía plana, desencajada y casi enfadada, mientras que en el interior me sentía tranquila, pacífica y bastante bien con la vida. En ese momento me di cuenta de que mi "cara por defecto" no era tan agradable. Tuve la responsabilidad de aprender qué impresión causaban mis mensajes no verbales a los demás y trabajar para lograr una congruencia entre lo que sentía en el interior y lo que mi cara y lenguaje corporal reflejaban.

Este es el acto de atender–aprender a usar la comunicación no verbal para transmitir los mensajes que tienes la intención de enviar y aprender lo que tu cara por defecto y tu lenguaje corporal dicen a los demás. Mientras que la percepción es lo que recibes de los demás, atender es lo que los demás son propensos a percibir, o recibir, de ti. Al igual que con la percepción, atender es a la vez arte y ciencia, pero se inclina más hacia el lado del arte.

Hay dos elementos que componen el atender: lo que *muestras* externamente y lo que *aportas* a la conversación como persona. Lo que muestras externamente se refiere a tus expresiones externas o comportamientos que el aconsejado puede observar, así como lo que un aconsejado puede captar sobre el ambiente que se crea a través de la distribución física de la sala de consejería. Lo que tú aportas es todo aquello que sucede en tu interior y que contribuye a tu capacidad de atender genuinamente. Comenzaremos con una discusión de las formas externas mediante las cuales un consejero demuestra atender a sus aconsejados para pasar después a los elementos internos que contribuyen a la capacidad de un consejero para estar presente y atender.

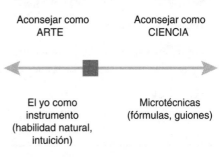

Figura 4.1. Arte frente a ciencia: Atender

Descubriendo tu Predeterminación

A lo largo de próxima semana, cuando pases delante de una ventana reflectante o un espejo, "congela tu rostro" y observa lo que otros ven:

✓ ¿Coincide tu expresión facial con tu estado de ánimo?
✓ Si alguien no te conociera, ¿qué asumiría que estás pensando o sintiendo basado únicamente en lo que se muestra en tu cara "congelada"?

EL ASPECTO EXTERNO DE ATENDER: LO QUE MUESTRAS

Como se discutió en el capítulo tres, la comunicación no verbal incluye elementos relacionados con la voz y el cuerpo. Los elementos relacionados con la voz incluyen aspectos tales como el tono de voz, el tempo de elocución y la inflexión. Los elementos relacionados con el cuerpo incluyen cosas como el uso del espacio, aspecto físico y respuestas involuntarias o autonómicas. De la misma manera en que tú, como consejero, obtienes cada uno de estos elementos de tu aconsejado, tu aconsejado también los observa en ti y hace suposiciones acerca de ti basado en estas observaciones. Por esta razón es de suma importancia que seas consciente de cómo otros pueden percibirte, incluso si es difícil para ti ser honesto contigo mismo acerca de aspectos que has descubierto y que tal vez no quieras reconocer. Si no estás seguro de cómo te perciben los demás, trata de preguntar lo siguiente a buenos amigos e incluso a los compañeros de clase: "Piensa en uno de los primeros contactos, si no el primero, que tú y yo tuvimos. ¿Cuál fue tu impresión inicial de mí basada en mis expresiones faciales, lenguaje corporal y estilo de vestir? ¿Qué suposiciones hiciste sobre mi personalidad, temperamento y simpatía?" ¡Prepárate para los comentarios halagadores y los poco halagüeños!

La siguiente es una discusión de varios aspectos de las maneras en que los consejeros pueden mostrar intencionalmente o inadvertidamente aspectos de sí mismos a sus aconsejados.

Aspectos de la voz. Prestar atención sobre cómo otros pueden oírnos o percibirnos nos da la oportunidad de tomar conciencia de casos en los que nuestra voz no transmite correctamente nuestro estado interno de ánimo. Por ejemplo, yo (Elisabeth) soy muy consciente de que a menudo puedo mostrarme más seria o autoritativa de lo realmente me que siento debido a mi tono, mi inflexión y mi cara en estado normal. Puesto que me doy cuenta de esto acerca de mí misma, a menudo tengo que prestar atención en las conversaciones con los aconsejados para asegurarme de que mi tono también contiene una pizca de jovialidad o jugueteo, cuando esa es la verdadera intención de mis palabras.

Datos empíricos

El trabajo de Sherer y Rogers (1980), así como el de Sharpley, Jeffrey y McMah (2006), que abarcan décadas de investigación, demuestran una verdad atemporal: los mensajes no verbales del consejero contribuyen significativamente a la eficacia de la terapia. Específicamente, cuando los consejeros utilizan "señales no verbales de alta prioridad" (p. 699; i.e., una distancia corta entre el terapeuta y el cliente, el contacto visual, etc.), los aconsejados perciben significativamente mayores niveles de simpatía, aceptación, empatía, calidez, autenticidad, "la expresión clara e inequívoca de interés, entusiasmo y disfrute parece estar positivamente vinculada a las experiencias de compenetración con el cliente" (Sharpley, Jeffrey y McMah, 2006, p. 354). Como tal, un consejero que es capaz de usar comunicación no verbal de manera genuina y magistral es probable que sea "clasificado como un terapeuta poseedor de habilidades interpersonales superiores y como un terapeuta más eficaz" (Sherer y Rogers, 1980, p. 699).

A casi nadie le gusta el sonido de su propia voz en una grabación, pero es una gran manera de obtener una mayor conciencia de algunos de los mensajes no verbales relacionados con la voz que podría transmitir a un aconsejado. ¿Hablas rápido o lento? ¿Eres una persona que inserta un "mmm" con frecuencia? ¿Te ríes o carcajeas en momentos inapropiados? ¿Tu inflexión sube al final de cada oración, convirtiendo todo en una pregunta? ¿Suenas demasiado serio? Estos elementos y otros se pueden discernir simplemente grabándote en una conversación normal y reproduciéndola. (Asegúrate de obtener el consentimiento adecuado de amigos o parientes que también pueden ser grabados durante este proceso, explicándole que el propósito de la grabación es analizarte a ti).

Ahora que has escuchado una grabación de cómo suenas realmente, vuelve al capítulo tres y revisa la discusión del tono de voz, la entonación, la velocidad del habla y la inflexión, pero esta vez aplícalas a ti mismo. ¿Qué pueden los aconsejados percibir de ti, basado en estos elementos de la comunicación no verbal? *Relacionado con el cuerpo.* Como se mencionó anteriormente, no siempre somos conscientes de la multitud de formas en que nuestro cuerpo se comunica a los demás por medios no verbales. De nuestras expresiones faciales, a nuestro uso del espacio, o la presentación física de nosotros mismos, debemos estar atentos a las maneras en que los aconsejados pueden percibirnos.

Implicaciones de diagnóstico

Al igual que con tantas otras características personales, por naturaleza las personas varían considerablemente en cuanto a su tendencia y capacidad de prestar atención a las experiencias internas y cómo se transmiten externamente. Admiramos y buscamos emular a aquellos que están en sintonía con sus experiencias internas y pueden actuar e interactuar desde esa habilidad para estar completamente en sintonía con respecto a cómo se encuentran con los demás. En cierto sentido esto describe a alguien que es sabio.

También conocemos a personas que no están en sintonía con su experiencia interna y cómo son percibidos por otros. Esto se ve claramente en las personas con ciertos trastornos de la personalidad, por ejemplo, el trastorno límite de la personalidad (TLP) y trastorno histriónico de la personalidad. TLP se caracteriza por cambios internos extremos e inestabilidad. El estado de ánimo de los individuos con TLP puede fluctuar dramáticamente. Su sentido del yo es inestable y distorsionado. Son impulsivos y propensos a la automutilación. El núcleo de este trastorno es la experiencia interna caótica que no puede ser contenida y "fugas" que afectan las relaciones interpersonales.

Para los consejeros, la capacidad de atender simultáneamente tanto a su experiencia interna como a la descripción de la vida de un aconsejado y sus circunstancias, requiere que los consejeros tengan dentro de sus propias mentes un diálogo interno continuo entre ellos (valores, emociones, pensamientos, etc.) y cómo interactúan y son percibidos por el aconsejado. En las terapias cognitivas esta capacidad se conoce como auto-conversación, y mientras que los consejeros necesitan enseñar a los aconsejados a hablarse uno mismo, también necesitan ser capaces de hacerlo ellos mismos dentro de la sesión. El aprendizaje de las destrezas intencionadas y calmantes de la meditación y la mente consciente puede ayudar a prestar mayor atención a la experiencia interna sin juzgar. Ser más consciente de cómo uno está llegando a otros es el componente adicional de atender. Ambos componentes están ausentes en trastornos graves como el TLP, y ambos son necesarios para las relaciones eficaces de consejería.

Expresiones faciales. Mi madre (de Elisabeth) intentaba hacerme prestar atención a mi expresión facial cuando me dijo que congelara la cara y me mirara al espejo. La forma en que ponemos nuestra cara o gesticulamos puede "hablar" muy alto a los demás. Mientras estás leyendo esto, congela su cara y realiza una exploración interna de cómo se sienten los músculos de tu rostro. ¿Tienes el ceño fruncido? ¿Está la mandíbula apretada? ¿Están tus labios apretados, fruncidos, o sonríes? Con la cara todavía congelada, ve y mírate en un espejo. ¿Coincide tu escaneo interno con el reflejo externo? Si no, ¿en qué se diferencian? Ahora, mirando en el espejo, pon en tu cara la expresión que más te gustaría mostrar al hablar con un aconsejado, y realiza un análisis interno de qué se *siente* al tener esa cara. Si tu cara predeterminada no coincide con esta "cara de ayuda" elegida, toma un tiempo cada día para repetir el proceso de mirarte en un espejo, encontrar tu cara de ayuda y notar cómo te sientes. Con el tiempo esto puede ayudarte a "restablecer" tu cara predeterminada.

Mientras que, por defecto, el rostro de algunos consejeros es un rostro pensativo o de estoicismo, el de otros puede verse demasiado sonriente y feliz. Mientras que una cara más cálida, más positiva, por defecto inicialmente puede ser más acogedora para un aconsejado, esta misma expresión facial puede ser problemática cuando un aconsejado está compartiendo algo doloroso o comunicando algo difícil. Responder a la angustia de un aconsejado, al dolor, el miedo o la ansiedad con una sonrisa es obviamente inadecuado, si bien puede ser una respuesta automática, no intencional por parte de un consejero. El objetivo es que las expresiones faciales del consejero sean congruentes con el estado de ánimo de la historia que el aconsejado está compartiendo.

Reflejar. Hay varias maneras de entender el concepto del reflejo, cada una con sus propios matices. Para los propósitos de este proceso de entrenamiento, definimos reflejar como la habilidad de usar la comunicación no verbal para reflejar los mensajes no verbales que percibimos en el aconsejado. Por ejemplo, el reflejo ocurre cuando un aconsejado está contando una historia de la alegría, y de la emoción, él sonríe, y tú sonríes también. Estás *reflejando* las expresiones no verbales del aconsejado, mostrándole en tu cara lo que percibes en su rostro. Lo mismo puede suceder con el afecto negativo. Por ejemplo, si un aconsejado comienza a hablarte de la muerte de un ser querido, puede empezar a llorar o a ponerse triste. Mientras que tú como consejero no puedes empezar a llorar o tener el mismo nivel de emoción que el aconsejado, el reflejo implicaría poner tu cara en una posición más melancólica o triste, reflejando la tristeza que percibes en el aconsejado. Se debe de tener cuidado, sin embargo, de no reflejar expresiones faciales que sean realmente incongruentes con la historia del aconsejado. Por ejemplo, a veces las personas sonríen cuando describen un dolor intenso, tal vez como una forma de tratar de minimizar la extensión de su dolor o por temor a que no validen la intensidad de su emoción. En tales casos, *no* necesitarás reflejar intencionalmente las expresiones faciales de tus aconsejados, porque la mayoría del tiempo puede que no sean conscientes de que están sonriendo y podrían preguntarse por qué estás tomando en broma su dolor.

Es importante recordar que el reflejo no imita la presentación de un aconsejado, sino que está más alineado con la correspondencia de su estado. Se trata de utilizar tu comunicación no verbal, ya sea en la expresión facial, la postura corporal o la calidad vocal, para reflejarle al aconsejado que estás percibiendo con precisión lo que está compartiendo contigo.

Aspecto físico personal. La presentación de tu *aspecto físico* también es parte de la consejería efectiva. Para bien o para mal, las personas hacen suposiciones sobre la personalidad, la clase social, los valores y la simpatía de otra persona basada en la apariencia física de esa otra persona. A la luz de esto, es importante que los consejeros consideren cómo percibirán su aconsejados su aspecto físico, incluyendo su higiene personal, así como su ropa y sentido del estilo. La limpieza es de suma importancia para un consejero.

Lo último que uno quiere es entrar en una oficina y sentarse a un metro de un consejero que desprende olor corporal, que no se ha lavado los dientes, cuyo aliento necesita desesperadamente ser renovado o que claramente ¡no se ha duchado en varios días!

Más allá de la limpieza básica, otras áreas de la presentación física pueden ser influenciadas por la cultura. Por ejemplo, la elección de ropa y estilo de un consejero refleja su origen étnico, su estatus socioeconómico y su personalidad. Ya seas hombre o mujer, con respecto a la forma en que te vistes, necesitas tener en cuenta lo que sería adecuado para tu clientela. Por ejemplo, hubo un tiempo en que yo (Elisabeth) enseñaba en una universidad, pero también trabajé como consejera en un orfanato de acogida temporal. Los días que iba a enseñar por la mañana y al orfanato por la tarde, traía un cambio de ropa conmigo. Para mis estudiantes universitarios, era importante que me vistiera profesionalmente, en un estilo formal o casual-formal. Pero para el hogar de acogida temporal, esas ropas habrían creado una barrera social entre mis aconsejados y yo, así que aconsejaba regularmente en pantalones vaqueros y una camiseta casual, ya que mis aconsejados provenían de contextos de pobreza y de ambientes negligentes donde tenían pocos o ningún recurso financiero. Una regla de oro es vestirse igual o un nivel profesional por encima de cómo se visten tus aconsejados. Así, por ejemplo, mientras que los aconsejados en el hogar de acogida a menudo llevaban pantalones de mezclilla o pantalones vaqueros, mi elección de usar pantalones vaqueros me mantuvo en un nivel comparable de estilo.

Si bien un traje y una corbata sería considerado generalmente excesivo para los consejeros varones, si tus aconsejados son profesionales que vienen a las sesiones con traje, entonces debes por lo menos llevar una camisa y una corbata o un traje con la chaqueta colgada donde se pueda ver. Las camisetas pueden ser aceptables en los ambientes informales, residenciales, pero una camisa con cuello resultaría a menudo más conveniente para los hombres. Los pantalones vaqueros pueden ser convenientes en algunos contextos, pero no en otros, y los pantalones vaqueros rasgados deben ser evitados siempre en ámbitos profesionales. Adicionalmente, los pantalones cortos no están generalmente permitidos en un entorno de oficina.

Si bien tanto los consejeros masculinos como femeninos necesitan prestar atención a lo que su ropa transmite a sus aconsejados, la modestia en la ropa es de suma importancia, en particular para las mujeres. Independientemente de tu contexto de consejería, tu elección de ropa nunca debe servir para llamar la atención sobre ti o sobre tu cuerpo de manera que pudiera percibirse como provocativa, sensual o cualquier otra cosa que no sea profesional. Esto significa que las mujeres no deben usar blusas que deje ver el escote, camisetas de tirantes finos o faldas que muestran demasiado el muslo cuando se sientan. Las prendas que son ajustadas y acentúan o realzan las curvas también deben evitarse. Un conjunto que sea tan impresionante como un vestido de noche, pero demasiado elegante para la oficina puede de manera similar poner la atención sobre ti misma en formas que no son útiles en una relación de consejería. Esto no significa que las mujeres no pueden vestirse femeninamente o de una manera que sea conveniente a su figura, sino que significa estar atenta a cómo a cómo te percibe el aconsejado, tanto a ti como a tu estilo. Del mismo modo, los consejeros masculinos necesitan vestir modestamente. La ropa ajustada debe ser evitada, y las camisas deben abrocharse de manera que no muestren mucho pecho o pelo en el pecho.

Relativo al espacio. La forma en que un consejero trata al uso del espacio también es parte de la comunicación no verbal y de una conducta apropiada. El uso del espacio se refiere a cómo los consejeros usan físicamente el espacio alrededor de ellos, cómo organizan el espacio ambiental en el que tiene lugar la conversación de consejería y cómo usan el espacio energético que los rodea. Comencemos desde la esfera más lejana y movámonos hacia adentro.

Espacio ambiental. La forma en que un consejero organiza el *espacio ambiental* en el que tiene lugar una conversación de consejería es de gran importancia. Tal vez tengas control sobre tu ambiente físico, o tal vez no, dependiendo del tipo de consejería que estés desempeñando. Idealmente, sin embargo, tendrás cierta influencia sobre cosas tales como el tipo de muebles, así como la distribución de los mismos en la habitación. El color y la decoración que seleccionas, e incluso el tipo y la cantidad de iluminación, se convierten en una forma de comunicación no verbal para los consejeros.

El tipo de mobiliario y la decoración apropiados varía dependiendo de quiénes sean tus aconsejados. Por ejemplo, si estás viendo principalmente a personas de clase alta que están pagando una tarifa superior por tus sesiones de consejería, un aspecto sofisticado con muebles más caros sería apropiado. En una agencia de consejería sin fines de lucro o en una iglesia, no habría la misma expectativa de lujo, aunque las sillas deberían ser lo más cómodas posible. Del mismo modo, si una habitación se utiliza principalmente con adolescentes o niños, se debe tener cuidado para crear un espacio donde se sientan cómodos.

También es importante asegurarse de que las sillas, sillones o sofás están todos a la misma altura. Si la silla del consejero es más alta que la del aconsejado, por ejemplo, se puede crear una diferencia de poder adicional, con el sentimiento de inferioridad por parte del aconsejado. Por otro lado, si el aconsejado está en la silla más alta, el consejero podría sentirse depuesto del poder. Del mismo modo, si el consejero está en una silla que es de alguna manera más grande o mejor que la del aconsejado, la relación de consejería podría ser sutilmente afectada.

Tal vez quieras colocar los muebles de manera que no haya barreras físicas entre tú y el aconsejado. La presencia de tales barreras físicas a menudo sirve para comunicar de manera no verbal una distancia emocional o autoprotección por parte del consejero, tal como sucede si lo hace el aconsejado. Por esta razón los consejeros deben evitar generalmente sentarse en el lado opuesto del escritorio con respecto a un aconsejado. Del mismo modo, es mejor tener mesitas auxiliares que una mesa de café, aunque una mesa de café baja probablemente no crearía una barrera tan fuerte como un escritorio. Puede haber excepciones a esta regla general. Por ejemplo, en un entorno penitenciario donde existe riesgo potencial de violencia, una barrera física como un escritorio puede ser una buena idea.

El tipo de iluminación utilizado también comunica algo a los aconsejados. Las lámparas, por ejemplo, tienden a comunicar un ambiente más cálido y familiar que la iluminación fluorescente. La luz es "más tenue" y por lo tanto hay más probabilidades de transmitir una sensación de más tranquila dentro de la sala de consejería. Sin embargo, algunos aconsejados podrían sentirse más cómodos con el uso de formas menos íntimas de iluminación. Parte del arte de la consejería consiste en proporcionar el ambiente más idóneo para cada aconsejado.

El uso del color dentro de la sala de consejería está relacionado con este mismo principio. Estudios han demostrado que diferentes colores y tonos evocan diferentes emociones (Boyatzis y Varghese, 1994, Elliot y Maier, 2007, Kaya y Epps, 2004). Por lo tanto, la utilización de colores suaves y vivos puede crear una sensación de calidez y solidez en una habitación (i.e., tonos marrones en lugar de negro, un rojo arándano en lugar de un rojo cereza, azul marino o azul pizarra en lugar de un verde chillón y tonos apagados en lugar de tonos chillones).

Con respecto a la decoración, a menudo es tentador para los consejeros poner elementos de importancia personal en su oficina. Si bien esto no es algo malo en sí, es importante recordar que debes decorar tu oficina de manera que los *aconsejado*s se sientan cómodos. Una foto de sus seres queridos, que no esté justo delante del aconsejado, puede servir para personalizar tu persona con respecto a tus aconsejados, pero varias fotos de tus seres queridos colocadas directamente frente al aconsejado pueden servir como distracción o punto de incomodidad para los aconsejados que necesiten un consejero que pueda permanecer anónimo en sus mentes, o para aquellos que puedan interpretar las fotos como un recordatorio de lo que no tienen en sus propias vidas. Artículos como cruces, Biblias u otros artefactos religiosos también pueden servir como una espada de doble filo. Para los aconsejados que comparten la misma fe que sus consejeros, estos elementos pueden ser vistos como puntos de conexión. Estos mismos objetos, sin embargo, podrían ser igualmente divisivos si los aconsejados no comparten la misma fe que sus consejeros o si provienen de un contexto en el cual la religión fue usada de una manera abusiva. Los diplomas, licencias y certificaciones colgadas en un lugar visible pero en un lugar que no interfieran son generalmente aceptados y pueden ofrecer tranquilidad a los consejeros en cuanto a las calificaciones de su consejero.

Espacio personal. La proximidad entre el consejero y el aconsejado es un aspecto del espacio personal. Cabe señalar que los factores culturales influyen en lo que se considera cómodo o normativo en este ámbito (ver "Aplicación Multicultural" más adelante). Dentro de la cultura occidental, cuanto más cerca están las dos personas en una conversación, más íntima o personal se percibe la misma. En los Estados Unidos, cuando dos personas tienen entre metro y medio y tres metros de separación, la conversación generalmente se percibe más como una interacción profesional o ampliamente social, mientras que por debajo de metro y medio es una interacción más personal, y menos de medio metro implica una relación más íntima de conversación (Anderson y Ross, 1998). Dentro de una relación de consejería es preferible una distancia de aproximadamente un metro y medido desde las rodillas de una persona hasta las rodillas de la otra persona (Young, 2009).

Gestos. Otra área a la que prestar atención y que se relaciona con el espacio personal es el uso de gestos. Los individuos que hablan con sus manos y brazos trasmiten de manera no verbal una presencia física mayor que aquellos que hablan con los brazos pegados a los costados. Los gestos a veces pueden ser útiles—por ejemplo, pueden ser una manera de añadir énfasis a un mensaje—pero también pueden ser distractores o abrumadores para algunos aconsejados en concreto (p. ej., aquellos que vienen de antecedentes de abuso u otro trauma). Por lo tanto, lo mejor es observar cómo utiliza los gestos un aconsejado y, a continuación, hacer coincidir, o reflejar, el uso de los gestos de dicho aconsejado.

Contacto. Una buena analogía para el uso del tacto en consejería es la de una motosierra. Al cortar un árbol de un tamaño decente, una sierra mecánica es mucho más eficiente y requiere mucha menos energía que usar un hacha. Sin embargo, si no sabes cómo utilizar correctamente una motosierra, te puedes lesionar gravemente a ti mismo o a otra persona. Del mismo modo, el uso juicioso del tacto puede ser inmensamente útil en consejería, pero también puede ser perjudicial.

Una relación sexual de cualquier tipo con un aconsejado está estrictamente prohibida por todos los códigos éticos en las profesiones de salud mental. Pero incluso si el contacto físico del consejero no tiene intención sexual, es fácil para algunos aconsejados interpretar mal el significado del tal contacto. Puede que las víctimas de abuso sexual, por ejemplo, no sean capaces de diferenciar el contacto que está destinado a mostrar compasión del que es de naturaleza sexual.

Si bien pedir permiso antes de tocar a un aconsejado es una buena práctica, la respuesta "sí" no indica necesariamente consentimiento. Puede que los aconsejados que no tienen un sentido estable de sí mismos o que tienen baja personalidad no sean capaces de denegar tal invitación, a pesar de los sentimientos de incomodidad. Por lo tanto, tendrás que observar cuidadosamente si las señales no verbales de los aconsejados confirman o niegan su asentimiento verbal.

Algunos consejeros tratan de resolver el dilema solo tocando aconsejados del mismo género que ellos. Tal postura, sin embargo, asume la heterosexualidad; no toma en cuenta la posibilidad de que un aconsejado pueda estar confundido acerca de su orientación sexual o puede identificarse como homosexual.

Una forma de lidiar con estas complejidades es simplemente no tocar a los aconsejados para evitar posibles trampas. Desafortunadamente, esta opción cierra la puerta a los consejeros sobre algunos de los beneficios del uso del contacto. Por ejemplo, el contacto utilizado adecuadamente puede ser curativo para los aconsejados que solo han experimentado el tacto como abusivo o explotador, ayudándoles a comenzar a discernir entre el contacto físico saludable del no saludable.

Si decides que el tacto puede ser terapéutico con un aconsejado en particular, sugerimos las siguientes pautas:

1. Siempre pide permiso para tocar, pero no asumas que un "sí" inicial implica consentimiento. Reconoce que puede que los aconsejados no se sientan cómodos con el tacto y que está bien que se nieguen.
2. Observa cuidadosamente las respuestas no verbales del consejero tanto a tu solicitud como al contacto en sí mismo.
3. Si tocas a un aconsejado, siempre procesa con ellos lo que supuso la experiencia para que puedas determinar si fue útil o no.
4. Para tu propia protección contra las acusaciones de mala praxis, es una buena idea grabar aquellas sesiones donde se emplee el contacto físico.
5. Discute el problema con tu supervisor.

Espacio energético. El concepto de espacio energético es tanto el más personal como el más abstracto. Se refiere a la energía que tú como persona llevas a una habitación. Una manera de pensar en este concepto es usar la analogía de las revoluciones de un motor. Algunas personas viven los días altamente acelerados, mientras que otros proyectan una energía más baja, más relajada. Otra forma de pensar en el espacio energético es considerar el cómo la presencia de alguien puede ser "grande" o "pequeña". Tenemos una colega muy querida que llena la habitación con su "gran" presencia. Habla en voz alta, se ríe en voz alta y emana una energía ilimitada. Definitivamente sabemos cuándo está cerca (¡y la echamos de menos cuando no está ahí!).

La cantidad de espacio enérgico que ocupas puede ser en gran parte debido al temperamento de la personalidad. Hay algunas personas que simplemente son más fuertes o enérgicas, y la gente a su alrededor puede sentir esto. Es como si hubiera un torbellino girando alrededor de sus cuerpos. Otros tienen personalidades más bien moderadas y naturalmente más discretas, y es como si el espacio a su alrededor fuera una brisa suave, apenas palpable.

El espacio energético también puede estar directamente relacionado con la forma en que los individuos se puedan sentir ansiosos o tranquilos de sí mismos, o, dentro del contexto de ayuda, lo confiados que están en su papel en la consejería. Cualquiera que sea la razón del espacio energético particular que ocupas cuando estás en tu papel de consejero, es importante que seas consciente del espacio energético que tomas en una habitación y que reflexiones sobre lo que contribuye a esa energía. ¿Tomas, por ejemplo, más o menos espacio energético cuando estás ansioso? ¿Cómo describirías los niveles de RPM que ocurren dentro de ti en una relación regular en comparación con una relación de consejería? La pregunta crucial es: "¿Cómo afecta la energía que proyecto a este aconsejado en particular?" Si tiene un efecto negativo, necesitarás hacer ajustes.

El volumen del discurso y la velocidad del habla afectan a la cantidad de espacio energético que requieres, haciendo estas áreas algo en lo puedes trabajar específicamente en su adaptación. Nuestra colega con la "gran presencia" a la que nos referimos anteriormente trabaja con individuos extremadamente heridos emocionalmente, por lo que intencionalmente suaviza su tono y ralentiza su discurso para no abrumar a tales aconsejados. Los gestos grandes también contribuyen a una sensación de amplitud de presencia y espacio energético, por lo que también pueden atenuarse. De manera similar, si el espacio enérgico de tu aconsejado tiene el efecto de sobreponerse a tu contribución terapéutica, puedes practicar hablar más alto y más rápido, así como usar gestos más expansivos. Si no puedes adaptarte lo suficiente, puede que tengas que considerar la posibilidad de recomendar a tu aconsejado a alguien más compatible.

Si no estás seguro de lo que muestras a los demás, comienza a preguntar a los que te rodean sobre lo que perciben de ti. Escucha los patrones o los comentarios repetidos y los temas que otros proporcionan, y luego considera si los mensajes no verbales que estás transmitiendo son congruentes con quién ves en ti mismo y cómo te sientes, y si esos son los mensajes que deseas enviar a los consejeros.

S.I.C.A.R

Parte de la ciencia de atender que resulta en lo que muestras a los consejeros tiene que ver con las formas específicas en las cuales te posicionas y cómo mueves tu cuerpo dentro de una conversación de consejería. Esta ciencia de atender es abreviada por el acrónimo S.I.C.A.R [S.O.L.E.R. por sus siglas en inglés] (Egan, 2014, pp. 77-78), que significa:

- **siéntate** en ángulo recto
- en ocasiones, **inclínate**
- mantén un **contacto visual** apropiado
- mantén una postura **abierta**
- **Relájate**

En el capítulo uno, comparamos el aprendizaje de las microtécnicas con las instrucciones de la escuela de conducir para mantener las manos en la posición 10 y 2 en el volante en todo momento, cuando en realidad muchos de nosotros manejamos con una sola mano. S.I.C.A.R. sirve como tu 10 y 2 en relación a atender. Cuando el terreno no es familiar, cuando las condiciones son adversas o cuando el consejero está cansado, esta es la postura que hay que adquirir. Sin práctica no te sentirás familiar o cómodo con esto, pero con la práctica enseñarás a tu cuerpo que "cuando estoy en esta postura estoy enfocado y presto atención". Mientras que algún día podrás ser capaz de conducir cómodamente "con una mano", sugerimos que durante el resto de este curso permanezcas en S.I.C.A.R. para cada conversación de consejería, práctica o actividad de grupo pequeño con el propósito de entrenar a tu cuerpo para atender de una manera que sea cómoda para ti mientras que al mismo tiempo se crea un ambiente cómodo para tus aconsejados.

Sentarse en ángulo recto significa que tú, como el consejero, posicionas tu cuerpo para estar frente al aconsejado como si hubiera líneas paralelas que van desde tus hombros hasta los hombros del aconsejado y desde tus caderas hasta sus caderas. Debes tener una postura erguida, con la espalda recta y los hombros hacia atrás. Sentarse recto comunica al aconsejado que tú estás presente y que estás enfocando tu atención en él. Esta postura también ayuda a evitar que te distraigas con la actividad periférica.

En realidad, puede ser útil que no te sientes frente a tu aconsejado de manera directa, sino que más bien las sillas estén ligeramente inclinadas para que el aconsejado pueda mirar al espacio mientras piensa, pero que con un ligero movimiento de la cabeza pueda encontrar tu mirada. Esta posición aún se considera "sentarse en ángulo recto".

Mantener una *postura abierta* significa que tus brazos están a tus lados, posiblemente descansando en tus muslos, y que ambos pies están firmemente colocados en el suelo. No se deben cruzar las extremidades, ya que esto puede trasmitir una sensación de estar cerrado o a la defensiva. De hecho, recomendamos que no se cruce nada, incluso no juntar las manos en el regazo (cruzar los dedos entre sí) y no cruzar los tobillos, al menos mientras estés en el proceso de entrenamiento. Para muchas personas esta es una posición muy poco natural, ya que les hace sentirse expuestos y vulnerables, que es exactamente la razón por la cual es conveniente para los aconsejados que los consejeros aprendan a sentirse cómodos en esta postura.

Hay un tiempo y un lugar para *inclinarse* durante la conversación. Este movimiento generalmente ocurre como una manera no verbal de cerrar la brecha entre el consejero y el aconsejado, sucediendo a menudo cuando aumenta la emoción del aconsejado o cuando la historia que el aconsejado está compartiendo se intensifica, o como una manera de decirle tranquilamente al aconsejado que el consejero está presente con él en ese momento. Yo (Elisabeth) tuve un supervisor que se refirió a inclinarse como un "abrazo no físico". Es importante que el consejero no comience desde la posición inclinada, ya que entonces no hay manera de acercarse más a la historia del aconsejado si ésta se intensifica. Elige bien cuando inclinarte hacia atrás y regresar a S.I.C.A.R., ya que una reclinación hacia atrás inoportuna puede ser percibida como una desvinculación del aconsejado y su historia.

Consejo clínico

Regularmente grabarte en vídeo mientras estás en el papel de consejero puede ser revelador. Cuando revises la grabación, busca lo siguiente:

1. ¿Es congruente tu expresión facial con lo que pretendías transmitir en ese momento?
2. ¿Notas que exhibes algún manierismo distractor?
3. ¿Estás usando S.I.C.A.R.?
4. ¿Tu aconsejado parece interpretar mal tu lenguaje corporal?

El *contacto visual* es probablemente el elemento de S.I.C.A.R. más influenciado culturalmente, y por lo tanto se debe de tratar en consecuencia. Dentro de la cultura occidental, mantener un contacto visual estable pero no fijo es una señal de compromiso y respeto por la persona con la que se está hablando. Por el contrario, en la cultura nativa americana, el contacto visual permanente puede ser percibido como irrespetuoso y amenazante (Garwick, 2000). Independientemente de las normas culturales, lo que es crítico es que cuando un aconsejado te mire para encontrarse con tus ojos, tus ojos estén ahí para que el aconsejado los pueda encontrar. Yo (Heather) conocía a una víctima de abuso sexual que no hizo contacto visual con su consejero durante seis meses debido a la intensa vergüenza que sentía. Sin embargo, por su visión periférica pudo ver que los ojos de su consejero estaban puestos en ella. Eso le trasmitió tranquilidad para el momento en el que ella hizo el valeroso movimiento de levantar sus ojos, porque sabía que se encontraría con la mirada cariñosa de su consejero. Tu norma, por lo tanto, debe ser mantener el contacto visual, permitiendo que el aconsejado decida si quiere o no romper ducho contacto.

Ahora que te hemos animado a cambiar tu postura y te hemos pedido que te sientes de una manera que probablemente no es la que adoptas cuando pasas el rato con tus amigos durante el café, vamos a recordarte que te *relajes*. Es bastante imposible ejecutar este elemento de S.I.C.A.R. si los otros cuatro elementos no se han convertido en una segunda naturaleza para ti, y eso requiere práctica. Mientras que algunos de vosotros ya os sentáis en posición S.I.C.A.R. la mayoría necesitará practicar dentro y fuera de la clase por el resto del curso antes de que el relajarse sea una parte regular de esta postura, ¡pero os prometemos que sucederá!

CUANDO LAS PALABRAS NO SON *REALMENTE* PALABRAS

En la mayoría de los idiomas hay frases que llenan los espacios y que son técnicamente palabras, pero tanto el orador como el oyente las interpretan como mensajes no verbales. En inglés los llamamos *alentadores mínimos*, y en la relación a la consejería que son utilizados por el consejero como señales de tráfico para el aconsejado. Los consideramos como una técnica de atender, ya que en realidad no contribuyen verbalmente al contenido de la interacción de consejería, sino que sirven como señales en el camino, demostrando la capacidad del consejero de escuchar y rastrear con (atender al) aconsejado. Algunos ejemplos de alentadores mínimos en español son:

"Ajá"
"Mmmm"
"Claro/sí"
"Continúa"
"Eh/ah"
"Vaya"
"Exacto"
"Entiendo"

La clave para los estímulos mínimos es que se usen *mínimamente*, para no interrumpir o distraer lo que el aconsejado está diciendo. Al igual que con cualquier otra técnica de atender, es importante que el consejero tome nota de cómo el aconsejado está percibiendo el comportamiento y cómo modularlo consecuentemente. Por ejemplo, cuando se considera que los alentadores mínimos son intentos de interrumpir al aconsejado, los aconsejados masculinos son más propensos a percibir la interrupción como un intento de controlar o dirigir la conversación, mientras que las mujeres son más propensas a percibir la interrupción como un gesto de apoyo. (Wood, 1995). Como su nombre lo indica, los alentadores mínimos están diseñados para estimular al aconsejado con respecto a que está siendo escuchando, pero hacerlo de una manera que no distraiga ni interrumpa el flujo de la historia (Young, 2009).

EL ASPECTO INTERNO DE ATENDER: LO QUE TÚ APORTAS

Detrás de lo que muestras los aconsejados se encuentra lo que traes dentro de tu propia persona. Estas son las cosas que suceden bajo la superficie en tu mente y en tu corazón. Son más arte que ciencia, porque no hay fórmula, no hay guion ni prueba de errores para decir si lo estás haciendo correctamente o no. Pero, como sucede con cualquier arte, los expertos en el campo pueden identificar el arte bueno y el arte malo, y aunque no hay prueba empírica, el buen arte y la buena atención son reconocidos por los observadores de manera intuitiva.

Tú aportas cabeza. Aunque gran parte de atender tiene que ver con la manera en que un consejero se comunica de manera no verbal a través del ambiente y lo físico, una gran parte de atender tiene que ver también con la manera en que un consejero piensa con respecto al proceso de consejería. Por ejemplo, las *actitudes* que un consejero trae a la relación de consejería pueden influir significativamente en su capacidad para atender al aconsejado. En términos de actitudes respecto al papel asumido del consejero, independientemente de que veas que dicho papel tiene como fin arreglar, ayudar, facilitar o guiar te puede cambiar la actitud con la cual te acercas a un aconsejado. Las actitudes sobre cómo o por qué las personas buscan consejería también contribuyen a tu capacidad para atender; ¿vienen las personas a consejería porque están "destrozadas", "heridas", "estancadas", "locas" o "utilizando recursos"?

Gazda et al. (2005) introducen el concepto de *villanos verbales*, refiriéndose a cosas que los consejeros dicen en un intento por ser útiles, pero que inevitablemente para lo único que sirven es para negar o minimizar las emociones del aconsejado. Nos gustaría llevar el concepto de villanos verbales de Gazda et al. un paso más allá y considerar que lo que sale en forma oral comienza en última instancia como un pensamiento que refleja cómo el consejero se acerca o atiende a la relación de consejería. En última instancia, reflejan la actitud del consejero hacia la resolución de problemas. A medida que exploramos diferentes tipos de villanos verbales, considera las siguientes preguntas para cada uno:

1. ¿Conoces a alguien que utiliza este villano verbal en particular en sus conversaciones interpersonales o de ayuda? ¿Cómo te sientes cuando responden de esa manera?
2. ¿Cuál es probablemente la intención positiva del consejero que se acerca a un aconsejado o a la historia de éste desde esta perspectiva?
3. ¿De qué manera puede este villano verbal ser ineficaz o perjudicial para una relación de consejería?
4. Proporciona un ejemplo de cómo se escucharía esto en una conversación en la vida real.

La siguiente lista (basada en Gazda et al., 2005, pp. 62-67) no es exhaustiva, por lo que te alentamos a identificar o crear el villano verbal que más adecuadamente refleja quién eres tú. Debido a que los villanos verbales generalmente vienen de un lugar bien intencionado dentro del consejero, aunque mal empleados, creemos que cada persona tiene al menos un villano verbal que, si no se controla, puede surgir en la conversación.

- *El coach* trata eficazmente de conseguir que el aconsejado "se aleje de algo" manteniéndose ocupado y siguiendo el régimen de recuperación que el coach le da, haciendo hincapié en la importancia de mantenerse activo y avanzar.
- *El detective (AKA el periodista)* se centra exclusivamente en el contenido de la historia de un aconsejado, deseando saber quién, qué, cuándo, dónde y por qué. Los sentimientos son descuidados o incluso completamente ignorados en aras de obtener todos los hechos o detalles de la historia.

- *El diagnosticador* cree que, si un problema puede ser etiquetado, entonces se resuelve eficazmente, no requiriendo ninguna acción o explicación adicional.
- *El médico* intenta diagnosticar el problema (como el diagnosticador) y luego prescribir una solución. "Tome dos aspirinas y llámeme por la mañana" ofrece directivas demasiado simplistas sin mucha conexión personal.
- *El florista* busca encontrar y afirmar lo bueno en el aconsejado, usando elogios, optimismo y positividad para mantener la distancia emocional de lo degradable en la historia del aconsejado.
- *El gurú* responde a la emoción de los aconsejados y las historias con clichés o, en contextos cristianos, puede implementar versículos bíblicos y proverbios de la misma manera.
- *El verdugo* culpa efectivamente al aconsejado y su conducta anterior por la situación o problema en cuestión, identificando lo que debe o no debe haber hecho para alterar el curso de los acontecimientos.
- *El historiador* trata de relacionarse con el aconsejado y conectarse con él, usando la revelación de sí mismo y contando historias sobre su propia vida en lugar de escuchar y ofrecer una verdadera actitud empática a la historia del aconsejado.
- *El espíritu (no) santo* habla como si supiera lo que el futuro va a traer, sabe cómo reaccionarán los demás en la vida del aconsejado o sabe lo que ocurrirá o no ocurrirá en la vida del aconsejado.
- *El mago* trata de hacer desaparecer el problema del aconsejado, negando su trascendencia e incluso su existencia.
- _____ es el título de mi villano verbal personal.
- Mi villano verbal personal se puede describir como: _____
  _____
  _____

Ve al apéndice B para una actividad "Inténtalo" relacionada con los villanos verbales.

Tú traes tu corazón. Además de lo que ocurre en tus pensamientos, una gran parte de atender tiene ver con lo que está pasando en tu corazón y cómo te sientes en la habitación con el aconsejado. Esto es, en esencia, el arte de la presencia humana. La *presencia humana* es la calidad relacional de atender y estar presente en corazón y mente, no solo en el cuerpo físico. Nos atreveríamos a decir que todos nosotros hemos tenido una conversación con otra persona en la que pensamos: "Sé que estás físicamente aquí conmigo, pero siento que estás a doscientos kilómetros de distancia". Este es un caso de alguien que no está presente para ti.

Por otro lado, intuimos que cada uno de vosotros haya tenido al menos una conversación en vuestra vida en la que os marchasteis sintiéndoos como si hubieseis tenido la atención plena e indivisible de la persona con la que estabais hablando. De eso se trata la presencia humana. No podemos enseñarte a tener presencia; es completamente arte. Podemos animarte, sin embargo, a identificar y observar a alguien en tu vida que tenga buena presencia para que puedas practicar tú después. Cuando pensamos en alguien con buena presencia humana, pensamos no solo en la descripción anterior, sino también en algunas cualidades tangibles. Las personas que están presentes se sientan cómodamente en la postura S.I.C.A.R., como si pudieran estar así todo el día; dan la impresión de que no hay nada en sus mentes o peso en sus corazones que no sea el bienestar del aconsejado. Todos los dispositivos electrónicos deben estar silenciados, guardados y funcionalmente no deben de existir dentro de la conversación. Los consejeros que están completamente presentes también han aprendido a silenciar los ruidos potencialmente distractores y perturbadores en sus cabezas, sabiendo que van a permanecer concentrados un buen rato. Esto también requiere práctica y, más específicamente, disciplina.

Hay otras dos características que contribuyen a la presencia humana: Autenticidad y calidez. La *autenticidad* (discutida más a fondo en el capítulo doce) es la cualidad de ser genuino o congruente. En esencia, significa que quien eres y lo que sientes en el interior se refleja en quien eres en el exterior; no hay engaño o falsedad en cómo te presentas a un aconsejado. En última instancia, a medida que crecemos en la autoconciencia, también crecemos en nuestra capacidad de ser auténticos. Es imposible estar verdaderamente presente cuando estás tratando de presentarse de una manera que es engañosa o es un disfraz de tu verdadero yo.

Calidez es la cualidad de comunicarse no verbalmente cuidando al aconsejado a través de medios tales como el tono de voz, la postura, las expresiones faciales y otros medios no verbales. La calidez es una característica que raramente pueda sentirse en aislamiento; a menudo se acompaña con respeto, empatía y autenticidad. Como parte de la presencia humana, un consejero cálido trae afabilidad a la relación de consejería con sus ojos, expresiones faciales, postura corporal y gestos, y de manera no verbal crea un ambiente entre el consejero y el aconsejado que es acogedor, reconfortante y seguro. Una sonrisa genuina del consejero puede ser un ejemplo de comunicar el calor al aconsejado. Un consejero fingidamente cálido es rápidamente percibido por el aconsejado como poco fiable, inseguro e irrespetuoso—al igual que sentarse junto a un cuadro de un fuego no es lo mismo que sentarse junto al fuego. Similar a la cualidad física de la calidez, lo opuesto a un consejero cálido es aquel que se muestra "frío" o "helado", "repelente" o "cortante". En el capítulo siete "Conectando Empáticamente" hablaremos con más detalle sobre el arte de estar plenamente presente con un aconsejado.

» ¿Conoces a alguien que tenga buena presencia personal?
» ¿Cómo experimentas su presencia?
» ¿Qué imagen física, que pudiera servir como metáfora de la calidad emocional del calor, te viene a la mente cuando piensas en la calidez?
» ¿Qué imagen o metáfora podrías usar para describir el concepto de autenticidad a alguien que no está en esta clase?

Los *valores* son los principios que tú tienes sobre lo que es importante en la vida. Es probable que tengas valores sobre el dinero, o lo que contribuye a una relación sana, cómo emplear el tiempo, lo que significa ser una "buena persona" o cualquier otro tema. Tus valores están influenciados por tu personalidad, tus experiencias pasadas, tu familia de origen, tu sistema de fe y la cultura en la que creciste. Están incluidos en tu "corazón" porque a menudo van más allá de las conclusiones lógicas y encapsulan lo que se ha vuelto significativo para ti a través de pensamientos, sentimientos y experiencias. Es imposible llevar a cabo la consejería "libre de valores" (Richards y Bergin, 2005), pero es imprescindible que los consejeros aprendan a identificar sus propios valores y tengan más control sobre cómo y cuándo esos valores se expresan a los aconsejados (ACA, 2014). Específicamente, si los consejeros son conscientes de sus propios valores en torno a varios temas, es menos probable que impongan esos valores a sus aconsejados y sean más propensos a respetar el derecho de sus aconsejados a tener sus propios valores, separados de los del consejero.

Conexiones bíblico/teológicas

El libro de los Salmos contiene muchas referencias a nuestro rostro como reflejo de las emociones, incluyendo nuestros sentimientos hacia nosotros mismos, hacia otros y hacia Dios. Muchas veces se usa la frase "cubrir nuestro rostro", ya menudo se asocia con ocultar nuestra cara en vergüenza (p. ej., Sal. 44:15). Se nos anima a buscar el rostro de Dios (p. ej., Sal. 27: 8) y a regocijarnos cuando Su rostro brille sobre nosotros (p. ej., Sal. 104:15). La cara, así como otras partes de nuestro cuerpo, los modales e incluso la ropa, revelan nuestra condición interna, pero el problema es que con frecuencia no somos conscientes de lo que estamos comunicando no verbalmente.

Los adultos socialmente sintonizados son a menudo muy hábiles en "leer entre líneas", al sentir cuál es la verdad detrás de las palabras. Recogemos los indicios transmitidos por otros acerca de sus emociones más profundas, y en algunos segmentos de la sociedad estas habilidades son altamente valoradas, por ejemplo, en el trabajo con criminales. Sin embargo, en la consejería, estas habilidades solo se justifican en su uso si primero atendemos a nuestra propia expresión no verbal. Para los cristianos, el mandato de Jesús es claro: "¿Y por qué miras la paja que está en el ojo de tu hermano, y no echas de ver la viga que está en tu propio ojo? ¿O cómo dirás a tu hermano: Déjame sacar la paja de tu ojo, cuando está la viga en el ojo tuyo? ¡Hipócrita!, saca primero la viga de tu propio ojo, y entonces verás claro para sacar la paja del ojo de tu hermano" (Mt. 7:3-5).

En cuanto a atender, los valores entran en juego por medio de la capacidad del consejero de estar verdaderamente presente con un aconsejado cuyos valores están altamente alineados con los del consejero o cuando difieren. Cuando los valores de un aconsejado difieren mucho de los del consejero, puede ser difícil para el consejero permanecer presente y atender al aconsejado, ya que su mente está constantemente tratando de crear un marco para el por qué y cómo un aconsejado ve el mundo de una manera en particular. A menos que el consejero haya hecho su propio trabajo en la comprensión del desarrollo de sus propios valores, este proceso puede causar distracción y obstaculizar el proceso de atender. En caso de que el consejero se sienta cómodo con valores diferentes, esto puede aumentar su capacidad de atención, ya que estará más enfocado en los matices de lo que el aconsejado tiene que decir—tanto verbalmente como no verbalmente. A la inversa, sin embargo, cuando un consejero y un aconsejado tienen valores muy similares, un consejero se puede volver perezoso y desatento porque asume que sabe de dónde viene el aconsejado sin captar realmente todos los mensajes que este está compartiendo. Independientemente de si tú como consejero tienes valores similares o muy dispares de los de un aconsejado, la presencia de valores influirá en la manera en que atiendes.

Conectar la cabeza y el corazón. En última instancia, la cabeza de un consejero y el corazón convergen en la unión de su actitud y valores en la manera en que son expresados con respecto a un aconsejado. Desde una perspectiva de consejería, esto es similar a lo que Rogers (1961/1992) denominó "consideración positiva incondicional", y que definió de la siguiente manera:

> Cuando el terapeuta experimenta una actitud cálida, positiva y aceptable hacia lo que *está* en el cliente, esto facilita el cambio. Esto implica la auténtica disposición del terapeuta para que el cliente sea cualquiera de los sentimientos que estén teniendo lugar en él en ese momento—miedo, confusión, dolor, orgullo, ira, odio, amor, coraje o temor. Significa que el terapeuta se preocupa por el cliente, de una manera no posesiva. Significa que premia al cliente de una manera total en vez de condicional. Con esto quiero decir que no acepta simplemente al cliente cuando se comporta de cierta manera, y lo desaprueba cuando se comporta de otra manera. Significa un sentimiento positivo externalizado sin reservas, sin evaluaciones. El término que hemos venido a utilizar para esto es la consideración positiva incondicional. Nuevamente los estudios de investigación muestran que cuanto más experimente el terapeuta esta actitud, más probable es que la terapia tenga éxito. (p. 62)

Young (2009) resume este concepto explicando que "la consideración positiva no significa que los ayudadores deben aprobar cada comportamiento del cliente. Más bien, el ayudador debe respetar la personalidad de cada cliente y creer que todas las personas tienen valor inherente" (p. 20). Esto se ajusta muy bien con la idea cristiana de ver y honrar la *imago Dei*, la imagen de Dios, dentro de cada persona. Tanto so los aconsejados son cristianos como si no, ellos también han sido hechos a la imagen de Dios y merecen ser tratados con el mismo honor que cualquier otra persona (Gn. 1:27).

A un consejero no tiene porqué gustarle o estar de acuerdo con las decisiones que un aconsejado ha tomado o está tomando, pero una gran parte del respeto es la capacidad de reconocer y honrar la libertad y las opciones que Dios ha dado a todas las personas. La habilidad de un consejero para respetar, o reconocer la *imago Dei*, dentro de un aconsejado puede influir significativamente en su habilidad de atender. Si un consejero respeta a un aconsejado, es más probable que esté presente y enfocado en sus habilidades de atender, mientras que un consejero que no respeta a su aconsejado es probable que no pueda estar completamente presente y atender al aconsejado. No respetar a un aconsejado puede también afectar la capacidad del consejero para percibir, y por lo tanto atender, al aconsejado con precisión.

Algunos aconsejados serán más fáciles de respetar que otros. Por ejemplo, yo (Heather) en principio tengo menos dificultades en mostrar consideración positiva incondicional a las víctimas de abuso que a los perpetradores. Reconocer que muchos perpetradores han sido victimizados me ayuda a mirar más allá de su horrible comportamiento a donde ellos mismos cargan con el peso del dolor y el miedo. También tiendo a reaccionar negativamente a los individuos que se presentan como narcisistas o arrogantes. Para poder trabajar con éxito con estas personas, debo de recordarme que Cristo los ama tanto como a los individuos que me atraen de manera más natural. Si no puedes cuidar auténticamente a un aconsejado en algún nivel, probablemente no podrás serle de ayuda.

Lo que tú eres como consejero, en particular tus valores, actitudes y capacidad para respetar a los aconsejados, afectará tu capacidad de atender con precisión a tus aconsejados. Si te encuentras luchando con cualquiera de estas áreas, considera la posibilidad de revisar el capítulo dos y algunas de las actividades sugeridas en él, hablar con un profesor o supervisor o convertirte en tu propio consejero para explorar posibles obstáculos.

APLICACIÓN MULTICULTURAL

En el capítulo anterior discutimos cómo el comportamiento verbal y no verbal puede ser fácilmente malinterpretado por los consejeros que están en una relación de ayuda con un aconsejado de una cultural diferente. Lo mismo puede ser cierto a la inversa: un aconsejado puede fácilmente malinterpretar tus conductas con respecto a atender. No podrás cambiar cada aspecto de tu estilo de comunicación. Una meta más realista es tener por lo menos el conocimiento de que puedes ser malinterpretado y que tal vez tengas que ajustar tu procedimiento hasta cierto grado. Evidentemente puedes abordar el tema de que la mala interpretación es de esperar y que tú deseas aclarar posibles malentendidos (Day-Vines et al., 2007). En ocasiones, el consejero puede ser visto como una figura de autoridad, lo que en algunas culturas puede obstaculizar la capacidad del aconsejado para ser directo sobre tales asuntos. Por lo tanto, puede que esté en ti iniciar tales conversaciones (véase el capítulo doce, "Usando el Aquí y Ahora"), concediendo a tus aconsejados mucho permiso para dar un paso al frente, reconociendo también que puede ser muy difícil para ellos ser honestos debido a sus normas culturales. Las buenas técnicas para percibir el multiculturalismo (véase el capítulo tres) te ayudarán a saber si tu comportamiento al atender es apropiado para el contexto. Sin embargo, dada la complejidad de percibir entre culturas, es posible que necesites buscar regularmente la confirmación de que lo que pretendes decir está claro para tu aconsejado.

La manera apropiada de saludar a alguien varía entre culturas. Por lo tanto, si sabes de antemano que recibirás a un aconsejado de una cultura que no te es familiar, podrías hacer una breve búsqueda en internet para que resulte menos probable que ofendas a tu nuevo aconsejado antes de que salgas de la sala de espera. Por ejemplo, en algunas culturas musulmanas el estrechamiento de manos con la mano izquierda sería considerado un grave insulto (Sue y Sue, 2016).

Como se mencionó anteriormente, la proximidad física varía entre culturas. Cuando vivía en Filipinas, yo (Heather) tuve un nuevo cliente que estaba muy angustiado, y al entrar en mi

149

consultorio ¡puso su cabeza en mi regazo y comenzó a sollozar! Aunque esto era inusual incluso para esa cultura, creo que es altamente improbable que incluso un caucásico muy acongojado hiciera lo mismo en Canadá o Estados Unidos. A pesar de que, en culturas altamente relacionales como la filipina, el aconsejado probablemente preferirá sentarse más cerca del consejero de lo que sucede en culturas más individualistas, en última instancia tú como consejero tienes que sentirte cómodo con una proximidad física dada de modo que tu incomodidad no termine afectando negativamente la relación terapéutica.

Como se mencionó anteriormente, el significado del contacto visual también varía entre individuos de diferentes culturas. Sugerimos la siguiente regla empírica: tú como consejero debes mantener tu mirada en tus aconsejados, permitiéndoles tomar la decisión de mirar lejos o no hacer ningún contacto visual en absoluto si así lo desean. Si conoces otro grupo cultural lo suficientemente bien como para reconocer que esto no sería apropiado, por supuesto debes adaptarte. Tendrás que tener cuidado de no malinterpretar el significado de la falta de contacto visual por parte de un aconsejado procedente de una cultura diferente a la tuya.

Cuando se lleva a cabo la terapia de juego con diferentes culturas, los consejeros deben considerar qué juguetes son apropiados para el contexto. Los kits de terapia de juego que se fabrican para un contexto occidental probablemente no funcionarán bien en países donde los niños nunca han estado expuestos a tales juguetes o donde los juguetes no son culturalmente relevantes. Por ejemplo, la casa de muñecas típica que formaría parte de una sala de terapia de juego en Canadá o los Estados Unidos ¡sería absurda para un niño que vive en una casa de bambú con hojas de plátano tejidas a modo de techo! Los juguetes improvisados tales como muñecos de papel recortables, palos, piedras, cascajos o plumas son más propensos a ser útiles como ayudas en la consejería.

CONCLUSIÓN

En el uso de comunicación no verbal, el atender proporciona los primeros mensajes enviados por el consejero al aconsejado. Las técnicas de atención incluyen el lenguaje corporal, expresiones faciales y la emoción o intenciones que tú como consejero traes a la relación de consejería. A medida que continúes desarrollando tus técnicas de consejería, recuerda prestar atención a cómo utilizas la comunicación no verbal para expresar tu presencia al aconsejado.

PREGUNTAS PARA LA REFLEXIÓN

1. ¿Qué villano verbal practicas más a menudo? ¿Por qué piensas que sucede?
2. Si no te conocieras, ¿cómo describirías tu cara en reposo?
3. ¿Con qué tipo de aconsejados crees que te costaría más tener una actitud respetuosa hacia ellos (p. ej., aconsejados que son perpetradores de abuso, o son conflictivos, iracundos, los que se desprecian a sí mismos, los que no son prepotentes, narcisistas, etc.)?
4. ¿Qué valores o creencias tienes actualmente acerca de otros que podrían obstaculizar tu capacidad para atenderlos bien? ¿Cuáles son algunos de los pasos específicos que podrías tomar para seguir explorando estos valores y creencias y su impacto en la relación de consejería?

CAPÍTULO 5

IDENTIFICANDO LAS PARTES DE LA HISTORIA

El que es fiel en lo muy poco, también es fiel en lo mucho;
y el que es injusto en lo muy poco, también es injusto en lo mucho.

Lucas 16:10

Enfoque del Capítulo

TÉCNICA: Reflejar el contenido

PROPÓSITO: Resumir verbalmente al aconsejado el contenido, o hechos, de lo que el aconsejado ha dicho

FÓRMULA: En otras palabras, _____.
Lo que te oigo decir es _____.
Para resumir las cosas, cuando llegaste hoy dijiste que querías hablar de _____, y luego también abordamos_____.

» ¿Conoces a alguien que tiende a recordar detalles o eventos claves en tu vida (es decir, la persona que te llama para ver cómo fue una cita, cuando únicamente lo mencionaste de pasada)?

» ¿Qué sientes cuando alguien recuerda los detalles de tu vida?

153

"Dime lo que pasó". Tal vez has estado en situaciones donde todo lo que estabas buscando, todo lo que en principio necesitabas, era que otra persona escuchara tu experiencia y entendiera los hechos de lo que había sucedido. El sentido de la seguridad y la libertad, y la experiencia del cuidado que puede resultar de otro ser humano que busca entender los hechos del acontecimiento mientras se narra, puede a menudo ser un primer paso crítico para las personas que revelan lo que sienten sobre una situación, y mucho menos qué hacer al respecto. Por el contrario, puedes haber experimentado frustración con respecto a alguien que se apresura a ofrecer soluciones prematuras o hacer suposiciones erróneas antes de tomar el tiempo y el cuidado necesario para escuchar y comprender tu percepción de lo que ocurrió.

Reflejar el contenido sirve para asentar las bases de la comprensión mutua entre el consejero y el aconsejado antes de proceder a asuntos más personales o íntimos de la historia del aconsejado. Es el fundamento sobre el que se basan los sentimientos reflejados y la reflexión empática (que serán discutidos en los capítulos futuros). Mientras que cada técnica de reflexión acerca al consejero y el aconsejado más cerca del corazón de la historia del aconsejado, no significa que detenerse en los detalles periféricos no sea necesario ni beneficioso. Para algunos aconsejados, será importante detenerse en esos detalles para la construcción una relación.

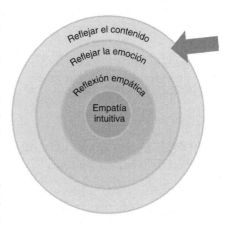

Figura 5.1. Apuntando al reflejo del contenido

¿QUÉ ES EL CONTENIDO, Y CÓMO SE REFLEJA?

"Solo los hechos, señora". Esta frase, atribuida a menudo al programa de televisión de los años 50, *Dragnet*, capta sucintamente la esencia de la técnica de reflejar el contenido. Todo lo que se le pide al consejero es escuchar y reflejar de nuevo al aconsejado quién, qué, cuándo, y el dónde de la historia del aconsejado. Ten en cuenta que generalmente no se incluye el porqué de la historia en esta técnica de reflexión, ya que puede considerarse interpretativa a menos que el aconsejado aclare directamente por qué al consejero.

Otra forma de conceptualizar la técnica de reflejar el contenido es entenderlo como una paráfrasis. Cuando parafraseas lo que te han dicho, estás reflejando de nuevo los elementos principales de la historia de alguien. En esta habilidad, no se requiere que reflejes todo lo que el aconsejado dijo, ni que lo digas exactamente como él lo dijo— eso sería propio de un papagayo. Tampoco consiste en reflejar los sentimientos de los aconsejados. En su lugar, te debes de esforzar por escuchar los hechos más importantes, tal como lo entiende el aconsejado, y repetírselos a él para confirmar tu comprensión de su situación.

También se puede considerar que el contenido reflejado identifica las características sobresalientes del contexto de la experiencia vivida por el aconsejado. Sin una idea del contexto, es difícil entender las reacciones emocionales o el comportamiento del aconsejado.

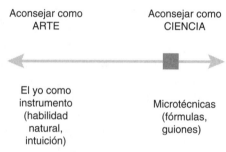

Figura 5.2. Arte frente a ciencia: Reflejando el contenido

Oraciones de Respuesta

✓ Suena como si. . .
✓ Eso podría ser. . .
✓ Si te he entendido correctamente. . .
✓ Es casi como. . .
✓ Parece como si. . .

La fórmula para reflejar el contenido es: "En otras palabras, _____" o "Lo que te estoy escuchando decir es, _____".

Reflejar el Contenido es

✓ Parafrasear
✓ Resumir los hechos clave
✓ Identificar el contexto

Puede haber otras "frases" de inicio alternativas para la fórmula, pero todas ellas deben de tener la función de conducir a un reflejo (vea "Frases de Respuesta"). Para un ejemplo de cómo se puede usar la fórmula, digamos que un aconsejado llega a tu oficina y dice lo siguiente:

Aconsejada: ¡Oh Dios mío, tuve un fin de semana muy ocupado! Mi mejor amiga de la universidad vino desde fuera del estado, y pasamos todo el tiempo de una actividad a otra. El viernes la recogí en el aeropuerto, y fuimos directamente a mi lugar favorito para cenar, y después de eso fuimos a este famoso bar de jazz del centro. Después, el sábado desayunamos en ese lugar tan delicioso que me encanta y luego fuimos a una exposición de arte que estábamos deseando ver. El sábado por la noche se nos echó encima porque nos habíamos envuelto en tantas cosas y lo pasamos muy bien, pero estábamos realmente agotadas, así que decidimos pedir una pizza y ver una película. El domingo fuimos a la iglesia en la mañana, y tuve que presentarles a mi amiga de la universidad a todos mis amigos de la iglesia—¡me encanta cuando mis mundos se encuentran! ¡Fue un fin de semana tan maravilloso!

Si tú, como consejero, tuvieras que reflejar el contenido de esta historia, podría ser algo así como:

Respuesta del Consejero Opción 1: En otras palabras, tu mejor amiga de la universidad estaba en la ciudad este fin de semana y las dos pasaron mucho tiempo juntas haciendo cosas que realmente os gustan.
Respuesta del Consejero Opción 2: Lo que te oigo decir es que que pasaste este fin de semana con tu mejor amiga de la

universidad haciendo de todo, desde comer bien hasta explorar la ciudad y simplemente tener tiempo para hablar y estar juntas.

Observa que en ambas opciones de respuesta del aconsejado la reflexión se dirige solamente al contenido de la historia del aconsejado y no incluye cómo el aconsejado se siente con respecto al fin de semana. Además, las respuestas no son elaboradas o excesivamente elocuentes, sino que buscan resumir o parafrasear los elementos clave de la historia del aconsejado.

Inténtalo

Usando la siguiente declaración del aconsejado, identifica el contenido de la historia:

Aconsejada: Anoche fue mi último recital de baile del año. Mi papá dijo que iba a venir, pero en el último minuto le envió un mensaje de texto a mi mamá para decirle que no iba poder venir. Es la tercera vez este mes que prometió venir con nosotras a algún, pero luego no viene. No supe que él no estaba allí hasta después del recital, que fue mejor porque realmente hice un buen trabajo y me temo que lo hubiera hecho peor más si hubiera sabido que él había vuelto a ausentarse.

¿Cuál es el contenido? Identifica todo lo siguiente que pueda (véase el apéndice A para las posibles respuestas):

Quién (¿quién está involucrado en esta historia? Enuméralos a todos):

_____

_____

Qué (¿qué ocurrió?):

_____

_____

Cuándo (¿cuándo ocurrieron estos hechos?):

_____

_____

Dónde (¿dónde tuvo lugar esta historia?):

_____

_____

Cómo (¿cómo ocurrieron estos hechos o llegaron a suceder?)

_____

_____

Ahora que has identificado todos los elementos clave de la historia del aconsejado, únelos para reflejar el contenido en una frase concisa.

_____

_____

Consejero:

_____

_____

EL PROPÓSITO DE REFLEJAR EL CONTENIDO

Reflejar el contenido no es una técnica que la mayoría de la gente use como parte regular de la conversación casual. Es más bien una técnica terapéutica utilizada para mantener el diálogo unido. Es como el palillo que mantiene una hamburguesa o sándwich juntos: Aunque el palillo no es el foco principal de la comida, realiza una función importante. Del mismo modo, el contenido reflejado mantiene el diálogo terapéutico y prepara el terreno para otros tipos de intervenciones. La técnica de reflejar el contenido tiene dos propósitos principales:

1. ayudar tanto al aconsejado como al consejero a asegurarse de que los hechos básicos de la historia del aconsejado sean entendidos conjuntamente, y
2. aclarar o dar sentido a lo que el aconsejado ha compartido sin tener que hacer una pregunta directa (Ivey, Ivey y Zalaquett, 2014).

Ser capaz de reflejar el contenido de manera precisa y concisa a las funciones del aconsejado funciona como una manera para que el consejero se gane el derecho de unirse al aconsejado en un nivel más profundo y personal. Esto demuestra que tú, como el consejero, has escuchado al aconsejado y por se puede confiar en ti a medida que la historia va más allá. Basándonos en el lenguaje de Jesús en Lucas 16:10, "El que es fiel en lo muy poco, [como hechos aburridos] también es fiel en lo mucho [como sentimientos profundos y vulnerables, motivos y heridas]".

Datos empíricos

El valor de reflejar el contenido es visto a través de la literatura dentro de varios dominios de la consejería (Egan, 2014; Ivey, Ivey y Zalaquett, 2014; McCarthy, 2014; Taylor, 1980). Reflejar el contenido también es referenciado como resumir o parafrasear. Independientemente de la categoría, esta técnica permite que los hechos de la historia del aconsejado y el contexto del problema sean escuchados, lo cual sirve para que el consejero se una al aconsejado. Como Ivey, Ivey y Zalaquett (2014) afirman, "Un parafraseo preciso puede ayudar a los clientes a completar su historia" (p. 158). McCarthy (2014) demuestra que el uso de microtécnicas, incluyendo el uso del parafraseo, fue "positivamente correlacionado con resultados satisfactorios en el cliente" (p. 3).

LO QUE REFLEJAR EL CONTENIDO *NO* ES

Aunque es algo simple, reflejar el contenido también puede ser muy difícil porque no es una forma común de comunicación en una conversación casual. Es importante reconocer que reflejar el contenido *no* es:

Conexiones bíblico/teológicas

"Solo los hechos, por favor". Escuchamos versiones de esta frase por todos lados. Especialmente en el sistema legal, hay un fuerte deseo de despejar las telarañas de opiniones extrañas y reacciones emocionales y llegar a los hechos reales de la historia. Esto es lo que sucede también en consejería. Hechos, sentimientos, opiniones y valores se entremezclan y son difíciles de resolver. Esto no es más fácil para los cristianos que para aquellos que no manifiestan una fe en Dios. No es como si Dios nos diese automáticamente la capacidad de discernir la verdad. El Nuevo Testamento dice que debemos conocer la verdad, buscar la verdad, vivir la verdad, decir la verdad, enseñar la verdad, adorar en verdad, compartir la verdad, regocijarnos en la verdad y obedecer la verdad. Los hechos son importantes y necesitan ser buscados y aclarados. Además, hay una promesa hecha en Juan 8:32 de que la verdad nos hará libres.

Pero en última instancia, en el Nuevo Testamento, la verdad se describe como una persona. Jesús dice: "Yo soy el camino, la verdad y la vida" (Jn. 14:6). La verdad viene a la vida en una relación con Aquel que es verdadero. Es por eso que se nos dice que nos aferremos a la verdad en amor (Ef. 4:15). La verdad bíblica y los principios teológicos siempre son revelados y compartidos a través de la perspectiva de la persona de Jesús. Siguiendo Su camino, con integridad, justicia, misericordia y gracia (Mt. 9:13; 12:18; 26:16; Jn. 1:14, 17), pone a la dureza y a una posible insensibilidad fuera de la ecuación. Es el componente emocional de lo que somos, y quién es Jesús, que permite que el contenido, los detalles de nuestras vidas, nuestra historia, se conviertan en reales y den vida.

- *reprimir la emoción*: A menudo los estudiantes buscan agregar algo a sus reflexiones de contenido debido a lo plano o emocionalmente desapegado que pueden parecer. Es por ello que el uso de la comunicación no verbal cuando se refleja el contenido adquiere una importancia crítica, ya que es especialmente en el tono y las expresiones faciales que un consejero puede comunicar la conexión y el cuidado, incluso si todo lo que él o ella está haciendo es verbalizar el contenido.
- *parlotear*: El parloteo se produce cuando el consejero le dice de nuevo al aconsejado lo que ha escuchado, palabra por palabra y tono a tono. Hay veces en que el contenido reflejado repetirá muchas de las palabras del aconsejado, pero es importante que el consejero preste especial atención a su tono de voz y mensajes no verbales para evitar parecer condescendientes o burlones.
- *búsqueda de la curiosidad*: El contenido reflejado debe enfocarse en los hechos que el aconsejado considera importantes en lugar de los detalles que tu encuentres intrigantes. Tus reflexiones

deben ser sobre lo que facilita el proceso al aconsejado y no simplemente sobre lo que tú encuentras interesante o quieres saber por tu propia curiosidad.

Implicaciones de diagnóstico

Hay una serie de trastornos psicológicos en los que los relatos de los aconsejados sobre sus vidas y sus circunstancias son problemáticos. Aquellos que sufren un trastorno psicótico están fuera de contacto con la realidad. Para aquellos con esquizofrenia, por ejemplo, los términos *lenguaje confuso o discurso desorganizado* se usan para describir palabras o frases que se hablan, pero que no son coherentes o están desconectadas de manera significativa. Reflejar el contenido es casi imposible en estas situaciones. Para otros, la narrativa es más cohesiva, pero el contenido es problemático (p. ej., cuando la paranoia o el pensamiento mágico están involucrados). Los delirios (perturbaciones del pensamiento) y las alucinaciones (alteraciones perceptuales o sensoriales) son también síntomas comunes de la psicosis.

Mientras que reflejar el contenido tradicionalmente no se ha utilizado con individuos psicóticos por miedo a reforzar los síntomas, algunos autores han sugerido que la reflexión puede ser una manera de conectarse con tales aconsejados, construyendo así la alianza terapéutica e intentando comprender su experiencia subjetiva (vea el relato ficticio de un aconsejado con esquizofrenia en *I Never Promised You a Rose Garden* [Yo nunca te prometí un jardín de rosas] [Green, 1964/2004]).

Actividad

Encuentra los hechos (véase el Apéndice A para las posibles respuestas). En las siguientes ilustraciones, subraya el contenido de la historia del aconsejado. A continuación, refleja el contenido utilizando una de las fórmulas proporcionadas en este capítulo:

"Lo que te oigo decir es_____."

"En otras palabras_____."

Escenario 1:
Aconsejado: ¡Dios mío, no te vas a creer el fin de semana que he tenido! ¡Fue simplemente el mejor! El viernes mi mejor

amigo me sorprendió y vino a la ciudad para mi trigésimo cumpleaños. Fuimos a mi restaurante favorito para la cena, y luego el sábado fuimos a desayunar antes de pasar el día de excursión. Luego por la noche, mi amigo había citado a un grupo de amigos para que nos reuniésemos en mi restaurante favorito para la cena y karaoke. ¡Fue simplemente un fin de semana increíble!

Consejero:

Escenario 2:
Aconsejado: Simplemente no sé lo que voy a hacer. Ayer supe que mi empresa está reduciendo el número de trabajadores. Mi jefe me informó que al menos la mitad de nuestro departamento estará sin trabajo para finales de año. No sé qué hacer.

Consejero:

Escenario 3:
Aconsejado: La fiesta de graduación es en dos semanas, ¡y estoy muy emocionada! Jack me pidió que fuera con él, y no podría estar más feliz. Compré un vestido azul precioso con lentejuelas; hace que mis ojos brillen realmente de felicidad. Jack y yo vamos a salir con mi amiga Kate y su novio, Zach. ¡Va a ser la mejor noche!

Consejero:

Escenario 4:
Aconsejado: El partido de fútbol de mañana es muy importante. Mi entrenador ha dicho que los ojeadores de las tres universidades más importantes vienen a verme jugar. Este

juego podría marcar la diferencia entre una beca universitaria o trabajar para la universidad.

Consejero:

_____

_____

Escenario 5:

Aconsejado: La próxima semana voy a China para un viaje de negocios. Nunca he estado en Asia antes, y estoy un poco nervioso, no estoy muy seguro de qué esperar. Además, este es un gran negocio para nuestra compañía, y quiero asegurarme de que todo salga según lo previsto.

Consejero:

_____

_____

CONCLUIR LA CONVERSACIÓN CON UNA REFLEXIÓN DE CONTENIDO

Reflejar el contenido es una técnica utilizada a lo largo de la relación de consejería, pero se vuelve particularmente importante al principio y al final de la conversación. Hemos discutido cómo al principio se utiliza para afirmar que el consejero ha oído y entendido los hechos de la historia del aconsejado. Esto a su vez ayuda a los aconsejados a obtener una mayor comprensión de los detalles por sí mismos. Reflejar el contenido también tiene un papel muy importante al final de una sesión de consejería o conversación, ya que cumple con la función de ser un resumen de lo que el consejero y el aconsejado conversaron en su tiempo juntos. Un ejemplo de la fórmula para esta aserción de resumen podría ser: "Para resumir las cosas, cuando llegaste hoy dijiste que querías hablar de_____, y luego también exploramos_____".

Tomar tiempo al final de una conversación de consejería para resumir lo que se ha discutido ayuda tanto al consejero como al aconsejado a concluir la conversación con claridad y conclusión. También sirve como una confirmación a ambos participantes de lo que se habló y puede abrir caminos para lo que se puede explorar durante la próxima cita. Esto en parte refleja el contenido, pero también añade un elemento adicional. Un ejemplo para la fórmula de este tipo de reflexión resumen podría ser: "Hoy hemos explorado_____. Y, a la luz de eso, es probable que la próxima vez retomemos el tema donde lo dejamos y continuemos hablando de_____."

Ya sea visto como el sujetalibros de la conversación de consejería o como el palillo que mantiene todo unido, reflejar el contenido es un componente crítico para la consejería eficaz.

Comprueba tu entendimiento

Para las siguientes conversaciones, identifica el "mejor" reflejo del contenido en base a lo que sabes ahora. Clasifica cada respuesta como aditiva, comparable o sustractiva y proporciona una explicación de por qué esa respuesta obtuvo esa evaluación. Las calificaciones de los autores y las explicaciones se pueden encontrar en el apéndice A. Ten en cuenta que una respuesta puede ser tanto aditiva como sustractiva.

✓ Una respuesta aditiva incluye contenido adicional o añade a la historia del aconsejado de alguna manera.

✓ Una respuesta comparable resume adecuadamente el contenido importante de la historia del aconsejado sin agregar u omitir los hechos claves.

✓ Una respuesta sustractiva no refleja el contenido fáctico clave dentro de la historia del aconsejado.

1. **Aconsejado:** Estoy tan confundido con tantas emociones diferentes. Mi hermano fue arrestado por posesión de drogas anoche. Es la tercera vez que lo arrestan, y no sé si podrá cambiar su vida.

Consejero:
  a. Tu hermano fue arrestado anoche por tercera vez.

Clasificación: _____

Explicación:_____

_____

b. Te preocupa que su hermano haya sido arrestado

Clasificación: _____

Explicación:_____

_____

c. Tu hermano tiene un problema serio con el consumo de drogas.

Clasificación: _____

Explicación:_____

_____

d. Ayer fue un día duro.

Clasificación: _____

Explicación:_____

_____

2. **Aconsejada:** ¡No te vas a creer todo lo que ha pasado desde la última vez que te vi! ¡Mi mejor amiga decidió mudarse de otro estado a solo al final de la calle donde yo vivo, además de que me ascendieron en el trabajo, y gané unas vacaciones en la estación de radio! Es como si cada área de mi vida fuera perfecta ahora mismo.

Consejero:

a. Lo que te oigo decir es que ha pasado mucho desde que te vi por última vez.

Clasificación: _____

Explicación:_____

_____

b. En otras palabras, ¡en un período muy corto de tiempo algo maravilloso ha sucedido en varias áreas de su vida!

Clasificación: _____

Explicación:_____

_____

c. Han pasado muchas cosas buenas desde que te vi por última vez, pero aún no tienes novio.

Clasificación: _____

Explicación:_____

_____

d. Tu vida es perfecta.

Clasificación: _____

Explicación:_____

_____

APLICACIÓN MULTICULTIRAL

Reflejar el contenido es una técnica que puede ser útil en la mayoría de las situaciones transculturales. A diferencia de reflejar los sentimientos, que podría ser potencialmente problemático con aconsejados de ciertos trasfondos culturales (ver el capítulo seis), reflejar el contenido puede ser una forma relativamente segura de conectar con los aconsejados y ayudarlos a sentirse comprendidos. Otra ventaja de reflejar el contenido es que, si no has entendido realmente lo que el aconsejado ha querido decir, una situación que es más probable con un aconsejado que sea de una cultura diferente a la tuya, tienes la oportunidad de que el aconsejado te dé su opinión y que tú obtengas una aclaración en cuanto a cuál es el mensaje que se pretendió trasmitir.

El principal peligro que vemos en el uso de esta técnica transculturalmente es que en algunas culturas es irrespetuoso corregir una figura de autoridad. Un aconsejado de tal cultura puede dudar en dar su opinión de que no estás en lo correcto con respecto a lo que el aconsejado ha dicho, y puede que continúes ignorando tu error. Si este patrón se repitiera, la relación de ayuda obviamente se vería afectada.

APLICACIÓN EN LAS RELACIONES

En la mayoría de las relaciones en la "vida real" reflejar el contenido se utiliza principalmente al comienzo de una amistad o al comienzo de una historia compleja. Los hechos y los detalles son más fáciles de compartir que las emociones y los hechos personales. A medida que conoces a alguien y te familiarizas con las personas claves y las situaciones en el trascurso de tu vida, reflejar el contenido se hace cada vez menos importante ya que gran parte del contenido de la conversación ya se sobrentiende mutuamente. Sin embargo, hay momentos en que los detalles de una historia son complejos o los hechos necesitan atención extra, y en estas situaciones volver al contenido y reflejar el contenido puede ser de un valor significativo.

En nuestra cultura, hay muchas bromas sobre las diferencias de género, muchas de las cuales están muy débilmente apoyadas por la investigación o tan exageradas que son de poco valor. Una de esas diferencias de género es que las mujeres prefieren escuchar todos los detalles de una historia ("dime todos los detalles"), mientras que los hombres solo quieren ir al final de la historia ("¡dime qué pasó!"). Independientemente de que esto sea cierto o no en relación con un aconsejado particular con el que estás trabajando, sí plantea la cuestión de las diferencias con respecto a cuánta gente quiere dedicar tiempo a contar, escuchar y explorar el contenido de una historia. En general, en la consejería necesitamos suficiente contenido como para saber cómo una situación o una persona afectó al aconsejado. Lo más importante no son los detalles, sino la forma en que la gente, particularmente el aconsejado, se ve afectada.

APLICACIÓN MINISTERIAL

Reflejar el contenido puede ser de un valor incalculable en todo tipo de contextos ministeriales. Tal vez el mayor valor es confirmar que has escuchado el significado pretendido por la otra persona. En reuniones congregacionales o reuniones de comités, por ejemplo, las tensiones pueden aumentar rápidamente cuando las personas se malinterpretan. El facilitador del grupo está en una posición excelente para reflejar el contenido para poder aclarar; sin embargo, otros en el grupo también pueden usar esta técnica cuando sea necesario.

Del mismo modo, es esencial que los pastores, mentores y directores espirituales se aseguren de que están escuchando con exactitud lo que la persona a quien están ministrando está comunicando, cualquiera que sea el contexto (p. ej., hacer planes de boda o arreglos funerarios, determinar cuáles son los deseos de la persona con respecto a su relación con Dios, al tratar un conflicto interpersonal y así sucesivamente).

CONCLUSIÓN

Reflejar el contenido es muy importante el progreso de la relación de consejería. Proporciona estructura y contexto, lo que a su vez ayuda a que emerjan conversaciones más profundas y más vulnerables. Cuando se utiliza con las técnicas de atender, el contenido reflejado no tiene que estar vacío de emoción o conexión personal, pero todavía debe de estar centrado verbalmente solo en los hechos percibidos de la historia del aconsejado. Dedica tiempo a incorporar esta técnica, construyendo una base sobre la cual te puedas ganar la oportunidad de profundizar con tu aconsejado.

PREGUNTAS PARA LA REFLEXIÓN

1. Al leer este capítulo, ¿qué aspecto de reflejar el contenido piensas que será el más difícil en un contexto de consejería?
2. ¿Qué aspectos de reflejar el contenido consideras beneficiosos para la relación de consejería?

CAPÍTULO 6

VALIDANDO LA EMOCIÓN

Todo tiene su tiempo...
tiempo de llorar, y tiempo de reír;
tiempo de endechar, y tiempo de bailar;
Eclesiastés 3:1, 4

Enfoque del Capítulo

TÉCNICA: reflejar la emoción

PROPÓSITO: reflejar la emoción explícita del aconsejado

FÓRMULA: Te sientes_____.

¿Recuerdas haber escuchado la vieja canción de amor que en la primera línea decía "Sentimientos, nada más que sentimientos"? (Morris Albert, Feelings, RCA Records, 1974)

La música popular tiende a centrarse en las emociones. Hay muchas canciones que expresan la emoción y la pasión de las relaciones románticas o, por el contrario, el dolor del amor no correspondido o la agonía de la traición o el rechazo de un ser querido. Del mismo modo, las letras de la música cristiana contemporánea están llenas de emoción. Hay canciones que se centran en nuestro amor a Dios, nuestra gratitud por su amor y cuidado, nuestra alegría por su presencia, nuestra desesperación por una relación con él y nuestro sentido de impotencia sin él. El libro de los Salmos está lleno de ejemplos de crudas emociones de todo tipo. Está claro que somos seres emocionales y que nuestros sentimientos son aspectos importantes de lo que somos. Antes de ir más lejos, dedica unos treinta segundos a escribir abajo todas las palabras de sentimiento que te vienen a la mente. Pueden ser positivas, negativas o neutrales, pero deben ser palabras y no frases:

_____

_____

_____

Ve al final del capítulo para una lista extensa de palabras de emociones.

En el último capítulo hablamos de la posibilidad de reflejar el contenido como la técnica que establece los fundamentos de la comprensión mutua entre el consejero y el aconsejado acerca de los hechos de la historia del aconsejado. Reflejar las emociones es la otra técnica que permite al aconsejado comenzar a sentirse escuchado, entendido y conocido por el consejero (Egan, 2014). La

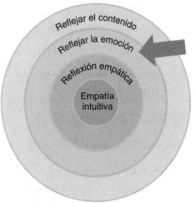

Figura 6.1. Apuntando al reflejo de la emoción

diferencia entre estas dos técnicas es que reflejar el contenido solo hace referencia a los hechos, mientras que reflejar las emociones solo hace referencia a la experiencia afectiva del aconsejado. Aunque a veces se hacen distinciones entre los términos, usaremos las palabras *afecto*, *emoción* y *sentimientos* de manera intercambiable. Por lo tanto, cuando reflejamos el afecto o la emoción de alguien, estamos reflejando sus sentimientos.

¿QUÉ SON LOS SENTIMIENTOS, Y CÓMO SE REFLEJAN?

Los sentimientos en la historia de un aconsejado son los elementos relacionados con la experiencia interna del aconsejado. Mientras que las emociones pueden expresarse externamente mediante el tono de voz, el timbre, el volumen o la selección del lenguaje, los sentimientos son, en

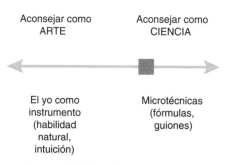

Figura 6.2. Arte frente a ciencia. Reflejando la emoción

primer lugar, una experiencia interna. Como consejero, tu trabajo es no solo escuchar el contenido de la historia de un aconsejado (los hechos), sino también comprender cómo lo que ha sucedido ha afectado emocionalmente al aconsejado. Esta expresión de la emoción puede ser explícita (i.e., en lo *que* el aconsejado dice) o implícita (es decir, en *cómo* el aconsejado lo dice). Sin tener en cuenta estos aspectos internos, es improbable que el aconsejado se sienta escuchado.

La mayoría de nosotros desarrollamos labores de ayuda a las personas porque queremos aliviar el sufrimiento de una u otra manera. Sin embargo, intentar quitarle el dolor a alguien antes de que lo hayan experimentado plenamente o trabajado a través de él puede realmente obstaculizar el proceso de curación. De hecho, a menudo el dolor se vuelve más intenso en el proceso de curación. Una analogía con respecto al dolor físico podría ser la de una herida profunda limpiada por un médico antes de coserla. Si el médico ignora la suciedad, la herida se infectará y se pudrirá, creando problemas aún más graves. Del mismo modo, tú como consejero debes ser capaz de ayudar a los aconsejados a reconocer y afirmar incluso la más negativa de las emociones. Ignorarlas o abordarlas rápidamente dificultará la curación.

Los aconsejados pueden comunicar sus emociones tanto explícita como implícitamente. La expresión explícita de la emoción se da cuando un aconsejado indica directamente cómo se sentía o se siente. Por ejemplo, un aconsejado podría decir: "Cuando mi jefe me dijo que no me dieron el ascenso, ¡estaba tan enojado que podía haber escupido!". En este escenario, la emoción expresada o explícita del cliente es la ira.

Implicaciones de diagnóstico

Se debe tener cuidado al reflejar los sentimientos de los aconsejados con trastornos de la personalidad (TP). Hay una tendencia polar en aquellos con TP a exagerar la emoción o evitar la emoción. Mientras que muchos aconsejados tienen dificultades para identificar y expresar sus emociones, aquellos que se ajustan a los criterios de diagnóstico para el trastorno histriónico de la personalidad o trastorno límite de la personalidad tienden a ser excesivamente dramáticos en su expresión de las emociones. Una irritación cotidiana relativamente menor puede llegar a ser algo que cause reacciones de proporciones desmesuradas en tales aconsejados. Reflejar el sentimiento por parte del consejero tiende a fomentar una mayor expresión de los sentimientos por parte del aconsejable, llevando el proceso de consejería a un caos emocional.

Del mismo modo, como consejero debes tener precaución en cuanto a reflejar las emociones ya alimentadas por los propios aconsejados, emociones excesivamente "centradas en mí" de los individuos, por ejemplo, con aquellos que se ajustan a los criterios del trastorno narcisista de la personalidad. Para la persona con un desorden de personalidad antisocial, reflejar las emociones puede convertirse en una manera en que el aconsejado puede manipular el proceso de consejería esencialmente fingiendo que le importa cuando de hecho carece del sentido de la vergüenza o remordimiento e incluso puede causar daño a otros (p. ej., mediante asesinato, robo, manipulación emocional o destrucción de bienes).

De manera opuesta, reflejar la emoción puede proporcionarle al consejero muy poca tracción cuando se trata de un aconsejado con trastorno esquizoide o de tipo esquizoide. Sin entrar en los matices de estos trastornos, estas personas típicamente expresan muy poca emoción (ver "Implicaciones de Diagnóstico" en el capítulo siete sobre la alexitimia).

Otra categoría a la que poner atención tiene que ver con aquellos con síntomas graves de depresión y ansiedad. Reflejar el sentimiento puede servir para profundizar e intensificar los sentimientos negativos y ansiosos y puede conducir a una mayor probabilidad de comportamiento de autolesiones.

Por otro lado, las emociones implícitas nunca se expresan directamente, pero se basan en otros factores verbales y no verbales (Dael, Mortillaro y Scherer, 2012). Por ejemplo, un aconsejado podría decir: "Mi jefe me dijo que no recibí el ascenso. ¿Cómo ha podido tomar esa decisión? Contaba con ese aumento, y ahora no sé cómo voy a llegar a fin de mes por el resto del año". Digamos que el aconsejado hizo esta declaración con una voz elevada, un puño cerrado y el ceño fruncido. Tomando en consideración los mensajes no verbales del aconsejado y las palabras en su declaración, también podrías concluir que la emoción primaria es la ira. Si reflejas o no el enojo subyacente dependerá de los factores que se discutirán en el capítulo nueve, en donde nos centramos en reflejar sentimientos subyacentes implícitos. Nuestro enfoque en el presente capítulo está en reflejar los sentimientos explícitos, pero debido a que es importante entender la distinción entre los dos, queríamos al menos introducir el concepto de emociones implícitas aquí.

Una perspectiva esperanzadora

En nuestra experiencia, los estudiantes que naturalmente tienden a escuchar el contenido pueden tener dificultades para escuchar las emociones implícitas, y los estudiantes que naturalmente tienden a escuchar las emociones implícitas a menudo se esfuerzan por identificar el contenido. Aliéntate al saber que ambas técnicas pueden ser aprendidas, y sé amable contigo mismo a medida que descubres qué elementos del proceso de consejería té surgen de manera más o menos natural. Con toda probabilidad, si tienes dificultades una semana encontrarás un cierto equilibrio la semana siguiente.

Las emociones, expresadas implícita o explícitamente, se dividen en dos categorías: emociones positivas y emociones negativas. Las emociones positivas son las emociones que a la mayoría de nosotros nos gusta experimentar: feliz, emocionado, contento, sereno, esperanzado y así sucesivamente. Las emociones negativas, por otro lado, son las emociones que a la mayoría de nosotros no nos gusta experimentar: triste, enojado, decepcionado, molesto o herido, por nombrar algunas. Ten en cuenta que una emoción negativa no es una emoción "mala" sino que tiende a ser una emoción desagradable. Como consejero, no es tu trabajo ayudar a un aconsejado a experimentar emociones positivas (Hankle, 2010). Dios nos ha dado una serie de emociones, similares a la gama de emociones que Él mismo siente (p. ej., Sal. 7:11, 11:5, Jer. 31:3, Zac. 3:17). Limitar el espectro de emociones que Dios ha puesto a nuestra disposición como creación suya es impedir que la plenitud de su imagen se exprese en nosotros.

La fórmula para reflejar la emoción es: Usted se siente _____.

El uso de esta sencilla fórmula implica insertar una sola palabra afectiva para describir la emoción primaria que oyes o percibes en la historia del aconsejado. La clave de esta fórmula es su simplicidad: solo una palabra afectiva por reflexión. Esta sencillez es, en realidad, uno de los elementos más desafiantes de la emoción reflejada. Con bastante frecuencia los estudiantes quieren adherir un significado o una explicación a la emoción cuando reflejar el sentimiento es simplemente ser el espejo verbal que refleja al aconsejado la emoción que fue escuchada implícita o explícitamente por el consejero. La única modificación que se puede hacer a la fórmula anterior sería que el consejero agregase un modificador que amplifique la emoción, como *realmente*, *muy* o *extremadamente*. No se permiten atenuadores como, por ejemplo, *algo*, *un poco*, ya que minimizan o disminuyen el poder de la emoción que se refleja.

Otro error común que los consejeros en formación cometen es que a menudo son tentados a poner un montón de palabras afectivas en la reflexión. Esto puede ser el resultado de la inseguridad, vocabulario afectivo limitado o el deseo de abordar cada emoción en una reflexión en lugar de tomar el tiempo para abordar un elemento emotivo a la vez. Ten en cuenta que la fórmula anterior no tiene un "y" en ella; solo se obtiene una emoción por reflexión, por lo que es mejor comenzar a desarrollar un vocabulario afectivo que pueda describir emociones complejas. Habrá momentos en que la historia de un aconsejado tendrá varios sentimientos involucrados. En esta situación, comienza primero con la emoción predominante, más importante o más clara, y luego utiliza las reflexiones posteriores de la emoción para capturar otras emociones pertinentes.

Conexiones bíblico/teológicas

A menudo, nuestra teología no resulta muy reflexiva con respecto a lo que Jesús realmente era. Leemos acerca de Su enseñanza, las historias de Su ministerio, el significado de Su muerte y resurrección, pero pasamos por alto Su nivel de humanidad. ¿Los relatos de su expresión emocional son simplemente invenciones, de manera que pudiera parecer que Él experimentaba lo que nosotros experimentamos? Hebreos 4:15 dice: "Porque no tenemos un sumo sacerdote que no pueda compadecerse de nuestras debilidades, sino uno que ha sido tentado en todo según nuestra semejanza, pero sin pecado". De manera que, si Él es como nosotros en todos los aspectos, excepto el pecado, entonces, creemos que experimentó una variedad similar y una intensidad de emoción semejante a cualquiera de nosotros.

- ✓ "varón de dolores y experimentado en quebranto" (Is. 53:3)
- ✓ dolor en la tumba de Lázaro (Jn. 11:35)
- ✓ alegría al recibir a los niños (Mr. 10:16)
- ✓ ira con Pedro, con los fariseos y en el templo (p. ej., Mt. 23:13)
- ✓ decepción ante la negación de Pedro (Lc. 22:61)
- ✓ Amor y ternura, usando la analogía de una gallina que recoge a sus polluelos bajo sus alas (Lc. 13:34)
- ✓ tristeza, demostrada en el llanto (Lc. 19:41)
- ✓ profundamente angustiado (Mr. 3:5)
- ✓ enfurecido: "¡Oh generación incrédula y perversa!" (Lc. 9:41)
- ✓ compasión: "fue movido a compasión sobre ella" (Lc. 7:13)
- ✓ asombro (Lc. 7:9)
- ✓ angustia (Lc. 22)
- ✓ miedo en el huerto (Mt. 26:37-44)

Dos citas a considerar:

"Jesús sintió compasión; estuvo enojado, indignado y consumido en celo; estuvo preocupado, muy angustiado, muy triste, deprimido, profundamente conmovido y afligido; Él suspiró; lloró y sollozó; Él gimió; estuvo en agonía; estuvo sorprendido y asombrado; se regocijó mucho y se llenó de alegría; Él deseaba mucho y amaba" (Hansen, 1997, p. 43). Juan Calvino, comentando sobre Mateo 26:37, afirma: "Ciertamente aquellos que imaginan que el Hijo de Dios estaba exento de las pasiones humanas no reconocen verdadera y sinceramente que Él fue un hombre" (King, 1850).

Volvamos al escenario del ejemplo en el capítulo anterior, pero esta vez lo vamos a leer enfocándonos en la emoción y no en el contenido.

Aconsejada: ¡Oh Dios mío, tuve un fin de semana muy ocupado! Mi mejor amiga de la universidad vino desde fuera del estado, y pasamos todo el tiempo de una actividad a otra. El viernes la recogí en el aeropuerto, y fuimos directamente a mi lugar favorito para cenar, y después de eso a este famoso bar de jazz del centro. Después, el sábado desayunamos en ese lugar tan delicioso que me encanta y luego fuimos a una exposición de arte que estábamos deseando ver. El sábado por la noche se nos echó encima porque nos habíamos envuelto en tantas cosas y lo pasamos muy bien, pero estábamos realmente agotadas, así que decidimos pedir una pizza y ver una película. El domingo fuimos a la iglesia en la mañana, y tuve que presentarles a mi amiga de la universidad a todos mis amigos de la iglesia—¡me encanta cuando mis mundos se encuentran! ¡Fue un fin de semana tan maravilloso!

Inténtalo

Usando la siguiente declaración de la aconsejada, identifica las emociones explícitas e implícitas en su declaración (ve al apéndice A para las posibles respuestas).

Escenario 1:

Aconsejada: Anoche fue mi último recital de baile del año. Mi papá dijo que iba a venir, pero en el último minuto le envió un mensaje de texto a mi mamá para decirle que no iba poder venir. Es la tercera vez este mes que promete venir con nosotras a algún sitio, pero luego no viene. No supe que él no estaba allí hasta después del recital, que fue mejor porque realmente hice un buen trabajo y creo que lo hubiera hecho peor si hubiera sabido que él había vuelto a ausentarse.

¿Cuál es la emoción? Identifica todas las emociones comunicadas explícita e implícitamente por la aconsejada, observando si son positivas (+) o negativas (-), y proporciona un posible reflejo del sentimiento de las emociones explícitas:

Emociones explícitas: _____

Emociones implícitas: _____

Reflejo de la emoción:_____

Escenario 2:

Aconsejado: ¡No me lo puedo creer! ¡Esta semana recibí una beca completa para la universidad de mis sueños! ¡Estoy tan emocionado que no me lo puedo creer! Me siento como en un sueño. Nunca imaginé que esto se haría realidad. Tengo muchas cosas que hacer de aquí a agosto. Mi cabeza da vueltas de la emoción.

¿Cuál la emoción? Identifica todas las emociones comunicadas explícita e implícitamente por el aconsejado, observando si son positivas (+) o negativas (-), y proporciona un posible reflejo del sentimiento de las emociones explícitas:

Emociones explícitas: _____

Emociones implícitas: _____

Reflejo de la emoción:_____

Si tú, como consejero, tuvieras que reflejar la emoción, podría ser algo así como: "¡Te sientes realmente feliz!" o tal vez, "¡Te sientes emocionado!" dependiendo de qué emoción encaja mejor con la expresión facial y el tono vocal del aconsejado. La única emoción explícita adicional expresada por el aconsejado en este escenario es el hecho de sentirse agotado. Dependiendo de los mensajes no verbales y del contexto del aconsejado, las emociones implícitas expresadas por el aconsejado podrían incluir extenuado (siempre y cuando las emociones positivas también se hayan reflejado), enérgico, revitalizado y encantado. Recuerda que con el reflejo de los sentimientos no estás explicando por qué o cómo el aconsejado siente una emoción en particular, simplemente estás reflejando la emoción que expresa el aconsejado.

EL PROPÓSITO DE REFLEJAR LA EMOCIÓN

Mientras que el contenido refleja el fundamento de una conversación terapéutica comunicando al aconsejado que los hechos de su historia son entendidos, reflejar la emoción solidifica esa base. Para muchas personas, la sensación de sentirse comprendido comienza por el hecho de que sus emociones sean escuchadas (Egan, 2014). En la relación terapéutica, reflejar el sentimiento es la primera habilidad que un consejero utiliza para demostrar que la experiencia subjetiva del aconsejado es entendida, no solo los elementos objetivos (basados en hechos) de lo que él o ella está transmitiendo. De manera similar, reflejar el sentimiento tiene dos propósitos principales:

1. ayudar al consejero y al aconsejado a cerciorarse de que las experiencias afectivas de la historia del aconsejado son entendidas por ambos y
2. aclarar o dar sentido a la manera en que el aconsejado percibió y experimentó afectivamente su historia, sin tener que explicar ni argumentar por qué el aconsejado sintió una emoción determinada.

Ser capaz de reflejar de manera precisa y concisa la emoción de un aconsejado sirve para llevar la conversación a un nivel ligeramente más profundo que reflejando contenido, generar confianza y crear un sentido de conexión más personal entre el consejero y el aconsejado.

Es importante recordar que cuando un consejero refleja la emoción, está reflejando los sentimientos del *aconsejado* y no los sentimientos de la situación. Por ejemplo, es apropiado decir "Te sientes desanimado", pero no lo es decir "Eso es desalentador". La primera reflexión sitúa la emoción dentro del dominio del aconsejado—el aconsejado se siente desanimado. La segunda reflexión cambia la palabra que refleja la emoción en un adjetivo y lo usa para describir una situación o circunstancia. Hacer esto aleja al aconsejado de la emoción, en lugar de facilitar la comprensión y la propiedad de sus sentimientos.

LO QUE REFLEJAR LA EMOCIÓN *NO* ES

Explicar lo que reflejar la emoción *no* es, puede arrojar más luz sobre lo que reflejar la emoción *sí* es. Por lo tanto, reflejar el sentimiento *no* es:

- *estar de acuerdo*: A menudo los estudiantes dudan sobre reflejar las emociones cuando no están seguros de si están de acuerdo con la respuesta emocional del aconsejado a una situación específica. Por ejemplo, al reflejar "Te sientes despreciado" cuando tú, como el consejero, no ves por qué el aconsejado se sintió despreciado en una situación dada, a menudo deja a los estudiantes como si estuvieran de acuerdo o condonando la emoción del aconsejado. En realidad, no estás de acuerdo ni en desacuerdo con la validez de la emoción del aconsejado al reflejar el sentimiento. Simplemente estás siendo un espejo verbal, diciendo de nuevo al aconsejado lo que tú le has oído decir, implícita o explícitamente. Aunque existe la posibilidad de que algunos aconsejados puedan interpretar tu reflexión como un acuerdo, la mayoría simplemente se sentirán escuchados y entendidos.

- *probar*: reflejar la emoción no incluye ninguna explicación, justificación o racionalidad para la emoción del aconsejado, así que ¡no le agregues ninguna! Reflejar el sentimiento no le exige al consejero que proporcione ningún tipo de prueba de por qué un aconsejado se siente de cierta manera. No te compliques y limítate a reflejar la emoción, nada más.

- *imponer:* Así como no es responsabilidad del consejero aceptar o aprobar la emoción del aconsejado, tampoco es responsabilidad del consejero decirle al aconsejado qué *debe* sentir en una situación determinada. Esto a menudo sucede cuando un consejero novel trata de reflejar los sentimientos con el fin de imponer una emoción sobre el aconsejado, en lugar de simplemente reflejar la emoción. Por ejemplo, digamos que el aconsejado comparte una situación en la que recibió un mal servicio al cliente. El aconsejado describe la situación de manera precisa y resume su reacción emocional afirmando que se sentía decepcionado por la conversación con el servicio al cliente y le hubiera gustado haber obtenido un resultado diferente. Al escuchar la historia, el consejero se da cuenta que él también se hubiese sentido despreciado, ignorado o humillado, si hubiese estado en la situación del aconsejado. Si el consejero reflejara alguna de estas emociones ante el aconsejado, en lugar de desaprobación, el consejero estaría imponiendo sus sentimientos en vez de reflejar las emociones del aconsejado.

Datos empíricos

Cuando se trabaja con niños, a menudo se utiliza la terapia de juego en lugar de terapia de conversación (Allen, Folger y Pehrsson, 2007). A menudo los niños recrean mediante el juego las situaciones y las emociones de su mundo real, tratando de resolver las tensiones, las confusiones y las heridas. En lugar de expresar verbalmente su enojo o tristeza, es probable que expresen sus experiencias emocionales en los temas o argumentos de su juego (Ray, 2004). En estas situaciones, los juguetes con los que el niño elige jugar se convierten en representantes de sí mismos o de las personas en sus vidas. A la luz de esto, al reflejar la emoción con los niños a menudo puede parecer que se está reflejando la emoción que un juguete particular expresa en el juego del niño. Por ejemplo, el niño lanza un perro de juguete a través del cuarto mientras que dice, "¡Él es malo! ¡No me gusta!" a lo que el consejero responde, "Estás enojado de verdad con este perro malo". El uso del reflejo de la emoción en esta situación, y en la terapia del juego en general, sirve para aumentar la conciencia del niño con respecto a las emociones, así como aumentar el vocabulario afectivo propio del niño (van Velsor, 2004). Aunque debe hacerse con cuidado, ya que a veces los niños pueden sentirse amenazados cuando se reflejan sus emociones, "reflejar los sentimientos ayuda a los niños a tomar conciencia de las emociones, lo que lleva a la apropiada aceptación y expresión de tales emociones" (Ray, 2004, pp. 32-33).

CLASIFICACIÓN DE LOS TIPOS DE REFLEXIÓN DE LAS EMOCIONES

No todas las reflexiones de la emoción se hacen de la misma manera. Mantener todo en la fórmula ("Te sientes _____") es un elemento importante, pero luego está la cuestión de elegir una palabra precisa, dentro del rango de las emociones, para tu reflexión. Elegir una palabra dentro de las que describen las emociones y que esté en la esfera de la emoción de tu aconsejado es el primer paso, pero a partir de ahí es importante evaluar si la palabra que elegiste es aditiva, comparable o sustractiva. Una reflexión aditiva a menudo incluye sentimientos implícitos o subyacentes.

También puede agregar comentarios adicionales, como una explicación para la emoción del aconsejado. Una reflexión comparable identifica con precisión un sinónimo de la emoción comunicada por el aconsejado. Finalmente, una reflexión sustractiva minimiza o ignora por completo la emoción del aconsejado.

Por ejemplo, si un aconsejado dice: "Fue un buen día. ¡Estoy muy contento con lo que he logrado en el trabajo!", a continuación, los siguientes son ejemplos de cada tipo de reflexión del sentimiento:

- *Reflexión aditiva del sentimiento*: "¡Usted se siente eufórico!" En esta situación, la palabra de sentimiento es *eufórico*, y es aditiva porque refleja una emoción mucho más fuerte de lo que el aconsejado ha expresado explícitamente.
- *Reflexión comparable del sentimiento*: "Te sientes satisfecho". La palabra de sentimiento en esta reflexión es *satisfecho*, y no añade ni resta a la emoción expresada por el aconsejado. Refleja con exactitud el nivel de emoción que el aconsejado ha expresado y, en este caso, utiliza algo del lenguaje propio del aconsejado.
- *Reflexión sustractiva del sentimiento*: "Te sientes algo contento". La sensación en esta reflexión es *contento*, y es sustractiva porque minimiza la emoción del aconsejado de dos maneras, cualquiera de las cuales sería sustractiva por sí misma: (1) Cuando el "algo" se coloca delante de una palabra de sentimiento, disminuye la fuerza de ese sentimiento y puede comunicar al aconsejado que la emoción reflejada no es aceptable en su totalidad. (2) En esta situación, la palabra *contento* no representa plenamente la emoción del aconsejado y minimiza el nivel de felicidad o satisfacción que el aconsejado ha expresado.

El objetivo de cada uno de los tipos de reflejo de la emoción es reflejar la emoción explícita del consejero con precisión. Si hubiera que cometer un error, es mejor hacer una reflexión aditiva que una reflexión sustractiva. La razón de esto es que la mayoría de los aconsejados se sienten escuchados y entendidos incluso cuando se ha reflejado un sentimiento que sobrepasa su emoción, y luego corregirán al consejero con la palabra más apropiada de menor intensidad que describa su sentimiento. Por otro lado, un reflejo sustractivo del sentimiento puede comunicar a los aconsejados que realmente no se les presta atención o entiende, o que la intensidad de sus emociones no es aprobada por el consejero.

Consejo clínico

1. Si obtienes una reacción defensiva cuando reflejes emociones, retrocede y trata de reflejar el contenido durante un tiempo antes de volver a reflejar la emoción.
2. Ten cuidado al reflejar los sentimientos de aquellos que están gravemente deprimidos si parece que tus reflexiones están profundizando en la desesperación o en sentimientos suicidas.
3. Si realmente no estás seguro de lo que el aconsejado siente, es mejor aclarar en lugar de arriesgar con una reflexión imprecisa.
4. Usa el nivel de reflexión comparable al inicio del proceso de consejería, guardando el nivel aditivo para cuando la relación de consejería se haya establecido firmemente.
5. Se cauteloso con aconsejados que sufren trastornos de la personalidad o trastornos psicóticos.

APLICACIÓN MULTICULTURAL

Como hemos mencionado en el capítulo anterior, reflejar el sentimiento puede ser problemático cuando se trabaja con personas de culturas diferentes. Algunas culturas como la china y otras culturas asiáticas, valoran el hecho de no dejar que las emociones afloren (Rothbaum, Morelli, Pott y Liu-Constant, 2000). Esto también puede suceder con los varones estadounidenses (Wong y Rochlen, 2005). Por lo tanto, si usas un lenguaje de "sentimiento" cuando un aconsejado no ha utilizado explícitamente ese lenguaje, podría ser interpretado como algo muy amenazante, ya que podrías haber quitado su "máscara" inadvertidamente.

¡Esto no significa que nunca debes reflejar sentimientos con aconsejados de otras culturas! Lo que sugerimos, sin embargo, es que empieces con la reflexión de contenido y gradualmente incorpores el reflejo de los sentimientos mientras evalúas cuidadosamente las reacciones verbales y no verbales de tu aconsejado. Si observas cualquier malestar, debes volver a reflejar el contenido.

También podrías tratar de reflejar el sentimiento de una manera más indirecta, es decir, en lugar de decir "Usted se siente ansioso", podrías decir, "Algunas personas se sienten ansiosas bajo esas circunstancias". En culturas emocionalmente restrictivas, las personas no están muy sintonizadas con sus propios sentimientos. Por lo tanto, el aumento de la autoconciencia emocional puede ser una parte importante en el proceso de recuperación. Por estas razones, tu aconsejado puede beneficiarse enormemente de que tú reflejes sus sentimientos. La clave es el tiempo de uso de esta habilidad para que el riesgo de crear resistencia se minimice y aumenten las posibilidades de que sea algo constructivo.

Comprueba tu comprensión

Para las conversaciones siguientes, identifica la "mejor" respuesta de reflejo del sentimiento en función de lo que sabes ahora acerca de reflejar el sentimiento. Proporciona una calificación (aditiva, comparable o sustractiva) y una explicación para tu selección y calificación. Las selecciones y explicaciones de los autores se pueden encontrar en el apéndice A.

1. Aconsejado: ¡Estoy tan enojado, no puedo creer que mi hermano empeñara mi batería!

Consejero:

No puedo creer que hiciera eso. ¿Para qué la empeñó?

Explicación: _____

_____

Te sientes un poco molesto.

Explicación: _____

_____

Te sientes enfadado.

Explicación: _____

_____

Tu hermano empeñó tu batería.

Explicación: _____

_____

2. Aconsejado: ¡No me lo puedo creer! ¡Me aceptaron en Harvard para la escuela de derecho!

Consejero:

¡Te sientes eufórico!

Explicación: _____

_____

Estás emocionado porque has entrado en Harvard.

Explicación: _____

_____

¿Qué especialidad te gustaría practicar?

Explicación: _____

_____

Te sientes sorprendido.

Explicación: _____

_____

3. Aconsejado: Simplemente no lo entiendo. Estudié, estudié y estudié. ¿Cómo he podido suspender el examen parcial?

Consejero:

Te sientes traicionado.

Explicación: _____

_____

Te sientes muy desanimado.

Explicación: _____

_____

Hombre, eso es realmente decepcionante.

Explicación: _____

_____

Te sientes seguro.

Explicación: _____

_____

APLICACIÓN MINISTERIAL

Reflejar el sentimiento es una técnica que a menudo se pasa por alto, pero sin embargo es muy importante dentro del contexto del ministerio. Como los tres autores hemos trabajado y nos hemos ofrecido como voluntarios en diversos entornos ministeriales, hemos visto ocasiones en las que ministros con buenas intenciones pasan por alto las emociones para saltar a los asuntos espirituales "más importantes". Si bien estamos de acuerdo en que los aspectos espirituales de una situación son importantes, también insistimos en que los asuntos emocionales deben ser abordados. Para muchas personas, poder construir una base de confianza requiere que se sientan seguros y escuchados mientras comparten el contenido y la emoción de su historia antes de que sean capaces o estén dispuestos a permitir que alguien acceda a los elementos espirituales de la misma. Esto es particularmente difícil de hacer cuando es evidente que el comportamiento del aconsejado es pecaminoso. Por ejemplo, en el caso de un cristiano que está racionalizando la participación en un asunto extramatrimonial, la distorsión espiritual es obvia y tendrá que ser confrontada en algún momento (véanse los capítulos siete y once). Sin embargo, si el aconsejado no se siente escuchado en primer lugar, tus intentos prematuros de señalar conductas pecaminosas caerán en oídos sordos, y es probable que pierdas cualquier oportunidad futura de tener alguna influencia adicional.

No es solo en situaciones de flagrante comportamiento pecaminoso que los sentimientos necesitan ser abordados primero. En el Salmo 22, David comunica explícita e implícitamente muchas emociones difíciles en su clamor a Dios. Para que David pudiera descansar en su adoración y alabanza al Señor, primero necesitó expresar honestamente sus emociones, que en su mayoría son negativas. Hoy no somos diferentes. Muchas veces la gente necesita la libertad y la seguridad para expresar honestamente sus dudas, ira, dolor, confusión, miedo y esperanzas aparentemente insatisfechas antes de que puedan descansar o encontrar la paz en verdades espirituales que sobrepasan las circunstancias terrenales. Así como a David se le permitió expresar primero la emoción y después la verdad espiritual, puede que tengas que ofrecer a tus consejeros la misma paciencia, gracia y espacio para seguir el proceso de David.

CONCLUSIÓN

Reflejar el sentimiento es simple en su fórmula y entrega, pero proporciona al aconsejado una sensación de sentirse escuchado y comprendido a un nivel que va más allá de los hechos. No es una técnica de interpretación, sino de reflexión, siendo el espejo verbal de lo que ha sido comunicado por el aconsejado. Basándose en la habilidad del consejero para escuchar emociones explícitas e implícitas, esta habilidad continúa el proceso de ganarse el derecho a hablar en la historia del aconsejado, construyendo los fundamentos del mutuo entendimiento entre el consejero y el aconsejado. Continúa expandiendo tu vocabulario de emociones utilizando la lista de palabras que expresan emociones al final de este capítulo.

PREGUNTAS PARA LA REFLEXIÓN

1. ¿Encuentras más difícil escuchar las emociones que escuchar el contenido?
2. Cuando escuchas la emoción, ¿escuchas principalmente la emoción implícita o la explícita (es decir, lo que dice el aconsejado o lo que tú interpretas)?
3. ¿Qué piensas que te resultará más difícil en el reflejo de la emoción? ¿Y lo más agradable?

Más
intenso

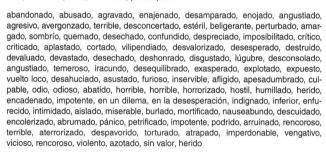

+ adorar, cautivado, acariciado, confiado, atrevido, encantado, dedicado a, atónito, enamorado, entusiasmado, eufórico, emocionado, fantástico, fascinado, brillante, grande, idolatrar, encariñado, alegre, amoroso, maravilloso, optimista, apasionado, poderoso, galopando, sensacional, sensual, extraordinario, sobrexcitado, maravilloso

admirar, afecto, divertido, apreciado, apegado a, cuidado, alegre, cercano, confiado, conectado, contenido, excitado, bien, cariñoso, amistoso, alegre, bueno, agradecido, feliz, esperanzado, importante, buen ánimo, cercano, jovial, gozoso, preciado, pacífico, meditabundo, juguetón, agradable, complacido, positivo, apreciado, orgulloso, relajado, respetuoso, responsable, satisfecho, seguro, sereno, estimulado, exitoso, sorprendido, tierno, agradecido, pensativo, confiado, apasionado, animado, valioso, cálido, digno

Menos
intenso

a la deriva, asustado, agitado, solo, apartado, ambivalente, molesto, ansioso, apartado de otros, apático, aprensivo, culpable, colgado, a merced de, mal, menospreciado, absurdo, culpado, arruinado, decaído, molesto, preocupado, turbado, confundido, deprimido, decepcionado, desconcertado, desalentado, desacreditado, desorganizado, lejano, desconfiado, perturbado, dudoso, desfallecido, desmejorado, avergonzado, enredado, vacío, excluido, fracasado, temeroso, acabado, agitado, impaciente, en un error, inadecuado, incapaz, incompetente, incompleto, ineficaz, ineficiente, inepto, inferior, inseguro, insignificante, irritado, aislado, nervioso, irritable, carente, burlado, excluido, solitario, recluido, perdido, irrespetado, bajo, loco, a medias, melancólico, minimizado, maltratado, confuso, alterado, ofendido, en el límite, pasado por alto, dolido, paralizado, perplejo, perturbado, pesimista, cabreado, grosero, arrepentido, apesadumbrado, distante, resentido, ridiculizado, triste, sarcástico, asustado, consciente, egoísta, tembloroso, derribado, tímido, escéptico, difamado, pequeño, doloroso, triste, estúpido, resignado, lloroso, amenazado, fatal, temeroso, cansado, preocupado, apagado, despreciado, incierto, incómodo, indeciso, apenado, infeliz, sin importancia, inseguro, trastornado, tenso, utilizado, inútil, vulnerable, fracasado, débil, lacrimoso, preocupado

Más
intenso

abandonado, abusado, agravado, enajenado, desamparado, enojado, angustiado, agresivo, avergonzado, terrible, desconcertado, estéril, beligerante, perturbado, amargado, sombrío, quemado, desechado, confundido, despreciado, imposibilitado, crítico, criticado, aplastado, cortado, vilipendiado, desvalorizado, desesperado, destruido, devaluado, devastado, desechado, deshonrado, disgustado, lúgubre, desconsolado, angustiado, temeroso, iracundo, desequilibrado, exasperado, explotado, expuesto, vuelto loco, desahuciado, asustado, furioso, inservible, afligido, apesadumbrado, culpable, odio, odioso, abatido, horrible, horrible, horrorizado, hostil, humillado, herido, encadenado, impotente, en un dilema, en la desesperación, indignado, inferior, enfurecido, intimidado, aislado, miserable, burlado, mortificado, nauseabundo, descuidado, encolerizado, abrumado, pánico, petrificado, impotente, podrido, arruinado, rencoroso, terrible, aterrorizado, despavorido, torturado, atrapado, imperdonable, vengativo, vicioso, rencoroso, violento, azotado, sin valor, herido

Notas

- El español tiene un vocabulario de emociones muy rico; cada palabra tiene un significado y matices únicos.
- Hay más palabras negativas que palabras positivas.
- Esta lista está lejos de ser exhaustiva. Las palabras/frases adicionales son metáforas y expresiones coloquiales que pueden expresar la emoción (p. ej., "Estoy en la cima del mundo").
- Hay una considerable superposición de categorías, e incluso hay algunas palabras que pueden tener connotaciones positivas o negativas dependiendo del tono de voz o contexto (p. ej., "Me siento bien.").
- Hay varias maneras de intensificar el significado añadiendo calificadores, por ejemplo, "un poco", "más o menos", "muy", "realmente", "severamente", "extremadamente", etc.

Figura 6.3. Lista de vocabulario afectivo

CAPÍTULO 7

CONECTANDO EMPÁTICAMENTE

Así que, todo cuanto queráis que los hombres os hagan a vosotros,
así también hacedlo vosotros a ellos;
porque esto es la ley y los profetas.

Mateo 7:12

Enfoque del Capítulo

TÉCNICA: Reflexión empática.

PROPÓSITO: Construir una relación con los aconsejados de manera que se sientan comprendidos en su totalidad y en su situación.

FÓRMULA: "Te sientes _____ (vocablo emocional) porque _____ (contenido)".

Piensa en una situación específica en tu vida en la que sentías un profundo dolor emocional y alguien intentó ser útil, pero en su lugar empeoró las cosas. ¿Qué hizo o qué no hizo esa persona que incrementó tu angustia? ¿Qué necesitabas de dicha persona en lugar de lo que hizo?

» Escribe sus respuestas.

Ahora reflexiona sobre un momento en que el resultado fue el contrario; estabas en agonía y la persona fue útil de alguna manera. ¿Qué cosa en particular te ayudó a sentirte bien atendido?

» Escribe las ideas que te vienen a la mente.

Lo más probable es que en la primera situación no te sentiste escuchado o entendido. Puede que el individuo no tomase el tiempo y el esfuerzo necesarios para escuchar realmente. O tal vez esta persona te ofreció soluciones rápidas dando un consejo, citando un versículo bíblico o simplemente cambiando la conversación a sus propios asuntos o algo más.

Por el contrario, en la segunda situación te sentiste emocionalmente conectado con la persona en ese momento, sintiendo que entendió por lo que estabas pasando o al menos la persona se esforzó por entenderte y estar contigo en tu dolor. Este tipo de presencia emocional, o "estar con" otra persona, es la empatía.

Como Mateo 7:12 (la llamada regla de oro) nos recuerda, no solo nos debe gustar que otros nos traten bien, sino que también se nos manda tratar a otros de la manera que nos gustaría que nos tratasen a nosotros. De manera que, si nos gusta cuando otros empatizan con nosotros, también Dios nos llama a tratar a otros de manera empática. Este capítulo se enfocará en cómo mejorar nuestra empatía.

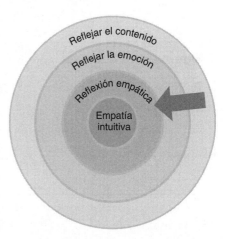

Figura 7.1. Apuntando a la reflexión empática

¿QUÉ ES LA EMPATÍA?

Cuando yo (Heather) estudiaba mi maestría en consejería, tuve una experiencia que me afectó profundamente como consejera. El profesor de mi clase de técnicas de consejería pidió un voluntario para hacer de aconsejado para una demostración de una reflexión empática en clase. Tenía en mente la difícil situación por la que estaba atravesando un amigo, así que decidí representar su situación y accedí a ser el aconsejado. Lo que más me sorprendió fue la profundidad con la que comencé a experimentar la situación, a pesar de mi nerviosismo al estar delante de la clase, ya que el profesor utilizó hábilmente la reflexión empática. De hecho, empecé a llorar. ¡Y eso que ni siquiera se trataba de mi propio problema personal! Cuando volví a mi asiento, le dije a mis compañeros que había interpretado el papel de otra persona, y ellos tampoco lo podían creer. A partir de ese momento, me convencí plenamente del poder de la empatía. Esto no solo ha beneficiado a mis aconsejados, sino que ha afectado en gran medida la prioridad que le doy al entrenamiento de la empatía en mi enseñanza.

Carl Rogers (1957/1992), uno de los padres de la consejería contemporánea, definió la empatía como la capacidad de "sentir el mundo privado del cliente como si fuera tuyo, pero sin perder nunca la calidad del 'como si'" (p. 829). Rogers continúa explicando que este concepto significa que tú, como consejero, puedes "percibir la ira, el temor o la confusión del cliente como si fuesen los tuyos propios, sin embargo, sin que tu propia ira, miedo o confusión se vean envueltos" (p. 829).

Figura 7.2. Arte frente a ciencia: Reflexión empática

La empatía permite a los consejeros entrar en el espacio de sus aconsejados sin prejuicios ni imposiciones mientras se conectan con los pensamientos, sentimientos y experiencias de sus aconsejados de una manera auténtica.

La primera parte de la definición de Rogers, es decir, la capacidad de identificarse con la experiencia de alguien, es similar a la expresión "caminar con los zapatos de otro". Esto no significa que debas intentar imaginarte cómo *te sentirías* en una situación similar (la cual es la tendencia de la mayoría de las personas), sino tratar de entender cómo se sentiría *tu aconsejado* en esa situación, dada su genética, personalidad, trasfondo familiar y otras experiencias de la vida.

Escuchar: lo más difícil o lo más sencillo de hacer

Benner (2015) compara la escucha terapéutica con lo que algunos directores espirituales describen como "escuchando con un oído al dirigido [aconsejado] y con el otro oído al Espíritu" (p. 187). Del mismo modo, necesitamos pensar cuidadosamente "acerca de cómo un terapeuta puede realmente hacer esto en medio de todas las otras cosas a las que tenemos que atender–nuestros propios pensamientos, nuestras asociaciones con nuestros pensamientos, así como a los elementos inconscientes de nuestra interacción, las palabras de la comunicación no verbal del aconsejado, y el trabajo del Espíritu de Dios dentro de nuestro espíritu".

La escucha terapéutica no es, por lo tanto, una cuestión sencilla. "Yo juzgo que es la parte más difícil y al mismo tiempo más importante de la contribución del terapeuta al proceso psicoterapéutico" (p. 187).

Brené Brown (2012) describe la empatía como "el verdadero antídoto contra la vergüenza" (p. 74) y como una "cosa extraña y poderosa". "No hay guion. No hay manera correcta o incorrecta de hacerlo. Es simplemente escuchar, manteniendo el espacio, reteniendo el juicio, conectando emocionalmente, y comunicando ese increíble mensaje sanador de 'No estás solo'" (p. 81).

Por un lado, duro; por el otro, simple. ¿Cuál es? Lo que parece ser común entre todos los ayudadores cualificados de personas es que escuchar es de vital importancia.

Esta es una distinción esencial y merece la pena repetirlo. Imaginar cómo te sentirías en una situación particular puede aproximarse a cómo se siente tu aconsejado, pero también podría llevarte en la dirección equivocada. Si bien la autorrevelación es una habilidad de consejería importante (véase el capítulo doce), a menudo es usada en exceso y mal utilizada. El objetivo de la empatía es entender cómo se siente en esa situación la persona con la que estás, no cómo te sentirías tú. No se trata de ti.

Un ejemplo es la emoción de la vergüenza. Yo (Heather) sé lo que es sentir vergüenza, porque he experimentado situaciones en las que me he sentido humillada o avergonzada, o me he comportado de una manera que preferiría que nadie supiera. Ahora considera un aconsejado asiático que describe un sentimiento intenso de vergüenza porque obtuvo un segundo lugar y no el primero en su clase en la escuela. Yo nunca he sentido vergüenza en esta situación. Al contrario, me sentiría muy contenta de haberlo hecho tan bien, o tal vez una leve decepción porque no obtuve el lugar de honor. Como consejera criada en el occidente, lo que debo hacer es relacionarme con su experiencia imaginando cómo se siente *el aconsejado* en esa situación, dada su cultura, trasfondo familiar y personalidad, en lugar de proyectar en él cómo me sentiría yo.

Si bien sentir y describir por lo que están pasando los aconsejados es de suma importancia en consejería, la identificación desproporcionada puede ser destructiva. Si te pierdes en los sentimientos abrumadores de tus aconsejados, pierdes la objetividad. Corres el riesgo de que esto se convierta en algo que se trate de ti, no de ellos. Cuando tus sentimientos comienzan a interferir con tu habilidad para intervenir de manera que puedas ayudarlos a avanzar en su camino, corres el riesgo de sufrir agotamiento o fatiga por compasión. No puedes sentir lo que tus consejeros sienten, pero puedes usar tu propia experiencia con tus emociones personales para entender mejor lo que ellos sienten como individuos únicos en circunstancias únicas.

FUNDAMENTOS CRISTIANOS DE LA EMPATÍA

Hay innumerables ejemplos de cómo Jesús nos enseña el concepto de la empatía en sus interacciones con los demás. Por ejemplo, la mujer samaritana en el pozo se sorprendió de que Jesús comprendiera tanto su conducta sexual ilícita como sus anhelos por encontrar un mayor significado a su vida (Jn. 4:4-26). Jesús también entendió claramente el dilema del joven rico que dudaba entre servirle y tener que renunciar a sus riquezas (Mr. 10:17-22). Otro ejemplo es la comprensión perspicaz de Jesús de la motivación detrás del acto aparentemente sin sentido de la mujer que ungió sus pies con perfumes costosos y los enjugó con su cabello (Lc. 7:37-39).

Conexiones bíblico/teológicas

En el lenguaje teológico, la empatía se ilustra de la mejor manera con la encarnación (Benner, 1983). Aunque creados a la imagen de Dios, somos diferentes a Dios de muchas maneras. Dios escogió salvar la distancia entre Su carácter único y nuestra humanidad tomando forma humana, carne y sangre, para poder comprender las dimensiones cognitivas y emocionales de la experiencia humana (Fil. 2:6-8). Debido al don de Su Hijo hacia nosotros, podemos conocer y experimentar el amor, cuidado y bendición de Dios. El rico lenguaje teológico y la literatura que exploran el modelo de la encarnación supone para nosotros el valor terapéutico central de la empatía—amamos porque Él nos amó primero (1 Jn. 4:19).

Benner sugiere que este deseo y capacidad de eliminar de otros su maldad al tomar el mal en nosotros mismos es una posible interpretación del *imago Dei*, en cada persona.

La encarnación como modelo de consejería sugiere que los terapeutas son capaces de absorber la enfermedad y el sufrimiento y, por lo tanto, transformar el mundo interior del aconsejado.

Jesús no solo demuestra empatía en la manera en que se relacionaba con la gente, sino que, en su posición única de ser Dios y humano, puede sentir empatía tanto con Dios el Padre como con nosotros. En este sentido, podría ser visto como el ejemplo más sublime de empatía. Isaías profetizó acerca de Jesús, declarando:

Fue despreciado y desechado de los hombres;
varón de dolores y *experimentado* en quebranto…
Ciertamente él *llevó* nuestras enfermedades,
y *soportó* nuestros dolores;
y nosotros le tuvimos por azotado, por herido de Dios y abatido.
Mas él fue *herido por nuestras transgresiones*,
molido por nuestros pecados;
el castigo de nuestra paz fue sobre él,
y por sus llagas fuimos nosotros curados. (Is. 53:3-5)

Al describir a Jesús, Pablo dice:

el cual, siendo en forma de Dios,
no consideró el ser igual a Dios como cosa a que aferrarse,

194

sino que se despojó a sí mismo,
tomando forma de siervo,
hecho semejante a los hombres. (Fil. 2:6-7)

Pablo describe de manera elocuente la capacidad de Cristo para ponerse en la piel de las personas sin perder el sentido de sí mismo como completamente Dios y plenamente hombre. De manera similar, el escritor de la carta a los Hebreos expresa la capacidad única de Jesús para empatizar y sentir con la gente al afirmar: "Porque no tenemos un sumo sacerdote que no pueda compadecerse de nuestras debilidades, sino uno que ha sido tentado en todo según nuestra semejanza, pero sin pecado" (He. 4:15).

A lo largo de las Escrituras vemos el concepto de empatía explicado, instruido y mostrado. La necesidad de dar y recibir empatía entre nosotros y de parte de Dios mismo, es una parte

Datos empíricos

Los beneficios sociales de la empatía son múltiples y apoyados por una extensa investigación. Por ejemplo, la empatía:

- reduce los prejuicios y el racismo
- aumenta el altruismo (útil incluso si va en contra de su propio interés)
- es bueno para el matrimonio;
- profundiza la intimidad, aumenta la satisfacción de las relaciones y ayuda a resolver los conflictos
- disminuye el acoso y la agresividad
- promueve actos heroicos
- contrarresta la desigualdad y la desigualdad puede reducir la empatía (p. ej., las personas muestran menos empatía cuando alcanzan un estatus socioeconómico más alto)
- es bueno para los negocios
- es bueno para el cuidado de la salud

Adaptado de The Greater Good Science Center at the University of California, Berkeley, "What Is Empathy?" http://greatergood.berkeley.edu/topic/empathy/definition.

integral de la experiencia cristiana y el proceso de crecimiento. Pablo, en Romanos 12:15, expresa sucintamente lo que significa reflejar empáticamente cuando dice: "Gozaos con los que se gozan; llorad con los que lloran". Una vez más, este imperativo no significa que debamos vivir plenamente las mismas experiencias que los demás, sino que se nos llama a conectar con y compartir las experiencias de otros. El sentir *con* es el aspecto vitalmente importante para las relaciones humanas y la conexión.

Además, Proverbios 18:13 habla de la importancia de escuchar bien antes de responder, diciendo: "Responder antes de haber escuchado, es fatuidad y oprobio". En otras palabras, es irrespetuoso e incluso absurdo que un consejero hable antes de tomar el tiempo para averiguar lo que el aconsejado está tratando de decir. La verdadera empatía no consiste en probar que eres un buen oyente; en cambio, es el acto de comunión con el aconsejado, y eso solo puede hacerse después de que el consejero haya escuchado bien y oído verdaderamente la historia del aconsejado.

EMPATÍA COGNITIVA Y AFECTIVA

Hay dos componentes de la empatía: el cognitivo y el afectivo. En el aspecto cognitivo, tú como consejero puedes comprender cognitiva o intelectualmente la emoción del aconsejado y la causa (contenido) de esa emoción. Como su nombre indica, la empatía cognitiva permanece en tu cabeza y es un reconocimiento mental de la situación del aconsejado. Por el contrario, la empatía afectiva implica una respuesta emocional o una conexión con el afecto del aconsejado.

En la *empatía cognitiva* utilizas principalmente tu capacidad mental para averiguar lo que está experimentando un aconsejado. Esto podría implicar, por ejemplo, repasar mentalmente una lista de términos emocionales para ver cuál encaja mejor con la descripción, elaborar un resumen sucinto y descriptivo del contenido y luego reflejar los sentimientos y el contenido que consideras como el más útil. Durante este proceso el consejero se puede sentir algo desconectado emocionalmente del aconsejado. Esto es particularmente perceptible cuando estás aprendiendo la técnica y parece algo artificial. Sin embargo, la habilidad de encontrar la mejor palabra de sentimiento para la situación, emparejada con una reflexión de contenido precisa y enfocada, es una habilidad enormemente útil. El componente cognitivo de la empatía es el foco de la técnica principal de este capítulo. Esta habilidad implica el uso de tus técnicas de percepción intelectual y técnicas de reflexión para demostrar tu comprensión de lo que el aconsejado ha dicho. La empatía que solo se siente o entiende internamente por el consejero y no se expresa de alguna manera no es empatía a los ojos del aconsejado.

En contraste con la empatía cognitiva, en la *empatía afectiva*, las emociones del aconsejado son comprometidas y tú como consejero sientes *con* el aconsejado. La empatía afectiva es una habilidad única en el sentido en que es la primera que hemos discutido hasta ahora que pide al consejero que *sea* alguien diferente, no simplemente *hacer* algo diferente. Otra manera de decir esto es que esta habilidad no se trata exclusivamente sobre el comportamiento externo de un consejero hacia un aconsejado, sino que requiere que el consejero cambie internamente. Como se mencionó anteriormente, un buen consejero debe ser capaz de entrar en la experiencia de otra persona y "Gozaos con los que se gozan; llorad con los que lloran" (Ro. 12:15). Esto va más allá de aprender a decir lo correcto (i.e., la empatía cognitiva) cultivando dentro del consejero la capacidad de relacionarse con los sentimientos y experiencias de otro ser humano. El reto es hacerlo *sin perder el sentido de ti mismo* para que puedas mantener la suficiente objetividad y presencia mental que te permita también usar la empatía cognitiva.

La pérdida de tu sentido del Yo, sucede cuando escuchas la historia de un aconsejado y:

- ✓ sientes como si lo vivieras tú mismo
- ✓ sientes la necesidad de rescatar, arreglar o borrar el problema del aconsejado porque es demasiado difícil de oír
- ✓ no puedes identificar la manera en que tus sentimientos, pensamientos y perspectivas difieren de los del aconsejado

---

Es más fácil aprender la empatía cognitiva que aprender la empatía afectiva. Esto se debe a que la empatía afectiva es en cierto grado intuitiva. Mientras haya incluso una pequeña semilla de tal intuición, la empatía afectiva se puede desarrollar y puede crecer con el tiempo con algo de atención y experiencia. Por lo tanto, te animamos a empezar con la empatía cognitiva, entre tanto que desarrollas tu capacidad de conectar emocionalmente con tu aconsejados para que puedas ofrecerles tu presencia genuina sin perder la noción de ti mismo.

Por supuesto, para que la empatía se lleve a cabo correcta y plenamente, debe formar parte del ser del consejero *y* parte de su hacer. Un buen consejero tiene la capacidad de ser empático cognitiva y afectivamente, pero el uso y la comodidad de cada consejero con ambos aspectos de la empatía diferirán según su propia personalidad y enfoque de la consejería. Por ejemplo, si eres por naturaleza una persona afectivamente empática, el desarrollo de tus técnicas de empatía consistirá más en buscar términos apropiados para tu experiencia afectiva de otra persona y aprender a mantener tu respuesta emocional en el ámbito de la empatía sin cruzar a la simpatía (de la que hablaremos más adelante). Si más bien eres una persona cognitivamente empática, tu proceso probablemente implicará trabajar en estar más presente en el momento con tú aconsejado y experimentar la historia que dicho aconsejado tiene que contar. Y, para algunos de vosotros, ambos componentes de la empatía serán un reto, así que es mejor comenzar con el desarrollo de la empatía cognitiva y entonces crecer desde allí.

APRENDIENDO LA TÉCNICA DE LA REFLEXIÓN EMPÁTICA

Ahora nos enfocaremos en cómo combinar las técnicas de *reflejar el contenido* y *reflejar la emoción* en una técnica compuesta que resulte en la capacidad para conectar con los aconsejados a través de la reflexión empática. Esta es la técnica fundamental de una consejería eficaz: la capacidad de vincular el qué y el porqué de los sentimientos del aconsejado es primordial.

De acuerdo con las técnicas que hemos aprendido hasta ahora, el nivel básico de empatía se expresa como una respuesta intercambiable o como una reflexión. Como reflexión, no hay ninguna interpretación aditiva en este momento; simplemente actúas como el espejo verbal para lo que el aconsejado ha dicho durante la conversación (la empatía intuitiva o aditiva será presentada en el capítulo nueve). El propósito de expresar la empatía es permitir que los aconsejados se sientan escuchados completamente de manera que tanto los hechos como los sentimientos de su historia se reflejan con precisión hacia ellos. La conexión a través de la empatía se considera como la técnica fundamental de conexión en el proceso de consejería. Conecta al consejero con el aconsejado mientras que conecta simultáneamente los propios pensamientos y sentimientos del aconsejado.

Los niveles de empatía. Esta nueva técnica de empatía requiere que el consejero comience a integrar todas las técnicas previamente aprendidas, desde atender a percibir hasta la reflexión. Para empezar, el consejero debe atender tanto los mensajes verbales como los no verbales de los aconsejados, así como su contexto. A medida que escuchas a los aconsejados, te esfuerzas por dejar a un lado tus propios prejuicios y juicios para escuchar sus perspectivas y escuchar los mensajes fundamentales de lo que están compartiendo. Una respuesta empática útil aumentará la relación. También permitirá que los aconsejados permanezcan enfocados en sus problemas, al tiempo que desarrollan y aclaran partes importantes de su historia.

Escala de la empatía

Nivel 1: Esta respuesta es perjudicial para la relación terapéutica, ya que directa o indirectamente le dice al aconsejado que el consejero no está escuchando, no respeta al aconsejado o no entiende al aconsejado. La reflexión del consejero podría ser cualquiera de las siguientes:

- ✓ ignora o rechaza la emoción del aconsejado (p. ej., cambia el tema)
- ✓ contradice la emoción del aconsejado
- ✓ condesciende (como si se tratase de un superior a un inferior)
- ✓ es argumentativo
- ✓ dice o infiere que el aconsejado es deficiente por sentirse como se siente (por ejemplo, estúpido, ignorante, tonto o infantil)
- ✓ da consejos
- ✓ desplaza el enfoque hacia lo que el consejero considera interesante o importante, en lugar de lo que el aconsejado ha expresado

✓ interpreta erróneamente la emoción del aconsejado (por ejemplo, diciendo que el aconsejado se siente feliz por algo cuando realmente se siente asustado)

✓ se utiliza una técnica diferente, pero tan inapropiadamente que la empatía está prácticamente ausente

Nivel 2: Esta respuesta empática de alguna manera pierde el rastro de lo que el aconsejado ha comunicado, pero no es tan perjudicial como el nivel uno. Específicamente, esta respuesta podría ser cualquiera de las siguientes:

✓ disminuye notablemente o minimiza la emoción del aconsejado, pero todavía refleja un sentimiento dentro del rango de la misma categoría de emoción

✓ se expresa en forma de pregunta, no en forma de afirmación

✓ es exacto respecto a algo que el aconsejado dijo anteriormente en la conversación, pero va "por detrás" del punto actual del aconsejado en su historia

✓ una respuesta en la que la meta no es la reflexión empática sino una técnica diferente apropiadamente usada

Nivel 2.5: En esta categoría de reflexión empática falta algo en la respuesta. La reflexión del consejero podría ser lo siguiente:

✓ es exacta, ya que se refiere al sentimiento reflejado, pero carece de una reflexión adecuada del contenido. Si bien pretende ser una reflexión empática, en esencia solo refleja el sentimiento; Comunica empatía al aconsejado de manera cualitativa debido a su exactitud o formulación, pero carece de atención al contexto

✓ se aleja ligeramente de lo que el aconsejado ha comunicado

Nivel 3: En este nivel, una respuesta empática refleja con exactitud los sentimientos y el contenido del aconsejado sin añadir o sustraer lo que ella ha comunicado. La reflexión del consejero podría ser cualquiera de las siguientes:

✓ es totalmente recíproca y similar a la declaración explícita del aconsejado

✓ es una descripción exacta de la situación y/o estado de ánimo del aconsejado

✓ no va más allá de los sentimientos expresados por el aconsejado

✓ no minimiza ni niega los sentimientos expresados por el aconsejado

Niveles 4 y 5: En estos niveles, la respuesta empática va más allá de lo que el aconsejado ha declarado y está fuera de los abarcado en este capítulo. Cubriremos esto más a fondo en el capítulo nueve, por lo que del momento es mejor que limites tus reflexiones al nivel tres y permanezcas en los sentimientos y el contenido que el aconsejado ha comunicado.

Como una técnica más integrada, la empatía se puede comunicar en varios niveles. En este capítulo exploraremos los niveles uno al tres, mientras que el capítulo nueve abordará los niveles cuatro y cinco. El objetivo de la empatía no es necesariamente utilizar siempre el nivel más alto disponible, sino usar el nivel más adecuado para un aconsejado en particular en su situación actual. Dentro de este capítulo, trabajarás para proporcionar una respuesta empática de nivel tres.

Mientras que la reflexión empática es una habilidad esencial que se debe usar con frecuencia durante todo el proceso de consejería, las otras técnicas en este libro también son importantes. Por otro lado, habrá ocasiones en las que transmitir empatía no es sea tu meta principal, porque estarás más centrado en otras técnicas tales como clarificar o confrontar. Sin embargo, es vital que estés consciente de cómo los niveles de empatía se ven afectados, aun cuando mostrar la empatía no es tu propósito principal en ese momento. Por esta razón creemos que cualquier respuesta del consejero puede y debe ser calificada en base a la escala de la empatía.

En la mayoría de las situaciones de consejería, una respuesta de nivel tres será tu "base" para el proceso de consejería, ya que proporciona una manera segura y efectiva para que los aconsejados se sientan escuchados y para que los consejeros confirmen su comprensión de las historias de sus aconsejados. A partir de este punto, independientemente de las técnicas que agregues a tu "caja de herramientas de las técnicas", una reflexión empática de nivel tres es la mejor técnica para usar cuando no sabes qué hacer.

Cómo se expresa la empatía verbalmente. En cualquier declaración empática hay dos partes: la emoción y el contenido. Basado en las técnicas que aprendiste en los capítulos cinco y seis, ahora estás tratando de unir esos dos conceptos. En lugar de simplemente reflejar los hechos o el contenido (capítulo cinco) o reflejar la emoción (capítulo seis), ahora estamos tratando de dibujar algunas conexiones y comunicar un entendimiento de que cierto sentimiento ha sido manifestado como resultado de o debido a un hecho o pieza específica del contenido.

La fórmula para una reflexión empática de nivel tres es: Te sientes _____ (término que exprese emoción) porque _____ (contenido).

Implicaciones de diagnóstico

En la historia de la psicopatología, la alexitimia es el concepto psiquiátrico usado para describir a las personas que carecen de habilidades empáticas. Específicamente, estas personas:

✓ tienen dificultades para identificar los sentimientos en sí mismos y en los demás
✓ tienen problemas para distinguir entre sus propios sentimientos y sensaciones corporales como la excitación emocional
✓ tener dificultades para describir sus sentimientos a otras personas
✓ tienen una habilidad limitada para imaginar cosas y por lo tanto tienen pocas fantasías
✓ responden a estímulos externos y procesan cognitivamente el mundo externo con poca referencia a su mundo interno

Aunque no es un diagnóstico en el DSM, desempeña un papel significativo en trastornos del espectro autista, algunos trastornos de la personalidad, trastorno de la conducta y abuso de sustancias, y, por supuesto, causa estragos en las relaciones maritales y familiares. La capacidad de empatía es un ingrediente significativo en la salud mental y relacional.

A menudo, la empatía se utiliza simplemente para seguir con (o seguir) al aconsejado. En este caso, la empatía sirve para decir: "He escuchado que te sientes de una manera particular debido a esta situación particular". Ni más ni menos. Un ejemplo de esto, en su forma más simple, podría ser el siguiente diálogo con un hombre de veinticinco años de edad:

Aconsejado: Estoy muy decepcionado conmigo mismo. Es viernes por la noche, y estoy atrasado en mis responsabilidades en el trabajo. Eso significa que tuve que traer archivos a casa conmigo esta noche y pasaré la mayor parte del sábado terminando todas las cosas que quería hacer en la oficina durante la semana.

Consejero: Te sientes decepcionado porque tuviste que llevar trabajo a casa este fin de semana.

En este escenario "decepcionado" es el sentimiento, y "traer el trabajo a casa" es el contenido. El aconsejado dejó claro su propia emoción y luego procedió a proporcionar el contenido. Tú, como el consejero, simplemente condensaste su declaración y la reflejaste de nuevo de manera más concisa. Al hacerlo, pudiste demostrar que escuchaste tanto el sentimiento como el contenido del mensaje del aconsejado, expresando así la comprensión empática. Al unir la respuesta anterior, piensa en los capítulos cuatro y cinco en lo que respecta a reflejar el contenido y reflejar el sentimiento. Observa que una reflexión empática es simplemente una oración compuesta en la que se está uniendo las dos técnicas de reflexión previamente aprendidas:

Reflejar el contenido: "Tuviste que llevar trabajo a casa este fin de semana".
Reflejar la emoción: "Te sientes decepcionado".

En otras ocasiones, la empatía se usa para ayudar al aconsejado a ver conexiones entre los sentimientos y el contenido que tal vez no haya unido previamente, al menos no en voz alta. Una vez más, incluso en este caso, no estamos agregando a la historia del aconsejado; simplemente estamos reflejando lo que él ya ha comunicado, pero de manera sucinta. Se prefiere que no se vuelva a repetir la misma palabra afectiva que el aconsejado ha utilizado, ya que hacer de loro puede comunicar al aconsejado que solo escuchaste sus palabras, no que hayas entendido su situación. En su lugar, esfuérzate en encontrar un sinónimo preciso y adecuado siempre que sea posible. Un ejemplo de esto podría ser el siguiente diálogo:

Aconsejado: Es viernes por la noche, y estoy atrasado en mis responsabilidades en el trabajo. No sé qué voy a hacer. Se suponía que iría a la fiesta de cumpleaños de un amigo mañana, pero ahora voy a tener que trabajar todo el día en su lugar. ¡Esto no es como yo quería pasar mi fin de semana! Ojalá pudiera disfrutar de mi fin de semana como lo había planeado.

Consejero: Te sientes decepcionado porque el fin de semana no está resultando como lo planeaste.

En este escenario, el sentimiento es "decepcionado", y el contenido es "el fin de semana no está resultando como lo planeaste". A diferencia de la situación anterior, el aconsejado no te proporcionó una declaración directa sobre cómo se sentía él, pero se expresó en torno a la idea de estar decepcionado e infirió esta emoción. En este caso, el trabajo del consejero es proporcionar una palabra de sentimiento que ayude a capturar lo que el aconsejado está sintiendo, *sin añadir o sustraer* de su propia emoción.

» ¿Qué otra expresión de sentimiento podría haber usado el consejero en lugar de *decepcionado* para capturar la emoción del consejero? (Consulta el vocabulario de sentimientos al final del capítulo seis).

Mientras que una reflexión empática es cualquier declaración que incluya tanto el sentimiento como contenido, la expresión más simple de esta técnica se presenta como: "Te sientes_____ (expresión de la emoción) porque _____(contenido)".

Al igual que con el reflejo del sentimiento, solo puede incluir *una palabra de sentimiento a la vez* en tu reflexión. Como recordarás en el capítulo seis, limitarte a reflejar solo *una* palabra de sentimiento le permite al aconsejado responder a algo que es claro y conciso. Diciendo: "Te sientes molesto y abrumado y decepcionado porque tienes que trabajar este fin de semana" deja al aconsejado con demasiados sentimientos para pensar y responder. ¿Qué pasaría si fuese cierto que el aconsejado se siente "molesto" y "decepcionado", pero no "abrumado"? Proporcionar demasiadas palabras de sentimientos en una reflexión empática puede comunicar indirectamente que en realidad no entiendes cómo se siente el aconsejado. En su lugar, escoge la palabra de sentimiento imperante o más representativa para reflejar primero. Siempre puedes reflejar emociones adicionales más tarde. Mejor aún, puedes usar situaciones como esta para desarrollar tu vocabulario de sentimientos, agregando palabras a tu repertorio como *exasperado, perturbado* o *desesperado,* dependiendo de la intensidad de la emoción que sientes que un aconsejado está expresando.

Además, recuerda que una reflexión es siempre una declaración, no una pregunta, así que vigila tu entonación. Cuando conviertes una declaración reflexiva en una pregunta, estás comunicando inadvertidamente a los aconsejados que te cuesta entenderlos y que no puedes realmente escuchar su emoción y experiencia, que es exactamente lo contrario del objetivo de la reflexión empática. No dejes que un "Te sientes decepcionado porque el fin de semana no está resultando como lo planeaste" se convierta en un "¿Te sientes decepcionado porque este fin de semana no está saliendo como planeaste? Si no estás seguro de entender la perspectiva del aconsejado, continúa con tus mejores intentos de reflexiones básicas de contenido o sentimientos, pero disponte a arriesgarte a cometer un error. Tu meta inicial no es encontrar la palabra de sentimiento perfecta cada vez, sino más bien elegir al menos palabras que estén dentro de un rango apropiado de emoción, lo que demostrará a tus aconsejados que entiendes sus historias.

Si tu reflexión empática está cerca de ser exacta, los aconsejados se sentirán escuchados y continuarán con su historia. Si pierdes la marca por completo, los aconsejados probablemente la corregirán, explícitamente o de formas más sutiles, pero seguirán percibiendo que estás tratando de entenderlos. Luego, después de corregirte o intentar expresarse nuevamente, continuarán su narración. Tu función es seguir escuchando bien, habiendo incorporado su respuesta más reciente para que tu siguiente reflexión pueda estar más a al alcance de la experiencia emocional de ellos. Es importante señalar que los aconsejados suelen repetir su historia o elementos clave de su historia cuando no se sienten escuchados. Por lo tanto, si te encuentras con un aconsejado que parece estar hablando en círculos o repitiendo la misma historia una y otra vez, puede ser útil examinar tus expresiones de empatía para determinar si en tu elección de los términos de sentimientos puedas necesitar ir más profundo, ser más específico o matizar más.

Las fórmulas pueden ser ayudas útiles para aprender una nueva técnica. Sin embargo, a medida que te sientas más cómodo con la fórmula básica para la reflexión empática, podrás tratar de modificarla. Por ahora, la fórmula es muy directa para poder mantener la técnica tan limpia y sencilla como sea posible. A medida que creces en tu uso de la reflexión empática, ten en cuenta que muchos consejeros pueden responder mejor a un enfoque más indirecto. Por ejemplo, prologando la fórmula con prefijos como "Creo que te escucho decir..." "Es casi como..." "Suena como si..." y "Me pregunto si..." da a los aconsejados un mayor permiso para mostrar su desacuerdo en caso de que los consejeros no estén completamente en la cierto. Ten cuidado de no saltar a estos prefijos al inicio, ya que te ponen en riesgo de comunicarle a un aconsejado que no le entiendes o que no ha sido claro en su comunicación contigo.

Oraciones de Respuesta

✓ Me pregunto si. . .
✓ Suena como si quizás. . .
✓ Tal vez te sientes. . .
✓ Podría ser que. . .
✓ Parece como si. . .
✓ Creo que te escucho decir. . .
✓ Si te escucho correctamente. . .
✓ Es casi como. . .
✓ ¿Podría ser posible que...?
✓ Me imagino que te sientes. . .

LA EMPATÍA SIGUE SIENDO EMPATÍA, INCLUSO FUERA DE LA FÓRMULA

La empatía es una técnica única ya que se puede poner en forma de fórmula, y se puede expresar por medio del tono, expresiones faciales y lenguaje corporal, e incluso dentro de otras técnicas. A la luz de esto, casi cualquier técnica puede ser experimentada por el aconsejado como facilitación de la empatía o disminución de la misma dentro de la relación de consejería. La esencia de la empatía es que expresa la comprensión de la situación del aconsejado, tanto afectiva como experimentalmente. Para algunos aconsejados, lo más empático que un consejero puede hacer es reflejar el sentimiento: "Te sientes devastado". En una situación como esta, la razón de la devastación ya puede haber sido reflejada o entendida mutuamente, o el contenido puede ser de poca importancia para el aconsejado porque el aspecto emocional de la situación es de una importancia considerable para él.

Las preguntas son una técnica aclaradora importante, pero por su propia naturaleza las preguntas carecen de empatía. Si entiendes totalmente la experiencia subjetiva de un aconsejado, ¡no necesitarás pedir aclaraciones! Es por eso que la aclaración más alta en la escala de empatía que una pregunta podría alcanzar normalmente es un nivel dos. Una excepción sería una pregunta que está precedida por una reflexión empática, o donde una reflexión empática está incrustada dentro de una pregunta. Por ejemplo: "Cuando estabas arrinconada en la habitación después de oír abrirse la puerta exterior, sintiéndote absolutamente aterrorizada, ¿qué pasaba por tu mente?" En este caso el consejero pregunta acerca de los pensamientos de la aconsejada, pero tanto el contenido como los sentimientos se han reflejado con precisión, haciendo que la clasificación de empatía para esta declaración sea de un nivel tres.

Del mismo modo, otras técnicas, cuando se utilizan adecuadamente, probablemente se clasificarían en un nivel dos a menos que contengan una reflexión empática. Por ejemplo, una respuesta genuina que diga "¡Estoy tan feliz por ti!" probablemente se clasificaría en un nivel dos en la escala de empatía y un nivel cuatro en la escala de autenticidad (ver capítulo doce). Sin embargo, una respuesta del consejero que diga "¡Estoy tan feliz de saber que estás muy emocionado con tu ascenso! ¡Has trabajado duro para conseguirlo!" sería clasificada en un nivel tres en la escala de empatía.

Como regla general, cuando una actividad en este libro te pida una declaración o reflexión empática, estamos buscando que respondas dentro de la fórmula. Pero, a medida que vayas avanzando, cada respuesta puede ser evaluada en la escala de empatía, independientemente de la técnica utilizada. Esto sirve para demostrar que cada respuesta que sale de la boca de un consejero tiene el potencial de construir o disminuir el sentido del aconsejado de ser comprendido empáticamente.

Comprueba tu comprensión

Para los siguientes intercambios, identifica la "mejor" respuesta empática dado lo que ahora conoces acerca de la reflexión empática. Calcula cada respuesta en la escala de empatía y proporciona una explicación de por qué esa respuesta obtuvo esa calificación. Las calificaciones de los autores y las explicaciones se pueden encontrar en el apéndice A. Nota: Es posible que haya más de una respuesta en cada nivel de calificación.

1. Aconsejado: Todos los días en la escuela Jayden toma mi almuerzo. No quiero ser un chivato, pero me quedo muy hambriento.

Consejero:

Amigo, eso es muy desagradable.

Clasificación: _____

Explicación: _____

_____

Te sientes confundido acerca de qué hacer cuando Jayden toma su almuerzo.

Clasificación: _____

Explicación: _____

_____

¡Que idiota! Seguro que te está volviendo loco.

Clasificación: _____

Explicación: _____

_____

Recuerdo cuando estaba en tercer grado y este chico, Tyler, siempre tomaba mi almuerzo. Finalmente, un día, le di un puñetazo, ¡y de ahí en adelante nunca más lo hizo!

Clasificación: _____

Explicación: _____

_____

2. Aconsejado: Pastor Tim, de verdad quiero ir al campamento de la escuela este fin de semana, pero rompí el toque de queda la semana pasada, y mis padres dijeron que no puedo ir. ¡Es que no es justo!

Consejero:

Parece que estás enojado porque algo que hiciste la semana pasada afecta lo que quieres hacer esta semana.

Clasificación: _____

Explicación: _____

_____

Bueno, supongo que te lo buscaste, ¿eh? Si no hubieras roto el toque de queda, podrías ir. Quizás la próxima vez pienses un poco más en las consecuencias.

Clasificación: _____

Explicación: _____

_____

Lo siento mucho, Kaitlyn, sé que querías ir al campamento con los demás. Quizás la próxima vez.

Clasificación: _____

Explicación: _____

_____

Tal vez deberías hablar con tus padres de nuevo y ver si pueden mover tu castigo para otro fin de semana.

Clasificación: _____

Explicación: _____

_____

3. Aconsejado: Simplemente no sé qué hacer. Es mi último año de universidad, y todos mis amigos saben exactamente lo que quieren hacer con sus vidas, y muchos de ellos ya tienen trabajos preparados, pero me siento tan confundido como antes de comenzar la universidad. Ojalá hubiera sabido lo que Dios quería para mi futuro.

Consejero:

Puede ser muy difícil navegar en medio de transiciones importantes de la vida cuando estás confundido sobre dónde vas y lo que Dios quiere para ti.

Clasificación: _____

Explicación: _____

_____

Me pregunto a quién le habrás hablado sobre este dilema y qué tipo de sugerencias te han hecho.

Clasificación: _____

Explicación: _____

_____

Bueno, Jacob, creo que te conozco muy bien, y siempre me he preguntado si Dios te estaba llamando a las misiones. Te encanta la gente, te gusta aprender sobre nuevas culturas y aprendes idiomas fácilmente. No lo sé, pero quizás es algo que debes considerar.

Clasificación: _____

Explicación: _____

_____

Al mirar tu vida después de que la universidad va llegando a su fin, te sientes realmente inseguro acerca de lo que está por venir.

Clasificación: _____

Explicación: _____

_____

4. Aconsejada: ¡Mi esposo y yo no conseguimos ponernos de acuerdo! No puedo seguir teniendo la misma pelea una y otra vez. ¡Es enloquecedor!

Consejero:

Te sientes desesperada por el conflicto que hay entre usted y su esposo.

Clasificación: _____

Explicación: _____

_____

Estás frustrada porque tu marido y tú no podéis encontrar una resolución en este asunto.

Clasificación: _____

Explicación: _____

_____

Hombre, eso es realmente desagradable. Odio cuando mi cónyuge y yo no podemos llegar a un acuerdo. No sé cómo has aguantado tanto tiempo.

Clasificación: _____

Explicación: _____

_____

Al menos tu marido te habla. Eso es una mejora respecto al mes pasado. Sé que sería bueno si pudierais llegar a un acuerdo, pero mira el lado positivo.

Clasificación: _____

Explicación: _____

_____

5. Aconsejado: Estoy muy triste. Mi hija, su marido y sus tres hijos se mudarán a finales del próximo mes. Nuestra familia siempre ha vivido tan cerca, y ahora se están yendo al otro extremo del país. Sé que es la decisión correcta, y es por el propio bien de ellos, en lo que respecta al crecimiento personal y profesional, pero estoy muy triste de ver que se marchan.

Consejero:

Entiendo completamente tu tristeza. Es difícil ver a la familia alejarse.

Clasificación: _____

Explicación: _____

_____

¿Por qué se están yendo tan lejos? ¿Uno de ellos consiguió un trabajo realmente bueno, o no podían encontrar algo aquí en la zona?

Clasificación: _____

Explicación: _____

_____

Sientes un sabor agridulce al ver a tus hijos tomar buenas decisiones para ellos cuando esas mismas buenas decisiones les alejan de ti.

Clasificación: _____

Explicación: _____

_____

Sé que es triste, ¡pero piensa en lo divertido que será visitarlos en su nuevo hogar y todos los grandes recuerdos que podréis tener explorando su nueva ciudad!

Clasificación: _____

Explicación: _____

_____

LO QUE LA EMPATÍA NO ES

Por mucho que sea importante reconocer lo que es la empatía, también es pertinente que exploremos lo que la empatía no es.

- La empatía *no* es simpatía. La simpatía ocurre cuando se pierde el aspecto del "como si" de la definición de Rogers y ya no se puede distinguir entre las emociones que son tuyas y las que son los aconsejados. En la simpatía, tu sientes *por* el aconsejado en lugar de sentir *con* el aconsejado.
- La empatía *no es* estar de acuerdo con las emociones o las reacciones de los aconsejados. En cambio, la empatía simplemente expresa que tú escuchas lo que el aconsejado siente de una manera particular a la luz de una situación o circunstancia específica. Recuerda que la empatía es un reflejo, y al igual que un espejo, se trata simplemente de reflejar de nuevo lo que hay ahí—sin juicio ni interpretación.
- La empatía que *no* se expresa no es empatía. Si internamente piensas a ti mismo, "entiendo totalmente lo que esta persona está sintiendo", pero nunca compartes esa comprensión con

el aconsejado, no has sido empático. Del mismo modo, la empatía no es simplemente decir "entiendo", ya que plantea la cuestión *qué* es lo que entiendes. Algunos consejeros tienen el raro don de destilar tal empatía con su sola presencia que hacen los aconsejados puedan sentir esa empatía a través de su comunicación no verbal. Sin embargo, para que la empatía sea recibida, lo más común es que sea concretamente compartida y expresada verbalmente en una declaración reflexiva que vincula la emoción con el contenido.

- La empatía *no* es una pregunta. La empatía es una *declaración reflexiva*, así que ten cuidado de tu inflexión. Es muy fácil, debido a la inseguridad del consejero o las dudas sobre sí mismo, de convertir un "Te sientes feliz porque te comprometiese" en "¿Te sientes feliz porque te comprometiste?" (nota el signo de interrogación). Uno refleja la comprensión, mientras que el otro, pregunta indirectamente por qué o si el aconsejado se siente realmente feliz.
- La empatía *no* es enfática. La empatía no es intentar ser agresivo o probar, enfatizar o convencer a un aconsejado de cualquier cosa. ¡Si eres *enfático* es poco probable que seas *empático*!

APLICACIÓN EN LAS RELACIONES

La empatía es una técnica pro social primaria. Es una técnica que no se nos enseña formalmente cuando crecemos, pero que está en el centro de todas las relaciones saludables. Por lo tanto, no debería sorprendernos que no solo sea una habilidad de consejería esencial, sino un concepto central en muchos programas y terapias psicoeducativas, familiares, parentales y familiares. El programa de Mejoramiento de la Relación (www.nire.org), Parejas Enfocadas Emocionalmente y Terapia Familiar (www.iceeft.com) y los programas parentales de Amor y Lógica (www.loveandlogic.com) son tres ejemplos.

Muchos de los que aprenden de manera intencional las técnicas de empatía para ayudarles a responder a los aconsejados encuentran que tiene un impacto importante en sus relaciones personales. Puede cambiar y apaciguar escenarios de conflicto y aumentar la cercanía. A veces, la aplicación de la empatía en las relaciones va más allá de los conceptos básicos de expresar la empatía para ayudar a ambas partes en una conversación para expresar una preocupación, escuchar de manera no reactiva y responder empáticamente. Es un desafío implementar este patrón de comunicación en los asuntos de la vida familiar diaria, y mucho más en medio de un conflicto en una relación, pero los beneficios son enormes. Además, la aplicación de la empatía al crecimiento de las relaciones saludables se extiende mucho más allá de la consejería o el contexto del ministerio. Esta es una habilidad interpersonal necesaria en todos los dominios; la familia, la educación, los negocios y nos atrevemos a decir, la política y las relaciones internacionales.

APLICACIÓN MULTICULTURAL

La empatía, más que cualquier otra técnica, tiene la capacidad de construir puentes dentro de ambientes multiculturales. Independientemente del sexo, la religión o cualquier otro distintivo cultural, los seres humanos tenemos emociones, y esas emociones se ven afectadas por su entorno y sus situaciones. Como la empatía que el consejero conecte con la humanidad compartida entre él y sus aconsejados, tiene el potencial de romper límites culturales, sesgos o diferencias y centrarse en los aspectos universales de nuestras experiencias emocionales. Es importante recordar que la empatía no significa que te hayas sentido exactamente de la misma manera, hayas vivido una circunstancia similar o incluso que estés de acuerdo con los sentimientos de tus aconsejados, sino que escuches de ellos cómo una situación particular afectó a sus emociones. A la luz de esto, los límites culturales tienen la capacidad de ser minimizados si puedes escuchar cómo los consejeros son afectados emocionalmente por sus situaciones. Usando reflexiones empáticas, tú tienes la capacidad de mostrar respeto a los aconsejados que son culturalmente diferentes a ti simplemente demostrando que tú has sido capaz de escucharlos sin juicio o acusación.

Sin embargo, algunas precauciones se hacen necesarias. En culturas que valoran ocultar las expresiones de emoción, el uso de demasiadas palabras de sentimientos puede parecer amenazante. En tales casos, la empatía afectiva en forma de presencia empática puede ser más apropiada inicialmente, al igual que reflejar el contenido en lugar de los sentimientos. Los expertos en consejería multicultural Derald Wing Sue y David Sue (2016) sugieren que las formas menos directas de reflexión empática pueden ser más apropiadas cuando se trabaja con ciertos grupos culturales. Como se mencionó anteriormente, la fórmula de la técnica utilizada en este capítulo, "Te sientes (emoción) _____ porque _____ (contenido)" es muy directa. Sue y Sue sugieren que los consejeros presten especial atención a las señales verbales y no verbales de los aconsejados después de reflejar el contenido y la emoción con el fin de probar cómo lo están recibiendo. Si la molestia es aparente, una reflexión más indirecta podría ser más apropiada (véase "La fórmula para la reflexión empática" arriba).

Sue y Sue (2016) también señalan que la empatía cognitiva se puede demostrar a los aconsejados de diversas culturas si los consejeros demuestran que entienden las cosmovisiones de sus aconsejados. Reconocer que la familia, por ejemplo, puede tener una influencia importante en la toma de decisiones, o que los aconsejados han enfrentado experiencias discriminatorias como el racismo o el sexismo, puede ayudar a los aconsejados a sentirse comprendidos. Por el contrario, los consejeros que carecen de conciencia de sus prejuicios culturales, o que no se dan cuenta de que otros pueden tener valores culturales diferentes de los suyos, es poco probable que puedan empatizar adecuadamente con un aconsejado de una cultura diferente de la suya. Estos consejeros se beneficiarían de recibir una formación específica en competencia multicultural.

APLICACIÓN MINISTERIAL

Hay una tensión en el cuidado pastoral y actividades relacionadas entre ser profético, pastoral y sacerdotal (véase Carlson, 1976). Estos papeles superpuestos, vistos en el ministerio de Jesús, reflejan aspectos de las relaciones ministeriales. La confrontación profética, la pastoral y los papeles sacerdotales y confesionales requieren de un uso sólido y extensivo de la técnica fundamental de la empatía. Ninguno debería ser utilizado sin la aplicación cuidadosa de las técnicas de empatía. No basta con escuchar y entender a las personas a las que se les está ministrando. Debemos ser capaces de expresar nuestra comprensión en maneras que conectemos con la persona que está siendo ministrada. Esto es cierto para directores espirituales, predicadores, líderes de estudio bíblico, capellanes y otros proveedores de ministerios. Incluso si el enfoque primario del ministerio es la relación humana-divina en lugar de la relación terapéutica humana-humana, la persona que está ministrando será de ayuda limitada si él o ella no presta también atención a la relación humana del ministerio. Por ejemplo, las personas ministradas que no sienten que sus directores espirituales entienden las luchas que están teniendo cuando intentan caminar más cerca de Dios, o los que saben que sus directores espirituales no están escuchando cuáles son sus anhelos espirituales, es poco probable que sigan confiando el cuidado sus almas con esos individuos.

Consejo clínico

1. A veces se critica la empatía por ser demasiado pasiva y no estar suficientemente orientada a la acción. Sin embargo, la empatía oportuna y expresada no disminuye el cambio y la acción, sino que establece la posibilidad, las condiciones y la motivación para el cambio y la acción a seguir. Por ejemplo, la empatía puede usarse en la resolución de problemas o en enfoques breves y centrados en soluciones (Cade y O'Hanlon, 1993; Turnell y Lipchik, 1999).
2. La empatía se puede expresar tanto verbal como no verbalmente, aunque la comunicación no verbal puede ser fácilmente malinterpretada. Los hombres, sin embargo, pueden encontrar más fácil expresar la empatía no verbalmente como un precursor para aprender la habilidad verbal.
3. La manera de medir la exactitud y eficacia de una declaración empática es notar la respuesta del aconsejado. El hecho de que pensar que tu empatía dio en el blanco no significa que lo hiciera.
4. Cuando tengas dudas sobre qué decir a continuación, empatiza.

Los muchos pasajes que dicen "amaos los unos los otros" en las Escrituras describen cómo debe ser la iglesia. El problema es que la mayoría de la gente no empatiza automáticamente, lo que fácilmente da lugar a que la iglesia se caracterice por algo que no son relaciones de amor. La empatía no es un fruto del Espíritu dado solo a ciertos gigantes espirituales en la iglesia; es una técnica que afortunadamente se puede aprender para que la iglesia pueda convertirse en el cuerpo de Cristo aquí en el mundo.

> » ¿Cómo podría tu iglesia demostrar una mejor empatía, enseñar empatía y practicar la empatía?

PRECAUCIONES EN EL USO DE LA EMPATÍA

Como en cualquier relación, la respuesta a la mayoría de las preguntas sobre lo que es mejor decir a continuación es "depende". En última instancia, no es una fórmula, sino un sentido intuitivo altamente entrenado y matizado que señala el camino a seguir. A continuación se presentan una serie de precauciones, cada una de las cuales podría llevar mucho tiempo para explicarse en su totalidad. Sin embargo, esperamos que estas precauciones aumenten tu conocimiento de la complejidad de la relación de consejería.

- La empatía no es la mejor respuesta en medio de una crisis; una crisis requiere un enfoque más directivo del consejero que promueva primero la seguridad física del aconsejado. El poder terapéutico de ser comprendido viene más adelante, mientras intentamos dar sentido a la crisis e integrar esa experiencia en nuestras vidas.
- Los aconsejados altamente emocionales pueden beneficiarse más de la empatía cognitiva (entendiendo la situación y los detalles) que de la empatía afectiva. La reflexión empática puede resultar en una mayor descompensación emocional para las personas altamente emocionales.
- La empatía en tiempo real (i.e., empatizar con el aconsejado sobre la relación de consejería, aquí y ahora, en la sala) es más difícil de aceptar; introduce mucha vulnerabilidad en la relación y es potencialmente amenazante e intrusiva. Pero se suele dar cuando ocurre el cambio más significativo. Los aconsejados hacen uso de la dinámica de la relación terapéutica real contigo para alterar sus relaciones fuera de la consejería. Esto se discute más detalladamente en el capítulo doce.

- Por varias razones, los estudiantes y los consejeros a veces se resisten a aprender una técnica como la empatía, pero la vida está llena de aprendizajes de técnicas, al igual que la vocación de consejería. Al enseñar técnicas de empatía a laicos o parejas y familias, empatiza con la resistencia a aprender la técnica, pero recuerda los datos empíricos y los beneficios personales de una buena empatía en las relaciones.
- La empatía le "cuesta" al consejero—dar más empatía que la que recibes a través de sus propias relaciones personales puede resultar rápidamente en fatiga de la compasión.
- Las técnicas de empatía pueden ser mal utilizadas por personas manipuladoras y explotadoras. La verdadera empatía nunca se usa para la ganancia del consejero, sino que es para el beneficio del aconsejado.

EJEMPLO DE UNA CONVERSACIÓN DE CONSEJERÍA CON MARY

Técnicas Utilizadas: reflejar el contenido, reflejar el sentimiento y reflexión empática

Trasfondo de la conversación: El consejero y el aconsejado se han reunido una vez anteriormente. El consejero comienza la sesión retomando una situación que el aconsejado había mencionado durante la sesión anterior. Retomamos el diálogo desde ahí:

Consejera: Mary, *así que, la última vez que estuvimos hablando, mencionaste que ibas a una fiesta de cumpleaños de tu sobrino el pasado fin de semana. Dijiste en la sesión anterior que estabas nerviosa por cómo iría la fiesta debido a algunas tensiones entre tu hermano y tú.*

Técnica	Reflejar el contenido o resumir
Aunque incluye palabras de emociones, no se trata de reflejar la emoción o la empatía, sino simplemente resumir el contenido de la conversación anterior.	

Mary: *Sí, así es. La primera fiesta de cumpleaños de mi sobrino fue el sábado pasado. Estaba muy nerviosa por ir a la fiesta. Como mencioné la semana pasada, mi hermano y yo hemos tenido una relación bastante tensa desde que se casó hace unos años. No hemos pasado mucho tiempo juntos en los últimos años, e incluso antes de su matrimonio nuestra relación ya era tensa, así que simplemente no sabía qué esperar.*

Consejero: *Estabas muy preocupada por la fiesta de este fin de semana debido a las tensiones pasadas en tu relación con tu hermano.*

Técnica	empatía, nivel 3

emoción = nerviosa o ansiosa
contenido = debido a las tensiones pasadas en tu relación

Mary: *¡Estaba muy ansiosa! Tanto que realmente no quería ir. Pero, al mismo tiempo, amo a mi sobrino, y realmente quiero estar involucrada en su vida, así que no había manera que me perdiese su cumpleaños.*

Consejero: *Fuiste a su cumpleaños porque realmente te preocupa tu sobrino.*

Técnica	empatía, nivel 3

emoción = preocupación
contenido = fuiste a su cumpleaños

Mary: *Así es. Me encanta ese pequeño muchacho. Fue agradable estar en su fiesta de cumpleaños y poder celebrarle al pequeño. Al mismo tiempo, era difícil estar realmente concentrada en mi sobrino mientras mi hermano estaba alrededor. Siempre tengo mucho miedo de que mi hermano vaya a desaprobar lo que digo o hago.*

Consejero: *Te sientes muy aprensiva cuando estás con tu hermano.*

Técnica	empatía, nivel 3

emoción = aprensión
contenido = cuando estás con tu hermano
Aunque esto no se encuentra en la fórmula perfecta, la conexión se hace entre lo que se siente por María y el contenido que evoca esa emoción.

Mary: *Me siento muy aprensiva alrededor de mi hermano. No quiero decir o hacer algo quedesapruebe. Siempre siento que me está juzgando y por el hecho de no tomé las mismas decisiones en la vida que él tomó que no soy lo suficientemente buena. Mire, él era muy enfocado y responsable—ir a la universidad, casarse, ahora tiene un niño. Me gradué de la escuela secundaria hace cinco años, he cambiado de trabajo un montón de veces, tuve un par de relaciones fallidas, y todavía no sé lo que quiero hacer con mi vida. No creo que haya sido irresponsable, pero él todavía me ve como su hermana pequeña.*

Consejero: *Te sientes juzgada por su hermano porque tomasteis caminos diferentes en la vida.*

Técnica	empatía, nivel 3
emoción = juzgada contenido = tomasteis caminos diferentes en la vida	

Mary: *Es solo que, honestamente, ojalá mi vida hubiese resultado de otra manera también. Me habría encantado casarme y estar establecida en mi carrera por ahora, pero simplemente no he sentido que Dios me lleve tan claramente a cualquiera de esas situaciones. Desearía que mi hermano lo entendiese.*

Consejero: *Te sientes incomprendida.*

Técnica	reflejar la emoción

Mary: *Me siento incomprendida. Y ahora, con mi sobrino aquí, quiero formar parte de su vida. Pero cada vez que estamos todos juntos puedo sentir lo mucho que mi hermano desaprueba mi persona y el camino que tomado. Ojalá pudiera explicarle cómo ha sido este viaje desde mi perspectiva. Diría que nuestra comunicación ha mejorado levemente durante el último año, y espero que por medio de mi sobrino tengamos más oportunidades de interactuar y llegar a una mejor comprensión mutua.*

Consejero: *Te sientes esperanzada de que tu sobrino pueda servir de puente entre tu hermano y tú.*

Técnica	empatía, nivel 3
emoción = esperanzada contenido = tu sobrino pueda servir de puente entre tu hermano y tú	

Inténtalo

Abajo se encuentran los diálogos breves entre un consejero y un aconsejado. En la sección A, rellena la palabra de emoción y el contenido apropiados (nivel tres), completando la fórmula. En la sección B, crea su propia reflexión empática de nivel tres.

Sección A:

1. Aconsejada: ¡No puedo creerlo, me sentí tan sorprendida este fin de semana cuando David me propuso matrimonio! ¡Fue el mejor regalo de cumpleaños que recuerdo!

Emoción: _____

Contenido: _____

Consejero: Te sientes _____

porque _____

2. Aconsejada: Simplemente no sé lo que voy a hacer. Mi niñera me canceló la cita para esta noche, y tengo esta cena de trabajo que en absoluto puedo faltar. Si no estoy allí, literalmente podría perder mi trabajo, y ahora solo tengo una hora para encontrar una nueva niñera.

Emoción: _____

Contenido: _____

Consejero: Te sientes _____

porque _____

3. Aconsejado: Acabo de saber que no me admitieron en la universidad que quería. Estoy muy, muy desilusionado, y ahora no tengo ni idea de lo que se supone que debo hacer el próximo otoño.

Emoción: _____

Contenido: _____

Consejero: Te sientes _____

porque _____

4. Aconsejado: Estaba convencido de que perdí mi cartera esta mañana en el autobús, pero esta buena persona encontró mi cartera con mi tarjeta de crédito dentro y trajo la cartera a mi oficina antes del almuerzo. No sé qué habría hecho si no hubiera sido tan amable.

Emoción: _____

Contenido: _____

Consejero: Te sientes _____

porque _____

5. Aconsejado: Trabajo muy duro, y mi jefe parece que no lo nota. Me quedo más tarde que todos los demás, me ofrezco como voluntario más que nadie, y lo único que quiero es un simple reconocimiento de que soy una parte activa de nuestro equipo. ¿Es mucho pedir?

Emoción: _____

Contenido: _____

Consejero: Te sientes _____

porque _____

Sección B:

6. Aconsejada: ¡Oh Dios mío, anoche fue horrible! ¡Estaba subiendo al escenario para cantar mi solo y me tropecé totalmente con nada! Mis partituras se fueron volando por todas partes cuando aterricé con mis manos y rodillas. ¡Fue horrible!

Emoción: _____

Contenido: _____

Consejero: _____

7. Aconsejado en edad infantil: No es justo, todos los niños de la escuela tienen una mochila nueva cada año, pero no yo. Mi mamá dice que la mía está todavía en buen estado y no necesito una nueva. Sé que se ve bien, ¡pero quiero una nueva como todos los demás!

Emoción: _____

Contenido: _____

Consejero: _____

8. Aconsejada adolescente: Acabo de mudarme aquí a principios de semestre, y extraño a mis viejos amigos. Es muy difícil ser la nueva y no conocer a nadie. Ojalá tuviera buenos amigos aquí, o solo algunas personas con las que pudiera pasar el rato los fines de semana.

Emoción: _____

Contenido: _____

Consejero: _____

9. Aconsejado universitario: ¡Acabo de recibir mi calificación parcial de estadística y resulta que saqué un 10! ¡Estudié muy duro para ese examen, no puedo creer que he recibido la recompensa a mi esfuerzo!

Emoción: _____

Contenido: _____

Consejero: _____

10. Aconsejado: Me siento muy triste desde de esta mañana. Tuve que llevar a mi perro al veterinario y hacer que lo sacrificaran.

Emoción: _____

Contenido: _____

Consejero: _____

CONCLUSIÓN

Posiblemente la técnica más importante que un consejero puede aprender, la empatía sirve como un puente fundacional entre el consejero y el aconsejado. Mediante el uso de la reflexión empática, los aconsejados son capaces de sentirse escuchados y entendidos por sus consejeros. Esperamos que también sean más capaces de entenderse mejor a sí mismos. Comenzando con la empatía cognitiva y fomentando la empatía afectiva, los consejeros emplean esta técnica para demostrar su capacidad y disposición a sentir *con* sus aconsejados, sin que los consejeros pierdan su propio sentido del yo. A medida que se avanza, esta habilidad subyace en cualquier otra parte de la relación de consejería. Cuando no sabes qué hacer, empatiza.

PREGUNTAS PARA LA REFLEXIÓN

1. ¿Qué ejemplos adicionales de empatía conoces que se encuentren en la Escritura?
2. Reflexiona sobre la encarnación como ejemplo de empatía.
3. ¿Cuál es tu principal obstáculo para aprender la empatía?
4. ¿Cómo podría beneficiarse tu iglesia de una expresión más abundante de empatía? ¿Cómo podría tu iglesia enseñar y practicar formas más empáticas de conversación?

Objetivos 2 y 3

Profundizar y crecer

Las técnicas del objetivo 1 tienen como meta ayudar a desarrollar una base sobre la cual construir la relación de consejería y empezar a explorar las cuestiones por las cuales un aconsejado busca ayuda. Las técnicas de reflexión del objetivo 1 ofrecen al aconsejado la oportunidad de sentirse seguro y ser escuchado, lo cual puede ser todo lo que alguien necesita, particularmente si entra con una petición de comprensión y participación. Así que es posible que el trabajo con algunos consejeros nunca vaya más allá de las técnicas del objetivo 1. Pero ¿qué hacer si reflexionar no es suficiente, si hay más que descubrir y cambios que hacer?

Las técnicas de los objetivos 2, "Profundizar" y 3, "Crecer", proporcionan los pasos siguientes. Las técnicas del objetivo 1 establecen el escenario y permiten que el consejero se gane el privilegio de entrar en el territorio más profundo, más subjetivo y más vulnerable que pueda ser descubierto en la fase intermedia de la consejería. Por lo tanto, de manera lenta, cautelosa e premeditada en el uso de las técnicas del objetivo 2, y recuerda que tus técnicas del objetivo 1 siempre están disponibles para ti. ¡No las dejes atrás!

Las técnicas de los objetivos 2 y 3 se utilizan principalmente en la fase media de la consejería. Sin embargo, algunas técnicas del objetivo 2, particularmente las técnicas de aclaración, se pueden utilizar en la fase temprana también. El objetivo 3 se basa en todas las técnicas de los objetivos 1 y 2. La diferencia entre los objetivos 2 y 3, y la razón principal para separar estas técnicas en dos objetivos, es la diferencia sobre cómo las técnicas son empleadas.

Por ejemplo, la empatía intuitiva y las técnicas de aclaración del objetivo 2 se utilizan para profundizar en la experiencia afectiva y la conciencia cognitiva del aconsejado. El Objetivo 3 lleva entonces esa conciencia un paso más allá al animar a los aconsejados a tomar medidas intencionales para asegurarse de que esta conciencia marque una diferencia duradera en cómo piensan, sienten y actúan.

Como consejero, te moverás entre los objetivos 2 y 3 a lo largo de la fase media de la consejería, ya que las técnicas del objetivo 2 profundizan en la experiencia del aconsejado en un área en particular, cambiarás tu objetivo al objetivo 3 para ayudar al aumento de la conciencia a enraizarse y crecer para que el cambio se implemente de alguna forma. Es por eso que la profundización (objetivo 2) y el crecimiento (objetivo 3) se muestran como procesos paralelos en la tabla T2.1, en lugar de que el objetivo 2 preceda al objetivo 3. Hay un movimiento recíproco entre ellos a lo largo de la fase media.

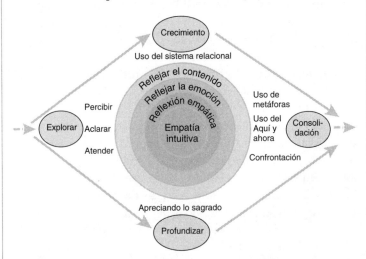

Figura O2.1. Los objetivos, las técnicas y el proceso de consejería

OBJETIVO 2: PROFUNDIZAR

El Objetivo 2 se basa en el fundamento sólido de las técnicas del objetivo1 y se mueve junto con el aconsejado a niveles más profundos de comprensión y conciencia de la situación actual y las posibilidades futuras. Mientras que trabaja en esta área del objetivo, el consejero adquiere la comprensión y la conciencia del aconsejado, y el aconsejado desarrolla su propia comprensión y su propio conocimiento. Recuerda que el proceso de consejería trata sobre el crecimiento del *aconsejado*, no sobre la capacidad del consejero de probar que él o ella tiene buenas técnicas para ayudar o para satisfacer su propia curiosidad. Por lo tanto, las microtécnicas del Objetivo 2 se centran en lo que avanza en las habilidades del aconsejado para adquirir un sentido de sí mismo y de la situación. Ten en cuenta que las técnicas tratadas a través de apuntar al Objetivo 2 se tornan cada vez más perspicaces, arriesgadas y eficaces, siendo la *aclaración* la técnica menos invasiva y la *inmediatez* la técnica más intrusiva. Cuanto mayor es el potencial que una técnica tiene para proporcionar profundidad, avance e inspección, mayor es el potencial que la técnica también tendrá para herir, dañar o abrumar al aconsejado y a la relación de consejería si se usan mal. Las técnicas del Objetivo 2 deben ser abordadas con respeto, precaución y premeditación por parte del consejero. Deben utilizarse solo cuando supongan el mejor interés para aconsejado y después de que se haya establecido una base suficiente con la finalización exitosa del Objetivo 1.

Aclaración (capítulo ocho). Esta técnica utiliza tanto las preguntas abiertas como las sugerencias para alentar al aconsejado a elaborar, especificar o aclarar de alguna otra manera lo que ya ha dicho. El propósito de esta técnica es proveer al aconsejado la oportunidad de examinar, y por lo tanto entender mejor, el cómo y el porqué de su situación. Será importante tener en cuenta que la técnica de aclaración está destinada a facilitar la comprensión del aconsejado sobre su situación y que no es una herramienta para aplacar la curiosidad del consejero sobre los detalles.

Empatía intuitiva (capítulo nueve). La segunda técnica relacionada con el Objetivo 2 se basa en la técnica fundamental de la reflexión empática que se utilizó para alcanzar el Objetivo 1. La empatía intuitiva es una técnica más avanzada, ya que su uso depende de la capacidad del consejero para hacer inferencias sobre los sentimientos del aconsejado y conectar con emociones más profundas de las que el aconsejado puede presentar inicialmente. En esto, la empatía intuitiva va más allá que una técnica reflexiva, ya que ya no se trata simplemente de ser el espejo del aconsejado, sino que requiere del consejero que lea entre líneas y se conecte afectivamente a las experiencias del aconsejado.

Ampliar de las opciones terapéuticas (capítulo diez). La tercera técnica dentro del Objetivo 2 es el uso de la metáfora. Este capítulo envuelve técnicas avanzadas que se basan más en el "arte" y la intuición que cualquier otra técnica adquirida hasta ahora. El uso de metáforas, símbolos e imágenes en la relación de consejería implica incluir la imaginación del aconsejado para comprender mejor y expresar experiencias abstractas de maneras más concretas. Para muchos aconsejados, ser capaces de describir sus experiencias en imágenes desbloquea capas de comprensión y crecimiento.

Confrontación (capítulo once). La cuarta microtécnica del objetivo 2 implica señalar discrepancias aparentes entre los aspectos de la comunicación verbal y la no verbal de un aconsejado con respecto a la percepción, el afecto o el comportamiento. El propósito de la técnica de confrontar no es "atrapar" al aconsejado en una contradicción, sino ofrecer al aconsejado la oportunidad de examinar o explicar contradicciones aparentes para avanzar hacia una mayor congruencia en la vida.

Usando el aquí y ahora (capítulo doce). La microtécnica final que se busca en el objetivo 2 es el uso del aquí y el ahora, la experiencia inmediata del aconsejado dentro de la sala de consejería. Usar el aquí y ahora permite al consejero señalar lo que está percibiendo en el momento. Esta observación puede ser acerca de la presentación no verbal o el uso del espacio físico del aconsejado, o puede que la observación sea un reflejo de lo que está sucediendo relacionalmente entre el consejero y el aconsejado en ese momento. También implica el uso de la autorrevelación, en la cual el consejero comparte algo sobre sí mismo que se relaciona directamente con lo que el aconsejado está compartiendo o experimentando en el momento. Esta técnica del Objetivo 2 es la más difícil de usar apropiadamente, ya que implica tanto la reflexión como la percepción intuitiva, aumentando tanto el poder como el riesgo de la téccnia. Por lo tanto, reflejar el aquí y ahora tiene el potencial de evocar sentimientos fuertes de vulnerabilidad y exposición emocional para el aconsejado, y por lo tanto debe manejarse con cautela, respeto y empatía.

Mientras que el aspecto de exploración del Objetivo 1 resultará en un conjunto inicial de objetivos para la consejería, no es hasta que las técnicas del Objetivo 2 resultan en una conciencia cada vez más profunda de lo que realmente hay bajo la superficie que los problemas subyacentes vienen a la luz. En el momento en que se hayan cumplido las tareas de la meta 2, tanto el consejero como el aconsejado podrán llenar el espacio en blanco en la siguiente oración: "Por lo tanto, los principales temas en los que se necesitan trabajar son _____". Estos objetivos pueden ser tan concretos o tan abstractos como el aconsejado necesite que lo sean, aunque será importante ayudar al aconsejado a que las metas sean lo más concretas posible para que se pueda evaluar el progreso en la consejería.

OBJETIVO 3: CRECER

Desarrollar estrategias para implementar el cambio es la técnica principal del Objetivo 3. Las técnicas de los objetivos 2 y 3 van de la mano en esto. Debido a que hay una mayor conciencia de cuáles son los problemas básicos subyacentes como resultado de la utilización de las técnicas del Objetivo 2, la necesidad de implementar el cambio en un área particular se vuelve más clara, lo que requiere el uso de las técnicas del Objetivo 3. Por lo tanto, a lo largo de la fase intermedia de la consejería, el enfoque oscilará entre los objetivos 2 y 3.

A menudo los consejeros quieren llegar a las soluciones, a las acciones y a dar consejos, pensando que estas son las cosas que el aconsejado realmente quiere o necesita. Pero, en realidad, el proceso de consejería consiste más en permitir que los aconsejados se comprendan mejor a sí mismos ya sus situaciones de modo que puedan descubrir o crear soluciones por sí mismos. Por lo tanto, las técnicas del objetivo 3 se deben utilizar de manera colaborativa y a un ritmo que se adapte a las necesidades del aconsejado.

229

Implementación del cambio (capítulo trece). La implementación de cambios en consejería a menudo implica cambios internos y externos. En 1988, Larry Crabb, conocido consejero cristiano y director espiritual, escribió un libro popular con el título *De Adentro Hacia Afuera*. La idea del libro está bien pensada; muy a menudo en la iglesia, y en la sociedad en general, nos centramos en comportamientos externos y tratamos de cambiarlos. El argumento de Crabb es que el cambio real ocurre internamente. Sin embargo, es nuestra afirmación es que el cambio completo ocurre en ambas direcciones, adentro hacia afuera y de afuera hacia adentro. El versículo de Santiago 2 al principio de este capítulo presenta una idea similar. Examinaremos con más detalle esta dinámica interna/externa en el capítulo trece.

Relacionado con esta visión del cambio está el principio fundamental que vemos en la Escritura de que el cambio requiere tanto detener las prácticas antiguas, como dar inicio a experiencias internas y externas (véase Ef. 4:22-25 como ejemplo de esta dinámica de detener/comenzar). El aconsejado puede querer extinguir algo indeseable internamente o externamente. El proceso puede consistir en la adición o implementación de algo positivo, o tomar medidas para reducir y eliminar otras cosas, o trabajar para prevenir la recaída en algo previamente experimentado como negativo.

El cambio puede implementarse en uno o más de los cuatro dominios del crecimiento:

(1) cognitivo, enfocado en cambiar la forma en que el aconsejado piensa sobre su situación;

(2) afectivo, enfocado en cambiar la manera en que el aconsejado se siente acerca de su situación;

(3) conductual, centrado en cambiar lo que un aconsejado hace en su situación; y

(4) espiritual, enfocado en la relación del consejero con Dios y/o en cuestiones de significado último. Las diferentes orientaciones teóricas para la consejería están relacionadas más estrechamente con uno o más de estos dominios de crecimiento. Independientemente de la orientación teórica que tú como consejero optes por implementar, al apuntar al

Objetivo 3, el consejero ayuda al aconsejado a ver dónde se encuentra, lo compara con el lugar en el que el aconsejado desea estar y ayuda al aconsejado a implementar estrategias de cambio apropiadas para cumplir objetivos específicos.

Cuando se apunta los objetivos 2 y 3, el enfoque puede expandirse de los aspectos específicos que iniciaron la consejería a otras áreas de la vida. El consejero puede animar al aconsejado a generalizar lo que ha cambiado y a aplicarlo a otros contextos. Nos enfocaremos en dos de estas áreas, que abarcan gran parte de la vida: expandir el sistema terapéutico y reconocer lo sagrado.

Ampliación del sistema terapéutico (capítulo catorce). En este capítulo argumentaremos cómo los principios que se aplican al uso de las microtécnicas con consejos de manera individual pueden ser adaptados para un uso ampliado en sistemas mayores de dos o más aconsejados. Algunos de los temas incluyen el mantener el equilibrio dentro de la relación de consejería, crear promulgaciones, identificar patrones relacionales y centrarse en el proceso (patrones relacionales) en lugar de en el contenido (los detalles de una situación particular).

Adaptarse al Espíritu Santo y a temas espirituales (capítulo quince). Si bien los temas espirituales pueden surgir en cualquier momento del proceso de consejería, y hemos abordado la espiritualidad en numerosos puntos del libro, este capítulo se centrará específicamente en lo que significa reconocer lo sagrado e integrar la espiritualidad en la relación de consejería. Tanto si el aconsejado es de la misma fe que su consejero como si no, es importante para el consejero desarrollar la conciencia y la dependencia en Espíritu Santo dentro de una sesión de consejería y a lo largo de toda la relación de consejería. De lo contrario, podemos caer en la trampa de creer que la responsabilidad del crecimiento del aconsejado descansa únicamente en manos del consejero (o del aconsejado).

GOLPEANDO LA PARED: EL PUNTO MUERTO

Una indicación de que se está a punto de entrar a la fase intermedia de la consejería es cuando un aconsejado muestra resistencia a ir más lejos. Esto puede ser experimentado de varias maneras tanto por el consejero como por el aconsejado: por ejemplo, la sensación de "darse contra la pared", "estar en punto muerto" o "estancado en el agua", o que el aconsejado llegue tarde a las sesiones, o que proyecte la culpa sobre ti u otros, que no complete las tareas asignadas, la sobre espiritualización, etc. En otros casos, la resistencia puede manifestarse a través de dificultades en la relación de consejería, por ejemplo, que el aconsejado se enfade con el consejero. Por parte del consejero, el "punto muerto" puede experimentarse cuando las sesiones son un laste, te aburren, empiezas a sentirte frustrado o cada vez más disgustado con el aconsejado.

Los consejeros principiantes, en su frustración por estar en un callejón sin salida y al parecer no llegar a ninguna parte, pueden asumir que esto significa que el proceso de consejería está terminado. Por el contrario, lo que a menudo sucede es que los aconsejados son temerosos o reacios a realizar el trabajo más profundo, que es el propósito del Objetivo 2, o para hacer lo necesario para implementar los cambios necesarios para un crecimiento duradero, lo cual es la meta del Objetivo 3. Puede requerir de una reflexión empática hábil, de la empatía intuitiva y de confrontar para poder ayudar a los aconsejados a hacer el arduo trabajo que los objetivos 2 y 3 requieren.

CAPÍTULO 8

PUESTA A CERO

Escudríñame, oh Dios, y conoce mi corazón;
Pruébame y conoce mis pensamientos;
Salmo 139:23

Enfoque del Capítulo

TÉCNICA: aclarar

PROPÓSITO: ayudar al aconsejado a obtener una comprensión profunda de su propia historia

FÓRMULA: Háblame más sobre _____.
¿De que se trata es eso de _____ (contenido) que le hace sentir _____ (sentimiento)?

Yo (Elisabeth) tengo una querida amiga, Jill. Regularmente tenemos conversaciones de este tipo:

> **Jill:** Oh Dios mío, no te vas a creer lo que hicimos este fin de semana. ¡Fue muy divertido! Brian, Bob, Rachel, Laura estuvieron allí. Pero no te lo vas a creer. Él dijo que está pensando mudarse al Tíbet al final del verano. Quiero decir, creo que es algo que va con él, pero ella no estaba muy contenta con eso.

Elisabeth: Mmm, Jill, ¿quién es "él" que se va a ir al Tíbet? ¿Y quién es "ella" que está molesta por ello?

Puede ser un poco difícil seguir una historia cuando no sabes quién es él o ella. Jill a menudo puede estar tan envuelta en la historia que está compartiendo que tales detalles se pierden. Si bien vamos a analizar las más detalladamente las necesidades de aclarar, esto nos proporciona un ejemplo hilarante de una situación en la que partes de una historia necesitan una mayor elaboración.

Hasta este punto en la relación de consejería, el papel del consejero ha sido ser el espejo verbal para el aconsejado, reflejando lo que oye del aconsejado. En la mayoría de las conversaciones de consejería llega un punto en el que se necesita mayor claridad para que el aconsejado pueda avanzar y ser capaz de identificar la naturaleza específica del problema o tema de conversación. Mientras que las buenas técnicas de reflexión pueden indirectamente proporcionar aclaración al aconsejado, las técnicas que son parte del objetivo 2 sirven directamente para el propio objetivo, comenzando con la técnica de aclarar.

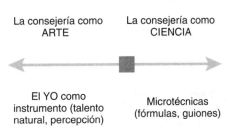

Figura 8.1. Arte frente a ciencia: Aclarar

¿QUÉ ES ACLARAR?

Las técnicas del objetivo 1 tienen el propósito de entablar relaciones estableciendo una base para la conversación terapéutica y para permitir que el aconsejado se sienta escuchado y comprendido. Ahora bien, como una técnica que forma parte del objetivo 2, "Profundizar", la amplia categoría de la aclaración ayuda en el nuevo objetivo de elaborar y profundizar en las características y contribuciones de los principales elementos de la historia. Específicamente, la aclaración se basa en los cimientos establecidos mediante el uso de las técnicas del objetivo 1 y comienza a ahondar más en el sentido y el posible significado que se encuentra dentro de los diversos elementos de la historia del aconsejado. En lugar de ser una técnica específica, aclarar es en realidad una categoría de técnicas que ayudan al aconsejado, y en segundo plano al consejero, a reducir el enfoque de la conversación de consejería en las áreas de mayor importancia, significado o confusión para obtener una mayor comprensión y claridad. La categoría de aclaración incluye las técnicas específicas de estímulos, preguntas abiertas y señalizaciones. Si bien todas estas técnicas sirven para ayudar a esclarecer los detalles, el enfoque o la naturaleza de la historia del aconsejado, cada técnica tiene un propósito ligeramente diferente.

Un aconsejado usará a menudo una palabra o frase que es difusa por naturaleza, como *frustrante, decepcionante, desagradable, agradable o hiriente*. Puede ser tentador para los consejeros asumir que saben lo que los consejeros quieren decir mediante palabras o frases particulares cuando en realidad esa palabra o frase puede tener un matiz muy diferente para cada aconsejado. Las técnicas de aclaración son útiles para centrarse en esas palabras o frases para que el aconsejado pueda elaborar y explicar mejor qué significa esa palabra o frase para él en esa situación particular. Es importante recordar que las técnicas de aclaración deben ser utilizadas primero para el beneficio de la comprensión del aconsejado y solo secundariamente para que el consejero pueda entender mejor al aconsejado. Además, mientras que las aclaraciones se pueden usar para obtener información sobre los detalles o el contenido de la historia del aconsejado, lo mejor es usar las aclaraciones para enfocarse en el afecto del aconsejado y para comprender mejor sus emociones (Hill y O'Brien, 1999; Tamase y Katu, 1990).

Estímulos. Un estímulo es una *oración* que invita al aconsejado a hablar más sobre un elemento en particular en su historia que tú, como el consejero, piensas que puede traer claridad a la historia. Los estímulos se formulan de uno en una, dando al aconsejado la oportunidad de expandirse en ese componente único antes de pasar a otro.

La fórmula para esta técnica es: "Háblame más sobre_____".

Una fórmula alternativa es: "Me pregunto si_____".

Es muy importante que cualquier mensaje siga siendo una declaración y que la inflexión del consejero no suba al final de la oración, convirtiéndola en una pregunta. Al mantener un estímulo como una declaración, muchos aconsejados se sienten menos amenazados o en la posición de tener que defender o probar lo que se les pide que aclaren y en su lugar se sienten escuchados e invitados a ampliar algo que puede necesitar una mayor elaboración. Para un ejemplo de cómo esto puede verse en una conversación, digamos que un aconsejado llega a su oficina y dice:

> **Aconsejado:** Estoy tan nerviosa por la boda. Mi mejor amiga se va a casar, y la boda es el sábado. Estoy muy emocionada por ella, pero, ¡estoy tan nerviosa!
> **Consejero:** Háblame más respecto a sentirte nerviosa.
> O
> **Consejero:** Me pregunto qué es lo que te hace sentirte tan nerviosa acerca de esta boda.

La justificación para que el consejero haya utilizado un estímulo en esta situación es la falta de claridad o certeza con respecto a aquello que está evocando sentimientos de nerviosismo en la aconsejada. El consejero puede sospechar que entiende, suponiendo que el nerviosismo está relacionado con la preparación de la boda en sí, pero en realidad podría englobar una amplia variedad de preocupaciones, desde la preparación hasta lo oportuno del matrimonio a tener que dar el brindis o un conflicto anticipado entre los miembros de la familia. La lista podría ser

Datos empíricos

Aunque las preguntas abiertas pueden ser una parte valiosa en el proceso de consejería, los resultados investigaciones sobre su efectividad son variados (Benn, Jones y Rosenfield, 2008). Rautalinko (2013) encontró que las reflexiones oportunas "mejoraron las calificaciones de los consejeros y la alianza de trabajo observada, sin embargo, las preguntas abiertas no lo hicieron". (p. 24). Del mismo modo, Brodsky y Lichtenstein (1999) también encontraron que demasiadas preguntas pueden interponerse en el camino del desarrollo de una relación de colaboración con un aconsejado. Por lo tanto, utiliza las preguntas con moderación y confía en las técnicas de reflexión para construir y mantener una relación terapéutica con tu aconsejado.

más amplia Tenga en cuenta que la respuesta del consejero se centró en la emoción y se mantuvo simple. Mientras que un mensaje puede centrarse en el contenido, lo mejor es centrarse en una emoción cuando sea posible. Al invitar a la aconsejada a decir más respecto a sentirse nerviosa, es probable que la respuesta de ella sea al mismo tiempo una elaboración sobre la emoción, así como una aportación de mayores detalles sobre el contenido de la historia a medida que expande la declaración inicial. El uso de estímulos también proporciona una mayor libertad al aconsejado para que lleve la conversación donde él necesite que esta vaya.

Preguntas. Finalmente, después de siete capítulos, ¡ya puedes hacer preguntas! Suponemos que muchos de vosotros estáis entusiasmados con el desarrollo, mientras que otros estáis al mismo tiempo nerviosos sobre cómo introducir las preguntas en la caja de herramientas ahora que habéis trabajado tan duro en las técnicas de reflexión. Al igual que muchas otras técnicas, las preguntas tienen su tiempo, lugar y fórmula apropiados. Sirven para un propósito único entre las técnicas de aclaración: invitar al aconsejado a explorar su conexión percibida entre los sentimientos y el contenido de la historia contada.

Aunque no hemos incluido preguntas entre las técnicas del objetivo 1, algunas preguntas serán necesarias como parte del aspecto de exploración del problema en el objetivo 1. Sin embargo, el uso de demasiadas preguntas puede interferir potencialmente con el aspecto de construcción de las relaciones que tiene el objetivo 1. Por lo tanto, hemos incluido las preguntas como parte del objetivo 2, que es cuando pueden utilizarse para profundizar para tomar conciencia.

Preguntas cerradas

✓ se puede responder en una sola palabra, como *sí* o *no*
✓ no requieren la elaboración del consejero

Al final de este capítulo se encuentra el "Cubo de Preguntas", que detalla los tipos de preguntas y su uso. Para nuestro propósito en este capítulo presentaremos dos tipos de preguntas: preguntas cerradas y preguntas abiertas. Las preguntas cerradas son cualquier pregunta que se pueda responder con un "sí", con un "no" o con una información específica que no requiere elaboración. Ejemplos de preguntas cerradas incluyen:

- ¿Fuiste al cine anoche?
- ¿Te va bien la escuela?
- ¿Cuál es tu color favorito?
- ¿Te gusta más la pizza o las hamburguesas?
- ¿Hiciste. . .?
- ¿Quieres . . .?
- ¿Has hecho. . .?
- ¿Vas a. . .?
- ¿Por qué no . . .?
- ¿Podrías tú. . .?
- ¿Cuándo haces/hiciste. . .?

Mientras que el aconsejado puede optar por elaborar a partir de una pregunta cerrada, la estructura gramatical de la pregunta no requiere que el aconsejado responda con nada más que un sí o un no, o para proporcionar una respuesta muy específica o limitada. Hay momentos en el proceso de consejería donde las preguntas cerradas pueden ser útiles, pero generalmente se limitan a la entrevista inicial o a las veces en las que el consejero necesita aclarar un detalle para continuar "rastreando" o dando sentido a la historia del aconsejado. Como regla general, se deben evitar todas las preguntas cerradas en una conversación de consejería (Brodsky y Lichtenstein, 1999; Tamase y Katu, 1990).

El otro tipo de pregunta es la *pregunta abierta*. Al contrario de una pregunta cerrada, una pregunta abierta no fuerza prematuramente al aconsejado a escoger entre un grupo predeterminado o limitado de respuestas. En su lugar, las preguntas abiertas permiten al aconsejado expandirse, explorar y elaborar todo lo que quisiera. Ejemplos de preguntas abiertas incluyen:

- ¿Qué fue para ti lo mejor de este fin de semana?
- ¿Cómo describirías tu fin de semana en las montañas?
- ¿De qué manera disfrutaste tu clase de economía?
- Cuando te diste cuenta que ibas a llegar tarde, ¿qué hiciste?
- ¿Qué te hizo decidir llamar a tus padres?

Preguntas abiertas

✓ invitan a la elaboración
✓ no limitan las opciones de respuesta del aconsejado

Algunos prefijos para preguntas abiertas son:

- ¿Cómo. . .?
- ¿Qué. . .?
- ¿De qué manera. . .?

Una pregunta abierta no conduce al aconsejado hacia una respuesta preconcebida o un conjunto de respuestas, sino que permite al aconsejado tratar lo que considera importante, significativo o relevante para la pregunta. En un contexto de consejería, una pregunta abierta a menudo propondrá al aconsejado que desarrolle más detalles sobre la conexión que ve entre el contenido y los sentimientos en su historia.

Una posible fórmula para una pregunta abierta es: ¿De que se trata es eso _____ (contenido) que le hace sentir _____ (sentimiento)?

Si bien no todas las preguntas abiertas se ajustan a esta fórmula, es un buen punto de partida, ya que sirve para dar seguimiento a la declaración empática hecha a un aconsejado y en realidad se puede percibir como bastante empática en sí misma, ya que demuestra un entendimiento de que una emoción particular está conectada con un contenido particular. La misma regla que se aplica a las preguntas abiertas también se aplica a la reflexión empática en la que un consejero debe de incluir solamente una emoción en cada respuesta.

Por qué no puedes preguntar "por qué". Usted notará que un prefijo muy popular no se encuentra en la lista de preguntas abiertas, a pesar de ser gramaticalmente abierto. Este es el prefijo "¿Por qué. . .?" Aunque una pregunta que contiene un por qué es técnicamente una pregunta abierta, no se considera apropiada dentro de la conversación de consejería. Lea las siguientes preguntas que contienen un por qué para ver si puedes determinar cuál podría ser el razonamiento detrás de esta regla:

- ¿Por qué hiciste eso?
- ¿Por qué crees que ir a la fiesta sería una buena idea?
- ¿Por qué no llamaste a tu madre si sabías que ibas a llegar tarde?

A medida que lees cada una de estas preguntas, ¿qué emociones crees que despiertan en el aconsejado al final de cuentas? Una pregunta que comience con un por qué puede poner a la gente a la defensiva, sintiéndose como si tuvieran que demostrar o defender sus acciones, sentimientos o declaraciones anteriores (Brodsky y Lichtenstein, 1999). En una relación de consejería, el consejero debe esforzarse por crear un ambiente donde el aconsejado se sienta seguro y comprendido. Hacer una pregunta comenzando con un por qué puede socavar este objetivo en un instante. Es importante practicar la transformación de una pregunta que comience con un por qué en una pregunta que comience con un qué o un cómo, o poner un estímulo en su lugar. Por ejemplo:

Pregunta del consejero que comienza con un por qué: ¿Por qué hiciste eso?

Pregunta abierta del consejero: ¿Qué sentías (o pensabas) en medio de la situación que te llevó a tomar esa decisión?

Estímulo hecho por el consejero: Cuéntame más sobre tu decisión de hacer eso.

Pregunta del consejero que comienza con un por qué: ¿Por qué crees que ir a la fiesta sería una buena idea?

Pregunta abierta del consejero: ¿Qué es lo que te llama la atención de ir a la fiesta?

Estímulo hecho por el consejero: Cuénteme más acerca de por qué ir a la fiesta te resulta atractivo. (Ten en cuenta que en este estímulo el *por qué* está incrustado. Aunque es parte de la respuesta del consejero, al incrustarlo en el mensaje se le quita gran parte del aguijón. Si tienes un aconsejado particularmente sensible, esto puede causar una actitud defensiva, así que presta atención a cómo respondes al aconsejado cuando utilizas este mensaje.)

Pregunta del consejero que comienza con un por qué: ¿Por qué no llamaste a tu madre si sabías que ibas a llegar tarde?

Pregunta abierta del consejero: ¿Qué te llevó a decidir no llamar a tu mamá cuando te diste cuenta que no ibas a regresar a casa antes del toque de queda?
Estímulo hecho por el consejero: Cuéntame más sobre no llamar a tu mamá.

Aunque se necesita práctica e intencionalidad, cada pregunta que comienza con un por qué tiene una forma gramatical alternativa que puede minimizar la actitud defensiva y fomentar una mayor elaboración y claridad del aconsejado.

Implicaciones de diagnóstico

La consejería profesional implica una serie de actividades discretas en las que se requieren técnicas de aclaración. Por ejemplo, las entrevistas de admisión, las entrevistas de diagnóstico, los exámenes de estado mental y las evaluaciones de suicidios y adicciones son ejemplos de aplicaciones de técnicas de aclaración (ver Sommers-Flanagan y Sommers-Flanagan, 2014, para descripciones detalladas de cada una de estas formas de entrevista).

La tentación de muchos consejeros es tratar de encontrar un conjunto de preguntas que basten para la mayoría de las situaciones del aconsejado. La realización de entrevistas más estructuradas, en las que se sigue el mismo conjunto de preguntas, tiene aplicaciones útiles, por ejemplo, en una admisión, en una investigación o cuando se trata de ajustar un diagnóstico o hacer una evaluación de riesgo. Sin embargo, la mayoría de la consejería está menos estructurada en cuanto al uso de preguntas y maneras alternativas de aclarar la experiencia de un aconsejado.

Las pruebas psicológicas y el uso relacionado de los cuestionarios en diferentes ámbitos de consejería pueden ser excepcionalmente útiles para el proceso de consejería. Incluso en contextos de consejería pastoral y dirección espiritual, los cuestionarios pueden ser útiles para proporcionar información adicional y aclarar la gravedad y extensión de la experiencia de un aconsejado. En particular, el uso de evaluaciones breves puede proporcionar información básica y útil sobre el estado del aconsejado (p. ej., depresión o ansiedad) y/o evaluación sobre el progreso de la consejería (Greggo, 2016). Además, las evaluaciones espirituales pueden ser útiles para aclarar o señalar aspectos adicionales de la experiencia de un aconsejado.

Precauciones con las preguntas. Aunque las preguntas pueden ser muy ingeniosas y facilitar el proceso de consejería, hay algunas precauciones que deben tomarse cuando se usan preguntas.

Ten cuidado con preguntas que son:

✓ Cerradas

✓ De elección forzada

✓ Iniciadas con un "¿Por qué?"

✓ Lideradas

✓ Múltiples

---

1. *Limita tus preguntas.* Cuando yo (Elisabeth) estaba en mi clase de técnicas de consejería en mi programa de maestría, nuestro instructor nos dijo que solo se nos permitían tres preguntas por cada sesión de cincuenta minutos. Si bien la mayoría de ocasiones esta cantidad limitada de preguntas puede resultar un poco extremista, él presentó su idea: utiliza las preguntas juiciosamente. Es una buena regla general que cualquier pregunta debe ser seguida por una declaración empática o un reflejo de algún tipo. Esto te ayudará, como consejero, a ralentizar y escuchar verdaderamente la respuesta del aconsejado. También ayudará al aconsejado a no sentirse como si estuvieran en medio de un interrogatorio.

2. *Las preguntas múltiples conducen a la confusión.* Cuando haces varias preguntas seguidas sin esperar una respuesta, tu aconsejado se queda con el dilema de cuál pregunta responder. Generalmente el aconsejado responderá a la última pregunta que hagas. Cuando yo (Heather) he cometido este error, generalmente estoy pensando en voz alta; ¡no he tomado el tiempo para formular la pregunta que realmente quiero hacer antes de abrir la boca! Es mejor tomarte el tiempo que necesitas que arriesgarte a crear más confusión en tu consejero.

3. *Las preguntas de elección forzada limitan las respuestas.* Algunas preguntas se pueden hacer en forma de una prueba de opción múltiple. Esto es en realidad una categoría particular de preguntas cerradas. Por ejemplo, "¿Dejaste tu trabajo porque encontraste uno que te gustaba más o debido a las dificultades en tu trabajo anterior?" La razón que llevó al aconsejado

a encontrar un empleo diferente podría ser ¡"ninguna de las anteriores"! Tu aconsejado puede haber sido echado o despedido. O tal vez el cónyuge de tu aconsejado encontró un trabajo en una ciudad diferente y entonces necesitaba buscar trabajo en la nueva ciudad. Quizás el niño más pequeño empezó el preescolar y tu aconsejado ya puede pasar de tiempo parcial a empleo a tiempo completo. El punto es, puede haber innumerables razones para las elecciones que la gente hace. Una pregunta abierta es siempre la intervención más apropiada. Hay una excepción valiosa a las preguntas de elección forzada. Al igual que la estrategia de los padres de limitar las opciones para un niño (por ejemplo, ¿quieres queso o un plátano?), un consejero puede tener que limitar las opciones para poder mover el proceso. Por ejemplo, ¿te gustaría dedicar el resto de nuestro tiempo hoy a hablar de las posibilidades de manejar tus frustraciones con tu cónyuge o sobre tus preocupaciones sobre el trabajo (lo que implica que no vamos a volver a la retahíla desenfocada de quejas sobre todo el mundo en su vida)?

4. *Las preguntas dirigidas te llevan en la dirección equivocada.* Mientras que algunas preguntas dirigidas son preguntas cerradas y están descartadas en este proceso, otras preguntas dirigidas se pueden presentar en un formato abierto. Las preguntas abiertas que dirigen comunican la opinión, la perspectiva o la valoración del consejero con respecto a la historia del aconsejado. Por ejemplo, un aconsejado puede haber compartido extensamente sobre una relación distante con sus padres, que viven fuera del estado. Las vacaciones se acercan, y el aconsejado está compartiendo posibles planes de viaje para navidad. El consejero tiene un fuerte convencimiento de que la familia debe estar junta para la navidad y cree que sería bueno que el aconsejado pasara la navidad en casa con sus padres. El aconsejado ha dejado claro que quiere pasar la navidad con sus amigos este año. Mientras el aconsejado debate posibles opciones para su viaje, el consejero pregunta, "¿En qué momento, dentro todos esos planes, vas a ir a ver a tus padres?" Una pregunta dirigida puede ser mucho más sutil, pero independientemente del

contenido, una pregunta dirigida inducirá o alentará una respuesta deseada por el consejero en lugar de seguir la dirección del aconsejado.

Señalizaciones. Las señalizaciones son la técnica de aclaración menos utilizada y que no todos los consejeros encontrarán muy útil. Por otro lado, una señalización también puede servir como una aclaración increíblemente empática, analizando únicamente la emoción que más importa al aconsejado. A diferencia de los estímulos y las preguntas abiertas, que probablemente serán utilizadas en diversos grados por todos los consejeros, las señalizaciones parecen "encajar" con algunos consejeros y con otros no. Una señalización es una frase simple de una a dos palabras que se refleja hacia el aconsejado para denotar comprensión por parte del consejero y alentar al aconsejado a continuar. Asegúrate de que es una afirmación y no una pregunta. Por ejemplo, utilizando la misma conversación:

Aconsejada: Estoy tan nerviosa por esta boda. Mi mejor amiga se va a casar, y la boda es el sábado. Estoy muy emocionada por ella, pero, ¡estoy tan nerviosa!

Consejero: ¡Nerviosa!

En esta conversación el consejero identifica una sola palabra o frase simple que captura el enfoque del comentario del aconsejado. La palabra es pronunciada de nuevo, con la inflexión apropiada, para captar el significado del aconsejado. Al igual que las señales de tráfico al conducir, un letrero verbal dice: "Aquí es donde estás". Y, al igual que una señal de tráfico, la aconsejada oye esa declaración del consejero y puede seguir adelante, si es que la aconsejada está de acuerdo en que ese es el punto del camino en el que se encuentra, o puede también corregir al consejero si es que ese no es el "camino correcto". Ten cuidado al usar esta técnica para mantenerla como una declaración y no dejes que tu inflexión lo convierta en una pregunta. Una señalización que se comunica en forma de pregunta puede comunicar al aconsejado desafío, juicio o malentendido, dejando al aconsejado con la sensación de no haber sido escuchado inaudito o la defensiva.

Comprueba tu comprensión

Usando las siguientes declaraciones de consejería, escribe un posible estímulo, una pregunta abierta y una señalización (si es aplicable) que podrían usarse como respuesta del consejero. Ver apéndice A para posibles respuestas.

Aconsejado 1: ¡Hoy ha sido el mejor día de la historia! De principio a fin ha sido simplemente increíble. Nunca hubiera podido pedir que fuera mejor.

Consejero 1 *estímulo*: _____

Consejero 1 *pregunta abierta*: _____

Consejero 1 *señalización*: _____

Aconsejado 2: No sé qué voy a hacer. Estoy devastado por el hecho de que no recibí el ascenso en el trabajo que estaba esperando. Quiero decir, simplemente no entiendo cómo ha podido suceder.

Consejero 2 *estímulo*: _____

Consejero 2 *pregunta abierta*: _____

Consejero 2 *señalización*: _____

Aconsejado 3: Sé que necesito tener esta conversación con mi madre, pero es complicado.

Consejero 3 *estímulo*: _____

Consejero 3 *pregunta abierta*: _____

Consejero 3 *señalización*: _____

LO QUE ACLARAR *NO* ES

Como hemos visto hasta ahora, las técnicas de aclaración ayudan al aconsejado en la exploración, expansión y elaboración de un componente particular de su historia. La aclaración debe ser utilizada en beneficio del aconsejado en la búsqueda de una mayor comprensión del área o tema que necesita atención o resolución.

Así como es importante recordar qué son las técnicas de aclaración, es importante saber también lo que no son.

Hacer de detective. Anteriormente, en el capítulo cuatro, hablamos de los villanos verbales que cada consejero encuentra en el proceso de consejería, esas maneras bien intencionadas de pensar y hablar que finalmente ignoran o invalidan las emociones de un aconsejado. Con la introducción de técnicas aclaradoras, los consejeros que tienen problemas haciendo de "detectives" necesitan ser muy cuidadosos en el uso de las preguntas. Recuerda que las preguntas deben usarse para el mejoramiento y la comprensión del aconsejado, no para satisfacer la curiosidad del consejero.

Un villano verbal detective o periodista se ocupa en cuestiones basadas en el contenido y en rellenar detalles que pueden o no ser relevantes desde la perspectiva del aconsejado. Como regla general, y habiendo transcurrido el tiempo suficiente, un aconsejado compartirá los detalles que le importan y que son pertinentes a la historia. Yo (Elisabeth) a menudo lucho contra el villano verbal detective en mi cabeza. ¡Me encantan los detalles y los hechos! Una de las maneras en que mantengo a mi detective interior en jaque es formulándome una pregunta simple, aunque morbosa: "¿Es la pregunta que quiero hacer del estilo '¿Cómo murió tu madre?'". Digamos que una aconsejada llega a tu oficina, con el corazón roto y afligido por la muerte de su madre. Ella procede a decirle todo acerca de cómo la familia está luchando ahora que mamá se ha ido y lo devastador que su muerte ha sido para el asesor. Ahora, tú como consejero es probable que pienses, "Me pregunto cómo murió su mamá." En cierto grado, esta podría ser una pregunta importante para ser respondida, ya que el impacto anticipado en una persona o familia podría ser diferente si la mamá murió repentinamente o había estado enferma durante años. Pero, para el aconsejado, esto ya es un detalle conocido, no es necesario aclararlo y, con toda probabilidad, el aconsejado proporcionará esta información a medida que le des la oportunidad de elaborar la historia. Además, al hacer tal pregunta, es probable que distraigas al aconsejado de lo que necesita para hablar, y posiblemente podrías transmitirle una sensación de falta de respeto o impaciencia por su caso.

Perseguir huellas de conejo. Al igual que hacer de detective, las técnicas de aclaración no son para perseguir huellas de conejo. Cuando un consejero está persiguiendo las huellas del conejo, está persiguiendo una línea de detalles dentro de la historia de un aconsejado que son secundarios a las necesidades o los intereses primarios del aconsejado. Mientras que las huellas de conejo pueden ser de cierto interés terapéutico y posiblemente incluso tengan alguna relevancia, el momento es inapropiado. Por ejemplo, un aconsejado puede haber venido a hablar de su pena relacionada con la reciente muerte de su madre. En vez de enfocarse en las experiencias emocionales y en las preocupaciones actuales del aconsejado, el consejero usa técnicas de aclaración para explorar las experiencias anteriores del aconsejado con el dolor o las relaciones actuales del aconsejado con otros miembros de la familia. Si bien estos dos temas pueden llegar a ser relevantes y pertinentes para el proceso del aconsejado, perseguirlos demasiado pronto puede poner en cortocircuito la capacidad del aconsejado para explorar y disminuir la emoción o preocupación que el aconsejado considera como más relevante.

Consejo clínico

1. En caso de duda, empatiza.
2. Las preguntas cerradas pueden obstaculizar la relación terapéutica y dejar un sentimiento de defensa en el aconsejado.
3. Las preguntas abiertas pueden permitir a los aconsejados ampliar su historia, pero deben utilizarse con moderación.
4. Haz preguntas que aconsejen aún más la comprensión de sí mismos o de su historia. Evita las preguntas que simplemente sirven para satisfacer tu propia curiosidad.

Enfocarse en la acción. En lugar de llamar la atención sobre posibles comportamientos o acciones futuras, las técnicas de aclaración deben enfocarse en la exploración continua y la comprensión creciente de las emociones del aconsejado en un contexto dado. En la próxima sección del libro hablaremos de las técnicas del objetivo 3 (Crecimiento), las cuales están diseñadas para ayudar a los aconsejados a avanzar hacia un crecimiento sustancial y a implementar cambios en su vida. Las técnicas de aclaración del objetivo 2 se deben utilizar con el propósito de obtener una comprensión más profunda. Preguntas del estilo "¿Cómo te sentirías si lo intentas. . .?" o "¿Qué pasaría si. . .?" son preguntas pertenecientes al objetivo 3. Como se comentó anteriormente, las técnicas de los objetivos 2 y 3 son particularmente relevantes en la fase intermedia de la consejería. Lo que es importante es que conozcas el objetivo al que apuntas mientras utilizas técnicas de aclaración.

Insertar tu opinión. El uso de las técnicas de aclaración requiere que el consejero haga una autorreflexión instantánea y en el momento de sus motivos e intenciones. Si los consejeros no son cuidadosos, se encontrarán usando técnicas de aclaración como una manera de insertar sus propias opiniones o perspectiva, en lugar de utilizar las técnicas de aclaración para ayudar al aconsejado a explorar sus propias emociones. Consideremos el siguiente ejemplo:

> **Estudiante de bachillerato:** Estoy muy feliz de ir a la universidad en Los Ángeles el próximo año. ¡Estoy deseando salir de esta aburrida ciudad de granjeros y ver todo lo que el mundo tiene para ofrecer!
> **Pastor de jóvenes:** Dime qué tiene de malo ir a la universidad aquí en la ciudad.

Mientras que esto es técnicamente un estímulo, está claro que la connotación es que el pastor de jóvenes piensa que el estudiante debe permanecer más cerca de su hogar. La respuesta carece de empatía o de aceptación de dónde proviene el estudiante. Una alternativa mejor sería algo como: "¿Qué es lo que te hace estar tan contento con respecto a ir a Los Ángeles?" Esta pregunta abierta sirve como una pregunta empática, reflejando los sentimientos y contenido del estudiante mientras invita al estudiante a elaborar más su afirmación.

Conexiones bíblico/teológicas

Llegar al fondo de la cuestión, como lo hemos llamado en este capítulo, me recuerda (Fred) a la historia bíblica del rey Salomón en 1 Reyes 3. Esta la historia de dos madres, una cuyo bebé murió en la noche. Por la mañana, ambas madres afirman que el bebé que está vivo es suyo. Es una historia triste y desgarradora. Una madre sabe que el bebé vivo es realmente suyo y está frenética ante la idea de perderlo. La otra madre está afligida pero no puede aceptar la horrible realidad de que su bebé no solo está muerto, sino que sin darse cuenta ella causó su muerte al echarse sobre él mientras dormían. ¿De quién es el bebé que está vivo y sano? Salomón, con una sugerencia brillante, pero macabra, dice que corten al bebé por la mitad para resolver la disputa, permitiendo que las madres obtengan medio bebé cada una. Por supuesto, la verdadera madre exclama "¡No!" y le dice a Salomón que la otra madre puede quedarse con el bebé para salvarle la vida. Salomón, en su sabiduría emocionalmente entendida, sabe que esta es la verdadera madre y le da el bebé.

Esta es una historia fascinante y extraña de la toma de decisiones legales que utiliza el ajuste emocional en la causa de la justicia. Llegar a la raíz de un problema, tener discernimiento y ser juicioso con preguntas y otras técnicas de aclaración, requiere sensibilidad a la dinámica emocional y relacional de la situación, y es tanto un don de Dios como una técnica que se puede desarrollar.

Atajos para los sentimientos. La pregunta de cliché hecha por los consejeros es: "¿Cómo te sientes acerca de eso?" Esta pregunta rara vez, si alguna, debería de salir de la boca de un buen consejero por dos razones: (1) Suena como un cliché y es poco probable que el aconsejado t tome en serio. En la medida de lo posible, ¡evita actuar como un terapeuta de televisión! (2) En la mayoría de las situaciones, si tienes que hacer esta pregunta, quiere decir que no has utilizado las técnicas del objetivo 1 lo suficientemente bien. La mayoría de las veces, si un consejero utiliza técnicas de reflexión efectivas, el aconsejado comunicará sus sentimientos a través de la comunicación oral o no verbal. Son muy raras las ocasiones en las que un aconsejado haya podido permanecer tan enfocado en compartir el contenido de su historia que las emociones no se hayan hecho evidentes. Esta pregunta, por lo tanto, no es necesaria para estimular al aconsejado a comenzar a hablar de sus emociones. La otra dificultad en preguntar a los individuos cómo se sienten es que, irónicamente, para responder a la pregunta, tienen que cambiar del estado cognitivo de la "cabeza", al modo afectivo del "corazón" ¡que tú estás requiriendo!

APLICACIÓN EN LAS RELACIONES

Una de las dificultades que las parejas a menudo enfrentan es que cada miembro asume que sabe lo que su pareja infiere sin tomarse el tiempo para aclararlo. Puede resultar muy útil enseñar a las parejas a ralentizar su proceso de comunicación con el propósito de que dediquen tiempo para asegurarse de que realmente se entienden mutuamente. Una buena comunicación lleva tiempo, y en nuestras vidas ocupadas constantemente buscamos formas cortas (p. ej., abreviaturas de mensajes de texto), arriesgando la falta de comunicación.

En el campo de la consejería matrimonial y familiar, se presta mucha atención a la diferencia entre las preguntas de contenido y las aclaraciones, y al proceso de preguntas y comentarios. Esta es una técnica clave en el trabajo eficaz con grupos de personas. Simplificando, al mirar un río, el contenido es el agua (¿Es el agua clara? ¿Está fría? ¿Es superficial? ¿De dónde fluye y hacia dónde?), y el proceso es cómo fluye (¿fluye rápido, o es lenta y tranquila? ¿Hay meandros en el río? ¿Es afluente de otro río?).

Ejemplos de preguntas de contenido son:

- ¿Cuántos años tienes?
- ¿Dónde fuiste después de eso?
- ¿De qué se trataba la discusión?
- ¿Qué fue lo último que hiciste con tu hijo?

Ejemplos de preguntas de proceso son:

- ¿Qué te hizo decirte a decirme eso?
- ¿Qué crees que escuchó cuando le dijiste eso a ella?
- ¿Cuál es la diferencia entre lo que estás diciendo y cómo lo estás diciendo?
- ¿Cuál es el propósito de este argumento?
- Si no hubieras pasado dos horas discutiendo ayer, ¿qué otra cosa hubieras hecho?

Como consejeros, necesitamos suficiente contenido—y aclarar el contenido—para obtener la historia del aconsejado y avanzar en la consejería. Pero los objetivos de la consejería tienen mucho más que ver con el proceso.

APLICACIÓN MULTICULTURAL

Aclarar es una técnica esencial para utilizarse también en situaciones de ayuda multicultural. Es imposible saber todo sobre cada cultura o incluso todo sobre una sola cultura. Después de seis meses de inmersión en la cultura filipina, yo (Heather) creía que había llegado a aprender mucho sobre la dinámica relacional dentro de ese contexto. Ocho años más tarde me di cuenta de lo mucho que no entendía y tal vez nunca lo haría.

Uno de los retos en la consejería a través de las culturas es que incluso cuando se utiliza un lenguaje común, las mismas palabras pueden transmitir diferentes significados en diversas culturas. Por ejemplo, cuando los filipinos dicen que sí, en realidad podrían estar diciendo ¡"sí", "no", "tal vez" o "no sé!" Solo al aclarar, alguien que no pertenezca a esa cultura, o tal vez otro filipino, podrá saber lo que realmente se estaba comunicando. En los Estados Unidos, decir que una presentación "fue la bomba" implica que fue un fracaso, mientras que, en Gran Bretaña, la misma palabra indica que fue un gran éxito (Hil y William, 1998, citado en Murphy y Dillon, p. 105). Obviamente, estas diferencias preparan el terreno para un posible desastre dentro de la relación de consejería.

Aclarar también puede ser útil para determinar el significado de las señales no verbales, como las discutidas en el capítulo tres. Particularmente en contextos multiculturales, es mucho mejor aclarar lo que estás viendo por medio de gestos, expresiones faciales, tono de voz y otros elementos, que apresurarte a una conclusión equivocada. Tu habilidad para aclarar aspectos culturales que te confunden haciendo preguntas o solicitando que el aconsejado amplíe lo que está diciendo puede marcar la diferencia entre establecer una buena relación de consejería o no hacerlo. De hecho, no hacerlo puede significar que no llegues a ninguna parte en el proceso de consejería, aumentando el riesgo de que el aconsejado corte prematuramente.

Si bien puede ser difícil admitir que no sabes si estás escuchando a alguien correctamente, una actitud de humildad contribuirá en gran medida a que los aconsejados se sientan a gusto. Es probable que no esperen que tú sepas mucho sobre su cultura y por lo general agradecerán la oportunidad de enseñarte más al respecto. Admitir tu ignorancia a través de la búsqueda de una aclaración también servirá para reducir la diferencia de poder entre el consejero y el aconsejado al reconocer que el aconsejado es el experto cuando se trata de su propia cultura.

APLICACIÓN MINISTERIAL

Aclarar puede ser inmensamente útil cuando se trabaja con personas en iglesias u otros contextos ministeriales. Es tentador hacer suposiciones sobre individuos debido a sus afiliaciones porque tal vez no comparten el mismo sentir o difieren en las opiniones de otros en su grupo. En primer lugar, es esencial aclarar las razones por las cuales te han venido a ti buscando ayuda, así como continuar aclarando asuntos a medida que se avanza. Si tus suposiciones sobre lo que están buscando son incorrectas, la relación será obstaculizada, y es probable que no continúen reuniéndose contigo. Yo (Heather) recuerdo haber hablado con un profesor de seminario que tenía preguntas sobre su fe. No podía ser honesto acerca de sus dudas en el lugar donde él ministraba y por lo tanto buscó un consejero fuera de su contexto particular de ministerio en el que poder confiar. Desgraciadamente, a ese consejero no se le ocurrió que un profesor de seminario podría tener tales luchas. El consejero asumió que el problema era con el ambiente en el trabajo y no con asuntos de fe más profundos dentro del profesor. Al no aclarar lo que el profesor quería decir con "luchar", el consejero perdió totalmente lo que el profesor estaba tratando de revelar, y el profesor nunca se sintió lo suficientemente seguro dentro de la relación de consejería para explorar y trabajar a fondo sus dudas.

EJEMPLO DE UNA CONVERSACIÓN DE CONSEJERÍA CON MARCO

Técnicas utilizadas: reflejo del contenido, reflexión empática y aclaración

Trasfondo de la conversación: Marco es un joven de diecisiete años de edad en la escuela secundaria en la que usted es el consejero de la escuela. Marco viene a hablar con usted acerca de sus planes después de la graduación el próximo año, pero está un poco confundido acerca de la dirección en la que le gustaría ir.

Consejero: *Hola, Marco, parece que hemos recibido los resultados de tus aptitudes profesionales. Ahora, recuerda que esta evaluación solo proporciona un punto de partida para nuestra conversación. Se resumen las categorías de trabajos que dijiste que podrían interesarte. Me gustaría hablar de ellos contigo y ver si estás de acuerdo o en desacuerdo con estas recomendaciones.*

Marco: *Me parece bien. Estoy un poco nervioso por ver lo que dicen los resultados.*

Consejero: *Perfecto. Muy bien, de acuerdo con esto, dice que tú tiene intereses en lo que Holland llama dominios sociales y realistas. Básicamente significa que te gusta trabajar con la gente y te gusta trabajar con tus manos. Me pregunto si esa evaluación inicial te parece exacta.*

Técnica	estimular
Se emplea esta técnica de aclaración para "asegurarte" con el aconsejado antes de continuar más adelante.	

Marco: *Creo que ambas cosas tienen sentido. Me encanta trabajar con mis manos. Mi tío me ha estado enseñando carpintería durante los últimos dos años, y me encanta poder crear algo a partir de un bloque aparentemente liso de madera.*

Consejero: *Realmente disfrutas de los elementos creativos de la carpintería.*

Técnica	reflexión empática
Aunque esto no encaja perfectamente con la fórmula de la empatía, enlaza la emoción (disfrute) del aconsejado con el contenido (carpintería).	

Marco: ¡De verdad, de verdad disfruto! *Lo que no entiendo totalmente es eso de la categoría social que usted mencionó. No me malinterprete, no me disgustan las personas, pero no soy muy extrovertido, y prefiero trabajar solo que trabajar con otros en un proyecto.*

Consejero: *Parece que la categoría social no encaja con cómo te ves a ti mismo.*

Técnica	reflejar el contenido

Marco: *En absoluto. Tengo amigos y todo, pero la idea de hacer un trabajo donde tenga que estar cerca de la gente, hablar e interactuar todo el día, suena agotador.*

Consejero: *La interacción continua con otras personas suena muy cansado para ti. A veces la categoría social incluye enseñar o ayudar a otros y no significa necesariamente un trabajo muy extrovertido o interactivo. Me pregunto si hay situaciones que te permitirían enseñar o ayudar a otros que resultaran menos agotadoras y más vigorizantes para ti.*

Técnica	reflexión empática, estímulo

Marco: *¡Oh! No había pensado en la enseñanza, ¡me encanta enseñar carpintería a otras personas!*

Consejero: *¿Qué es lo que te gusta tanto de enseñar carpintería?*

Técnica	pregunta abierta
	El uso de una pregunta abierta aquí permite al aconsejado elaborar de una manera en la que resulta menos estorbado y podría potencialmente conducir a una mayor comprensión para el aconsejado.

Marco: *¡Todo! ¡Me encanta todo! El verano pasado empecé a enseñar carpintería a mi hermanito y a un par de amigos de la escuela. No era nada formal, pero fue una experiencia muy divertida. Tuve que hacer algo con las manos en el proceso, pero también conseguí ver a otras personas pasar de noveles y sin cualificación a convertirse en creadores por méritos propios. Incluso me gusta cómo enseñar carpintería me hace tener que pensar en lo que hago y por qué lo hago, y luego dividir eso en pasos específicos para enseñar a otras personas.*

Consejero: *A pesar de que inicialmente no estabas seguro de si una descripción de social era apropiada para ti, la idea de enseñar carpintería a otros resulta muy emocionante para ti.*

Técnica	reflexión empática, frase de resumen

CONCLUSIÓN

El uso de técnicas de aclaración cuando apuntas al objetivo 2, "Profundizar", abre la oportunidad para una mayor elaboración, exploración y descubrimiento dentro de la historia de un

Hay una tendencia a caer en rutinas con la forma en que hacemos preguntas. Encontramos una manera que es cómoda y luego nos atenemos a ella. Por ejemplo, la caricatura humorística del consejero que pregunta "¿Cómo te hizo sentir eso?" Puede llegar a ser irritante para el aconsejado que lucha con identificar y expresar cómo se siente. Reflexione sobre las muchas maneras en que hay que hacer preguntas de maneras creativas. El cubo abajo indica opciones en formato, asunto y orientación. Sin embargo, hay aún más opciones a considerar. Una forma común de variar sus preguntas es preguntarles con un enfoque pasado, presente o futuro.

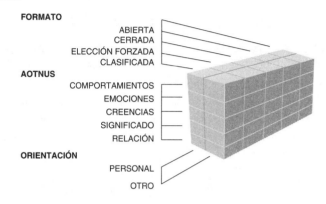

Formato de la pregunta:
- Abierta: ¿Cómo fue para ti alejarte?
- Cerrada: ¿Te entristeció?
- Elección forzada: ¿Te mantuviste en contacto, o cortaste la relación?
- Clasificada: ¿Fue más difícil o más fácil que cuando tu hermano se alejó?
- Evaluada: En una escala del uno a cinco, siendo cinco el más difícil, ¿qué tan difícil fue esta experiencia para ti?

Asunto de la pregunta:
- Comportamientos: ¿Qué hiciste después que se fue?
- Emociones: ¿Cómo te sentiste?
- Creencias: ¿Cómo se relacionan tus creencias acerca de las relaciones con esta experiencia?
- Significado: ¿Qué significó para ti su marcha?
- Relación: ¿Qué impacto ha tenido en sus otras relaciones?

Orientación de la pregunta
- Personal: En general, ¿cómo te ha afectado esto?
- Otro: ¿Cómo afectó esto a otros que también la conocían?

Formas de utilizar el cubo de preguntas:
- Cambia las maneras de hacer preguntas. Evita ser atrapado en una rutina en la que siempre haces el mismo tipo de preguntas.
- Incluso si deseas centrarte en los sentimientos, por ejemplo, cambiar el formato u orientación puede provocar una respuesta diferente de parte del aconsejado.
- Practica hacer diferentes combinaciones de preguntas, p. ej., una pregunta *abierta* sobre el sentido centrada en los *demás*.

Figura 8.2. El cubo de preguntas. Fuente, Brown 1997, p. 29.

aconsejado. Los estímulos, las preguntas abiertas y las señalizaciones sirven para facilitar la comprensión del aconsejado sobre los elementos más profundos de su historia. Recuerda ganarte el derecho de usar aclaraciones utilizando la empatía tanto como sea posible y asegurándote de que las técnicas de construcción de relaciones del objetivo 1 no se han apresurado.

PREGUNTAS PARA LA REFLEXIÓN

1. Cuando piensas en alguien que entabla una conversación contigo, ¿respondes mejor a los estímulos, a preguntas abiertas o a las reflexiones? ¿Por qué?
2. Considera a alguien en tu vida con quien disfrutas profundamente conversar. Piensa de nuevo en una conversación significativa con esta persona. ¿Qué técnicas utilizó esta persona para obtener más de usted? En retrospectiva, ¿qué efecto tuvo su elección de las técnicas de aclaración en ti y en tu sentido de comodidad con la conversación?

CAPÍTULO 9

CONECTAR PROFUNDAMENTE

Como aguas profundas es el consejo en el corazón del hombre;
Mas el hombre entendido lo alcanzará.

Proverbios 20:5

Enfoque del Capítulo

TÉCNICA: empatía intuitiva

PROPÓSITO: ayudar a los aconsejados a conectar no solo los sentimientos conscientes con el contenido, sino también los sentimientos subyacentes, los motivos, los valores, los temores y las creencias con sus reacciones y experiencias actuales

FÓRMULA: Te sientes _____ (sentimiento) porque _____ (valor/ creencia/motivación).

Piensa en un momento en que te sentiste enojado.

» Describe el contexto y las circunstancias, incluyendo por qué te sentiste enojado.

La ira se considera generalmente una emoción secundaria; es decir, hay generalmente un sentimiento más profundo o primario detrás de la cólera, tal como el daño o el miedo.

» ¿Cuál podría ser ese sentimiento más profundo en la situación que acabas de describir?

Como se enfatiza en el capítulo siete, la reflexión empática es la técnica básica necesaria para desarrollar y mantener una sólida relación de ayuda. Sentirse escuchado por otro ser humano es poderoso, pero sentirse escuchado en los niveles más profundos de nuestros seres puede ser verdaderamente transformador. Aquí es donde entra la empatía intuitiva. Usar esta técnica no es fácil, sin embargo, como afirma la siguiente historia.

Yo (Heather) ¡estaba *muy* emocionada! Varios años después de graduarme de mi master, estaba en una sesión de consejería con un aconsejado con el que me había reunido durante varios meses, cuando de repente se me encendió "bombilla". ¡Conocía con absoluta certeza la cuestión principal de mi aconsejado! Esto cambiaría el curso de la vida de mi consejero. Tratando de moderar mi entusiasmo, hice mi intervención: "Sue, suena como si te hubieras sentido rechazada por tu padre toda tu vida, y ahora es realmente difícil confiar en que cualquier hombre estará ahí para ti". En mi interior, me estaba felicitando a mí misma ¡Sue pensará que soy la mejor consejera de la historia! Pero entonces mi burbuja explotó... "No", contestó Sue, negando con su cabeza, "No creo que eso sea cierto en absoluto... Joe y Ed son unos cretinos... ¡Mi padre es genial!" Tuve que morderme la lengua para no insistir en que tenía razón. Obviamente o yo estaba equivocada o

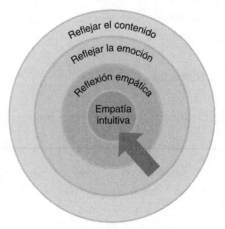

Figura 9.1. Apuntando a la empatía intuitiva

Sue no estaba lista para enfrentar la verdad. Pensé que el tiempo revelaría la verdad.

De hecho, el tiempo la reveló. Dos años después (sí, has leído bien... no dos sesiones, no dos meses, sino *dos años* más tarde) Sue emocionadamente sacudió la sesión, apenas capaz de contenerse. "¡Me di cuenta esta semana de lo que ha estado pasando conmigo todo este tiempo! Mi padre nunca ha estado aquí para mí. Quiero decir, él estaba aquí físicamente, pero emocionalmente estaba totalmente inaccesible. ¡Es por eso que siempre le hago la vida imposible a los hombres! ¡Supongo que me darán la espalda, como mi padre lo ha hecho siempre!" Después de hacer algunas reflexiones empáticas, pregunté tentativamente si recordaba que yo hice la misma conexión hace un par de años. "¡No, nunca hemos hablado de esto antes!" Exclamó.

¿Qué aprendí de esta experiencia? Ciertamente era alentador tener la confirmación de que yo había estaba en lo cierto sobre lo que había podido espigar en los años anteriores. Pero la lección más importante fue acerca del tiempo. Solo porque fui lo suficientemente intuitiva como para ver lo que estaba bajo la superficie de la conciencia de Sue no significaba que ella estaba lista para escucharlo. Por lo tanto, lo que podía haber sido un nivel cinco en la escala de la empatía en realidad se convirtió en un nivel uno.

¿QUÉ ES LA EMPATÍA INTUITIVA?

La técnica de la empatía intuitiva nos lleva a un nivel más profundo dentro del proceso de aclaración que es el enfoque del objetivo 2. La empatía intuitiva, también llamada empatía aditiva o significado profundo, se basa en la técnica de la empatía que fue tratada en el capítulo siete, pero se extiende más allá de meramente reflejar hacia una forma más ingeniosa de intervención que requiere buenas técnicas de percepción, incluida una intuición muy aguda (Okun y Kantrowitz, 2015). El propósito de esta técnica es ayudar a los aconsejados a conectar no solo los sentimientos conscientes con el contenido sino a tomar conciencia también de los sentimientos, motivos, valores y creencias que subyacen a sus reacciones y experiencias conscientes.

Esta es la primera técnica que hemos visto que realmente comienza a mezclar la intuición ingeniosa con la práctica calificada.

La fórmula para esta habilidad es prácticamente la misma que para reflejar la empatía básica, pero la implementación es algo diferente. La capacidad de un consejero para usar la fórmula con precisión se basa en algo interno dentro del consejero: una percepción intuitiva y la percepción del significado más profundo detrás de la comunicación abierta de un aconsejado (Turock, 1978). Al igual que con otras técnicas avanzadas, la empatía intuitiva es una técnica que el consejero se debe ganar el derecho a usarla, ya que aporta un mayor potencial de profundidad y perspicacia, pero también un mayor potencial para lastimar o dañar la relación de ayuda si se emplea inapropiadamente en el tiempo o en la forma.

La fórmula para la empatía intuitiva es como sigue: "Te sientes _____ (sentimiento) porque _____ (valor/creencia/motivación)".

La empatía intuitiva se basa en la escala de la empatía básica, llegando a su clímax en los niveles cuatro y cinco. Repasa los tres primeros niveles (ve al capítulo siete), y luego enfócate en la explicación expandida de los niveles cuatro y cinco. Obsérvese que una separación importante entre la empatía básica y la empatía intuitiva es la naturaleza aditiva de la empatía intuitiva (Chang, Scott y Decker, 2013). La empatía básica simplemente refleja los sentimientos y el contenido presentados en la historia por el aconsejado. La empatía intuitiva *añade* a esta presentación, llegando a los sentimientos más profundos y aún no expresados del aconsejado.

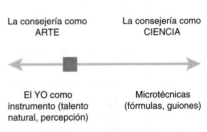

Figura 9.2. Arte frente a ciencia: Empatía intuitiva

Escala de la empatía intuitiva

Nivel 1: Esta respuesta es perjudicial para la relación terapéutica, ya que directa o indirectamente le dice al aconsejado que el consejero no está escuchando, no respeta o no entiende al aconsejado. La reflexión del consejero podría ser cualquiera de las siguientes:

✓ ignora o rechaza la emoción del aconsejado (por ejemplo, cambia el tema)

✓ contradice la emoción del aconsejado
✓ condesciende (como si fuera de un superior a un inferior)
✓ es argumentativo
✓ declara o infiere que el aconsejado es deficiente por sentirse como lo hace, por ejemplo, estúpido, ignorante, tonto o infantil
✓ da consejos
✓ desplaza el enfoque hacia lo que el consejero considera interesante o importante, en lugar de lo que el aconsejado ha expresado
✓ interpreta erróneamente la emoción del aconsejado, por ejemplo, afirmando que el aconsejado se siente feliz con algo cuando realmente se siente asustado
✓ se utiliza una técnica diferente, pero tan inapropiadamente que la empatía está prácticamente ausente

Nivel 2: Esta respuesta empática de alguna manera pierde la marca de lo que el aconsejado ha comunicado, pero no es tan perjudicial como el nivel uno. Específicamente, esto podría ser cualquiera de los siguientes:

✓ disminuye o minimiza de manera notable la emoción del aconsejado, pero al menos refleja una emoción dentro de la misma categoría de emociones
✓ se expresa como una pregunta, no como una afirmación
✓ es exacta con respecto a algo que el aconsejado dijo anteriormente en la conversación, pero va "detrás" del punto actual de la historia del aconsejado
✓ la meta no es la reflexión empática sino una técnica diferente usada apropiadamente

Nivel 2.5: Esta es una categoría de reflexión empática en la que la respuesta es algo imprecisa con respecto a lo que el sentimiento reflejado se refiere, pero carece de una adecuada reflexión del contenido. Si bien pretende ser una reflexión empática, en esencia solo refleja el sentimiento; de manera cualitativa comunica empatía al aconsejado debido a su precisión o presentación, pero carece de atención al contexto.

✓ ligeramente pierde la marca de lo que el aconsejado ha comunicado

Nivel 3: En este nivel una respuesta empática refleja con precisión los sentimientos y el contenido del consejero sin añadir o sustraer a lo que ha comunicado. La reflexión del consejero podría ser cualquiera de las siguientes:

✓ es totalmente recíproca o intercambiable con la declaración explícita del aconsejado

✓ es una descripción exacta de la situación y/o estado del aconsejado

✓ no va más allá de los sentimientos expresados por el aconsejado

✓ no minimiza ni niega los sentimientos expresados por el aconsejado

Nivel 4: Esta respuesta empática comienza a ir más allá de lo que el aconsejado ha declarado y refleja los sentimientos implícitos o subyacentes del aconsejado. En este nivel, es probable que un aconsejado perciba la declaración como perspicaz, sintiendo como si la declaración del consejero "hizo clic" con quien el aconsejado es y lo que está experimentando. Una respuesta a este nivel puede:

✓ identificar las emociones que están justo debajo de la superficie del conocimiento del aconsejado

✓ reflejar un tema en lugar de una porción específica del de la historia del aconsejado

✓ poner palabras a una emoción a la que el aconsejado solo ha estado dándole vueltas sin haber hablado de ella directamente

✓ utilizar un lenguaje afectivo más sólido que el aconsejado dados los mensajes dentro de la comunicación no verbal del aconsejado

Nivel 5: En este nivel más avanzado de empatía, la respuesta del consejero añade significativamente al afecto y sentido expresado por el aconsejado, pero lo hace de una manera que todavía es exacta y proporciona un profundo sentido de comprensión para el aconsejado. En este nivel, las respuestas verbales y no verbales del consejero reflejan con precisión el afecto, el significado y la intensidad de los sentimientos más profundos del aconsejado. Es probable que en este nivel el aconsejado perciba una declaración de nivel cinco como algo que va más allá de lo profundo y casi mágico al nivel de profundidad, intuición y comprensión expresada por el consejero. A menudo, una respuesta de nivel cinco saca del aconsejado una respuesta de tipo: "Nunca había pensado en eso, pero eso es exactamente lo que siento. ¿Cómo lo sabía?" Una respuesta de nivel cinco puede:

✓ llevar la conciencia a las emociones más profundas de las cuales el aconsejado no era todavía consciente

✓ centrarse en las cuestiones principales (p. ej., las emociones, la identidad) y los patrones arraigados del aconsejado, en lugar de centrarse en la respuesta emocional del aconsejado a una situación dada

La empatía intuitiva demanda del consejero que salga de lo que nosotros llamamos "humanidad compartida" para entender lo que podría estar pasando bajo la superficie en el aconsejado. La humanidad compartida es la idea de que, en una situación dada, la mayoría de la gente experimentará emociones similares porque es como Dios nos ha diseñado para responder. Si bien no todos experimentamos exactamente la misma emoción en una situación dada, es probable que experimentemos una emoción similar a la que experimenta otra persona. Por ejemplo, una situación que provoca miedo en una persona puede provocar aprehensión, ansiedad o nerviosismo en otra. Si bien las emociones son diferentes, todas ellas pertenecen a la misma categoría. Esta humanidad compartida permite que un consejero considere lo que el aconsejado podría estar experimentando, incluso si el aconsejado no lo ha dicho directamente. La idea no es que los consejeros proyecten en sus aconsejados cómo se sentirían si estuvieran en los zapatos del aconsejado, sino que usarán su propia autoconciencia como punto de partida.

Implicaciones de diagnóstico

En el apartado "Implicaciones de Diagnóstico" en el capítulo siete, hablamos de la alexitimia. Esta condición, caracterizada por la incapacidad de identificar, distinguir, describir e imaginar los sentimientos de uno y de los demás, es un síntoma de varios trastornos del DSM (APA, 2013). Aunque el DSM típicamente describe estos trastornos como categorías discretas, el DSM-5 ha introducido la idea de varios trastornos existentes en un todo o un espectro. Este enfoque dimensional es útil para comprender las esquizofrenias, el trastorno bipolar del humor, el trastorno del estrés postraumático, el trastorno obsesivo compulsivo y el trastorno del pánico. El espectro de diagnóstico más desarrollado es el trastorno del espectro autista (TEA). Este nuevo diagnóstico incorpora varios trastornos discretos previamente considerados, incluyendo el de Asperger y el autismo.

Antes del DSM-5 era común oír la frase "Asperger de alta funcionalidad" para describir a un niño o un adulto, más probablemente varón, que podía funcionar razonablemente bien en situaciones sociales, pero quizás exhibía cierta incapacidad de "profundizar" emocionalmente. Una característica esencial del TEA es el "deterioro persistente de la comunicación social recíproca y la interacción social" (p. 53) o "déficit en el desarrollo, conservación y comprensión de las relaciones" (p. 55). Si un individuo con TEA tiene problemas en relaciones sociales, es muy probable que también tenga dificultad en ver los aspectos más profundos de la experiencia emocional en uno mismo y en otros. Sin esta técnica, o con capacidad limitada en este sentido, es probable que la consejería no llegue al nivel de la empatía intuitiva. Como resultado, otras técnicas conductuales más concretas deben ser enseñadas en la consejería.

Una buena analogía para la empatía intuitiva la lectura de poesía. Cuando uno lee la poesía, el significado superficial no es siempre todo lo que hay en la historia. Hay simbolismo, metáfora y matices que llevan al lector a concluir que hay un significado más profundo implícito del que se muestra a primera vista. Y, al igual que la leer poesía, puede que no haya una interpretación "correcta", pero pueden haber "equivocadas".

Conexiones bíblico/teológicas

Jesús tenía la habilidad única de ver las heridas más profundas y los anhelos ocultos de una persona. La historia en la que Jesús conoce a la mujer samaritana en el pozo ilustra esto claramente (Jn. 4:5-30). A pesar de la gran distancia cultural entre Jesús y la mujer (etnia, religión, género, diferencias económicas), Él intuyó los asuntos personales y espirituales con los que la mujer vive y le presenta una relación con Dios que saciará su sed espiritual y alimentará su hambre con un propósito y significado específico.

¿Podemos esperar esa clase de comprensión profunda en todas las situaciones de consejería? ¡Por supuesto no! Nuestros propios prejuicios pueden impedirnos comprender con tanta profundidad. Nuestros aconsejados deben estar dispuestos a entablar conversaciones honestas. El contexto social debe proporcionar oportunidades para trascender nuestro aislamiento cultural. Nuestros corazones deben estar abiertos para escuchar y responder los anhelos profundos en la vida de las personas.

La empatía intuitiva como una técnica de reflexión. Como técnica de reflexión, el propósito de la empatía intuitiva es repetir verbalmente los sentimientos y el contenido que de alguna manera han sido comunicados, pero de los cuales el aconsejado puede que no sea plenamente consciente. A diferencia de nuestras técnicas básicas de reflexión, la empatía intuitiva busca añadir algún nivel de interpretación a una reflexión que de otra manera sería simple. Toma, por ejemplo, el espejo del baño. El espejo de tu cuarto de baño solo refleja de forma básica, no interpreta tu cabello como "bueno" o "malo" por la mañana, ni te da justificación alguna de por qué tu cabello se ve como se ve. Sin embargo, ¡es probable que tú sí tengas algunas opiniones importantes sobre lo que ves en el espejo! Lo que tú "ves" va más allá de lo que realmente se refleja, porque es probable que automáticamente te hagas comentarios internos. La empatía intuitiva sería como alguien que mira en ese espejo y tiene la capacidad de ver no solamente lo que realmente se refleja, sino también de captar lo que "ve", es decir, ser capaz de reflejar tanto la imagen como tu comentario interno sobre esa imagen. Como técnica de reflexión, la empatía intuitiva lleva al aconsejado a profundizar en sus emociones, profundizando en la conciencia no solo de sus emociones, sino de los motivos, valores, creencias y temas que se relacionan con esas emociones.

La empatía intuitiva como técnica de aclaración. La empatía intuitiva también sirve como una técnica de aclaración. Como tal, la empatía intuitiva utiliza la reflexión aditiva (una reflexión que va más allá de lo que fue comunicado por el aconsejado) para profundizar y obtener una mayor comprensión en las actitudes y experiencias del aconsejado. Más allá de las técnicas de aclaración del capítulo ocho, la empatía intuitiva busca aclarar motivos, valores, creencias y temas dentro de las historias del aconsejado. Esto sirve para llevar al aconsejado más allá de las emociones superficiales y el contenido de su historia.

Consejo clínico

1. La empatía intuitiva va por debajo del nivel de conciencia del aconsejado. Por esta razón, la empatía intuitiva a menudo será percibida como algo conflictiva.
2. La empatía intuitiva debe de estar precedida y seguida de reflexiones empáticas de nivel básico. De esta manera te aseguras de que estás captando la reacción del aconsejado a tu uso de la empatía intuitiva, ¡y también evitarás que los aconsejados se asusten demasiado de que los estés "leyendo" muy bien!

3. Minimiza el uso de la empatía intuitiva al inicio del proceso de consejería y aumenta el uso de la misma una vez que la relación de consejería esté bien establecida.

4. ¡Recuerda que el momento lo es todo! Puede que tengas razón sobre lo que realmente está sucediendo con el aconsejado, pero si él no está listo para recibirlo, tu uso de la empatía intuitiva puede estorbar más que facilitar el proceso de recuperación.

EJEMPLO DE UNA CONVERSACIÓN DE CONSEJERÍA CON SARAH

Técnicas utilizadas: reflejo del contenido, reflexión empática, aclarar, empatía intuitiva

Trasfondo: Has estado trabajando con Sarah de manera semanal durante más de un mes. La confianza y un nivel adecuado de relación terapéutica se han construido entre ambos. En el momento de esta conversación, han transcurrido veinte minutos de tu quinta reunión con Sarah. Nota: *damos dos respuestas de consejero que potencialmente son apropiadas para la última respuesta del consejero para que se pueda ver la diferencia entre la empatía intuitiva en un nivel cuatro y en un nivel cinco*

Sarah: *Como sabes, durante los últimos diez meses mi esposo y yo hemos estado tratando de que me quede embarazada. Ha sido agotador, y los últimos meses me han dejado un poco desanimada. ¿Y si no me puedo quedar embarazadas? ¿Qué pasa si hay algo mal en mí? No sé qué haríamos si no pudiéramos tener un hijo.*

Consejero: *Después de diez meses de intentarlo, os sentís cansados y comenzáis a haceros preguntas difíciles.*

Técnica	empatía, nivel 3
Emoción = cansancio
Contenido = diez meses intentándolo; comienzan a hacerse preguntas difíciles	
En esta respuesta, "cansado" implica tanto el agotamiento como el desaliento que Sarah siente. No es de naturaleza aditiva ni sustractiva, sino que sirve como una respuesta intercambiable que resume de manera acertada lo que Sarah dijo.	

Sarah: *¡Estoy cansada! Es tan desalentador. Quiero decir, este era mi plan desde que era pequeña: ir a la universidad, casarme, trabajar*

para ahorrar dinero durante unos años, tener un bebé, cambiar a un trabajo a tiempo parcial por un par de años, tener otro bebé. Ya sabes. Esto no estaba en el plan. Así no es lo que se suponía que tenían que ir las cosas.

Consejero: *Se suponía que el plan no debía de haber salido así.*

Técnica	Reflejar el contenido, sin reflejar emociones

Sarah: *¡No, en absoluto! Nunca me importó una carrera, ni ganar dinero, ni ascender. Estudié porque ir a la universidad es algo de esperar en mi familia y porque no estábamos económicamente listos para tener hijos. Pero, ahora que estamos listos, no está sucediendo, y no sé qué hacer. ¿Qué voy a hacer si no podemos quedar embarazada?*

Consejero: *Te sientes asustada porque tener un bebé es muy importante para ti, pero después de diez meses de intentarlo, no te has quedado embarazada.*

Técnica	empatía intuitiva, nivel 4 (el aconsejado no utiliza ninguna palabra de emoción, pero "asustada" puede ser inferida)
Emoción = miedo	
Valor = tener un bebé	

Sarah: *Tengo tanto miedo. He estado tan centrada en lo que necesitamos probar después y lo agotada que me ha dejado. Pero sí, estoy muy asustada.*

Consejero: *Cuéntame más acerca de lo que te asusta de no quedar embarazada.*

Técnica	estímulo

Sarah: *Bueno, creo que estoy asustada por muchas cosas. Tengo miedo de que signifique tengo algo malo. Tengo miedo de que mi marido se sienta decepcionado, porque siempre ha querido hijos. Tengo miedo de que no podemos darnos el lujo de adoptar y por lo tanto no tengamos hijos nunca. Tengo miedo de que nunca llegue a ser una mamá. Tengo miedo de sentirme a parte y dejada de lado cuando todas mis amigas tengan hijos y yo no. Tengo miedo de que todo lo que imaginé para la vida y la familia en el futuro no vaya a suceder—y entonces ¿quién voy a ser yo?*

Consejero: *Para ti, no estar embarazada se conecta con muchas otras partes de*
(Opción 1) *tu vida. Específicamente, te sientes abrumada por el miedo porque tu visión de la vida siempre ha implicado ser mamá.*

Técnica	empatía intuitiva, nivel 4

Emoción = abrumada por el miedo
Creencia = su plan de vida siempre incluyó
la maternidad

La idea de estar abrumada no es declarada por Sarah, sino que está implícita—si el aconsejado no está de acuerdo con la reflexión, el nivel bajaría a un 2 en la escala de calificación.

O:

Consejero: *Es como si cada aspecto de tu vida estuviera de alguna manera*
(Opción 2) *conectado a ser madre. La idea de no poder tener hijos te resulta devastador. Parece como si lo más aterrador de todo es que no tienes sentido de identidad a menos que sea teniendo hijos…casi como si la razón total de tu existencia pudiera haber desaparecido.*

Técnica	Empatía intuitiva, nivel 5 (siempre que el aconsejado esté de acuerdo con la reflexión del consejero)

Emoción = devastada, aterrada
Creencia = no hay razón para existir

Los sentimientos de "devastación" y "terror" están implícitos en la declaración de Sarah y pondría llevar la reflexión un nivel cuatro por sí mismos. Añadir el contenido, o la creencia, de "no hay razón para existir" lleva la respuesta hasta un nivel cinco. El aconsejado ha abierto la puerta al conflicto de identidad al que se enfrenta, pero la idea de que su razón de ser se vea afectada es mucho más profunda.

Comprueba tu entendimiento

Utilizando las siguientes conversaciones, identifica la técnica utilizada por el consejero, evalúala en la escala de la empatía si corresponde, y proporciona una explicación de por qué la respuesta obtuvo esa evaluación. Las evaluaciones y explicaciones de los autores se pueden encontrar en el apéndice A. Nota: *Es posible que haya más de una respuesta en cada nivel de calificación.*

1. Aconsejado: ¡No sé lo que voy a hacer! No puedo creer que mi padre nos esté haciendo mudarnos justo antes de mi último año de escuela secundaria. ¡Es muy injusto! He vivido en esta casa toda mi vida; aquí es donde están mis amigos, donde está mi iglesia y donde están todos mis recuerdos. ¿Cómo pueden pedirme que empiece de nuevo ahora? Mis padres deberían saber que no me gustan los cambios, que no hago amigos fácilmente y que soy muy tímido. Ojalá no tuviéramos que mudarnos. Solo quiero que todo siga igual.

Consejero:

Te sientes enojado porque su familia se va a mudar.

Técnica: _____

Nivel de empatía: _____

Explicación: _____

_____

Te sientes asustado.

Técnica: _____

Nivel de empatía: _____

Explicación: _____

_____

Mudarse es muy difícil. Yo también estaría muy molesto si fuera tú.

Técnica: _____

Nivel de empatía: _____

Explicación: _____

_____

Te sientes asustado porque la estabilidad es realmente importante para ti.

Técnica: _____

Nivel de empatía: _____

Explicación: _____

_____

2. Aconsejado: ¡Conseguí el trabajo! ¡Conseguí el trabajo! ¡Conseguí el trabajo! Me he esforzado tanto para esto, y no puedo creer que todo finalmente tuvo su recompensa. Desde que estaba en la escuela secundaria quería ser médico. Siempre me ha gustado ver películas y programas de televisión sobre personas que tenían enfermedades raras y ver cómo los médicos trabajan tan duro para encontrar maneras de curar a la gente. Es increíble para mí. Y, aquí estoy, ahora con un trabajo en el Centro para el Control de Enfermedades. Estar en la primera línea de combate contra la enfermedad y la muerte, pero sabiendo que podré ofrecer a alguien la oportunidad de renovar la salud, no hay mayor vocación que eso.

Consejero:

Puaj, me dan náuseas solo de pensar en cualquier cosa médica.

Técnica: _____

Nivel de empatía: _____

Explicación: _____

_____

¡Te sientes muy feliz por la oportunidad de trabajar para el CCE!

Técnica: _____

Nivel de empatía: _____

Explicación: _____

_____

Te sientes realizado trabajando como médico porque ser capaz de cuidar la salud de otros es muy importante para ti.

Técnica: _____

Nivel de empatía: _____

Explicación: _____

_____

¿Qué aspecto de ser médico te hace sentir vivo?

Técnica: _____

Nivel de empatía: _____

Explicación: _____

_____

3. Aconsejado: Mi querido Joe continúa empeorando. He podido cuidar de él en casa durante el último año, pero su enfermedad del Alzheimer se está poniendo tan mal que no sé cuánto tiempo más puedo mantenerlo en casa. Después de cincuenta y siete años de matrimonio, no puedo imaginar nuestra casa sin Joe. Pero tampoco puedo pensar en cómo puedo darle el nivel de atención que necesita ahora. Me he puesto en contacto con varios asilos en la zona, y creo que sé cuál es el mejor para Joe, pero siento que le estoy fallando. Soy su esposa, yo debería ser la que se ocupe de él, eso es lo que le prometí hace cincuenta y siete años. Pero, tal vez, que lo cuiden signifique que le proporcionen un mejor cuidado de lo que yo puedo ofrecerle. ¡Oh! Voy a extrañar a Joe.

Consejero:

El Alzheimer de Joe está empeorando, y no sabes qué hacer.

Técnica: _____

Nivel de empatía: _____

Explicación: _____

_____

Te sientes fracasada porque tienes que poner a Joe en un asilo de ancianos.

Técnica: _____

Nivel de empatía: _____

Explicación: _____

_____

Te sientes desgarrada porque quieres el mejor cuidado para Joe, y eso significa ponerlo en un asilo de ancianos.

Técnica: _____

Nivel de empatía: _____

Explicación: _____

_____

Sientes una pena profunda porque el Alzheimer se está llevando a tu marido.

Técnica: _____

Nivel de empatía: _____

Explicación: _____

_____

LO QUE LA EMPATÍA INTUITIVA *NO* ES

Como una técnica avanzada, la empatía intuitiva conlleva tensión por el mayor riesgo y mayor recompensa. Al igual que las técnicas de aclaración, la empatía intuitiva lleva a los aconsejados a profundizar en sus emociones, y con eso a un nivel más profundo de vulnerabilidad. Es importante, debido a que estamos en un territorio tan sensible y personal, que un consejero recuerde lo que *no* es la empatía intuitiva:

- La empatía intuitiva *no* es esencial, ni siquiera apropiada, para cada consejero o para cada conversación de consejería. Mientras que la empatía básica y reflexiva pueden y deben ser usadas en casi todos los contextos, la empatía intuitiva está reservada para los momentos en que la relación terapéutica es lo suficientemente fuerte y los objetivos de la consejería están llevando a abordar cuestiones más profundas que están veladas a la conciencia del aconsejado. Un consejero debe ganarse el privilegio de embarcarse en un territorio tan personal y vulnerable. Parte del arte de usar bien la empatía intuitiva es saber cuándo usarla y cuándo retenerla.
- La empatía intuitiva *no* es el objetivo de toda afirmación empática. En la mayoría de las conversaciones de consejería, una declaración de empatía reflexiva de nivel tres debe de ser la meta: encontrarse con el aconsejado donde él o ella está. La empatía intuitiva puede ser muy poderosa, lo que puede

hacer que sea tanto inmensamente eficaz cuando el momento es correcto, como ineficaz e incluso perjudicial si se usa incorrectamente. La analogía de la motosierra que utilizamos en nuestra discusión sobre el contacto físico (véase el capítulo cuatro) también puede aplicarse a la empatía intuitiva; utilizar una motosierra es una buena manera de cortar un árbol grande, pero si no sabes cómo usarla correctamente, podría dañar a alguien gravemente. Del mismo modo, el poder de la empatía intuitiva podría potencialmente abrumar a los consejeros cuando se les presenta repetidamente y sin la oportunidad de procesar u obtener los puntos de vista. Utiliza la empatía intuitiva con moderación, asegurándote de seguir usando tus técnicas de percepción para buscar señales por si el aconsejado está conectando con sus reflexiones de nivel cuatro y nivel cinco, está siendo abrumado o confundido las técnicas o incluso, tal vez, se esté poniendo a la defensiva. Un buen consejero mide dónde está el aconsejado y lo que este puede sobrellevar, uniéndose a él donde el aconsejado está y ayudándole a avanzar un paso más. Requiere mayor destreza tener discernimiento y ajustar esa profundización al ritmo del aconsejado que "lucirse" usando la empatía intuitiva prematuramente.

APLICACIÓN EN LAS RELACIONES

La capacidad de usar la empatía intuitiva generalmente toma tiempo e premeditación en conocer a la otra persona y saber cómo piensa, siente y percibe el mundo. Al mismo tiempo, es una técnica avanzada que no se puede enseñar en la misma medida que se puede desarrollar. Lo que separa las amistades casuales de las amistades cercanas y las relaciones terapéuticas es la presencia de la empatía intuitiva. En las amistades íntimas o las relaciones románticas íntimas, la empatía intuitiva se experimenta a menudo cuando una persona parece "conocer" lo que el otro está pensando, sintiendo o necesitando antes de que hable y, a veces incluso antes de que la otra persona se dé cuenta por sí misma. Así como en una relación terapéutica, la utilización de la empatía intuitiva en una relación personal debe hacerse con discernimiento y paciencia, y nunca como una manera de manipular o ejercer poder sobre la otra persona.

Datos empíricos

En *Counseling across cultures* (Pedersen, Lonner, Draguns, Trimble y Scharrón-del Río, 2016), los autores desarrollan ampliamente el valioso concepto de empatía cultural. La empatía cultural se expande más allá de la perspectiva individualista occidental y extiende la empatía a una perspectiva más "inclusiva que se centra en el individuo y en otros importantes en el contexto social" (p. 13). Como tal, "la empatía cultural inclusiva [está] basada en una perspectiva más centrada en la relación" (p. 13). Los autores sostienen que:

La empatía cultural inclusiva tiene dos características que la definen: (1) La cultura es ampliamente definida para incluir especialistas de la etnografía del cliente (etnia y nacionalidad), demografía (edad, género, estilo de vida ampliamente definido, residencia), estatus (social, educativo, económico) y afiliación (formal o informal); y (2) la relación empática de consejería valora la gama completa de diferencias y similitudes o características positivas y negativas como contribuyentes a la calidad y significado de esa relación en un equilibrio dinámico. (p. 18)

APLICACIÓN MULTICULTURAL

Debido a las diferencias culturales, el uso de la empatía intuitiva puede ser más que un desafío con diversos aconsejados. Esta técnica implica la capacidad de ser sutil en el uso del lenguaje y de leer bien las señales no verbales. La empatía intuitiva es generalmente una mis puntos fuertes (Heather), pero me he sentido como una neófita en algunas situaciones de consejería con personas de otras culturas porque pude observar el lenguaje corporal que me decía que mi aconsejado estaba reaccionando emocionalmente, ¡pero yo no tenía ni idea de lo que realmente estaba sucediendo con ellos! Aquí es donde se debe utilizar las técnicas de aclaración del capítulo anterior.

He descubierto, sin embargo, que mi capacidad para usar la empatía intuitiva aumentó a medida que se me dio la oportunidad de reunirme de manera continua con algunos aconsejados particularmente. A medida que los iba conociendo mejor, cada vez era más capaz de reconocer sus patrones únicos conductuales y afectivos y hacer inferencias a partir de ellos. Esto requiere mucho trabajo y persistencia, pero es gratificante al final.

El contexto de consejería requiere de empatía intuitiva, pero si no ves progreso en tu habilidad de usar esta técnica con un aconsejado en particular, puede que tengas que recomendar al aconsejado que vea a otra persona. Estuve a punto de eso con una aconsejada china cuyas expresiones faciales y tono de voz estaban tan bien controladas que no pude captar los matices afectivos. Finalmente le admití mis limitaciones, y discutimos la posibilidad de que ella viera a un consejero chino. La comunidad china de la que formaba parte era relativamente pequeña, por lo que dudaba que pidiera visitar a alguien para aconsejarla con quien invariablemente se cruzaría en otros contextos. Ella accedió a verbalizar su mundo interno en mayor medida, lo cual me permitió usar las técnicas de aclaración. Cuando llegué a conocerla mejor, se sintió más cómoda bajando la guardia, y yo era cada vez más capaz de utilizar eficazmente la empatía intuitiva en nuestros tiempos juntas.

APLICACIÓN MINISTERIAL

Sentarse al lado de las personas mientras se encuentran en una cama de hospital, terriblemente enfermos o al borde de a la muerte, requiere de un conjunto único de técnicas dentro de un consejero, pastor o capellán. Cada técnica que has aprendido hasta este momento siguen siendo muy importantes, pero la capacidad de proporcionar empatía intuitiva puede ser un regalo increíble en ese momento. Por ejemplo, un hombre mayor en un hospicio está exteriormente enfadado porque su hijo no ha venido a visitarle toda la semana. A través de la conversación de consejería, la empatía intuitiva puede traer a la luz que su ira está cubriendo un sentimiento más profundo de miedo a estar solo, el miedo a ser olvidado o el miedo de sentirse insignificante para sus seres queridos. Un consejero que solo se centra en el contenido del hijo que no ha visitado a su padre puede perderse los deseos más profundos del corazón del aconsejado, que busca la afirmación y la validación de lo que el significa como persona.

El tema de la muerte es a veces eludido por los miembros de la familia o por el personal médico, incluso cuando está claro que el individuo está muriendo. Para el paciente, esto supone un dilema. El paciente puede querer y necesitar hablar sobre sus miedos, pero al sentir que sus familiares son incapaces de enfrentar la realidad o que están tratando de proteger al paciente, puede que no sienta la libertad para hablar del tema. Al utilizar la empatía intuitiva, estás ofreciendo un gran regalo a tal individuo para que pueda sacar cualquier miedo subyacente o preocupaciones que tú sientes que están ahí.

CONCLUSIÓN

La técnica avanzada de la empatía intuitiva es una de gran valor y significado dentro de una relación de consejería. Al igual que con otras técnicas avanzadas, su potencial para profundizar es proporcional a su potencial de dañar cuando se usa de manera inapropiada. Reflejar las esperanzas, los temores, las creencias o las motivaciones más profundas de un aconsejado, requiere tanto aptitud por parte del consejero como compenetración entre el consejero y aconsejado. Cuando se ha ganado el derecho a usar esta técnica, y se utiliza en un momento y percepción precisos, ¡el potencial de crecimiento y percepción en el aconsejado es inconmensurable!

PREGUNTAS PARA LA REFLEXIÓN

1. Ahora que has aprendido a cerca de la empatía reflexiva básica y la empatía intuitiva, ¿cuál de las dos piensas que te surge de manera más fácil? ¿Por qué?
2. ¿De qué manera puede beneficiarte la técnica de la empatía intuitiva en las relaciones con amigos y familiares y en contextos profesionales o ministeriales?
3. ¿Cuál piensas que será tu mayor reto en la utilización de la empatía intuitiva de manera apropiada?

CAPÍTULO 10

EXPANDIENDO LAS OPCIONES TERAPÉUTICAS

¿A qué compararemos el reino de Dios,
o con qué parábola lo expondremos?
Es como un grano de mostaza, que cuando se siembra en tierra,
es más pequeño que todas las semillas que hay en la tierra;
pero después de sembrado, crece, y se hace mayor
que todas las hortalizas,
y echa unas ramas tan grandes, que las aves del cielo pueden
cobijarse bajo su sombra.

Marcos 4:30-32

Enfoque del Capítulo

TÉCNICA: el uso de metáforas

PROPÓSITO: Examinar el uso de la metáfora y la imaginería con respecto a las microtécnicas. ¿Cómo podemos utilizar nuestra imaginación como un recurso en la consejería para explicar, expandir o crear y aplicar metáforas?

FÓRMULA: Es como si _____.
Parece como _____.
¿Qué tipo de imagen te viene a la mente a medida que te centras en cómo te sientes?

Piensa en cómo te sientes en este punto de tus estudios. Has avanzado diez capítulos en este libro. ¿Cómo van tus estudios? Si bien comúnmente responderíamos a una pregunta como esta con una palabra o frase que contenga una emoción, a veces una metáfora puede incluso describir mejor y matizar la descripción de tu estado emocional. Por ejemplo, la expresión "siento que estoy entre la espada y la pared" no contiene términos emocionales pero comunica bien cómo se siente alguien.

> » Define o usa descripciones verbales (sin usar términos emocionales) para completar la siguiente oración: En este punto de mi entrenamiento me siento...

El uso de metáforas como parte de la consejería con individuos puede ser extremadamente útil, como se ilustra en la siguiente escena. Yo (Heather) me había estado reuniendo con Mandy, una mujer de mediana edad, durante varios meses. Compenetramos con bastante rapidez, y habíamos establecido algunos objetivos claros para la consejería. En términos de proceso terapéutico, estábamos casi en el cuello del reloj de arena cuando empecé a sentirme estancada. Era como si los granos de arena se hubiesen apelmazado y el movimiento hubiese cesado. En la superficie todo parecía estar bien. En lo más profundo, sin embargo, sentía que Mandy estaba reteniendo algo, pero yo no sabía qué era. Después de varias sesiones tanteando las aguas, decidí zambullirme. Utilicé una metáfora para expresar lo que presentía intuitivamente: Mandy estaba resistiendo mis intentos de involucrarla de una manera más profunda. Fue así:

Heather: Mandy, desde hace varias semanas me siento frustrada con nuestras sesiones. Estoy tratando de ayudarte a acercarte a algunos de tus principales problemas relacionales, pero siento que no voy a ninguna parte. Es como si estuvieras detrás de una especie de barrera, como si hubiera una pared de metacrilato o algo así. . .

Mandy: ¡Vaya! ¡Esperaba que no lo notases! No es realmente una pared de metacrilato, ¡más bien es como si me hubiese amurallado dentro de un castillo!

Heather: Cuéntame más sobre el castillo. . .

Mandy: Bueno, tiene paredes muy gruesas con una puerta que está cerrada con cerrojo, y solo pequeñas ventanas atrancadas que tienen un panel deslizante. Incluso cuando el panel está abierto, alguien desde el exterior no puede ver el interior. También tiene un foso profundo lleno de agua, y un enorme puente de levadizo que solo se puede controlar desde el interior.

Heather: ¡Eso suena como la fortaleza! ¿Cuál fue su razón para construirlo?

Mandy: Es más seguro de esta manera. Me ha herido tanta gente que he decidido que no debo dejar que ellos o alguien más se acerquen demasiado a mí. Por eso la fortaleza.

Heather: Si tú estás dentro de la fortaleza, ¿dónde estoy yo?

Mandy: Estás en el otro lado del foso, y el puente levadizo está levantado. Puedo verte deslizando la tapa de la ventana de la puerta un poco, pero realmente no puedes verme. Sin embargo, podemos escuchar nuestras voces.

Heather: Bueno, eso explica por qué me he sentido distanciada entre nosotras. ¡Ha habido una enorme barrera! ¿Cómo te sentirías al permitirme acercarme gradualmente a ti, para que tengas tiempo de hacer ajustes y evaluar si soy segura para ti, arriesgando poco a poco? Sé que ahora parece muy aterrador, pero me encantaría no tener esas barreras entre nosotras. Tú serás quien decida cuánto me dejas aproximarme cada semana.

Mandy: Mmmm. Está bien, estoy dispuesta a darle una oportunidad, siempre y cuando usted no intente asaltar la puerta y acelerar su camino. Voy a trabajar en dejar que se acerque gradualmente.

Durante las siguientes semanas Mandy fue fiel a su palabra. La siguiente sesión bajó el puente levadizo y me permitió quedarme fuera de la puerta y hablar con ella. La siguiente semana abrió la cubierta de la ventana y me dejó ver su cara en la oscuridad mientras hablábamos. La siguiente sesión abrió una rendija de la puerta del castillo una, y después la abrió completamente y hablamos desde el umbral. Finalmente llegó el emocionante día en que ella me invitó al castillo. A partir de ahí la consejería progresó rápidamente, y mi sentir era que la arena en el reloj de arena fluía libremente de nuevo.

¿QUÉ ES LA METÁFORA?

La metáfora ha sido tradicionalmente vista como una "expresión lingüística mediante el uso de palabras que van desde un dominio *fuente* para hablar y referirse a algo hacia un dominio de objetivo" (Gelo y Mergenthal, 2012, p. 159). *Fuente* se refiere al lenguaje concreto que está vinculado al concepto más abstracto del de *objetivo* (Robert y Kelly, 2010). En el uso que hizo Mandy de la analogía de un castillo, por ejemplo, utilizó una idea literal y concreta para describir el concepto más abstracto de la actitud defensiva relacional.

Las metáforas se usan en nuestro lenguaje cotidiano. Seguro que algunos de vosotros ni siquiera habéis notado las referencias al agua que usamos como una metáfora en el primer párrafo. Por ejemplo, "En la superficie [del agua] todo

Figura 10.1. Arte frente a ciencia: Metáfora

Metáforas convencionales

Animales:
- ✓ tener mariposas en el estómago
- ✓ llevarse como el perro y el gato
- ✓ estar como pez en el agua
- ✓ ser la oveja negra

Varios:
- ✓ resistir la tormenta
- ✓ no juzgar un libro por su portada
- ✓ crisol o mosaico de culturas
- ✓ el efecto dominó
- ✓ ser un pozo de sabiduría
- ✓ estar en punto muerto
- ✓ manzana podrida
- ✓ estar en el ojo del huracán
- ✓ Morder la mano que te da de comer

✓ comenzar un nuevo capítulo
✓ Compás moral
✓ estar en la flor de la vida
✓ visión de túnel

Cuerpo:
✓ corazón roto
✓ pies helados
✓ echar una mano

Atletismo:
✓ enfrentarse
✓ Dar el pistoletazo de salida
✓ salir en falso

¿Cuál es el valor de estos ejemplos en los diálogos de consejería?

---

parecía estar bien"; "En lo más profundo"; "Después de varias sesiones tanteando las aguas, decidí zambullirme [en el agua]." Éstas son *metáforas convencionales*, mientras que ésas que fueron creadas originalmente para comunicar un concepto específico, como la analogía del castillo de Mandy, o la analogía del metacrilato, son metáforas *no convencionales* (Gelo y Mergenthaler, 2012, p. 160).

Los propósitos de las metáforas, o figuras del discurso, en la literatura son múltiples; esencialmente son una forma de comunicación comprimida o abreviada que intenta transmitir significado extendido conectando o comparando temas actuales con otras imágenes comunes en la cultura. Como tales, enriquecen y profundizan la comprensión, comunicando los matices y otros significados. Sin embargo, utilizadas ineficazmente, también pueden ser de confusión.

Conexiones bíblico/teológicas

El versículo que está al comienzo de este capítulo emplea la metáfora de la semilla de mostaza para describir el reino de Dios, un tema central del Nuevo Testamento. La metáfora juega un papel esencial en los esfuerzos que las Escrituras hacen por dar a conocer y aclarar conceptos concernientes a la fe. Otro ejemplo en la Escritura ha sido adoptado por muchos cristianos evangélicos en todo el mundo cuando se los conoce como "nacidos de nuevo". Juan 3:3 combina las dos metáforas al afirmar que "Respondió Jesús y le dijo: De cierto, de cierto te digo, que el que no nace de nuevo, no puede ver el reino de Dios". Muchos conceptos de la fe dependen en gran medida de metáforas para ayudarnos a entender más profundamente aspectos de nuestra fe. Dios como "Padre", Jesús como "salvador" y el Espíritu Santo como "consejero" son todas ricas metáforas utilizadas para expandir y profundizar nuestro entendimiento.

Otros ejemplos de metáforas bíblicas expresan importantes verdades teológicas: sal y luz (compartir la verdad espiritual), ovejas sin pastor (estando espiritualmente perdidas), ramera o prostituta (infidelidad), correr la carrera (perseverancia en la fe), armadura de Dios (protegernos espiritualmente), la novia y el novio (la relación de Jesús con la iglesia) y el cuerpo de Cristo (la comunidad de creyentes).

Es importante darse cuenta de que hay segmentos del mundo cristiano, y posiblemente aconsejados también, que pudieran desconfiar de la idea de usar nuestra imaginación y, por lo tanto, utilizar metáforas. Al final del capítulo hay una reflexión sobre este tema que proporciona una base bíblica para el uso de nuestra imaginación.

FUNCIONES DE LA METÁFORA

Hay muchas razones para utilizar la metáfora a la hora de comunicarse. El uso frecuente que Jesús hizo de las parábolas indica que Él comprendió el poder de la historia para comunicar verdades difíciles (Blomberg, 2012). Los escritores tanto del Antiguo como del Nuevo Testamento hicieron un uso frecuente de la metáfora (Diel, 1975/1986). El libro de Juan, por ejemplo, usa muchas metáforas para Jesús (ver el apartado "Figuras Pictóricas"). Muchos grupos culturales emplean narrativas y proverbios que son de naturaleza metafórica en mayor medida que los occidentales (ver "Aplicación Multicultural" más adelante en este capítulo).

La metáfora no solo es útil en la comunicación, sino que también es un vehículo para el cambio, lo que hace que su uso sea beneficioso en las relaciones de ayuda. Se han sugerido muchas teorías para saber cómo la metáfora puede ser especialmente beneficiosa en este contexto (véase Barker, 1985; Collins, 2012; Faranda, 2014; Robert y Kelly, 2010; Tay, 2012). Aunque no lo abarca todo, Lyddon, Clay y Sparks (2001) han identificado cinco funciones de la metáfora, que creemos que se corresponden con el uso de las microtécnicas que ya has estado desarrollando. Las cinco áreas son: (1) la construcción de relaciones, (2) acceder a y simbolizar las emociones, (3) desvelar y desafiar las asunciones tácitas de los aconsejados, (4) trabajar con la resistencia de los aconsejados e (5) introducir nuevos marcos de referencia (p. 270).

La construcción de las relaciones. Las metáforas se pueden utilizar para desarrollar una relación terapéutica. Ya se ha discutido previamente la importancia de reflejar el contenido, reflejar el sentimiento y la reflexión empática como parte del objetivo 1, "Establecer la Relación y Explorar". Se enfatizó que la mejor palabra para reflejar con precisión lo que el aconsejado quiere decir era vital para comunicar exitosamente al aconsejado que el consejero entiende lo que está experimentando. La metáfora puede lograr lo mismo usando metáforas convencionales en lugar de palabras específicas. Por ejemplo, usar la metáfora "destrozado" refleja lo que el aconsejado quería decir cuando escogió decir *estar en un conflicto*.

Véase el apartado "Metáforas Convencionales" para otros ejemplos de metáforas simples y convencionales que pueden ser útiles.

Figuras pictóricas para Jesús en el Evangelio de Juan (Greggo, 2007)

Estas metáforas se usan para comunicar un aspecto de quién es Jesús: Verbo, Luz, Cordero de Dios, Mesías, Agua Viva, Pan de Vida, Puerta, Buen Pastor, Resurrección, Camino, Verdad, Vid Verdadera, Abogado.

Estas metáforas proporcionan más que una simple descripción de quién es Jesús. Por ejemplo, Jesús se llama a sí mismo Pan de Vida, una imagen para sugerir una fuente de alimento usada para nutrir y la manutención de la vida. O se llama a sí mismo el Camino, un camino y una guía que aviva el discernimiento y la sabiduría en el viaje.

Del mismo modo, "desgastado" podría ser una paráfrasis útil para *cansado* o *fatigado*. Véase la tabla 10.1 para otros ejemplos de metáforas simples y convencionales que pueden ser útiles; las metáforas que dependen de referencias obscuras o anticuadas son generalmente menos útiles, a menos que el aconsejado tenga tu mismo idioma como lengua materna. Con el tiempo, el lenguaje cambia, el idioma difiere geográficamente y el idioma es muy exclusivo para el individuo, por lo que es necesario escuchar atentamente el uso del vocabulario de tu aconsejado y alinear tu propia elección de palabras a la suya.

Las metáforas también pueden utilizarse para ayudar a orientar a los aconsejados al proceso de ayuda. Por ejemplo, un consejero puede decidir usar la metáfora de un *viaje* para describir el proceso de ayuda. Esto podría incluir describir al aconsejado como el que hace el viaje, con el consejero (o Dios o el Espíritu Santo) caminando como a un compañero. Para ahondar en la analogía, el aconsejado es el que toma las decisiones sobre si permanecer en un camino determinado, cambiar la ruta o incluso modificar el destino. Sin embargo, el consejero puede indicar rutas alternativas a lo largo del camino, hacer que el aconsejado conozca varias opciones de transporte, indicar peligros en el camino, estar atento a áreas de descanso y/o sugerir la posibilidad de nuevos destinos o puntos. La relación de ayuda puede ser mejorada en el sentido de que tal metáfora puede ayudar a los aconsejados a comprender mejor el proceso en general, con lo que posiblemente estén más dispuestos a participar.

Acceder a y simbolizar las emociones. Recientemente una niña de cinco años me dijo (Heather) que ella tenía un "dolor en el corazón". Estábamos visitando el Parque Nacional de las Montañas Rocosas en Colorado y estábamos a casi 3660 metros de altitud, donde cuesta más respirar. Al principio la entendí mal, pensando que ella estaba tratando de comunicar que la altitud estaba afectando negativamente su bienestar físico, cuando ella comenzó a llorar, lamentando, "¡extraño a mi mamá!" No solo los niños tienen dificultades para reconocer sus emociones y/o el uso del lenguaje afectivo; nuestros aconsejados adultos también pueden tenerlas, pero les puede resultar algo más fácil utilizar la metáfora.

Amy, una víctima de abuso sexual, había bloqueado sus sentimientos desde que ella tenía memoria. Cuando se le preguntaba qué sentía ella no tenía idea de cómo responder. El uso de

Tabla 10.1. Metáforas y sus significados

Metáfora	Significado Afectivo
"desgarrado" o "estar dividido"	en lucha
"agotado" o "deshecho"	cansado, fatigado, exhausto
"en la luna", "en la cima del mundo", "en una nube"	encantado
"meter la cabeza bajo tierra"	en negación
"estar en una bifurcación"	tener que tomar una decisión difícil cuando todas las opciones son igualmente validas
"dar vueltas en círculos"	confundido, ansioso
"en un mar de dudas"	indeciso
"estancado", "sentirse atascado", "entre la espada y la pared"	frustrado, confundido, temeroso
"quedarse vacío"	desolado, triste, gastado (extenuado), agotado
"rostro perdido"	vergüenza

metáforas relacionadas con sus sensaciones físicas le ayudó a comenzar a identificar sus emociones. Por ejemplo, ella empezó a conectar "tener un nudo en mi garganta" con la tristeza, "tener mariposas en mi estómago" con la ansiedad, y "tener el estómago ardiendo" con la ira. Los síntomas somáticos o síntomas físicos sirven como metáforas aún más eficaces para las personas de algunos grupos culturales (véase "Aplicación Multicultural" más adelante). Tales metáforas pueden ser iniciadas por el aconsejado y reflejadas en el lenguaje emocional por el consejero, sirviendo como una forma alternativa de reflejar sentimientos o reflejar la empatía.

La metáfora también podría ser iniciada por el consejero como una forma de usar la técnica de la empatía intuitiva. Por ejemplo, el aconsejado podría verbalizar que se siente triste, cuando al mirar las expresiones faciales y escuchar el tono de voz el consejero refleja al aconsejado lo siguiente, "Parece que estás realmente desgarrado por dentro". Del mismo modo, la técnica de la inmediatez podría ser utilizada a través de la metáfora si el consejero observa las lágrimas que se forman en los ojos del aconsejado y afirma que "Parece como si un río estuviera a punto de comenzar a fluir".

Datos empíricos

Una de las áreas a la vanguardia en la investigación en el campo de la salud mental es estudiar el cerebro. Los estudios que tienen que ver con la imaginería no son una excepción. Los estudios han demostrado que:

- Imaginar algo produce un crecimiento estructural a largo plazo en las áreas del cerebro que está siendo estimuladas (Siegel, 2007).
- La formación de imágenes neuronales parece estar estrechamente relacionada con cómo desarrollamos un sentido de uno mismo (Damasio, 2012).
- El área del mesencéfalo, en lugar de la corteza, parece ser donde comienza a formarse la autoimagen (Faranda, 2014).
- Las imágenes visuales, las emociones y las funciones motoras están conectadas en el cerebro (Faranda, 2014).

Estos hallazgos dan más evidencia de la utilidad de la metáfora y la imaginería dentro de las relaciones de ayuda.

Desvelar y desafiar las asunciones tácitas de los aconsejados. Los aconsejados a menudo no son plenamente conscientes de sus propias asunciones sobre sí mismos y el mundo, y pueden sentirse amenazados por los intentos de aumentar su conciencia. Una ventaja que ofrecen las metáforas sobre otros tipos de comunicación es que son más indirectas (Barker, 1985). También se piensa que la naturaleza no verbal de las imágenes que se evocan mediante el uso de la metáfora involucra a ambos hemisferios del cerebro (Faranda, 2014), así como a los sistemas básicos de memoria y recuperación (Schaub y Schaub, 1990). Todos estos factores contribuyen a la capacidad de la metáfora para evitar las reacciones defensivas de un aconsejado, aumentando así las posibilidades de que una intervención de confrontación sea bien recibida.

Los aconsejados que han sufrido abuso infantil pueden, por ejemplo, tener percepciones erróneas acerca de Dios (Gingrich, 2013). Los aconsejados pueden encontrar que Dios es visto como inseguro, sobre todo si el abuso que sufrió el aconsejado fue a manos de su padre. Por lo tanto, introducir la metáfora de Dios como *padre* puede potencialmente manifestar una creencia subyacente de que nadie es confiable, particularmente la figura paterna. La asunción del aconsejado puede encajar mejor con una metáfora de Dios como *juez*. Cambiar la metáfora a *Jesús el Buen Pastor* puede ayudar a que la percepción del aconsejado cambie por una más precisa y realista.

Trabajar con la resistencia de los aconsejados. La capacidad de la metáfora para reducir la defensa, como se ha comentado anteriormente, funciona particularmente bien cuando se está trabajando con la resistencia del aconsejado (véase el capítulo once para más discusión sobre la resistencia). Volviendo a un ejemplo anterior, cuando Mandy no estaba dispuesta a participar en el proceso necesario para seguir adelante en la consejería, Heather introdujo la metáfora de la separación como si Mandy estuviese detrás del metacrilato. Mandy fue capaz de desarrollar y presentar su propia metáfora de castillo, lo que finalmente condujo a un avance terapéutico. Simplemente diciendo "Mandy, siento que no te sientes lo suficientemente segura conmigo para trabajar de verdad a través del miedo que estás experimentando" puede haberla hecho sentir amenazada y tal vez hubiese resultado en una resistencia aún mayor. En este caso, la microtécnica de la inmediatez relacional (véase el capítulo doce) con el uso de una metáfora se utilizó para

> *La imaginación, ya que es una facultad de la mente natural, debe sufrir necesariamente tanto de sus limitaciones intrínsecas como de una inclinación inherente hacia el mal.*
>
> *... Una imaginación purificada y controlada por el Espíritu es, sin embargo, otra cosa, y es esto lo que tengo en mente aquí. Anhelo ver la imaginación liberada de su prisión y dada a su lugar apropiado entre los Hijos de la nueva creación. Lo que estoy tratando de describir aquí es un don sagrado de ver, la capacidad de mirar más allá del velo y mirar con admiración asombrada sobre las bellezas y misterios de las cosas santas y eternas.*
>
> **A. W. Tozer (1959)**

contrarrestar el temor de Mandy de pasar al siguiente paso de la curación.

La microtécnica de confrontar señalando discrepancias también se puede emplear usando la metáfora. Una confrontación directa de un aconsejado que está mostrando un comportamiento irresponsable en el trabajo podría hacerse diciendo, "Usted me ha dicho que quiere ser ascendido a gerente, pero llegó tarde a su turno dos veces la semana pasada, no fuiste un día al trabajo, y ahora estás en riesgo de perder tu empleo". Utilizando una metáfora, la misma confrontación podría ser hecha diciendo, "Usted me ha dicho que le gustaría volar como un águila hacia el éxito en su trabajo, si bien con algunas de sus decisiones en estas últimas dos semanas se ha puesto en peligro de estrellarse en el suelo contra las rocas". El uso excesivo de esta manera de confrontar podría ser contraproducente (¡otra metáfora!), pero con alguien que está a la defensiva y con quien la metáfora ha sido útil previamente, puede ser bastante efectivo.

Introducir nuevos marcos de referencia. Las metáforas proporcionan la oportunidad para que los aconsejados se vean a sí mismos o sus situaciones de manera diferente. Tom, una víctima de abuso infantil, utilizó la metáfora de un "pedazo de vidrio, destrozado en cientos de piezas" para describir el dolor y la impotencia que sentía. El consejero de Tom tomó su metáfora y la modificó, hablando de cómo las vidrieras son el resultado de tomar pedazos de cristal y crear algo único y hermoso de ellos. Esta reenmarcación fue capaz de dar a Tom una esperanza renovada. Se dio cuenta que nada podía quitarle el horror de su trauma, sino que Dios podía tomar sus piezas y formar algo nuevo y bueno a partir de las piezas de su vida. Tal metáfora es probable que sea útil solo si el consejero es auténtico en su creencia de que el cambio para este aconsejado es posible. Las metáforas utilizadas de esta manera se calificarían como cuatro o cinco en la escala de autenticidad y, como tales, tendrían un elemento de confrontación (véanse los capítulos once y doce).

Implicaciones de diagnóstico

Por su propia naturaleza, el diagnóstico DSM-5 para el trastorno de identidad disociativo (TID) implica una metáfora. Mientras que la realidad externa es que un individuo con TID es realmente una persona con un solo cuerpo, la realidad interna de alguien con TID se experimenta como muchas personas de diferentes edades, habilidades y características físicas. Los mundos internos de las personas con TID pueden variar mucho. Algunos se han descrito como una casa con múltiples niveles y varias habitaciones en cada piso, con diferentes identidades que viven en cada habitación. Las estructuras internas de otros implican múltiples reinos o islas, cada una de las cuales tiene su propia estructura organizativa. Las posibilidades solo están limitadas por la imaginación. Para trabajar eficazmente aquellos que tienen TID, los consejeros deben ser capaces de entrar en los mundos subjetivos de sus consejeros, explorarlos y, en última instancia, ayudarles a modificar sus metáforas para que se ajusten mejor a la realidad.

Por ejemplo, una identidad disociada de una aconsejada con TID se veía a sí misma como el ángel de la muerte. Entrando en su metáfora, yo (Heather) la exploré un poco más, para descubrir que ella creía que su papel era matar al cuerpo. Al señalar que el cuerpo que yo vi no tenía las alas y las garras negras que ella creía que tenía, su metáfora comenzó a cambiar. Eventualmente llegó a verse como la niña aterrorizada que fue cuando fue torturada sádicamente. Después de más tiempo y mucho arduo trabajo, fue capaz de reconocer que ella no era en realidad una niña, sino que era una parte de una persona entera que había sido destrozada como resultado de un trauma infantil. Ser capaz de introducir metáforas útiles, y ser capaz de trabajar con, extender y modificar las metáforas del aconsejado, es una técnica esencial en el trabajo con tales aconsejados.

Un consejero infantil me dijo una vez (Heather) la siguiente broma: "¿Cómo se come un elefante?" ¿La respuesta? "¡De un solo bocado!" De todas las bromas posibles que ella podría haber compartido, escogió una que podría ser vista como una metáfora de cómo abordar el difícil trabajo terapéutico. Posteriormente he compartido esta broma con unos cuantos aconsejados que se sentían abrumados por los obstáculos a la recuperación que siguen enfrentando.

DIRECTRICES PARA EL USO DE LA METÁFORA

Hemos discutido algunas de las funciones que las metáforas tienen en la consejería, junto con algunos ejemplos específicos que se utilizaron para ilustrar estas funciones. Ahora vamos a ver algunas pautas sobre cómo utilizar mejor la metáfora. Varios autores han sugerido protocolos para trabajar con metáforas (p. ej., Kopp y Craw, 1998; Sims, 2003; Sims y Whynot, 1997). Sin embargo, hemos llegado a la conclusión de que las directrices sugeridas por Bayne y Thompson (2000), como resultado de su investigación sobre usos clínicos de la metáfora, abarcan lo que es más beneficioso. Su delineación de pasos específicos para usar la metáfora dentro de una relación de ayuda se expande en las tres estrategias originales de Strong (1989) para responder a las metáforas de los aconsejados. Estas son: (1) identificar que un aconsejado ha pasado de la comunicación literal a lo figurativo, es decir, que está usando la metáfora; (2) decidir si responder o no a la metáfora inmediatamente o recordarla para un uso futuro; y (3) elegir deliberada o intuitivamente una de las tres estrategias de Strong: (a) explicar, (b) extender y (c) crear y presentar (pp. 48-49).

Consejo clínico

1. Si tu aconsejado tiene una buena imaginación, hay una gran posibilidad de que el uso la metáfora funcione.
2. La metáfora puede ser muy útil con víctimas de trauma complejos/abuso infantil.
3. Pregunte a los aconsejados que sean de una cultura diferente acerca del uso de la metáfora (por ejemplo, proverbios, historias) dentro de sus culturas.
4. Los símbolos en los sueños son en última instancia metáforas. Las pautas para el uso de metáforas discutidas en este capítulo también pueden aplicarse cuando se trabaja con los sueños (véase Benner, 1998, capítulo 8).

Identificar que un aconsejado está utilizando la metáfora. El primer paso es identificar que un aconsejado está hablando en sentido figurado. Mientras que a veces el uso de una metáfora por parte de un aconsejado es muy obvio, en otras ocasiones puede que no notes el cambio en el modo de comunicación. Esto puede ser especialmente cierto para las metáforas convencionales que se han arraigado en nuestro lenguaje. Por ejemplo, "Enterré el hacha de guerra", "Creo que preferiría liarme la manta en la cabeza" y "Nadar y guardar la ropa" son expresiones coloquiales que usan metáfora, pero pueden ser fácilmente pasadas por alto debido al uso común.

Decidir si responder o no a la metáfora inmediatamente o recordarla para un uso futuro. Como se discutió en el capítulo tres, hay muchas cosas que tú como consejero percibirás en tus aconsejados. Parte del arte de la consejería es determinar si lo que estás percibiendo tiene un significado particular, y si concluyes que lo tiene, entonces debes de responder de inmediato o recordarlo para su uso en un futuro. Esta técnica se desarrolla con el tiempo a medida que los consejeros aprenden a confiar en su intuición. Todo lo que dicen o hacen los aconsejados, en última instancia, pasa por este mismo proceso evaluativo y de toma de decisiones. Determinar si responder y cuándo hacerlo al uso de la metáfora de un aconsejado no es una excepción.

Elegir una de las tres estrategias de Strong: Explicar, ampliar, o crear y presentar. Una vez que hayas decidido responder a la metáfora de un aconsejado, tienes tres opciones para cómo proceder.

Explicar lo implícito. Es importante que el consejero y el aconsejado lleguen a un entendimiento compartido del significado de la metáfora. Por lo tanto, lo que se ha comunicado implícitamente debe hacerse explícito. Esto puede hacerse mediante la reflexión de la emoción o la reflexión empática, utilizando empatía intuitiva o aclarando el significado de la metáfora. Por ejemplo, si un aconsejado exclama: "¡Estoy en la cuerda floja!", el consejero podría responder: "Suena como si no tuvieras esperanza" (reflejar la emoción), "Te sientes tan desesperado que piensas en terminar con tu vida" (empatía intuitiva) o, "¿Qué significa estar en el 'la cuerda floja' para ti?" (Aclarar).

Extendiendo o modificando terapéuticamente la metáfora. Aquí es donde el consejero toma la metáfora del aconsejado y se suma a ella o la cambia de alguna manera, permitiendo que el aconsejado replantee su experiencia. El siguiente ejemplo proviene de la investigación de Bayne y Thompson (2000) usando material de casos reales. El aconsejado usa la metáfora "Estoy en la cuerda floja", y el consejero extiende la metáfora respondiendo, "Usted está en/se ha unido al circo". El aconsejado responde, "Sí, y estoy haciendo malabares al mismo tiempo" (p. 40). Observa cómo las extensiones de la metáfora original dan una idea aún mayor de la experiencia que el aconsejado siente.

Otro ejemplo de una sesión real extiende la metáfora de una manera diferente. El consejero responde haciendo una serie de preguntas aclaratorias, tales como "¿Qué tan grande es la balsa?" "¿Qué aspecto tiene?" "¿Te sientes a salvo?" "¿Cómo es el mar?" "¿Puedes ver tierra?" "¿Puedes nadar?" "¿Qué pasaría si dejas la balsa?" "¿Qué ves a tu alrededor?" (Bayne y Thompson, 2000, p. 42). Obtener estas aclaraciones va más allá de la estrategia anterior de hacer explícito lo implícito, en el sentido que el aconsejado se ve obligado a profundizar en su propia metáfora en el proceso, aprendiendo mucho.

Creación y presentación de metáforas terapéuticas. La tercera opción es que el consejero cree su propia metáfora en respuesta a la metáfora de un aconsejado para abrir nuevas posibilidades. Un ejemplo podría ser el que se ha compartido anteriormente sobre un aconsejado que se ve a sí mismo como "pedazos de vidrio roto" (expresando desesperanza) y la consejera desarrolla su propia metáfora de que el aconsejado se convierta en una vidriera (expresando esperanza y la posibilidad de belleza). Del mismo modo, un aconsejado podría expresar, "estoy al final del camino", y el consejero responde con, "Me pregunto si hay senderos cercanos que pudieran llevarte a donde quieres ir".

Strong no parece animar a los consejeros a crear sus propias metáforas, excepto en respuesta a una metáfora que el aconsejado previamente ha introducido. Sin embargo, como se mencionó anteriormente, creemos que a veces también puede ser beneficioso para los consejeros presentar sus propias metáforas, como lo hizo Heather con la metáfora de la barrera de metacrilato. En este caso fue el aconsejado el que respondió con su propia metáfora, la del castillo. Si una metáfora particular es iniciada por el consejero, como con cualquier intervención, la clave no es imponerla al aconsejado, sino más bien ofrecerla, preparándote para trabajar con cualquier respuesta.

Comprueba tu comprensión

Para las siguientes conversaciones, identifica si cada respuesta está explicando, expandiendo o creando y entregando una metáfora (vea las pautas arriba). Evalúe la intervención en función de dónde piensa que podría conducir (Nota: aquí no hay ningún bien o mal, el objetivo es hacer que piensen en las implicaciones de una respuesta particular.) Véase el Apéndice A para las posibles respuestas.

1. Aconsejado: ¡Me siento como si estuviera viviendo en una telenovela!

Consejero:

¡Es como si las cosas estuvieran fuera de control!

Tipo de respuesta: _____

Evaluación: _____

_____

Nunca esperaste que hubiera tanto drama en tu vida. Todo se siente inaceptable para ti.

Tipo de respuesta: _____

Evaluación: _____

_____

¿Cuál sientes que es la escena más importante?

Tipo de respuesta: _____

Evaluación: _____

_____

2. Aconsejado: Es como si me estuviera pisoteando. . .

Consejero:

Te sientes pateado y molido en el polvo.

Tipo de respuesta: _____

Evaluación: _____

_____

¿Cómo es sentirse pisoteado?

Tipo de respuesta: _____

Evaluación: _____

_____

Es como si te sintieras despreciado, y duele mucho.

Tipo de respuesta: _____

Evaluación: _____

---

3. Aconsejado: Siento que me estoy ahogando.

Consejero:

Las olas son tan enormes que estás tratando de mantenerte a flote, pero sigues siendo arrastrado por debajo.

Tipo de respuesta: _____

Evaluación: _____

Te sientes totalmente abrumado.

Tipo de respuesta: _____

Evaluación: _____

Es como si todo estuviera cayendo sobre ti.

Tipo de respuesta: _____

Evaluación: _____

APROXIMACIONES Y TÉCNICAS TAMBIÉN PUEDEN SER METÁFORAS

Los enfoques de asesoramiento expresivo, tales como terapia de arte, terapia de danza / movimiento, musicoterapia, terapias sensoriomotoras, terapia de juego y, de manera similar, terapia equina asistida, terapia de aventura y modalidades relacionadas esencialmente están utilizando la capacidad de una persona para comunicarse en metáforas como el Modalidad de asesoramiento. La expresión artística, la música, los movimientos particulares, el juego son metáforas de lo que está experimentando el aconsejado. Las dinámicas emocional, cognitiva, conductual y relacional están codificadas, a menudo inconscientemente, en la modalidad terapéutica.

Algunas de las principales terapias de consejería, como la terapia Gestalt, también hacen un amplio uso de la metáfora. Trabajar con expresiones simbólicas en terapia es un proceso terapéutico relacionado en el cual el símbolo representa una dinámica intrapersonal e interpersonal. Interpretar el significado de la expresión particular para el aconsejado es el desafío.

También es interesante notar que varias teorías de consejería hacen uso de metáforas para nombrar conceptos importantes de la teoría. La terapia psicoanalítica se refiere al mecanismo de defensa del desplazamiento, que es una metáfora de cómo un tazón lleno de agua rebosa cuando se coloca una piedra dentro. Del mismo modo, nos defendemos contra el dolor o la ansiedad cuando nos centramos en la piedra en lugar de centrarnos en el tazón de agua. Los practicantes del entrenamiento de la inoculación de estrés (EIE), un tipo de terapia cognitivo-conductual, hacen uso de una metáfora médica. De manera similar a las vacunas que contienen una forma inofensiva de una enfermedad para crear anticuerpos contra la enfermedad, los consejeros que usan EIE crean situaciones en la sesión de consejería que se experimentan como estresantes. Esto permite que el consejero entrene a un consejero para desarrollar habilidades que le ayuden a manejar el estrés. La teoría es que la gestión exitosa de estos elementos estresantes es entonces la protección contra las futuras formas de estrés y otras variedades de estrés en la vida.

El Modelo "Pagdadala"—"Soportador de Cargas"

Decenteceo (1997), un psicólogo filipino/investigador, encontró que la metáfora de la carga representa con precisión la salud emocional/psicológica o la angustia para los filipinos. Definió las cargas como responsabilidades, que podrían tomar la forma de relaciones o tareas. Cuando las cargas son percibidas como ligeras, no hay problema, pero cuando son subjetivamente experimentadas como pesadas, las cargas crean angustia. De la misma manera, el hecho de que las cargas hayan sido libremente aceptadas y/o el individuo estuviera adecuadamente preparado para soportar la carga también tuvo un impacto. Si bien hay muchas cargas tales en una cultura orientada hacia la relación con muchas obligaciones familiares y una en la que hay mucha pobreza, "la mayoría de los filipinos llevan sus cargas a la ligera" (p. 88). Las relaciones de ayuda, entonces, implican el acercamiento con individuos para ayudarles a llevar su carga más ligeramente o ayudarlos a llegar a su destino. Observe cómo la metáfora de llevar carga se combina con la metáfora de ir en un viaje y tiene numerosas conexiones bíblicas (p. ej., Mt. 11: 28-30, Ga. 6:2).

En la terapia de pareja enfocada en las emociones, existe una técnica se llama "atrapar la bala". Se refiere a la estrategia metafórica del consejero que se extiende y capta el comentario hiriente disparado de un cónyuge hacia el otro y lo reinterpreta como una oferta de conexión (Johnson, 2004b). El uso frecuente de la técnica de replanteamiento en muchas terapias contemporáneas es una metáfora de cómo el cambio del marco—el contexto de un evento o experiencia—puede alterar el significado de la experiencia para el aconsejado, así como un marco puede cambiar la apariencia de un cuadro. Por ejemplo, la enmarcación de la depresión o la tristeza como enojo interiorizado es una comprensión terapéutica común.

APLICACIÓN PARA LAS RELACIONES

Mason (1985), en un libro casi poético sobre el matrimonio cristiano, usa un ejemplo del cónyuge que es como un roble gigante que crece en medio de su casa. Dondequiera que entras en la casa, todo lo que haces es eclipsado por el roble. No puedes ignorarlo; es incluso difícil rodearlo. Debes tenerlo en cuenta en todo lo que haces. Ver la televisión, sacar comida de la nevera, salir de la casa, todo requiere tener en cuenta el roble. Si bien esta es una metáfora improbable y desapacible en sus implicaciones, ilustra muy bien el grado en el que una persona soltera, y que vive sola, debe ajustarse cuando él o ella elija casarse. Tal vez si más gente considerase a su cónyuge como un roble, tendríamos menos egoísmo en el matrimonio.

Tal es la riqueza de la metáfora cuando se reflexiona sobre las relaciones. En última instancia, la pasión y la intimidad, así como la desesperación y el dolor, que están presentes en estrecha relación, son difíciles de verbalizar. La metáfora se convierte en la manera de describir el misterio.

APLICACIÓN MULTICULTURAL

Yo (Fred) recuerdo un episodio de Star Trek en el que el capitán está varado en un planeta con un solo humanoide. La tendencia natural es la desconfianza, la introversión y el miedo a la violencia. Para evitar este resultado los dos intentan comunicarse. A pesar de que disponen de un traductor universal (¡estoy deseando que lo inventen!) los dos son incapaces de comunicar incluso significados básicos. El problema, resulta, es que el otro humanoide solo se comunica usando expresiones, proverbios, historias y referencias históricas arraigadas en su cultura. En nuestro idioma sería como comunicarse sobre un desastre masivo en el que muchos fueron asesinados diciendo "9/11", o diciendo que "la autopista estaba bloqueada" para referirnos a un tráfico realmente lento. Incluso cuando el otro se da cuenta de lo que está sucediendo, la comunicación es casi imposible porque el capitán de Star Trek no tiene ninguna de las referencias históricas de la cultura del otro.

Pienso en este episodio cada vez que me siento realmente perdido con un aconsejado. Aparentemente, ambos estamos hablando el mismo idioma, pero la forma en que estamos utilizando palabras y transmitimos el significado es radicalmente diferente. ¿Cuánto más son los problemas de comunicación entre las personas que hablan diferentes idiomas?

Imagínate si Dios hubiese escogido comunicarse con nosotros solo mediante el uso de la metáfora y la historia. Por ejemplo, la serpiente en el jardín podría referirse al engaño en las relaciones, o Abraham sacrificando a Isaac podría referirse a obedecer a Dios a toda costa. Éstas pueden ser referencias familiares para nosotros, pero para una cultura secular o no cristiana, serían insignificantes a menos que algo de estas metáforas fueran significados comunes, como sucede con musulmanes y judíos.

Este es el reto de la comunicación intercultural con el lenguaje figurativo. Tal lenguaje puede ampliar y profundizar significativamente el significado, pero también puede confundir y distraer. Todas las culturas se comunican extensamente a través de la metáfora, o el uso de proverbios e historias. Cristo usó un medio de comunicación culturalmente relevante cuando usó parábolas para revelar verdades profundas acerca de Dios. Mwiti y Dueck (2006), en su libro *Consejería Cristiana: Una perspectiva indígena africana*, animan a los consejeros africanos a hacer uso de proverbios e historias locales en su trabajo de consejería con otros africanos. Si conoces una cultura lo suficientemente bien, puedes familiarizarte con metáforas y proverbios particulares y podrías hacer uso de ellos en tu trabajo de consejería con un aconsejado de esa cultura.

Incluso si no estás en una posición para conocer una cultura a ese nivel, puedes escuchar proverbios que su aconsejado introduce y aclarar su significado. Si no estás familiarizado con los posibles beneficios de hacer uso de proverbios, el momento puede pasar desapercibido. Como mínimo, habrás perdido una oportunidad potencialmente valiosa para ser útil de una manera culturalmente significativa. El peligro, sin embargo, es que tu aconsejado interprete tu silencio como una falta de permiso para traer algo similar en el futuro. Del mismo modo, descifrar la metáfora de un consejero o conseguir que él amplíe un poco más la historia son maneras de demostrar interés, así como de recoger la información provechosa sobre el mundo del aconsejado.

PALABRAS ADICIONALES SOBRE LOS PROVERBIOS

Relacionado con el tema de la metáfora está el uso aparentemente universal de los proverbios— refranes y dichos sabios enraizados en un lenguaje que son comunes y entendidos dentro de contexto cultural. Incluso dentro de un lenguaje particular, diferentes subgrupos y generaciones dentro de la misma cultura desarrollan proverbios únicos. En un contexto de consejería, los proverbios pueden ser útiles para comunicar la sabiduría común y contrastar la experiencia de un aconsejado con concepciones más amplias dentro de la cultura. Proporcionan una perspectiva mediante la cual la conversación actual puede ser comparada, contrastada o afirmada.

Las expresiones coloquiales o modismos son una variación adicional en este tema. Nuevamente, enfatizamos el contexto cultural único de tales formas de lenguaje. Observa en la tabla de abajo los distintos "sabores" de estos proverbios, que representan tres culturas únicas geográfica y racialmente, así como en términos de tiempo histórico.

El uso variable e intrigante del lenguaje puede ser muy útil en las conversaciones de consejería, pero la cautela debe siempre reconocerse: el consejero debe estar familiarizado con la cultura del aconsejado para comunicar con precisión estas formas relativamente complejas de lenguaje.

APLICACIÓN MINISTERIAL

Hay muchas posibilidades de usar la metáfora en contextos más amplios del ministerio.

Uso explícito de metáforas bíblicas. Esa metáfora tan comúnmente usada en la Biblia significa que cuando se considera apropiado hacer un uso explícito de la Escritura, hay una plétora de metáforas a elegir entre las que pueden ser útiles. Por ejemplo, el cumplimiento de Jesús como nuestro pastor, cuidándonos tiernamente de pequeños corderos, puede ser muy reconfortante. Las metáforas bíblicas a veces pueden usarse incluso con los consejeros no cristianos. Por ejemplo, los consejeros que no reconocen a Cristo probablemente no estarían cómodos con la idea de que pueden ser atrapados en una batalla espiritual entre Dios y Satanás. Sin embargo, pueden sentir mucho los efectos de estar en un campo de batalla, y usar las metáforas de elegir la "luz" sobre la "oscuridad" con respecto a las decisiones que toman podría ser muy útil.

Oración de sanidad interna/ministerio teofóstico. La mayoría de los enfoques de oración de sanidad interna usan imágenes visuales de algún tipo. Algunos utilizan imágenes guiadas, por ejemplo, sugiriendo que los aconsejados visualizan a Jesús allí con ellos de alguna manera. Otros enfoques invitan al aconsejado a imaginarse a sí mismo como un niño, tal vez de una edad particular. La metáfora es invariablemente una parte de tales acercamientos. Véase Gingrich (1983, pp. 178-80) o Appleby y Ohlschlager (2013, capítulos 2-3) para una discusión sobre los beneficios y peligros del uso de estos enfoques.

Dirección espiritual. Entre las muchas aplicaciones de la Biblia y otras metáforas al crecimiento espiritual, están los numerosos

Tabla 10.2. Los proverbios a través de las culturas

Inglés norteamericano del siglo veinte	Africano del sigo veinte	Antiguo Testamento— Versículos escogidos de Proverbios 15
• Ningún hombre es una isla. • Mantén a sus amigos cerca y tus enemigos más cerca. • No hay lugar como en casa. • A caballo regalado no le mires el diente. • Dios ayuda a los que se ayudan a sí mismos. • La pureza está al lado de la piedad. • Una imagen vale más que mil palabras. • La práctica hace la perfección. • La belleza está en el ojo del espectador. • La hierba está siempre más verde al otro lado de la valla. • Haz a los demás lo que quisieras que te hicieran a ti. • No cuentes tus pollos antes de que salgan del cascarón.	• Bailamos, por lo tanto, existimos. • La vida tiene dos piernas: macho y hembra. • La generación de uno es como un país diferente de la generación de otro. • La vida se vive hacia delante, pero se entiende hacia atrás. (Congo) • Uno puede pensar mejor cuando está en reposo. (África del Norte) • Lo que ayuda al niño a amar es más importante que lo que le ayuda a aprender. (Senegal) • Trata la tierra bien; no te fue dada por tus padres, sino que te fue prestada para tus hijos. (Kenia) • Bailar es ser curado, reconciliado y restaurado.	• [1] La blanda respuesta calma la ira; Mas la palabra áspera hace subir el furor. • [3] Los ojos de Jehová están en todo lugar, Mirando a los malos y a los buenos. • [5] El necio menosprecia el consejo de su padre; Mas el que guarda la corrección vendrá a ser prudente. • [13] El corazón alegre hermosea el rostro; Mas por el dolor del corazón el espíritu se abate. • [14] El corazón inteligente busca la sabiduría; Mas la boca de los necios se alimenta de necedades. • [16] Mejor es lo poco con el temor de Jehová, Que el gran tesoro donde hay turbación. • [17] Mejor es la comida de legumbres donde hay amor, Que de buey engordado donde hay odio. • [20] El hijo sabio alegra al padre; Mas el hombre necio menosprecia a su madre. • [22] Los planes son frustrados donde no hay consejo; Mas con multitud de consejeros se realizan.

usos de lo que la literatura psicológica llama arquetipos. Un arquetipo es un ideal, prototipo o símbolo que representa algo básico o fundamental en la experiencia humana. Carl Jung es el psicólogo más reconocido en la exploración de arquetipos compartidos comunes que son experimentados a través de culturas y generaciones. Con base libremente en los arquetipos junguianos, miles de autores han extendido los arquetipos de Jung para señalarnos los aspectos espirituales comunes y compartidos de nuestro viaje con Cristo. Mientras que la literatura de dirección espiritual frecuentemente llega a estudiar el crecimiento espiritual en otras religiones, no solo en el cristianismo, hay muchas similitudes entre religiones con los arquetipos del guerrero, soberano, vidente y amante (ver Tallman, 2005).

El elemento fascinante que se relaciona con este capítulo es que los arquetipos son metáforas universales que pueden usarse para describir el viaje espiritual en sus desafíos, peligros y recompensas. Cuando los directores espirituales o los consejeros se refieren a los personajes bíblicos como arquetipos y ejemplos de los altibajos del viaje espiritual, estamos sugiriendo esencialmente que son metáforas de nuestra propia vida con Cristo y que sus vidas nos enriquecen a través del poder de las imaginaciones dadas por nuestro Dios.

CONCLUSIÓN

El uso de la metáfora en consejería es una de las técnicas más basadas en el arte de las presentadas hasta ahora en este proceso de formación. Basándose en la intuición del consejero y la conciencia cultural, las opciones creativas son infinitas para cómo las metáforas pueden ser aplicadas dentro de la relación de consejería. Cuando se presentan bien y en el momento adecuado, el uso de metáforas y parábolas puede expandir la comprensión de la historia que los aconsejados están compartiendo y puede darles un lenguaje para los sentimientos que de otra manera no se diría.

PREGUNTAS PARA LA REFLEXIÓN

1. ¿Qué metáfora usarías para describir tu vida o tu visión de la vida?

2. Durante los próximos dos días, preste particular atención a tu uso del lenguaje y anota cada vez que te encuentres utilizando una metáfora o haciendo referencia a un proverbio. ¿Hay un tema o patrón para los tipos de metáforas que usas?

3. ¿Qué metáforas notas en el habla de otras personas? Observa lo que se comunica con metáforas específicas. ¿Cómo crees que el uso de estas metáforas ayuda o dificulta la comunicación?

EXCURSUS: UNA MIRADA MÁS PROFUNDA DE LOS FUNDAMENTOS BÍBLICOS PARA EL USO DE LA IMAGINACIÓN EN LA CONSEJERÍA

El equivalente psicológico contemporáneo a la imaginación es el concepto de visualización. Los psicólogos deportivos suelen emplear la técnica de visualización para mejorar el rendimiento; Imaginar ganar es una estrategia eficaz para ayudar a lograrlo. Normalmente, la visualización consiste en imaginar, con tantos sentidos como sea posible, haciendo una secuencia específica de acciones reales—cómo se sentirá, lo que vas a pensar y así sucesivamente. Por supuesto, en el extremo esto podría convertirse en pensamientos rumiantes, un síntoma de trastorno obsesivo-compulsivo, pero en ese caso la ansiedad, provocada por imaginar algo amenazante, es lo que impulsa las imágenes. También conocido como poder de la mente o pensamiento positivo, esta técnica cognitivo-conductual hace uso de nuestra capacidad humana para construir escenarios alternativos en nuestras mentes y cómo podemos lograrlos. La fantasía es una idea relacionada.

Nuestra imaginación es un regalo de Dios. Sin embargo, puede usarse para bien o para mal. Los cristianos a lo largo de los siglos han tenido cierta ambivalencia con respecto a nuestra capacidad de imaginar cosas. Por ejemplo, en la versión King James de la Biblia, la frase "imaginación vana" se usa en el Salmo 2:1 (repetido en Hechos 4:25) y Romanos 1:21. Otras traducciones usan diferentes conceptos, pero la connotación negativa de la imaginación ha persistido. En inglés vemos los restos de esta visión en sinónimos como "fantasía" o "conjurar ideas". Está arraigado en el segundo de los Diez Mandamientos (Ex. 20), que nos dice no hacer imágenes o ídolos y no adorarlos. Hacer una imagen en nuestra mente es semejante a hacer un ídolo y así podría considerarse idolatría.

Sin embargo, la enseñanza bíblica integral respecto a la imaginación es considerablemente más compleja. Se pueden presentar varios puntos:

1. Nuestra imaginación, como todo lo demás en nosotros, se ve afectada por la caída:
   - "Y vio Jehová que la maldad de los hombres era mucha en la tierra, y que todo designio de los pensamientos del corazón [imaginación] de ellos era de continuo solamente el mal" (Gn. 6:5).
   - "Así dice Jehová de los ejércitos: No escuchéis las palabras de los profetas que os profetizan; os alimentan con vanas esperanzas; hablan visión de su propio corazón, no de la boca de Jehová" (Jr. 23:16).

2. Pero, nuestra imaginación, como todo lo que somos, puede ser redimida:
   - "derribando argumentos y toda altivez que se levanta contra el conocimiento de Dios, y llevando cautivo todo pensamiento [imaginación] a la obediencia a Cristo" (2 Co. 10:5).
   - "Por lo cual, estad preparados para la acción [imaginación], sed sobrios, y esperad por completo en la gracia que se os traerá en la revelación de Jesucristo". (1 P. 1:13).
   - "Esto, pues, digo y requiero en el Señor: que ya no andéis como los demás gentiles, que andan en la vanidad de su mente [imaginación]," (Ef. 4:17)
   - "No os adaptéis a las formas de este mundo, sino transformaos por medio de la renovación de vuestra mente [imaginación], para que comprobéis cuál es la voluntad de Dios: lo bueno, lo que le agrada, y lo perfecto". (Ro. 12:2)

3. Nuestras imaginaciones son conocidas por Dios:
   - "Y tú, Salomón, hijo mío, reconoce al Dios de tu padre, y sírvele con corazón entero y con ánimo generoso; porque Jehová escudriña los corazones de todos, y entiende todo intento de los pensamientos [imaginación]. Si tú le buscas, lo hallarás; mas si lo dejas, él te desechará para siempre" (1 Cr. 28:9).

4. Hay cosas que nosotros no podemos imaginar (¡pero tal vez deberíamos intentarlo!)
   - "Él es Todopoderoso, al cual no alcanzamos, grande en poder; Y en juicio y en multitud de justicia no afligirá" (Job 37:23).
   - "Amados, ahora somos hijos de Dios, y aún no se ha manifestado lo que hemos de ser; pero sabemos que cuando él se manifieste, seremos semejantes a él, porque le veremos tal como él es" (1 Jn. 3:2).

5. Mientras la imaginación está manchada por la caída, y es propensa al mal uso y al enfoque pecaminoso, puede ser usada para la gloria de Dios:
   - "Tú guardas en completa paz a aquel cuyo pensamiento [imaginación] en ti persevera; porque en ti confía" (Is. 26:3).
   - "Las riquezas del rico son su ciudad fortificada, Y como un muro alto en su imaginación (Pr. 18:11).
   - "No penséis que he venido para traer paz a la tierra; no he venido para traer paz, sino espada" (Mt. 10:34).
   - "Por lo demás, hermanos, todo lo que es verdadero, todo lo respetable, todo lo justo, todo lo puro, todo lo amable, todo lo que es de buena reputación; si hay virtud alguna, si algo digno de alabanza, en esto pensad [imaginación]" (Fil. 4:8).
   - "Y a Aquel que es poderoso para hacer todas las cosas mucho más abundantemente de lo que pedimos o pensamos, según el poder que actúa en nosotros, a él sea gloria en la iglesia y en Cristo Jesús por todas las edades, por los siglos de los siglos. ¡Amén!" (Ef. 3:20-21).

Adaptado por Fred Gingrich de una fuente desconocida (1999). Para más reflexiones sobre el uso de la imaginación en la consejería cristiana, véase Wright (1986).

CAPÍTULO 11

REFLEJANDO LAS DISCREPANCIAS APARENTES

sino que aferrándonos a la verdad en amor,
crezcamos en todo hacia aquel que es la cabeza, esto es, Cristo

---

Enfoque del Capítulo

TÉCNICA: confrontación

PROPÓSITO: reflejar discrepancias aparentes dentro de la historia del aconsejado

FÓRMULA: Por un lado, _____, pero por otro lado
_____

¿Qué piensas cuando oyes la palabra *confrontación*?

> » Escribe las palabras, imágenes o emociones que te vienen a la mente:

Ahora piensa en la última vez en la que te viste envuelto en algún tipo de confrontación.

> » ¿Cómo te sentiste? ¿Cómo están ahora las cosas entre la
> otra persona y tú?

Nosotros (Heather y Fred) una vez tuvimos una joven, Noreen, alquilando una habitación en nuestra casa durante varios meses mientras ella encontraba un apartamento. Antes de mudarnos, la conocíamos un poco, y aunque no estábamos muy unidos, teníamos una relación amistosa. Un día Noreen regresó del trabajo y, sin responder a nuestros saludos, pasó por delante de nosotros hasta la cocina. Eso nos dio el mensaje de que algo estaba mal, pero no teníamos ni idea de qué se trataba. Así que tratamos de iniciar una conversación de nuevo, pero fue en vano; miró hacia adelante y siguió caminando. Esta vez su comunicación no verbal hizo aún más evidente que ella no solo estaba molesta, sino que tenía algo que ver con nuestra relación.

¿Qué íbamos a hacer? Podríamos haberla ignorado, pero ninguno de nosotros quería vivir en un ambiente tan hostil por las semanas le que quedaban de estar con nosotros. Decidimos que necesitábamos confrontar a Noreen, pero ninguno de nosotros quería. Pensando que Noreen podría tener una actitud menos defensiva si otra mujer la confrontaba (bueno, ¡esta era la excusa de Fred!), decidimos que yo (Heather) hablaría con ella. Lo que sucedió cambió mi perspectiva de la confrontación para siempre. Esto es lo que pasó:

Llamamos, lamamos, llamamos. No había respuesta en la puerta de su dormitorio. Llamaos, llamamos, llamamos.
Heather: Noreen, sé que estás ahí. Me gustaría hablar contigo durante unos minutos.
Noreen (a través de la puerta cerrada): Estoy cansada. No quiero hablar.
Heather: Te agradecería que abrieras la puerta para poder hablar. No tardaré mucho.
La puerta se abre unos centímetros, y Noreen mira a través de la puerta.
Heather: Gracias, Noreen. Es bastante obvio que estás molesta con nosotros, pero Fred y yo no tenemos ni idea de por qué. . .
Noreen: No estoy molesta.

Heather: Bueno, ¿podría entrar para que pudiéramos hablar más?

Noreen: (abrió la puerta a regañadientes), supongo.

Heather: Gracias, Noreen. Por un lado, sé que acabas de decir que nada está mal, pero cuando pasaste por delante nuestra dos veces sin hablar, estabas transmitiendo alto y claro que estás molesta acerca de algo ¡que tiene que ver con nosotros!

En este punto, Noreen reconoció que estaba enojada con nosotros. No recuerdo cuál era el tema en sí; sé que fue un malentendido relativamente menor que se resolvió bastante rápido una vez que hablamos de ello. Lo que sí recuerdo es a Noreen diciéndome al final de la conversación que no podía creer que pudiéramos hablar sobre el tema y que nuestra relación anterior siguiera intacta.

Heather: Bueno, ¿qué ha sucedido cuando has tenido desacuerdos con la gente antes?

Noreen: ¡No hablo con ellos nunca más!

Heather: Así que ¿ese el final de la relación?

Noreen: Sí. Supongo que por eso mis amistades no duran. Gracias por mostrarme que hay una manera diferente.

Concluí esta conversación sorprendida. ¿Es realmente posible que algunas personas tengan habilidades de relacionarse tan pobres que nunca resuelve ni siquiera problemas simples? ¡Qué triste! Me di cuenta de una manera nueva lo esencial que es la confrontación. Nos acercamos aún más a Noreen después de que la confronté suavemente y ella accedió. Al ver el gran impacto que la confrontación tuvo en esta situación me motivó a no eludir la confrontación con los aconsejados cuando la confrontación tuviese el potencial de ayudarles a crecer o, al contrario, cuando *no* confortarlos resultase perjudicial para su crecimiento continuo. Al igual que Noreen aprendió de primera mano que una relación no solo puede sobrevivir a una confrontación, sino que puede prosperar cuando se resuelve un problema, también, tus consejeros pueden experimentar lo que es ser confrontado y que la relación de consejería profundice como resultado de esa confrontación.

¿QUÉ ES CONFRONTAR?

A veces la confrontación tiene mala reputación. Muchas personas temen la confrontación, evitándola a toda costa. Es cierto que la confrontación puede ser incómoda y que existe el riesgo de dañar las relaciones cuando se hace con un motivo impropio o en un momento impreciso, o sin la necesaria credibilidad relacional. Por otro lado, la confrontación puede ser muy esclarecedora, potenciadora y relacional cuando se hace apropiadamente. Como con cualquier otra técnica avanzada, la confrontación no siempre es necesaria; puede no ser aplicable a todos los aconsejados o todas las relaciones de consejería. Sin embargo, aprender a confrontar bien es una técnica de valor incalculable.

En la lengua vernácula común, la *confrontación* a menudo viene con una connotación de dureza, corrección e incluso un desafío a la persona en el extremo receptor de la conversación. Por ejemplo, a menudo hablamos de la necesidad de "confrontar el mal" hecho

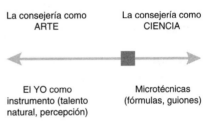

La consejería como ARTE

La consejería como CIENCIA

El YO como instrumento (talento natural, percepción)

Microtécnicas (fórmulas, guiones)

Figura 11.1. Arte frente a ciencia: Confrontación

por otra persona. En un ambiente de consejería, la confrontación adquiere un significado completamente diferente. ¿Recuerdas que en el capítulo uno hablamos de cómo el proceso de aprender técnicas es a menudo como aprender un idioma? Bueno, volvamos a esa analogía por un minuto.

A veces cuando se aprende un nuevo idioma se tropieza con una palabra en el nuevo idioma que suena como una palabra en tu lengua materna, pero las palabras significan cosas diferentes (o incluso ligeramente diferentes). Puede ser complicado porque tu cerebro oye una palabra que cree que sabe, pero el significado no es el mismo. La técnica de la confrontación es así, ya que significa una cosa en la vida cotidiana, pero en consejería tiene un significado diferente.

En consejería, la confrontación simplemente refleja las *aparentes* discrepancias dentro de la historia de un aconsejado. No es intrínsecamente un desafío, un reproche o una corrección, sino que es simplemente el reflejo de dos elementos aparentemente contradictorios.

En una fórmula, esto es más o menos así: "Por un lado _____, pero por otro lado _____".

Hammond, Hepworth y Smith (1977) identifican tres categorías principales de discrepancias, que incluyen:

- *Cognitivo-perceptual*: Se encuentran dentro de esta categoría discrepancias aparentes relacionadas con el pensamiento irracional, la negación de la realidad o la responsabilidad, la generalización excesiva o la estereotipación del yo y de los demás, la infravaloración de uno mismo y la información insuficiente o inexacta.
- *Afectiva*: Las discrepancias aparentes en esta categoría incluyen la incongruencia entre la intensidad de la emoción expresada y la situación, los sentimientos expresados y reales, y las emociones expresadas verbalmente o no verbalmente.
- *Conductual*: Las discrepancias conductuales incluyen la ausencia de metas o dirección, conducta agresiva manipuladora o pasiva, incongruencia entre metas o valores declarados y comportamiento e incongruencia entre intenciones expresadas o sentimientos y el comportamiento.

Es importante recordar que una confrontación refleja discrepancias *aparentes*, siempre teniendo en cuenta que la discrepancia puede no existir realmente, pero puede ser fácilmente aclarada y explicada por el aconsejado. Ejemplos de confrontación en un entorno de consejería pueden ser así:

- Por un lado, tú quieres que tu mamá sepa lo que está pasando en tu vida, pero, por otro lado, estás nervioso de hablar con ella. (*Discrepancia conductual*)
- Usted acaba de decirme que no está enojada con su esposo por haberla dejado sola con su hijo de dos años durante tres semanas mientras él estaba ausente por un viaje de negocios, pero mientras habla está apretando sus dientes y su tono voz aumenta. (*Discrepancia afectiva; fórmula implícita por la palabra* pero)
- Por un lado, quieres ser un jugador de béisbol profesional cuando crezcas, pero por otro lado, no quieres entrenar. (*Discrepancia conductual*)

- Por un lado, crees a tu amiga que te dijo que no puedes quedar embarazada la primera vez que tiene relaciones sexuales, pero, por otro lado, está ignorando a tu maestra de salud, que cita investigaciones médicas que dicen que puedes quedar embarazada en cualquier momento que tengas relaciones sexuales. (*Discrepancia cognitivo-perceptual*)
- Por un lado, usted dices que te gusta tu trabajo, pero, por otro lado, estás diciendo que quieres buscar algo nuevo. (*Discrepancia conductual*)
- Por un lado, ser honesto es importante para ti, pero por otro lado, no estás seguro de querer decirle a tu papá lo que pasó exactamente anoche. (*Discrepancia conductual*)
- Por un lado, te sientes muy atraído por Ashley, pero, por otro lado, tienes miedo de entrar en otra relación tan pronto después de tu reciente ruptura. (*Discrepancia afectiva*)
- Así te ves realmente como un inútil, sin embargo, ¡tu jefe acaba de ascenderte en el trabajo! (*Discrepancia cognitiva*)

Al igual que las otras técnicas en el objetivo 2, la confrontación tiene el propósito de facilitar la profundización y el conocimiento de la historia del aconsejado. Al llamar la atención sobre sus discrepancias aparentes, los aconsejados tienen la oportunidad de aclarar si existe o no una contradicción y reflexionar sobre por qué dicen o hacen una cosa, pero luego dicen o hacen algo diferente.

Los niveles de confrontación. Al igual que la escala de empatía, la escala de confrontación tiene cinco niveles. Los niveles de confrontación varían desde pasar por alto o ignorar discrepancias potenciales hasta una confrontación profundamente empática y directa.

Escala de confrontación

Nivel 1:
- ✓ Se ignoran o se pasan por alto las discrepancias
- ✓ Se descuidan las áreas de confrontación potencialmente productivas

Nivel 2:
- ✓ El terapeuta no pasa por alto las posibles áreas de confrontación, pero no las identifica abiertamente

✓ Puede responder con silencio o reflexión
✓ Incluye algunas confrontaciones prematuras y poco oportunas

Nivel 3:

✓ El terapeuta llama la atención sobre la discrepancia abordándola abiertamente, pero de una manera reflexiva o especulativa
✓ los esfuerzos para facilitar la auto-confrontación pertenecen a este nivel
✓ el momento es apropiado
✓ el aconsejado no es humillado

Nivel 4:

✓ El terapeuta identifica de manera directa y específica las discrepancias e inconsistencias
✓ el tiempo es apropiado
✓ el aconsejado es desafiado a cambiar el comportamiento
✓ la dignidad y la autoestima del aconsejado están protegidas

Nivel 5:

✓ El terapeuta confronta directamente
✓ buen sentido de la ocasión
✓ Las discrepancias pueden estar más alejadas de la percepción consciente del aconsejado
✓ alto nivel de respeto por el potencial de crecimiento de los aconsejados y su autoestima
✓ transmite cuidado

Cuidado-confrontación. Yo (Elisabeth) hice mis prácticas en un centro de tratamiento de violencia doméstica durante mi programa de maestría, trabajando con hombres que fueron ordenados por la corte a asistir a terapia debido a su ira y violencia en el hogar. Mi supervisor, Daryle, era un militar alto, en forma, de 60 años de edad, jubilado, con el corazón de osito de peluche más grande que jamás hayas visto. Daryle me enseñó que la confrontación era una parte integral del proceso de consejería, particularmente en nuestro centro, pero también me enseñó algo más profundo. Daryle rara vez se refirió a esta técnica como "confrontación"; en cambio, la llamaba "cuidado-confrontación". Él escogió este lenguaje para recordarse a sí mismo y a sus aconsejados que el motivo detrás de cualquier declaración de confrontación tiene que ser un cuidado sincero por el aconsejado. De acuerdo con esta misma convicción, a medida que avancemos usaremos la *confrontación* y el *cuidado-confrontación* de manera intercambiable como una forma de recordar el propósito y el motivo que debe subyacer en esta técnica.

Datos empíricos

En un estudio sobre las percepciones que los toxicómanos tienen sobre la confrontación, Polcin, Mulia y Jones (2012) encontraron que los participantes distinguían entre confrontaciones útiles e inútiles en el proceso de consejería. Una muestra de sus hallazgos incluye:

Confrontaciones útiles:
1. percibido como legítimo
2. ofrecer esperanza y apoyo práctico
3. hechas por personas de confianza
4. impartido por personas que son relacionalmente muy importantes para los aconsejados

Confrontaciones inútiles:
1. hipócrita
2. excesivamente hostil (enfadado)
3. ocurre dentro de una relación conflictiva

Este estudio confirmó la importancia de la legitimidad, la confianza y el cariño, la esperanza y el apoyo práctico, el momento y la relación en la capacidad del aconsejado para recibir la confrontación y percibirla como útil.

¿Qué hace que una confrontación sea del tipo "cuidado-confrontación"? Hay múltiples maneras de implementar una confrontación para que haya más posibilidades de que se reciba como una de tipo "atención-confrontación". Considera los siguientes consejos cuando utilices la técnica de cuidado-atención.

• *Establece una buena relación básica de confianza mutua y cuidado.* Como con cualquier otra técnica avanzada, un consejero debe de ganarse el privilegio de hablar sobre la vida de un aconsejado. A través del uso de las técnicas del objetivo 1, la paciencia y un sincero deseo de ayudar, los motivos para castigar, que se desquitan con o reprimen al aconsejado resultan incluso resueltos. Además, esto ayuda a establecer una base de confianza y respeto mutuo, permitiendo que una confrontación sea más fácilmente escuchada y recibida por el aconsejado.

- *Tantea.* Si bien el uso de rodeos verbales no es aconsejable en el objetivo 1, pueden resultar útiles en el objetivo 2. Específicamente, preceder una confrontación con "a veces", "de vez en cuando", "tal vez" o "quizás", puede suavizar una confrontación, permitiendo que los aconsejados consideren lo que se ha dicho sin sentir que necesitan defender o refutar la reflexión como un absoluto su historia. Por ejemplo, un consejero podría decir: "A veces te oigo decir que te encanta tu trabajo, pero de vez en cuando vienes aquí diciendo que estás listo para dejarlo".

- *Utiliza el humor.* El uso del humor a menudo puede eliminar la presión de una situación que, de otra manera, sería pesada y puede hacer las cosas más agradables. Albert Ellis, el fundador de la Teoría de Comportamiento Emotivo Racional, recomendó usar el humor dentro de su enfoque altamente confortativo de consejería, incluyendo el uso de canciones humorísticas. (El Instituto Albert Ellis ha continuado esta práctica, creando canciones terapéuticas a la melodía de la música pop moderna.) Vea http://albertellis.org/rebt-in-song-lessons-in-low-frustration-tolerance/# para un ejemplo.) Cabe señalar que el sarcasmo no suele tener un papel terapéutico en la relación de consejería, ya que puede interpretarse como condescendiente, despectivo o degradante cuando no se ha establecido firmemente la base relacional adecuada.

Implicaciones de diagnóstico

Algunos libros de adicción, junto con los manuales de tratamiento de abuso de alcohol y drogas, son probablemente los más explícitos sobre la necesidad de la confrontación en consejería. Algunos enfoques cristianos también gravitan hacia la confrontación como una estrategia de consejería primaria (p. ej., Adams, 1981; Backus, 2006; Backus y Chapian, 2014). Es comprensible que los ayudantes graviten entorno a la confrontación, ya que un consejero puede frustrarse rápidamente después de proporcionar sesiones de empatía no directiva solo para ver que el aconsejado regresa a patrones de conducta no saludables de antes. Además, hay momentos en que parece que la empatía no solo no produce ningún beneficio aparente, sino que parece reforzar los patrones adictivos y conducir a la recaída. Responder empáticamente a todas las dificultades que las personas tienen y entender cómo estas condujeron al desarrollo de su adicción puede simplemente hacer que se sientan mal de nuevo y pedirles que recurran a su adicción para calmar su dolor. El ciclo necesita ser roto, y por eso los especialistas en adicciones utilizan en seguida la confrontación.

Sin embargo, la investigación nos dice que en general, los enfoques basados en la confrontación no son eficaces en consejería (Norcross, 2010). Por lo tanto, es importante reflexionar sobre varias cuestiones relativas a la confrontación. (1) ¿De que otras herramientas de consejería dispones cuando la empatía no parece ser efectiva? (2) ¿Cómo sabemos que la empatía ha sido ineficaz o que la confrontación es efectiva? A menudo hacemos juicios bastante rápidos y superficiales con respecto a la efectividad de nuestras intervenciones. (3) ¿Cómo se da la confrontación? Como se menciona en el capítulo siete, la mayoría de las técnicas pueden utilizarse en combinación con la empatía básica. Lo que más importa es evaluar cómo la confrontación, o cualquier técnica que se esté usando, afecta la relación de consejería.

Para volver al tema de las adicciones, como sostiene Norcross (2010), lo que es más efectivo para ayudar a las personas con conductas adictivas es la entrevista motivacional (ver Rollnick y Miller, 1995). Este es un enfoque específico para conducir una conversación con personas que están atrapadas en patrones adictivos. Está enfocado, dirigido, orientado a objetivos y orientado a resolver la ambivalencia del aconsejado. La motivación para cambiar debe provenir del aconsejado y no se impone desde el exterior. Sin embargo, la persuasión directa no es un método eficaz para resolver la ambivalencia. Si la confrontación, en el sentido de la persuasión, se utiliza en consejería, es probable que sea ineficaz con todos los tipos de aconsejados.

- *Considera el espíritu en el que se da la confrontación.* La autorreflexión y la autoconciencia por parte del consejero son muy importantes en la implementación de esta técnica. Cada consejero encuentra aconsejados que frustran o molestan, o que simplemente no tienen sentido para el consejero. Esto no te hace un mal consejero; ¡significa que eres humano! Lo que es importante es que seas consciente de tus motivaciones cuando confrontas a un aconsejado: ¿Es la confrontación una manera deshonrosa de expresar frustración o molestia con el aconsejado? ¿O la confrontación proviene en realidad de un lugar de cuidado, consideración y empatía hacia el aconsejado? Si sus motivos no están claros o se nublan negativamente, considera el buscar supervisión antes de confrontar a un aconsejado.

- *Haz un "sandwich" de confrontación con empatía.* En otras palabras, haz una reflexión empática de nivel tres antes de y después de confrontar para que el aconsejado se sienta comprendido a lo largo del proceso (Ivey, Ivey y Zalaquett, 2014). Esto ayuda al aconsejado a recibir la confrontación en el espíritu en que se da, de tipo cuidado-atención.

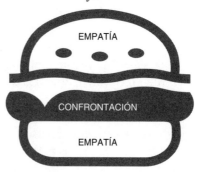

Figura 11.2. Sándwich de la empatía

- *Gradualmente y concretamente.* Nadie disfruta realmente siendo confrontado, y la mayoría de la gente puede ser fácilmente abrumada si se presentan con múltiples cosas a la vez que necesitan ser cambiadas en su vida. Por lo tanto, una confrontación de tipo cuidado-confrontación toma los diferentes temas de uno en uno y los aborda concretamente. Por ejemplo, tienes un aconsejado que lucha con la higiene personal, que invade el espacio personal de otros en situaciones sociales y que no siempre dice cosas apropiadas en entornos profesionales. Si llamaras su atención al mismo tiempo sobre cada uno de estos aparentes déficits en el aconsejado, probablemente ofenderías y abrumarías al aconsejado. En su lugar, tendrías que elegir abordar la situación tema por tema, por ejemplo, higiene personal, y proporcionar observaciones específicas y directas sobre este tema. Esto podría sonar así: "Joe, me has dicho que quieres mejorar tus relaciones sociales, pero he notado que a menudo usas ropa sucia y hueles como si no te hubieras duchado en días. Me pregunto cómo crees que esto podría estar afectando tus relaciones sociales". Lo específico de oler como si no se hubiera duchado y usar ropa sucia permite lo que podrían ser metas muy concretas emerjan dentro de la conversación: ducharse todos los días y usar solamente ropa limpia.

- *Tratar con acciones en lugar de solo palabras.* ¿Te has visto alguna vez atrapado en una conversación en la que "no quería decir eso" era algo que se decía frecuentemente? Si bien puede ser apropiado y terapéuticamente beneficioso confrontar a un aconsejado basado en dos declaraciones aparentemente contradictorias de cualquier variedad, a menudo es mejor contradecir el comportamiento. El razonamiento detrás de esta sugerencia es que el comportamiento es más difícil de refutar o eliminar, mientras que las palabras a menudo pueden ser explicadas como mal entendidas o inexactas. Además, una confrontación de las acciones de uno puede ser experimentada como algo menos personal por el aconsejado que una confrontación de sus palabras.

- *Utiliza el menor grado de franqueza y fuerza necesaria para lograr el objetivo terapéutico.* A veces es mejor usar una confrontación clara y fría en vez de confrontar algo de una manera audaz o demasiado directa. Por ejemplo, es mejor decir: "Por un lado, parece que preferirías quedarte en casa y evitar situaciones sociales potencialmente estresantes, pero, por otro lado, realmente deseas tener más amigos", en lugar de, "Por un lado, estás aterrorizado por las situaciones sociales que te tienen encerrado en tu casa, pero, por otro lado, estás cansado de no tener amigos". En caso de duda, comienza más suave y luego aumenta la franqueza si el aconsejado no parece entender el cuidado-confrontación. Emmanuel S. Hammer reconoció los posibles peligros de ser demasiado directo cuando dijo: "Es importante no acostumbrarse tanto a arrancar las máscaras de la gente que ya no se escuche el desgarro" (citado en Hammond, Hepworth y Smith, 1977, p. 278). Recuerda que cualquier confrontación tiene el potencial de hacer que el aconsejado se sienta vulnerable y expuesto, así que, procede suavemente.

- *Usa lo que el aconsejado ha dicho o hecho previamente para contradecir lo que el aconsejado está diciendo o haciendo ahora.*

(Elisabeth) Siempre que tengo un aconsejado que viene a consejería para trabajar en "asuntos de relaciones", una de mis primeras actividades es que el aconsejado defina y explique lo que entiende por una "relación sana". Esto incluye asuntos relacionados con el tiempo juntos frente a tiempo separados, actividades compartidas con la otra persona, expectativas y límites físicos y sexuales, expectativas de cercanía, crecimiento, afecto, recreación, etc. Con esta explicación proporcionada por el aconsejado al principio, ya tengo un punto de partida para que el aconsejado pueda ir atrás y revisar las bases de sus propios valores, creencias y lenguaje. Como consejera, esto me ayuda a protegerme de imponer mis propios valores al aconsejado, y sirve para establecer un fundamento cariñoso y empático para cualquier confrontación futura.

UN EJEMPLO DE DIÁLOGO DE CONSEJERÍA CON EMILY

Trasfondo de la conversación: Una vez tuve una aconsejada, Emily, que estaba buscando consejería con el objetivo declarado de desarrollar relaciones románticas más saludables. Una mujer soltera de veintitantos años, acababa de terminar un romance de dos años con un hombre de veinticinco años mayor que ella, y su relación anterior había sido con una mujer veinte años mayor que ella. En una de nuestras primeras sesiones le pedí a Emily que definiera me definiese lo que ella pensaba que era una relación sana y qué características quería incluir en cualquier relación futura. Entre algunos otros criterios, Emily me proporcionó una lista que incluía objetivos o valores como "hombre, no más de diez años mayor", "soltero", "amistad antes de tener una relación sexual" y "cristiano".

Alrededor de un año después de esta sesión, Emily vino a consejería queriendo hablar sobre una persona de su trabajo que le interesaba. Nuestro diálogo fue más o menos así:

Emily: *De acuerdo, no sé lo que vas a pensar, ni siquiera sé lo que pienso yo. Pero, he estado coqueteando con una persona en el trabajo. Su nombre es Becky, y creo que me gusta.*

Consejera: *Estás interesada en alguien del trabajo que se llama Becky, y tú no*
(Elisabeth) *estás muy segura todavía sobre qué pensar de la situación.*

Técnica	reflejar el contenido

Emily: *Sí, es solo diversión. Quiero decir, todavía no ha sucedido nada. Solo estamos flirteando.*

Elisabeth: *Esta es la primera vez en casi un año que te he oído hablar de estar interesada en alguien. Me pregunto si simplemente te atrae, o si estás pensando en iniciar una relación con ella.*

Técnica	reflejar el contenido, estimular

Emily: *Lo sé, y es extraño. Realmente no sé cómo determinar lo que quiero. Sé que me gusta la atención y el coqueteo, pero no sé si quiero algo más con Becky o no. Si bien pienso que ella es súper genial, cuando ella habla de lo que ella y sus amigos hacen en el fin de semana, no puedo imaginar pasar el rato con ellos. Parecen fiesteros totales, y eso no va conmigo. No sé si podríamos ser amigos fuera del trabajo. El flirteo es muy divertido.*

Elisabeth: *Por un lado, piensas que Becky es genial y te gusta coquetear con ella, pero, por otro lado, no estás segura acerca de sus amigos o de tu capacidad de ser amigas fuera del trabajo.*

Técnica	cuidado-confrontación—nivel tres, discrepancia cognitiva

Emily: *Sí, esa es la cosa.*

Elisabeth: *Me pregunto si recuerdas cuando empezamos a vernos y creaste una lista de valores que dijiste que eran importantes para ti, cosas que consideraste como innegociables si volvieras a tener una relación.*

Técnica	estimular—usada para confirmar que el consejero y el aconsejado están en la misma línea para avanzar juntos

Emily: *¡Oh, sí, me olvidé por completo de esa lista! No recuerdo totalmente lo que incluí, pero guardaste una copia en mi archivo, ¿verdad?*

Elisabeth: *Sí, guardé una copia. Me pregunto si sería útil para nosotros echar un vistazo y ver cómo lo que dijiste anteriormente te puede ayudas en tu decisión sobre Becky.*

Técnica	estimular

Emily: *Me parece una buena idea. Vamos a hacerlo.*

Saqué la lista y la leí en voz alta sin comentarios, y luego dijo:

Elisabeth: *Me pregunto qué es lo que destacarías de la lista en comparación con la situación que acabas de describir con Becky.*

Técnica	estimular

Emily: *Bueno, una cosa que está dentro de lo que dije es que quería salir con alguien que sea como mucho diez años mayor que yo, ¡y Becky es solo siete años mayor que yo! También dije que quería salir con alguien que no estuviese casado actualmente, y Becky se ajusta a ambos criterios. ¡Eso es lo primero!*

Elisabeth: *¡Muy bien, es una mejora estar interesado en alguien más cercano a tu edad y no casado ya! Ahora, por un lado, también dijiste que querías salir con alguien que fuese varón, cristiano, y que fuese amigo primero, pero, por otro lado, estás diciendo que estás interesada en Becky, que es mujer, no cristiana y que no se rodea de personas con las que a ti te gustaría rodearte. Me pregunto qué sentido le das a esos dos aspectos, o si la lista ya no representa los valores que son importantes para usted.*

Técnica	
La autenticidad (que será descrita en el capítulo doce), comprobó que yo no estaba diciendo algo simplemente por decirlo. En este caso mi respuesta espontánea sirve de ánimo. Animar, aunque no es una microtécnica en sí, a menudo es muy importante para afirmar los pequeños pasos o logros que los aconsejados hacen dentro del viaje. Cuidado-confrontación-nivel tres; discrepancia aparente entre metas o valores declarados, y afecto. Estímulo-invita a la aconsejada a comentar y deja una puerta abierta para que la aconsejada diga que ella ha cambiado de opinión y que la lista ya no es un reflejo de sus valores.	

Emily: *No, todos esos valores son todavía importantes para mí y, en mi esencia, no quiero comprometer esos valores. Ha pasado mucho tiempo desde que me sentí interesada en alguien y que realmente alguien se interese por mí. Supongo que me gusta la atención, pero también sé que esto probablemente no es una relación en la que debería participar.*

Elisabeth: *A pesar de que esta relación tiene algunos elementos que son diferentes de las relaciones pasadas, y que se ven como crecimiento y progreso para ti, también te sientes incómoda comprometiendo tus metas anteriores.*

Técnica	Empatía, nivel 3

emoción = incomodidad
contenido = Comprometer objetivos anteriores para
una posible relación

Emily: *Una parte de mí dice: "Olvídate, ¡hazlo!" Pero la mayor parte de mí dice que no debería. No puedo prometer que no pasará nada, o que dejaremos totalmente de coquetear, pero quiero seguir usando la consejería para ayudarme a mantener mi compromiso con la lista que hice.*

Una de las cosas que aprecio de haber trabajado con Emily es que siempre fue muy directa. Nótese que ella no solo tomó el cuidado-confrontación y salió de la puerta, para nunca luchar con el asunto de las relaciones saludables de nuevo. En su lugar, ella manifestó honestamente que no estaba segura de si podía cumplir con sus valores, pero quería intentarlo. Al final, ella siguió coqueteando su compañera de trabajo llegando incluso a besarla, pero cortó todos los contactos poco después. Celebramos su éxito en no tener una relación sexual con esta compañera de trabajo, así como su capacidad para poner límites mucho antes de lo que había sido capaz de hacer en las relaciones anteriores. Su crecimiento en perseguir y tener relaciones sanas creció a partir de una confrontación que le pidió examinar su comportamiento actual a la luz de las declaraciones pasadas que ella había hecho sobre lo que ella valoraba y quería en vida.

Consejo clínico

1. La confrontación se considera una técnica especializada. Esto significa que es necesario que todos los consejeros sepan qué es y cómo usarla bien, pero que no será aplicable en todas las situaciones de consejería.
2. En caso de duda, empatiza primero.
3. Haz el sándwich de la empatía en cualquier situación: cuando sea posible, haz una declaración empática antes y después de cada confrontación.

FUNDAMENTOS CRISTIANOS
DE LA CONFRONTACIÓN

A largo de la Biblia vemos ejemplos de personas que confrontan a otros, llamando la atención a contradicciones aparentes entre las acciones y la fe profesada. En 2 Samuel 12, Natán confronta a David a través del uso de la historia, mostrando a David el tema subyacente en lo que él había hecho al asesinar a Urías. Este método fue experimentado verdaderamente como una confrontación de tipo cuidado-confrontación, sirviendo para suavizar la actitud defensiva de David y conectarlo empáticamente con las consecuencias de su pecado. En Juan 21:15-19 el cuidado-confrontación de Jesús con Pedro, después de la negación de Pedro, es más directa y concreta en su presentación, pero todavía está rebosante de conexión relacional. En su interacción con la mujer en el pozo (Jn. 4) y con el joven rico (Mr. 10), Jesús usa de nuevo una forma más suave y menos directa de confrontación para sensibilizar al receptor sobre la incongruencia de su comportamiento (vivir con un hombre que no era su esposo, y ganar dinero y seguridad financiera por encima de un servicio obediente a Dios, respectivamente). En cada uno de estos ejemplos se utiliza un modelo de cuidado-confrontación. Cada ejemplo refleja las instrucciones de Jesús acerca de cómo debemos de enfrentar el pecado que vemos los unos en los otros, yendo con el individuo primero y luego procediendo a incluir niveles extendidos de comunidad si el individuo no responde (Mt. 18:15-17).

El evangelismo frente a la confrontación en la consejería

Hay una gran diferencia entre reflejar discrepancias aparentes con alguien y tratar de convencerlos de que su manera de pensar, sentir o creer es "incorrecta". La consejería no consiste en convencer, sino en escuchar y facilitar el crecimiento. Como tal, la confrontación no pretende probar nada al aconsejado, sino que simplemente se esfuerza por facilitar la mejor comprensión de los aconsejados sobre sus pensamientos, sentimientos o acciones en una situación dada.

El evangelismo, en cambio, es el proceso de comunicar el mensaje del evangelio a alguien que aún no ha creído. Puede, a veces, implicar ofrecer pruebas y tratar de convencer a alguien de que lo que tú crees es lo que ellos también deberían creer. Aunque el evangelismo es parte de la Gran Comisión (Mt. 28:19-20), no es apropiado usar un contexto de consejería para hacer proselitismo. Además, señalar las discrepancias entre el comportamiento actual de alguien y los estándares bíblicos para el comportamiento no será útil para alguien que no reconoce la Biblia como la Palabra de Dios (1 Co. 2:14).

Jesús nos da otros ejemplos de confrontación en la Escritura que, aparentemente, parecen mucho más una *confrontación* que *cuidado-confrontación*. Por ejemplo, considera a Jesús confrontando a los fariseos por ser "sepulcros blanqueados", entre otras cosas (Mt. 23). Esta confrontación pública y colectiva es mucho más directa y aparentemente áspera. Todavía está arraigada en un amor por la humanidad y un deseo de ver a todas las personas entrar a una relación con el Padre (1 Ti. 2:4-6). Parece que Jesús a menudo hacía distinción entre cómo confrontaba a los individuos uno a uno (i.e., usando cuidado-confrontación) y cómo confrontaba a un grupo de personas públicamente (más directamente e incluso con dureza). En cualquier situación su motivo era el mismo, pero exactamente la manera en que confrontaba variaba según el contexto y la naturaleza del pecado que se enfrentaba.

En cada caso de confrontación que vemos en la Escritura, la meta y el propósito de la confrontación es restaurar al individuo confrontado a la comunión y facilitar un camino hacia la curación, crecimiento y plenitud en Cristo. Cualquier confrontación en consejería debe llevar este mismo objetivo y ser motivada por un corazón de compasión y un deseo de ver al individuo confrontado restaurado y completo (Pr. 3:12; He. 12: 6).

Comprueba tu comprensión

Para las siguientes conversaciones, identifica el "mejor" *cuidado-confrontación*. Mide cada respuesta en la escala de confrontación y proporciona una explicación de por qué esa respuesta obtuvo esa puntuación. Las puntuaciones de los autores y las explicaciones se pueden encontrar en el apéndice A. Nota: Es posible que haya más de una respuesta en cada nivel de puntuación.

1. Aconsejado adolescente: ¡No es justo! Pensaba que Erin y yo éramos amigas, pero luego ella va y le habla a Stephanie de mí a mis espaldas. Quiero decir, que me parece bien si ella quiere ser así, ¡yo tampoco quiero ser su amiga!

Consejero:

Eso suena como cosas normales de crías para mí.

Clasificación: _____

Explicación: _____

_____

Por un lado, quieres ser amiga de Erin, pero, por el otro, estás herida y quieres alejarte.

Clasificación: _____

Explicación: _____

_____

¡Que idiota! Seguro que eso te está volviendo loca.

Clasificación: _____

Explicación: _____

_____

Puedo decir que estás muy lastimada porque Erin ha hablado de ti en lugar de hablar contigo directamente de eso que te molesta, pero también estoy un poco confundido, porque la semana pasada me dijiste que estabas enfadada con Stephanie y hablaste con Erin al respecto ¡Pero no le dijiste a Stephanie cómo te sentías!

Clasificación: _____

Explicación: _____

_____

2. Aconsejado: UCLA siempre ha sido mi escuela de ensueño. ¿Quién no querría ir a la escuela en Los Ángeles? Pero, aunque he sido aceptado, acabo de saber que no obtuve becas, y no sé si puedo pagar la matrícula fuera del estado. No sé qué voy a hacer.

Consejero:

Por un lado, realmente quieres ir a UCLA, pero, por otro lado, está fuera de tu presupuesto.

Clasificación: _____

Explicación: _____

_____

¡Oh, Josh! Esa es una situación difícil. Ir a UCLA podría ser un sueño hecho realidad para ti, pero considerar el peso financiero de tal decisión parece haber quitado parte de la emoción inicial de haber sido aceptado.

Clasificación: _____

Explicación: _____

_____

Por un lado, te aceptaron en UCLA, pero, por otro lado, no obtuviste una beca.

Clasificación: _____

Explicación: _____

_____

Lo siento mucho, Josh, sé que realmente querías ir a UCLA.

Clasificación: _____

Explicación: _____

_____

3. Aconsejado: Este es mi dilema. Tengo dos ofertas de trabajo increíbles encima de la mesa, que es una bendición en sí mismo. Un trabajo me permite quedarme aquí, cerca de mi familia, pero me pagan menos y no me ofrecen posibilidades de crecimiento. El otro trabajo requiere que me mueva fuera del estado, pero me pagan más y tengo más oportunidades para ascender. Amo a mi familia, pero no sé si puedo dejar pasar esta oportunidad de trabajar fuera del estado.

Consejero:

Puede ser muy difícil navegar en medio de las transiciones importantes de la vida cuando estás confundido sobre dónde vas y lo que Dios quiere para ti.

Clasificación: _____

Explicación: _____

_____

¿Qué es lo que te llama tanto la atención acerca de trabajar fuera del estado?

Clasificación: _____

Explicación: _____

_____

Por un lado, tu familia es muy importante para ti, pero por otro lado, también lo es tu crecimiento profesional.

Clasificación: _____

Explicación: _____

_____

Josh, parece que estás realmente en un conflicto con esta situación. Estás entusiasmado con las posibilidades de ascender en el trabajo fuera del estado, pero estoy un poco confundido porque la semana pasada me dijiste que querías darle prioridad a pasar más tiempo con tu familia.

Clasificación: _____

Explicación: _____

_____

CUÁNDO USAR EL CUIDADO-CONFRONTACIÓN

El cuidado-confrontación es una técnica es más efectiva cuando se utiliza en situaciones específicas y para alcanzar metas terapéuticas muy específicas. La siguiente lista no es exhaustiva, pero pretende ayudarte a pensar sobre los tipos de situaciones en las que la confrontación podría ser apropiada. El cuidado-confrontación puede ser apropiado cuando el aconsejado:

- *Falla en reconocer el problema.* "Por un lado, usted está insatisfecho con sus relaciones, pero, por el otro, cree que todo el mundo necesita cambiar."

- *No puede identificar el problema de manera solucionable ("No puedo").* "Por un lado, este es un problema que quieres resolver, pero, por otro lado, te sientes desamparado y no estás seguro de que realmente haya algo que puedas hacer".
- *No interpreta experiencias, comportamientos o sentimientos críticos.* "Por un lado, estás llorando cuando me hablas de esta ruptura tan hiriente, pero, por otro lado, me estás diciendo que no fue un gran problema y que te has mudado".
- *No identifica o no entiende las consecuencias del comportamiento.* "Por un lado, no entiendes por qué te retuvieron, pero, por otro lado, estás diciendo que empujaste a Jacob en el recreo".
- *Desconfía o no está dispuesto a actuar sobre nuevas perspectivas.* "Por un lado, usted acaba de llegar con una solución muy creativa a su problema en el trabajo, y por el otro, no está seguro de que quiere llevarla a cabo".
- *Usa evasivas, distorsiones o juego.* "Por un lado, dices que quieres arreglar este problema en tu vida, pero, por otro lado, desestimas y te niegas a probar todas las soluciones posibles que hemos presentado".
- *Está mal informado.* "Por un lado, tú creíste lo que su compañero de clase te dijo acerca de los requisitos para el trabajo de fin de curso, pero, por otro lado, el programa del curso establece requisitos que son diferentes de lo que tu compañero de clase describió".
- *Está demostrando un comportamiento que va en contra de los valores declarados del aconsejado.* "En tu entrevista de trabajo me dijiste que valorabas trabajar duro, pero cada vez que he pasado por tu cubículo esta semana te he visto entrando en Facebook".

Es importante recordar que solo porque una situación de consejería puede coincidir con uno de los criterios anteriores, no obliga al consejero a usar la confrontación. Esta es siempre una técnica opcional que requiere que el consejero use discernimiento, paciencia y empatía cuando se emplea.

Reluctancia y resistencia. A pesar de que muchas personas entran en una relación de consejería con el objetivo expreso de avanzar, obtener ayuda o hacer cambios en la vida, hay muchos escenarios en los cuales los aconsejados pueden parecer menos que cooperativos con el proceso. A veces, esta falta de cooperación se debe a que el aconsejado acude a consejería requerido por un miembro de la familia, alguien significativo o por el sistema judicial. Otras veces un aconsejado puede haber comenzado la consejería voluntariamente, pero a medida que el proceso se desarrolla el aconsejado se siente abrumado, vulnerable o lento y comienza a levantar paredes con el fin de protegerse y ralentizar el proceso. Aunque el cuidado-confrontación puede parecer el mejor enfoque para tratar con un aconsejado no cooperativo, la mejor opción para el consejero es volver primero a las técnicas del objetivo 1 (reflejar el contenido, que reflejar la emoción y la reflexión empática) para permanecer presente en el aquí y ahora con el aconsejado, buscando solidificar la confianza y la relación terapéutica. Hay dos tipos principales de falta de cooperación en consejería: la renuencia y la resistencia.

Renuencia. La se da cuando un aconsejado sigue avanzando en el proceso terapéutico, pero lo hace con vacilación, aprensión o respuestas evasivas. Esto se ve a menudo en un aconsejado adolescente que puede rechazar, argumentar, poner obstáculos o refutar las sugerencias y las soluciones hechas en la relación de consejería, pero que en última instancia todavía progresa e implementa el cambio lentamente. Con aconsejados renuentes, es importante que los consejeros vean el panorama general, anotando cambios a través de las sesiones y no solo desde el inicio hasta el final de una sola conversación.

Resistencia. La resistencia es una forma más fuerte de falta de cooperación en la relación de consejería. Un aconsejado resistente parece estar realmente estancado y no puede o no está dispuesto a participar en el proceso terapéutico, evitando así cualquier avance. La mayoría de las veces que te encuentres con un aconsejado resistente, a menudo está conectado con el hecho de que están en consejería por requerimiento o porque no están preparados ni equipados para el rumbo que la consejería ha tomado.

Un principio clave que hay que recordar dentro de cualquier relación de consejería es que el comportamiento tiene un propósito. Si un consejero no coopera en el proceso de consejería, es probable que haya una razón detrás de su falta de progreso. Algunas de las posibles razones del comportamiento renuente y resistente incluyen, pero no se limitan a:

- *Capacidad:* A veces un aconsejado no tiene los recursos emocionales, cognitivos, sociales o sistémicos necesarios para avanzar en la consejería. Si este es el caso, lo mejor es que el consejero regrese y ralentice el proceso de consejería, trabajando con el aconsejado para desarrollar otras habilidades y recursos antes de seguir adelante de nuevo.
- *Emoción:* La experiencia de estar en consejería puede traer muchas emociones fuertes dentro de un aconsejado, como la vergüenza, el miedo, la ansiedad y la duda. Cuando los aconsejados experimentan altos niveles de éstas y otras emociones negativas, pueden sentirse desbordados e incapaces de continuar hasta que esas emociones estén mejor niveladas o atendidas.
- *Motivación:* Hay momentos en que el deseo de un consejero de ver crecimiento y cambio en un aconsejado es más alto que el deseo del mismo aconsejado. El bajo nivel de deseo o la desmotivación para el cambio en el aconsejado a menudo indica que algo en su actual estilo de vida está proporcionando un beneficio o recompensa al que él no está dispuesto a renunciar todavía, o que la incomodidad que produce el cambio es percibida por el aconsejado como algo peor que la incomodidad que experimenta actualmente.

Conexiones bíblico/teológicas

En la historia de la pastoral, la confrontación ha sido frecuentemente referida como una forma eficaz de orientación y dirección. Véase, por ejemplo, el capítulo de Oden (1987) en el que se refiere a la admonición como un "deber pastoral" (pp. 160-62). Hay algo de apoyo bíblico para el uso de la confrontación por parte de las personas que ayudan (p. ej., Mt. 18: 15-17, Col. 1:28; 1 Tes. 5:12, 14). Además, es fácil entender cómo las personas que ayudan a la gente tienden a decirles a los aconsejados lo que deben y no deben hacer, ya que el cambio es difícil y en nuestra preocupación y frustración podemos llegar a ser más confrontados que no consejeros.

En los modelos contemporáneos de consejería cristiana, la consejería noutética (a veces llamada consejería bíblica, Adams, 1970, 1981; Powlison, 2010) tiende hacia un estilo directo y confrontador como enfoque primario para producir cambios en la consejería.

Noutheteo/nouthesia se utiliza trece veces en el Nuevo Testamento y se traduce de diversas maneras como "confrontar", "exhortar", "enseñar", "instruir", "amonestar" y "restaurar". Adams y sus seguidores utilizan la confrontación y la enseñanza como metodologías primarias en consejería, y Adams (1981) escribe que la confrontación verbal personal es el medio utilizado para efectuar el cambio (p. 11). En el contexto contemporáneo de teorías y técnicas empíricamente validadas, ¿resulta ser esta una técnica eficaz para producir cambios en las relaciones de consejería?

- *Conflicto del consejero:* A veces la renuencia o resistencia en los aconsejados no se deben a algo en ellos sino a algo en el consejero. Nadie se lleva bien con todo el mundo, y al igual que ciertas personas pueden no congeniar contigo, a veces un consejero puede no es el ideal para un aconsejado. Esta falta de ajuste puede deberse a un conflicto de personalidades de algún tipo, o puede ser que el consejero esté forzando demasiado al aconsejado, dejando al aconsejado presionado y abrumado por el proceso de consejería. Siempre que un consejero se encuentra con un aconsejado reacio o resistente, una buena pregunta inicial sería preguntar si el consejero podría haber sido percibido por el aconsejado como insistente o no haber escuchado los mensajes subyacentes dentro de la historia del aconsejado.
- *Medio ambiente:* Muchos aconsejados poseen un deseo interno y un impulso hacia el cambio, pero su entorno social o cultural limita lo que realmente está disponible para ellos. Por ejemplo, yo (Elisabeth) tengo una amiga cuyos padres son inmigrantes chinos. Ella es una persona brillante con diversos grados de la Liga Ivy. Si ella hubiese tenido una consejera para discutir sus planes de carrera en la escuela secundaria o la universidad, la consejera probablemente la hubiese considerado como reacia o incluso resistente a cualquier proceso de orientación profesional enfocado en sus intereses personales o aptitudes. Esto no habría sido porque ella no hubiese estado interesada en la exploración de una carrera, sino porque la cultura de su familia limitaba sus opciones a medicina y derecho. Entender la cultura, los apoyos sociales y las limitaciones medioambientales de un aconsejado es una parte importante del rompecabezas de la consejería.

PRECAUCIONES AL USAR EL
CUIDADO-CONFRONTACIÓN

El cuidado-confrontación, incluso en su mejor forma, todavía puede ser una técnica arriesgada para implementar. Al igual que con otras técnicas avanzadas, cuanto mayor es el potencial que una técnica tiene para proporcionar información al aconsejado, mayor es el potencial de daño al aconsejado y a la relación terapéutica. Por lo tanto, algunas precauciones son necesarias cuando se utiliza esta técnica. Estas no tienen por objeto disuadirte de usar esta habilidad, sino para recordarte la gravedad y la importancia de usar la confrontación apropiadamente.

- *No asumas que la confrontación debe ser usada en todas las relaciones de consejería.* La confrontación es una técnica especializada que encaja en algunas relaciones de consejería y en otras no. No todos los aconsejados vienen con aparentes discrepancias que necesitan ser examinadas, e incluso cuando las discrepancias son claras para ti, el aconsejado puede no estar listo para que se señalen. Esta técnica debe ser implementada solo después de que los intentos de empatía y aclaración hayan dejado todavía estancado al aconsejado.
- *No confrontes en la etapa temprana del proceso de consejería.* Si vas directamente a la confrontación sin construir una relación primero, el aconsejado probablemente se sentirá inseguro. En el peor de los casos, es posible que los aconsejados no vuelvan a las siguientes sesiones, si es que no encuentran el coraje para decirte cara a cara que no quieren hacer otra cita. Recuerda, te ganas *el privilegio de usar la confrontación* a través del uso de la escucha empática y la reflexión. El uso de la confrontación demasiado temprano en el proceso de consejería corre el riesgo de parecer un villano verbal: separado de la emoción y centrado solamente en el contenido o la acción.
- *No esperes cambios drásticos de una confrontación.* Piensa en un momento de tu vida en el que alguien te confrontó, señalando una inconsistencia en tu vida o historia. ¿Qué tan rápidamente o dramáticamente cambiaste después de esa interacción? Es cierto que a veces una confrontación puede proporcionar tanta profundidad, conciencia y convicción

que cambiamos inmediatamente. Pero, la mayoría de las veces, el cambio viene lentamente, en pequeños incrementos con el tiempo. Extiende la misma paciencia y gracia a tu aconsejado que la que Dios te ha extendido a ti en las áreas que necesitan confrontación.

* *No ignores pequeños cambios y mejoras a lo largo del camino.* El cambio es difícil y a menudo puede ser desalentador cuando no ocurre de manera rápida o dramática. Es importante que un consejero busque incluso los cambios y mejoras más pequeños hechos por los aconsejados, afirmándolos y alentándolos en el progreso que están haciendo.

APLICACIÓN EN LAS RELACIONES

El cuidado-confrontación es una parte importante de cualquier relación sana y creciente. A pesar de que puede ser incómodo, hay algo de verdad en la idea de que aquellos que realmente nos aman se preocupan lo suficiente como para señalar que lo que estamos haciendo es perjudicial o contraproducente para nuestros objetivos en la vida. Pero ninguna relación puede sostenerse si solo consiste en cuidado-confrontación. Esta técnica requiere un depósito saludable dentro del banco relacional que ya existe, basado en la empatía, la comprensión y el apoyo a través del tiempo.

Gottman y Silver (2000) afirman que la proporción de comentarios positivos a negativos en una relación sana no debe caer por debajo de cinco a uno. La proporción de cinco comentarios positivos (o más) por cada comentario negativo es esencial para el éxito matrimonial y la satisfacción. Menos de una proporción de 5:1 significa que hay una certeza del 94% de que la pareja no permanecerá junta o no estarán satisfechos. El grado en el que el cuidado-confrontación se experimenta como una crítica o queja en la relación, posiblemente sea la misma proporción que en las relaciones de consejería.

APLICACIÓN MULTICULTURAL

La confrontación es siempre complicada, porque si no se hace con sensibilidad y cuidado, corres el riesgo de que tu aconsejado se vuelva defensivo y tal vez más resistente al proceso de ayuda. Cuando se trabaja en un ambiente multicultural, el peligro aumenta porque las culturas varían mucho en cuanto a cómo se considera la confrontación y lo que se considera apropiado. Escribiendo para una audiencia internacional de negocios, Meyer (2014) tituló el capítulo siete de su libro "La Aguja, no el Cuchillo: Discrepar Productivamente".

Los norteamericanos de ascendencia europea a menudo ven a ciertos grupos culturales como grupos altamente confrontadores y a otros como no confrontadores, o que evitan conflictos y desacuerdos. Por ejemplo, los alemanes y los franceses son en general capaces de separar una idea de la persona que la expresa y pueden objetivamente criticar una idea sin amenaza o daño a la relación (Meyer, 2014). Si encuentras difícil confrontar, estarás en desventaja con respecto a algunos aconsejados de un origen cultural donde se espera una expresión directa, y quizás necesites forzarte a confrontar con más soltura para ayudar a hacer cambios.

Por otro lado, las culturas chinas, e incluso más las japonesas y tailandesas, son muy reacias a discrepar o expresar opiniones contrarias en las relaciones. Los valores culturales de honor y de armonía de grupo son principios superiores que dirigen la expresión. Para algunas personas esta tendencia sería etiquetada como prevención del conflicto. Cuando tu consejero es de este tipo de cultura, tus confrontaciones tendrán que ser más indirectas. Una forma que la confrontación indirecta puede tomar es ser extremadamente cauta, lo que permite a los aconsejados mucho espacio para estar en desacuerdo contigo y aún así salvar las apariencias. Por ejemplo, podrías comenzar diciendo algo como: "Estoy realmente confundido con lo que acabas de decir. Parecía como si estuvieras culpando a tu compañero de trabajo por el mal funcionamiento del proyecto, pero creí que habías dicho antes que sabías que no habías puesto todo tu esfuerzo en este proyecto. Quizá me equivoqué…". Observa que el consejero está admitiendo la posible debilidad de su parte al resaltar la confusión. También, usar las expresiones "parecía como" y "creí que habías dicho" así como "quizá me equivoqué" abre a los aconsejados una vía para desviar su responsabilidad total y no experimentar la vergüenza degradante, si es que todavía no están listos para asumir su parte en la dificultad. Cuando tales aconsejados se sienten lo suficientemente seguros dentro de la relación de ayuda, serán cada vez más capaces de aceptar la confrontación.

Si no sabes cómo un aconsejado particular responderá a la confrontación, tu apuesta más segura es comenzar con una confrontación indirecta, tentativa. Si este intento no surte efecto, a continuación, trata de ser cada vez más directo hasta que esté claro que tu mensaje se está entendiendo. Por supuesto, al igual que con cualquier técnica, también puedes abordar la discusión de la misma con tu aconsejado. Por ejemplo, "Como sabe, no tengo mucha experiencia con individuos de tu grupo cultural. Me pregunto si estarías dispuesto a hablar conmigo sobre cómo se confrontan las personas o tienen desacuerdos entre sí dentro su cultura."

APLICACIÓN MINISTERIAL

Mateo 18 deja muy claro que nosotros, como cristianos, no debemos simplemente dejarnos los unos a los otros continuar en el pecado sino dirigir nuestra preocupación directamente con ellos. Dependiendo de la iglesia o el ministerio del que formes parte, es probable que hayas experimentado un extremo u otro sobre este tema—ya sea el legalismo extremo y excesiva represión de los demás, o la pasividad extrema por temor a ser "crítico". Como humanos, luchamos para encontrar el equilibrio en la vida y en las relaciones, y en este tema el desequilibrio se puede dar fácilmente.

Vuelve al capítulo dos a la discusión de sacerdotes y profetas. Los que actúan más como sacerdotes pueden tener problemas con la confrontación, tendiendo a sentir como si sus palabras fueran a ser demasiado duras sin importar cómo sean dichas. Su tendencia natural es querer empatizar y encontrar maneras en que las contradicciones aparentes de un aconsejado pudieran tener sentido de verdad. Por otro lado, aquellos que están más en el extremo profético del espectro probablemente necesitarán recordar que el cuidado-atención debe existir en el contexto de la relación y no debe ser el método primario de intervención. Si tiendes a ser más parecido a un sacerdote o más a un profeta, la confrontación y la empatía deben ir de la mano mientras caminas con otros en su viaje hacia la salud y la integridad.

UN EJEMPLO DE DIÁLOGO DE CONSEJERÍA CON JORDAN

Técnicas utilizadas: reflexión del contenido, reflexión empática, pregunta abierta, estímulo y atención

Trasfondo de la conversación: Jordan es un muchacho de quince años de edad que has estado viendo en un contexto de consejería durante las últimas seis semanas. Jordan acudió a consejería porque regularmente he estado envuelto en peleas verbales y físicas con sus padres y con frecuencia se saltaba las clases en la escuela, y había sido arrestado por posesión de marihuana. Durante los dos últimos meses, Jordan ha estado viviendo con su tía Susan y su tío Mark con la esperanza de que un nuevo ambiente permita a Jordan abordar su enojo y problemas de comportamiento. Jordan no está obligado a estar en consejería por un tribunal, pero su tía y su tío le han dicho que es una condición para vivir en su casa.

Consejero: *Hola, Jordan, me alegra verte de nuevo. ¿Qué ha pasado en tu mundo desde que te vi la semana pasada?*

Jordan: *No mucho, supongo. La escuela va bien. Aún odio al don Anderson, mi profesor de matemáticas. Simplemente no veo por qué necesito tomar álgebra si voy a ser artista cuando sea grande.*

Consejero: *Aún te sientes irritado por tu clase y tu profesor de matemáticas.*

Técnica	empatía, nivel 3
emoción = irritado	
contenido = clase de matemáticas y profesor	

Jordan: *Sí, pero supongo que realmente no importa. Es lo que es. Al menos no tengo que volver hasta dentro de dos semanas. Tal vez para entonces la actitud de don Anderson hacia mí sea mejor. Simplemente no me gusta.*

Consejero: *Dime más acerca de no volver la clase de matemáticas hasta dentro de dos semanas.*

Técnica	estímulo
Esta información es nueva para el consejero y él/ella no es consciente del razonamiento detrás del hecho de que Jordan no vaya a clase de matemáticas.	

Jordan: *Oh, fue una tontería. Me suspendieron durante un par de semanas porque puse mi cara enfrente de la cara del señor Anderson el*

viernes pasado. Realmente no fue mi culpa. Quería que me sentara a hacer mis deberes, pero yo ya había hecho mis deberes y quería salir al vestíbulo para tomar un vaso de agua. Él no escuchaba, así que me puse muy cerca de él para asegurarme de que me oía. Creí que era divertido.

Consejero: *Te suspendieron por poner tu cara en frente de la del señor Anderson.*

Técnica	reflejar el contenido

Jordan: *Sí. Una tontería, ¿eh? Debería haberme dejado ir a tomar agua.*

Consejero: *¿De qué maneras asocias esta situación a otras situaciones de las que hemos hablado aquí?*

Técnica	pregunta abierta

Jordan: *Mmmm, no he pensado en eso. Quiero decir, supongo que es algo así como cuando mi mamá y yo nos peleamos por el iPad. Recuerde, me iba a la cama y quería llevar el iPad a mi habitación conmigo, pero me dijo que tenía que dejarlo abajo. Traté de explicarle por qué quería llevarlo conmigo, pero ella no me escuchaba. Así que me puse muy cerca de su cara y le expliqué muy fuerte que era mi iPad y lo podía llevar arriba si yo quería. Después de eso me castigaron por una semana quitándome todos los aparatos tecnológicos.*

Consejero: *En ambas situaciones no te sentiste escuchado porque la otra persona no estaba de acuerdo con tu petición.*

Técnica	empatía, nivel 3
sentimiento = ignorado	
contenido = otros no estaban de acuerdo contigo	

Jordan: *¡Totalmente! Quiero decir, ¡no es que yo les hablase en otro idioma! Soy casi un adulto, y debo ser capaz de tomar mis propias decisiones. Especialmente cuando explico por qué quiero algo, deberían respetar eso.*

Consejero: *Por un lado, quieres ser respetado como un adulto, pero, por otro lado, todavía estás poniendo tu cara enfrente de la cara de otras personas cuando quieres algo.*

Técnica	cuidado-confrontación

Jordan: *Bueno, sí, supongo que eso es cierto. Quiero decir, ¿qué habrías hecho tú? Solo quería que el señor Anderson me tratara como un adulto y me dejase ir a tomar agua si tenía sed.*

Consejero: *Me pregunto cómo has visto que otros adultos en tu vida piden algo que quieren o necesitan.*

Técnica	estímulo

CONCLUSIÓN

Una técnica avanzada que no es apropiada para todas las situaciones de consejería, pero es necesaria para todas las cajas de herramientas de los consejeros, la confrontación refleja contradicciones aparentes dentro de la historia de un aconsejado. Como con cualquier otra habilidad del objetivo 2, el propósito de la confrontación es ayudar a los aconsejados a desarrollar una mayor claridad, comprensión y entendimiento de sí mismos y de su situación. En cuanto al consejero, la autorreflexión y la autoconciencia son fundamentales para asegurarse de que cualquier confrontación se presente desde el cuidado, la empatía y el respeto por el aconsejado.

PREGUNTAS PARA LA REFLEXIÓN

1. ¿Cómo describirías tus sentimientos y reacciones ante la confrontación en tus relaciones personales con amigos, familiares, colegas, etc.?
2. En una escala del uno a diez, ¿qué tan cómodo te sientes con la idea de usar el cuidado-confrontación con un aconsejado? Explica tu puntuación.
3. ¿Conoces a alguien que usa bien el cuidado-confrontación? ¿Cómo manejan la confrontación? ¿Cómo te sientes después de ser confrontado por ellos?
4. Describe un momento en el que estuviste involucrado en una confrontación que salió mal. A la luz de lo que aprendió en este capítulo, ¿qué podrías haber hecho de esa confrontación una del tipo el cuidado-confrontación y cómo podría esto haber cambiado la experiencia?

CAPÍTULO 12

UTILIZANDO EL AQUÍ Y AHORA

Jesús entonces, al verla llorando, y a los judíos que la acompañaban,
también llorando, se estremeció interiormente y se conmovió,
y dijo: ¿Dónde le habéis puesto? Le dijeron: Señor, ven y ve...
Jesús lloró.

Juan 11:33, 35

Enfoque del Capítulo

TÉCNICA: autenticidad, autorrevelación e inmediatez (contextual y relacional)

PROPÓSITO: hacer un uso apropiado del aquí y ahora dentro de la relación de consejería

FÓRMULA: "Ahora mismo estoy experimentando _____".

"Estás _____ (llorando, sonriendo, etc.)".

"Cuando tú _____, me siento_____".

"Eso me recuerda _____ (experiencia personal del consejero)".

Piensa en un caso en que un individuo intentó serte útil compartiendo un incidente de su propia vida, pero no lo percibiste como beneficioso. ¿Qué hizo que no fuera útil? ¿Qué preferirías que él o ella hubieran hecho?

» Escriba sus respuestas.

Ahora reflexiona sobre un momento en el que el resultado fue todo lo contrario; lo que compartieron fue útil de alguna manera. ¿Qué te afectó positivamente de manera particular?

» Escribe los pensamientos que te vienen a la mente.

En mi edad adulta joven, yo (Heather) estaba compartiendo con mi consejero algunas luchas que estaba teniendo en mi relación con mi padre. Mi consejero tenía una hija de mi edad y procedió a decirme cómo él y su hija habían resuelto los problemas en su relación. Me sentí demasiado intimidada para decirle cómo me sentía acerca de su autorrevelación, pero en realidad ¡yo estaba realmente frustrada! Recuerdo haber pensado, "sé que tiene buenas intenciones, ¡pero no me interesan tanto sus problemas con su hija! ¡Quiero que comprenda *mi* problema con *mi* padre!"

En este capítulo vamos a ver el aquí y ahora en la relación de ayuda, es decir, lo que está sucediendo en ese momento en ti como consejero (autenticidad y autorrevelación), el aconsejado (inmediatez contextual) y en la relación entre tú y el aconsejado (inmediatez relacional).

¿QUÉ ES LA AUTENTICIDAD?

La autenticidad tiene que ver con el nivel de autenticidad que los consejeros exhiben dentro de la relación de ayuda. El término que Rogers (1957/1992) utilizó para describir la autenticidad del consejero fue *congruencia*. La congruencia es una de las condiciones básicas del consejero que Rogers entendía como esencial para el crecimiento de los aconsejados. Afirma que:

> El terapeuta debe ser, dentro de los límites de esta relación, una persona congruente, genuina e integrada. Significa que dentro de

la relación es libre y profundamente él mismo, con su experiencia real representada con exactitud por su conciencia de sí mismo. Es lo contrario de presentar una fachada, ya sea a sabiendas o sin saberlo. (p. 282)

Ser auténtico, entonces, no significa que tú como consejero puedas hacer o decir lo que te viene a la mente, ni tampoco se ve de la misma manera la relación de ayuda como sucede dentro de una amistad mutua o una relación íntima. Se trata de ser una persona real en el momento, no esconderse detrás de una máscara profesional y experta. Según Rogers, la autenticidad también tiene mucho que ver con la autoconciencia, particularmente en términos de nuestras reacciones internas a lo que está ocurriendo aquí y ahora dentro de la relación de ayuda. Si nosotros mismos no sabemos quiénes somos, ¿cómo podemos ser genuinamente nosotros mismos en el rol de consejeros?

Datos empíricos

Las emociones, experimentadas en el aquí y el ahora, son respuestas poderosas y viscerales a las circunstancias de la vida. La investigación sobre la emoción y la regulación emocional (Gross, 2014) sugiere que existe una línea delgada, y tal vez indefinible, entre la experiencia de una emoción y cómo evaluamos y finalmente controlamos nuestras respuestas. Estamos en una situación, a continuación, prestamos atención a la emoción que emerge, a continuación, evaluamos y respondemos. Sin embargo, todo esto puede suceder en un momento, y los elementos de atención y evaluación pueden no ser conscientes o intencionales, resultando en lo que podría llamarse una reacción emocional, no una respuesta. La literatura sobre la emoción difiere ampliamente en cuanto al grado en que podemos controlar o regular la emoción, y la mayoría está de acuerdo en que, aunque la experiencia sin pulir y emocional puede no estar bajo un control consciente, la gente puede aprender a ganar cierto control atendiendo a la emoción a medida que emerge, utilizando estrategias para evaluar la experiencia y referirse a los resultados de la experiencia.

El concepto de regulación emocional incorpora la idea de que el proceso involucrado es adquirible, enseñable y transferible a otros.

Sin embargo, sufre de la implicación, omnipresente en la historia de la civilización occidental, de que las emociones deben ser reguladas; sugiere que la emoción es desconfiable, que puede desviarnos y que adaptarse mal o ser inmadura.

Sin embargo, Thompson (2010) escribe, "La se trata fundamentalmente de la emoción. Si no se sintoniza con ella, eventualmente responderá de todos modos, pero en formas de pensamiento, sentimiento y comportamiento que lo acercan más a la vergüenza que a la gloria" (p. 104). Esta es una perspectiva más equilibrada y útil sobre el papel central de la emoción en la vida y la fe.

Conexiones bíblico/teológicas

La creencia de que las emociones deben ser reguladas estrechamente es característica de la historia de la iglesia, así como de la civilización occidental en general. Los cristianos toman un pasaje como Gálatas 5:22-23 (ver Col. 3:12), que enumera el fruto del Espíritu (en cursiva abajo), y enfatizan el último, el autocontrol. Los cristianos a menudo pasan por alto que de muchas maneras estos elementos están estrechamente relacionados con las emociones. Observa el matiz emocional de estas palabras y sinónimos encontrados en traducciones alternas. ¿Están enteramente bajo nuestro control?

Mas el fruto del Espíritu es *amor* (aprecio sincero, cariñosa consideración, profunda preocupación), *gozo* (alegría, gran felicidad), *paz* (plenitud, solidez, bienestar; libertad de la preocupación), *paciencia* (longanimidad, ecuanimidad, contención, calma emocional), *benignidad* (compasión, benevolencia), *bondad* (resistencia del mal, generosidad), *fidelidad* (devoción, lealtad, adhesión, confiabilidad, fiabilidad), *mansedumbre* (docilidad, humildad), *dominio propio* (templanza, control); contra tales cosas no hay ley. (Gá. 5:22-23)

El pasaje continúa, "Si vivimos por el Espíritu, avancemos también por el Espíritu" (Gá. 5:25). Estamos esencialmente llamados a vivir una vida caracterizada por estos componentes del fruto, lo que sugiere que es posible hacerlos crecer y desarrollarlos. Colosenses 3:12 nos dice, "Vestíos, pues, como escogidos de Dios" de compasión, bondad, humildad, mansedumbre y paciencia. Las estrategias específicas por las cuales esto se puede hacer son numerosas, pero mencionaremos algunas. Una obvia es orar por un área de lucha emocional. Otra sería sumergirnos en contextos que alienten este fruto del Espíritu y nos rodeemos de otras personas que lo exhiben. Esto es idílicamente en lo que consiste la comunidad cristiana. En psicología, el reciente énfasis en la atención plena (cf. Tan, 2011b) es útil para aprender a convertirse en un observador sin juzgar las emociones de uno mismo a medida que se experimentan, resistiendo el impulso de evaluar, intensificar o negar la experiencia emocional. A medida que ampliamos y enfocamos más premeditadamente el proceso de experimentar la emoción, entonces podemos responder mejor en una manera nueva y menos reactiva.

Este es un ejemplo útil de la convergencia de la enseñanza bíblica y la técnica psicológica, ya que afirman enfoques similares a la comprensión y el trabajo con la emoción.

FUNDAMENTOS CRISTIANOS DE LA AUTENTICIDAD

Hemos descubierto que en algunos círculos evangélicos hay un malentendido de que los cristianos deben "tener todo el conjunto". Cuando las luchas llegan, esperan que su relación con Cristo los lleve a lo largo del proceso, ayudándoles a enfrentar todas las dificultades personales con paz y esperanza. Desafortunadamente, cuando tales individuos se encuentran experimentando una confusión interna, pueden sentirse obligados a ocultar su confusión y dolor para que no sean etiquetados por otros en su comunidad de fe como no espirituales.

Esta visión no es bíblica. El salmista a menudo grita a Dios en su ira, miedo, dolor y confusión. Por ejemplo, los Salmos 10, 28 y 55 describen una ira que es tan intensa que el deseo de venganza se expresa claramente. Otros salmos (p. ej., Sal. 42) revelan emociones de desesperación y desesperanza.

La autenticidad también llama a la gente a ser honesta acerca de las emociones positivas, los momentos de confusión y duda o momentos de emoción y alegría extrema. Demasiado a menudo la "madurez cristiana" se percibe como el estoicismo o la neutralidad emocional. Así como David expresa abiertamente su ira en los Salmos, él también expresa deleite, alabanza y alegría

(p. ej., Sal. 98). El padre de un niño milagrosamente curado comunicó auténticamente a Jesús su tensión entre creer y la duda (Mr. 9:24). Y Pablo expresa su aprecio y gozo por la relación que tiene con los Filipenses con deleite genuino (Fil. 1: 3-8).

Cristo, también, nos ofrece un modelo de cómo ser auténtico. Por ejemplo, su agonía es clara en el huerto de Getsemaní mientras lucha con su crucifixión inminente (Mr. 14:32-36). Jesús incluso lloró públicamente cuando estaba con aquellos que estaban afligidos por la muerte de Lázaro (Jn. 11:35). El ejemplo bíblico, por lo tanto, es el de la autenticidad.

Mientras que la técnica de la autenticidad se refiere a la congruencia por parte del consejero, poco a poco en la relación de consejería, como consejeros cristianos, nuestra autenticidad debe ir creciendo; debemos ser nosotros mismos en una manera auténtica dentro de todas nuestras relaciones. Si somos incongruentes fuera de las relaciones de consejería, no estamos viviendo como Cristo nos llamó a vivir; somos llamados a vivir con integridad.

APRENDIENDO LA TÉCNICA DE LA AUTENTICIDAD

La técnica de la autenticidad es de largo más un arte que una ciencia (figura 12.1) y por lo tanto no tiene fórmula. En cambio, depende del consejero incorporar un cuidadoso sentido de sí mismo en sus respuestas verbales y no verbales al aconsejado. En realidad, nadie puede ser completamente genuino a cada instante, y cada uno de nosotros deberemos de permanecer de por vida en la exploración de lo que significa ser genuino en una situación dada. Esforzarse por alcanzar un nivel tres en la escala de la autenticidad es suficiente y apropiado para la mayoría de situaciones de consejería. Ten en cuenta que, en las primeras fases de la consejería de aprendizaje, muchos estudiantes se esfuerzan por mantener un nivel tres, ya que el nuevo "lenguaje" de consejería todavía no

Figura 12.1. Arte frente a ciencia: Autenticidad

se percibe como genuino para ellos. Ten paciencia que llegará. ¡Sigue practicando!

Los niveles de autenticidad (adaptado de Hammond, Hepworth y Smith, 2002). Al igual que reflejar el contenido, reflejar la emoción y la reflexión empática, la autenticidad también se puede utilizar a diferentes niveles. La escala va desde la extrema falta de autenticidad (p. ej., duplicidad, manipulación, retención) en un extremo, hasta la autenticidad al punto de la confrontación en el otro extremo.

Escala de la autenticidad

Nivel 1: Esta respuesta probablemente será perjudicial para la relación terapéutica. Se caracteriza por discrepancias marcadas entre los pensamientos o sentimientos internos del consejero y sus respuestas declaradas, o discrepancias marcadas entre la comunicación no verbal del consejero y sus respuestas declaradas. La respuesta del consejero podría ser cualquiera de las siguientes:

✓ mentiras sobre cómo se siente
✓ artificial en las respuestas verbales
✓ respuestas guardadas, defensivas o evasivas
✓ autorrevelaciones irrelevantes o inapropiadas
✓ la retención de la autorrevelación que beneficiaría al aconsejado

Nivel 2: Este nivel de respuesta auténtica indica cierta falta de autenticidad que todavía podría ser perjudicial para el aconsejado. Las respuestas de los consejeros son vacías o estériles, sonando "profesionales" pero carentes de conexión personal. Las respuestas en esta categoría suelen parecer encasilladas, predeterminadas o a cliché.

Nivel 3: En este nivel, el consejero no revela explícitamente sus pensamientos, sentimientos o reacciones, pero no se esconde detrás de una máscara. A diferencia del nivel uno, no hay actitud defensiva, vigilancia o falta de sinceridad, pero las emociones que el consejero muestra son superficiales o comunicadas vagamente. Las respuestas de los consejeros, cualquiera que sea su propósito, deben buscar no caer nunca por debajo de la autenticidad de nivel tres, y la gran mayoría de las respuestas del consejero estarán en este nivel.

Nivel 4: En este nivel el consejero revela explícitamente sus reacciones genuinas, pero tiende a ser aún cauteloso o vacilante en su revelación, particularmente cuando se trata de emociones negativas. En una respuesta de nivel cuatro, el consejero es capaz de usar la autorrevelación positiva y negativa de sus sentimientos y reacciones personales de una manera que facilita la relación terapéutica. El aconsejado percibe al terapeuta como genuino y presente.

Nivel 5: En este nivel final de respuesta auténtica, el consejero es libre en sí mismo, capaz de interactuar espontáneamente, sin vacilación y consistente con sus propios sentimientos internos y sentido de sí mismo. El consejero es capaz de compartir honesta y sinceramente sentimientos positivos, negativos y ambivalentes cuando son relevantes y beneficiosos para el proceso del aconsejado. La capacidad del consejero para compartir abiertamente sus reacciones emocionales facilita una exploración constructiva del proceso del aconsejado y/o de la relación terapéutica.

La mayoría de las veces, una respuesta de nivel 3 es a donde tú como el consejero debes de apuntar. Mientras seas consciente de lo que está sucediendo dentro de ti y no estés siendo artificial en tu comportamiento o en cómo expresas tu respuesta, estarás en un nivel tres con respecto a la autenticidad, a la vez que reflejas el contenido, reflejas la emoción, utilizas la reflexión empática, haces preguntas aclaradoras y confronta. Con la mayoría de aconsejados, los niveles más altos de autenticidad deben ser evitados al inicio de la relación. El peligro de los niveles cuatro y cinco es que al revelar lo que piensas o sientes acerca de una situación, tu sistema de valores se hace explícito. Los aconsejados que están inseguros de sí mismos, o que no están seguros de su relación con su consejero, pueden terminar tomando decisiones que están indebidamente influenciadas por lo que su consejero compartió, en su deseo de complacer a su consejero o incluso para evitar el juicio y un posible rechazo. Más adelante en el proceso, después de que la relación se ha establecido firmemente y los aconsejados exhiben un sentido más sólido del uno mismo, los riesgos de usar altos niveles de autenticidad se reducen.

Implicaciones de diagnóstico

El proceso de diagnóstico recorre una línea delgada entre centrarse en el pasado frente a centrarse en el aquí y ahora. Muchas teorías de consejería toman en serio el pasado del aconsejado y argumentan que el pasado predice, al menos en cierto grado, el presente. Las relaciones psicoanalíticas, relaciones de objeto, Gestalt, las teorías existenciales y, en cierto grado, las cognitivo-conductuales son ejemplos de teorías que exploran intencionalmente el pasado. Sin embargo, existen otras teorías (p. ej., experimentales, centradas en la persona, breves y enfocadas en las soluciones, centradas en las emociones) que se centran casi exclusivamente en la experiencia actual del aconsejado en la sala. La experiencia del aquí y ahora del aconsejado en la sala contigo, el consejero, es un enfoque esencial. Sin embargo, al considerar el diagnóstico, los principios de Morrison (2014) incluyen las siguientes sugerencias sobre la historia del aconsejado versus los informes actuales de la experiencia aquí y ahora:

✓ La historia familiar puede guiar el diagnóstico, pero no siempre se puede confiar en la información de los aconsejados.
✓ El historial de síntomas prevalece sobre la aparición actual de los síntomas.
✓ La historia reciente es más útil que la historia pasada.
✓ Los informes colaterales de la conducta del aconsejado son a veces más útiles que lo que dice el aquí y ahora sobre su estado.
✓ Los signos que observas aquí y ahora en la sesión son una mejor guía que los síntomas que el aconsejado te informa.
✓ Ten cuidado con la información generada por la crisis; se distorsiona fácilmente.
✓ El mejor predictor del comportamiento futuro es el comportamiento pasado.

Desde una perspectiva bíblica cristiana, esta misma tensión está presente. El pasado es visto como un importante recordatorio de cómo Dios y la humanidad interactuaron, reconociendo tanto las maneras en que Dios rescató a la gente (p. ej., el pueblo de Israel de Egipto) y cómo Dios estaba enojado con su pueblo (p. ej., el pueblo de Israel vagando en el desierto). La Pascua judía es un relato altamente simbólico de cómo Dios y Su pueblo interactuaron. Por otro lado, versículos como Isaías 43:18 sugieren lo contrario: "No os acordéis de las cosas pasadas, ni traigáis a memoria las cosas antiguas" (2 Co. 5:17, Ef. 4:22-24, Fil. 3:13-14).

En otro tipo de literatura vemos también la misma tensión. CS Lewis (1950/1977), en *El león, la bruja y el armario*, presenta a Aslan (la figura de Dios en la historia) diciéndole a las hermanas de Edmund, "No hay necesidad de hablar con él sobre lo que ha pasado" (p. 126). Sin embargo, un proverbio congoleño dice: "La vida se vive hacia delante, pero se entiende hacia atrás" (Press, 2011). Obviamente, no estamos recomendando, ya sea en el diagnóstico o en las relaciones de consejería en general, que los consejeros centren exclusivamente en el aquí y ahora. Sin embargo, cuanto más sean presentes en la sesión las emociones y pensamientos reales, experimentados en la actualidad, menos probabilidades habrá de perderse en las historias pasadas de dolor y daño. El equilibrio es importante.

UN EJEMPLO DE DIÁLOGO DE CONSEJERÍA CON WANDA

Veamos el caso de Wanda, de treinta y cinco años, que es una víctima de violencia de género. Considera las técnicas utilizadas por el consejero, así como su adecuación o inadecuación.

Wanda: Este fin de semana Frank me asustó. Supongo que me había estado gritando porque quería que le trajera una herramienta. Le gusta ahorrar dinero cambiando el aceite en nuestros coches, así que estaba debajo del auto. Pero yo estaba en la cocina haciendo el almuerzo y no lo escuché. Supongo que debería haber prestado más atención, o debería de haber pensado en abrir la puerta del garaje en para poder oírlo si me llamaba.

Consejero: Wanda, suena como si, además de tener miedo, también te sintieras culpable por no haber podido anticipar las necesidades de Frank. Sabes, Wanda, realmente no es tu responsabilidad adivinar lo que Frank puede necesitar de ti.

Técnica	Reflejar el contenido; empatía intuitiva, nivel 4; autenticidad, nivel 5
Sentimiento = miedo Empatía intuitiva = culpable.	
Wanda nunca manifestó esta emoción, pero se dedujo por cómo ella contó la historia.	
La autenticidad se manifiesta por el recordatorio de la consejera a Wanda para recordar lo que es y lo que no es su responsabilidad.	

Wanda: Sí, me doy cuenta de que Frank es el que debería haber comunicado sus expectativas. Pero no es muy bueno haciendo eso y solo me queda enfrentar las consecuencias.

Consejero: ¿Qué pasó cuando no fuiste corriendo cuando Frank te llamó?

Técnica	aclarar—pregunta abierta

Wanda: Yo estaba en la cocina, así estaba de espaldas, y no lo oí entrar. Pero él me agarró por los hombros y me hizo darme la vuelta. Estaba a punto de colar la pasta y tenía la olla en la mano, así que cuando me agarró el agua hirviendo salpicó mi brazo.

Consejero: ¿Por eso llevas las vendas?

Técnica	Reflejar el contenido; empatía intuitiva, nivel 4; autenticidad, nivel 5
Aunque normalmente se debe evitar, en este caso una pregunta cerrada era apropiada para aclarar que las vendas eran relevantes.	

Wanda: Sí. Pero cuando grité por el shock y el dolor, Frank se enfadó y me empujó con fuerza. Me caí y me golpeé la cabeza en el borde de la mesa. Quería ir a urgencias porque estaba realmente mareada y pensé que podría tener una conmoción cerebral, y mi brazo estaba realmente ardiendo, pero Frank me dijo que solo quiero atención y no quería que gastáramos dinero pagando por atención médica.

Consejero: Estoy muy preocupado por ti, Wanda. Parece que el comportamiento violento de Frank está aumentando. Creo que es hora de que lo dejes antes de que las cosas empeoren.

Técnica	Reflejar el contenido; empatía intuitiva, nivel 4; autenticidad, nivel 5
La primera oración del consejero cae en un nivel cuatro en la escala de autenticidad, ya que revela algunas, pero no todas, de las emociones y reacciones del consejero. La oración final es de nivel cinco debido al nivel de honestidad, espontaneidad y sinceridad en la declaración del consejero.	

Antes de diseccionar la conversación anterior e informar de lo que creemos que son buenos y no tan buenos ejemplos de autenticidad del consejero, te invitamos a tomar unos minutos para leer el diálogo de nuevo. Esta vez pregúntate:

» ¿Qué respuestas son ejemplos de niveles altos de autenticidad que están bien utilizados?
» ¿Cuándo pudo ser problemático el uso de la autenticidad del consejero?

Ahora que te has hecho estas preguntas, ¡te diremos lo que vemos en la conversación! Creemos que el consejero hizo un punto válido cuando le dijo a Wanda que anticipar las necesidades de su esposo no era primordialmente su responsabilidad. Sin embargo, al igual que los niveles más altos de empatía son confrontadores por naturaleza, también lo son los niveles altos de autenticidad. Si este uso particular de la autenticidad de nivel cuatro es apropiado dependerá de lo fuerte que sea la relación de ayuda, así como del nivel general de defensa de Wanda. En este caso, la respuesta de Wanda no es excesivamente defensiva, indicando que la relación terapéutica era lo suficientemente fuerte para manejarla. También podía haber ayudado a que el consejero reflejara sentimientos y usara la empatía intuitiva antes de presentar esta respuesta tan genuina.

La autenticidad en el psicoanálisis

La atención al aquí y ahora es fundamental para el proceso terapéutico en los enfoques psicoanalíticos. Si bien el psicoanálisis ha sido a menudo estereotipado como una teoría que se ocupa en gran medida del pasado del aconsejado, ese pasado se manifiesta continuamente en el momento presente y en las relaciones, particularmente en la relación terapéutica. Esta es la razón por la que el psicoanálisis se ha centrado tradicionalmente en la matriz de transferencia/contratransferencia creada entre el terapeuta y el cliente.

El mito del analista que no es genuino y que coloca una "pantalla en blanco" comenzó a ser desafiado pronto en el desarrollo de la teoría psicoanalítica. A principios del siglo XX, el analista húngaro

Sándor Ferenczi postuló que "la honestidad fundamental de la relación constituye la diferencia curativa" en la terapia (Goldstein y Suzuki, 2015, p. 452). Los enfoques psicoanalíticos contemporáneos han desmontado de manera más explícita este mito y se han centrado en la necesidad de un "encuentro genuinamente veraz" (Buechler, 2002, p. 227) en la relación terapéutica. La autenticidad en esta relación es permitir que el aconsejado sepa que "Tú me afectas y te afecto a ti, y así es como estoy experimentando nuestra relación". Esta autenticidad generalmente implica cierto grado de "revelaciones de la inmediación" espontáneas (Knox y Hill, 2003, como se cita en Goldstein y Suzuki, 2015, p. 453) con el propósito de lo que Stark (1999) denominaría como una experiencia relacional correctiva. Estas revelaciones contribuyen a la comprensión de las dinámicas relacionales y de las promulgaciones que emergen de la matriz de transferencia/contratransferencia.

De hecho, Stark (1999) considera que la relación auténtica es uno de los tres modos primarios de acción terapéutica en los enfoques psicoanalíticos. Mientras que los terapeutas analíticos a menudo proporcionan interpretación para ayudar al cliente a comprender mejor y proporcionar una experiencia emocional correctiva a través de la sintonía empática, es en la relación auténtica que el terapeuta se hace vulnerable ante cliente, brindando oportunidad en el aquí y ahora para mediante "comprometerse, y ser comprometido por la otra parte real en una relación real" (p. 110). Se trata de una psicología de dos personas, que implica dos subjetividades que se afectan la una a la otra y que se unen con "autenticidad, espontaneidad, mutualidad, reciprocidad y colaboración".

Chris Stanley, PsyD
Servicios Psicológicos Plena Vita
Profesor adjunto, Seminario de Denver

Está claro que el consejero tiene preocupaciones justificables sobre la escalada de la violencia. Por lo tanto, el alto nivel de autenticidad que el consejero expresó cuando dijo que estaba preocupado por la seguridad de Wanda está justificado, dada la gravedad del incidente. Tendrá que asegurarse de que percibió cuidadosamente la reacción de Wanda a su declaración sobre estar preocupado, porque las víctimas de violencia de género suelen estar en una profunda negación. Por lo tanto, la expresión de preocupación del consejero puede sorprender a Wanda o hacer que se ponga defensiva.

Donde el consejero comete un grave error es en aconsejar a Wanda para que deje a su esposo. Si Wanda deja a Frank principalmente porque su consejero le dice, sus problemas podrían en realidad aumentar. Por ejemplo, las estadísticas muestran que una víctima de abuso por parte de su cónyuge está en mayor peligro de ser asesinada por su pareja después de haberse marchado (Miles, 2011). Aunque sus intenciones son buenas, al aconsejar a Wanda para que abandone a su esposo, el consejero puede estar inadvertidamente poniendo a Wanda en un riesgo mayor de abuso o incluso de muerte. Además, tampoco está capacitando a Wanda para tomar sus propias decisiones, si no que puede estar creando negligentemente una dependencia nociva diciéndole qué es lo que tiene que hacer. En este caso, sería conveniente que el consejero usara la autenticidad de nivel cuatro para expresar su preocupación, pero en lugar de darle consejos a Wanda, hubiera sido mejor explorar con ella varias opciones para ayudarla a mantenerse a salvo, permitiéndole a ella elegir un curso de acción.

Comprueba tu comprensión

Para las siguientes conversaciones, puntúa cada respuesta en la escala de autenticidad, proporciona una explicación de por qué le dio esa puntuación e identifica la respuesta del consejero que mejor ejemplifica el uso apropiado de la autenticidad. Nuestras puntuaciones y explicaciones se pueden encontrar en el apéndice C. *Nota: Es posible que haya más de una respuesta en cada nivel de calificación.*

Aconsejado: He estudiado muy duro para mi semestre y ayer he obtuve los resultados. ¡Tengo un diez en los cinco exámenes! ¿Puedes creerlo?

Consejero:

¡Genial, Dennis! ¡Estoy muy orgulloso de ti!

Clasificación: _____

Explicación: _____

_____

¡Eso es tremendo, Dennis! ¡Es una maravilla verte tan emocionado por los resultados de tu esfuerzo!

Clasificación: _____

Explicación: _____

_____

¡Ya era hora de que te esforzaras un poco en tus estudios!

Clasificación: _____

Explicación: _____

_____

Ahora que has demostrado que sí puedes, ¡tal vez deberías de aplicar a ese master que dijiste que te interesaba!

Clasificación: _____

Explicación: _____

_____

AUTORREVELACIÓN

Mientras que los niveles más altos de autenticidad revelan en última instancia algo sobre el consejero, el término *autorrevelación del consejero* se refiere más específicamente al consejero que explícitamente comparte algún aspecto de su historia personal con fines terapéuticos. Por lo tanto, mientras que la autenticidad y la autorrevelación no son conceptos idénticos, hay superposición entre ellos (véase la figura 12.2).

La figura 12.2 ilustra cómo se relacionan las técnicas bajo estudio en este capítulo. La autenticidad

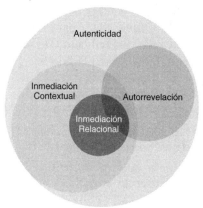

Figura 12.2. Técnicas que utilizan el aquí y ahora

siempre debe estar presente en un nivel mínimo de tres en la escala de calificación y abarca las otras técnicas. La inmediatez contextual es la categoría más amplia de la inmediatez e incluye cualquier intervención que se enfoque explícitamente en el aquí y ahora. La inmediatez relacional es un subconjunto de la inmediatez contextual que se centra en el aquí y ahora en la relación de consejería. La autorrevelación es una forma particular de autenticidad que a veces puede coincidir con la inmediatez relacional y la inmediatez contextual.

Hemos notado que los no profesionales tienden a usar la autorrevelación en exceso, ya que hablan de las experiencias de vida que han tenido en un intento de identificarse con las dificultades de los demás. En las relaciones recíprocas esta práctica puede ser útil a veces, aunque como parte del ejercicio al principio de este capítulo, es probable que hayas identificado momentos en los que estabas en el extremo receptor de la autorrevelación de otra persona y sentías que el enfoque cambiaba de usted hacia la otra persona.

En las relaciones de ayuda, la autorrevelación debe usarse con moderación, porque existe el riesgo de daño (Barnett, 1998) cuando se usa incorrectamente o inapropiadamente. Al igual que la sal en la cocina, hay algunos platillos que son perfectamente deliciosos sin sal añadida, mientras que otros necesitan sal para obtener la plenitud de sabor. Sin embargo, una vez que has agregado demasiada sal ya no puedes quitarla, y el platillo puede arruinarse. La regla de oro es usar la menor cantidad de autorrevelación necesaria para lograr tu objetivo. Por ejemplo, si un aconsejado está hablando de su dolor por la muerte de su madre, y tú también has perdido a tu madre, puede ser apropiado decir algo como: "Mi madre murió hace un año. Sé lo que es preguntarse si la vida volverá a ser igual. Me pregunto ¿qué sentimientos está evocando en ti la pérdida de tu madre?"

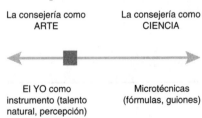

Figura 12.3. Arte frente a ciencia: Autorrevelación

**Medios de comunicación social y
autorrevelación inintencionada**

Las redes sociales, como Facebook, pueden ser una forma en que
tus aconsejados pueden obtener información sobre ti sin tu permiso
o incluso tu conocimiento. Dicha revelación involuntaria puede
afectar en gran medida a la relación de ayuda. Los consejeros deben
considerar lo siguiente (adaptado de Cook, 2011):

✓ No tengas cuenta de Facebook, Twitter, Instagram u otra cuenta
de medios sociales.
✓ Si tienes una cuenta en los medios sociales:
- Ten en cuenta la configuración de privacidad y restringe el
acceso a toda la información personal.
- No permitas que otras personas te "etiqueten" (porque, de lo
contrario, no tendrás control de las fotos, etc., que la gente
comparte contigo).
- Solo publica lo que sería apropiado revelar a tus aconsejados.
- Recuerda que lo que se publica en la web siempre está ahí,
incluso si lo "borras".

Observe que los detalles del proceso de muerte y de duelo que
el consejero experimentó no se introducen porque podrían distraer
más que ayudar. Si se comparten más detalles dependerá de la
respuesta del aconsejado. Si, por ejemplo, el aconsejado responde:
"¿De verdad? ¿Has pasado por esto también? ¿Cómo lo hiciste los
primeros meses?", el consejero tiene varias opciones. Una sería responder a la pregunta directamente y compartir algunos detalles de
lo que fue útil, es decir, continuar a autorrevelación. Otra podría
ser redirigir la conversación con una respuesta como, "Todo el
mundo es diferente, así que no hay una manera correcta de llorar.
Lo que ha funcionado para mí puede no ser particularmente útil
para ti. Pero ¿estarías interesado en algunos libros que dan muchas
sugerencias prácticas sobre cómo sobrevivir al proceso de duelo?
Entonces podrías practicar aquellas que te llamen la atención".

Observa también la pregunta que sigue directamente a la
autorrevelación del consejero. Hace las veces de conmutador,

quitando el enfoque en el consejero y poniéndolo nuevo sobre el aconsejado. Esto ayuda a disminuir el riesgo de que la autorrevelación resulte en una atención permanente en la experiencia del consejero en lugar de volver a la situación del aconsejado.

Como con cualquier intervención, los consejeros deben evaluar si el uso de la autorrevelación en un momento en particular de la sesión beneficiará al aconsejado en lugar de satisfacer las necesidades del consejero. Si decides que la autorrevelación podría ser útil, debes evaluar continuamente lo que te motiva para compartir. Si decides autorrevelar, entonces necesitas percibir las respuestas verbales y no verbales del aconsejado a lo que estás compartiendo para evaluar si tu autorrevelación está teniendo el efecto deseado o si necesitas renovar tu enfoque.

INMEDIACIÓN

La técnica de la *inmediatez* hace uso explícitamente de las técnicas de percepción de los consejeros para permitirles abordar un tema específico en el aquí y ahora de la sesión. Vamos a distinguir entre dos tipos de inmediatez: *la inmediatez contextual y la inmediatez relacional*. La inmediatez contextual se denomina simplemente como inmediatez por algunos autores (por ejemplo, Evans, Hearn, Uhlemann y Ivey, 2011). Sin embargo, pensamos que podrías aclarar la confusión con la que hemos visto luchar a nuestros estudiantes si hacemos una distinción más clara entre esta y la inmediatez relacional

Inmediatez contextual. La inmediatez contextual abarca cualquier cosa que un consejero perciba que un aconsejado está expresando de manera no verbal en un momento dado y que el consejero decide hacer explícito, a excepción del material que pertenece específicamente a la relación terapéutica. Por ejemplo, si ves lágrimas brotar de los ojos de un aconsejado, puedes optar por usar la empatía intuitiva y decir: "Parece que te sientes muy triste", o puedes usar la inmediatez contextual y decir, "Noto las lágrimas en

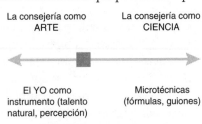

La consejería como ARTE — La consejería como CIENCIA

El YO como instrumento (talento natural, percepción) — Microtécnicas (fórmulas, guiones)

Figura 12.4. Arte frente a ciencia: Inmediatez

tus ojos", y luego esperar la respuesta del aconsejado. Las dos respuestas se podrían combinar en, "Noto las lágrimas en sus ojos— parece que te sientes muy triste", lo que haría uso de ambas técnicas.

Al igual que con cualquier técnica, solo porque percibes lo que está sucediendo no significa que necesariamente tengas que actuar o llamar la atención sobre lo que observas. Al igual que los altos niveles de autenticidad, tanto la empatía intuitiva como el uso de la inmediatez contextual contienen niveles de confrontación en el sentido de que los aconsejados ni siquiera pueden ser conscientes de su comportamiento, o incluso si lo son, pueden estar tratando de ocultártelo. Por lo tanto, es importante elegir el momento adecuado para utilizar la inmediatez contextual.

Terapia Gestalt

La terapia Gestalt hace un uso extensivo tanto de la inmediatez contextual como de la inmediatez relacional. Los terapeutas de la terapia Gestalt comentan específicamente las excentricidades y otros comportamientos, a menudo alentando a sus aconsejados a exagerarlos para desarrollar una mayor conciencia de su experiencia (inmediatez contextual). La relación también se aborda explícitamente en el aquí y ahora (inmediatez relacional). Estos principios están bien ilustrados al ver a Fritz Perls en acción con Gloria en la vieja grabación "Tres Aproximaciones a la Psicoterapia-Parte II" (ahora disponible en www.youtube.com/watch?v=it0j6FIxIog).

Inmediatez relacional. La inmediatez relacional hace uso del aquí y ahora tratando explícitamente la relación terapéutica. En el capítulo dos discutimos la centralidad de la persona del consejero y el poder de la relación entre el consejero y el aconsejado en el proceso de cambio y curación del aconsejado. Al centrarse específicamente en la propia relación de ayuda, la inmediatez relacional puede ser enormemente útiles en el proceso de cambio.

Una comprensión espiritual del "aquí y ahora"

Henri Nouwen (1994) escribe sobre la importancia de vivir en el momento presente, ya sea centrándose en la culpa debido a errores pasados o preocupándose por el futuro. Él dice que "la vida real tiene lugar en el aquí y el ahora. Dios es un Dios del presente. Dios está siempre en el momento, sea ese momento duro o fácil, alegre o doloroso. Cuando Jesús habló de Dios, siempre habló de Dios como alguien que está donde y cuando estamos nosotros" (p. 18). Las palabras de Nouwen pueden servirnos de recordatorio para que estemos plenamente presentes en el momento con nuestros aconsejados y en plena sintonía con la relación terapéutica.

La inmediatez relacional puede ser vista como un tipo especial de alta autenticidad porque el consejero revela sus pensamientos, sentimientos o reacciones a algo que dice o hace el aconsejado (véase la figura 12.2). El contexto para el siguiente escenario es que el aconsejado, Fran, ha llegado de diez a quince minutos tarde a su cita de consejería tres veces seguidas, y el consejero ahora se siente frustrado.

Fran: ¡Siento mucho llegar tarde otra vez! Estaba a punto de salir de la casa cuando un amigo se acercó, y ¡yo no me podía escapar! Espero que lo entiendas.

Consejero: Fran, ciertamente entiendo que lo inesperado puede surgir. Cualquiera puede llegar tarde de vez en cuando. ¡Pero debo admitir que me siento frustrado! Cuando concertamos una cita a una hora en particular, estoy dedicado a ti y realmente no puedo involucrarme en ninguna otra tarea. Y esta es ahora la tercera semana consecutiva que llegas corriendo y diez o quince minutos después de la hora que teníamos programada para comenzar la sesión.

Fran: ¡Oh! ¡La verdad es que no había pensado en cómo te afectaría eso! Lo siento. Sabes no solo estoy presentando excusas. . . Siempre hay razones legítimas que me han hecho retrasarme. ¡Pero en realidad no estás diciendo nada que mi esposa no me haya dicho antes! Dice que tengo un mal hábito de llegar tarde y que es irrespetuoso con otras personas. Siempre pensé que ella estaba haciendo la cosa más grande, ¡pero quizás es un problema más grande de lo que pensaba si tú lo estás señalando también! ¡Espero que no dejes de atenderme!

Consejero: ¡Por supuesto que estoy dispuesto a seguir atendiéndote! Aunque nuestra relación es diferente de tu relación con su esposa, o tus amistades, todavía habrá problemas que resolver entre nosotros de vez en cuando. ¿Estarías dispuesto a mirar más detalladamente a lo que podría estar detrás de tu costumbre crónico de llegar tarde y ver si juntos podemos encontrar algunas formas productivas para que puedas trabajar en ello?

Fran: ¡Por supuesto! Quiero trabajar en mis amistades, también, y creo que llegar tarde no les está ayudando en absoluto. Si llego a tiempo para las reuniones en el trabajo, también puede ayudar a mis evaluaciones de desempeño.

Consejero: ¡Eso es genial! Estoy muy contento de que estés dispuesto a discutir esto más profundamente. Aprecio que tomaste mis comentarios seriamente y no reaccionaste defensivamente. Hace seis meses podría haber sido una historia diferente. La madurez con la que has manejado esto hoy muestra cuánto has crecido.

El consejero tenía un par de opciones aquí. Podría haber ignorado el incidente, pero al hacerlo no estaría siendo auténtico. En consecuencia, su frustración y respeto podrían haber escalado hasta el punto de que podrían haber tenido un efecto adverso en la relación de ayuda. Alternativamente, el consejero también podría haber dejado claro que estaba frustrado, pero al expresar su frustración inapropiadamente podría haber dañado la relación terapéutica. Este sería el caso si, por ejemplo, el consejero hubiera regañado a Fran diciendo con voz enojada: "Te das cuenta de que esta es la tercera vez que llegas tarde, ¿no? ¡Esto es muy desconsiderado de tu parte!". El consejero puede haberse mostrado como genuino en ese momento, pero tal respuesta sería puntuada como un uno en la escala de autenticidad porque es irrespetuosa y en última instancia no es útil o incluso destructiva.

Al ser honesto, pero de una manera que favoreció más que dificultó el crecimiento de Fran, el consejero estaba siendo muy auténtico en su uso de la inmediatez relacional. Obsérvese cómo se inició el diálogo con una discusión de la relación, que permitió entonces la generalización a otras personas y situaciones. Si el consejero no hubiese sido consciente de su propio nivel de frustración, se habría perdido una ocasión terapéutica productiva.

Consejo clínicos

La conciencia de tus propias emociones es esencial para el consejero. Hazte las siguientes preguntas, pueden ayudarte a usar tus emociones de manera apropiada:

1. ¿Qué estoy sintiendo?
2. ¿Qué desencadenó esta emoción?
3. ¿Mis sentimientos se deben a mi propio equipaje emocional (sobre el que necesito supervisión), o ¿son respuestas legítimas a lo que el asesor está diciendo o haciendo (y por lo tanto puede ser utilizado en el proceso de ayuda)?
4. ¿Son apropiados altos niveles de autenticidad en este momento?
5. ¿Se requiere la inmediatez relacional?
6. ¿Debo recordar este incidente y ver si surge algo similar en el futuro?

APLICACIÓN EN LAS RELACIONES

En consejería familiar y matrimonial es común pasar mucho tiempo contando las historias de la semana pasada—argumentos, heridas, fracasos y malas comunicaciones. El problema es que cuando los consejeros pasan tiempo reformulando las conversaciones, se puede llegar a hacer totalmente sin emoción o puede diluirse porque los aconsejados pueden avergonzarse de cómo actuaron. Por lo tanto, la contramedida a esta repetición distorsionada de los acontecimientos es pedir a la pareja o la familia que reproduzcan en la sesión, aquí y ahora, la discusión que tuvieron en casa. Esto se denomina promulgación (Treat y Hof, 1987), un diálogo que la familia (o subgrupo de la familia) tiene y que el terapeuta orquesta para ayudar a la familia a mejorar la comunicación familiar. Las promulgaciones animan a las familias a hablar *entre ellos* en lugar de hacerlo *sobre otras personas.*

El reto en el enfoque del aquí y ahora es que el consejero nunca sabe a dónde se dirige la promulgación. Esta sensación fuera de control es a menudo la razón del por qué los consejeros se resisten a pedirle a la familia que representen una conversación. Sin embargo, la ventaja es que la consejería está tratando con emociones reales en tiempo real; autenticidad, autorrevelación e inmediatez, todos están participando.

358

APLICACIÓN MULTICULTURAL

Las culturas varían en la manera en que valoran la autenticidad. Algunas culturas asiáticas, por ejemplo, valoran más altamente un sentido exterior de la armonía por encima del conflicto potencial que podría resultar de ser más abierto. Por ejemplo, en Filipinas, el uso común del acrónimo RIF (relaciones interpersonales fluidas) ilustra el valor que los filipinos atribuyen a no provocar olas en la relación para preservar las relaciones en armonía (Jocano, 1997).

Si bien el uso de niveles más altos de autenticidad e inmediatez relacional puede ser necesario, los consejeros deben usar mayor precaución al dar observaciones que podrían ser evaluadas como negativas para que no se provoque una respuesta que pueda avergonzar. Los altos niveles de autenticidad que son más afirmativos pueden ser algo menos arriesgados, pero aún deben usarse con cuidado porque también podrían provocar una reacción negativa basada en la vergüenza en individuos de culturas que valoran el logro del grupo pero que desaprobar el llamar la atención hacia los logros individuales

APLICACIÓN MINISTERIAL

En entornos más informales del ministerio, es más probable que tengas múltiples roles con tus consejeros, de modo que ellos te vean en algo más que un consejero y probablemente sepan más sobre ti que un aconsejado en un ambiente más formal. Esto significa que un mayor nivel de autorrevelación, o niveles más altos de autenticidad, pueden ser más apropiados en una etapa temprana en la relación de consejería o en un contexto de cuidado pastoral. En el ministerio con jóvenes, un uso alto de la autorrevelación puede ser particularmente útil para construir una relación. Ten en cuenta, sin embargo, que estas técnicas todavía pudieran ser utilizadas en exceso en estos entornos.

Inténtalo

Abajo podrás encontrar dos escenas entre un consejero y un aconsejado. Poniéndote en la posición del consejero, crea tu propia respuesta que esté a un nivel tres o cuatro en la escala de autenticidad.

Incluye autorrevelación y/o inmediatez como te parezca apropiado. A continuación, explica la justificación de tu respuesta.

Escenario 1: Eres el líder del grupo pequeño de un estudio bíblico. Durante el transcurso del año una nueva persona, Taylor, se une al grupo. Te das cuenta de que Taylor a menudo actúa como el payaso de la clase, usando bromas para llamar la atención de los demás distrayéndolos de e temas más profundos. En un intento de conocer a Taylor, prefieres quedar con él en una cafetería. Notas que Taylor continúa usando mucho humor en la conversación contigo.

¿Cómo percibes a Taylor? ¿Qué pensamientos, sentimientos o reacciones se levantan dentro de ti?

_____

_____

¿Asumes que Taylor es hombre o mujer? ¿Qué edad tiene Taylor? ¿Qué cosas de tu pasado contribuyen a estas suposiciones?

_____

_____

¿Cómo podrías responder a Taylor con autenticidad, inmediatez y/o autorrevelación?

_____

_____

Escenario 2: Charlie empezó a acudir a su consejero hace unos meses. Charlie es hablador, inteligente y generalmente simpático. Durante las últimas semanas has notado que los patrones de comunicación de Charlie han comenzado a cambiar contigo. Donde anteriormente Charlie escuchaba y luego respondía pensativamente a tus comentarios y reflexiones, ahora interrumpe con frecuencia, es despectivo con tus aportaciones por el uso de la frase, "Sí, pero…" Y se inquieta cada vez que el tema de su esposa o su trabajo se plantea.

¿Cómo percibes a Taylor? ¿Qué pensamientos, sentimientos o reacciones se levantan dentro de ti?

_____

_____

¿Cómo entiendes el cambio en el comportamiento de Charlie? ¿Qué inseguridades evoca con su estilo de respuesta? ¿Qué hipótesis consideras sobre su situación emocional actual?

¿Cómo podrías responder a Charlie con autenticidad, inmediatez y/o autorrevelación?

CONCLUSIÓN

Las técnicas de aquí y ahora de la autenticidad, la autorrevelación y la inmediatez son potencialmente las más ingeniosas de todas las microtécnicas. Dependiendo de la persona del consejero y la conciencia de sí mismo dentro de la sesión de consejería, estas técnicas son altamente susceptibles a lo que está sucediendo en y con el consejero en un momento dado. Valiosas en dosis pequeñas y oportunas, las técnicas de aquí y ahora sirven para conectar personalmente al consejero y al aconsejado en la experiencia de la consejería, así como con las experiencias más amplias de la vida.

PREGUNTAS PARA LA REFLEXIÓN

1. En una escala del uno al diez, siendo uno completamente incómodo y diez completamente cómodo, ¿qué tan cómodo te sientes cuando los demás se autorrevelan en una conversación? ¿Por qué?
2. Piensa en las relaciones en tu vida. ¿Con quién te sientes más auténtico de forma regular? ¿Qué contribuye a tu sentido de poder ser genuino con esta persona?
3. ¿Qué cosas (temores, barreras, aprensiones, etc.) te impiden ser más auténtico en sus relaciones?
4. ¿Hay alguna indicación de las reacciones con otros y tú de que es a veces eres demasiado auténtico (p. ej., asustar a otros

por ser demasiado contundente/dogmático o compartir cosas profundas demasiado rápido)? ¿O que eres demasiado reservado o no eres auténtico (p. ej., otros no pueden leer o averiguar lo que realmente piensas o sientes)?

5. ¿A quién en tu vida consideras auténtico? ¿Qué cosas esa persona contribuye a esta evaluación? ¿Qué admiras esa persona? ¿Cómo te sientes cuando estás en una conversación con esa persona?

CAPÍTULO 13

ESTRATEGIAS DE CRECIMIENTO

Lo que aprendisteis y recibisteis y oísteis y visteis en mí,
ponedlo por obra; y el Dios de la paz estará con vosotros.

Filipenses 4:9

Enfoque del Capítulo

TÉCNICA: implementación del cambio

PROPÓSITO: ayudar a los aconsejados a identificar maneras tangibles de implementar el cambio para un crecimiento duradero

FÓRMULA: "¿Cómo te puedo ayudar a convertir (los cambios que tú deseas) en realidad?

Piensa en algunas resoluciones de año nuevo que has hecho.

> » ¿Fuiste capaz de cumplirlas?

> » Si no, ¿qué obstaculizó tu éxito? Si tuviste éxito, ¿qué te ayudó?

Como el fracaso en las resoluciones de año nuevo puede atestiguar, el cambio duradero es difícil. Si se van a desarrollar nuevos patrones y el cambio va a mantenerse a largo plazo, es necesario implementar estrategias premeditadas para el crecimiento continuo.

Cuando hablamos de "implementar el cambio" en este capítulo, no estamos hablando simplemente de cambio de comportamiento, sino de cambio tangible en uno de los varios dominios. Por ejemplo, implementar el cambio puede significar cambiar una actitud o trabajar a través de una emoción difícil, así como encontrar otro trabajo o implementar un régimen de ejercicio regular. Del mismo modo que un cambio en el comportamiento físico puede ser tan imperceptible como parpadear, o tan obvio como saltar un obstáculo, los tipos de cambios que estamos describiendo en este capítulo pueden ser pequeños cambios internos, o pueden ser enormes cambios observables desde el exterior que tienen efectos significativos en las relaciones o en el mundo externo del aconsejado. De cualquier manera, la implementación del cambio implica la decisión del aconsejado de actuar en algún área de su ser interno o externo. El objetivo 3, "Crecimiento", se centra específicamente en las técnicas que ayudan a los aconsejados a llevar todo lo que han aprendido hasta este punto y hacer cambios duraderos que les ayuden a crecer de manera significativa.

¿EN QUÉ CONSISTE IMPLEMENTAR EL CAMBIO?

Como se discutió en la introducción a los objetivos 2 y 3, algunos aconsejados sienten alivio nada más al poder descargarse con alguien con quien se sienten seguros. Una vez que su sentido de la sobrecarga emocional disminuye, haciéndolos menos sintomáticos, tales individuos pueden sentir que han conseguido lo que querían fuera de la consejería y no continuarán. Los aconsejados que realmente llegan tan lejos en la consejería han llegado a un punto en el que entienden que el cambio permanente es

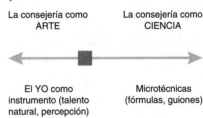

Figura 13.1. Arte frente a ciencia: Implementar el cambio

diferente de los síntomas que mitigan de manera temporal y están preparados para hacer el trabajo duro que el objetivo 3 requiere. La meta por la cual apuntar al objetivo 3 es juntar todas las piezas que se han reunido hasta ahora en la relación de consejería para poder efectuar cambios y crecimiento permanentes. El objetivo 3 implica la creatividad, la intuición y la colaboración entre el aconsejado y en el consejero y por lo general se guía por teorías de consejería específicas. Como tal, las técnicas utilizadas para lograr el objetivo 3 son igualmente arte y ciencia.

EJEMPLOS DE ESTRATEGIAS DE CAMBIO

Presentar un resumen completo de las posibles estrategias de cambio que los aconsejados las pueden utilizar, iría más allá del alcance de este libro. Sin embargo, aquí presentamos una lista parcial de los enfoques de consejería que se han sugerido a lo largo de los años:

- experimentar la liberación emocional
- obtener información
- tomar decisiones
- profundizar la espiritualidad
- detener los comportamientos
- iniciar nuevos comportamientos
- reflexionar
- hacer frente a las emociones
- construir una identidad
- enfrentar la vergüenza y la culpa
- perdonar el pasado
- perdonarse a sí mismo y otros
- fortalecer las relaciones
- duelo por la pérdida
- mejorar las prácticas para la vida
- cuidar la salud física

Sospechamos que los estudiantes entran en el entrenamiento de consejería con algunos supuestos automáticos sobre cómo cambia la gente. A menudo estos supuestos se basan en la experiencia personal sobre cómo ha ocurrido el cambio en nuestras propias vidas o en las vidas de las personas que conocemos. El peligro es que los aconsejados se centran en las modalidades de cambio "preferidas" mientras minimizan o ignoran otras estrategias de cambio. A menudo esto no es útil para nuestros aconsejados. Es esencial tener una teoría general del cambio que guíe nuestro trabajo con los aconsejados.

LAS ETAPAS DE CAMBIO DE PROCHASKA

Una de las teorías más populares y basadas empíricamente en el cambio es el modelo de cinco etapas de Prochaska y DiClemente (1983), revisado a una teoría de seis etapas (Prochaska y Norcross, 2013). Prochaska y Norcross sostienen que estas etapas representan un modelo que va más allá de la teoría y que puede usarse como una plantilla desde la cual analizar todas las teorías de consejería, lo cual hace a lo largo de su texto de 2013.

El cambio puede parecer un concepto simple, pero raramente es fácil. Particularmente con grandes cambios en la vida o cambios en patrones que han perdurado por mucho tiempo, los aconsejados probablemente pasarán por varias etapas, algo predecibles. Cuando un aconsejado se encuentra en lo que respecta a las etapas de cambio puede afectar las estrategias de crecimiento que se implementan dentro de la relación de consejería. Las etapas de cambio y las estrategias de crecimiento relacionadas son:

1. *Precontemplación:* Esta es una etapa importante a reconocer y no pasar por alto. En esta etapa los aconsejados aún no están considerando el cambio. No son conscientes o no están dispuestos a abordar los posibles cambios que podrían darse en su vida o en una situación dada. El "incremento de la conciencia" y el "alivio dramático" son estrategias que Prochaska y Norcross identifican (2013, p. 465) como útiles para mover a los consejeros a comenzar a considerar el cambio.
2. *Contemplación:* En esta etapa, los aconsejados pueden ser conscientes de que el cambio podría, o incluso debería ocurrir en su vida en cualquier momento, pero no están dispuestos o son incapaces de buscar activamente el cambio en este momento. Es probable que estén abiertos a la exploración de lo que el cambio podría ser si lo persiguieran, pero en general

solo sigue siendo una exploración cognitiva. La reevaluación ambiental (situacional) y la reevaluación de uno mismo son las dos estrategias de cambio destacadas en esta etapa.

3. *Preparación:* En esta etapa, los aconsejados están comenzando a tantear el terreno, por así decirlo, con respecto al cambio. Están recopilando recursos y apoyo, desarrollando un plan para el cambio, pero sin implementar ese cambio a un nivel significativo. La liberación personal o la fuerza de voluntad es un requisito de esta etapa. La creencia en la autonomía y el poder de cambio (también llamada autoeficacia) abre nuevas posibilidades, aumenta la conciencia de que el cambio es posible y mejorará en gran medida la vida.

4. *Acción:* Aquí es donde los consejeros empiezan a hacer activamente cambios en sus vidas, implementando los planes que se han hecho previamente y practicando su nuevo comportamiento, pensamientos y sentimientos. La acción, en esta etapa, tiene un significado más amplio que simplemente hacer algo. Nuevos pensamientos, emociones y comportamientos son posibles. Técnicamente, la gestión de contingencias, el contracondicionamiento y el control del estímulo son los procesos de cambio identificados en esta etapa y en la siguiente.

5. *Mantenimiento:* En la etapa de mantenimiento, cualquier cambio que se haya implementado es ahora parte de la vida "normal". El compromiso continuo con los nuevos comportamientos, pensamientos y sentimientos es cultivado y sostenido. Prochaska y Norcross (2013) identifican el proceso como un ciclo en el que las etapas anteriores se reciclan, tal varias veces, antes de que el cambio sea permanente. La prevención de recaídas, una de las principales preocupaciones en el campo de las adicciones, es esencial de esta etapa.

6. *Terminación:* La etapa final, también más importante de lo que se suele imaginar, concluye el esfuerzo activo e intencional para producir el cambio. Los finales requieren atención a los sentimientos, pensamientos y comportamientos que acompañan al final de las relaciones.

Las etapas de cambio de Prochaska son un telón de fondo útil para nuestra comprensión de cómo las personas cambian. Aunque no están tan explícitamente enfocadas en fase o etapa, nuestras fases y objetivos se superponen con muchos de los conceptos identificados por Prochaska, aunque reconocemos que nuestro modelo diverge significativamente de su modelo.

EL ABC DE CONTINUAR AVANZANDO: DOMINIOS DE CRECIMIENTO

En su núcleo, el proceso de consejería implica ayudar a un aconsejado a descubrir nuevas formas de acercarse a la vida. En muchos sentidos, la consejería es un esfuerzo creativo, donde el consejero y los aconsejados buscan pensar más allá de lo que tienen enfrente. Incluso en las formas más creativas de arte, hay directrices, o incluso reglas, que informan de la legitimidad de la expresión artística. La consejería no es diferente. Las posibles intervenciones que uno podría desarrollar colaborativamente con un aconsejado son interminables, pero cada intervención posible es en última instancia guiada por la teoría. Una forma de mirar el crecimiento es a través de la lente de cuatro dominios: conductual, afectivo, cognitivo y espiritual (ver figura 13.2). Vemos que el dominio espiritual es el núcleo bien sea que el aconsejado sea cristiano o no, o que reconozca cualquier tipo de espiritualidad como algo importante. A veces el crecimiento sucederá como resultado de trabajar directamente a través del dominio espiritual. Este podría ser el caso, por ejemplo, con la dirección espiritual, o cuando las preocupaciones espirituales de un aconsejado son parte explícita de la sesión de consejería. Sin embargo, al dominio espiritual se accede más a menudo a través de nuestros pensamientos, emociones o comportamiento. El cambio real en cualquiera de los dominios afectará a los demás.

Se podría argumentar que un dominio relacional/social también podría ser incluido. Sin embargo, los cuatro dominios que hemos incluido afectan el aspecto relacional/

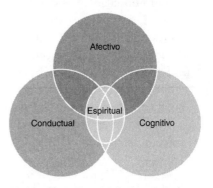

Figura 13.2. Dominios de crecimiento

social de nuestras vidas, y trataremos los sistemas relacionales en detalle en el próximo capítulo.

Varias teorías de consejería tienden a enfatizar algunos dominios más que otros, pero los consejeros que usan cualquier teoría intentarán cambiar el modo en que el aconsejado se siente, piensa o se comporta. Mientras que presentamos cada dominio como una entidad separada, en muchas situaciones de consejería los dominios se superponen, y un consejero se basará en dos o más para facilitar efectivamente el movimiento hacia adelante del aconsejado (ver McHenry y McHenry, 2015, para una visión sucinta de técnicas terapéuticas e intervenciones). Es importante recordar que el dominio seleccionado debe ser elegido en base a las necesidades de los aconsejados y no simplemente sobre la preferencia teórica del consejero.

El libro actual es un libro de técnicas de consejería en lugar de un libro de teorías de consejería (véase Jones y Butman, 2011; Tan, 2011a, para las descripciones cristianas de las teorías seculares fundamentales de consejería). Por lo tanto, antes de este capítulo hemos mencionado los enfoques teóricos solo por encima en algunos capítulos. Sin embargo, pensamos que sería útil señalar cómo varios enfoques teóricos se relacionan con los dominios específicos de crecimiento, porque en última instancia, se utilizan estas técnicas dentro de un marco teórico particular.

Palabras adicionales de sabiduría (adaptado de Garland [1999], pp. 460-62)

✓ No trates de convencer a la gente de que el cambio será fácil.

✓ El cambio ocurre más eficazmente cuando está respaldado por relaciones personales que cuando es llevado a cabo exclusivamente por procesos racionales de toma de decisiones.

✓ El cambio debe ser introducido en un lenguaje que se relacione con la experiencia del aconsejado.

✓ Cambiamos más fácilmente cuando otros pueden mostrarnos el camino.

✓ El cambio a veces requiere saltos de fe (saliendo más allá del sentido común).

✓ El cambio puede ser "catalizado", pero los resultados no siempre pueden predecirse o controlarse.

Dominio afectivo. Este dominio del crecimiento busca principalmente ayudar a los aconsejados a cambiar las respuestas emocionales dentro de su historia. Este dominio también busca construir la autoconciencia de los aconsejados, así como su conciencia sobre los sentimientos de otras personas (Okun y Kantrowitz, 2015). Centrarse en el crecimiento afectivo es particularmente importante para los aconsejados que tienen dificultades en expresar sus sentimientos. También es recomendable para los aconsejados que carecen de conciencia sobre cómo afecta su comportamiento a otras personas o que se niegan a asumir la responsabilidad por sí mismos. El enfoque puede estar en el incremento de la conciencia de los sentimientos en el presente, incluyendo el aquí y ahora en la relación de consejería, o puede ser mediante el trabajo en sentimientos relacionados con eventos en el pasado.

Teorías afectivas. El dominio afectivo del crecimiento se construye principalmente a partir de teorías psicodinámicas, humanistas y existenciales. Estas teorías incluyen psicoanalítica, centrada en la persona, existencial, Gestalt y algunos elementos de la teoría adleriana. Los teóricos fundacionales relacionados con estas teorías incluyen a Sigmund Freud, Carl Jung, Alfred Adler, Carl Rogers, Fritz Perls, Rollo May, Viktor Frankl e Irvin Yalom.

Técnicas afectivas. Al moverse principalmente fuera del ámbito afectivo con un aconsejado, gran parte de lo que se implementa como movimiento hacia el crecimiento ayuda a los aconsejados a aumentar la conciencia de sus propias emociones y/o aplicar la empatía, la empatía intuitiva, la inmediatez y la autorrevelación dentro de sus relaciones interpersonales, así como dentro de su propio autodiscurso. Específicamente centrado en el aquí y ahora, y alentando a los aconsejados a usar los pronombres "yo" y "tú" en vez de generalizar, son fundamentales para trabajar dentro de este dominio para los consejeros que usan algunas de estas teorías. Los enfoques psicodinámicos también consideran que los efectos colaterales afectan a los síntomas actuales. Técnicas adicionales de imágenes, conciencia sensorial, asociación libre y análisis de sueños se utilizan para promover el crecimiento en este dominio (Okun y Kantrowitz, 2015).

Es importante reconocer que para Rogers (1957/1992), las condiciones de facilitación a las que se hace referencia en los capítulos anteriores se consideraban necesarias y suficientes para que ocurriera el cambio. Cuando se implementan con habilidad y sensibilidad, las técnicas discutidas en los capítulos anteriores moverán al aconsejado hacia delante sin las técnicas de los otros dominios. Aunque muchos sugieren que las condiciones de Rogers son insuficientes en muchas situaciones de consejería, el poder de estas técnicas afectivas, utilizadas competentemente, no debe ser subestimado.

Al perseguir el crecimiento espiritual afectivo, pueden aplicarse técnicas similares que centran el enfoque del aconsejado sobre las emociones que guían su vida espiritual. Las disciplinas contemplativas como orar los Salmos, *lectio divina* (Benner, 2010), las prácticas del silencio y soledad y la práctica de aminorar el ritmo de la vida (Ortberg, 2015) pueden ser técnicas espirituales afectivas.

Dominio conductual. Este dominio del crecimiento se centra en la acción física y responde a la pregunta: "¿Qué vas a *hacer* al respecto?" Un dominio ampliamente aplicable, las estrategias de comportamiento apelan a nuestras funciones más básicas como seres humanos; un consejero que usa un enfoque conductual no le pide a los aconsejados que piensen o sientan de manera diferente sino simplemente hacerlo (Corey, 2013). Como cualquier otra técnica aprendida, las estrategias conductuales consisten en la repetición y la práctica. Este dominio es especialmente útil para los niños, los individuos que luchan con la verbalización de las emociones o cogniciones, los que tienen retrasos cognitivos o de desarrollo, y las personas con miedos o fobias extremas (Antony, 2014)

Teorías conductuales. La terapia conductual, y teóricos como B. F. Skinner, J. B. Watson y Albert Bandura, establece las bases para este dominio del crecimiento. En la práctica actual, la mayoría de los consejeros conductuales también incorporan al menos otro dominio de crecimiento en su conceptualización de casos y sus intervenciones. Es más común emparejar los enfoques conductuales con los cognitivos, como en la terapia cognitivo-conductual.

Técnicas conductuales. Las estrategias de crecimiento dentro del dominio conductual incluyen el entrenamiento en ser asertivo, el refuerzo, el castigo, la contratación, el modelado, la desensibilización sistemática, el juego de roles. Las estrategias de crecimiento centradas en el comportamiento asignan un mayor énfasis a la acción que a la comprensión de los motivos, pensamientos o sentimientos detrás de los comportamientos que se observan.

Las estrategias de crecimiento espiritual dentro del dominio del comportamiento se enfocan en la implementación de disciplinas espirituales y enfatizan la importancia de involucrarse en la disciplina incluso si el corazón o la mente de uno se distraen por otras cosas. Las intervenciones espirituales conductuales comunes incluyen actos de servicio, lectura y oración de las Escrituras, y la práctica de la celebración y conmemorar (Ortberg, 2015). Bíblicamente, este dominio se centra en la instrucción en Colosenses 3:17, que dice: "Y todo lo que hagáis, ya sea en palabra o en obra, hacedlo todo en el nombre del Señor Jesús, dando gracias a Dios Padre por medio de él".

Dominio cognitivo. Cambiar la manera en que los aconsejados piensan acerca de sí mismos, sus problemas y sus historias proveen la estructura para usar estrategias de crecimiento dentro del dominio cognitivo. Este dominio es particularmente eficaz cuando los consejeros están buscando involucrarse en un proceso de resolución de problemas, o cuando es evidente que su mundo cognitivo está impidiendo su capacidad de involucrarse en el mundo físico de una manera que sea consistente con sus metas. Dentro de este dominio, el consejero trata de ayudar al aconsejado a identificar pensamientos y procesos de pensamiento que están distorsionados, son inconsistentes o autodestructivos y a proporcionar un nuevo marco o perspectiva a partir de la cual los aconsejados pueden tener sentido de sí mismos y de su historia.

Teorías cognitivas. De manera similar a las teorías y enfoques conductuales, las estrategias cognitivas pueden emplearse aisladas, pero a menudo están integradas con otros dominios de crecimiento. Las teorías como la terapia cognitiva, la terapia cognitivo-conductual (TCC), la terapia racional de comportamiento emocional (TRCE) y la teoría de la elección (también llamada terapia de la realidad), junto con sus respectivos teóricos, como Aaron Beck, Donald Michenbaum, Albert Ellis y William Glasser, proporcionan el marco para el dominio cognitivo del crecimiento.

Técnicas cognitivas. Las estrategias y técnicas de cambio dentro de este dominio incluyen la confrontación, la reestructuración cognitiva y el replanteamiento, el ataque a la vergüenza, la detención del pensamiento, la biblioterapia, las preguntas abiertas y la tarea (Okun y Kantrowitz, 2015). El crecimiento espiritual cognitivo prioriza lo que los aconsejados conocen o piensan acerca de su vida espiritual. Las técnicas específicas pueden incluir un estudio bíblico inductivo, la investigación sobre un tema espiritual específico, la lectura y memorización de las Escrituras, o la escritura de un diario (dependiendo de las indicaciones y el enfoque, esto también podría ser una estrategia afectiva). Los ministerios de oración teofóstica hacen uso del dominio cognitivo cuando intentan exponer la mentira detrás de un recuerdo perturbador, considerado como un aspecto esencial del proceso de curación (Smith, 2005). Las instrucciones de Pablo en Filipenses 4:8 de pensar en "todo lo que es verdadero, todo lo respetable, todo lo justo, todo lo puro, todo lo amable, todo lo que es de buena reputación", y su instrucción en Romanos 12:2 "No os adaptéis a las formas de este mundo, sino transformaos por medio de la renovación de vuestra mente", proporcionan el fundamento subyacente para las estrategias de crecimiento espiritual enfocadas cognitivamente.

Conexiones bíblico/teológicas

El libro de Santiago en el Nuevo Testamento, quizás más explícitamente que en cualquier otra parte de la Biblia, trata el problema humano común de la hipocresía—decir una cosa y hacer otra. Duplicidad, falta de sinceridad, tener un doble estándar—esto no es un problema exclusivamente cristiano, es un problema humano. Muchas veces en nuestras vidas nos enfrentamos con el desafío de creer y decir una cosa y actuar de una manera diferente. Santiago dice:

> Pero sed hacedores de la palabra, y no tan solamente oidores, engañándoos a vosotros mismos. Porque si alguno es oidor de la palabra pero no hacedor de ella, éste es semejante al hombre que considera en un espejo su rostro natural. Porque él se considera a sí mismo, y se va, y luego olvida cómo era. Mas el que mira atentamente a la ley perfecta, la de la libertad, y persevera en ella, no siendo oidor olvidadizo, sino hacedor de la obra, éste será dichoso en lo que hace. (Stg. 1:22-25)

Si bien esto es cierto tanto para los consejeros como para los aconsejados, queremos que nuestros esfuerzos de consejería resulten en cambios de actitudes, emociones, pensamientos y comportamientos. La Biblia sugiere muchas maneras de moverse en esta dirección de consistencia entre nuestro mundo interno y nuestras acciones. Una ventana a lo que esto significa es mirar los conceptos bíblicos de justicia y santidad. En lugar de centrarse simplemente en el comportamiento correcto o santo ante Dios de una manera legalista, estos conceptos se enfocan en relaciones sanas y honestas. Ser justos o santos es ser dedicados a Dios y a los demás—para permanecer en relaciones que han sido corregidas. Por supuesto, esto implica que actuamos de maneras que genuinamente se respetan y se honran mutuamente.

La habilidad de hacer esto es un regalo de Dios. Desde la base de la justicia de Jesús, sostenido por la obra del Espíritu Santo en nuestras vidas, somos capaces de poner en acción los cambios a los que llegamos en las relaciones de consejería. Esto tiene sentido para los conciudadanos cristianos, pero ¿qué pasa con los no cristianos? ¿Sobre qué base pueden poner en acción los cambios que desean? Teológicamente, el concepto de gracia común, la gracia de Dios dada a todas las personas, independientemente de sus creencias, nos dice que mientras la gracia salvadora de Dios es dada a los que creen, la gracia—incluyendo la capacidad de hacer cambios en nuestras vidas y arraigados en la *Imago Dei*—se da libremente a todos.

Con respecto al enfoque de este capítulo, la lección teológica general es que "Lo que aprendisteis y recibisteis y oísteis y visteis en mí, ponedlo por obra; y el Dios de la paz estará con vosotros" (Fil. 4:9). La paz, la sanación y la plenitud resultan cuando ponemos en práctica lo que hemos aprendido y recibido. "Pues yo haré venir sanidad para ti, y sanaré tus heridas, dice Jehová" (Jer. 30:17).

Ambos/y. En realidad, muy pocos enfoques de consejería o estrategias de crecimiento están dentro de un solo dominio de crecimiento. Como lo demuestra la figura 13.2, a menudo hay una buena cantidad de solapamiento, y puede ser de ayuda para los aconsejados cuando las estrategias de crecimiento involucran múltiples dominios de su yo y sus vidas. Los enfoques cognitivo-conductuales (TCC y TREC) tienden a ser los ejemplos más conocidos de estrategias de crecimiento y enfoques que combinan dominios.

EL PROCESO

El proceso de implementar el cambio de una manera que promueva un crecimiento duradero sigue tres pautas primarias. Promover el crecimiento es:

• **Colaborativo.** Desarrollar un curso hacia el crecimiento debe ser un proceso que esté comprometido conjuntamente tanto por el consejero como por el aconsejado. Esto no significa que las contribuciones a esta experiencia colaborativa sean necesariamente iguales. La responsabilidad de la toma de decisiones finales debe recaer siempre en el aconsejado, así como la mayor parte del peso de la evaluación de las consecuencias positivas y negativas. Dependiendo de la situación y de las personalidades del consejero y del aconsejado, la responsabilidad principal de la lluvia de ideas y el desarrollo de soluciones creativas podría recaer en cualquiera de las partes. Cuando se ha identificado el problema y el aconsejado ha sido capaz de establecer el objetivo para avanzar en la consejería, puede ser útil seleccionar intencionadamente las ideas del aconsejado sobre cómo se podría avanzar. Algunas posibles preguntas y preguntas abiertas que facilitan los enfoques colaborativos cuando el objetivo 3 es el enfoque principal incluyen, pero no se limitan a:

♦ ¿Qué se podría hacer al respecto?

♦ ¿Qué aspectos de tu dilema actual son similares a situaciones en las que hemos trabajado antes?

♦ ¿Cómo va a afectar tu nueva comprensión a cómo vas a enfrentar este nuevo desafío?

♦ ¿Cómo podría esto llegar a ser más una parte de tu vida?

• **Atento a la relación de consejería.** Es tentador para algunos consejeros tomar la iniciativa de arreglar una vez que llegan a discutir estrategias de crecimiento, pero es importante resistir esta tentación y permanecer en el papel de facilitador. La relación de consejería sigue siendo esencial para el proceso de cambio y por lo tanto necesita una atención continua incluso cuando se esté apuntando al objetivo 3. Utilizar las técnicas de reflexión del objetivo 1 y las técnicas de profundización del objetivo 2 ayudarán a minimizar el riesgo de que corras por delante del aconsejado y de que la relación de consejería sigua siendo fuerte.

• **Deliberado.** Como se ve en la discusión de los tres dominios de las estrategias de crecimiento, la teoría puede y debe informar a la etapa de crecimiento del proceso de asesoramiento. Por lo tanto, los planes para promover el crecimiento no son simplemente ideas aleatorias y creativas que no tienen fundamento para ellas, sino que son ideas creativas informadas por el proceso terapéutico, los objetivos del aconsejado y una conceptualización teórica de la situación del aconsejado.

Operando el proceso de crecimiento. Es importante que los consejeros tengan alguna estructura básica para abordar la exploración e implementación de estrategias de crecimiento potencial. Si se utilizan implícita o explícitamente, los siguientes siete pasos pueden ayudar a proporcionar un marco para el trabajo del objetivo 3 (Okun y Kantrowitz, 2015). En algunas situaciones, particularmente aquellas en las que se implementan estrategias afectivas, algunas de estas etapas pueden ser combinadas o incluso eliminadas del proceso, debido a su falta de aplicabilidad.

Estos siete pasos serían normalmente considerados como un enfoque de resolución de problemas o de toma de decisiones más relevante para el dominio conductual del crecimiento, en el sentido de que el lenguaje utilizado implica un problema discreto y que un aconsejado y el consejero son capaces de seguir e implementar una secuencia de pasos. Sin embargo, al interpretar estos pasos más ampliamente, pueden ser aplicables al trabajo dentro de los dominios afectivo, cognitivo y espiritual también. La orientación teórica del consejero y los dominios de crecimiento relacionados, así como las cuestiones con las que un aconsejado particular se presenta, afectará a todos estos pasos.

Paso 1: Identificar el problema. Como una fórmula básica, esto se presenta como el consejero que refleja al aconsejado lo siguiente, "el asunto en el que te gustaría crecer, o cambiar, es _____. "Este proceso comienza desde la primera sesión ya que se discute el problema que presenta el aconsejado. Sin embargo, una vez que se utilizan las técnicas del objetivo 2, el proceso de profundización permite identificar las cuestiones centrales que luego se convierten en objetivo principal de las intervenciones cuando se apunta al objetivo 3. Es importante que el consejero y el aconsejado identifiquen el problema de la misma manera o de lo contrario podrían encontrarse trabajando en propósitos opuestos.

En una orientación teórica basada en un dominio *afectivo* del crecimiento, es probable que el problema se perciba como conectado con las emociones del aconsejado. Por ejemplo, los aconsejados pueden ser vistos como insuficientemente conscientes de sus emociones o como no incapaces de regular o procesar sus emociones. Dentro de los enfoques teóricos que hacen uso del dominio conductual, el problema será identificado como una necesidad de cambiar un comportamiento particular. Por ejemplo, dentro del dominio conductual, un aconsejado que pierde su temperamento no sería visto como alguien que tiene dificultad para procesar su enojo (dominio afectivo), sino como alguien que necesita desarrollar técnicas para controlar la ira. De manera similar, para los consejeros que practican principalmente del dominio *cognitivo* del crecimiento, el problema de este mismo aconsejado estaría enmarcado como una dificultad con la forma en que piensa en situaciones que terminan conduciendo a respuestas de ira.

Ciertamente, lo que se identifica como un problema está potencialmente influenciado por el dominio espiritual, particularmente cuando se trata de un problema moral o cuando el consejero percibe que su comunidad religiosa desaprueba dónde se encuentra actualmente con respecto a un tema específico. Por ejemplo, un cristiano evangélico puede identificar la falta de perdón a un perpetrador como un problema debido a su interpretación de versículos bíblicos que apuntan a la importancia del perdón. Los aconsejados con una cosmovisión diferente pueden no ver la falta de perdón como un problema, aunque pudieran desear dejar de obsesionarse con lo que les sucedió.

Paso 2: Identificar el (los) resultado(s) deseado(s). No basta con identificar el problema o problema; el consejero y el aconsejado deben también identificar el resultado deseado para el cual están trabajando. Por ejemplo, si un consejero dice que su cónyuge ha estado engañándola, el curso de la terapia resulta muy diferente cuando su resultado deseado es la reconciliación en contraste con el objetivo establecido de divorcio. La orientación teórica también afectará el resultado deseado. Cualquiera que sea la orientación teórica, sin embargo, el objetivo del paso dos es asegurarse de que tanto el consejero como el aconsejado están de acuerdo en cuanto a cuál es el resultado deseado.

Teniendo en cuenta el ejemplo anterior, un consejero enfocado en el dominio *afectivo* del crecimiento podría ver la acrecentada capacidad del aconsejado de ser consciente de cómo se siente acerca de que su esposa lo engaña y tal vez su habilidad para entender el estado emocional de su esposa como un resultado deseable, independientemente de que la relación sea o no restablecida.

Un consejero que utilice una teoría que hace uso del dominio de la *conducta* podría enfocarse en comportamientos específicos de afrontamiento o técnicas de comunicación que podrían ayudar a resolver algunas áreas conflictivas dentro del matrimonio. La capacidad de aprender tales comportamientos podría considerarse un resultado deseable.

Utilizando el dominio *cognitivo*, un consejero podría ayudar a este esposo angustiado a no catalogar el asunto, ayudándolo a cambiar sus patrones de pensamiento para que pase lo que pase con respecto al matrimonio o al comportamiento de su esposa, ella pueda recordar que Dios cuida de él y que él estará bien. Esto se superpondría con el dominio *espiritual*.

Paso 3: Elaborar una lluvia de ideas sobre las posibles formas de alcanzar el (los) resultado(s) deseado(s). Este proceso puede tomar desde un momento a varias sesiones. Al igual que en la escuela primaria cuando aprendiste a hacer una lluvia de ideas con las conexiones de pensamientos y un proceso de pensamiento cercano a la corriente de conciencia, todas las ideas son bienvenidas en este proceso. Este es un elemento de colaboración dentro de la etapa de crecimiento, que se basa en las ideas, técnicas y personalidad tanto del consejero como del aconsejado. Al mismo tiempo, un consejero debe estar atento al nivel de dependencia de un determinado aconsejado y medir el papel del consejero en proveer información adecuada. Puede ser terapéuticamente beneficioso para un aconsejado en particular simplemente escribir sus ideas, mientras que otro aconsejado puede beneficiarse más de que el consejero contribuya también a la lista de opciones. Este paso es más aplicable al dominio *conductual*, aunque también son opciones válidas la lluvia de ideas con respecto a las formas de mirar cómo corregir maneras distorsionadas o inexactas del pensamiento (*dominio cognitivo*), o la lluvia de ideas de las posibles formas de procesar emociones (*dominio afectivo*)—por ejemplo, la escritura de diarios, el trabajo con los sueños o los juegos de roles en sesión.

Tal lluvia de ideas podría implicar intervenciones que son explícitamente espirituales. Por ejemplo, meditar en un pasaje de la Escritura, cantar canciones de adoración o escribir una carta a Dios son ejemplos de intervenciones que forman parte del *dominio espiritual* del crecimiento.

Paso 4: Identificar y evaluar las consecuencias positivas y negativas de las estrategias de crecimiento más probables. Una vez que se ha desarrollado una lista suficiente de opciones, recomendamos que el aconsejado identifique las dos o tres estrategias de crecimiento que más le atraigan. El consejero entonces ayuda al aconsejado a explorar las posibles consecuencias positivas y negativas de cada estrategia. Entre otras cosas, las consecuencias pueden ser relacionales o interpersonales, emocionales, espirituales, físicas, financieras, sociales, familiares, legales o éticas. Si es aplicable, la identificación y evaluación de un plan también debe incluir un posible esquema paso a paso para la implementación del "mundo real" del aconsejado.

Es probable que el riesgo de consecuencias negativas sea mayor cuando se trabaja con el dominio *conductual*, simplemente porque el comportamiento explícito del aconsejado a menudo afecta a otras personas y sistemas, resultando en posibles consecuencias relacionales. Es factible que los posibles efectos negativos de cualquier estrategia específica de crecimiento dentro de los dominios *afectivo* o *cognitivo* afecte principalmente al propio aconsejado, al menos a corto plazo. Por ejemplo, la técnica de las dos sillas de Gestalt destinada a aumentar la autoconciencia sobre cómo un aconsejados se siente acerca de su relación con su madre podría ser beneficiosa para proporcionar alguna liberación emocional de las emociones que han sido reprimidas. Sin embargo, si la intensidad de la emoción que se plantea es más de lo que el aconsejado puede manejar y como resultado se convierte en una conducta suicida, obviamente la técnica podría ser peligrosa para su salud mental e indirectamente afectar a su cónyuge y a sus hijos.

El dominio *espiritual* probablemente solo entraría en juego si algunas estrategias potenciales de crecimiento fueran consideradas inaceptables por razones morales o religiosas. Por ejemplo, algunos cristianos pueden sentirse incómodos con intervenciones que implican reconocer sentimientos de ira y expresarlos porque sienten que la ira es pecaminosa.

Paso 5: Elegir una estrategia de crecimiento para implementar. El aconsejado entonces elige una estrategia para ayudar a promover el crecimiento alrededor de la cuestión o problema deseado. La elección debe descansar completamente en el aconsejado, sin coerción, manipulación o presión del consejero. En última instancia, es el aconsejado el que finalmente tendrá que vivir con el plan que él pone en su lugar.

Una vez más, las estrategias *conductuales* probablemente serán las más sencillas, y por lo tanto el aconsejado puede estar más capacitado para hacer tal elección. En los dominios *afectivo* y *cognitivo*, el aconsejado puede no haber intentado nunca una estrategia de crecimiento en particular y puede tener que confiar en la experiencia del consejero para asentir intentar una estrategia en particular. Sin embargo, es importante que el aconsejado no se sienta obligado bajo estas condiciones y es libre de retirar el consentimiento en cualquier momento. La elección de una estrategia en particular podría ser influenciada por las creencias religiosas de manera similar a lo que se ha descrito anteriormente como parte de nuestra discusión sobre el dominio *espiritual*.

Paso 6: Implementar la estrategia de crecimiento. En la mayoría de las situaciones *conductuales*, la implementación se llevará a cabo fuera de la relación de consejería y dentro de las experiencias del mundo real del aconsejado. Pero para las estrategias enfocadas *afectivamente* y *cognitivamente*, la implementación puede tener lugar primero en la relación de consejería con la ayuda facilitadora del consejero. Practicar el juego de roles (una estrategia conductual) con la estrategia seleccionada es a menudo útil en la preparación para la implementación del mundo real.

Paso 7: Evaluar las consecuencias positivas y negativas del plan implementado. Si está satisfecho con el resultado, explora los planes para mantener el crecimiento. Si no estás satisfecho con el resultado, vuelve al objetivo 1 o al objetivo 2 del proceso de consejería. La evaluación del plan de crecimiento implementado puede tener lugar solo por el aconsejado, fuera de la relación de consejería, pero también puede tener lugar entre el aconsejado y el consejero. Si la estrategia de crecimiento demostró ser útil y eficaz, puede ser importante discutir con el aconsejado cómo piensa mantener este crecimiento en su vida de ahora en adelante. Cuando una estrategia de crecimiento resulte ineficaz o sirva para estimular otros asuntos que al aconsejado le gustaría abordar, podría ser mejor regresar al trabajo del objetivo 2 y explorar más las áreas en la historia del aconsejado que ahora puede que tengan un nuevo sentido de pertinencia o importancia. Mientras que en algunas situaciones tal evaluación puede suceder con bastante rapidez, en otras ocasiones pueden pasar varias semanas o meses antes de poder evaluar el grado de éxito de la estrategia. Independientemente de los resultados, el papel del consejero es continuar afirmando y alentando la autonomía del aconsejado (capacidad de tomar sus propias decisiones) y facilitar el proceso de crecimiento del aconsejado y continuar adelante.

LO QUE IMPLEMENTAR EL CAMBIO *NO* ES

Si bien hemos estado argumentando cómo facilitar al aconsejado la implementación del cambio, también debemos abordar lo que implementar el cambio no es. Muchas personas acuden a consejería con la idea preconcebida de que se reunirán con un consejero, pastor, capellán o consejero espiritual y ese individuo simplemente les dirá qué hacer, al igual que un médico que escribe una receta y manda al paciente por donde llegó. Recordemos del capítulo dos que el simple hecho de dar una "receta" y decirle a un aconsejado qué hacer sin atender al proceso y las emociones del aconsejado es considerado un villano verbal en consejería. Recordarte a ti mismo y a tu aconsejado, cuál es y cuál no es tu papel, te ayudará a evitar que prestes una atención inadecuada a las metas 1 y 2 y saltes prematuramente a alguno de los propósitos del objetivo 3. Como principio básico del objetivo 3, recuerda que el crecimiento *no* es:

- *Solamente hacer.* Crecer, o avanzar, no solo implica un cambio de comportamiento. Mientras que un cierto crecimiento consiste en hacer algo diferentemente de lo que se ha estado haciendo hasta ahora, por ejemplo, un alcohólico en un programa recuperación que toma una ruta diferente del trabajo hacia su casa para evitar pasar por delante de la tienda de licor, algunos aspectos de la aplicación del cambio son más internos. Esto es más característico de los dominios *afectivo* y *cognitivo*.
- *Decirle a un aconsejado qué hacer.* ¡No muerdas el anzuelo! Cada consejero, en algún momento de su carrera, tiene un aconsejado que pregunta: "¿Qué crees que debo hacer?" Aunque esta pregunta resulte muy atractiva para tu ego (¿a quien no le gusta

cuando alguien valora nuestra opinión?), debes recordar que no es una pregunta que tú debas de responder. El aconsejado es el que vive con las consecuencias, positivas y negativas, de las estrategias de crecimiento implementadas. Por lo tanto, la decisión de qué hacer debe ser suya. Puede haber elementos de la historia que no conozcas, como dinámicas relacionales, limitaciones de recursos o valores culturales en conflicto que podrían hacer que tu recomendación fuera poco práctica o incluso perjudicial para el aconsejado. Si estás luchando contra la idea de que los consejeros no dan consejos, la reflexión al final de este capítulo proporciona más información sobre este tema. Ahí se describen los pros y los contras de los consejeros que dan consejos usando cuatro escenas con posibles resultados para el aconsejado y la relación de consejería. Este ejercicio también puede ser usado para explorar las implicaciones de usar la tarea o la lectura como una estrategia de crecimiento primaria en el proceso de consejería. Las escenas sugieren resultados que no son nuestro deseo como consejeros, pero que involuntariamente afectan a la relación de consejería. El núcleo de la cuestión es la autonomía del aconsejado y quién es el responsable del cambio. La conclusión de la discusión con respecto a esta cuestión frecuente en la formación de consejeros es que independientemente de cómo se vea, dar dirección o una opinión, decirle a un consejero qué hacer o dar tareas que un aconsejado puede o no hacer normalmente afecta a la consejería de manera negativa. Mientras que un aconsejado se puede frustrar por no recibir el consejo de parte del consejero, eso es en última instancia, para el beneficio del aconsejado al ser alentado a tomar las riendas de sus opciones y cualesquiera que sean las consecuencias de esas opciones.

• *Dar a los aconsejados más estrategias de crecimiento de las que ellos puedan desarrollar.* Es tentador creer que darle al aconsejado un mayor número de opciones es como mejor se avanza. Si bien esto puede ser cierto para algunos aconsejados, la mayoría progresará mejor con un pequeño número de opciones prácticas y realistas que surgen cuando trabajan en colaboración con su consejero. Combate la tentación de llegar a dar tantas ideas que solo sirvan para estorbar la mente o confundir al aconsejado. En su lugar, explora el pequeño puñado de posibles estrategias de crecimiento que surgen, sopesando las consecuencias positivas y negativas antes de embarcarte en una nueva actividad de lluvia de ideas.

• *Avergonzar o culpar (inculcando sentimientos de culpabilidad) al aconsejado al intentar una estrategia de crecimiento en particular.* Las decisiones en la vida tienen consecuencias lógicas naturales, incluyendo las decisiones de no decidir o no tomar medidas. Como consejero, habrá momentos en los que creerás que lo mejor para un aconsejado sería involucrarse en una estrategia de crecimiento particular, pero el aconsejado elige no seguir este camino. Puede ser tentador para un consejero utilizar métodos persuasivos como la vergüenza y la culpa para convencer al aconsejado de ir en la dirección que el consejero opina que es mejor. En su lugar, un consejero debe ayudar a facilitar la toma de conciencia del aconsejado sobre las consecuencias positivas y negativas de cada estrategia de crecimiento disponible para el aconsejado.

• *Culpar al aconsejado por su situación actual.* La implementación de estrategias de crecimiento se trata de avanzar, no de mirar hacia atrás en lo que se debería haber hecho. Si bien hay tiempo y lugar para que los aconsejados reflexionen sobre lo que podrían hacer la próxima vez para evitar tal situación e identificar indirectamente lo que se podría haber hecho de manera diferente en el pasado, el enfoque de implementar el cambio debe ser avanzar.

Implicaciones de diagnóstico

Una de las características del DSM (APA, 2013) es que los criterios de diagnóstico para los trastornos se describen a menudo como síntomas que están presentes durante un período de tiempo determinado. Por ejemplo, para diagnosticar el trastorno de adaptación, los síntomas emocionales y de comportamiento deben desarrollarse dentro de los tres meses siguientes a un factor de estrés significativo. Además, una vez que el factor de estrés ya no está presente, los síntomas no continúan por más de seis meses adicionales. Este tipo de descripción de los síntomas sugiere que los problemas en la vida ocurren en patrones— ausencia de síntomas, aumento de síntomas, reducción o eliminación de los síntomas. Inherente al DSM está el reconocimiento de que el crecimiento, el cambio y la curación ocurren típicamente con el tiempo.

El reflujo y el flujo de los síntomas a lo largo del tiempo sugiere que el crecimiento tiende a ocurrir más en un patrón de líneas onduladas que en una trayectoria rectilínea ascendente.

Esta es una compresión importante tanto para los consejeros como para los aconsejados. A veces los consejeros deben recordar a los aconsejados que podrían empeorar antes de mejorar. No todas las sesiones son experiencias divertidas, agradables y entretenidas; algunas son trabajo duro y profundo. A pesar de la necesidad y las frecuentes solicitudes de consejería en formas más breves, es útil tomar una perspectiva a más largo plazo de consejería que consista en anterior, media y posterior y reconocer que el cambio casi siempre viene lentamente y en olas.

El crecimiento no es un proceso directo; es un viaje con colinas y valles, reacciones imperfectas y cambios significativos en el crecimiento personal e interpersonal.

UN EJEMPLO DE DIÁLOGO DE CONSEJERÍA CON ELENA

Técnicas utilizadas: reflejo del contenido, reflexión empática, atención-confrontación

Trasfondo en la conversación: Han transcurrido treinta minutos de tu cuarta sesión con Elena. Elena tiene veinte años y es una aviadora de primera categoría que ha venido a hablar contigo, su capellán, acerca de sus temores y aprensiones como resultado de haber sido destinada al extranjero para el próximo mes. Pasaste las primeras reuniones construyendo la relación con Elena, conociéndola, su trasfondo y su interés por la fuerza aérea. Supiste que Elena y su familia emigraron de Rusia cuando ella era una niña pequeña, y en ese tiempo obtuvieron la ciudadanía de los EEUU. Elena explicó que se alistó en la fuerza aérea como una forma de devolver el favor al país que proporcionó refugio a su familia y como una forma de pagar la universidad. Ella afirma que será destinada a finales de mes a una posible zona de guerra y que sus oficiales al mando le han informado de que ella es de particular valor para el equipo debido a su bilingüismo.

Elena: *Me alegro de que hablar ruso en realidad sirva para algo, pero también estoy nerviosa por lo que significa ser destinada a zona de guerra. Sabía que alistarme podría suponer el despliegue en algún momento, pero nunca pensé que realmente entraría en batalla.*

Capellán: *Por un lado te alegras de poder usar tus habilidades, pero por otro lado nunca esperabas que fueran usadas en la guerra.*

Técnica	confrontación cuidadosa

Elena: *Correcto. Desde que recibí la orden he tenido malos sueños, bastante pesadillas, sobre lo cómo será estar allí. Lo que más me preocupa es que en la última semana he empezado a estar atrapada en ensueños también mientras estoy despierta, donde mi mente solo gira y gira sobre todo lo que podría salir mal mientras estamos desplegados. Cuando eran solo sueños, podía sobrellevarlo—tenía sentido que mi cerebro necesitara una manera de resolver las cosas. Pero, ahora están interrumpiendo mi día también, y me temo que va a afectar mi capacidad para hacer mi trabajo. ¡Entonces estaríamos en peligro aún más grande!*

Capellán: *Estás aterrorizada de que tus sueños ansiosos comprometan tu seguridad y eficacia en el trabajo.*

Técnica	empatía nivel 3.5
emoción = aterrorizada	
contenido = los sueños comprometerán la seguridad y la eficacia	

Elena: *¡Estoy tan aterrorizada! Sé que no puedes evitar que me destinen, y realmente no quiero evitarlo. Solo quiero ser capaz de hacer frente a mi ansiedad y el miedo y superarlo como todos los demás. No espero que todo desaparezca; solo quiero ser capaz de manejarlo para que no me sienta tan abrumada por el miedo todo el tiempo.*

Capellán: *Así que el problema que estás tratando de resolver es cómo mitigar tu ansiedad y llegar a un nivel en el que puedas hacerle frente y todavía hacer tu trabajo bien.*

Técnica	reflexión del contenido, posible puente al objetivo 3

Elena: *Sí, exactamente. ¿Que puedo hacer?*

Capellán: *Bueno, creo que en colaboración podemos llegar a algunas ideas que podrían ayudarte a sentirse más en control de tu miedo. En concreto, me gustaría hablar sobre cómo piensas acerca del despliegue, así como sobre lo que puedes hacer físicamente para ayudar a disminuir su ansiedad. ¿Te suena como un punto de partida?*

Técnica
Aunque no hay un nombre específico para esta técnica, el capellán está tratando efectivamente de proyectar la visión hacia donde va el proceso de consejería. Esto invita al aconsejado a estar de acuerdo o alterar lo que el capellán ha propuesto. Aunque la pregunta final es cerrada, es una cuestión necesaria para confirmar o rechazar que el aconsejado está de acuerdo con el camino propuesto.

La estrategia de crecimiento que realmente se implementará para ayudar a Elena con su ansiedad variará dependiendo tanto de la teoría de consejería del capellán y lo que Elena revele a medida que la conversación continúa. Por ejemplo, el capellán podría enseñar a Elena algunas técnicas de relajación, que encajan dentro del dominio conductual. O también podría ayudar a Elena a mirar sus procesos cognitivos, descubriendo que Elena se estaba diciendo: "Si voy a ser desplegada significa que voy a morir".

Si Elena está abierta a mirar el dominio espiritual, el capellán puede ayudarla a mirar su relación con Dios y cómo eso afecta su sentido de preparación o falta de preparación para enfrentar la muerte. En la discusión posterior de la historia de Elena, el capellán puede descubrir algún trauma pasado que desencadenó su terror al ser desplegada (dominio afectivo). Por ejemplo, quizá Elena fue testigo de un terrible accidente de automóvil cuando era niña y vio los cuerpos mutilados de las víctimas, inculcando en ella un miedo inconsciente de lesiones y muerte. En esta situación, las técnicas de relajación (dominio del comportamiento) y refutar la creencia irracional de que el despliegue significa una determinada condena de muerte (dominio cognitivo) puede ayudar en cierta medida, pero no será exitoso hasta que se trate del incidente traumático. Por lo tanto, la estrategia de crecimiento adoptada podría ser muy diferente dependiendo de las circunstancias específicas, la motivación de Elena para trabajar dentro de ciertos dominios, la orientación teórica del capellán y la habilidad del capellán para percibir el tema central de Elena.

Inténtalo

Usando las siguientes conversaciones, identifica el dominio que mejor abarca el problema del aconsejado y explica por qué irías en esa dirección. Las respuestas y explicaciones de los autores pueden encontrarse en el apéndice A. *Nota: Es posible que haya más de un dominio posible para cada escenario.*

1. Aconsejado: Gabriel ha venido a verte porque "se siente enojado todo el tiempo". Él dice que la ira comenzó cuando él no pudo entrar en la universidad que quería y tuvo que conformarse con una escuela estatal en su ciudad natal. Gabriel dice que "desde la universidad, nada ha salido a mi manera. Es como si el mundo existiese para tenerme decaído".

Dominio(s) de crecimiento: _____

Justificación: _____

_____

2. Aconsejado: Laura es la madre de Grace, de quince años. Laura está "harta" de la continua delincuencia de Grace en la escuela y de su actitud irrespetuosa en casa. Laura ha venido a ti buscando recomendaciones sobre qué más hacer.

Dominio(s) de crecimiento: _____

Justificación: _____

_____

3. Aconsejado: Toma el escenario anterior, pero esta vez, Grace, de quince años de edad, es tu aconsejado. Ella está enojada con su mamá por "controlarla excesivamente" y desea que mamá "me deje sola para hacer mis cosas". Grace afirma que sus decisiones deberían afectarle solamente a ella y que no debería importarle a su mamá porque es la vida de Grace.

Dominio(s) de crecimiento: _____

Justificación: _____

_____

4. Aconsejado: Diane es una mujer soltera de treinta y ocho años que nunca ha estado casada. Ha venido a consejería porque su relación más reciente acaba de terminar después de tres años. Te dice que parece no encontrar alegría o el significado de la vida y siente como si Dios no cuidara de ella o de su felicidad. Ella niega cualquier idea suicida, pero siente que su vida es un desperdicio de monotonía sin sentido.

Dominio(s) de crecimiento: _____

Justificación: _____

_____

5. Aconsejado: Andrea ha venido a consejería porque tiene problemas para sentirse conectada dentro de su comunidad y de su matrimonio. Ella habla con absolutos como "nunca", "siempre", "nadie" y "todo el mundo". En concreto, afirma que "tengo que hacer todo el trabajo en mi matrimonio" y "no me quedará ninguna amiga aquí después de que Joy se mude este verano, y no quiero tener que empezar de nuevo". A lo largo de su narración, escuchas casos en los que su marido, aunque aparentemente pasivo, hace intentos de conectar con Andrea, y Andrea tiene varias conexiones sociales y amigos dentro de una distancia razonable.

Dominio(s) de crecimiento: _____

Justificación: _____

_____

6. Aconsejado: Mi jefe acaba de informarme de que tengo que ir a un viaje de negocios a final de mes. Tengo miedo mortal de volar, pero no hay otra manera de llegar a esa reunión fuera del estado. No sé qué voy a hacer.

Dominio(s) de crecimiento: _____

Justificación: _____

_____

APLICACIÓN EN LAS RELACIONES

La investigación ha demostrado que las relaciones fuera de la consejería tienen un impacto significativo en la eficacia de la misma, específicamente el apoyo de amigos, familiares y otros recursos de apoyo de la comunidad (Lambert y Barley, 2002). Concretamente, el 40% de la mejoría en consejería proviene de factores externos a la terapia, el 30% se atribuye a la relación terapéutica, el 15% a las técnicas específicas utilizadas y el 15% al efecto placebo (Lambert y Barley, 2002, p. 18). Lo que esto significa para ti como consejero es que *sí importa* lo que haces en la sala de consejería, ya que el 45% es sobre lo que tú aportas o haces para ayudar a un aconsejado. Pero casi igual de importante es el apoyo y los recursos a los que un aconsejado tiene acceso fuera de la relación de consejería (40% del cambio). Como personas, es más probable que persistamos en hacer cambios difíciles en nuestras vidas cuando sentimos que tenemos el apoyo de los más cercanos a nosotros y tenemos las herramientas para implementar los cambios identificados.

Algunos aconsejados pueden necesitar fortalecer su sistema de apoyo antes de que puedan participar en otros cambios deseados que surjan en el proceso de consejería. Los amigos y la familia no siempre son capaces de ayudar a un aconsejado a pensar o ver más allá de la manera que una persona externa (como un consejero) puede. Sin embargo, los amigos y la familia pueden ofrecer un contexto de apoyo en el cuidado y atención, proporcionando una especie de base segura que puede permitir a los aconsejados probar el sabor del cambio, sabiendo que su sistema de apoyo está allí para ellos entre sesiones de consejería. Después de todo, tú como consejero eres parte de la vida de un aconsejado por una o dos horas a la semana a lo sumo. Es imposible conocer todas las necesidades emocionales y relacionales de tu consejero, ni tampoco deberías.

En las relaciones que no son de consejería, a menudo descubrimos en qué dominio vivimos más cómodos. Por ejemplo, yo (Elisabeth) prefiero trabajar dentro de los dominios cognitivos y conductuales de la acción porque ahí es donde me siento más cómoda. Como tal, cuando mis amigos o familiares están pasando por momentos difíciles, mi tendencia natural es escuchar las contradicciones aparentes, ayudar a replantear cognitivamente la situación y desarrollar un nuevo curso de acción conductual. En cambio, las personas más cercanas a mí tienden a estar más cómodas en el ámbito afectivo y se centran en la empatía y en la facilitación de la autoconciencia. Nos necesitamos el uno al otro. Tener personas en nuestras vidas que nos entiendan pero que también puedan ayudarnos a movernos en dominios que son menos naturales para nosotros puede ser de gran beneficio en el proceso de crecimiento.

APLICACIÓN MULTICULTURAL

Cuando se trabaja transculturalmente, no solo debemos prestar mucha atención a la forma en que desarrollamos la relación de consejería (lectura del lenguaje no verbal, uso del vocabulario, etc.), sino que también debemos reconocer que el cambio ocurre de manera desigual en diferentes culturas. De hecho, la manera en que normalmente llevamos a cabo la consejería en el occidente (tiempo limitado, oficina privada, individualmente, etc.) puede ser tan extraña para algunos que nuestros mejores esfuerzos de consejería serán en vano. En un nivel más profundo, la manera en que ocurre el cambio y las estrategias que utilizamos para llevar a los consejeros adelante en su proceso curativo pueden ser extrañas.

Como cristianos necesitamos afirmar que Dios obra en la vida de las personas y en todas las culturas, sin importar si podemos verla. Las formas autóctonas de brindar cuidado y consejo pueden ser descubiertas a través de un cuidadoso y sensible cuestionamiento y escucha. Existen estrategias de crecimiento en todas las culturas; occidente no tiene el monopolio de cómo se produce el cambio. En su próximo libro Gingrich y Smith (en imprenta) abordan esta preocupación en profundidad.

Un ejemplo vívido de esto se ve en el ejemplo siguiente (un ruandés hablando con un escritor occidental, Andrew Solomon, acerca de su experiencia con la salud mental y la depresión occidentales; Solomon, 2008):

> Tuvimos muchos problemas con los trabajadores de salud mental occidentales que vinieron aquí inmediatamente después del genocidio y tuvimos que pedirles a algunos de ellos que se fueran. Ellos vinieron y su práctica no implicaba estar fuera al sol donde uno comienza a sentirse mejor. No había música ni tambores para que tu sangre volviera a fluir. No se le daba sentido a que todo el mundo se hubiera tomado el día libre para que toda la comunidad pudiera reunirse para intentar levantarte y devolverte la alegría. No había ningún reconocimiento de la depresión como algo invasivo y externo que pudiera ser arrojado de nuevo.
>
> En vez de eso, llevaban a las personas de a uno en uno a estas pequeñas habitaciones y les hacían sentarse alrededor de una hora o así y hablar de cosas malas que les habían sucedido. Tuvimos que pedirles que se fueran.

APLICACIÓN MINISTERIAL

Así como los aconsejados pueden necesitar cambiar la forma en que piensan, sienten o actúan en otros dominios de la vida, lo mismo puede suceder en su relación con Dios. Es importante que el consejero no imponga sus perspectivas teológicas al aconsejado, sino que escuche dónde el aconsejado expresa incongruencia o insatisfacción con la forma en que sus creencias espirituales se cruzan con el resto de la vida.

Veamos un ejemplo práctico. Bob es un hombre de cincuenta años que creció en una iglesia evangélica conservadora. Él tiene problemas regulares con la ansiedad y tiene historial de abuso físico y espiritual (es decir, el uso la religión para coaccionar, avergonzar o castigar) a manos de su padrastro. Bob viene a verte, diciendo que teme que cometió "blasfemia contra el Espíritu Santo" hace años cuando se enfadó mucho con Dios por los abusos que sufrió. Afirma que ha estado obsesionado por este miedo durante las últimas dos semanas, tanto que lo despierta y, a veces, lo mantiene despierto toda la noche. Como consejero, y dependiendo de tu propia confesión de fe, podría ser tentador descartar el temor del aconsejado, tratando de tranquilizarle diciéndole que el hecho de que él esté preocupado por haber cometido este pecado significa que realmente no lo ha cometido.

Otra ruta que podrías tomar sería utilizar técnicas conductuales para ayudar a disminuir la ansiedad de Bob, o técnicas cognitivas para refutar contradicciones aparentes en la lógica dentro de su historia. Un enfoque afectivamente orientado puede animar a Bob a explorar y experimentar realmente todas las emociones que vienen junto con la ansiedad con el fin de conectarse mejor con su propio sentido de avanzar por sí mismo. Un enfoque espiritual puede incorporar todos estos dominios y enfoques. Por ejemplo, podrías facilitar la exploración de Bob de su propio sistema de creencias, pidiéndole a Bob que provea evidencias, dentro de su propio sistema de fe, a favor y en contra de su temor de que ha cometido tal pecado. Además, podrías preguntar acerca de las disciplinas espirituales con las que Bob se siente cómodo y preguntarle cuáles ha implementado ya para tratar de mediar su ansiedad. Dado el historial en la fe de Bob, sería apropiado investigar el papel que la lectura de la Biblia, la memorización de las

Escrituras y la oración desempeñan en su vida actual, y discutir formas en las cuales tales disciplinas espirituales podrían ayudarlo o herirlo en este proceso. Cuando se utilizan técnicas o intervenciones espirituales, es importante que sigas conceptualizando el problema del aconsejado a la luz de los otros tres dominios de crecimiento. Deberías prestar atención a permitir que el aconsejado tome la iniciativa en el proceso colaborativo de toma de conciencia, teniendo en cuenta el sistema de fe del aconsejado sin imponer las creencias del consejero.

CONCLUSIÓN

Implementar cambios para un crecimiento duradero puede ser una parte muy desafiante y muy emocionante del proceso de consejería. Cuando la meta es el objetivo 3, los consejeros buscan trabajar de manera colaborativa, terapéutica y estratégica con los aconsejados para desarrollar estrategias específicas. Identificar qué dominio de crecimiento es de importancia primordial ayudará a orientar tanto al consejero como al aconsejado, permitiendo tanto la creatividad como la estructura en este proceso.

PREGUNTAS PARA LA REFLEXIÓN

1. ¿Qué área de crecimiento le interesa de manera más natural? ¿Por qué?
2. Piensa en las tres personas más cercanas a ti en tu vida. ¿Dentro de qué dominio(s) de crecimiento se mueven cada uno de ellos? ¿Cómo ayuda y perjudica a tu propio proceso de crecimiento personal?
3. Si has tomado un curso de teorías de consejería, ¿qué teorías de consejería te atraen más? ¿Cómo podría eso relacionarse con el dominio(s) de crecimiento que utilizas en consejería?
4. Piensa en un momento de tu vida en que necesitaste hacer un cambio de algún tipo con respecto a tus pensamientos, sentimientos o acciones. ¿Cómo fue el proceso para ti? ¿Cuánto tiempo pasaste centrándote en cada área identificada? ¿Qué papel desempeñó el Espíritu Santo en tu proceso de cambio? ¿Puedes identificar las maneras en que el Espíritu Santo fue amable y paciente en tu proceso de cambio?

Tabla 13.1. Por qué dar consejos suele ser poco útil

El consejo del consejero es:	Acción del aconsejado	¿Quién es responsable (culpado o reconocido)?	¿Ayuda al aconsejado?	Efecto en la relación de consejería
Malo (equivocado, engañoso, mal comunicado)	No la sigue	El aconsejado es culpado (porque no lo siguió) El consejero es culpado (porque es un mal consejo)	No	• el aconsejado teme disgustar al consejero • quizá el aconsejado sabe que era un mal consejo y ahora desconfía del consejero • la relación es tenue en el mejor de los casos
	La sigue	El consejero es culpado	No	• quizá se siente enojado con el consejero por los malos consejos • quizás finge que era un buen consejo para mantener una relación fluida • la relación resulta, en el mejor de los casos, dañada o incluso peor, engañosa
Bueno (correcto, en la diana)	No la sigue	El aconsejado es culpado	No	• el aconsejado se siente culpable por no seguir el consejo o resentido porque el consejero estaba en lo correcto • quizá el consejero se siente frustrado (enfadado) de que el aconsejado no esté haciendo su parte ni siguiendo el consejo • la relación se ve afectada negativamente
	La sigue	El consejero es reconocido	Sí, pero no	• el aconsejado no obtiene crédito • el aconsejado es temporalmente ayudado, pero no está facultado para crecer, cambiar y asumir más responsabilidades por sí mismo • el terapeuta es visto como el experto, que genera distancia en la relación • alivio de los síntomas en el mejor de los casos

Se mire como se mire, el aconsejado no es ayudado de manera significativa.

Fuente: Adaptado por Fred Gingrich de los comentarios del Dr. Bruce Narramore, 2004.

CAPÍTULO 14

EXPANDIENDO EL SISTEMA DE CONSEJERÍA

Ahora bien, los miembros son muchos, pero el cuerpo es uno solo.
1 Corintios 12:20

Enfoque del Capítulo

TÉCNICA: pensar sistemáticamente y usar el sistema relacional

PROPÓSITO: Reconocer que todas las situaciones de consejería involucran tanto problemas psíquicos internos como contextos relacionales, y utilizar la ayuda y la capacidad de esos sistemas relacionales para ayudar a crear el cambio

FÓRMULA: "Lo que tú estás experimentando internamente podría relacionarse con (aspectos del sistema relacional)".

¿Has sucumbido alguna vez a la presión de los compañeros, incluso si fue en contra de tu sistema de valores? ¿O has seguido la sugerencia de alguien más o sus consejos, incluso si cuando percibías que no era lo mejor para ti?

» Describe una de estas situaciones.

Por el contrario, tal vez la influencia de otra persona te impidió cometer un grave error o afectó tus creencias o valores de manera significativa.

» Describe una de estas situaciones.

La realidad es que todos vivimos en una compleja red de relaciones positivas y negativas. Raramente vivimos aislados de la influencia de otros, y nuestra capacidad de influir en ellos. La Escritura afirma esta perspectiva desde el libro de Génesis (creados a imagen de Dios para una relación) a Apocalipsis (estar en relación con Dios y otros dentro de la nueva creación). Tanto el enfoque del Antiguo Testamento sobre el pueblo de Israel como el enfoque del Nuevo Testamento sobre la comunidad del pueblo de Dios, la Iglesia, nos cuentan a través de muchas historias y enseñanzas cómo debemos vivir unos con otros y con Dios. Este énfasis sistémico y relacional es fundamental para entender a las personas y cómo cambian.

¿QUÉ ES UN SISTEMA?

Basándonos en la inclusión en capítulo diez de la metáfora dentro del proceso de consejería, pensamos comenzar este capítulo con una metáfora o un proverbio apropiado para el tema actual: *La cadena es tan fuerte como su eslabón más débil.* Si alguna vez has trabajado con cadenas, sabes que esto es cierto. ¿Pero se aplica esto de la misma manera a grupos de personas, a familias, a equipos de negocios, o a la iglesia?

Una analogía con el fútbol será útil. La efectividad de un equipo de fútbol americano (aunque se aplica a todos los deportes de equipo) depende del rendimiento general y colectivo del equipo. Los equipos ganadores no ganan porque tienen algunos eslabones muy fuertes y muy eslabones débiles. Los campeones de la Super Bowl ganan porque cada jugador tiene un papel, una posición (receptor, corredor, mariscal de campo, etc.) para el que han sido entrenados específicamente y llevado a cabo con eficacia, y los miembros del equipo pueden coordinar magistralmente sus esfuerzos. Incluso la superestrella del equipo no puede ganar el juego para un equipo que no puede trabajar juntos.

Este es el concepto de un sistema. Los sistemas son más que un grupo de personas; son un grupo de personas *más* sus relaciones entre sí. La gente que va a trabajar en autobús no son un sistema, a menos que ocurra algo inusual como un accidente. En ese momento la gente podría comenzar a funcionar como un sistema, aunque probablemente un sistema caótico. Con un sistema el resultado global es importante (¿estamos logrando nuestros objetivos?), y las relaciones entre las partes del sistema son importantes. Un hecho de la naturaleza humana es que todos somos partes de sistemas. O bien contribuimos o restamos a su efectividad, y los sistemas nos afectan recíprocamente. Somos cambiados por los sistemas en nuestras vidas al igual que nosotros cambiamos los sistemas.

La mayoría de las sesiones de consejería que ocurren en los países occidentales incluyen un consejero y un aconsejado individual en la sala. El problema con este escenario, sin embargo, es que el consejero no tiene ninguna base objetiva sobre la cual evaluar la exactitud de la historia del aconsejado, la verdad de sus declaraciones, y los factores adicionales que podrían estar jugando un papel en esa situación problemática. El consejero que se sienta en una sala con el aconsejado tiene un conocimiento y acceso limitados a otros recursos que podrían ayudar a entender y promover el cambio en la vida del aconsejado. De hecho, para ser contundentes, los aconsejados se encuentran, no necesariamente conscientemente, pero como mínimo inconscientemente, pintando un cuadro de sí mismos, sus circunstancias y otros que es una visión distorsionada de la realidad (Pr. 18:17). Las distorsiones pueden ser favorables (dignificantes) o desfavorables (autodegradantes) en términos de la impresión que un aconsejado le da a su consejero. Como hemos aludido en el capítulo dos, la gestión de imágenes es un problema tanto para el consejero como para el aconsejado. Sin embargo, este capítulo se enfocará en las maneras en que un consejero puede moderar las distorsiones que presentan los aconsejados y cómo otros sistemas pueden convertirse en un recurso para el cambio.

Las técnicas básicas de consejería incluyen la capacidad de centrarse en un aconsejado dentro de sus redes relacionales. Estas redes relacionales y organizacionales se refieren en el campo del asesoramiento como *sistemas*. Sin embargo, trabajar directamente con los sistemas de consejería (i.e., llevar los otros sistemas a la sala de consejería, como en la consejería matrimonial) requiere de técnicas adicionales que están más allá del alcance de este capítulo y de este libro. El enfoque aquí será en el consejero que desarrolla la capacidad de pensar sistémicamente sobre los aconsejados y de utilizar los recursos de los aconsejados más allá de sí mismos para que se produzca el cambio. Si esta es un área de interés para los estudiantes, os animamos a seguir estudiando las áreas de terapia matrimonial y familiar y consejería sistémica, que se enfocan más en las técnicas para crear interacciones entre los aconsejados, identificando patrones de la conducta y de comunicación, el trabajo con los procesos relacionales frente a la discusión del contenido y la creación de nuevas experiencias en las relaciones que pueden abrir posibilidades para que surjan nuevos patrones relacionales. Independientemente de si deseas trabajar con sistemas directamente o si solo planeas trabajar con individuos, debes de ser capaz de pensar sistémicamente y comprender cómo los aconsejados interactúan dentro de los sistemas relacionales en sus vidas.

El cuerpo es un sistema (1 Corintios 12:12, 15-27)

Porque así como el cuerpo es uno, y tiene muchos miembros, pero todos los miembros del cuerpo, siendo muchos, son un solo cuerpo, así también Cristo

Si dijese el pie: Porque no soy mano, no soy del cuerpo, ¿por eso no sería del cuerpo? Y si dijese la oreja: Porque no soy ojo, no soy del cuerpo, ¿por eso no sería del cuerpo? Si todo el cuerpo fuese ojo, ¿dónde estaría el oído? Si todo fuese oído, ¿dónde estaría el olfato? Pero el hecho es que Dios ha colocado los miembros cada uno de ellos en el cuerpo, como él quiso. Porque si todos fueran un solo miembro, ¿dónde estaría el cuerpo? Ahora bien, los miembros son muchos, pero el cuerpo es uno solo.

Ni el ojo puede decir a la mano: No te necesito, ni tampoco la cabeza a los pies: No tengo necesidad de vosotros. Antes bien, los miembros del cuerpo que parecen más débiles, son los más necesarios; y a aquellos del cuerpo que nos parecen menos honrosos, a éstos vestimos con más honra; y los que en nosotros son menos decorosos, se tratan con más decoro. Porque los que en nosotros son más decorosos, no tienen necesidad; pero Dios dispuso el cuerpo, dando más abundante honor al que le faltaba, para que no haya desavenencia en el cuerpo, sino que los miembros todos se preocupen los unos por los otros. De manera que si un miembro padece, todos los miembros se duelen con él, y si un miembro recibe honra, todos los miembros se gozan con él.

Ahora bien, vosotros sois el cuerpo de Cristo, y miembros cada uno por su parte.

En la Escritura, la descripción que hace el apóstol Pablo del cuerpo de Cristo ilustra claramente que las personas existen y funcionan dentro de una compleja red de relaciones mutuamente interdependientes e interconectadas. Pablo entendió esto claramente. Su cuestión sobre la unidad y la diversidad en la iglesia al hacer la analogía con el cuerpo humano y el cuerpo de Cristo es una descripción conmovedora de un sistema.

¿QUÉ ES UN SISTEMA RELACIONAL?

Yo (Fred) recuerdo el carrusel musical de peces tropicales que colgaba de la cuna de nuestro hijo. Una ligera brisa o empujón movió un pez en el carrusel, y el movimiento se extendió por todo el carrusel. Igualmente, las amistades, los grupos, los matrimonios, las familias, las aulas y la iglesia son todos sistemas relacionales. Entender cada parte individual del sistema (si eso fuera posible) no supone conocer el sistema; un sistema es siempre más que la suma de sus partes porque las relaciones entre las partes son un factor enorme en la manera en que funciona el sistema.

Figura 14.1. Carrusel musical de cuna

Una implicación de esta perspectiva es la idea de que si tú afectas a cualquier parte del sistema, afectas, hasta cierto punto, a todo el sistema, al igual que con el carrusel mencionado anteriormente. Este es el punto crucial de la teoría de sistemas de cambio. En consejería individual, por ejemplo, producir cambios en el individuo que estás viendo (es decir, producir cambios en una parte del sistema) producirá cambios positivos o negativos en otras partes del sistema (por ejemplo, la familia del aconsejado, círculos de amigos, relaciones laborales). Echemos un vistazo al ejemplo de Terry, una esposa y madre que entra en consejería porque está deprimida. Pronto se hace evidente que Terry concentra la mayor parte de su tiempo y energía en satisfacer los deseos y necesidades de su marido y sus hijos en detrimento de sus propias necesidades. Cuando Terry comienza a ser más asertiva como resultado de sus sesiones de consejería, su depresión comienza a mejorar, y ella siente como si estuviese teniendo una nueva oportunidad en la vida. Sin embargo, su marido y sus hijos pueden resentir estos cambios porque ahora tienen la responsabilidad de hacer algunas cosas por sí mismos que Terry previamente hacía automáticamente. Ahora Terry se inclinará ante la presión, asumiendo su papel anterior como su sirviente, o persistirá en su nuevo comportamiento hasta que el sistema cambie, estableciéndose en un nuevo estado de equilibrio.

El peligro es que no siempre podemos predecir con precisión qué cambio se producirá en el sistema. Así que tener todo el sistema en la sala, como al tener todo un núcleo familiar en la oficina de consejería, nos permite observar directamente qué impacto tienen los esfuerzos de cambio en todo el sistema, es decir, los otros miembros de la familia y sus relaciones el uno con el otro. En ausencia de otras partes del sistema en la sala, confiamos en el aconsejado para informarnos sobre cómo está respondiendo el sistema a los esfuerzos del aconsejado para cambiar.

UN ENFOQUE DE SISTEMAS FAMILIARES PARA LA FAMILIA SMYTHE

Existe un lenguaje asociado con el pensamiento sistémico y la terapia familiar que difiere de los enfoques más enfocados individualmente. Aunque no esperamos que entiendas completamente estos conceptos después de leer este capítulo, pensamos que es importante que estés algo familiarizado con estas ideas. A continuación se presentan algunos principios y términos importantes asociados con un enfoque sistémico de consejería, ilustrado con el caso de la familia Smythe.

La familia Symthe está formada por Lynne (mamá); Jack (padrastro); Kevin (veinte años), que va a la universidad fuera del estado; Josh, que es un estudiante de secundaria; y Kristy (trece años). *Todo el sistema es más que la suma de sus partes individuales (i.e., totalidad).* La familia Smythe está formada por una serie de individuos separados, cada uno con sus propias personalidades y características. Mamá es una cristiana devota que está involucrada en su iglesia y da prioridad a la devoción personal. El padrastro trabaja duro en su trabajo como operario, tratando de proveer para nueva familia. Kristy es una chica alegre, bonita, pero tiene problemas de baja autoestima debido a algunas dificultades de aprendizaje que tiene y que le hacen difícil la escuela. A Josh solo le interesa la banda de rock en la que toca y los amigos con los que consume drogas, mientras que Kevin se concentra en sus estudios y en su vida en la universidad. Como familia hay dinámicas relacionales significativas que no pueden ser explicadas por conocer a cada uno como un individuo. Por ejemplo, debido a que Lynne estuvo soltera durante tanto tiempo, confió en su hijo mayor, Kevin, para obtener ideas sobre cómo tratar con el problema de su hermano, Josh. Ahora hay una competencia tácita y sutil entre Jack, el nuevo padrastro, y Kevin por asesorar a la mamá. Otra dinámica es que mamá quiere desesperadamente que su esposo e hijos vayan a la iglesia con ella, pero solo Kristy cumple. La tensión aumenta cuando Lynne saca el tema de Dios o de la iglesia. Pero justo cuando esa situación está a punto de explotar, Josh es arrestado por posesión de drogas o rompe el toque de queda, y el foco se pone de nuevo sobre él. La familia en su conjunto es una entidad que no puede ser explicada mirando a cada individuo por separado. Esto podría convertirse en un problema si, por ejemplo, Josh termina en un programa de rehabilitación sin prestar atención a la familia en su conjunto.

Cualquier cambio en una parte afectará a las otras partes (i.e., equifinalidad). Estar en rehabilitación puede afectar a Josh tan profundamente que cuando él es liberado y vuelve a casa puede ser capaz de impactar a la familia. O, con Josh fuera de la casa, y con más tiempo y atención para prestarse el uno al otro, la cuestión de la asistencia a la iglesia podría entrar en erupción. Lynne y Jack pueden entrar en un conflicto que le lleve a buscan la ayuda de su pastor. O, con su madre y su padrastro peleando más, Kristy puede comenzar a ser más retraída y esquiva, levantando preocupaciones en su consejero escolar. De darse cualquiera de estos puntos en el sistema podría resultar en cambios. Obviamente, una aproximación individual no es lo mejor, ya que cualquiera de ellos podría iniciar el cambio en toda la familia.

El consejero no necesita conocer todas las partes del sistema para instigar el cambio (i.e., equifinalidad). Lynne estaba tan angustiada que empezó a ver a una consejera cristiana. Su consejera manejó muy bien la reflexión empática y fue capaz de desarrollar una fuerte alianza terapéutica con relativa rapidez. Haciendo uso de la fuerza de la relación, la consejera confrontó suavemente a Lynne con la discrepancia entre su deseo de que su esposo vaya a la iglesia con ella y su comportamiento irritante, que estaba desarrollando una creciente hostilidad hacia las cosas de Dios en lugar de atraer al esposo más cerca. Durante la semana siguiente Lynne se disculpó con su esposo por presionarlo tanto. Ella expresó que lo echaba de menos cuando iba a la iglesia sola y le encantaría que él la acompañase a ella en cualquier momento, pero que dejará que él tome la decisión. Lynne no únicamente tuvo éxito al no poner toda la culpa sobre él, sino que se disculpó de inmediato. Después de varias semanas, su esposo inició una conversación sobre la iglesia por primera vez. Dijo que no estaba listo para ir a servicios de adoración, pero que estaba dispuesto a ir a cualquier evento social de la iglesia o conocer a algunas de las otras parejas de su edad.

Realmente no importa si el consejero obtiene la intervención "correcta"; cualquier intervención tiene el potencial de alterar el sistema (i.e., equifinalidad). Es difícil predecir cómo afectará una intervención al sistema. No se trata de si la mejor intervención es que Josh entre en rehabilitación, o que mamá vaya a ver a una consejera, o si la pareja que busca consejería matrimonial. Cualquiera de estas opciones puede ser potente y apropiada. Pero tampoco podemos predecir exactamente lo que producirá una intervención en particular. En rehabilitación Josh podría juntarse con un par de personas que se convierten en nuevos amigos, y bajo el disfraz de reuniones de amigos del grupo de anónimos, comienzan a celebrar una fiesta tan salvajemente como Josh nunca antes había hecho. En consejería matrimonial, podrían desencadenarse otros asuntos entre Lynne y Jack, y se darían cuenta de que la asistencia a la iglesia es solo la punta del iceberg.

Los sistemas existen en una secuencia desde abierto y caótico hasta cerrado y rígidamente estructurado (sistemas abiertos o cerrados). Los sistemas saludables proporcionan estructura para la vida de las personas y proporcionan suficiente flexibilidad para que las nuevas experiencias cambien el sistema. Es probable que la familia Smythe esté en el extremo más estructurado e inflexible de la secuencia. El cambio no vendrá fácilmente. O tal vez el cambio puede llegar fácilmente, pero no durará. Hay ventajas y desventajas para ambos extremos de la secuencia.

» ¿Describirías a tu familia de origen como más *abierta*: flexible en sus reglas y papeles, a veces carente de estructura, o *cerrada*: rígida en sus reglas y responsabilidades, resistente al cambio o a la aportación externa? Explícalo.

Los sistemas tienden a resistir el cambio (homeostasis o equilibrio). Hay mucha presión e impulso en los sistemas para que se queden como están. Esto significa que los aconsejados suelen experimentar mucha resistencia (retroalimentación negativa) desde el exterior o incluso desde dentro de sí mismos para mantener las cosas como son. Desafortunadamente, no ocurre ningún cambio en las diversas situaciones. En última instancia, Lynne logró disipar la tensión en torno a la asistencia a la iglesia, pero descubrió que tenía que hacer un esfuerzo concienzudo para no importunar a su esposo a que asistiera, aunque sabía que eso era destructivo. Durante unas semanas después de que empezó a retroceder, su esposo empezó a buscar peleas expresando puntos de vista religiosos que sabía que obtendrían una reacción de su esposa. Cuando se dio cuenta de lo que estaba sucediendo, Lynne dejó de reaccionar. Sin el apoyo de su consejera ella probablemente habría picado el anzuelo, y la tensión con el asunto de la iglesia habría seguido aumentando.

El miedo al cambio (lo desconocido), el conflicto (tensión, daño) y el fracaso (no funcionó) ayudan a evitar que los sistemas cambien (retroalimentación negativa). Arriesgar nuevos comportamientos, nuevos patrones de interacción y nuevas conexiones emocionales pueden cambiar todo el sistema (retroalimentación positiva). A menudo, los miembros de un sistema sabotean inconscientemente los esfuerzos de la familia para cambiar. Varios temores o preocupaciones tácitas, de las que los miembros pueden no ser conscientes, pueden evitar que las cosas cambien. Por ejemplo, debido a que la familia que mantiene la atención en Josh, el comportamiento de los otros niños no es examinado tan de cerca. O, Lynne y Jack no tienen la capacidad mental o emocional de mirar su relación porque están enfocados en la delincuencia de Josh.

El poder del consejero para influir en el cambio está limitado por muchos factores, pero el consejero tiene el poder de crear nuevas experiencias e interacciones entre partes del sistema (promulgaciones). Las nuevas experiencias dan como resultado nuevas interacciones emocionales, cognitivas, conductuales y relacionales. Estas nuevas experiencias pueden resultar en cambios a largo plazo en las relaciones. En sistemas complejos, los consejeros pueden sentirse como si no tuvieran poder para efectuar cambios en los individuos o en el sistema. Sin embargo, los consejeros pueden alentar y orquestar nuevas experiencias para el sistema. Con nueva experiencia (i.e., una promulgación) puede surgir nueva información, puede ocurrir un nuevo aprendizaje y el cambio puede ocurrir. Por ejemplo, en una sesión familiar en el centro de rehabilitación, Josh podría hacer algunas preguntas puntuales de su madre, como por qué su relación con su padre terminó. Su madre podía responder con honestidad, compartiendo un secreto previamente mantenido (p. ej., que su padre había estado involucrado en un romance), y los tres niños podrían aprender nueva información sobre su madre, su padre y su padrastro que tiene el potencial de cambiar las relaciones y los mundos emocionales internos. Si este cambio se percibe como bueno o malo es menos preocupante que la capacidad del sistema para tolerar y luego integrar el cambio.

Ignorar el poder del sistema en la vida de un aconsejado puede ser muy perjudicial para los aconsejados. Los patrones de comunicación destructiva, la falta de apego seguro, los secretos familiares, el abuso y las adicciones son ejemplos de formas en que los miembros de la familia pueden verse afectados negativamente por los sistemas de los que forman parte. En la familia Smythe está claro que algo de lo que están experimentando está relacionado con la naturaleza de sus relaciones entre sí. No todo lo que sale mal es el resultado de patrones sistémicos; también contribuimos con nuestros propios niveles y tipos de patología. Esta interacción de la disfunción individual y sistémica hace que el cambio significativo sea difícil de experimentar en consejería y, sin embargo, merece la pena el esfuerzo.

LAS DINÁMICAS DE CAMBIO "DENTRO" Y "ENTRE" EN CONSEJERÍA

En la parte izquierda de la figura 14.2 está la concepción típica de cambio en consejería: ayudar a los aconsejados a cambiar, modificar, eliminar o agregar algo dentro de sí mismos. El pensamiento de sistemas sugiere que hacer cambios internamente (dentro de la persona) puede realmente afectar las relaciones y situaciones externas, o que algún cambio externo entre las personas en la relación o entre una persona y una situación puede cambiar el interior. Por lo tanto, el cambio en nuestras vidas es a menudo circular (desde dentro de uno hacia fuera de uno, o entre uno y los demás) y no lineal (como cuando una cosa hace que el cambio ocurra).

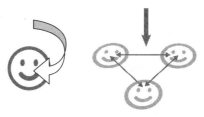

Figura 14.2. Los enfoques de cambio "dentro" y "entre"

La figura 14.3 ilustra gráficamente la diferencia entre la causalidad lineal y circular.

Un ejemplo del lado izquierdo de la figura 14.3 es como sigue: Estoy estresado en el trabajo (A), llego tarde a casa (B), mi esposa me grita (C) porque la cena se echó a perder, y yo exploto (D). Por lo tanto, todos entramos en una pelea porque estoy estresado en el trabajo (E). Típicamente en consejería individual, o tengo un problema de enojo o mi esposa es insensible (ella tiene un problema), en lugar de *tenemos* un problema que resolver.

Con la causalidad circular, representada por el diagrama del lado derecho de la figura 14.3, es más fácil trabajar con el sistema, ya que los eventos en una relación y en la vida son causados por múltiples factores. Simplemente culpar a una persona no explica

Figura 14.3. Causalidad linear frente a causalidad circular

ni ayuda a cambiar la situación; el patrón necesita cambiar. Lo que está sucediendo entre las personas a veces puede ser más fácil de acceder y alterar que cambiar el interior de la gente—podemos elegir responder de manera diferente, aún incluso si no nos sentimos diferentes. Esto es particularmente cierto en el matrimonio y la familia, pero se aplica a todos los sistemas—organizaciones, iglesias, grupos y así sucesivamente. Esto significa que algunas de las técnicas que los consejeros necesitan son poder identificar, explorar, acceder y utilizar los sistemas de los cuales el aconsejado forma parte.

¿Qué sistemas, por ejemplo? Para la mayoría de la gente, los sistemas más significativos durante su vida son su familia de origen: "Dios hace habitar en familia a los desamparados" (Sal. 68:6). Para los que se casan, el sistema matrimonial debe convertirse en su sistema primario y centro de lealtad e inversión emocional (Gn. 2:24). Sin embargo, sabemos que las familias de origen presentes en el matrimonio siguen afectando a los cónyuges aún mucho después de la boda. Tener hijos amplía y complica el sistema matrimonial, con el nacimiento del primer hijo siendo en promedio el momento más estresante para las parejas (Gottman y Gottman, 2007). Esta dinámica relacional es muy a menudo el enfoque de la consejería, que es por lo que la consejería familiar y matrimonial ha emergido como una profesión distinta y especializada en el campo de la salud mental.

Implicaciones de diagnóstico

Un trastorno mental se define como una "perturbación clínicamente significativa en la cognición, regulación emocional o comportamiento de un individuo" (DSM-5, p. 20). Observa el lenguaje: *en* e *individuo*. La implicación es que la consejería se centraría en explorar y cambiar lo que está ocurriendo dentro de un individuo. Sin embargo, el DSM agrega que "los trastornos mentales están asociados con una angustia o discapacidad significativa en las actividades sociales, ocupacionales u otras actividades importantes" (p. 20). Pero observa el lenguaje una vez más: *asociado con*. Hay poco reconocimiento en el DSM de que los problemas graves pueden ser causados por la angustia relacional y el conflicto. De hecho, el DSM agrega específicamente que "los comportamientos socialmente desviados (p. ej., políticos, religiosos o sexuales) y los conflictos que son principalmente entre el individuo y la sociedad no son trastornos mentales a menos que la desviación o el conflicto resulte de una disfunción en el individuo" (p. 20).

En el formato axial del DSM-IV, el eje IV fue clasificado como "Problemas psicosociales y ambientales", por lo que los problemas relacionales del aconsejado eran identificados como parte del diagnóstico, aunque no una parte requerida. En el DSM-5, estos factores ahora se enumeran como códigos V (p. 16; pp. 715-27, ICD-10-CM los llama códigos Z, pp. 895-96). Estos no son trastornos, pero están asociados con trastornos. Sin embargo, considera cuántos de estos códigos V están directamente relacionados con las dificultades relacionales (p. ej., problemas con el cónyuge, pareja, hijo, hermano, servicios de salud y vivienda, educación, empleo, prisión, abuso, aculturación, etc.). Estos problemas se llaman "Otras condiciones que pueden ser un foco de atención clínica". El problema con esta conceptualización predominante en el campo de la salud mental es que minimiza el papel causal y de cambio de los sistemas extendidos y externos del aconsejado. Esto es bien asumido por Beck y Demarest (2005):

Los criterios establecidos [por el DSM] para un gran número de trastornos requieren específicamente la presencia de impedimentos en el funcionamiento ocupacional o social (esquizofrenias, episodios maníacos, distimia, trastornos bipolares I y II, ciclotimia, fobias específicas, fobia social, trastorno obsesivo-compulsivo, trastorno del estrés postraumático, y muchos otros). Incluso si los teóricos no están dispuestos a conceder factores causales interpersonales subyacentes a la psicopatología, sí reconocen que la enfermedad mental tiene consecuencias interpersonales. (p. 359)

Pero el impacto de los sistemas no termina con la familia. De nuevo, a partir de la investigación sabemos que las amistades (relaciones entre compañeros), particularmente en la adolescencia, junto con las redes sociales, pueden ser la fuerza externa más poderosa en el mundo de un aconsejado (Killen y Coplan, 2011). Además, las relaciones entre hermanos son formas de relaciones entre compañeros con dinámicas diferentes de otras relaciones familiares, que son típicamente jerárquicas hasta cierto punto.

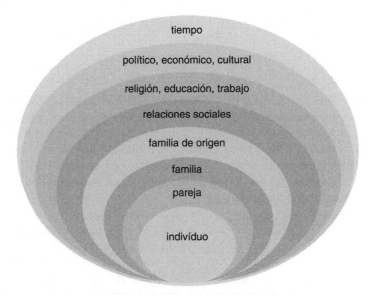

Figura 14.4. Adaptado del sistema para el desarrollo humano
de Bronfenbernner

De la figura 14.4 vemos que el modelo de desarrollo de Bronfenbrenner reconoce explícitamente que el crecimiento a lo largo de la vida ocurre dentro de numerosos sistemas, que él conceptualiza como una serie de círculos concéntricos. Más allá de las redes inmediatas de familiares y amigos, los aconsejados existen en sistemas como las instituciones educativas, el empleo, la salud, los sistemas económicos y políticos. De importancia decreciente en la cultura occidental están los sistemas religiosos que en generaciones anteriores afectaron profundamente a la mayoría en la sociedad. En muchas partes del mundo y en muchas culturas, más allá de la familia, los sistemas religiosos son a menudo los sistemas más significativos en la vida de las personas.

Otra forma de describir los sistemas involucrados en la vida de un aconsejado es mediante el uso de eco-mapas. Un ecomapa es un diagrama visual de los participantes principales en la vida de un aconsejado. El ecomapa en la figura 14.5 es de un aconsejado que tiene algunos recursos, pero también mucho estrés. Los problemas centrales de la ansiedad, el abuso y las adicciones (Guernsey y Guernsey, 1991) proporcionan perspectiva valiosa para evaluar el impacto de este sistema de aconsejados sobre su funcionamiento. En la situación actual, el aconsejado obtiene fuerza y relación positiva de una sólida base educativa, estabilidad financiera, una buena comunidad de fe que apoya y actividades recreativas. Sin embargo, el aconsejado tiene una mala situación de empleo y vivienda, atención médica inadecuada, conflicto con la familia extendida y sin relación con la comunidad o amigos. El aconsejado obtiene apoyo de una relación con Dios y gasta mucha energía en el cónyuge y los hijos, pero obtiene poco apoyo de ellos.

Un ecomapa es particularmente útil en el trabajo con familias complejas de s contextos culturales diferente al tuyo (www.strong-bonds.jss.org.au/workers/cultures/ecomaps.html). Por ejemplo, un mapa ecomapa podría ayudarte a trabajar con las familias de inmigrantes, donde es difícil obtener un cuadro detallado de las relaciones sociales y familiares que a menudo son más significativas en las culturas no occidentales que en las occidentales. En estas familias, marcar las áreas de aislamiento o desconexión también puede ser importante.

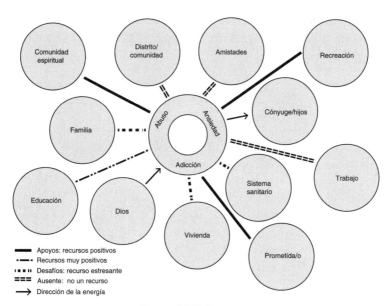

Figura 14.5. Ecomapa

LOS BLOQUES DE CONSTRUCCIÓN DE LOS SISTEMAS: TRIÁNGULOS

La gente tiene mejores amigos, relaciones románticas de pareja y relaciones especiales individuales que los sostienen durante toda la vida. Sin embargo, las experiencias de vida en las familias, la escuela y el trabajo nos muestran que las relaciones de pareja tienden a convertirse en triángulos. Las relaciones triangulares vienen en muchas formas. Por ejemplo: mamá, papá y bebé; hermano, hermana y padre; suegra, esposo y esposa; jefe, empleado y cliente; pastor, anciano y líder del ministerio; tú, yo y Dios. Siempre que el desacuerdo, la tensión o el conflicto entren en el sistema, todos tendemos a tratar de resolver la tensión tirando de una tercera cosa o persona para tratar de disminuir la tensión, típicamente tratando de conseguir a la otra persona o cosa de nuestro lado de la cuestión. Otra manera de pensar en esto es que las relaciones son como un taburete de dos patas: te podrá sostener, pero es menos estable que un taburete de tres patas. Las relaciones diádicas son intrínsecamente menos estables. Como señala Foley (1979): "Siempre que el equilibrio emocional entre dos personas se vuelve demasiado intenso o demasiado distante, se puede introducir una tercera persona o cosa para restaurar el equilibrio del sistema y darle estabilidad" (p. 442).

Datos empíricos

Existe una enorme cantidad de evidencia empírica para la relación entre la cantidad y la calidad de apoyo social que tienen las personas y su capacidad para hacer frente a la vida.

Duru (2008), utilizando la Escala de Dificultades de Ajuste, la Escala de Soledad de la UCLA, la Escala de Provisión Social y la Escala de Conectividad Social, encontraron que no solo los niveles más bajos de apoyo social y la conexión social y los niveles más altos de soledad se correlacionan con el ajuste, sino que la relación entre estas variables es predictiva. La falta de apoyo/conexión social lleva a la soledad y a las dificultades de adaptación. Además, Chao (2011) estudió la relación entre la gestión del estrés, el mantenimiento del bienestar y el enfrentamiento basado en el problema frente a rehuirlo. Encontró que todos eran afectados por el apoyo social.

Aplicado específicamente a los eventos traumáticos, Shallcross, Frazier y Anders (2014) encontraron que mientras que el apego inseguro (ansioso o evasivo) antes de un evento traumático da lugar a un peor ajuste postraumático (angustia), un fuerte apoyo social, (o menos social o menos apoyo negativo) aumenta la capacidad de la gente para manejar eventos traumáticos en la vida.

Leibert, Smith y Agaskar (2011) añaden otra dimensión interesante a la relación entre apoyo social y ajuste. De su investigación se desprende que los factores "extraterapéuticos" (por ejemplo, el apoyo social externo), así como los factores dentro de la sesión (por ejemplo, la calidad de la relación de consejería) se correlacionan con mejores resultados de consejería. Sin embargo, cuando los aconsejados tenían un menor apoyo social externo, la calidad de la relación de consejería se volvió aún más importante para producir resultados positivos. En este sentido, la consejería, el cuidado pastoral y el cuidado de sí mismos constituyen una importante fuente de apoyo social para los aconsejados, pero estas relaciones de ayuda y un fuerte apoyo social más allá de la relación de consejería son aún más efectivos. Ayudar a los aconsejados a construir sistemas de apoyo es en sí una intervención útil.

La relación de consejería como un sistema. Uno de los aspectos fascinantes de la consejería y de los sistemas teóricos es que la consejería individual es, en esencia, un sistema diádico (de dos personas). En consejería matrimonial o de pareja se convierte en un sistema tríadico (tres personas). De dos personas y una relación (2+1) aumenta exponencialmente a tres personas y tres relaciones (3+3). Por cierto, agregar un hijo a la sesión y la convertiría en un sistema de cuatro personas y seis relaciones (4+6); agrega otro hijo y la convertiría en un sistema que involucra a cinco personas y diez relaciones (5+10). El punto es que la consejería es un sistema relacional que funciona de acuerdo a principios sistémicos.

En consejería matrimonial, una de esas dinámicas de sistemas es que, hasta cierto punto, los dos cónyuges en consejería están tratando de convencer al consejero de estar de su lado. Si el consejero está de acuerdo conmigo, entonces tú estás equivocado, y yo soy la víctima de tu mal trato. Pero también ocurre en consejería individual. Cuando un consejero desafía o de alguna otra manera establece un límite en la relación con el aconsejado, no es inusual que el aconsejado trate de alinearse con alguien u otra cosa (por ejemplo, un cónyuge o padre, un experto que escribió un libro, artículo o sitio web, Dios, las Escrituras). Un ejemplo común en contextos cristianos es algún tipo de un aconsejado que se refiere al intenso ministerio de Jesús, su sufrimiento y muerte en la cruz para contrarrestar la sugerencia del consejero de que el autocuidado es una actividad importante y válida. Alentar al aconsejado hacia la responsabilidad personal y reducir el culpar a otras partes del sistema es un aspecto continuo de la consejería. Alentar la responsabilidad personal es también un tema significativo en el Nuevo Testamento (Mt. 7:1-5).

Deshacer los triángulos: Una herramienta de básica de consejería cuando se trabaja sistémicamente. Cuando una relación de dos personas experimenta desafío externo, tensión interna, desacuerdo o conflicto, "triangulamos" una tercera persona o cosa para tratar de estabilizar la relación. Para una pareja, esto puede ser un niño, una suegra, la casa, un trabajo, el coche, un amigo o cualquier número de terceras partes útiles o destructivas. La consejería de relaciones es por definición un triángulo intencional en el que una pareja pide a un consejero que les ayude a resolver los problemas en su relación diádica. Pero este es un triángulo temporal. Del mismo modo, dos empleados en el trabajo podrían pedir ayuda a un colega o jefe para mediar en un conflicto. Pero siempre que esto sucede, existe el peligro de que el triángulo sea visto como una solución permanente que mantenga a las dos partes dependientes y trabadas en relación con la tercera parte. Recuerda que el papel del consejero es entrar temporalmente en el triángulo para indicarles el camino hacia la resolución de sus relaciones diádicas. Esto es cierto también para la orientación pastoral y la dirección espiritual. El consejero no se convierte en un mediador entre el aconsejado y Dios, sino que ayuda al aconsejado a hablar y escuchar a Dios, para fortalecer la relación diádica del aconsejado con Dios.

No le hacemos ningún favor a nuestros aconsejados cuando nos ponemos de su lado en cualquier asunto. Entender, expresar empatía y mostrar apoyo para ellos como personas que están luchando no es lo mismo que estar de acuerdo con ellos y su perspectiva. Mantener el equilibrio, no tomar partido y establecer límites interpersonales con respecto a cuál y cuál no es tu papel son técnicas básicas en consejería. Piensa en cómo Jesús interactuó con muchas personas. ¿Estaba de acuerdo con las opciones de vida de la mujer en el pozo, Zaqueo, el recaudador de impuestos o el joven rico? ¡No! Sin embargo, se acercó y los apoyó. Él no se alineó con la persona en contra de otros (es decir, forma un triángulo de dos contra uno). Les permitió asumir la responsabilidad de sus vidas, sus relaciones pasadas y sus decisiones futuras.

Inténtalo

En las siguientes conversaciones, identifica la que piensas que es la "mejor" manera de responder. La inclinación natural cuando se quiere que alguien amplíe su conciencia sistémica es hacer una pregunta, como "¿Qué personas en tu vida podrían ayudarte?" Si bien una pregunta puede ser apropiada, trata de reflejar la empatía y luego suavemente inducirlos a considerar otras posibilidades o recursos que pueden ser útiles. En el espacio de explicación, presenta una justificación para tu respuesta.

Ejemplo: Aconsejado: Me siento solo en esto. ¡Realmente no hay nadie de quien yo pueda depender!

Consejero: Es muy duro sentirse tan aislado cuando estás pasando por un momento tan difícil. Me pregunto si ahora sería un buen momento para empezar a trabajar en encontrar una persona de apoyo que pudiera estar contigo a través de tales situaciones.

Explicación: Yo quería preguntar "¿De verdad, nadie?" Pero eso no hubiera sido muy útil. Continuar siendo empático me permitió quedarme con la aconsejada en su soledad. Así ella podría estar más abierta a mi estímulo para encontrar una solución.

1. Aconsejado: Quiero ser capaz de manejar las cosas por mi cuenta. Valoro mi independencia. Estoy cansado de tener que depender de los demás.

Consejero: _____

Explicación: _____

_____

2. Aconsejado: Ella no va a cambiar. He intentado que cambie. ¿Que puedo hacer?

Consejero: _____

Explicación: _____

_____

3. Aconsejado: Ya no puedo con él. Nada más tiene dos, y ya es demasiado.

Consejero: _____

Explicación: _____

_____

4. Aconsejado: Sé que hay programas que podrían ayudarme, pero no puedo motivarme para investigar sobre ellos.

Consejero: _____

Explicación: _____

_____

5. Aconsejado: Siento que hay barreras, algo que me impide seguir adelante. ¿Podemos hablar de lo que podría ser?

Consejero: _____

Explicación: _____

_____

ABOGAR: UN PAPEL ESENCIAL PARA TODOS LOS ACONSEJADOS

Otra forma en que los consejeros se comprometen con los sistemas de sus aconsejados es abogando por ellos. El Código de Ética de la ACA (2014), junto con la mayoría de los códigos de ética de las personas en labores de ayuda, (p. ej., terapia familiar y matrimonial—AAMFT; trabajo social—NASW), definen uno de los roles de los consejeros como identificar, explorar e iniciar contacto con los sistemas más amplios de la vida de un aconsejado. La sección del código de ética es breve, sin embargo, representa una multitud de formas de interacción con los sistemas externos, sobre todo porque son barreras para el crecimiento de un aconsejado. Los consejeros podrían pensar que este es solo el trabajo de los trabajadores sociales, o los pastores podrían pensar que este es el trabajo de las organizaciones de servicios sociales. Sin embargo, los ejemplos bíblicos y la enseñanza (p. ej., Stg. 2:15-17) aclaran que esto es responsabilidad de todos. La vivienda, el empleo, las finanzas, la educación, los sistemas de servicios médicos y sociales y las funciones gubernamentales (por ejemplo, inmigración, impuestos, licencias) son complejos y difíciles de negociar. Incluso los profesionales bien informados e inteligentes pueden tener dificultades y pueden necesitar ayuda.

> **Defensa (ACA Código de Ética, 2014)**
>
> *A.6. Las funciones y las relaciones a nivel individual, grupal, institucional y social*
>
> *A.6.a. Apoyo*
>
> *Los consejeros abogarán a nivel individual, grupal, institucional y social, cuando sea adecuado, para examinar las barreras y obstáculos potenciales que obstruyen el acceso y/o el crecimiento y el desarrollo de los clientes.*
>
> *A.6.b. Confidencialidad y apoyo*
>
> *Los consejeros obtendrán el consentimiento antes de comprometerse en las tareas de apoyo en nombre de un cliente que se pueda identificar, para mejorar los servicios que se brindan y trabajar para eliminar las barreras u obstáculos del sistema que inhiben el acceso y/o el crecimiento y desarrollo del cliente.*

Es interesante estudiar los diferentes códigos de ética relativos al abogar y las responsabilidades y relaciones duales o múltiples con los consejeros. Parece por un lado que los consejeros necesitan proteger la integridad de la relación de consejería y no entrar en las relaciones que se superponen (p. ej., el papel del consejero y el rol del maestro con el mismo aconsejado). Esto también plantea problemas de confidencialidad. Por otra parte, el papel de abogar parece sugerir que los consejeros necesitan involucrarse con los aconsejados fuera de los límites de la oficina. Hay una paradoja en esto—ambas son pautas terapéuticas importantes. La tensión se resuelve mediante otra directriz, el consentimiento informado. Con el consentimiento del aconsejado (en algunas situaciones y relaciones se requiere consentimiento por escrito), un consejero puede involucrarse en situaciones fuera de la oficina. Pero observa que esto es consentimiento "informado", no solo un acuerdo pasivo a lo que el consejero sugiere. Por ejemplo, un consejero, previo consentimiento, podría llamar a un consejero de orientación escolar o un maestro, o averiguar información sobre un procedimiento médico o medicación. Sin embargo, en nuestra cultura, que está muy en sintonía con los derechos de privacidad, se puede complicar cuando otro profesional requiere un consentimiento por escrito del aconsejado antes de hablar contigo. Independientemente de los retos que se presenten cuando abogamos por los aconsejados, probablemente valdrá la pena, y es parte de nuestra responsabilidad el hacerlo.

Toporek, Lewis y Ratts (2010) describen algunas dimensiones útiles en cuanto al abogar en consejería. Una dimensión tiene un nivel mayor a las demás. Por ejemplo, abogar en asuntos socio/políticos estaría a nivel superior, mientras que la consejería individual estaría a un nivel inferior. Abogar por un aconsejado en su contexto inmediato, por ejemplo, con una institución educativa, sería un nivel intermedio. Otra dimensión del abogar sería un consejero que *actúa con* un aconsejado o un consejero que actúa *en favor* de un aconsejado. Colaborar con (o actuar en favor de) aconsejados puede ser la estimulante para el aconsejado. Por ejemplo, ayudar a un aconsejado a saber a quién contactar en una organización de servicios sociales y planificar cómo hacer el contacto fomentaría un conjunto de valiosas técnicas de consejería para la vida cotidiana. Como cuestión de principio, es raro que un consejero necesite actuar en nombre de los aconsejados. Sin embargo, a veces es necesario, ya que los aconsejados pueden ser legítimamente incapaces, por una variedad de posibles razones, para actuar en nombre de ellos mismos. Estas situaciones requieren una cuidadosa evaluación y discernimiento con respecto al grado de participación que un consejero tendrá, así como obtener el consentimiento explícito y claro de los aconsejados.

SISTEMAS EXTERNOS PARA EL CAMBIO

Otra forma de involucrar a los sistemas fuera de las conversaciones individuales durante la sesión de los aconsejados contigo es llevar a otras personas a la sesión. Una vez más, con el consentimiento de tu aconsejado, los cónyuges o compañeros, padres, amigos, pastores, maestros y demás pueden ser invitados a unirse a una sesión. En tal caso, la persona añadida no es un aconsejado; tú no tienes ningún acuerdo para entrar en una relación de consejería con ellos. Sin embargo, la persona añadida entra en la sesión para consultar contigo y con tu aconsejado, para proporcionar información adicional, aclarar situaciones y ofrecer perspectiva. Otras personas también podrían ser consejeros, como en el caso de la consejería familiar y matrimonial. Sin embargo, hay preocupaciones éticas complicadas sobre pasar de la terapia individual a la de pareja o terapia familiar que están más allá del alcance de este capítulo.

Conseguir más del sistema físicamente en la sala de consejería es una consigna que yo (Fred) uso con frecuencia en mi enseñanza. Los beneficios son numerosos: agregar perspectivas adicionales, poder trabajar en la comunicación entre las personas en la sesión, y ver y trabajar con patrones relacionales justo delante de ti en lugar de hablar de lo que sucede fuera de la oficina. El poder del cambio se incrementa mucho, pero la ansiedad del aconsejado a menudo sube y mantener "una presencia no ansiosa" (Friedman, 1985) en la sala es un desafío que fácilmente puede llegar a ser objetivo y útil.

Según Bowen (1978), un conocido terapeuta familiar, el objetivo de la consejería es ayudar a las personas a diferenciarse. La diferenciación no debe confundirse con ser más independiente, autónomo o emancipado. Más bien, la diferenciación se refiere a ser cada vez más claros y mejor definidos en nuestro propio sentido de nosotros mismos. A medida que las relaciones se intensifican emocionalmente, tendemos a perder nuestro sentido del yo; asumimos aspectos de otros en las relaciones (nos volvemos como ellos), somos lo que otros quieren que seamos o reaccionamos a otros por desacuerdo (hacemos lo contrario de ellos). En lugar de responder con lo que somos y lo que creemos y deseamos, nos convertimos en algo más que esperamos que sea menos desafiante en la relación. La consejería puede ayudar a las personas a entender estas tendencias y explorar formas de elegir respuestas alternativas que estén más en línea con quienes son.

Hay muchas precauciones al trabajar con el efecto del sistema externo de un aconsejado sobre él o ella. Vamos a destacar dos aquí.

1. Como consejero, puedes enfadarte fácilmente con cómo otras personas o sistemas han herido y abusado a tu aconsejado. Esto es particularmente cierto en casos claros de injusticia como el abuso, la violencia doméstica o el crimen. Mientras que nuestra ira contra la injusticia, como la ira de Dios (Hab. 2:12), puede ser justificada, podemos perder rápidamente perspectiva con respecto a qué respuesta de consejería será verdaderamente útil para el aconsejado. Tal vez ayudarle con la injusticia será útil; talvez no. Nuestros corazones compasivos a veces pueden interponerse en el camino de desafiar a los aconsejados a desarrollar un sentido más claro y más fuerte de sí mismos y lo que quieren de sus relaciones y sus vidas.

2. La segunda precaución consiste en cortocircuitar el proceso de perdón con nuestros consejeros por el deseo de evitar el conflicto o ver al aconsejado "sentirse mejor" más rápidamente. Esto sucede cuando el consejero a ayuda al aconsejado prematuramente a reparar las relaciones heridas en lugar de ayudarlo a hacer el trabajo más duro de lidiar en el conflicto de maneras saludables. Por ejemplo, los aconsejados pueden evitar un trabajo más profundo y más centrado en el corazón cuando el consejero evita plantear preguntas desafiantes como, ¿Qué ha hecho el aconsejado para entender sus conflictos en su relación? ¿Qué ha hecho él o ella para tratar de resolver la situación? O, ¿Qué sería necesario para ayudar a alguien a prepararse para entrar en un proceso de reconciliación? El principio bíblico es claro: si los aconsejados no han hablado directamente de sus preocupaciones con la persona a la que ha ofendido o pecado contra ella, el primer paso es ir a la persona (Mt. 18).

Si los consejeros han tratado de tener conversaciones para resolver los problemas, anímalos a que vuelvan a ir con la otra parte para tratar de resolver el conflicto. Si han intentado y fracasado, si tienen miedo de ir solos o si la persona con la que tienen una relación rota ya no es accesible, desarrolla un plan seguro sobre cómo podrían ellos tener esas conversaciones y/o simula las posibles situaciones. Un paso más, y muchas veces el paso más difícil en el proceso de perdón, es desarrollar comprensión y empatía para aquellos que te han herido. Este es un trabajo necesario en el proceso de perdón y reconciliación (Worthington, 2001). Los intentos de cortocircuitar el proceso de perdón sirven

418

en última instancia para ignorar o descartar el impacto recíproco que un aconsejado tiene en y con su sistema.

A veces, como consejeros, no logramos recordar a nuestros aconsejados el duro trabajo de resolver conflictos. El enfoque de la consejería es preparar a los consejeros emocional y cognitivamente para tener este tipo de conversaciones con las personas en sus vidas y ayudarles a encontrar maneras de expresar sus preocupaciones, permitiéndoles involucrar a sus sistemas de maneras más saludables. Dependiendo del grado de historial de violencia en la relación del aconsejado, esto no podría ser posible sin traer a otros (p. ej., las fuerzas de la ley) a la situación. Por supuesto, éticamente, independientemente de nuestro papel de ayuda, tenemos la responsabilidad de proteger a nuestros aconsejados de cualquier daño.

Consejo clínico

1. La consejería podría convertirse en chismes cuando el enfoque se convierte en quejarse y no tratar de cambiar o ayudar a mejorar la situación. El chisme está incluido en listas de pecados muy graves y destructivos en Romanos 1:29-31 y 2 Corintios 12:20.
2. A veces, por ser demasiado empático puedes estar agravando el problema. Recuerda que tu consejero individual puede darle solo una perspectiva—la empatía no significa un acuerdo.
3. Mantén el equilibrio—tu acuerdo no es tan importante como tu comprensión.
4. La responsabilidad personal es a lo que todos nos resistimos; asumir debe preceder a responsabilizar a los demás (culpa).
5. Alterar el lado de tu consejero en un patrón de su relación producirá un cambio en el otro lado del patrón (aunque el resultado no siempre es predecible).
6. Cuando estés estancado, haz algo diferente.
7. Busca pequeños cambios (excepciones a lo usual), en lugar del gran cambio; pequeños cambios abren posibilidades para los grandes cambios.
8. Simula posibles conversaciones en consejería—con un padre, un compañero, un amigo o incluso con Dios con el fin de explorar otras formas de interactuar.
9. Pacientemente, refleja la empatía o haga preguntas para ayudar a su consejero a ver las cosas con mayor claridad o a confrontarla suavemente con percepciones alternativas (Pr. 25:12, 15).

APLICACIÓN MINISTERIAL

En nuestro esfuerzo por ayudar a las personas a cambiar, si únicamente dependemos de nuestra propia experiencia o colocamos la responsabilidad del cambio exclusivamente en el aconsejado, podríamos llegar a sorprendernos de que quedarnos estancados o ser improductivos será un resultado común en las relaciones de consejería. Como cristianos, sabemos que tenemos límites y debemos confiar en que el Espíritu Santo nos guía, que el Padre nos ama y que Jesús camina con nosotros.

Pero, ¿es suficiente? Una teología del Nuevo Testamento apunta claramente y repetidamente al hecho de que el cuerpo de Cristo, la Iglesia, es esencial para la vida y la salud espiritual y mental. Es cierto que muchos resultan heridos por sus experiencias en la iglesia, pero la Iglesia es mucho más que congregaciones locales llenas de gente imperfecta; es el cuerpo global de compañeros seguidores de Cristo que colectivamente se proveen mutuamente. Además, hay muchos recursos fuera de la Iglesia. Si bien estos recursos pueden ser descartados por ser "seculares", el hecho es que Dios se revela a través de su creación (Ro. 1:20). Por lo tanto, la asistencia del gobierno, las organizaciones de servicios sociales, los recursos de la comunidad se reflejan obscuramente un espejo (1 Co. 13:12) la rica provisión de Dios para los pobres, las viudas y los huérfanos (Stg. 1:27; 2:5). Confiar en los recursos que Dios ha proporcionado es como Él quiere que vivamos.

Conexiones bíblico/teológicas

Los pasajes "uno al otro" de las Escrituras proveen instrucciones sobre cómo debemos relacionarnos con los demás. En concreto, estamos llamados a:

✓ amarnos	✓ servirnos	✓ perdonarnos
✓ edificarnos	✓ aceptarnos	✓ confortarnos
✓ soportar las cargas	✓ llevar las cargas	✓ someternos
✓ animarnos	✓ confesarnos	✓ orar unos con
✓ orar los unos por	✓ preferirnos	✓ estar unánimes
✓ cena	✓ regocijarnos	✓ restaurarnos
✓ enseñarnos	✓ amonestarnos	✓ alentarnos
✓ ser honestos	✓ estimularnos	✓ darnos

...unos con/a los otros.

Un estudio de los pasajes del Nuevo Testamento que nos instruyen sobre cómo relacionarnos "con los demás" señala claramente las muchas maneras que necesitamos y podemos ayudarnos mutuamente (ver la barra lateral "Conexiones bíblico/teológicas"). En los contextos ministeriales, los programas que brindan oportunidades para construir el apoyo interpersonal y la vida comunitaria al estar involucrados en la vida del otro, son ejemplos de ser el cuerpo de Cristo en la tierra. Muchos de nosotros que hemos crecido en la iglesia o que hemos estado expuestos a iglesias hemos experimentado la desventaja de los grupos minoritarios y aspectos críticos de la vida comunitaria. Sin embargo, una sólida teología de la Iglesia (eclesiología) reconoce que las congregaciones locales de creyentes están llenas de personas pecaminosas, personas que están rotas, dañadas y necesitan gracia. Las iglesias son hospitales para los enfermos, por lo que no debe sorprendernos cuando las relaciones son perjudiciales y menos de lo que esperábamos.

Ayudar a los aconsejados a trabajar a través de esta paradoja es parte de su proceso de santificación. Las iglesias son lugares donde el dolor y el sufrimiento se reúnen y se desarrollan, pero también son, potencialmente, el lugar más seguro y curativo en la tierra (Crabb, 1997, 1999). En la iglesia vislumbramos el poder curativo de la comunidad, donde el Espíritu es experimentado. En los ministerios de las iglesias y las parroquias, el

> *Es hora de que giremos las sillas y aprendamos a hablar de manera que estimulemos a los anoréxicos a comer, a que muchos sean integrados, a los adictos sexuales a complacer apetitos más nobles y a cristianos cansados a proseguir a través de los valles oscuros hacia pastos verdes y hacia la misma sala del trono en cielo.*
>
> **Crabb, 1999, pág. 20**

énfasis de los grupos pequeños de las últimas décadas, con grupos como Celebremos la Recuperación (celebraterecovery.com) y Grupos de Redención (redemptiongroups.com; cf. smallgroups.net), han restablecido una dimensión esencial de la curación disponible para los cristianos. La dirección espiritual del grupo (Dougherty, 1995; Fryling, 2008; Pretchel, 2012; Webb y Peterson, 2009) tiene un poder de transformación que la dirección espiritual individual puede no tener, al menos para algunas personas. Estos grupos de vida comunitaria basados en la iglesia, donde la Escritura se aplica a nuestras vidas, son una herramienta indispensable para el consejero cristiano. No permitas que ninguna experiencia negativa con que tengamos con grupos pueda privar a nuestros aconsejados de este don del Espíritu para edificación y sanación.

APLICACIÓN MULTICULTURAL

A menudo se ha observado que las culturas occidentales tienden hacia la autosuficiencia, la independencia y la autonomía, mientras que las culturas orientales tienden a la suficiencia comunitaria, la interdependencia y la cohesión del grupo (p. ej., Nisbett, 2003). Otros han definido las diferencias entre climas "cálidos" y "fríos" y el impacto que tiene sobre la cultura (Lanier, 2006). En las culturas cada vez más globalizadas, las distinciones se están volviendo menos estereotipadas, pero no menos vitales. La importancia del pensamiento sistémico, es decir, la comprensión de los individuos en el contexto de sus redes de relación, varía mucho en todo el mundo. A grandes rasgos, puede ser exacto decir que los occidentales no miran naturalmente a las personas dentro de sus sistemas relacionales (i.e., con otros como recursos externos en los que poder confiar), pero ven al individuo como extremadamente racional, ingenioso y resistente (i.e., con sus propios recursos internos considerados más esenciales que lo que se puede obtener a través de otros).

Por lo tanto, la expansión del sistema puede ser más fácil de asimilar para aquellos de las culturas más naturalmente colectivas. Sin embargo, creemos que también es justo decir que depender solo de los recursos externos de uno pasa por alto una fuente potencialmente poderosa de cambio: los recursos internos emocionales, cognitivos, espirituales y de comportamiento. Esta tensión paradójica en nuestra comprensión de la naturaleza de la personalidad y el cambio, como muchas cosas en la vida, es compleja. El objetivo no es caer en cualquiera de los extremos: enfocarse demasiado en el yo o centrarse demasiado en las relaciones como fuente de motivación y energía en el proceso de cambio.

CONCLUSIÓN

Si bien el aconsejado en tu oficina puede ser solamente una persona, es importante aprender tanto como te sea posible sobre los sistemas dentro de los cuales reside dicho aconsejado. Ningún aconsejado es una isla; está conectado e interconectado con otros, y esos otros pueden ser críticos para el éxito (o fracaso) del proceso de consejería. A medida que te sientes con aconsejados, escucha el papel que otros juegan en la historia y aprovecha esos recursos sistémicos para beneficio del aconsejado. Escucha la secuencia circular y abraza la complejidad de las vidas de los aconsejados. Pregunta el efecto que la red relacional del aconsejado tiene sobre la motivación y dirección del mismo en consejería. Explora quién o qué en el sistema de relaciones de los aconsejados podría ser un recurso valioso y aboga por el crecimiento, la salud y la santificación del aconsejado.

PREGUNTAS PARA LA REFLEXIÓN

1. Vuelve a la figura 14.4. Describe el impacto relativo que cada esfera ha tenido en tu vida. ¿Cuáles han tenido un impacto más positivo y cuáles más negativo?

2. Toma de cinco a diez minutos para reflexionar y escribir acerca del papel que tu familia de origen juega actualmente en tu vida cotidiana. ¿De qué manera ves la influencia de tu familia en tu vida? ¿Es más o menos la influencia que te gustaría? ¿Qué papel juegas dentro de tu familia de origen? ¿Qué pasaría si dejases de jugar ese papel durante un mes, seis meses o un año?

3. En el centro del ecomapa (figura 14.5) están los conceptos de ansiedad, abuso y adicción. ¿Hasta qué punto fueron estos patrones conductuales y emocionales parte en tus relaciones? Tus aconsejados frecuentemente relatarán historias de los tres. ¿Cómo responderías y en qué medida se cruzarían sus experiencias con las suyas?

4. Describe un triángulo relacional del que eres parte en el presente. ¿Es un triángulo dañino o funcional? ¿Se evitan las relaciones diádicas en el triángulo?

5. Reflexiona sobre la tensión entre el fomento de la autonomía del aconsejado y abogar por un aconsejado. ¿Cuáles podrían ser algunas maneras de reconocer la autonomía dañina en un aconsejado? ¿Cuáles podrían ser algunos ejemplos de ocasiones en que la defensa de un aconsejado sería apropiada?

CAPÍTULO 15

APRECIANDO LO SAGRADO

Porque donde están dos o tres congregados en mi nombre,
allí estoy en medio de ellos.

Filipenses 4:9

Enfoque del Capítulo

TÉCNICA: sintonizar con el Espíritu Santo y con los asuntos espirituales

PROPÓSITO: ser conscientes y llamar la atención sobre la presencia de Dios dentro y entre el consejero y el aconsejado

FÓRMULA: "Me pregunto si hay algo (espiritual, sagrado, acerca de Dios) en lo que experimentaste".

"¿Qué es lo que (Dios, Jesús o el Espíritu Santo) podrían estar diciéndonos a ti y a nosotros?"

Piensa en un momento en que acudiste a alguien para pedir ayuda, te dieron un versículo bíblico que parecía como una respuesta simplista y dejaste la conversación frustrado.

> » ¿Qué parte de la forma en que se usó este versículo de la Biblia no te resultó útil?

Ahora piensa en una situación en la que alguien te sugirió que leyeras un versículo o pasaje de la Escritura y te resultó útil.

» ¿Qué parte de la forma en que se usó la Escritura la hizo útil en este caso?

Hay suficiente evidencia para apoyar la incorporación de la espiritualidad en el proceso de consejería, y hay una creciente cantidad de investigaciones para proporcionar evidencia de su efecto positivo en el proceso de consejería. Sin embargo, el uso de la espiritualidad y las intervenciones espirituales en consejería se relacionan significativamente con la persona del consejero con respecto a sus creencias y valores, así como con las creencias y valores del aconsejado. Por lo tanto, determinar la atención apropiada que debe darse a la espiritualidad como parte del proceso de consejería es a menudo una cuestión de discernimiento y sabiduría en lugar de técnica. Como se puede ver en la figura 15.1, este aspecto de la consejería es más un arte que una ciencia. Sin embargo, como con todas las técnicas, la apreciación de lo sagrado debe ser considerado como ambas.

Figura 15.1. Arte frente a ciencia: Apreciando lo sagrado

Datos empíricos

El apoyo a la investigación para un enfoque bíblicamente integrador de la consejería es sustancial (ver Koenig, 2011, 2012; Koenig, King y Carson, 2012). En lugar de citar numerosos estudios que detallan los efectos positivos de las creencias y prácticas religiosas/espirituales (R/E), es importante señalar que los efectos de involucrar prácticas R/E se han estudiado con numerosas poblaciones, incluyendo pacientes psiquiátricos, así como diversos subgrupos dentro de la sociedad.

Los efectos positivos sobre la salud mental incluyen resultados positivos para el bienestar, la felicidad, la esperanza, el optimismo y la gratitud; resultados negativos (i.e., disminución de los efectos negativos) para la depresión, suicidio, ansiedad, psicosis, abuso de sustancias, delincuencia/delito e inestabilidad marital; y efectos negativos y positivos sobre los rasgos de la personalidad.

El resultado en la salud física incluye la disminución de los efectos negativos de las enfermedades cardíacas, la hipertensión, las enfermedades cerebrovasculares, la enfermedad del Alzheimer y la demencia, las funciones inmunológicas, las funciones endocrinas, el cáncer, la mortalidad general, la discapacidad física, el dolor y los síntomas somáticos; y una influencia positiva sobre la respuesta al tratamiento.

El efecto en los comportamientos de la salud física incluye el aumento de la actividad física, la disminución del tabaquismo, una mayor pérdida de peso durante la dieta, las experiencias sexuales positivas y una mayor prevención de las prácticas sexuales de riesgo.

Los resultados de los estudios han sido reportados en revistas científicas de medicina, enfermería, trabajo social, rehabilitación, ciencias sociales, consejería, psicología, psiquiatría, salud pública, demografía, economía y religión. La mayoría de los estudios reportan una cantidad ingente de relaciones significativas entre R/E y mejores resultados de salud.

EL ASPECTO "CRISTIANO" DEL CONSEJO CRISTIANO

Los dos escenarios siguientes ilustran esta tensión, así como las diferentes maneras de tratar con lo sagrado en consejería. Verás que ambas situaciones involucran a aconsejados cristianos que están viendo consejeros cristianos. Pero lo que cada aconsejado obtiene de la relación de consejería está muy influenciado por la perspectiva que el consejero toma para incorporar la espiritualidad en las sesiones de consejería.

Escenario 1. Ben está inscrito en un programa de consejería en una escuela secular de posgrado que requiere que los estudiantes tengan un cierto número de sesiones de consejería antes de iniciar su pasantía. Ben es cristiano y buscó un consejero cristiano, reconociendo que algunas de las cuestiones con las que está luchando están afectando su relación con Dios. Ben conectó realmente con su consejero.

Pero durante la segunda sesión sucedió algo que a Ben le pareció desconcertante. Ben comenzó a hablar de su relación con Cristo y, después de una breve pausa, el consejero le hizo una pregunta pertinente al problema con el que él se había presentado, pero no tenía nada que ver con lo que Ben acababa de compartir acerca de su vida espiritual. Aunque el consejero no dijo explícitamente, "Este no es el lugar para hablar de tu relación con Dios; la consejería es para tratar con los aspectos emocionales y psicológicos de la vida", este es el mensaje implícito que Ben recibió. Decepcionado, Ben pensó brevemente en buscar otro consejero, pero luego asumió que todos los consejeros cristianos serían iguales. Como resultado, obtuvo algo de buena ayuda de su consejero, pero continuó luchando solitariamente con la manera en que su relación con Cristo se vio afectada por sus luchas.

Escenario 2. Denise tiene treinta y cinco años. Su esposo, Roy, murió de repente en un accidente automovilístico hace seis meses. Tiene una niña de nueve meses, otra de dos años y otra de cinco años que acaba de comenzar preescolar. Denise viene a consejería totalmente abrumada por ser madre viuda, que ha vuelto a la vida laboral después de ser ama de casa durante los últimos cinco años, y todavía lamentando la pérdida de Roy.

La consejera de Denise emplea mucha reflexión empática, lo que ayuda a Denise a sentirse comprendida. "Mis amigos han sido geniales", dice Denise a su consejero, "pero no quiero sobrecargarlos hablando de las mismas cosas una y otra vez. Estoy tan contenta de que estés aquí y que me comprendas". La consejera sabe que Denise es cristiana porque fue mencionado en el formulario de ingreso. Pero Denise no ha iniciado ninguna discusión sobre su relación con Dios, por lo que su consejera espera hasta que la relación esté bien establecida antes de que plantee el tema.

"Denise", dice la consejera, "en tu formulario de ingreso te identificaste como cristiana. No has mencionado nada sobre su relación con Dios, y no tenemos que discutirlo si no lo deseas, pero es muy frecuente que alguien tenga una crisis de fe cuando ocurre una tragedia como esta. Solo me pregunto cómo se habrá visto afectada tu relación con Dios por todo lo que estás atravesando".

Denise comienza a llorar y luego se abre con respecto a lo abandonada que se siente por Dios, si bien también se siente culpable por estos sentimientos. "Tenía miedo de que me juzgaras porque sé que eres una consejera cristiana. Y sé que la Biblia dice que Dios nunca nos dejará ni nos abandonará. Pero no puedo evitarlo. Creo que Dios me *ha* dejado". Este fue el comienzo de muchas discusiones que Denise y su consejero tuvieron acerca de Dios, discusiones que Denise encontró muy útiles porque su consejera respetaba el ritmo de Denise y no le sermoneaba. Se utilizaron las Escrituras, pero no se ofreció como solución rápida. Más bien, la consejera ayudó a Denise a luchar contra aquello que le dificultaba a Denise aceptar la verdad de la Escritura. Con el tiempo, después de trabajar en su enojo hacia Dios, Denise fue capaz de recibir consuelo otra vez de la lectura de la Biblia. Ella encontró particularmente útil leer los Salmos en voz alta. Ella comentó: "David también censuró a Dios, pero Dios no lo condenó. Quiero ser tan honesto ante Dios como lo fue David".

¿Fue apreciado lo sagrado? La consejera de Denise apreció lo sagrado abordando el tema de la espiritualidad respetuosamente y esperando el momento apropiado para hacerlo. El consejero de Ben, por otra parte, no permitió que lo sagrado entrara en la hora de consejería incluso cuando Ben inició el tema. Algunos podrían sugerir que lo mejor para Ben sería que buscase la ayuda de un director espiritual, y eso puede ser exactamente lo que necesita. Sin embargo, ¡qué tragedia que el consejero de Ben no aprovechara la oportunidad de hablar con Ben sobre la interconexión entre los aspectos psicológicos, emocionales y espirituales de sus luchas! Evidentemente, el consejero de Ben no estaba familiarizado con la extensa literatura sobre la integración de la psicología y la teología, o consejería y espiritualidad, que ilustra la importancia de prestar atención explícita a los valores religiosos y espirituales del aconsejado.

NUESTRA ORIENTACIÓN A LA ESPIRITUALIDAD EN CONSEJERÍA

No podemos resumir toda esta literatura de integración en un capítulo. Sin embargo, queremos al menos exponerte a algunos de los conceptos clave para que puedas comenzar a sentar las bases para las intervenciones que vas a utilizar con tus aconsejados.

Creemos que para apreciar lo sagrado en el proceso de consejería es necesario ser consciente de las complejidades involucradas. Para aquellos que están particularmente interesados en este tema, hemos incluido algunas consideraciones académicas y teóricas adicionales en el apéndice D al final del libro.

En el capítulo dos, sobre el papel del consejero, discutimos la persona del consejero y lo que nosotros como consejeros traemos a la relación de consejería. Pero hay un componente mucho más significativo que no discutimos en profundidad en ese capítulo. En nuestra opinión, la consejería es fundamentalmente un espacio sagrado y una relación espiritual. Es fácil olvidar en la profesionalidad de la vida contemporánea que la sala de consejería no es diferente del suelo sagrado donde un Ángel apareció en forma de llamas de fuego en un arbusto ardiendo, y Dios y Moisés tuvieron una conversación (Ex. 3). Es nuestra creencia que en la relación de consejería, ya esté explícitamente basada en la fe o no, el Espíritu Santo está presente y activo.

Una aclaración

Técnicamente, *religioso* se refiere a aspectos de comportamiento relacionados con sistemas de fe organizados (p. ej., religiones, denominaciones, iglesias y prácticas asociadas con un grupo de compañeros adherentes). *Espiritual* se refiere a los aspectos individuales, personales de la experiencia relacionados con las creencias, los valores y los comportamientos. La abreviatura R/E se usa en la literatura y aquí se refiere a aspectos combinados de religión y/o espiritualidad.

Mientras que algunos lectores pueden agradecer el párrafo anterior, regocijándose de que finalmente hemos llegado a las entrañas del proceso de consejería, otros lectores pueden sentirse un poco incómodos. De cualquier manera, cancela tus juicios mientras nos adentramos en este tema complicado y fácilmente incomprendido.

NUESTRO FUNDAMENTO TEOLÓGICO

Nuestra teología afirma la Trinidad, que abarca al Padre, al Hijo y al Espíritu Santo. Dios el Padre está presente en su soberanía y providencia (Gn. 28:15); el Hijo es nuestro redentor y ejemplo de lo que la humanidad puede ser (Gá. 4:4-7); y el Espíritu nos honra con sabiduría, conocimiento, dirección y el fruto del Espíritu (Gá. 5:22-23). Todos están presentes y activos, y limitamos severamente el potencial de la consejería si no nos sintonizamos con cómo Dios ya está trabajando en la vida de nuestro consejero, en nuestra propia vida y en la relación entre nosotros.

¿QUÉ ES LO SAGRADO EN CONSEJERÍA?

Hemos adoptado la palabra *sagrado* (Pargament, 2011) para describir los muchos aspectos de la vida y la experiencia que apuntan a una dimensión trascendente. Bíblicamente, la palabra sagrado está relacionada con el concepto de santo y santidad, técnicamente significa separado para Dios. Sin embargo, a diferencia de algunas interpretaciones de lo que significa ser santo o sagrado, no queremos decir que ser sagrado significa estar desconectado del mundo o de la realidad. Sagrado se refiere a cómo lo divino está profundamente conectado con lo cotidiano y común de la vida. Consideramos que la consejería es sagrada porque en la sala de consejería tratamos algo que es parte de nuestra vida cotidiana, pero que también está más allá de la comprensión humana. Como tal, Dios es parte de la relación, y es un encuentro sagrado. La consejería, al igual que otras relaciones ministeriales, involucra espacios sagrados, tiempo o momentos sagrados, patrones sagrados o ritmos de vida, y relaciones y conversaciones sagradas.

Espacios sagrados. Las Escrituras frecuentemente se refieren a ubicaciones físicas específicas como sagradas. Anteriormente nos referimos al incidente donde Moisés encontró a Dios en la zarza ardiendo y fue llamado "tierra santa" (Éx. 3, y repetido en Hch. 7). Se le pide a Moisés que quite su calzado, lo que significa que ese fue un encuentro único y sobrenatural. En el Antiguo Testamento el arca del pacto y el templo eran lugares sagrados. En el Nuevo Testamento, el enfoque no se centra tanto en lugares específicos dotados de significado espiritual, sino que con la presencia de Jesús los lugares pueden llegar a ser santos. El monte de la transfiguración (Mt. 17) y el lugar desde donde Jesús subió al cielo (Hch. 1) también son considerados lugares sagrados. Creemos que es posible que una oficina de consejería, o un lugar donde se produzcan conversaciones de significado espiritual y definitivo, se vuelva sagrada porque, cuando es invitado, Dios está presente (Mt. 18:20).

Estaciones sagradas. Muchas religiones se refieren a los tiempos sagrados del año o las estaciones sagradas. Una vez más, el Nuevo Testamento identifica que cualquier tiempo dedicado a encontrar el Espíritu en nuestro medio se convierte en sagrado. Momentos en el tiempo en que Dios es buscado, Jesús es reconocido y el Espíritu está presente toma el significado de definir momentos—momentos en los que Dios, que está más allá del tiempo y el espacio, entra en nuestro tiempo y espacio para tocar las vidas de las personas.

Patrones sagrados o ritmos. La literatura de formación espiritual se refiere a otro aspecto de lo sagrado cuando describe ritmos sagrados de la vida, o lo que algunos escritores de formación espiritual han llamado la "regla de la vida" (Barton, 2006). Este es el reconocimiento de que personas espiritual y emocionalmente sanas han elegido patrones repetidos en sus vidas que han descubierto que les ayudan a crecer en fe y madurez. Tales ritmos ocurren en consejería cuando enseñamos y modelamos para aconsejar los patrones de atención a tu vida interior, los hábitos de meditación o lo que se refiere a menudo en la literatura psicológica contemporánea como atención (véase Tan, 2011b, para una revisión cristiana). En consejería, a pesar de no vamos a tratar de manera frecuente los siguientes patrones específicamente, de una forma u otra estas actividades pueden marcar las sesiones de consejería: soledad y compañerismo, reposo y trabajo, lectura de la Escritura (conocimiento) y adoración (experiencia), oración y servicio, y muchos otros. El ritmo de las prácticas espirituales activas y pasivas parece reflejar los elementos activos y pasivos de una relación de consejería al animar a los aconsejados a adoptar los patrones de actividad, como el trabajo, la creatividad y el cuidado de los demás, así como patrones de reflexión más pasivos, la meditación y el descanso (Palmer, 1999).

Relaciones sagradas. Además, las relaciones dedicadas a Dios, sean o no reconocidas por ambas partes, se convierten en relaciones sagradas. Las relaciones sagradas implican a compañeros sagrados (Benner, 2004) en nuestro camino hacia la curación y la llenura juntos.

Conversaciones sagradas. Por último, las conversaciones que ocurren en consejería son frecuentemente sagradas en el sentido de que tocan nuestras heridas más profundas, nuestros mayores anhelos y esperanzas, y el significado o la falta del mismo que encontramos en la vida. Estos son los temas del proceso de santificación de toda la vida, un crecimiento en la semejanza de Cristo, sea o no que el aconsejado haya reconocido a Dios en este proceso.

IDENTIFICANDO LO SAGRADO

Si uno toma la perspectiva, como nosotros, de que todo es psicológico/sociológico y espiritual al mismo tiempo, entonces cada conversación en consejería tiene dimensiones psicológicas, emocionales, cognitivas, conductuales, relacionales y espirituales. La lucha que muchos de nosotros tenemos, incluso aquellos de nosotros familiarizados con la subcultura cristiana y el lenguaje y el *ethos* de la iglesia, es cómo vincular nuestro conocimiento psicológico y espiritual y la experiencia al mismo tiempo. En lugar de considerarlos como relacionados integralmente, tendemos a trazar líneas de distinción entre nuestros mundos psicológicos y nuestros mundos espirituales. Clasificamos algunas cosas como R/E y otras como no.

El desafío es que la mayoría de los cristianos que trabajan en las profesiones de ayuda a las personas no están formados dualmente en psicología/consejería y teología/ministerio. Así, el vocabulario y los conceptos de la teología no resultan tan familiares para la mayoría de los consejeros. Sin embargo, alentamos a todos los cristianos que se encuentran en profesiones de ayuda a hacer uso de las oportunidades para estudiar teología y Biblia para poder traducir mejor el contenido rico y significativo de nuestra fe a las experiencias de nuestro trabajo (p. ej., Entwistle, 2010; McMinn, 1996; McMinn y Campbell, 2007).

Al igual que los consejeros no suelen ser expertos en teología, de manera similar nuestros aconsejados a menudo no son muy conocedores de lo que realmente es espiritual por naturaleza, y mucho menos son versados en teología. Benner (1988, 1998) señala que los ayudantes cristianos de todas las variedades tienen una tendencia a definir la espiritualidad de manera demasiado limitada y por lo tanto pueden perder oportunidades para ayudar a los individuos a navegar en sus viajes espirituales. Él considera las preocupaciones existenciales tales como las preguntas sobre el significado de la vida, las ansiedades sobre la mortalidad o las luchas para dar sentido al sufrimiento como espiritual en la naturaleza. La identificación de lo sagrado, entonces, no se limita a escuchar el uso del vocabulario religioso por un aconsejado; se trata de sintonizar con la búsqueda espiritual subyacente detrás de muchos de los temas que los aconsejados presentan. Este es un aspecto de la técnica central de este capítulo, el de sintonizar con los temas espirituales.

Identificar lo sagrado también significa buscar donde Dios está trabajando en la vida de un individuo. Si el Espíritu Santo está en última instancia detrás de toda curación, entonces es importante para nosotros como consejeros reconocer que Dios está trabajando, sea o no el aconsejado consciente de ello y si es apropiado señalarlo explícitamente al aconsejado. Esto es parte de lo que entendemos por sintonizar con el Espíritu Santo, que es otra dimensión de la técnica que estamos tratando en este capítulo.

INTERVENCIONES ESPIRITUALES "GENÉRICAS"

A pesar de la larga tradición de honrar la espiritualidad en sociedades occidentales y no occidentales, ahora vivimos en un mundo que es muy ambivalente si no exteriormente hostil a los cristianos. Las generaciones más jóvenes, en particular, tienen poca confianza o respeto por la Iglesia, sus líderes y los que están conectados con ella. Esto es claramente descrito por Kinnaman y Lyons (2009) en su libro *Casi Cristiano*, donde sugieren que los mosaicos, o la generación milenaria (los nacidos desde principios de los años 1980 a principios de 2000), consideran a los cristianos como hipócritas, protegidos, demasiado políticos, prejuiciosos y a menudo incapaces de relacionarse con personas que no creen lo que ellos creen. Para este grupo, los cristianos son percibidos como arrogantes, egoístas e indiferentes al interactuar con personas que son cultural o moralmente diferentes de ellos. Algunos ven a los cristianos como preocupados nada más por convertir a la gente y no por construir una relación genuina con los demás.

Aquellos de nosotros comprometidos con Cristo y con ayudar a la gente es probable que nos encontremos con muchos que son escépticos o incluso hostiles a la espiritualidad y especialmente a la religión organizada. Sin embargo, como personas de fe cristiana necesitamos participar con gracia y no reactivamente en tales perspectivas negativas, y afirmar y defender el papel que desempeña la espiritualidad en la salud mental, emocional, relacional y física. Necesitamos aprovechar las oportunidades que se nos dan para permitir que el Espíritu trabaje en las vidas de nuestros consejeros, sin importar si profesan o no la fe y los valores cristianos.

Como se mencionó anteriormente, la espiritualidad puede ser identificada en el proceso de consejería sin que sea necesariamente explícita. Además, hay varias maneras en que la espiritualidad puede ser abordada explícitamente en consejería, pero de maneras que son más genéricas o menos sectarias en el sentido de que no están vinculadas a una religión particular o una tradición religiosa. Tales usos de la espiritualidad pueden evitar una gran resistencia al lenguaje y a los conceptos religiosos tradicionales.

Por ejemplo, aquí se proporciona una lista básica de preguntas que son apropiadas para las relaciones de consejería en las que se está considerando la espiritualidad. Notarás que el término *más allá* se usa para aludir a la idea de la deidad sin referencia a un dios en particular. Algunos programas de doce pasos (p. ej., Alcohólicos Anónimos, 2002) usan la frase "poder superior a nosotros mismos" (paso 2) de una manera similar.

Preguntas de consejería religiosa/espiritual

✓ ¿Cómo llamas a tu relación con lo que está más allá de ti y del mundo físico?

✓ ¿Cómo la llaman otros? ¿Los otros la ven igual o diferente que tú?

✓ ¿En qué manera están involucradas otras personas en tu relación con lo que está más allá?

✓ ¿En qué manera crees que el más allá está involucrado en tu vida?

✓ ¿En qué manera está el más allá relacionado con las cosas buenas y malas que suceden en la vida?

✓ ¿Te ayuda el más allá a entender y a lidiar con el sufrimiento?

✓ ¿En qué manera está involucrado el más allá en tus luchas actuales en la vida?

✓ La mayor parte del tiempo, ¿temes principalmente, vives en temor, adoras, amas, obedeces o ignoras el más allá?

✓ ¿Cuáles son las principales formas en que el más allá está involucrado en tu vida? ¿Cómo te ayuda el más allá?

✓ En general, ¿qué tan importante es el más allá en tu vida, la de tu familia y la vida de tu comunidad?

Yo (Heather) he descubierto que los problemas espirituales inevitablemente surgen cuando se trata con aconsejados que han sufrido intensamente, como víctimas de traumas complejos relacionales (p. ej., abuso infantil, tortura, abuso ritual/abuso psicológico). Con los aconsejados que no se identifican como cristianos o aquellos que han sido víctimas de abuso espiritual, la terminología cristiana tal vez necesita ser evitada. Sin embargo, cuando discutimos el significado de sus vidas a pesar o quizás por el trauma que han experimentado, creo que en realidad estamos tratando con una teología del sufrimiento, incluso si la discusión no está redactada en lenguaje cristiano.

Evitar el lenguaje cargado teológicamente puede ser particularmente difícil, sin embargo, cuando el sentido de una batalla espiritual en curso es palpable. Un grupo de colegas que se especializan en traumas complejos pero que representan un espectro variado de tradiciones religiosas (p. ej., ateos, religiones orientales, espiritualidad de la nueva era, chamanismo, cristianos nominales y evangélicos) han sido útiles para encontrar terminologías alternativas para utilizar en tales circunstancias.

He encontrado uno de los conceptos más beneficiosos para la analogía de una guerra entre la luz y la oscuridad. Mientras yo conceptualizo la luz y la oscuridad como Luz y oscuridad, (es decir, Dios y Satanás), he visto evidencias de que la batalla se vuelve menos intensa cuando mis aconsejados eligen conscientemente el lado de la luz. Uno de mis aconsejados visualizó una fuerte linterna en medio de la densa oscuridad que amenazaba con engullirlo. Este aconsejado tomó una posición verbal "por" luz y "contra" la oscuridad, pero habría reaccionado de manera extremadamente negativa a cualquier implicación de personalizar el bien/Dios o el mal/Satanás. Este es un ejemplo tanto de la sintonía con temas espirituales muy reales, como también de la sintonización con el Espíritu Santo para recibir orientación sobre cómo abordar estos temas espirituales de manera respetuosa y no amenazante.

INTERVENCIONES ESPIRITUALES EXPLÍCITAMENTE CRISTIANAS

Cuando los aconsejados se identifican como cristianos, las oportunidades para identificar lo sagrado en el proceso de consejería pueden ampliarse para incluir el lenguaje cristiano específico y el uso de los recursos espirituales asociados con el cristianismo. Esto no significa, sin embargo, que cualquier intervención espiritual pueda ser usada en cualquier momento del proceso de consejería con cualquier aconsejado.

El dilema. Yo (Fred) he escuchado numerosas presentaciones en conferencias sobre el uso de recursos espirituales en consejería. Muchos han sido excelentes en sus esfuerzos por presentar un enfoque equilibrado. Sabemos que la consejería está cargada de valores espirituales implícitos, si no explícitos, y también sabemos que la consejería no es evangelismo o una forma de adoctrinamiento. Sin embargo, en las conferencias a las que he asistido a menudo he sentido que había una guerra en la habitación, pero que nadie sabía exactamente de qué lado estaba nadie. Sin embargo, los lados de la batalla eran las fuerzas pro-espirituales y las fuerzas anti-espirituales percibidas. Si una persona afirmaba el uso de recursos espirituales, parecía como si alguien más decía: "Sí, pero ten cuidado". Entonces alguien seguiría con algo así como, "Por supuesto tenemos que tener cuidado, pero tenemos que estar seguros de que aprovecharemos el poder del Espíritu en nuestro ministerio." Supongo que la mayoría de nosotros estamos realmente del mismo lado, creyendo que la espiritualidad en consejería no solo es importante, sino que es esencial.

Por supuesto, el contexto particular del ministerio en el que sirve un consejero es muy relevante para esta cuestión. El evangelismo, o el compartir el evangelio explícitamente, aunque no es generalmente considerado ético en contextos de consejería profesional, puede ser muy apropiado para consejeros pastorales, directores espirituales y mentores espirituales. De manera similar, el uso explícito de recursos espirituales puede ser casi esperado en

437

ciertos contextos de ayuda cristiana. Incluso en estos entornos, sin embargo, su uso no siempre resulta beneficioso.

Uno de los errores que los ayudantes cristianos pueden cometer es la tendencia a asumir que los consejeros son más maduros psicológicamente y/o espiritualmente de lo que realmente son. Así, caeríamos en utilizar una intervención que no tome en serio la etapa psicosocial de desarrollo, o la etapa de fe (véase Demarest, 2009; Fowler, 1984) del aconsejado. Para ilustrarlo, Monroe (2005) da el siguiente ejemplo: El estado actual de un aconsejado se caracteriza por la inmadurez y la ansiedad/miedo. La enseñanza bíblica es claramente, "no tengas miedo", "confía en el Señor". El peligro en consejería es usar estos versículos de las Escrituras u orar con los aconsejados para señalarles donde deberían estar como si fueran más maduros y capaces de "escuchar" el consejo espiritual. La falta de desarrollo espiritual del aconsejados puede de hecho ser el obstáculo para la efectividad de los recursos espirituales. En este caso, las razones psicológicas y emocionales detrás de la ansiedad y el temor del aconsejado pueden necesitar ser tratadas antes de que el aconsejado pueda encontrar estímulo en lugar de condenación en estos versículos bíblicos.

Ejemplos de intervenciones R/E en consejería (adaptado de Doherty, 1999)

✓ reconocer declaraciones espontáneas de consejería
✓ hacer preguntas sobre creencias y prácticas
✓ preguntar sobre la integración de lo espiritual en otros aspectos de la vida
✓ afirmar sus anhelos espirituales
✓ articular las luchas espirituales de los aconsejados
✓ señalar contradicciones
✓ desafiar la manera en que los aconsejados manejan las creencias espirituales

---

¿Qué entendemos por intervenciones espirituales cristianas? Los autores varían sobre qué actividades se incluyen como recursos e intervenciones R/E. En la barra lateral "Ejemplos de intervenciones R/E en consejería" se encuentran algunos ejemplos de

tales intervenciones. Al final de este capítulo se proporciona una lista mucho más extensa de posibles intervenciones espirituales de una variedad de autores y perspectivas. Algunas son intervenciones más complejas que requieren que un consejero siga protocolos específicos; otras son bastante sencillas en cuanto a cómo podrían ser utilizadas.

Al final de este capítulo encontrarás la tabla 15.2. El lado izquierdo de esta tabla se refiere a una lista de dones de sanidad de Dios, libremente dividida en tres categorías: palabras de sanación, experiencias curativas y relaciones de curación. Como Job 33:14-30 describe, Dios nos habla de muchas maneras diferentes. Después de la primera columna se encuentran varias columnas que representan a un número de autores que identifican varias intervenciones y aproximaciones espirituales. Aunque quizá sea abrumador leer y pensar, el punto es que Dios tiene muchas maneras de relacionarse con nosotros, de ayudarnos a crecer y de sanarnos. Asumir a cualquier enfoque y aplicarlo a todos los aconsejados limita las posibilidades de cómo Dios trae su luz y la hace brillar sobre nosotros. A pesar de la cantidad de información que se incluye en el gráfico, no es en absoluto exhaustivo.

Utilizando bien los recursos explícitamente cristianos. Tanto si los consejeros cristianos son conscientes de la complejidad de la cuestión como si no, suponemos que la mayoría de los consejeros cristianos probablemente usarán intervenciones espirituales hasta cierto grado, incluso si simplemente están orando por un aconsejados fuera de la sesión de consejería. Pero al mismo tiempo se requiere sintonía con el Espíritu Santo para saber cómo y cuándo se deben usar las intervenciones espirituales específicas. McMinn (1996), Tan (1994, 1996) y Chapelle (2000) ofrecen algunas sugerencias útiles para tomar estas decisiones,

Las preguntas de McMinn. En su discusión sobre el uso de la oración y la Escritura en consejería, McMinn (1996) sugiere una perspectiva muy útil para el uso de cualquier recurso espiritual en consejería. Parafraseando a McMinn, la mejor pregunta no es, "¿Debo usar esta intervención espiritual en consejería?", sino "¿Qué intervención espiritual debo usar con qué aconsejado bajo qué circunstancias?". Algunos consejeros podrían no llegar usar una intervención espiritual en particular (p. ej. una oración de liberación), y otros consejeros pueden tener una intervención preferida en la mayoría de las situaciones (p. ej., el diario). No obstante, se debe decidir caso por caso qué intervenciones deben utilizarse, así como cuándo y con quién utilizarlas.

McMinn (1996) pasa luego a esbozar tres preguntas adicionales que pueden servir como guías útiles para abordar la cuestión general planteada anteriormente:

1. ¿Ayudará el uso de esta intervención a establecer un sentido más sano de sí mismo para el aconsejado? En otras palabras, ¿construirá esta intervención el sentido del aconsejado de quién es él y cuál es su propósito en la vida? Si realmente creemos que Dios nos creó (Gn. 1:26-27), que su creación es buena (Gn. 1:31) y que nos ama sacrificialmente (Jn. 3:16), entonces esto debería tener un efecto positivo en nuestra identidad. Esta es la fuerza de los "pasos hacia la libertad en Cristo" de Anderson (1990, Anderson, Zuehlke y Zuehlke, 2000). Anderson ofrece una intervención explícitamente espiritual que busca ayudar al aconsejado a establecer firmemente su identidad derivada de un conjunto de declaraciones basadas en la Biblia con respecto a nuestra relación con Dios.

2. ¿Ayudará esto a establecer un sentido sano de necesidad para el aconsejado? Si la identidad de uno proviene de Dios, en última instancia somos seres dependientes. No es patológico ser dependiente, lo cual es afirmado tanto en las Escrituras (Gn. 2:24, Jn. 15:4-5, Hch. 17:28, Fil. 2:1-2, Col. 3:14, 1 P. 4:10) y en la teoría del apego en la psicología del desarrollo (Bowlby, 1988). La dependencia saludable es la base de la salud mental, emocional y espiritual (Cloud y Townsend, 2001).

3. ¿Ayudará esto a establecer una relación curativa entre el aconsejado y el consejero? Si el poder de la relación de ayuda es uno de los aspectos más significativos de la consejería eficaz, entonces vale la pena cualquier intervención que fortalezca una relación sana y produzca curación para el aconsejado. Alternativamente, el uso indebido de las intervenciones espirituales puede ser perjudicial hasta el punto de ser abusivo (véanse los siguientes ejemplos de formas en que las relaciones espirituales basadas en suposiciones falsas con respecto a la fe pueden llegar a ser abusivas y en última instancia tóxicas: Arterburn y Felton 1991; Cloud y Townsend, 1994; Enroth, 1992, 1994; Orlowski, 2010).

Las sugerencias de Tan para el uso de intervenciones espirituales explícitas. A continuación se presenta una lista de sugerencias adaptadas de Tan (1994, 1996) con respecto al uso ético de las intervenciones espirituales en consejería. Cubren algunos de los mismos argumentos que las preguntas de McMinn, pero también agregan significativamente a la discusión. Tan es psicólogo y pastor y medita cuidadosamente sobre la tensión entre los dos lados de ese asunto.

- *Respeta la libertad del aconsejado.* Debe evitarse cualquier indicio de que el consejero imponga creencias o valores religiosos al aconsejado. Sin embargo, ¿qué constituye "imponer" cuando la naturaleza misma de la relación de consejería es aquella en la que el consejero tiene más poder experto y posicional que el aconsejado y puede fácilmente, a veces sin siquiera darse cuenta, influenciar al aconsejado? Es como el padre que modela silenciosamente los valores a un niño, quien los recoge simplemente porque el padre es el padre. Una forma en que esto se puede hacer sin querer es que el consejero se enfoque (i.e., preste más atención a, sea más sensible a) en los comentarios espirituales que los aconsejados comparten, incluso cuando el objetivo de la consejería no es específicamente de naturaleza espiritual.
- *Evalúa tu propia competencia.* Como personas en el rol de expertos, es fácil comenzar a creer que sabemos más de lo que realmente sabemos. El aconsejado no conoce nuestro nivel de competencia, y es relativamente fácil persuadir a un aconsejado de formas que alteren sus valores. Podemos ser antiéticos al afirmar una aptitud en los asuntos R/E que no tenemos, al no compartir información clara, al no alentar a los aconsejados a hacer su propia investigación y así sucesivamente. Aún más problemático es adoptar la autoridad eclesiástica y desempeñar funciones eclesiásticas si no estamos calificados para hacerlo, sobre todo si una relación de ayuda específica no es una relación relacionada con la iglesia. La remisión a los líderes de la iglesia puede estar justificada en su lugar.
- *Sé consciente de tus desencadenantes.* Todos tenemos temas que nos provocan. Para mí (Fred), las opiniones sobre los papeles de mujeres y hombres en el ministerio y el matrimonio son cosas con las que me siento de esta manera. En consejería,

o en la enseñanza, puedo ser fácilmente arrastrado a una conversación o incluso una discusión si alguien no está de acuerdo conmigo. Si bien discutir ciertos conceptos teológicos puede ser apropiado en un ambiente de clase, en una sesión de consejería nunca es apropiado discutir sobre cuestiones doctrinales; nuestro papel es ayudar a los aconsejados a aclarar este tipo de problemas por ellos mismos.

- *No uses la espiritualidad como una forma de evitar el dolor o la confrontación.* Una tendencia sutil pero altamente problemática para los consejeros cristianos y los que desempeñan papeles de dirección pastoral y espiritual es usar recursos espirituales, como la oración y las Escrituras, para evitar tratar directamente con los asuntos dolorosos de un aconsejado. Este es un caso de contratransferencia en el que las propias limitaciones del consejero sobre cuánto puede sobrellevar emocionalmente o qué temas puede o no escuchar y responder para interferir en el proceso de consejería. Permanecer superficial, nunca desafiante, es una respuesta comprensible para un consejero que está luchando personalmente o se siente vulnerable, pero cuando esto se convierte en la forma típica de trabajar rápidamente cae en la categoría de un terapeuta "impedido" (Sanders, 2013).

- *No sobrespiritualices.* Otra preocupación es utilizar solo las intervenciones religiosas con situaciones y problemas que pueden requerir intervención psicológica más especializada o incluso intervención médica o medicación.

- *Ten cuidado con los individuos psicóticos.* El uso de intervenciones espirituales con aconsejados más seriamente perturbados o psicóticos puede agravar o al menos confundir tanto al aconsejado como al consejero. Por ejemplo, alguien con episodios psicóticos puede perderse fácilmente en sus delirios R/E.

- *Ten cuidado con los que tienen antecedentes legalistas.* Por último, el uso de las intervenciones espirituales, especialmente las disciplinas espirituales, con aconsejados de orígenes religiosos muy rígidos y legalistas puede desencadenar síntomas obsesivo-compulsivos y aumentar los niveles de vergüenza.

Modificación del modelo de Chapelle. La figura 15.2 describe un proceso intencional, paso a paso basado en el modelo de

Chapelle (2000). Si bien puede parecer gravoso trabajar a través de estos pasos en cada situación, pueden ser una guía útil y un recordatorio, particularmente en situaciones más complicadas. Lo que hemos discutido anteriormente con respecto al trabajo de McMinn y Tan puede ser incorporado en este procedimiento general. Al igual que con todas las intervenciones en consejería el asesoramiento, es necesario tener una consideración cuidadosa de la conveniencia de utilizar técnicas específicas. En el apéndice D, al final del libro, ampliamos el modelo y lo esbozamos con más detalle, además de incluir algunas reflexiones y ejemplos de casos.

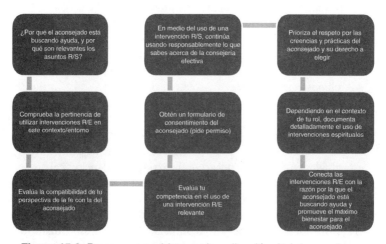

Figura 15.2. Proceso sugerido para la aplicación de intervenciones R/E en consejería

Implicaciones de diagnóstico

El DSM no nos ayuda mucho a apreciar lo sagrado. Un resumen de la perspectiva del DSM sobre la dimensión espiritual de los trastornos mentales es:

✓ La religión/espiritualidad (R/E) solo se maneja como un componente de las cuestiones culturales.

✓ El R/E no es visto como un componente central único de la personalidad.

✓ El R/E no es visto como un componente significativo de los trastornos mentales.

✓ En contraste con el legado freudiano, la espiritualidad no es completamente negativa, pero esencialmente el DSM la evita o minimiza su impacto.

✓ R/E se reconoce como un componente de los síntomas psicóticos (por ejemplo, alucinaciones y delirios), episodios maníacos, pesadillas, comportamientos obsesivo-compulsivos, TCOC, trastornos disociativos, trastornos de tic, trastornos sexuales, etc.

✓ Se recomienda explorar el historial religioso de un aconsejado en una entrevista de diagnóstico.

✓ El R/E puede ser un código V (un punto de atención clínica) etiquetado como problema religioso o espiritual. Ejemplos incluyen experiencias angustiosas que implican pérdida o cuestionamiento de la fe, problemas asociados con la conversión a una nueva fe o cuestionamiento de valores espirituales que no necesariamente están relacionados con una iglesia o institución religiosa organizada.

Las competencias de la Asociación Para los Valores Espirituales, Éticos, y Religiosos (ASERVIC, 2009) afirman: "Al hacer un diagnóstico, el consejero profesional reconoce que las perspectivas espirituales y/o religiosas del aconsejado pueden: a) mejorar el bienestar; b) contribuir a los problemas del cliente; y/o c) exacerbar los síntomas". Si bien es una afirmación del posible papel positivo de la fe en el funcionamiento mental, esta afirmación continúa sufriendo el abrumador prejuicio negativo contra la religión y la espiritualidad en la historia del tratamiento de la enfermedad mental. Para ser justos, esto no está totalmente injustificado. Muchos trastornos, a través de muchas culturas, tienden a expresar la ideación religiosa y el simbolismo, las creencias religiosas y las prácticas religiosas como parte de su sintomatología. El lavado de manos ritual, la veneración de los santos y las creencias acerca de la vida futura, por ejemplo, son comunes entre las personas con enfermedades mentales.

Sin embargo, ¿por qué las personas con enfermedades mentales no expresan sus síntomas en términos de algunos de los conceptos y creencias más poderosos dentro de una cultura? El desafío es distinguir entre los síntomas que son una distorsión de la realidad de una persona y los recursos saludables, cotidianos, y basados en la comunidad de muchas comunidades de fe. Desafortunadamente, el fuerte prejuicio en este campo deja la impresión de que la fe está al menos parcialmente relacionada con creencias disfuncionales.

EL ESPÍRITU SANTO Y LA CONSEJERÍA

Hemos discutido este tema hasta cierto punto anteriormente en el libro; sin embargo, creemos que es crucial en el proceso de consejería para los cristianos y por eso merece una atención adicional. Esto no quiere decir que las otras personas de la Trinidad no estén también integralmente involucradas; Dios el Padre, Jesús el Hijo y el Espíritu Santo son todos relevantes para la consejería. Recordar el amor de Dios el Padre, Su soberanía y Su provisión para nosotros, puede ser pertinente para los aconsejados que no se sienten cuidados. En el capítulo siete discutimos cómo Jesús experimentó exactamente lo que nosotros experimentamos, pero también es Dios y por ello se convierte en el modelo perfecto de cómo empatizar. Pero es al Espíritu, el santificador, el sanador, a quien se le llama consejero maravilloso (Is. 9:6).

Cómo trabaja el Espíritu en la consejería. Tan (2011a), en su texto sobre las teorías de consejería desde una perspectiva cristiana, afirma la importancia del Espíritu en consejería. La Biblia habla del poder del Espíritu, que da a los cristianos los dones de exhortación, aliento, sanidad, sabiduría, conocimiento, discernimiento de espíritus, misericordia, enseñanza, fe e intercesión (Ro. 12:6-8; 1 Co. 12:8-10, 28; Ef. 4:11). Varios de estos dones son particularmente aplicables en consejería; específicamente la misericordia (compasión por los que están en necesidad o sufrimiento), la sabiduría (comprensión de las complejidades de la vida) y la exhortación (aliento para que otros persistan) vienen a la mente.

El Espíritu Santo en la consejería

✓ Da dones espirituales
✓ Produce dones espirituales
✓ Comunica la verdad
✓ Informa y fortalece al consejero
✓ Trabaja en la vida del aconsejado
✓ Ofrece orientación tranquila para el consejero
✓ Está presente en las relaciones de consejería
✓ Produce crecimiento y cambios en la personalidad
✓ Sana

El Espíritu comunica la verdad, particularmente la verdad sobre nosotros mismos, la conducta moral y los aspectos éticos de la consejería. Además, el Espíritu produce el fruto del Espíritu en nuestras vidas: ser semejantes a Cristo en amor, gozo, paz, paciencia, benignidad, bondad, fe, mansedumbre y templanza (Gá. 5:22-23). El Espíritu Santo informa y fortalece al consejero, trabaja en la vida del aconsejado, reconocido o no, y es una tercera persona siempre presente activa en la relación de consejería. Tan (2011a) también sugiere que el Espíritu Santo provee esperanza para el aconsejado, guía silenciosa e inspiraciones internas de conocimiento y sabiduría para el consejero, y sanidad directa para el aconsejado y el consejero. Varios autores han añadido reflexiones significativas sobre este tema (p. ej., Averbeck, 2008; Beck, 2009; Kim-van Daalen, 2012), incluyendo reflexiones sobre el papel del Espíritu en la comunidad y la formación cristiana, el papel del Espíritu en el sufrimiento y en el desarrollo de la conciencia moral. En 1999 el *Journal of Psychology and Christianity* [Revista de Psicología y Cristianismo] dedicó un número completo de la revista, con una serie de artículos útiles, al tema del Espíritu Santo en consejería.

En 2002, Decker, en su reseña de artículos publicados sobre el Espíritu Santo y la consejería, sugirió que el Espíritu nos lleva más allá de una relación con el Espíritu a una unión con el Espíritu, lo que algunas denominaciones llamarían "llenura del Espíritu" Hch. 9:17). Esto permite al consejero avanzar hacia una mayor apertura al movimiento del Espíritu dentro de la relación de consejería. Además, Decker argumenta que el Espíritu juega un papel central en el desarrollo y el cambio de la personalidad. Reconocer el impacto del Espíritu Santo en la experiencia religiosa de los adultos es otro beneficio importante. Decker también reconoce la necesidad de que los consejeros estén atentos a las diferencias culturales en relación con el Espíritu; algunas culturas—y agregaríamos denominaciones (o sub-culturas)—están mucho más familiarizadas con la forma en que el Espíritu afecta sus vidas.

¿Cómo puedo reconocer la voz del Espíritu Santo? La forma en que piensas acerca de la obra del Espíritu Santo estará, en cierta medida, influida por la tradición teológica que se esconde. Aquellos que pertenecen a un trasfondo pentecostal/carismático

o aquellos que practican la espiritualidad contemplativa pueden estar más familiarizados con escuchar la inspiración del Espíritu. Sin embargo, ya que has pensado en el Espíritu Santo en este punto de tu viaje espiritual, te animamos a buscar de manera más precisa cómo escuchas tú la voz del Espíritu Santo en tu vida cotidiana. ¡Será más difícil para ti reconocer la voz del Espíritu en medio de una sesión de consejería si no la reconoces en otras circunstancias! Aquí hay algunas sugerencias para discernir la voz del Espíritu:

- Identifica cómo ves actualmente al Espíritu Santo trabajando en tu vida y en medio de circunstancias personales.
- Reflexiona sobre cómo has respondido a la guía del Espíritu en el pasado y evalúa los resultados de seguir al Espíritu.
- Considera si la voz del Espíritu es consistente o está en contraste con lo que las Escrituras, correctamente interpretadas, dicen.
- Escucha intencionalmente al Espíritu Santo en diferentes momentos de tu día con respecto a situaciones en *tu propia* vida que no afectan directamente a otra persona. Haz lo mismo con respecto a cómo interactúas *relacionalmente* con un amigo o miembro de la familia.
- Invita al Espíritu Santo a hacer que su voz sea más reconocible para ti. Pídele que se confirme por otros medios (p. ej., un colega o supervisor sabio).
- Haz uso de tu comunidad espiritual para la orientación y confirmación.
- Haz uso de la orientación profesional y supervisión.
- Si no estás seguro, posterga el actuar sobre las indicaciones que experimentas hasta que recibas una confirmación adicional de que debes proceder.
- A medida que vayas adquiriendo más confianza en tu capacidad para discernir la voz del Espíritu Santo, haz uso de esas inspiraciones internas en consejería.

¿Entrenamiento, intuición, contratransferencia o el Espíritu Santo? Muchos consejeros relatan que han experimentado momentos en consejería en los que no tenían ni idea de adónde ir y han lanzado una rápida petición interna de "¡ayuda!" a Dios. Mientras que a veces estos tipos de oraciones parecen no tener respuesta (es decir, el consejero continúa sintiéndose como si estuviera tropezando sin tener una idea clara de qué hacer a continuación), otras veces no es raro sentir un destello de inspiración que ha conducido a un avance terapéutico. Entonces, ¿cuál fue la fuente de tal inspiración? ¿Acaso la formación del consejero eventualmente lo ayudó? ¿Fue un azote de intuición? ¿El Espíritu Santo habló directamente con la mente del consejero?

Presentamos este tema en una barra lateral en el capítulo tres, pero queremos ampliarlo aquí. Como se mencionó anteriormente, nuestra sugerencia es que tal vez no es necesario diferenciar uno del otro; el Espíritu Santo puede usar nuestro entrenamiento e intuición, así como el hablarnos más directamente. Pero hacer nuestra parte para obtener un buen entrenamiento y perfeccionar nuestra intuición probándola solo puede ayudar en el proceso general de discernimiento.

Lo que es más problemático es confundir la voz del Espíritu Santo con la nuestra. En otras palabras, podemos asumir erróneamente que nuestras propias reacciones emocionales a un aconsejado específico (i.e., contratransferencia) son impulsos del Espíritu Santo.

Un ejemplo trágico de este error fue una situación que surgió cuando un colega me consultó (Heather) sobre un caso particularmente difícil. Estuve de acuerdo con la valoración de mi colega de que su aconsejada estaba potencialmente en un alto riesgo de ser victimizada por perpetradores reincidentes. Lo que me alarmó fue su solución a este problema. Mi colega había llevado a su aconsejada a su casa para protegerla. En estos días, este tipo de violación de los límites sería motivo para que un consejero profesional se vea denunciado y tal vez pierda su licencia de consejero. Pero mientras que en este momento en particular de la historia de la consejería tales normas éticas no estaban tan bien establecidas como lo están hoy en día, yo sabía que tener a su aconsejada viviendo con ella y su familia no era una buena idea, y se lo dije. Sin embargo, mi colega se había convencido a ella misma de que el Espíritu Santo le había dicho que eso era lo que debía hacer.

Por desgracia, las cosas terminaron mal. La consejera quedó tan severamente quemada en un corto período de tiempo que no solo tuvo que pedirle a su aconsejada que saliera de su casa, sino que también terminó por romper la relación de consejería. Por lo tanto, en lugar de proteger a su aconsejada del daño, en realidad se convirtió en la fuente de mucho daño emocional para su aconsejada en forma de rechazo y abandono.

No solo se vio afectada esta aconsejada en particular, sino que, como resultado directo de esta decisión equivocada, mi colega terminó teniendo que abandonar la profesión de consejera. Muchos años más tarde tuve la oportunidad de volver a conectar con mi ex colega, quien me dijo que su contratransferencia en forma de temor por la seguridad de su aconsejada era tan intensa que ignoró los consejos y advertencias de otros, bautizando su decisión de ir en contra de los consejos con su percepción de que "el Espíritu Santo me dijo que lo hiciera".

MEJORAR LAS COMPETENCIAS RELIGIOSAS Y ESPIRITUALES EN CONSEJERÍA

Si los profesionales de la consejería realmente desean estar atentos a la diversidad y al multiculturalismo, en su más amplio sentido, entonces necesitamos incluir claramente la religión en la lista de temas que pretendemos atender y respetar en términos de capacitación de competencia. Plante (2014) sugiere que los consejeros éticos y competentes encontrarán útil seguir los siguientes cuatro pasos en sus esfuerzos por aumentar su competencia en cuanto a religión y espiritualidad. Estos incluyen (1) ser consciente de los prejuicios, (2) considerar tanto la religión como otros tipos de diversidades, (3) aprovechar los recursos disponibles en los campos de la psicología y la religión, y (4) consultar a colegas, incluyendo la iglesia. Además, las competencias de ASERVIC (véase el apéndice D) son un recurso más detallado sobre el aumento de la competencia.

Otra forma de incrementar la competencia es simplemente tomar conciencia de las intervenciones específicamente inspiradas en las Escrituras (ver ejemplos al final del capítulo). Una advertencia es que, como personas que respetan la ciencia y la investigación, no debemos tener miedo de estudiar nuestras intervenciones para que la validación empírica (resultados o estudios de efectividad) sea lograda.

APLICACIÓN MULTICULTURAL

¿Son los temas R/E en consejería solo una dimensión de las cuestiones de diversidad multicultural o intercultural? La antropología, el estudio de la humanidad y, en particular, los grupos culturales, en términos de sus expresiones sociales, lingüísticas e históricas, suele incluir la religión como elemento esencial de cualquier cultura. Algunas discusiones sobre la cultura relacionadas con la consejería abordan el tema con un mínimo reconocimiento de los fundamentos religiosos de la cultura.

En la sociedad americana esto se está volviendo cada vez más común; podemos describir la cultura americana europea con poca referencia al patrimonio religioso y al rol continuo de la religión en la sociedad. Esto es válido para muchas culturas europeas y para las culturas francófona y anglófona en Canadá. Sin embargo, para la mayor parte del resto del mundo, la religión continúa siendo una fuerza cultural dominante. Por ejemplo, en el Oriente Medio continúa provocando continuas batallas culturales y nacionales; es el núcleo de décadas de violencia en Irlanda; es un foco renovado dentro de la cultura china y rusa a pesar de décadas de represión y reivindicaciones del éxito de sociedades puramente seculares; está más fuerte que nunca en las culturas africana y latinoamericana, donde está profundamente arraigada en casi todos los aspectos de las culturas; es el fundamento de décadas de aumento del terrorismo en todo el mundo; y debido a la inmigración en muchas naciones occidentales, varias religiones y una perspectiva espiritual sobre la vida están vivas en las subculturas inmigrantes y étnicas que conforman un porcentaje creciente del mosaico cultural estadounidense. Con respecto a las perspectivas espirituales y religiosas sobre la vida, la brecha entre la cultura occidental dominante y la mayoría de las otras partes del mundo es amplia y cada vez más difícil de tratar para los profesionales occidentales de la salud mental capacitados.

Preguntas transculturales en consejería

- ✓ ¿Cómo se llama tu problema? ¿Qué nombre tiene?
- ✓ ¿Cómo ven los demás tu problema?
- ✓ ¿De qué forman están involucradas otras personas en tu enfermedad?

✓ ¿Qué crees que ha causado este problema?

✓ ¿Por qué crees que esto comenzó en el momento en que lo hizo?

✓ ¿Qué te hace la enfermedad ti? ¿Cómo funciona eso?

✓ ¿Qué tan grave es? ¿Será de corta o de larga duración?

✓ ¿Cómo se entiende tu enfermedad en términos de lo sobrenatural?

✓ ¿Qué es lo que más temes de tu enfermedad?

✓ ¿Cuáles son los principales problemas que tu enfermedad te ha causado?

✓ ¿Qué tipo de ayuda crees que debes recibir?

✓ ¿Cuáles son los resultados más importantes que esperas recibir?

Fuente: Kleinman, Eisenberg y Good (1978).

Muy conocidos en el mundo de la psiquiatría cultural, Kleinman, Eisenberg y Good (1978) desarrollaron un conjunto de preguntas para utilizar a través de las culturas que presentan menos suposiciones desde una perspectiva occidental, pero que tienen un sentido de un problema psicológico (véase "Crosscultural Counseling Questions"). Este tipo de análisis cultural cuidadoso es igualmente válido como una plantilla para el entendimiento espiritual y religioso de los aconsejados (ver la barra lateral "Ejemplos de Intervenciones R/E en Consejería").

Por lo tanto, la religión y el multiculturalismo están estrechamente unidos. No se puede considerar el trasfondo cultural de un aconsejado sin reflexionar también sobre el contexto religioso del mismo. El peligro es que en nuestros esfuerzos por entender la complejidad de nuestros aconsejados terminamos con lo que Dueck y Reimer (2009) llaman aconsejados "amplios" y consejeros "finos". El análisis cultural fino implica observar en la ropa, el lenguaje, las costumbres y la información sobre la cultura, mientras que el análisis amplio lo extiende para incluir símbolos, significados, cosmovisiones, relaciones, espiritualidad y la percepción que una persona tiene sobre la realidad.

Reconocemos que el análisis cultural siempre está incompleto porque está en continua transición tanto dentro de la cultura como dentro de nuestros aconsejados individuales. Sin embargo, necesitamos hacer nuestro trabajo para entender más profundamente los matices de la cosmovisión de nuestro aconsejado y cómo su visión de la realidad difiere de la nuestra.

APLICACIÓN MINISTERIAL

Las intervenciones espirituales son un recurso esperado en la mayoría de los contextos de ministerio, iglesia y para-iglesia. Por ejemplo, en un estudio (Weld y Eriksen, 2007), el 82% de los consejeros cristianos pedían oración audible en la consejería. Incluso en una sociedad secular que en gran medida rechaza la religión formal y los valores cristianos, al luchar con problemas de la vida personal, las prácticas R/E se vuelven cada vez más importantes. En consejería cristiana, esperaríamos que el uso de las intervenciones espirituales fuera común. Obviamente, en contextos seculares las expectativas de uso difieren y varían dependiendo del consejero, del aconsejado y del contexto.

Algunos autores/practicantes argumentarían que la dirección espiritual, la consejería pastoral y la consejería son roles distintos con diferentes entrenamientos, énfasis y objetivos. Sin embargo, otros sugieren que forman un proceso con muchos aspectos superpuestos. Una reflexión útil sobre los diferentes énfasis es hecha por Tisdale, Doehring y Lorraine-Poirier (2004) en su capítulo, "Tres voces, una misma canción; Perspectivas sobre el

Tabla 15.1. Dirección espiritual comparada con la psicoterapia

Dirección Espiritual	Psicoterapia
Evaluación espiritual	Valuación psicológica inicial
Diferenciar la experiencia espiritual de la psicopatología	Diagnóstico diferencial entre diagnósticos
Transformación	Reducción de los síntomas, incremento de la funcionalidad, cambio de la personalidad o el carácter
Relación tríadica explícita	Alianza terapéutica diádica
Asesoramiento (orientación)	Intervenciones terapéuticas (p. ej., restructuración cognitiva)
Discernimiento	Colaboración mutua
Resistencia espiritual	Resistencia psicológica
Dinámicas de transferencia y contratransferencia	Dinámicas de transferencia y contratransferencia

Fuente: Adaptado de Sperry, 2003, p. 7.

cuidado de las personas por parte de un psicólogo, director espiritual y consejero pastoral" (Hall y McMinn, 2003).

Otra explicación útil fue adaptada de Sperry (2003, p. 7), que contrastaba las funciones de dirección espiritual y psicoterapia (ver tabla 15.1). El consejo pastoral probablemente estaría en algún lugar en el medio. Ya sea que uno esté de acuerdo con cada uno de sus puntos o no, el significado de la relación de ayuda es similar, incluyendo la transferencia (lo que el aconsejado transfiere o proyecta al consejero) y la contratransferencia (lo que el ayudante proyecta al aconsejado).

CONCLUSIÓN

El papel de lo sagrado en la relación de consejería no puede ser ignorado y debe ser perseguido y entendido como algo central para la identidad de un aconsejado. Ya sea que estés trabajando con un aconsejado cristiano o no, el Espíritu Santo está presente y activo en el proceso de consejería y en la vida de ese individuo. Crear espacios sagrados, honrar las estaciones sagradas y utilizar intervenciones que permitan a los consejeros profundizar más en su identidad espiritual puede ser profesionalmente ético y teológicamente fundamentado. El trabajo del consejero es un trabajo sagrado, el cual requiere que cada uno de nosotros asistamos a nuestro propio crecimiento espiritual y bienestar para que podamos caminar con los demás en respeto y gracia.

PREGUNTAS PARA LA REFLEXIÓN

1. ¿Qué tan importante crees que es la validación empírica, así como la conveniencia de aplicar criterios y métodos de investigación al estudio de las intervenciones de R/E? ¿Por qué?
2. ¿Cómo crees que trabaja Dios en las relaciones de consejería para lograr la sanidad? ¿Cuál es el papel único del consejero en facilitar la curación de Dios en la vida de las personas?
3. ¿Cómo describirías el papel de la Escritura, de la oración y del Espíritu Santo al aconsejar (a) a un cristiano fundamentalista, (b) a una persona espiritual de la "Nueva Era" y (c) un fiel de una religión diferente?

4. ¿Cómo describirías actualmente el papel de la religión o la espiritualidad en tu propia vida? ¿De qué manera tu propio viaje espiritual puede ayudarte mientras aconseja a otros? ¿De qué manera tu propio viaje espiritual puede obstaculizarte mientras aconsejas a otros?

5. A la luz de la discusión del capítulo dos sobre el yo como instrumento, combinada con la discusión de este capítulo sobre lo sagrado en consejería, ¿qué pasos tomarías para promover tu propio crecimiento, técnicas y competencia en la integración de la religión y la espiritualidad en la relación de consejería?

INTERVENCIONES RELIGIOSAS/ESPIRITUALES: UNA MUESTRA Y REFLEXIÓN

En la siguiente tabla, la columna uno no es específicamente una lista de intervenciones espirituales; aborda la cuestión más amplia de cómo Dios "habla" a nuestras vidas. Basado ampliamente en Job 33:14-30, enumera una multitud de maneras en que Dios trae sanidad a nuestras vidas para que la "luz de la vida" brille sobre nosotros (Job 33:30). Categorizadas en palabras curativas, experiencias curativas y relaciones curativas, muchas de ellas pueden usarse como intervenciones de consejería o como el centro de reflexión en las conversaciones de consejería. Una descripción detallada de cada uno de ellos está más allá del alcance de este libro, pero muchos son bastante obvios, y se proporcionan referencias para descripciones adicionales.

Revisar el gráfico completo de las intervenciones de R/E es un poco abrumador. Sin embargo, esto es solo una muestra de autores que abordan este tema. La lista podría ser mucho más larga. El punto principal es expandir las posibilidades de abordar la espiritualidad en las relaciones de consejería. Nuestro Dios es creativo, y sus opciones para la curación son muchas.

Tabla 15.2. Comparación de varios ejemplos de autores de intervenciones R/E

Dones de Sanidad (Gingrich, F.)	Disciplinas Espirituales en Consejería (Moon et al., 1991)	Prácticas Espirituales Personales (Ball y Goodyear, 1991)	Enfoques de Consejería Cristiana (Gingrich, F.)
Palabras Curativas: • estudio de las Escrituras • meditación en las Escrituras • oración (muchos tipos) • predicación de la Palabra • enseñanza (sabiduría, conocimiento) • historias • identidad en Cristo lectura • escribir un diario *Experiencias de Sanidad:* • caminar cristiano fiel (perseverancia) • observar a los demás • adoración y música • celebración • oración de otros por uno • soledad • creación (culturas, naturaleza, animales) • renovación (juego, relajación, descanso, sueño, sábado)	*Meditación:* *(contemplación o reflexión):* • meditación concreta • meditación abstracta **Oración:** • intercesora • contemplativa • escuchar • orar en el Espíritu **Sagrada Escritura:** • didáctica • estudiar • memorización • deberes • confesión • rendir culto • perdón • ayuno • liberación • soledad/silencio • discernimiento • escribir diario • obediencia • simplicidad • historia espiritual • curación (incluida la imposición de manos y la unción con aceite)	• oración • enseñanza de conceptos • referencia a las Escrituras • memorización de las Escrituras • técnicas de relajación (con imaginerías guiadas, meditación y referencia a conceptos espirituales) • perdón • uso de uno mismo como técnica • asignación de tareas • uso de recursos externos • técnicas seculares (con una referencia religiosa, por ejemplo, interpretación bíblica de un sueño o juego de roles de Dios) • unción con aceite • confrontación (¿qué dice Dios sobre eso?)	• consejería Noutética (J. Adams et al.) • consejería bíblica contemporánea (Kellemen et al.) • consejería de diálogo (Tournier) • consejería de discipulado (Collins) • consejería bíblica (Crabb) • La psicología cristiana (Johnson et al.) • dirección espiritual • disciplinas espirituales • dones espirituales • consejería pastoral • identidad en Cristo (Anderson) • liberación/guerra espiritual • sanidad interna/ sanidad de recuerdos (p. ej., Seamands, Tan) • Ministerio de oración teofóstica (Smith)

(continuado)

Tabla 15.2. *continuado*

Dones de Sanidad (Gingrich, F.)	Disciplinas Espirituales en Consejería (Moon et al., 1991)	Prácticas Espirituales Personales (Ball y Goodyear, 1991)	Enfoques de Consejería Cristiana (Gingrich, F.)
• rutinas diarias (hábitos) • seguir la vocación de uno • liberación (guerra espiritual, exorcismo) • experiencias espirituales • sueños • curación interna (curación de recuerdos) • milagros de curación • la Cena del Señor ***Relaciones Sanadoras:*** • compañerismo (comunidad) • servicio • grupos pequeños • discipulado/tutoría • dirección espiritual • amistades • matrimonio • confesión (y perdón) • autocuidado en las relaciones • cuidado pastoral • consejería/ psicoterapia • terapia de pareja o familiar		• Evaluación de selección/ entrevista de admisión (con respecto a la historia espiritual y los valores)	

(continuado)

456

Tabla 15.2. *continuado*

Prácticas Espirituales (Plante, 2009, p. 33)	Encuentros Transformadores (Appleby y Ohlschlager, 2013)	Intervenciones R/E (summarized from Cashwell et al., 2013)	Consejería Cristina Basada en la Evidencia (Worthington et al., 2013)	Otros Ejemplos
• oración • meditación • significado, propósito y vocación en la vida • biblioterapia • asistir a servicios comunitarios y cultos • voluntariado y caridad • valores éticos y comportamiento • perdón, gratitud y amabilidad • justicia social • aprender de los modelos espirituales • aceptación de uno mismo y de los demás (incluso con defectos) • ser parte de algo más grande que uno mismo • apreciar lo sagrado de la vida	• sanidad interior • ministerio de oración teofóstico • liberación • consejería bíblica • terapia cognitivo-conductual espiritualmente orientada • cristiano pleno (Espíritu Santo y consejería) • oración contemplativa • terapia cristiana centrada en las emociones • consejería formativa • consejería de grupo transformacional • consejería y perdón • orar las Escrituras dentro de la terapia cognitivo-conductual • visualización y EMDR • tratamiento cognitivo-conductual cristiano para la depresión y la ansiedad • consejería para la adicción sexual • grupos de recuperación de adicción	• utilizar metáforas/analogías R/E • construir objetivos terapéuticos relacionados con las creencias R/E • referir a alguien que puede trabajar más eficazmente con la perspectiva R/E • basarse en textos R/E que son consistentes con las creencias • identificar los temas R/E iniciando el tema, respondiendo a preguntas y expresando interés y respeto • discutir cómo las creencias R/E apoyan o impiden el funcionamiento psicosocial • utilizar evaluaciones orientadas a la espiritualidad formal e informal e incluir casos de conceptualización • considerar el desarrollo R/E a lo largo de la vida • autorrevelar tus propias creencias de R/E cuando sea necesario	• meditación devocional para la ansiedad • Terapia cognitiva cristiana-acomodativa (AC) para la depresión • Terapia cognitivo-conductual AC centrada en el trauma para niños y adolescentes • principios para las psicoterapias psicodinámicas y de proceso-experimental • preparar a las parejas para el matrimonio: el modelo SYMBIS • PREP (programa de mejora de prevención y relación) cristiano • enfoque para parejas centrado en la esperanza • modelo de restauración de conflicto en relación • parejas y perdón • Perdón en grupo CA	• evaluación espiritual (Greggo y Lawrence, 2012) • repetición del santo nombre (Oman y Driskill, 2003) • espiritual autorrevelación (Denney, Aten y Gingrich, 2008) • diferenciar la experiencia espiritual de la psicopatología (Sperry, 2003) • luchar con la resistencia espiritual (Sperry, 2003) • practicar la presencia de Dios (Tan, 1996) • mindfulness, terapia de aceptación y compromiso y terapia cognitivo-conductual desde una perspectiva cristiana (Tan, 2011b)

(continuado)

Tabla 15.2. *continuado*

Prácticas Espirituales (Plante, 2009, p. 33)	Encuentros Transformadores (Appleby y Ohlschlager, 2013)	Intervenciones R/E (summarized from Cashwell et al., 2013)	Consejería Cristina Basada en la Evidencia (Worthington et al., 2013)	Otros Ejemplos
	• consejería sexual y comportamiento no deseado • florecimiento humano en coaching	• determinar cuándo los propios prejuicios R/S pueden ser perjudiciales y evitar imponer tus propias perspectivas R/E • orar con ellos en la sesión y/o por ellos fuera de la sesión • hablar sobre Dios, el bien y el mal, el perdón, las prácticas R/E, los principios de doce pasos, y comparar y contrastar los conceptos de espiritualidad y religión • Alentar a profundizar en sus compromisos R/E		

A continuación se presentan algunas preguntas para reflexionar sobre este gráfico:

1. ¿Cuáles podrían ser algunas de las razones por las que diferentes autores tienen perspectivas tan diferentes con respecto a lo que es una intervención espiritual? Sus definiciones a menudo están implícitas, pero resultan en listas diversas.
2. ¿Qué intervenciones espirituales adicionales pueden ser añadidas?

3. ¿Qué distingue en última instancia una intervención R/E de una intervención secular?
4. ¿Existe alguna incoherencia y problema en convertirse en experto de la aplicación de un enfoque particular o teoría de consejería (p. ej., terapia cognitivo-conductual) y adaptar las intervenciones espirituales para su uso dentro de ese marco teórico?
5. Si se requiere competencia en el uso de técnicas especializadas (véase las competencias de ASERVIC en el apéndice D de este libro), ¿en qué grado y de qué manera es esto posible con una lista tan diversa?
6. Esta lista abarca más de dos décadas de publicaciones. En los últimos años ha surgido la cuestión de técnicas y modelos validados desde el punto de vista emocional, y ahora es requerido por las agencias de licencias, las compañías de seguros y los investigadores. Para justificar el uso de una técnica en particular, esta debe de tener un cuerpo de investigación que verifique su validez, es decir, ¿logra esto lo que dice que logrará? El problema es que hay mucha resistencia en algunos círculos religiosos a la idea de que cualquier cosa espiritual por naturaleza debe ser forzada en un molde científico y sometida a la verificación de la investigación. Nuestra visión de la integración es que las intervenciones espirituales efectivas serán finalmente validadas por una buena investigación científica. Esta es también la posición de Worthington et al. (2013) y sus esfuerzos por iniciar el proceso de examinar las prácticas de consejería cristiana empíricamente validadas. El fundamento teórico de esta visión de la relación de la ciencia con la religión se da en el libro de Worthington (2010). ¿Hasta qué punto crees que las intervenciones espirituales deben ser juzgadas por los estándares de investigación empírica? ¿Por qué?
7. En última instancia la pregunta es, ¿cómo trae Dios sanidad a nuestras vidas? ¿De qué manera piensas que trabaja Dios en las relaciones de consejería para lograr esto, y cuál es tu papel individual en facilitar la curación de Dios en la vida de las personas?

Objetivo 4

CONSOLIDACIÓN Y FINALIZACIÓN

La última y más frecuentemente olvidada fase de la relación de consejería es la fase posterior, en la que el objetivo 4, "Consolidación y finalización", es el centro. La meta del objetivo 4 es que el consejero y el aconsejado trabajen juntos para que el proceso de consejería finalice bien. La consolidación del aprendizaje y el cambio es un aspecto esencial del objetivo 4. Es emocionante tanto para el aconsejado como para el consejero reconocer que las estrategias de cambio que se implementaron utilizando las técnicas del objetivo 3 están dando sus frutos. El peligro en esta coyuntura está en correr demasiado rápido hacia la terminación de la relación de consejería. Si los cambios iniciales no se solidifican y se integran completamente en la persona y la vida de un aconsejado, la regresión a patrones antiguos es una posibilidad muy real. Por lo tanto, se debe de dar tiempo y atención para asegurar que los cambios deseados sean permanentes, de manera que el peligro de recaída sea minimizado. El resto del objetivo 4 consiste en atar cualquier cabo suelto, regresando a lo que se ha aprendido, y la creación de un plan para lanzar al aconsejado a la vida sin el apoyo continuo del consejero.

A veces el crecimiento ocurre tan gradualmente que es fácil perder de vista hasta qué punto ha llegado un individuo. Es por eso que es tan importante mirar hacia atrás y reflexionar sobre lo que ahora es diferente en comparación con cuando el aconsejado comenzó su viaje, con el aconsejado y el consejero identificando temas y patrones de crecimiento. El consejero no solo busca afirmar al aconsejado en el crecimiento que ya ha ocurrido, sino que también alienta al aconsejado a mirar las áreas que él podría desear conseguir en el futuro. En la figura O4.1, la línea punteada en el lado derecho de la figura ilustra que el proceso de crecimiento continuo después de que termina la consejería.

Por último, miramos a la terminación y a cómo la finalización de la consejería debe ser también una experiencia de crecimiento que en realidad se puede ver como el comienzo de algo nuevo y emocionante para el aconsejado y el consejero. Reconociendo que un consejero no puede proveer todas las necesidades de un aconsejado, también se discute el uso de recursos de la comunidad y referencias para que el aconsejado pueda conectarse a formas adicionales de apoyo dentro de su sistema más amplio.

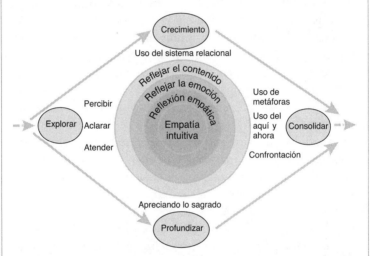

Figura O4.1 Los objetivos, técnicas y el proceso de la consejería

En un proceso paralelo, también examinaremos el final que esto supone para ti que estás leyendo este libro, a medida que llegas al fin de tu formación en las microtécnicas y la transición a la siguiente etapa de tu proceso de crecimiento de ayudar a las personas. Buscamos afirmar y celebrar el crecimiento que has hecho a lo largo del proceso de formación de las microtécnicas, así como la visión que te has formado para las maneras en que usted puede traer todo lo que has aprendido a través de tu formación en tus futuras experiencias de consejería.

CAPÍTULO 16

FINALES Y NUEVOS COMIENZOS

No os acordéis de las cosas pasadas,
ni traigáis a memoria las cosas antiguas.
He aquí que yo voy a hacer una cosa nueva;
pronto saldrá a luz; ¿no la conoceréis?
Aun abriré un camino en el desierto,
y ríos en la soledad.

Isaías 43:18-19

Enfoque del Capítulo

TÉCNICA: consolidar y concluir

PROPÓSITO: ayudar a los aconsejados y consejeros a concluir bien la consejería; facilitar las habilidades de los aconsejados para obtener su progreso y continuar con su aplicación una vez que la consejería ha finalizado formalmente

FÓRMULA: Los cambios que has visto en ti mismo son _____.
Estos cambios pueden llegar a ser permanentes por medio de _____.
Sabrás que estás listo para terminar la consejería cuando _____.

Cuando piensas en este entrenamiento de microtécnicas que llega a su fin con este capítulo, ¿qué pensamientos y sentimientos evoca esto en ti?

» Pensamientos:

» Sentimientos:

Cuando piensas en trabajar con un verdadero aconsejado, ¿qué pensamientos y sentimientos evoca esto en ti?

» Pensamientos:

» Sentimientos:

Mi consejero me dijo hoy que él pensaba que yo estaba haciéndolo tan bien que pronto tendremos que hablar sobre concluir la consejería. ¡Me entró pánico! Mis sesiones de consejería han sido mi salvavidas; he sido capaz de atravesar días difíciles porque sé que si puedo sobrellevarlos podré hablar con mi consejero el miércoles. ¡No puedo imaginar que no lo vaya a tener ahí!

Mientras escuchaba a mi amiga Rita, podía ver y oír su ansiedad. Rita obviamente aún no estaba lista para terminar la consejería, pero en pocas semanas vi indicios de que estaba más cerca de estar lista para ellos. "Sabes", dijo, "Vicky me pidió que almorzara con ella esta semana y el miércoles era su única opción. ¡Si no tuviera mi cita el miércoles, podríamos habernos juntado!" Después de otras dos semanas, Rita mencionó lo bueno que sería tener el dinero extra que se ha gastado en consejería para gastarlo en otras cosas. En ese momento se sorprendió a sí misma, diciéndome: "Sabes, nunca pensé que me sentiría así, pero creo que mi consejero tenía razón... ¡en realidad estoy empezando a considerar algunos aspectos de no ir a consejería!"

CONSOLIDANDO

En nuestra comprensión del proceso de consejería, el objetivo 4 incluye tanto la consolidación como las conclusiones. Como se discutió en la introducción al objetivo 4, el aspecto de la consolidación implica asegurarse de que los cambios implementados se han integrado completamente en quién es el aconsejado como persona y cómo el aconsejado interactúa con su mundo. Algo de esto ocurrirá naturalmente con el tiempo, siempre y cuando haya un mecanismo con el que se pueda comprobar si se ha mantenido el progreso. Inicialmente el consejero puede servir para proporcionar este tipo de responsabilidad mientras que la relación de consejería está en la fase posterior. A medida que el proceso se acerque más al final, el aconsejado necesitará desarrollar formas en las que pueda seguir siendo consciente de los indicadores de que una recaída puede ser inmanente. Esto puede involucrar a otras personas en su sistema relacional, tales como cónyuges, amigos, un mentor o un grupo de responsabilidad. O el aconsejado puede haber puesto controles internos y balances mediante el uso premeditado de recursos espirituales, el registro en un diario o un inventario mental de cómo está evolucionando en zonas de posible riesgo.

Otra estrategia de prevención de la recaída es que tú como consejero proporciones educación sobre lo que le puede esperar al aconsejado en el futuro. Yo (Heather) a menudo utilizo la analogía de un alcohólico al "bajarse del vagón" en algún momento después de su recuperación. La tendencia de los que han luchado con las adicciones es a menudo renunciar una vez que se dan cuenta de que no han permanecido abstemios y decirse a sí mismos, "lo he echado ahora porque ya me he bebido dos. Así que supongo que seguiré bebiendo porque nunca podré cambiar". Este es un momento crucial para tomar decisiones, porque si el individuo continúa bebiendo, los patrones viejos pueden tomar de nuevo el control.

Sin embargo, en realidad no es demasiado tarde. Todos los cambios que se han implementado hasta ese momento, en este caso todos los días, meses o años que una persona ha logrado permanecer sobrio, la colocan en un punto muy diferente en la recuperación de lo que era antes. La clave es captar el error lo más rápido posible. Utilizando la analogía del alcohólico, si después de dos bebidas la persona se da cuenta de que ha cometido un error, pero no quiere volver a un estilo de vida de alcohólico, se puede hacer la elección para dejar de beber inmediatamente y buscar ayuda.

Les digo a los aconsejados que pueden contar con que habrá momentos en el futuro en los que volverán a caer en viejos patrones, particularmente cuando están sometidos a mucho estrés, en crisis, fatigados o enfermos. Quiero que sepan que no tienen que renunciar en esos momentos, sino que se den cuenta de que hay un mayor riesgo en tales circunstancias y hacer lo que puedan para evitar caer sobre el precipicio de la rendición, o si ya están en descenso, que detengan su caída tan pronto como les sea posible. Presentar estrategias específicas para lo que podrían hacer si vuelven a recaer podría ayudarles en algún momento en el futuro.

Otro aspecto de la consolidación es simplemente reflexionar sobre los progresos realizados hasta la fecha. A medida que las sesiones empiezan a llegar a su final, ya sea el consejero o el aconsejado, o ambos, empiezan a hacer declaraciones que reúnen los diferentes aspectos del proceso de consejería. Por ejemplo, "Me doy cuenta de que durante las sesiones hemos examinado (áreas de crecimiento particular), y me siento como si se hubiera logrado un buen progreso". Tal declaración podría incluso ser una sorpresa e iniciar una conversación explícita que resuma el proceso.

En otras situaciones, la consolidación podría ser intencionalmente iniciada por cualquiera de las partes, haciendo una declaración o haciendo una pregunta que apunte a resumir la relación. Estos son momentos importantes en el proceso que pueden ser fácilmente cortocircuitados por las emociones que se levantan por la proximidad del final. Vale la pena revisar intencionadamente el progreso, quizás consultando notas de sesiones anteriores, recordando las primeras declaraciones sobre metas y expectativas, preguntando específicamente sobre el progreso hacia metas primarias y preguntando acerca de la relación de consejería. Ir demasiado rápido a cómo y cuándo terminar puede pasar por alto oportunidades significativas para solidificar los cambios y hacer planes de contingencia para tiempos de estrés y dificultad futuros.

FINALES Y NUEVOS COMIENZOS

Al igual que los padres que buscan lanzar a sus hijos al mundo como adultos autosuficientes, el objetivo de la consejería es lanzar aconsejados más sanos y más equipados de vuelta al mundo. Es normal que los padres tengan sentimientos encontrados cuando sus hijos salen solos. Aunque a menudo hay un sentimiento de emoción y sentimientos de satisfacción al ver a sus hijos entrar en el mundo adulto, también hay un sentido anexo de dolor y pérdida. Del mismo modo, el final de la relación de consejería es lo que cada consejero tiene en mente como meta cuando comienza el proceso de consejería. Es la responsabilidad de cada consejero trabajar en transmisión de la comprensión, técnicas y habilidades a los aconsejados con los que tienen el privilegio de trabajar. Incluso si el objetivo es y siempre ha sido llegar al punto en el que el aconsejado ya no necesita estar en consejería, a menudo hay tristeza en el final de una relación tan personal y profunda para consejeros y aconsejados.

Este capítulo marca el final de tu formación en el campo de las microtécnicas, pero es el comienzo de tu crecimiento y desarrollo como consejero. Como tal, es importante que tomemos un tiempo para explorar lo que vosotros como estudiantes estáis sintiendo al final de este proceso y al comienzo de cualquier entrenamiento clínico que os espera. También exploraremos los elementos complejos que contribuyen a la terminación de una relación de consejería y el papel de la supervisión y fuentes externas de referencia en el proceso de consejería.

El proceso de consejería es como entrenar para una maratón. Al comienzo del entrenamiento, reúnes mucha información sobre el funcionamiento y sobre el entrenamiento de la maratón en particular. A continuación, estableces correr como parte de tu entrenamiento, aumentando poco a poco la distancia hasta llegar a los poco más de 42 kilómetros que componen una maratón. La consejería es similar en el sentido de que durante el proceso de consejería los aconsejados practican, o entrenan, para la vida fuera de la consejería. Los aconsejados pueden probar varias intervenciones o técnicas, pero regresan a la seguridad de la relación de consejería, donde pueden consultar con su consejero y modificar las técnicas o enfoques sugeridos por el consejero para sus vidas.

Cuando se termina la consejería, los aconsejados se ponen en la pista para correr por ellos mismos, implementando todo el conocimiento, entrenamiento, estímulo y técnicas que han desarrollado para este preciso momento. Si bien puede haber tristeza porque la fase de entrenamiento ha terminado, también hay gran regocijo en la llegada a la línea de meta. ¡Esto es par lo que se trabajó tan duro!

El estudiante de consejería. Tu propio viaje a través de este proceso de formación en las microtécnicas tiene su propio final agridulce y un nuevo comienzo. Es un tiempo para celebrar todo lo que has aprendido y logrado a través de este proceso, la autoconciencia que has ganado y el crecimiento que has hecho como consejero en entrenamiento. ¡Mucho camino por recorrer! También es hora de mirar con entusiasmo hacia el futuro y lo que puede tener para ti como consejero, capellán, consejero pastoral, director espiritual cualquier otro tipo de ayudante. Las opciones son infinitas.

Al mismo tiempo, hemos encontrado que muchos estudiantes alcanzan este punto en el proceso y encuentran distintos niveles de ansiedad, dudas de sí mismos y aprensión. La realidad de que tu próximo paso en un proceso de capacitación probablemente incluirá el trabajo con aconsejados causa impresión a muchos estudiantes por el gran sentido de la responsabilidad e inseguridad. La dulzura de la emoción y la anticipación esperanzada de lo que está por venir también se topa a menudo con los sabores amargos del miedo, la incertidumbre y la duda de sí mismo. Las emociones positivas y negativas son normales y se espera que aparezcan al final de este proceso, aunque varían en intensidad para cada estudiante.

- ¿Con qué aspectos de este proceso te sientes feliz o aliviado de dejar atrás? ¿Por qué? _____

_____

_____

- ¿Qué parte de este proceso de capacitación vas a echar de menos? ¿Por qué? _____

_____

_____

- Pensando en quién eras al principio de este libro, ¿qué has aprendido de ti mismo en este proceso? _____

_____

_____

- Pensando en el comienzo de este libro, ¿qué has aprendido sobre el proceso de consejería? _____

_____

_____

- ¿Qué es algo de lo que quieres estar seguro de recordar acerca de ti mismo o el proceso de consejería a medida que avanzas a la siguiente etapa de tu aventura? _____

_____

_____

El consejero y el aconsejado. El comienzo del final de la relación de consejería puede venir en varias formas, algunas repentinas y otras más graduales. En un mundo ideal el proceso de consejería llega a su fin gradualmente y de mutuo acuerdo entre el consejero y el aconsejado. En realidad, esto generalmente solo ocurre cuando se han alcanzado los *objetivos del aconsejado o se ha logrado un progreso razonable* y tanto el consejero como el aconsejado están de acuerdo en que este último ya no necesita el apoyo continuo del consejero. Pero hay diferentes tipos de conclusiones en la relación de consejería. Cada tipo de conclusión generalmente trae consigo un tipo diferente de reacción dentro del consejero. Es probable que, en algún momento de tu carrera, encuentres todas estas terminaciones.

El momento es correcto. El fin que cada consejero espera es aquel en el que los objetivos del aconsejado se han logrado, y tanto el consejero y como el aconsejado están listos para ver al aconsejado para despegar por sí mismo. Estas conclusiones son tiempos de celebración y esperanza y suelen estar llenas tanto de felicidad por lo que se ha logrado y como de tristeza por separar los caminos.

Conexiones bíblico/teológicas

En varios puntos del libro hemos desarrollado una teología de la emoción. Esto no tiene por objeto disminuir la razón y la racionalidad, sino contrarrestar la tendencia cultural a elevar la razón y la racionalidad por encima de la emoción. Es un mito que las emociones operan independientemente de la volición (voluntad), cognición (pensamiento) y acción (comportamiento). Como con todos los aspectos de nosotros mismos, nuestra voluntad puede ser obstinada, débil o beneficiosa; la cognición puede ser distorsionada, ilógica o renovada; el comportamiento puede ser dañino, apático o útil; y las emociones pueden ser adaptativas, buscando conexión personal, o desajustadas, arrastrando lejos las relaciones. Para Pablo, "la vida emocional de un cristiano está arraigada en, con y alrededor de cómo debemos comportarnos y cómo debemos pensar. Para Pablo, no es diferente 'llorar con el afligido' que decir 'no mientas'. El deber está ahí, pero no desprovisto de pasión y emoción verdadera. Todo es uno. Así que, siente. Y siente profundamente" (Elliott, 2014, p. 25). Lo mismo ocurre con las conclusiones en consejería. Las relaciones de consejería pertenecen la vida real, profundas relaciones personales e interpersonales. Terminar tales relaciones debe evocar emociones tanto en el aconsejado como en el consejero. No hay manera saludable de evitar o minimizar la emotividad de los finales. La pérdida, el dolor, la alegría, la satisfacción e incluso el sabor de la ira o la depresión son respuestas comprensibles al final de una relación. Mientras que "avanzar" es la consigna de nuestra sociedad, las relaciones de consejería necesitan mostrar cuidadosamente lo que las relaciones pueden y deben ser. Pero mientras que otras relaciones en la vida a menudo no llegan a finales necesarios, las relaciones de consejería tienen que terminar, al menos bajo el sol. El conocido pasaje de Eclesiastés 3:1-11 es un recordatorio adecuado de que, desde la perspectiva de Dios, "Todo tiene su tiempo, y todo lo que se hace debajo del cielo tiene su hora". Entre los ejemplos dados en este pasaje hay varios que metafóricamente se refieren a las relaciones:

Tiempo de nacer, y tiempo de morir;
tiempo de plantar, y tiempo de arrancar lo plantado;
tiempo de llorar, y tiempo de reír;
tiempo de endechar, y tiempo de bailar;
El pasaje continúa: "Todo lo hizo hermoso en su sazón; y ha puesto el mundo en el corazón de ellos". Para los cristianos, los finales no son para siempre, porque anhelamos un siempre dentro de nosotros.

¡Aún no es tiempo! Una de las más duras despedidas en consejería es cuando la terminación se siente como si fuese prematura. En estos casos, el aconsejado a menudo se posiciona a sí mismo fuera de la consejería antes de que el consejero sienta que las metas han sido alcanzadas. A veces esto sucede porque el aconsejado siente que ha obtenido suficiente apoyo, recursos o técnicas para seguir adelante—incluso si el consejero cree que hay más trabajo que se podría hacer. En otras ocasiones los aconsejados pueden desear terminar la consejería porque encontraron algo en el camino para lo cual no están listos para trabajar. O puede ser que las finanzas u otras presiones de la familia pongan la consejería en para parte de abajo de la lista de prioridades del aconsejado, lo que resulta en la terminación de la relación de consejería.

A veces un *aconsejado decide dejarlo* sin la opinión del consejero y puede o puede que no comente la decisión con el consejero. Siempre que sea posible, el consejero debe dar seguimiento a un aconsejado que ha dejado la consejería repentinamente, con el fin de confirmar el bienestar del aconsejado y posiblemente alentarle a que regrese a consejería.

A veces los aconsejados o los consejeros se preguntan si la consejería debe terminar porque se parece como si se *hubiera alcanzado una meseta*. Es posible, sin embargo, que la meseta signifique el final de la primera fase de consejería, que en realidad es una forma de resistencia a hacer el trabajo duro de la fase intermedia. Las técnicas del objetivo 2 se deben utilizar para reevaluar objetivos y opciones. Si no se pueden determinar nuevos objetivos, puede ser necesario terminar la consejería de forma permanente o temporal.

Finalmente, a veces es el *consejero* que termina prematuramente la relación de consejería. Esto es a menudo el caso de los estudiantes en prácticas, que debe marcharse debido al final de su periodo de prácticas. Pero incluso la graduación de un estudiante de consejería, el fin de un contrato de laboral u otras circunstancias dentro de la vida del consejero, tales como reubicación, permiso por maternidad u otras responsabilidades personales o familiares, pueden resultar en tener que llevar la relación de consejería a conclusión antes de que los objetivos hayan sido plenamente alcanzados.

¡Uf! Hay momentos en los que una relación de consejería termina y el consejero, al menos, da un suspiro de alivio. En estos

casos, el aconsejado probablemente haya sido un desafío especial para el consejero debido a que tenía una personalidad particular o un problema que traspasa las áreas de especialización del consejero. Cuando la consejería termina con un "uf" también puede tratarse de una terminación prematura por parte del aconsejado, que todavía tiene más trabajo por hacer, pero no está dispuesto o no es capaz de continuar ese trabajo con ese consejero en particular. Como se discutirá más adelante, proporcionar opciones apropiadas de referencia se vuelve increíblemente importante para este tipo de aconsejados.

Es lo que es. Mientras que a todo el mundo le gusta asumir que todos los consejeros y aconsejados tendrá una relación profunda y significativa, este no es siempre el caso. Habrá situaciones en las que el final de la consejería no es ni una experiencia triste ni una experiencia gozosa, simplemente es el fin. En estos casos, la consejería a menudo no ha sido una relación de larga duración, o no ahondó en un territorio particularmente profundo o vulnerable. Se cumplieron los objetivos, se cumplieron las tareas y tanto el consejero como el aconsejado dejaron la relación en términos neutros a buenos.

Es hora de transferir. Finalmente, una relación de consejería puede terminar cuando hay una necesidad de referir al aconsejado a otro ayudador. La necesidad de transferir puede surgir por una variedad de razones:

- El consejero ha reconocido y llegado a los límites de su experiencia como ayudador.
- El aconsejado necesita ayuda en un área especializada como hospitalización, tratamiento de la adicción, cuestiones sexuales, terapia de trauma o medicamentos.
- Un consejero del sexo opuesto al tuyo sería más útil con los asuntos actuales del aconsejado.
- Los asuntos de transferencia o contratransferencia son demasiado fuertes e imposibles de resolver.
- Tú estás involucrado con la persona en múltiples roles—p. ej., el aconsejado es un miembro del consejo de ancianos y tú es el pastor. (Nota: nos damos cuenta de que los pastores están constantemente haciendo malabarismos con múltiples papeles, pero hay veces en que puedes sentir que con un feligrés en

particular los múltiples roles pueden interferir para un resultado beneficioso para el aconsejado).

• La persona está relacionada contigo, en cuyo caso la remisión debe tener lugar antes del comienzo de cualquier relación de ayuda.

• O tú o el aconsejado estáis en proceso de cambiar de ciudad.

• Uno de vosotros está enfermo por un período prolongado de tiempo, está de permiso por paternidad o el aconsejado necesita apoyo mientras está de vacaciones.

Al igual que el final del proceso de formación trae sentimientos encontrados para ti como estudiante, una experiencia similar probablemente tendrá lugar para ti y tus consejeros a medida que os acercáis al final de vuestro tiempo juntos. La reacción al final de la consejería puede ser diferente para cada relación de consejería y depende del momento, la personalidad y la relación que existe entre el consejero y el aconsejado. Independientemente de por qué termina la relación de consejería, es importante que los consejeros hagan autorreflexión sobre su papel en la relación de consejería (ver "Preguntas Para la Reflexión" al final de este capítulo).

En cualquier relación de consejería, separar lo que tú como consejero eres responsable de lo que Dios y lo que el aconsejado son responsables promoverán tu crecimiento, salud y longevidad como consejero.

Consejo clínico

Considera transferir a un aconsejado a otro ayudador cuando:

1. El aconsejado necesita ayuda más avanzada o especializada de la que tú le puedes ofrecer.
2. Un consejero del sexo opuesto al tuyo sería provechoso para el proceso del aconsejado.
3. La transferencia o contratransferencia se vuelve demasiado problemática.
4. Tú estás relacionado con el aconsejado o desempeñas múltiples roles dentro de su vida.
5. Tú va a estar inaccesible por un largo período de tiempo debido a vacaciones, enfermedad u otra circunstancia de la vida.
6. El aconsejado cambia de ciudad.

EL PROCESO DE TERMINACIÓN

Toda buena consejería debe llegar a su fin. Aunque no siempre es posible, la terminación de la consejería es idealmente un proceso y no simplemente un evento momentáneo. Así como la relación de consejería se construyó a lo largo del tiempo, creciendo lentamente en profundidad, el proceso de terminación debe funcionar como la separación gradual entre el consejero y el aconsejado.

Cuando un consejero colaborativamente trabaja con un aconsejado para determinar las metas de consejería en la etapa inicial de la misma, lo que está haciendo esencialmente es identificar cuándo ambos participantes sabrán que han llegado al final de la consejería, que la consejería ha cumplido su propósito en esta etapa. Estas son las metas que empiezan a surgir durante la fase inicial de la consejería, utilizando las técnicas del objetivo 1 y luego se refinan en la fase intermedia como parte del proceso de profundización del objetivo 2 y finalmente se implementan cuando se apunta al objetivo 3. Ahora, dado que el objetivo 4 es predominante, es hora de referirse a estas discusiones anteriores. A continuación se muestra un extracto de un diálogo entre un consejero y un aconsejado que ilustra una discusión de objetivo 4.

> **Consejera:** Amy, hemos estado trabajando durante varios meses en tu relación con tu madre, ¡y me parece que las cosas han mejorado mucho!
>
> **Amy:** ¡Tienes razón! Realmente disfruto pasar tiempo con ella ahora…bueno… ¡al menos en pequeñas dosis!
>
> **Consejera:** ¡Así que no solo no temes a pasar tiempo con ella, sino que también te gusta pasar tiempo con tu madre!
>
> **Amy:** Sí, bastante sorprendente, ¿no?
>
> **Consejera:** La verdad es que es un gran cambio. Amy, ¿recuerdas nuestra discusión en otoño cuando se hizo evidente que la relación con tu madre era en lo que más te querías enfocar en consejería? Te hice preguntas en ese momento como: "¿Cómo reconocerías que las cosas han mejorado?" Y "¿Cuáles serían los indicadores de que tal vez no necesites continuar en consejería?"
>
> **Amy:** ¡Oh, no! ¡Ya veo a dónde vas! No me vas a echar de la consejería, ¿verdad? ¡No estoy lista para eso!

Consejera: ¡Tranquila, Amy! Puedes seguir viniendo y verme mientras sientas la necesidad, si hay cosas en las que quieres seguir trabajando. Pero siento que estás más cerca de estar lista de lo que tú piensas. Por eso quería al menos plantear el tema.

Amy: Sabes, yo estaba pensando el otro día acerca del buen tiempo que había tenido con mi mamá durante el fin de semana. Quiero decir, ella todavía trató de hacerme cortar los tomates a su manera y ofreció consejos sobre cómo educar a mis hijos sin que yo se lo pidiera, pero en lugar de entrar en una gran discusión con ella, me reí y le dije: "Mamá, ¡he estado cortando tomates de esta manera durante 20 años!" Y luego simplemente cambié de tema. Parecía un poco sorprendida, pero ella lo dejó así.

Consejera: Incluso hace cuatro meses, apuesto a que nunca imaginaste que podrías enfrentarte a ella de esa manera.

Amy: Tienes razón. Me habría mordido la lengua y hubiera cortado los tomates de la manera que ella quería que lo hiciera, pero luego me hubiera resentido por unos días después de eso, o yo habría tratado de mantenerme en mi terreno, ¡pero hubiera terminado exagerando y actuado como una adolescente rebelde! Esto es totalmente nuevo.

Consejera: Hice algunas anotaciones sobre lo que dijiste que serían indicadores de que las cosas habrían cambiado con tu madre, y lo más importante que mencionaste era poder ser apropiadamente asertiva con ella, sin sentir mucha agitación interna después. ¡Y ahora lo estás haciendo! Esta no era la primera vez, tampoco. De hecho, me has hablado de varios incidentes ocurridos en el último mes en los que no dejaste que tu madre se apoderara de ti y te sintiste bien.

Amy: Es cierto. La verdad es que no me había dado cuenta de la frecuencia con la que esto ha sucedido. Tal vez por eso estoy empezando a esperar sus visitas en lugar de temerlas.

Consejera: Tal vez pueda tomar algo más de tiempo hasta que esto se convierta en un cambio arraigado. ¿Qué podría ayudar en ese proceso?

Amy: Tal vez si me propongo darme por lo menos una oportunidad en cada visita para decir activamente algo con lo que no estoy de acuerdo, sería cada vez más fácil.

Consejera: Eso tiene sentido. Creo que cuando esto comience a convertirse en una segunda naturaleza al interactuar con tu madre de esta nueva forma, podríamos hablar más seriamente sobre cómo terminar nuestras sesiones de consejería. Una cosa que podríamos hacer es espaciar nuestras sesiones para que tengas más tiempo entre las sesiones para practicar esto. ¿Qué si nos reunimos cada dos semanas durante un tiempo para probar? Siempre puedes llamarme y programar una cita para la semana de descanso si tiene dificultades. Podríamos verlo como una especie de experimento.

Amy: Mmm. Bueno, da un poco de miedo, pero sabiendo que tengo la opción de venir a verte si realmente lo necesito, entonces parece un poco más asequible. Estoy mucho mejor... Simplemente no me fío confío mucho todavía.

Consejera: Muchas personas se sienten así en este punto de su proceso de crecimiento. Parece como si tan solo necesitaras un poco más de tiempo para demostrarte a ti misma que estos cambios son permanentes.

Amy: De acuerdo. ¿Qué pasa si lo intentamos durante las primeras dos semanas y luego reevaluamos si quiero continuar con el horario semanal?

Consejero: ¡Me parece perfecto!

Observa cómo el consejero se refiere de nuevo a las discusiones iniciales de la meta de la consejería con respecto a la relación de Amy con su madre y entonces recalca las maneras en las cuales esa meta se está alcanzando actualmente. Observa, también, cómo el consejero hace sugerencias que ayudarán a consolidar los cambios que ya se han implementado. A veces, los consejeros principiantes ven los primeros signos de cambio y asumen que la meta se ha logrado, moviéndose demasiado rápido para terminar con la consejería. Sin embargo, los viejos patrones han requerido a menudo años, si no décadas, de fabricación y no cambian fácilmente. Una vez que los nuevos cambios son más consistentes con el tiempo y parecen naturales para el aconsejado, tú sabrás que es el momento de llevar la relación a su fin.

Al igual que en el ejemplo anterior, a medida que comienzas a notar el movimiento hacia la resolución de las preocupaciones del aconsejado y el movimiento hacia el logro de sus metas, es responsabilidad del consejero comenzar la exploración del proceso de terminación. Dicho esto, los aconsejados también pueden ser los que aborden el tema de la conclusión, a veces diciendo algo así como: "No sé por qué debo seguir viniendo". Independientemente de quién inicie la conversación, es responsabilidad del consejero de continuar con la naturaleza terapéutica de la relación a través de la sesión final, facilitando la autoexploración y la autoconciencia del aconsejado sobre el proceso de conclusión. Ward (1984) proporciona una buena visión general de los conceptos y estrategias relacionados con la conclusión. Específicamente, él discute tres estrategias claves dentro del proceso de la conclusión, a las cuales hemos agregado una cuarta estrategia. Aunque cada estrategia es importante, no todas las estrategias requerirán la misma cantidad de tiempo o atención con cada consejero.

1. Evaluación de las metas de consejería. Cuando utilices esta estrategia, comenzarás a explorar cuáles fueron los objetivos de la consejería, cómo fueron alcanzados y cómo ve el aconsejado el estado actual de esa meta. Ya viste un ejemplo de esto en el diálogo anterior. Aunque esta estrategia puede ser iniciada por el consejero, es importante que sea evaluada o determinada por el aconsejado. La razón para esto es que, una vez que termine la consejería, estará en los aconsejados el recordar los avances que hicieron en consejería. El consejero ya no estará cerca para ayudar a recordar esto. Este proceso es increíblemente importante y afirmativo para el aconsejado y no debe darse por sentado por parte del consejero. Debido a que la mayoría del crecimiento personal toma tiempo, los aconsejados a menudo no reconocen el crecimiento que han hecho. Es útil que el consejero pueda proporcionar ejemplos específicos de nuevo al aconsejado o que el aconsejado complete una fórmula tal como: "Al inicio de la consejería, dije/hice/sentí _____. He notado un cambio en eso ahora yo _____". La reflexión sobre el crecimiento debe enfocarse en cualquier área de la vida en la cual el cambio pueda haber ocurrido para el aconsejado. Los dominios de la vida pueden incluir, pero no se limitan a los procesos internos de los aconsejados (pensamientos y sentimientos), comportamiento, relaciones interpersonales, interacciones sociales, vida espiritual, propio concepto y autoeficacia. En el diálogo de orientación Amy se centró en su relación

477

interpersonal con su madre, su propio comportamiento (i.e., más asertivo) y sus procesos internos (sentimientos sobre su madre y sobre sus propios intentos de implementar el cambio).

2. Cierre de asuntos dentro de la relación de consejería. Esta estrategia se convierte en una exploración de la relación entre el aconsejado y el consejero. Es decir, pide a los aconsejados que reflexionen sobre de sus sentimientos con respecto a y hacia el consejero, la relación de consejería y la terminación de la relación de consejería. Cuando sea apropiado, puede ser muy beneficioso para el proceso del aconsejado que el consejero también comparta sus sentimientos sobre la relación de consejería. Es particularmente beneficioso cuando el consejero puede afirmar y alentar genuinamente al aconsejado, a veces incluso expresando la tristeza sentida por el consejero de ver marchar al aconsejado. Los aconsejados a veces se preguntan si la relación puede continuar, pero de una manera diferente. Algunos pueden preguntarte si desarrollar una amistad después de que termine la relación de consejería es una opción posible. Otros pueden sugerir juntarse de vez en cuando para tomar un café. Si bien puede ser tentador aceptar estas solicitudes, sobre todo si realmente te cae bien el aconsejado, no es una buena idea. Incluso si has trabajado en colaboración, la realidad es que hay una diferencia de poder entre el consejero y el aconsejado que no desaparece solo una vez que termina la relación de consejería. Por esta razón, las asociaciones profesionales tienen pautas éticas que prohíben no únicamente las relaciones sexuales, si no cualquier tipo de relación, entre los profesionales de la salud mental y sus antiguos aconsejados por períodos específicos de tiempo. Si tu papel de ayuda es más informal, es posible que no se restrinja con los mismos códigos éticos. Sin embargo, tienes que ser consciente de que es poco probable que seas capaz de desarrollar una amistad completamente mutua con alguien cuando la persona está acostumbrada a ser el único tema de conversación durante vuestros momentos juntos. También es necesario tener en cuenta que tus opiniones y sugerencias probablemente seguirá teniendo mucho más peso debido al papel que tuviste en la consejería en el pasado.

3. Preparación para la autosuficiencia y la aplicación en la vida después de la consejería. Esto es más una categoría de estrategias que una estrategia única. Aquí es donde los aconsejados empiezan a identificar maneras prácticas en las que pueden esperar transferir lo que han aprendido consejería a su "vida real". Similar a la analogía del entrenamiento para la maratón al principio del capítulo, los aconsejados probablemente ya habrán comenzado a implementar algunas de estas ideas a lo largo del curso de consejería. La diferencia ahora es que comienzan a considerar cómo van a seguir implementándolo y aplicándolo sin la presencia continua del consejero en su vida. Ayudar al aconsejado a crear una lista o un plan específico es un buen punto de partida. La sugerencia de Amy de que ella podría practicar un comportamiento asertivo con su madre al menos una vez durante las visitas es un ejemplo de tal plan.

Otros elementos importantes dentro de esta estrategia ayudan de manera colaborativa a los aconsejados a (1) identificar a personas claves que puedan apoyarlos en su crecimiento continuo, (2) identificar otros recursos internos o comunitarios que pudieran fomentar el crecimiento continuo en el aconsejado y (3) identificar posibles obstáculos para su crecimiento continuo junto con un plan de acción o recurso específico para contrarrestar cada obstáculo. Recuerda a los aconsejados que regresar a consejería es siempre una opción y no indica fracaso o falta de crecimiento en el aconsejado. En cambio, simplemente significa que se necesitan recursos y técnicas adicionales. A veces incluso una sola sesión en algún momento en el futuro puede ser útil para orientarse o trabajar a través de un problema específico. Para algunos aconsejados, disminuir la frecuencia de la consejería es una gran estrategia de ajuste en la que las sesiones se cambian de una vez a la semana a una vez cada dos semanas para después pasar a una vez al mes en el transcurso de unos meses. Esto puede ayudar a facilitar a los aconsejados a hacer su vida sin el consejero y ver de primera mano lo bien que han aprendido a aplicar todo el crecimiento que han hecho en consejería, mientras que disponen de la red de seguridad que les proporciona venir a una sesión. Amy no habría estado lista para terminar con la consejería en el momento en presentado en el extracto de la conversación, pero experimentar con el aumento del tiempo entre las sesiones le pareció algo más asequible para ella.

4. La sesión final. Las sesiones finales deben estar planificadas con anterioridad y establecidas en colaboración entre el consejero y el aconsejado. La conversación entre el consejero y el aconsejado sobre este tema, debe tener lugar, generalmente, alrededor de tres semanas (o sesiones) antes de la sesión final. Esta discusión puede comenzar simplemente con el consejero que pregunta si hay algo que el aconsejado todavía quiera cubrir antes de que termine la consejería. Por ejemplo, el consejero podría preguntar, "Tenemos unas tres sesiones más juntos. ¿Hay algo que quieras asegurarte de que cubramos de ahora en adelante?" Las preguntas con respecto a los sentimientos del aconsejado acerca del inminente fin del proceso de consejería también son importantes. Por ejemplo, "me pregunto qué sentimientos se despiertan en ti al mencionar que solo nos quedan tres (o dos, o una) sesiones más juntos". Esta podría ser una pregunta apropiada. Verificar con el aconsejado acerca de la proximidad de la sesión final puede o no tomar mucho tiempo, pero sin embargo sirve para honrar al aconsejado, su camino y la vulnerabilidad que ha compartido en el proceso de consejería.

La última sesión juntos debe ser memorable de alguna manera. Puedes preguntar a los aconsejados qué es lo más significativo para ellos en esa última sesión, algo que les ayude a reflexionar y recordar todo lo que han logrado en consejería. Los aconsejados pueden llegar a ser sorprendentemente creativos. (Heather) Uno de mis aconsejados trajo dos bolsas de basura llenas de globos que ató a los muebles de oficina, y un pastel que compartimos. Pensaba que una fiesta era la manera perfecta de celebrar el progreso que había hecho en consejería, un progreso que ella nunca había imaginado que fuese posible. Mientras comíamos hablamos de lo que había cambiado desde que empezó a verme y de los objetivos que tenía para el futuro.

Para la sesión final, yo (Elisabeth) he escrito notas a los aconsejados que resumen su progreso y fortalezas, o he buscado una piedra o una pequeña estatuilla que de alguna manera represente al aconsejado o su experiencia. En nuestra última sesión discutimos los progresos que los aconsejados han visto en sí mismos. Escriben sus observaciones en una tarjeta mientras reflexionamos juntos, y luego se van con mi nota y su propia tarjeta de reflexión personal. En otras ocasiones he hecho que los aconsejados creen su propio recuerdo durante la sesión final, tal como un dibujo, para terminar la experiencia de consejería. Aunque no soy artísticamente creativa lo más mínimo, he pintado dibujos junto a un aconsejado y en otras ocasiones he utilizado un proyecto de arte como el trampolín para que ellos verbalicen lo que se llevan con ellos de nuestro tiempo juntos. Las opciones creativas son infinitas. En grupos, a menudo los participantes escriben palabras de afirmación y aliento a otros miembros del grupo en fichas para que cada miembro del grupo se marche con alguna información específica sobre quiénes son y en qué han contribuido con el grupo. Las palabras, las imágenes y los recuerdos tangibles pueden ser utilizados más tarde por un aconsejado para recordar e inspirarse (1 S. 7:12; Jos. 4).

Marcadores del recuerdo

El Antiguo Testamento en particular está lleno de ejemplos de cómo el pueblo de Israel utilizó recuerdos tangibles para ayudarles a recordar la obra de Dios en sus vidas. Por ejemplo, en 1 Samuel 7:12, Samuel usó una piedra como un recordatorio tangible de larga duración por la ayuda del Señor en la lucha contra los filisteos. En Josué 4, Josué hizo que un hombre de cada tribu de Israel reuniera una piedra para construir un monumento para recordar a sí mismos y a las futuras generaciones de la fidelidad de Dios en la conducción de Israel a través del Jordán.

CUANDO LA CONCLUSIÓN NO VA DE ACUERDO CON EL PLAN

No todas las relaciones de consejería terminan agradablemente o con la oportunidad de terminar a su tiempo. A veces los aconsejados simplemente dejan de presentarse; a veces una emergencia familiar, médica o financiera les impide regresar; y en ocasiones un tercero (los tribunales, la compañía de seguros o los tutores de un menor) interviene y detiene cualquier otra sesión. Puede haber innumerables razones por las que los finales pueden no salir bien. Cuando esto sucede, hay algunas cosas clave que un consejero debe hacer. Siempre que sea posible, un consejero debe tratar de establecer un contacto final con el aconsejado, aunque sea por teléfono, si el aconsejado no puede reunirse cara a cara. En este contacto final se debe intentar ver si el aconsejado necesita más referencias (ver más abajo) o si hay algo más que el consejero puede proporcionar que está dentro del alcance de su práctica. El principio detrás de esta práctica es la *continuidad de la atención* (ACA, 2014). Este contacto final puede no ser posible debido a llamadas monitoreadas, enfermedad de aconsejado o muerte, u otros problemas que lo impidan. No obstante, debe de procurarse el contacto siempre que sea posible y documentado dentro del archivo del aconsejado.

Mientras que, en última instancia, la decisión sobre si continuar o no en consejería recae sobre el aconsejado, tú como consejero debes ser consciente de que el deseo de un aconsejado de abandonar la consejería puede ser una decisión que va en contra de su voluntad. Puede ser que se encuentre en un punto de la consejería que es particularmente difícil y parece más fácil para el aconsejado huir que enfrentarse a problemas centrales. O tal vez el aconsejado está molesto contigo, pero todavía no posee las técnicas de relación para comunicar la ira directamente. Por estas razones siempre es mejor tener una sesión final en la que ambas partes *saben* que es la última sesión.

Yo (Heather) le doy tanta importancia a tener esta oportunidad de desvelar la experiencia de consejería con el aconsejado que la hago parte del contrato (escrito o verbal) de la consejería. Les digo a los consejeros que si quieren dejar de venir a consejería es su decisión, pero que mi política es que antes tengamos una sesión final cara a cara. En otras palabras, les pido que se comprometan a no comunicar su intención de dejar la consejería a través de un correo electrónico, llamada telefónica, mensaje de texto, mensaje de voz o simplemente no apareciendo para las sesiones. Meses más tarde los aconsejados pueden no recordar este acuerdo, pero si se les recuerda que generalmente aceptan cumplirlo. Mi experiencia ha sido que la mayoría de los consejeros aceptan seguir en consejería una vez que hemos discutido abiertamente sus razones para querer terminar prematuramente el proceso.

Implicaciones de diagnóstico

Nuestra reflexión de diagnóstico final considera de nuevo un trastorno de la personalidad. Los consejeros pueden encontrar que tienen problemas para "deshacerse" de ciertos aconsejados. De hecho, esta es una crítica frecuentemente citada de la consejería— que sigue y sigue y nunca termina. Y este es a veces el caso, especialmente cuando un consejero es capaz de responder empáticamente y proporcionar el apoyo que falta en la red de relaciones de los aconsejados. Debido al alcance y profundidad de su patología, algunos aconsejados necesitan ayuda y cuidados continuos, tal vez incluso apoyo para toda la vida.

En términos de diagnóstico, existe una conexión entre los consejeros con esta necesidad y el trastorno de personalidad dependiente (TPD). El TPD se caracteriza por una necesidad permanente y excesiva de ser cuidado, lo que lleva a un comportamiento sumiso y aferrado y teme a la separación.

Aparte de los aconsejados que se ajustan a este diagnóstico, hay algunos con tendencias menos severas hacia este estilo interpersonal. Estos individuos se aferran a su consejero y al proceso de consejería y parecen requerirlo como una parte regular de su vida. En lugar de que la consejería sea una estación transitoria en su vida, se convierten en lo que he oído algunos consejeros llaman "ventosa" o "velcro". Es fácil comenzar a etiquetar a esas personas, ya que tienden a generar frustración y expresiones faciales de fastidio en los consejeros.

Si echamos un vistazo a los vínculos (ver referencias sobre vínculos al final del capítulo), es algo asumido que todo el mundo necesita relaciones (es decir, vínculos). Para algunos, las relaciones pueden proporcionar el refugio seguro donde retirarse y la base segura desde la cual regresar al mundo (i.e., un vínculo seguro; Bowlby, 1988). Para otros, las relaciones deben ser evitadas, y el yo autónomo es visto como suficiente (i.e., el vínculo evasivo). Para otros, las relaciones se caracterizan por la ansiedad (i.e., el apego ansioso) en el cual la persona está crónicamente preocupada de que la otra persona finalice o no esté tan comprometida con la relación, resultando en un estado de constante ansiedad. Esta tercera categoría tendría la mayor dificultad al acabar el proceso de consejería. Sin una relación a largo plazo con un consejero, esta persona estará ansiosa acerca de si podrá manejar su vida sin el consejero.

Por supuesto, la pregunta obvia es, ¿qué hace un consejero en este tipo de relación? En primer lugar, con una relación que está llegando a su final, es de esperar que no es la primera vez en la relación que el consejero es consciente de esta tendencia hacia el apego ansioso. En segundo lugar, la consejería debería haber estado por lo menos algo orientada hacia esta tendencia del aconsejado y la necesidad del aconsejado para construir una red de apoyo saludable. Con tales aconsejados a veces es necesario tomar bastante tiempo para prepararlos para terminar una relación. Puede ser útil recordarte repetidamente a ti mismo y a los aconsejados que la necesidad subyacente en esta dinámica es saludable. Los finales son duros; deberían serlo. Pero la naturaleza de la relación de consejería, como con la relación de educación de los hijos, es que la relación terminará, o por lo menos cambiará, y el polluelo debe abandonar del nido. Tener un trabajo en el que estás conscientemente trabajando en ti mismo fuera del trabajo parece ser de tipo autodestructivo, pero es la naturaleza de la mayoría de las relaciones de ayuda.

Un último punto: ¿Es el aconsejado el que se apega o el consejero? Como ayudadores de personas, es esencial examinar nuestras propias reacciones a las conclusiones.

Un aconsejado se negó a verme para una sesión final, diciendo que no veía ¡porque tenía que pagar por una sesión que no quería! Obviamente enojado molesto por algo que yo había dicho o hecho, lo que hacía más importante que tuviésemos la oportunidad de procesar lo que estaba pasando. Así que accedí a renunciar a la tasa de servicio, y él vino a la sesión. Aunque no quería seguir en consejería, esta sesión final nos permitió hablar de sus quejas, y nos separamos en términos mucho mejores.

El consejero debe tener en cuenta que el hecho de que un aconsejado haya terminado abruptamente la consejería no significa necesariamente que el consejero hizo un trabajo pobre o insuficiente (aunque es recomendable llevar el asunto a supervisión para ver si podrías haber hecho cualquier cosa para prevenir un final prematuro). En su lugar, pasar algún tiempo respondiendo a las preguntas de reflexión al final de este capítulo. El comportamiento tiene un significado y la decisión de un aconsejado de abandonar la consejería debe ser respetada y vista de alguna manera dentro de la cosmovisión del aconsejado.

A veces, una relación de consejería termina antes de que empiece porque tú inmediatamente te das cuenta de que no eres el mejor consejero para un aconsejado en particular. En otras ocasiones puede que veas a un aconsejado por un período de tiempo y luego darte cuenta de que lo mejor sería que lo transfieras a otra persona. No es posible que un consejero sea todas las cosas para todos los aconsejados o incluso todo para un aconsejado. Tú posees tiene un conjunto único de técnicas, habilidades, dones y características personales que te permitirá trabajar mejor con algunos aconsejados que con otros. Es importante que los consejeros aprendan a reconocer sus limitaciones y desarrollen una red de conexión con otros profesionales que estén mejor equipados en las áreas donde otro consejero se vea limitado. Esto se llama una lista de referencias. Por ejemplo, yo (Elisabeth) solo tengo formación clínica básica en cuanto a trauma, trastorno de estrés postraumático y trastornos disociativos; no es un área en la que tengo mucha, o ninguna, experiencia. Heather, por otra parte, es experta y líder en el campo de la terapia de trauma. A la luz de esto, cuando recibo una llamada de posibles aconsejados que están buscando consejería por un asunto de abuso y o trauma del pasado, los remito a Heather y a otros especialistas en traumas en nuestra área. Del mismo modo, cuando he tenido aconsejados que comienzan la terapia con un problema de presentación (p. ej., problemas en la escuela), pero a lo largo del proceso descubro que tienen trastorno bipolar y podrían beneficiarse de medicación psicotrópica, he remitido al aconsejado a un psiquiatra para una evaluación médica y de medicación conjuntamente con la terapia continua de conversación. Como consejero, no estoy capacitada ni legalmente habilitada para aconsejar a un aconsejado sobre la medicación; este es el trabajo de un médico.

Las listas de referencias deben estar compuestas de individuos y recursos en tu comunidad en los que tú confía, ya sea a través de conocimiento directo o debido a la reputación en la comunidad. Las listas de referencias deben contener los nombres e información de contacto (i.e., número de teléfono, página web, correo electrónico, dirección, etc.) de otros profesionales que se especializan en diversos ámbitos de ayuda. Las posibles categorías de referencias incluyen:

- *Consejeros de adicciones y centros de tratamiento:* Los consejeros de adicciones, dependiendo de las regulaciones estatales, pueden ser consejeros de licenciatura o master que se especializan en el tratamiento de adicciones químicas o conductuales. Los centros de tratamiento pueden incluir tanto instalaciones para desintoxicación como instalaciones para rehabilitación de adicciones. Es recomendable tener números de contacto para las asociaciones locales de Alcohólicos Anónimos (aa.org), Narcóticos Anónimos (na.org), Comedores Compulsivos (oa. org), Adictos Sexuales Anónimos (sa.org) y Celebremos la Recuperación (una recuperación cristiana de doce pasos en grupo, celebraterecovery.org).

- *Capellanes:* Los capellanes son a menudo proporcionados por una organización particular (p. ej., militares, hospitales o corporaciones) para atender las necesidades espirituales y emocionales de sus constituyentes. A menudo son grandes recursos de primera línea dentro de su organización.
- *Médicos:* Es de particular importancia tener de una lista de médicos en el área que pueden atender las inquietudes médicas de los aconsejados que podrían afectar directa o indirectamente la consejería, especialmente cuando un aconsejado no tiene un médico de atención primaria. Si se trata de un desequilibrio hormonal o endocrino, una enfermedad crónica, dolor crónico o cualquier variedad de problemas de salud, proveer a los aconsejados con la atención médica adecuada puede mejorar drásticamente sus posibilidades de éxito en consejería.
- *Consejeros profesionales:* Los consejeros profesionales son generalmente licenciados, clínicos con estudios a nivel de master. Por lo general están entrenados para trabajar con individuos, pero pueden trabajar con parejas y familias también. Los consejeros tienden a centrarse en la prevención y el bienestar además de la psicopatología. También prestan especial atención a la consejería multicultural y consideran parte de su papel como abogar por el aconsejado. Incluso si eres consejero profesional, es importante tener unos cuantos clínicos en el área a los que respetas y en los que confías, ya que no hay dos consejeros iguales y no siempre tendrás el tiempo o conjunto de técnicas necesarias para tratar a cada aconsejado que te llame.
- *Terapeutas matrimoniales y familiares:* Si bien los terapeutas matrimoniales y familiares y los consejeros profesionales pueden ver individuos, parejas y familias, los terapeutas matrimoniales y familiares han sido entrenados desde una perspectiva de sistemas familiares (ver capítulo catorce) en lugar de haber sido entrenados a ver los problemas como algo interno en el individuo.

Particularmente para los aconsejados que están luchando en su sistema relacional, una remisión a alguien que trabaja desde una perspectiva de sistemas puede ser útil.

- *Psiquiatras:* Los psiquiatras son médicos que se especializan en la atención de la salud mental, generalmente a través del uso de productos psicofarmacéuticos (i.e., antidepresivos, ansiolíticos y antipsicóticos). El médico de cabecera de un aconsejado es generalmente la primera parada para ser prescrito con tales medicaciones, pero un psiquiatra tiene mayor conocimiento y entrenamiento con respecto a estos medicamentos y debe ser utilizado antes que un médico de cuidado primario siempre que sea posible.

- *Psicólogos:* Los psicólogos son licenciados, clínicos a nivel de doctorado que han sido entrenados en consejería individual y a veces de pareja y familiar. Su entrenamiento a menudo incluye más neuropsicología y evaluación psicológica que el de un consejero profesional o terapeuta matrimonial y familiar.

- *Consejeros de rehabilitación:* Los consejeros de rehabilitación son generalmente médicos con estudios a nivel de master que se especializan en trabajar con individuos que tienen discapacidades emocionales y físicas, ayudándoles a vivir independientemente y superar barreras sociales e institucionales a sus discapacidades.

- *Líderes religiosos:* Esto debe incluir individuos de tu propia fe, así como los de otras religiones en tu comunidad que son capaces de trabajar con aconsejados que tienen preguntas sobre la fe, religión o espiritualidad que están más allá de lo que tú puedes o debes ofrecer. Algunos títulos posibles para individuos dentro de esta categoría incluyen pastores, rabinos, imanes, sacerdotes, diáconos u otros líderes del ministerio laico.

- *Trabajador social:* Un trabajador social suele ser un proveedor de nivel de licenciatura o de maestría y puede ser un clínico de nivel de maestría con licencia (Trabajador Social Acreditado). Los trabajadores sociales suelen estar mejor equipados para ayudar a los aconsejados con preocupaciones del sistema social como la alimentación, la vivienda, el transporte y la defensa, aunque algunos trabajadores sociales con estudios de master están específicamente capacitados para hacer el trabajo terapéutico también.

- *Directores espirituales:* Estos individuos se encuentran a menudo dentro de iglesias u organizaciones religiosas. Tienen entrenamiento específico en discipulado, crecimiento espiritual y desarrollo de la fe.

Dependiendo de tu área geográfica y el tipo de aconsejados con los que trabajas regularmente, otras fuentes de referencia pueden ser más o menos pertinentes para usted.

SUPERVISIÓN

Si actualmente estás estudiando un programa de consejería, uno de los nuevos comienzos que te esperan es ser parte de un proceso de supervisión. Una parte importante del desarrollo de cualquier consejero es su participación en la supervisión, tanto durante como después de un programa de entrenamiento. La mayoría de las profesiones de ayuda tienen un mandato ético, y a veces legal, para que los aprendices y los profesionales noveles trabajen por un período de tiempo determinado bajo un profesional más experimentado. De esta manera, el entrenamiento como consejero es muy parecido al aprendizaje. Es ideal cuando un consejero (o supervisado) puede identificar a un supervisor con el que quiere trabajar con el propósito de aprender específicamente de ese individuo. Con eso dicho, muchas veces los supervisores son asignados sin la opinión del supervisado, y aun así el supervisado puede todavía ganar mucho en el proceso.

El supervisor. Un supervisor es generalmente alguien dentro del mismo o un campo similar de consejería o ayuda al del supervisado. Es responsabilidad del supervisor supervisar el trabajo que está realizando el supervisado, proporcionar orientación en el desarrollo del caso y ayudar al supervisado en desarrollo de técnicas y desarrollo de identidad profesional. En algunas situaciones un supervisor verá un video grabado del supervisado con un aconsejado y proporcionará comentarios, resaltando los puntos fuertes del consejero y áreas en las que debe de mejorar. (Es importante tener en cuenta que tanto la grabación de audio como de video de los aconsejados no puede realizarse ética o legalmente sin el consentimiento por escrito del aconsejado.) Los consejeros deben consultar la ley estatal y el código de ética de su organización profesional para más detalles.

En otras situaciones, la supervisión es un proceso verbal mediante el cual el supervisado relata los elementos significativos de las conversaciones que tuvo con los aconsejados, resaltando los puntos fuertes y las áreas sobre las que le gustaría recibir más información u orientación por parte del supervisor. El objetivo del supervisor es asegurarse de que los aconsejados de sus supervisados estén recibiendo la atención adecuada monitoreando el trabajo del consejero y continuando el proceso de entrenamiento. Si bien llegará el momento en que el consejero haya alcanzado un nivel profesional de competencia para que ya no se requiera la supervisión continua regular, siempre habrá momentos en que un consejero puede beneficiarse de consultar a otro profesional en casos particulares.

A veces, un supervisor se enfoca en enseñar o entrenar técnicas o intervenciones supervisadas que el supervisor puede no haber aprendido en su programa de entrenamiento, pero que son relevantes para los aconsejados con los que está trabajando. En otras ocasiones, un supervisor se enfocará en la persona del consejero, ayudando al supervisado a tomar conciencia de cómo su personalidad, destrezas, dones, emociones y procesos de pensamiento únicos afectan y son afectados por el proceso de consejería. En otras ocasiones el supervisor servirá más como consultor, asumiendo un rol colegiado en la evaluación y desarrollo del caso. Cada función tiene un propósito diferente y tiene un lugar diferente en el proceso de desarrollo de un

Datos empíricos

Bernard, Clingerman y Gilbride (2011) examinaron el papel que el género y la personalidad desempeñan en la intervención de supervisión. Todos los supervisados en este estudio estaban en su primer semestre de entrenamiento clínico. Los autores descubrieron, utilizando el lenguaje del Indicador de Tipo Myers-Briggs, "que independientemente del tipo de personalidad o género del supervisor o del supervisado, las intervenciones clínicas de supervisión fueron reportadas como Intuitivas y Percibidas" (p. 166). Más allá de este patrón general dentro de la supervisión, los supervisores frecuentemente escogen involucrarse "en intervenciones que desafían las proclividades de sus supervisados" (p. 166).

consejero (para más información sobre la teoría de la supervisión de consejería, véase Bernard y Goodyear, 2013,). En otras palabras, la supervisión es un proceso que sirve para expandir y desarrollar la perspectiva y las técnicas del consejero dentro de la relación de consejería.

El supervisado. Un supervisado es cualquier persona que trabaja bajo de la instrucción y dirección de un profesional más experimentado. Es responsabilidad del supervisado ser abierto, honesto y enseñable dentro de la relación de supervisión. Al igual que la consejería, la supervisión es un proceso colaborativo y los supervisados tienen la responsabilidad de compartir las metas que tienen para la supervisión junto con las áreas específicas de crecimiento que ellos mismos perciben como consejeros. Esto puede incluir varias técnicas o intervenciones, incluyendo una mayor atención a las microtécnicas que la que se dio en este proceso inicial.

Si un supervisado tiene el lujo de elegir un supervisor, le recomendamos dos métodos principales para la selección del supervisor. Al principio del proceso de desarrollo del consejero, puede ser útil elegir un supervisor que encarne o represente el tipo de consejero que el supervisado piensa que le gustaría ser. En esta situación el objetivo es un supervisor que sea similar a ti en cuanto al enfoque teórico, la personalidad o el estilo relacional. Esto permite a al supervisado a ver más fácilmente lo que podría llegar a ser como clínico más avanzado, dibujando rasgos de personalidad similares, orientaciones teóricas y maneras de relacionarse. Más adelante en el proceso de desarrollo del consejero, recomendamos encontrar un supervisor que difiera del supervisado en orientación teórica o en su capacidad de proporcionar una formación más avanzada y orientación en un área de especialidad que sea de interés para el supervisado. Por ejemplo, yo (Elisabeth) hice mi supervisión inicial bajo un consejero avanzado que trabajó principalmente de un enfoque de terapia racional emotiva conductual, y me alegro de haberlo hecho. Trabajar con este supervisor me permitió tener un sentimiento de "estar en casa" durante la supervisión, ya que fue capaz de entender, validar y ayudar a perfeccionar el enfoque que yo naturalmente quería tomar con los aconsejados. Más adelante, en mi experiencia de supervisión, escogí intencionadamente a un supervisor que tenía un enfoque más psicodinámico y de teoría de la actitud para aconsejar, dos teorías en las que tenía muy poco—trasfondo o experiencia y que son muy diferentes de mi enfoque tradicionalmente cognitivo. Esta experiencia me desafió a ver a los aconsejados desde una nueva perspectiva y me permitió profundizar y enriquecer mi propio enfoque de consejería, tomando los fundamentos que tenía y agregando a estos recursos una manera completamente diferente de pensar sobre el caso de un aconsejado. Tal vez las siguientes preguntas te ayudarán a pensar en tu propio proceso de supervisión.

» ¿Cómo esperas que sea la supervisión?

» ¿Qué aspecto de la supervisión te deja ansioso?

» Basado en lo que sabes de ti mismo hoy, ¿qué tipo de supervisor te gustaría inicialmente buscar? Describe su personalidad, estilo, posible orientación teórica o dominio primario de acción y cualquier otra característica que pueda ser importante para ti.

APLICACIÓN EN LAS RELACIONES

Muchos aconsejados tienen una historia sembrada de relaciones truncadas que han terminado abruptamente sin haber sido resueltas. Por lo tanto, poner fin a la relación de consejería es crucial para ayudar a los aconsejados a darse cuenta de que es posible terminar una relación de una manera saludable. Esta es una razón para no renunciar fácilmente a tener una última sesión. Si los consejeros no se esfuerzan por asegurarse de que la relación de consejería termina bien, han perdido la oportunidad de mostrar una valiosa técnica de relación.

APLICACIÓN MULTICULTURAL

Un enfoque colaborativo para la planificación de la sesión final puede ser particularmente importante cuando se trabaja entre culturas. Te animamos a averiguar cómo se dicen adiós en la cultura de tu aconsejado. Por ejemplo, ¿hay rituales particulares involucrados, una comida compartida o intercambios de símbolos? Esta discusión puede entonces servir como la base para una lluvia de ideas sobre posibles maneras significativas para que la conclusión del proceso de consejería. Si eres estudiante internacional o miembro de un grupo minoritario, o trabajas regularmente con aconsejados que encajan en una de estas descripciones, será importante para ti buscar un supervisor que sea capaz de abordar asuntos culturales contigo. De particular importancia será la capacidad de su supervisor para ayudarte a determinar cómo tu trasfondo cultural afecta cómo percibes el comportamiento de tus aconsejados, así como cómo atender mejor a lo que podrías estar comunicando a alguien de un grupo cultural diferente. Si has estudiado en un contexto cultural diferente del que finalmente practicarás, podrías necesitar ayuda para modificar tus técnicas de consejería para adaptarte al nuevo contexto cultural. (Heather) He hablado con un número significativo de graduados de los programas en países occidentales que han tratado de transferir sus técnicas directamente a la consejería en contextos asiáticos y se han desanimado cuando no ha funcionado bien. Puede ser inmensamente valioso encontrar un supervisor que pueda ayudarte a usar los principios que has aprendido como estudiante, pero que también te ayude a modificar su uso en un nuevo contexto.

APLICACIÓN MINISTERIAL

En muchos contextos ministeriales, la terminación de la relación de consejería no significa necesariamente que no tendrás una relación continua de un tipo diferente con tus antiguos aconsejados. Por ejemplo, si eres consejero en una iglesia o proveedor de cuidado pastoral, puedes tener contacto con ellos en los grupos de estudio bíblico, comités de iglesias, etc. Los límites son mucho menos claros en contextos de consejería informal. Pero, aunque no puedas decir adiós para siempre, todavía habrá un cambio en la relación. Es importante que estos cambios sean reconocidos y discutidos.

(Heather) Hace muchos años trabajé en una pequeña universidad cristiana de pregrado donde ejercía distintas funciones. En una de mis responsabilidades ministeriales vi a algunos estudiantes en un contexto de consejería. Sin embargo, sabía que me encontraría con ellos en la capilla y en los pasillos, y tal vez incluso sentarme en su mesa en el comedor. Algunas de las conversaciones que tuvimos en nuestra última sesión fue para discutir cosas como: "¿Cómo será cuando estemos en la misma mesa en el comedor? ¿Qué tan cómodo te sentirás teniendo conversaciones más de tipo casual después de los temas profundos que hemos discutido en consejería?" La realidad es que la pregunta "¿Cómo estás?" es muy diferente en un contexto de consejería comparada con un breve intercambio en un pasillo del campus.

CONCLUSIÓN

El final de una etapa es el comienzo de otra, y aquí es donde ahora te encuentras. Has resistido a través de este proceso de formación de microtécnicas, el aprendizaje del nuevo lenguaje de consejería, creciendo como persona y como futuro consejero. ¡Bien hecho! Al cerrar este capítulo y comenzar a embarcarte en otro que probablemente incluirá a los aconsejados en la vida real, te bendecimos y confiamos en que tanto tú como tus consejeros os beneficiaréis de este viaje. Nunca dejes de aprender, explorar y crecer en todas las áreas de tu vida.

PREGUNTAS PARA LA REFLEXIÓN

1. ¿Qué aspecto de trabajar con aconsejados es emocionante para ti?
2. ¿Qué aspecto de trabajar con los aconsejados sientes que te produce ansiedad?
3. ¿Cómo tratas el adiós en tu vida? ¿Cómo podría esto afectar tu enfoque de la terminación en consejería?
4. ¿Cómo te sientes con respecto a que esta relación de consejería esté llegando a su fin? ¿Por qué?
5. ¿Qué fue lo que te gustó de trabajar con este aconsejado?
6. ¿Qué aprendiste de este aconsejado?
7. ¿Qué se te hizo fácil o difícil al trabajar con este aconsejado?
8. ¿Hay algo que hiciste en tu papel de consejero que podría ser visto como un punto fuerte o un recurso dentro de esta relación de consejería?
9. ¿Hay algo que te hubiese gustado hacer (o no hacer) para mejorar esta relación de consejería?

10. ¿Hay algo que este aconsejado hizo que podría ser visto como un punto fuerte o un recurso dentro de esta relación de consejería?
11. ¿Qué es algo que este aconsejado hizo (o no) hizo que obstaculizó esta relación de consejería?
12. ¿En qué manera viste a Dios trabajar en la vida de este aconsejado?
13. ¿Cómo usó Dios este aconsejado para afectar tu crecimiento como consejero y como persona?

REFERENCIAS SOBRE EL VÍNCULO

Bartholomew, K., y Horowitz, L. M. (1991). Attachment styles among young adults: A test of a four-category model. *Journal of Personality and Social Psychology, 61*, 226-44.

Bowlby, J. (1988). *A secure base: Clinical applications of attachment theory*. New York, NY: Basic Books.

Clinton, T., y Sibcy, G. (2002). *Attachments: Why you love, feel and act the way you do*. Brentwood, TN: Integrity.

Cooper, M. L., Albino, A. W., Orcutt, H. K., y Williams, N. (2004). Attachment styles and intrapersonal adjustment: A longitudinal study from adolescence into young adulthood. In W. S. Rholes y J. A. Simpson (Eds.), *Adult attachment: Theory, research, and clinical implications* (438-66). New York, NY: Guilford.

Eckert, K. G., y Kimball, C. N. (2003). God as a secure base and haven of safety: Attachment theory as a framework for understanding relationship to God. In T. W. Hall y M. R. McMinn (Eds.), *Spiritual formation, counseling, and psychotherapy* (105-23). New York, NY: Nova Science Publishers.

Johnson, S. M. (2004a). Attachment theory: A guide for healing couple relationships. In W. S. Rholes y J. A. Simpson (Eds.), *Adult attachment: Theory, research, and clinical implications* (367-87). New York, NY: Guilford.

Levine, A., y Heller, R. (2010). *Attached: The new science of adult attachment and how it can help you find—and keep—love*. New York, NY: Tarcher.

Reinert, D. F., Edwards, C. E., y Hendrix, R. R. (2009). Attachment theory and religiosity: A summary of empirical research with implications for counseling Christian clients. *Counseling and Values, 53*, 112-25.

EPÍLOGO

Confiamos en que este libro ha sido de ayuda en el desarrollo de tus técnicas para el ministerio de ayudar a la gente. Después de leer sobre las técnicas, la investigación y los aspectos técnicos la consejería, yo (Fred) quisiera ofrecer una conclusión a este libro, no en forma de resumen o resaltando puntos principales, sino en forma de una reflexión sobre lo que me motiva en mi vocación en la consejería y de formación.

Al principio de mi desarrollo como consejero tuve la oportunidad de leer el libro clásico de Henri Nouwen (1972) *El sanador herido*. El libro en sí valió la pena en cuanto a inversión de tiempo y reflexión, pero es el título que me ha acompañado a lo largo de décadas desde entonces. Mi vocación como consejero ha sido y continúa siendo traer sanidad a través de la gracia del Espíritu Santo desde un profundo punto de herida y curación dentro de mi propia vida. Bíblicamente, Nouwen (1972) enraíza la imagen de ser sanadores herido en el pasaje profético mesiánico de Isaías 53, específicamente el versículo 5:

Mas él [el Mesías] fue herido por nuestras transgresiones,
     molido por nuestros pecados;
el castigo de nuestra paz fue sobre él,
     y por sus llagas fuimos nosotros curados.

Jesús, nuestro Mesías, hizo exactamente esto. Él tomó nuestros errores, fracasos y heridas, infligidos a sí mismo y causados por otros, sobre Él y se convirtió en nuestro sanador para que, de nuestra experiencia de herida y sanidad, podamos llegar nosotros a serlo para los demás.

David Augsburger (1986), un consejero profundamente perspicaz y maravilloso narrador, reflexiona sobre la idea de los sanadores heridos. A partir de sus reflexiones, me gustaría animar a todos los consejeros y aspirantes a consejeros que leen esto a considerar profundamente estos pensamientos.

Todos somos heridos por nuestro propio pecado y pecaminosidad (Ro. 3:23), y por pecar contra otros. En medio de y a veces enterrados profundamente bajo el dolor y el sufrimiento de la vida, como criaturas de Dios, reflejamos la imagen de Dios (Gn. 1:27; 9:6). A través de la vida, la muerte y la resurrección de Cristo, los dones del Espíritu y de la comunidad curativa que nos rodea, experimentamos algunos momentos de sanidad en la vida.

Sin embargo, cuando llevo esto a la relación de consejería pronto me doy cuenta que no puedo sanarte más de lo que tú puedes sanarme a mí. La sanidad proviene de Dios por medio de Su Espíritu. Así, yo, como sanador, no puedo acercarme a ti en tu herida y ser de ayuda. Quizá pueda mostrar compasión, pero eso es todo. Si unimos al "sanador" con el "herido" corro el riesgo de convertirme en un salvador, asumiendo toda la responsabilidad por ti. Mi ayuda, mi intervención, en realidad puede disminuir tu capacidad de sanidad y puede hacer que te centres en mí en lugar de centrarte en Dios.

Tampoco puedo acercarme a ti desde mi herida y ayudarte con tu herida; en esta situación es probable que nos dañemos unos a otros. Si unimos la "herida" a la "herida", comparto y revivo mi herida cuando respondo a tu dolor. Nuestra identificación mutua solo puede intensificar nuestro dolor mientras derramo mi herida sobre tu herida y viceversa.

Cuando nos encontremos "heridos" con "heridos" y "sanadores" con "sanadores" no nos contagiaremos mutuamente, sino que podremos estar en presencia unos de otros con comprensión y apoyo. No nos apresuramos a rescatarnos unos a otros, sino que atraemos el poder de sanidad de Dios en la vida del otro.

Es solo cuando yo, en mi conciencia de mi propia herida y mi aceptación de la sanidad de Dios en mi vida, puedo acercarme a ti en tu herida, así como a tu capacidad para sanar, que el Espíritu es liberado para trabajar en y por nuestra relación para nuestra mutua sanidad. Tratar de sanar de alguna otra manera finalmente fracasará.

Es cuando mi herida y capacidad de curar se conectan con tu herida y tu capacidad para sanar que experimentamos la sanidad. Es cuando "un abismo llama a otro" (Sal 42: 7) que la sanidad ocurre. Esta es nuestra esperanza para ti en tu ministerio de sanidad a los demás.

Una frase de una oración matutina celta captura nuestra oración por ti, y tal vez puedas decirla mientras comienzas un día de consejería: "Para que pueda estar bien con mi propia alma y pueda ser parte de la curación del mundo de este día" (Newell, 2000, p. 41).

RESPUESTAS PARA LAS ACTIVIDADES DE LOS CAPÍTULOS

CAPÍTULO 3

Inténtalo

En los espacios que siguen, identifica el tipo de petición que el aconsejado está haciendo. Las respuestas se pueden encontrar en el apéndice A al final del libro. Las opciones incluyen (1) petición de actuación, (2) petición de información, (3) petición de comprensión y participación y (4) petición de interacción incorrecta.

1. Aconsejado: Antes de sentarme y sumergirme en lo que ha sucedido esta semana, necesito usar su baño urgentemente. ¿Dónde está?

Tipo de petición: *petición de información*

2. Aconsejado: ¡No te lo vas a creer! ¡Esta semana recibí una beca completa para la universidad de mis sueños! ¡Estoy muy emocionada!

Tipo de petición: *petición de comprensión y participación*

3. Aconsejado: Hoy tengo una migraña terrible. ¿Podríamos apagar las luces de arriba y solo tener las lámparas de mesa encendidas?

Tipo de petición: *petición de acción*

4. Aconsejado: Ni siquiera sé por dónde empezar, ¡esta semana ha sido tan horrible! Mi niñera renunció anoche. ¡No sé lo que voy a hacer la próxima semana porque se suponía que ella iba a cuidar de los niños de miércoles a viernes, mientras mi marido y yo estamos en viajes de negocios!

Tipo de petición: *petición de comprensión y participación*

5. Aconsejado: ¡Uf!, acabo de conocer a la otra consejera en el pasillo. No sé cómo puedes trabajar con ella. Parece muy mala y bastante presumida también.

Tipo de petición: *petición de implicación inapropiada*

6. Aconsejado: Acaban de diagnosticar a mi hijo con TDAH. Sé que es una de tus especialidades, así que ¿me puedes contar un poco sobre eso?

Tipo de petición: *petición de información*

7. Aconsejado: Acaban de diagnosticarle Alzheimer a mi madre, y estoy tan agobiada. No sé nada acerca de cómo cuidar a alguien con demencia, y hay tantas cosas de las que hacerse cargo. Ojalá hubiera un libro de *Alzheimer Para Novatos* que pudiera leer.

Tipo de petición: *petición de comprensión y participación*

CAPÍTULO 5

Inténtalo

Aconsejada: Anoche fue mi último recital de baile del año. Mi papá dijo que iba a venir, pero en el último minuto le envió un mensaje de texto a mi mamá para decirle que no iba poder venir. Es la tercera vez este mes que prometió venir con nosotras a algún, pero luego no viene. No supe que él no estaba allí hasta después del recital, que fue mejor porque realmente hice un buen trabajo y me temo que lo hubiera hecho peor más si hubiera sabido que él había vuelto a ausentarse.

¿Cuál es el contenido? Identifica todo lo que puedas

Quién (¿quién está involucrado en esta historia? Enuméralos a todos): la aconsejada, su papá y su mamá

Qué (¿qué ocurrió?): En su último recital de danza del año, su papá mandó un mensaje para decir que no le daba tiempo de llegar, la aconsejada lo supo después del recital

Cuándo (¿cuándo ocurrieron estos hechos?): Anoche

Dónde (¿tuvo lugar esta historia?): Desconocido

Cómo (¿cómo ocurrieron estos hechos o llegaron a suceder?) Papá escribió a mamá, la aconsejada lo descubrió después del recital

---

Actividad para cualquier momento

Encuentra los hechos

Escenario 1:

Aconsejado: ¡Dios mío, no te vas a creer el fin de semana que he tenido! ¡Fue simplemente el mejor! El viernes mi mejor amigo me sorprendió y vino a la ciudad para mi trigésimo cumpleaños. Fuimos a mi restaurante favorito para la cena, y luego el sábado fuimos a desayunar antes de pasar el día de excursión. Luego por la noche, mi amigo había citado a un grupo de amigos para que nos reuniésemos en mi restaurante favorito para la cena y karaoke. ¡Fue simplemente un fin de semana increíble!

Consejero: *En otras palabras, tuviste un fin de semana lleno de acontecimientos cuando tu mejor amigo te hizo una visita sorpresa para celebrar tu cumpleaños.*

Escenario 2:

Aconsejado: Simplemente no sé lo que voy a hacer. Ayer supe que mi empresa está reduciendo el número de trabajadores. Mi jefe me informó que al menos la mitad de nuestro departamento estará sin trabajo para finales de año. No sé qué hacer.

Consejero: Lo que te estoy escuchando es que hace poco supiste que la mitad de tu departamento podría estar sin trabajo para finales de año.

Escenario 3:

Aconsejado: La fiesta de graduación es en dos semanas, ¡y estoy muy emocionada! Jack me pidió que fuera con él, y no podría estar más feliz. Compré un vestido azul precioso con lentejuelas; hace que mis ojos brillen realmente de felicidad. Jack y yo vamos a salir con mi amiga Kate y su novio, Zach. ¡Va a ser la mejor noche!

Consejero: *En otras palabras, el baile se acerca, tienes vestido azul precioso, y tendrás que ir como si fuese una cita doble.*

Escenario 4:

Aconsejado: El partido de fútbol de mañana es muy importante. Mi entrenador ha dicho que los ojeadores de las tres universidades más importantes vienen a verme jugar. Este juego podría marcar la diferencia entre una beca universitaria o trabajar para la universidad.

Consejero: *Lo que te oigo decir es que los ojeadores que vienen al partido mañana por la noche podrían ofrecerte una beca.*

Escenario 5:

Aconsejado: La próxima semana voy a China para un viaje de negocios. Nunca he estado en Asia antes, y estoy un poco nervioso, no estoy muy seguro de qué esperar. Además, este es un gran negocio para nuestra compañía, y quiero asegurarme de que todo salga según lo previsto.

Consejero: En otras palabras, viajarás a China la próxima semana por asunto de negocios, y este viaje es significativo por varias razones.

Comprueba tu comprensión

1. Aconsejado: Estoy muy confundido con tantas emociones diferentes. Mi hermano fue arrestado por posesión de drogas anoche. Es la tercera vez que lo arrestan, y no sé si podrá cambiar su vida.

Consejero:

a. Tu hermano fue arrestado anoche por tercera vez.

Clasificación: *comparable*

Explicación: *En cuanto al contenido, esta reflexión capta los elementos principales de la historia del aconsejado. Lo único que se omite es que es el tercer arresto del hermano, y dependiendo del aconsejado y del contexto, eso puede o no ser de gran importancia.*

b. Te preocupa que tu hermano haya sido arrestado.

Clasificación: *aditivo*

Explicación: *Esta respuesta incluye una posible reflexión de la emoción del consejero y por lo tanto es aditiva, ya que el contenido que refleja no incluye ninguna explicación o reflexión afectiva.*

c. Tu hermano tiene un problema serio con el consumo de drogas.

Clasificación: *aditiva*

Explicación: *Esta declaración hace una suposición y un juicio evaluativo sobre el hermano del aconsejado, que puede o no estar consumiendo las drogas que se le acusa de tener en su poder.*

d. Ayer fue un día duro.

Clasificación: *sustractiva*

Explicación: *Esta reflexión es sustractiva porque no refleja al aconsejado los hechos de la historia, haciendo al aconsejado preguntarse si el consejero realmente escuchó alguno de los detalles.*

2. Aconsejada: ¡No te vas a creer todo lo que ha pasado desde la última vez que te vi! ¡Mi mejor amiga decidió mudarse de otro estado a solo al final de la calle donde yo vivo, además de que me ascendieron en el trabajo, y gané unas vacaciones en la estación de radio! Es como si cada área de mi vida fuera perfecta ahora mismo.

Consejero:

a. Lo que te oigo decir es que ha pasado mucho desde que te vi por última vez.

Clasificación: *sustractiva*

Explicación: *Aunque es precisa, esta reflexión pierde la oportunidad de reflejar lo mucho que sucedió para la aconsejada en varias áreas de su vida.*

b. En otras palabras, ¡en un período muy corto de tiempo algo maravilloso ha sucedido en varias áreas de su vida!

Clasificación: *comparable*

Explicación: *La declaración refleja con precisión los múltiples elementos que son importantes para la aconsejada.*

c. Han pasado muchas cosas buenas desde que te vi por última vez, pero aún no tienes novio.

Clasificación: *tanto aditiva como sustractiva*

Explicación: *Aparte de ser mezquina, esta afirmación es aditiva en cuanto a que añade contenido que la aconsejada no ha incluido, y es sustractiva porque no refleja los hechos o hechos significativos que están presentes en la historia de la aconsejada.*

d. Tu vida es perfecta.

Clasificación: *tanto aditiva como sustractiva*

Explicación: *Esta afirmación es aditiva ya que generaliza el contenido de la aconsejada acerca de las* áreas *específicas de su vida para incluir toda su vida, y es sustractiva en que no refleja los detalles importantes que la aconsejada comunicó.*

CAPÍTULO 6

Inténtalo

Escenario 1:

Aconsejada: Anoche fue mi último recital de baile del año. Mi papá dijo que iba a venir, pero en el último minuto le envió un mensaje de texto a mi mamá para decirle que no iba poder venir. Es la tercera vez este mes que promete venir con nosotras a algún sitio, pero luego no viene. No supe que él no estaba allí hasta después del recital, que fue mejor porque realmente hice un buen trabajo y creo que lo hubiera hecho peor si hubiera sabido que él había vuelto a ausentarse.

Emociones explícitas: *decepcionada (-)*

Emociones implícitas: *daño (-), decepción (-), alivio (+), rechazo (-), sin importancia (-)*

(Nótese que otras emociones implícitas pueden estar presentes, pero es probable que caigan dentro de las mismas categorías generales de las enumeradas)

Reflejo del sentimiento, opción 1: Te sientes decepcionada.

Reflejo del sentimiento, opción 2: Te sientes herida.

Reflejo del sentimiento, opción 3: Te sientes decepcionada.

(Ten en cuenta que cualquiera de las opciones dadas sería igualmente apropiada, y la respuesta probablemente dependerá de la personalidad del consejero, la relación con el aconsejado y el contexto circundante).

Escenario 2:

Aconsejado: ¡No me lo puedo creer! ¡Esta semana recibí una beca completa para la universidad de mis sueños! ¡Estoy tan emocionado que no me lo puedo creer! Me siento como en un sueño. Nunca imaginé que esto se haría realidad. Tengo muchas cosas que hacer de aquí a agosto. Mi cabeza da vueltas de la emoción.

Emociones explícitas: *emocionado (+), en un sueño (+), dando vueltas (+)*

Emociones implícitas: *entusiasmado (+), sorprendido (+), abrumado (+)*

(Ten en cuenta que tanto para "dando vueltas" como para "abrumado" la emoción podría ser positiva o negativa dependiendo del contexto).

Reflejo de la emoción: *¡Te sientes eufórico!*

Comprueba tu comprensión

1. Aconsejado: ¡Estoy tan enojado, no puedo creer que mi hermano empeñara mi batería!

Consejero: No puedo creer que hiciera eso. ¿Para qué la empeñó?

Clasificación: *sustractiva*

Explicación: *Esta respuesta no tiene reflexión de la emoción y por lo tanto es sustractiva. Utiliza un comentario inapropiado del consejero y formula una pregunta que no es relevante para el proceso del aconsejado.*

Consejero: Te sientes un poco molesto.

Clasificación: *sustractiva*

Explicación: *Si bien "molesto" puede ser un reflejo preciso, agregar "un poco" a la reflexión sirve para minimizar la relevancia o aceptabilidad del sentimiento del aconsejado.*

Consejero: Te sientes enfadado.

Clasificación: *comparable*

Explicación: *La palabra enfadado es un sinónimo comparable a la palabra enojado del argot del aconsejado.*

Consejero: Tu hermano empeñó tu batería.

Clasificación: *sustractiva*

Explicación: *Si bien esta es una reflexión de contenido bien formulada, no incluye la emoción y por lo tanto es sustractiva.*

2. Aconsejado: ¡No me lo puedo creer! ¡Me aceptaron en Harvard para la escuela de derecho!

Consejero: ¡Te sientes eufórico!

Clasificación: *comparable*

Explicación: *El uso de declaraciones de exclamación por parte del aconsejado, junto con su declaración de incredulidad, comunican su alto nivel de emoción.*

Consejero: Estás emocionado porque has entrado en Harvard.

Clasificación: *aditivo*

Explicación: *Si bien la emoción en esta reflexión ("emocionado") es comparable y precisa, la inclusión de una explicación de por qué el asesor se siente emocionado hace que este sea una adición a la reflexión. Recuerda esto para el capítulo siete, ya que es una reflexión empática perfectamente formulada.*

Consejero: ¿Qué especialidad te gustaría practicar?

Clasificación: *sustractiva*

Explicación: *Esta respuesta no tiene reflexión afectiva y por lo tanto es sustractiva. Hace una pregunta que no es relevante para el proceso del aconsejado en este momento.*

Consejero: Te sientes sorprendido.

Clasificación: *comparable*

Explicación: *Dada la exclamación de incredulidad del aconsejado, esto puede ser una reflexión de la emoción muy precisa.*

3. Aconsejado: Simplemente no lo entiendo. Estudié, estudié y estudié. ¿Cómo he podido suspender el examen parcial?

Consejero: Te sientes traicionado.

Clasificación: *aditiva (si es preciso)*

Explicación: *La traición es una palabra muy fuerte que va más allá de lo que el aconsejado afirma explícitamente. Si el aconsejado aclara que la palabra traición se ajusta a lo que realmente está experimentando, entonces es aditiva. Si el aconsejado no estaba tratando de implicar que su fracaso en la prueba se debió a la traición o la manipulación de otra persona, entonces traicionado añade significativamente a lo que podría ser una decepción, desánimo, confusión o enojo.*

Consejero: Te sientes muy desanimado.

Clasificación: *comparable*

Explicación: *El uso del modificador de realmente añade peso o énfasis a la palabra afectiva desanimado. Este amplificador refleja el nivel de confusión o incredulidad que expresa el aconsejado.*

Consejero: Hombre, eso es realmente decepcionante.

Clasificación: *sustractivo*

Explicación: *Mientras que el aconsejado se puede estar sintiendo decepcionado, esta reflexión coloca la emoción en la situación en lugar de en el interior del aconsejado.*

Consejero: Te sientes confiado.

Clasificación: sustractivo

Explicación: *Mientras que el aconsejado se sentía confiado antes del examen, confiado no es como se siente ahora. Como tal, esta reflexión de la emoción ignora la emoción actual del aconsejado y por lo tanto es sustractiva.*

CAPÍTULO 7

Comprueba tu comprensión

1. Aconsejado: Todos los días en la escuela Jayden me quita mi almuerzo. No quiero ser un chivato, pero la verdad es que me quedo hambriento.

Consejero: Amigo, eso muy desagradable.

Clasificación: *nivel 1 de empatía*

Explicación: *Aunque la respuesta reconoce mínimamente la calidad negativa de la situación del consejero, la respuesta es poco profesional, minimiza la emoción del aconsejado y no refleja realmente una palabra afectiva o el contenido de la situación del aconsejado.*

Consejero: Te sientes confundido acerca de qué hacer cuando Jayden te quita tu almuerzo.

Clasificación: *nivel 3 de empatía*

Explicación: *Dependiendo de la personalidad, conducta y declaración del aconsejado, la palabra afectiva aquí podría ser confundido (realmente no sabe qué hacer), enfadado o frustrado. Esta respuesta refleja con exactitud el sentimiento y el contenido del aconsejado sin hacerlo más grande o más pequeño de lo que el aconsejado comunicó.*

Consejero: ¡Qué idiota! Seguro que te está volviendo loco.

Clasificación: *nivel 1.5 de empatía*

Explicación: *En esta respuesta, la palabra afectiva puede ser exacta, pero se presenta de una manera que le "dice" al aconsejado cómo sentirse en lugar de reflejar cómo se siente. También es muy inapropiado devaluar o insultar a una tercera parte.*

Consejero: Recuerdo cuando estaba en tercer grado y un chico, Tyler, siempre me quitaba mi almuerzo. Finalmente, un día, le di un puñetazo, ¡y de ahí en adelante nunca lo volvió a hacer!

Clasificación: *nivel 1 de empatía*

Explicación: *Esta respuesta ignora por completo los sentimientos del aconsejado y centra la atención de la conversación en el aconsejado, utilizando el villano verbal del historiador.*

2. Aconsejado: Pastor Tim, de verdad quiero ir al campamento de la escuela este fin de semana, pero rompí el toque de queda la semana pasada, y mis padres dijeron que no puedo ir. ¡Es que no es justo!

Consejero: Parece que estás enojado porque algo que hiciste la semana pasada afecta lo que quieres hacer esta semana.

Clasificación: *nivel 3 de empatía*

Explicación: *Se reflejan tanto los sentimientos como el contenido de la declaración del aconsejado, y se hace sin juicio, avenencia o sin tomar partido.*

Consejero: Bueno, supongo que te lo buscaste, ¿eh? Si no hubieras roto el toque de queda, podrías ir. Quizás la próxima vez pienses un poco más en las consecuencias.

Clasificación: *nivel 1 de empatía*

Explicación: *Esta respuesta utiliza al villano verbal de verdugo, culpando al aconsejado por sus sentimientos.*

Consejero: Lo siento mucho, Kaitlyn, sé que querías ir al campamento con los demás. Quizás la próxima vez.

Clasificación: *nivel 1,5 o 2 de empatía*

Explicación: *Esta respuesta no tiene reflexión afectiva e intenta rescatar al aconsejado de su emoción negativa.*

Consejero: Tal vez deberías hablar con tus padres de nuevo y ver si pueden cambiar tu castigo para otro fin de semana.

Clasificación: *nivel 1 de empatía*

Explicación: *Esta respuesta no tiene reflexión afectiva, intenta decirle al aconsejado qué debe de hacer y tiene el potencial de socavar la relación padre-hijo.*

3. Aconsejado: Simplemente no sé qué hacer. Es mi último año de universidad, y todos mis amigos saben exactamente lo que quieren hacer con sus vidas, y muchos de ellos ya tienen trabajos preparados, pero me siento tan confundido como antes de comenzar la universidad. Ojalá hubiera sabido lo que Dios quería para mi futuro.

Consejero: Puede ser muy difícil navegar en medio de transiciones importantes de la vida cuando estás confundido sobre dónde vas y lo que Dios quiere para ti.

Clasificación: *nivel 2 de empatía*

Explicación: *Esta respuesta implica que el aconsejado puede estar confundido, pero no lo refleja directamente, distanciando así al aconsejado de la emoción de la situación.*

Consejero: Me pregunto a quién le habrás hablado sobre este dilema y qué tipo de sugerencias te han hecho.

Clasificación: *nivel 1 de empatía*

Explicación: *Esta respuesta salta a la resolución de problemas sin ningún tipo de reflexión. También le quita la responsabilidad del dilema al aconsejado.*

Consejero: Bueno, Jacob, creo que te conozco muy bien, y siempre me he preguntado si Dios te estaba llamando a las misiones. Te encanta la gente, te gusta aprender sobre nuevas culturas y aprendes idiomas fácilmente. No lo sé, pero quizás es algo que debes considerar.

Clasificación: *nivel 1 de empatía*

Explicación: *Esta responsabilidad no refleja el contenido ni la emoción, y va directa a dar consejos.*

Consejero: Al mirar tu vida después de que la universidad va llegando a su fin, te sientes realmente inseguro acerca de lo que está por venir.

Clasificación: *nivel 3 de empatía*

Explicación: *Esta respuesta refleja con precisión la sensación de "incertidumbre" y el contenido de qué hacer después de la universidad.*

4. Aconsejada: ¡Mi esposo y yo no conseguimos ponernos de acuerdo! No puedo seguir teniendo la misma pelea una y otra vez. ¡Es enloquecedor!

Consejero: Te sientes desesperada por el conflicto que hay entre tú y tu esposo.

Clasificación: *nivel 3 de empatía*

Explicación: *Esta respuesta resume con precisión el contenido de la declaración de la aconsejada, al mismo tiempo que refleja la intensidad de la emoción de la aconsejada (desesperada).*

Consejero: Estás frustrada porque tu marido y tú no podéis encontrar una resolución en este asunto.

Clasificación: *nivel 3 de empatía*

Explicación: *Esta también sería una respuesta apropiada, ya que refleja con exactitud el contenido y ya que frustrada entra dentro de la misma categoría de la emoción al igual que exasperada y crispada, aunque ligeramente en un nivel menor.*

Consejero: Hombre, eso es realmente desagradable. Odio cuando mi cónyuge y yo no podemos llegar a un acuerdo. No sé cómo has aguantado tanto tiempo.

Clasificación: nivel 1 de empatía

Explicación: *Esta respuesta convierte lleva completamente la atención de la conversación hacia el consejero y también agrega juicio tanto al aconsejado como a su cónyuge.*

Consejero: Al menos tu marido te habla. Eso es una mejora respecto al mes pasado. Sé que sería bueno si pudierais llegar a un acuerdo, pero mira el lado positivo.

Clasificación: *nivel 1 de empatía*

Explicación: Esta respuesta anula la emoción del aconsejado y trata de poner un parche a la situación diciéndole al aconsejado cómo debe mirar la situación.

5. Aconsejado: Estoy muy triste. Mi hija, su marido y sus tres hijos se mudarán a finales del próximo mes. Nuestra familia siempre ha vivido tan cerca, y ahora se están yendo al otro extremo del país. Sé que es la decisión correcta, y es por el propio bien de ellos, en lo que respecta al crecimiento personal y profesional, pero estoy muy triste de ver que se marchan.

Consejero: Entiendo completamente tu tristeza. Es difícil ver a la familia alejarse.

Clasificación: *nivel 2 de empatía*

Explicación: *Esta respuesta sitúa la emoción (tristeza) fuera del aconsejado transformándolo en algo que el consejero "entiende" en lugar de reflejarlo como una emoción que el aconsejado posee.*

Consejero: ¿Por qué se están yendo tan lejos? ¿Uno de ellos consiguió un trabajo realmente bueno, o no podían encontrar algo aquí en la zona?

Clasificación: *nivel 1 de empatía*

Explicación: *El villano verbal del detective domina esta respuesta, pidiendo detalles de curiosidad para apaciguar al consejero en lugar de facilitar el proceso del aconsejado. No hay reflejo de la emoción o del contenido.*

Consejero: Sientes un sabor agridulce al ver a tus hijos tomar buenas decisiones para ellos cuando esas mismas buenas decisiones les alejan de ti.

Clasificación: *nivel 3 de empatía*

Explicación: *La palabra agridulce es afectiva y capta con precisión la naturaleza conflictiva en la declaración del aconsejado. El contenido aquí reflejado resume con precisión todo el concepto en lugar de simplemente los detalles.*

Consejero: Sé que es triste, ¡pero piensa en lo divertido que será visitarlos en su nuevo hogar y todos los grandes recuerdos que podréis tener explorando su nueva ciudad!

Clasificación: *nivel 1.5 de empatía*

Explicación: *Mientras la emoción está presente, esta respuesta coloca la emoción en la situación ("es triste") en lugar de colocarla dentro del aconsejado. Esta respuesta también trata de decirle al aconsejado cómo debe mirar la situación en lugar de reflejar cómo ve la situación.*

Inténtalo

Sección A:

1. Aconsejada: ¡No puedo creerlo, me sentí tan sorprendida este fin de semana cuando David me propuso matrimonio! ¡Fue el mejor regalo de cumpleaños que recuerdo!

Sentimiento: *alegría, emoción*

Contenido: *La inesperada propuesta de matrimonio de David*

Consejero: Te sientes exaltada debido a la inesperada propuesta de matrimonio de David.

(Nota: Mientras que una palabra como sorprendida o aturdida podría ser sinónimos de estar en estado shock o los sentimientos detrás de "No puedo creerlo", el sentido general de lo que se expresa es la alegría o el júbilo. La emoción es posiblemente sustractiva; uno podría decir "muy emocionado").

2. Aconsejada: Simplemente no sé lo que voy a hacer. Mi niñera me canceló la cita para esta noche, y tengo esta cena de trabajo que en absoluto puedo faltar. Si no estoy allí, literalmente podría perder mi trabajo, y ahora solo tengo una hora para encontrar una nueva niñera.

Sentimiento: *furiosa*

Contenido: *es esencial que encuentres una niñera y no sabes cómo vas a hacerlo en tan poco tiempo.*

Consejero: Te se sientes furiosa porque es esencial que encuentres una niñera y no sabes cómo vas a hacerlo en tan poco tiempo.

3. Aconsejado: Acabo de saber que no me admitieron en la universidad que quería. Estoy muy, muy desilusionado, y ahora no tengo ni idea de lo que se supone que debo hacer el próximo otoño.

Sentimiento: *triste, desalentado, molesto*

Contenido: *tus planes de entrar en la universidad de tus sueños se han visto frustrados y no tienes un plan B*

Consejero: Te sientes desalentado porque tus planes de entrar en la universidad de tus sueños se han visto frustrados y no tienes un plan B.

4. Aconsejado: Estaba convencido de que perdí mi cartera esta mañana en el autobús, pero esta buena persona encontró mi cartera con mi tarjeta de crédito dentro y trajo la cartera a mi oficina antes del almuerzo. No sé qué habría hecho si no hubiera sido tan amable.

Sentimiento: *sorprendido, agradecido*

Contenido: *alguien se tomó la molestia de regresarte tu cartera.*

Consejero: Te sientes muy agradecido porque alguien se tomó la molestia de regresarte tu cartera.

5. Aconsejado: Trabajo muy duro, y mi jefe parece que no lo nota. Me quedo más tarde que todos los demás, me ofrezco como voluntario más que nadie, y lo único que quiero es un simple reconocimiento de que soy una parte activa de nuestro equipo. ¿Es mucho pedir?

Sentimiento: *desalentado, desmoralizado.*

Contenido: *todos tus esfuerzos para complacer a su jefe parecen haber sido en vano*

Consejero: Te sientes todos tus esfuerzos para complacer a su jefe parecen haber sido en vano.

Sección B:

6. Aconsejado: ¡Oh Dios mío, anoche fue horrible! ¡Estaba subiendo al escenario para cantar mi solo y me tropecé totalmente con nada! Mis partituras se fueron volando por todas partes cuando aterricé con mis manos y rodillas. ¡Fue horrible!

Sentimiento: *avergonzado, humillado*

Contenido: *te caíste anoche mientras subías para hacer tu número*

Consejero: Te sientes avergonzada/humillada porque te caíste anoche mientras subías para hacer tu número.

7. Aconsejado en edad infantil: No es justo, todos los niños de la escuela tienen una mochila nueva cada año, pero no yo. Mi mamá dice que la mía está todavía en buen estado y no necesito una nueva. Sé que se ve bien, ¡pero quiero una nueva como todos los demás!

Sentimiento: *molesto, decepcionado, fastidiado*

Contenido: *quieres una mochila nueva y tu mamá no te compra una*

Consejero: Te sientes molesto porque quieres una mochila nueva y tu mamá no te compra una.

8. Aconsejada adolescente: Acabo de mudarme aquí a principios de semestre, y extraño a mis viejos amigos. Es muy difícil ser la nueva y no conocer a nadie. Ojalá tuviera buenos amigos aquí, o solo algunas personas con las que pudiera pasar el rato los fines de semana.

Sentimiento: *solitaria, nostálgica*

Contenido: *acabas de mudarte y no tienes una buena red social aquí todavía*

Consejero: Te sientes sola acabas de mudarte y no tienes una buena red social aquí todavía.

9. Aconsejado estudiante: ¡Acabo de recibir mi calificación parcial de estadística y resulta que saqué un 10! ¡Estudié muy duro para ese examen, no puedo creer que he recibido la recompensa a mi esfuerzo!

Sentimiento: *emocionado, exaltado, entusiasmado*

Contenido: *tus esfuerzos resultaron en una buena nota en tu examen de estadística*

Consejero: Te sientes emocionado de que sus esfuerzos hayan dado como resultado un grado tan bueno en tu examen de estadística.

10. Aconsejado: Me siento muy triste desde de esta mañana. Tuve que llevar a mi perro al veterinario y hacer que lo sacrificaran.

Sentimiento: *triste, deprimido*

Contenido: *tuviste que sacrificar a tu perro esta mañana*

Consejero: Te sientes triste porque *tuviste que sacrificar a tu perro esta mañana.*

CAPÍTULO 8

Comprueba tu comprensión

Aconsejado 1: ¡Hoy ha sido el mejor día de la historia! De principio a fin ha sido simplemente increíble. Nunca hubiera podido pedir que fuera mejor.

Estímulo: *Cuéntame más sobre este día tan increíble.*

Pregunta abierta: *¿Qué es eso que ha sucedido hoy que es tan increíble?*

Indicador: *¡Increíble!*

Aconsejado 2: No sé qué voy a hacer. Estoy devastado por el hecho de que no recibí el ascenso en el trabajo que estaba esperando. Quiero decir, simplemente no entiendo cómo ha podido suceder.

Estímulo: *Háblame más acerca de sentirte devastada.*

Pregunta abierta: *¿Qué aspecto de no recibir el ascenso te hacen sentir tan devastado?*

Indicador: *Devastado.*

Aconsejado 3: Sé que necesito tener esta conversación con mi madre, pero es complicado.

Estímulo: *Dígame más acerca de lo que te resulta difícil.*

Pregunta abierta: *¿Qué es lo difícil de tener esta conversación?*

Indicador: *Difícil.*

CAPÍTULO 9

Comprueba tu comprensión

Aconsejado: ¡No sé lo que voy a hacer! No puedo creer que mi padre nos esté haciendo mudarnos justo antes de mi último año de escuela secundaria. ¡Es muy injusto! He vivido en esta casa toda mi vida; aquí es donde están mis amigos, donde está mi iglesia y donde están todos mis recuerdos. ¿Cómo pueden pedirme que empiece de nuevo ahora? Mis padres deberían saber que no me gustan los cambios, que no hago amigos fácilmente y que soy muy tímido. Ojalá no tuviéramos que mudarnos. Solo quiero que todo siga igual.

Consejero: Te siente enojado porque tu familia se va a mudar.

Técnica: *reflexión empática*

Clasificación de la empatía: *nivel 3*

Explicación: *La respuesta incluye el sentimiento (enojo) y el contenido (mudar) que el aconsejado ha presentado. No añade ni resta a la historia del aconsejado.*

Consejero: Te sientes asustado.

Técnica: *reflejar la emoción*

Clasificación de la empatía: *nivel 2.5*

Explicación: *Dependiendo de cómo el consejero use la comunicación no verbal con esta declaración, podría ser percibida como empatía de nivel 3, ya que refleja con precisión la emoción del aconsejado. Pero técnicamente carece de conexión con el contenido del aconsejado, lo que la hace un reflejo de la emoción y no una reflexión empática completa.*

Consejero: Mudarse es muy difícil. Yo también estaría muy molesto si fuera tú.

Técnica: *intento de empatía e intento de autenticidad/autorrevelación*

Calificación de empatía: *nivel 1*

Explicación: *La empatía puede haber sido intentada aquí, pero el consejero no la usa apropiadamente. "Mudarse es muy difícil" es un comentario sobre el contenido en lugar de directamente sobre los sentimientos del aconsejado. Por lo tanto, no está claro si difícil se refiere a emocionalmente difícil o físicamente difícil. "Yo también estaría muy molesto" no está claro. La palabra molesto podría ser un intento de reflejar el sentimiento, pero debido a que el consejero usa la primera persona, suena más como una revelación de sí mismo. Si bien discutiremos el papel de la autorrevelación en el capítulo doce, esta declaración no sigue las directrices para la técnica de autorrevelación y solo sirve para llamar la atención sobre las emociones del consejero y exacerbar al aconsejado. ¡Esto no es una buena respuesta de ninguna manera!*

Consejero: Te sientes asustado porque la estabilidad es realmente importante para ti.

Técnica: *empatía intuitiva*

Clasificación de la empatía: *nivel 4.5*

Explicación: *El aconsejado no ha hablado directamente de la estabilidad, sino que ha inferido su importancia en los demás elementos de su declaración. Además, la emoción del miedo no ha sido expresada directamente, pero la manera en que el aconsejado describe sus objeciones a tener que mudarse comunica un miedo subyacente relacionado con hacer amigos, empezar de nuevo, etc.*

Aconsejado: ¡Conseguí el trabajo! ¡Conseguí el trabajo! ¡Conseguí el trabajo! Me he esforzado tanto para esto, y no puedo creer que todo finalmente tuvo su recompensa. Desde que estaba en la escuela secundaria quería ser médico. Siempre me ha gustado ver películas y programas de televisión sobre personas que tenían enfermedades raras y ver cómo los médicos trabajan tan duro para encontrar maneras de curar a la gente. Es increíble para mí. Y, aquí estoy, ahora con un trabajo en el Centro para el Control de Enfermedades. Estar en la primera línea de combate contra la enfermedad y la muerte, pero sabiendo que podré ofrecer a alguien la oportunidad de renovar la salud, no hay mayor vocación que eso.

Consejero: Puaj, me dan náuseas solo de pensar en cualquier cosa médica.

Técnica: *intento de autorrevelación*

Clasificación de la empatía: *nivel 1*

Explicación: *Esta declaración se sale totalmente fuera del guion de cualquier técnica de consejería a tú disposición. Esta declaración no sigue las pautas para la técnica de autorrevelación (ver capítulo doce) y solo sirve para llamar la atención sobre las emociones del consejero y para minimizar los intereses y la alegría del aconsejado.*

Consejero: ¡Te sientes muy feliz por la oportunidad de trabajar para el CCE!

Técnica: *reflexión empática*

Clasificación de la empatía: *nivel 3*

Explicación: *El sentimiento de "alegría" reúne muchas de las emociones y descripciones expresadas por el aconsejado. En lugar de repetir la emoción del aconsejado, la emoción de "alegría" sirve para reflejar los sentimientos acumulativos presentados por el aconsejado. Esto no agrega a la declaración del aconsejado o a su comprensión, si no que sirve de espejo, por lo que es una reflexión empática de nivel 3.*

Consejero: Te sientes realizado trabajando como médico porque ser capaz de cuidar la salud de otros es muy importante para ti.

Técnica: *empatía intuitiva*

Clasificación de la empatía: *nivel 4*

Explicación: *Esta afirmación reúne varios elementos de la declaración del aconsejado, pero profundiza en sus motivaciones para ser médico, no solo en sus sentimientos acerca de hacer el trabajo en sí.*

Consejero: ¿Qué aspecto de ser médico te hace sentir vivo?

Técnica: *aclaración: pregunta abierta*

Clasificación de empatía: *nivel 2*

Explicación: *Si bien esta es una pregunta abierta precisa, el momento es inapropiado. El aconsejado primero necesita saber que el consejero ha escuchado su entusiasmo por haber conseguido este nuevo trabajo y estar presente con el aconsejado en ese momento de celebración. Como tal, incluso una pregunta bien formulada puede ser contraria a la empatía cuando se formula en el momento equivocado. A pesar del momento inapropiado, el consejero refleja los sentimientos con precisión.*

Aconsejado: Mi querido Joe continúa empeorando. He podido cuidar de él en casa durante el último año, pero su enfermedad del Alzheimer se está poniendo tan mal que no sé cuánto tiempo más puedo mantenerlo en casa. Después de cincuenta y siete años de matrimonio, no puedo imaginar nuestra casa sin Joe. Pero tampoco puedo pensar en cómo puedo darle el nivel de atención que necesita ahora. Me he puesto en contacto con varios asilos en la zona, y creo que sé cuál es el mejor para Joe, pero siento que le estoy fallando. Soy su esposa, yo debería ser la que se ocupe de él, eso es lo que le prometí hace cincuenta y siete años. Pero, tal vez, que lo cuiden signifique que le proporcionen un mejor cuidado de lo que yo puedo ofrecerle. ¡Oh! Voy a extrañar a Joe.

Consejero: El Alzheimer de Joe está empeorando, y no sabes qué hacer.

Técnica: *reflejo del contenido*

Clasificación de la empatía: *nivel 2*

Explicación: *Esto no es una reflexión imprecisa, pero mientras el aconsejable puede percibir "no sabes qué hacer" como reflejo de su emoción, no es en realidad una reflexión afectiva. Al comienzo de una sesión, esto puede ser muy apropiado a medida que se construye una relación con un aconsejado. Pero si ya existe una relación bien establecida, esta reflexión de contenido puede ser percibida por la aconsejada como si el consejero estuviese "detrás" de la aconsejada o no "está al día" con la profundidad emocional de la historia.*

Consejero: Te sientes fracasada porque tienes que poner a Joe en un asilo de ancianos.

Técnica: *reflexión empática*

Clasificación de la empatía: *nivel 2*

Explicación: *Mientras que la aconsejada ha dicho que ella siente fracasada, no es la emoción subyacente o incluso la predominante en su historia. Que el consejero se enfoque en esta emoción podría servir como una afirmación involuntaria a la aconsejada de que ella es de hecho un fracaso. El enfoque de esta reflexión también comunica estar "detrás" de la aconsejada, lo cual puede romper la confianza entre la aconsejada y el consejero.*

Consejero: *Te sientes desgarrada porque quieres el mejor cuidado para Joe, y eso significa ponerlo en un asilo de ancianos.*

Técnica: *reflexión empática*

Clasificación de la empatía: *nivel 3*

Explicación: *Esta declaración captura el sentimiento (desgarrada) y los dos elementos del contenido: (1) querer un buen cuidado para Joe y (2) ponerlo en un asilo de ancianos. No agrega significado, motivación o valores a la historia de la aconsejada, sirviendo así como una reflexión básica.*

Consejero: Sientes una pena profunda porque el Alzheimer se está llevando a tu marido.

Técnica: *empatía intuitiva*

Clasificación: *nivel 4*

Explicación: *Aunque esta afirmación no está en una fórmula perfecta, captura el elemento central de la empatía intuitiva: profundizar y añadir a la presentación superficial de la historia de la aconsejada. El duelo resume la causa subyacente de las otras emociones de la aconsejada. Además, su pena es tanto por la pérdida de la relación de cincuenta y siete años con su marido, como por una pérdida literal y figurativa, ya que aún no ha muerto, pero está menguando debido a su Alzheimer.*

CAPÍTULO 10

Comprueba tu comprensión

1. Aconsejado: ¡Me siento como si estuviera viviendo una telenovela!

Consejero: ¡Es como si las cosas se estuvieran saliendo de control!

Tipo de respuesta: *crear y presentar*

Evaluación: *"Saliendo de control" es una metáfora diferente. Ya sea que sea exacta o no, dependerá de cómo responda a ella el aconsejado. Por ejemplo, si el aconsejado entusiasmadamente asiente o amplía, el aconsejado se sentirá escuchado. Si responde, "¡Bueno...no realmente!" Entonces el consejero no ha recibido el mensaje.*

Consejero: No te esperabas que hubiese tanto drama en tu vida. Todo parece increíble para ti.

Tipo de respuesta: *extensiva y explicativa*

Evaluación: *El uso de la palabra drama encaja dentro de la misma metáfora de "telenovela", por lo que el significado está siendo extendido. La palabra increíble es un reflejo del sentimiento que sirve para hacer más explícito el significado implícito de la metáfora.*

Consejero: ¿Cuál sientes que es la escena más importante?

Tipo de respuesta: *extender*

Evaluación: *Usar la palabra escena es permanecer dentro de la metáfora del aconsejado.*

2. Aconsejado: Es como si me estuvieran pisoteando.

Consejero: Te sientes pisoteado y molido como el polvo.

Tipo de respuesta: *extensiva*

Evaluación: *La respuesta se mantiene dentro de la metáfora del aconsejado de ser pisoteado.*

Consejero: ¿Cómo es sentirse pisoteado?

Tipo de respuesta: *explicativa*

Evaluación: El consejero intenta averiguar más sobre el significado de la metáfora a través de la aclaración.

Es como si te sintieras despreciado, y duele mucho.

Tipo de respuesta: *explicativa*

Evaluación: *La reflexión empática se utiliza para hacer explícito lo implícito.*

3. Aconsejado: Siento que me estoy ahogando.

Consejero: Las olas son tan grandes que estás tratando de mantenerte a flote, pero sigues hundiéndote.

Tipo de respuesta: *extensiva*

Evaluación: *El consejero continúa usando la metáfora del ahogamiento.*

Consejero: Te sientes totalmente abrumado.

Tipo de respuesta: *explicativa*

Evaluación: *La reflexión empática se utiliza para averiguar más acerca de lo que el aconsejado está comunicando.*

Consejero: Es como si todo estuviera cayendo sobre ti.

Tipo de respuesta: *creación y presentación*

Evaluación: *Se utiliza una nueva metáfora para describir la experiencia del aconsejado*

CAPÍTULO 11

Comprueba tu comprensión

1. Aconsejado adolescente: ¡No es justo! Pensaba que Erin y yo éramos amigas, pero luego ella va y le habla a Stephanie de mí a mis espaldas. Quiero decir, que me parece bien si ella quiere ser así, ¡yo tampoco quiero ser su amiga!

Consejero: Eso suena como cosas normales de crías para mí.

Clasificación*: nivel 1 de confrontación; nivel 1 de empatía*

Explicación: Se *invalidó completamente la experiencia de la aconsejada (empatía de nivel uno) y pasó por alto cualquier posible discrepancia en la declaración de la aconsejada (confrontación de nivel uno).*

Consejero: Por un lado, quieres ser amiga de Erin, pero, por el otro, estás herida y quieres alejarte.

Clasificación: *nivel 3 de confrontación; nivel 3 de empatía*

Explicación: *Aborda las posibles discrepancias s mediante la reflexión; refleja los sentimientos (herida) y el contenido de la aconsejada (quiere que sean amigos y quieren alejarse).*

Consejero: ¡Que idiota! Seguro que eso te está volviendo loca.

Evaluación: *nivel 1 de confrontación; nivel 1.5 de empatía*

Explicación: *No aborda las posibles discrepancias (confrontación de nivel uno); identifica con precisión la emoción de "loca", pero sin contenido, y recurre al insulto posicionándose del lado del aconsejado (nivel de empatía 1.5).*

Consejero: Puedo decir que estás muy lastimada porque Erin ha hablado de ti en lugar de hablar contigo directamente de eso que te molesta, pero también estoy un poco confundido, porque la semana pasada me dijiste que estabas enfadada con Stephanie y hablaste con Erin al respecto ¡Pero no le dijiste a Stephanie cómo te sentías!

Clasificación: *nivel 5 confrontación; nivel 4 empatía*

Explicación: *La aconsejada no es consciente de que su amiga está exhibiendo exactamente el mismo comportamiento que ella misma ha tenido. Al señalar esto el aconsejado está, por lo tanto, llegando a algo que está por debajo de su nivel de conciencia (nivel cinco de confrontación). Al decir el consejero "yo también estoy un poco confundido" trata de usar un poco del aguijón de la confrontación y esperando que la aconsejada lo reciba sin ponerse demasiado a la defensiva. El sentimiento superficial de la aconsejada es la ira, por lo que reflejar "molesta" es empatía intuitiva (nivel cuatro de empatía). La fórmula está implícitamente ahí, aunque las palabras "por un lado", etc., no se han utilizado realmente.*

2. Aconsejado: UCLA siempre ha sido mi escuela de ensueño. ¿Quién no querría ir a la escuela en Los Ángeles? Pero, aunque he sido aceptado, acabo de saber que no obtuve becas, y no sé si puedo pagar la matrícula fuera del estado. No sé qué voy a hacer.

Consejero: Por un lado, realmente quieres ir a UCLA, pero, por otro lado, está fuera de tu presupuesto.

Clasificación: *nivel 3 de confrontación; nivel 2 de empatía*

Explicación: *refleja con precisión las aparentes discrepancias entre los deseos del aconsejado y sus finanzas (confrontación de nivel 3); mientras que el tono y la presentación podrían todavía ser experimentados como empáticos por el aconsejado, la afirmación en sí misma no vincula direc-tamente las emociones con el contenido. Sin embargo, "realmente quieres ir a UCLA" implica emoción, incluso si el lenguaje afectivo no se utiliza (empatía de nivel dos).*

Consejero: ¡Oh, Josh! Esa es una situación difícil. Ir a UCLA podría ser un sueño hecho realidad para ti, pero considerar el peso financiero de tal decisión parece haber quitado parte de la emoción inicial de haber sido aceptado.

Clasificación: *nivel 5 de confrontación; nivel 4 de empatía*

Explicación: *La confrontación es directa y aún comunica un alto nivel de respeto y cuidado por Josh y su proceso, señalando la emoción conflic-tiva que Josh está demostrando entre estar entusiasmado con su acep-tación en UCLA, pero también sentirse en conflicto o agobiado por la decisión financiera. La empatía intuitiva, nivel cuatro, se demuestra por la reflexión del consejero de que el sentimiento inicial de emoción está en conflicto con el sentimiento de necesidad de ser financiera-mente responsable.*

Consejero: Por un lado, te aceptaron en UCLA, pero, por otro lado, no obtuviste una beca.

Clasificación: *nivel 1 de confrontación; no hay empatía*

Explicación: *Si bien la declaración refleja dos partes conflictivas de contenido, no son contradicciones aparentes dentro de la historia del aconsejado, ya que no reflejan discrepancias en el comportamiento, el sentimiento o la cognición. Si el consejero hubiese dicho: "Por un lado, estás emocionado de que te hayan aceptado en UCLA, pero, por otro lado, estás decepcionado de que no hayas obtenido una beca", entonces existiría una confrontación de nivel 3. Así, mientras que parece que se ha utilizado la fórmula, realmente no ha sido así. Solo el contenido se refleja en esta afirmación, sin mención o conexión a la emoción (no hay empatía).*

Consejero: Lo siento mucho, Josh, sé que realmente querías ir a UCLA.

Clasificación: *nivel 1 de confrontación; nivel 1 de empatía*

Explicación: *Pasó por alto cualquier posible discrepancia (confrontación de nivel uno); llegó a la conclusión de que el aconsejado no asistirá a UCLA, lo que desprecia su emoción expresada de tensión o incertidum-bre en cuanto a lo que debe hacer (empatía de nivel uno).*

3. Aconsejado: Este es mi dilema. Tengo dos ofertas de trabajo increíbles encima de la mesa, que es una bendición en sí mismo. Un trabajo me permite quedarme aquí, cerca de mi familia, pero me pagan menos y no me ofrecen posibilidades de crecimiento. El otro trabajo requiere que me mueva fuera del estado, pero me pagan más y tengo más oportunidades para ascender. Amo a mi familia, pero no sé si puedo dejar pasar esta oportunidad de trabajar fuera del estado.

Consejero: Puede ser muy difícil navegar en medio de las transiciones importantes de la vida cuando estás confundido sobre dónde vas y lo que Dios quiere para ti.

Clasificación: *nivel 1 de confrontación; nivel 1 de empatía*

Explicación: *No aborda posibles áreas de confrontación (confrontación de nivel uno); espiritualiza demasiado la respuesta, dado que el aconsejado no menciona la tensión espiritual; y se niega a reflejar la tensión relacional y profesional que el aconsejado está expresando (empatía de nivel uno).*

Consejero: ¿Qué es lo que te llama tanto la atención acerca de trabajar fuera del estado?

Clasificación: *nivel 1 de confrontación; nivel 1 de empatía*

Explicación: *Si bien esta es una pregunta abierta, no afecta a las posibles discrepancias (confrontación de nivel uno), ni tampoco reconoce los sentimientos o el contenido que el aconsejado ya ha expresado en relación a aceptar el trabajo fuera del estado (empatía de nivel uno).*

Consejero: Por un lado, tu familia es muy importante para ti, pero, por otro lado, también lo es tu crecimiento profesional.

Clasificación*: nivel 3 de confrontación; nivel 3.5 de empatía*

Explicación*: Responde con precisión a las posibles discrepancias en la historia del aconsejado (confrontación de nivel 3) e identifica con precisión el alto valor que el consejero le da a la familia (empatía de nivel 3.5).*

Consejero: Josh, parece que estás realmente en un conflicto con esta situación. Estás entusiasmado con las posibilidades de ascender en el trabajo fuera del estado, pero estoy un poco confundido porque la semana pasada me dijiste que querías darle prioridad a pasar más tiempo con tu familia.

Clasificación: *nivel 4.5 de confrontación; nivel 4 de empatía*

Explicación: *Se trata de una confrontación directa que aborda una cuestión que se ha planteado anteriormente pero que no formaba parte de la discusión actual. En ese sentido, el aconsejado no parece consciente de la discrepancia flagrante (nivel 4.5). Observe que la estructura de la fórmula está implícita sin la frase "por una parte" que se está usando. El uso de la palabra* conflicto *es una ligera adición. El aconsejado no usa una palabra afectiva, pero la emoción está implícita (empatía de nivel 3.5).*

CAPÍTULO 12

Comprueba tu comprensión

Aconsejado: He estudiado muy duro para mi semestre y ayer he obtuve los resultados. ¡Tengo un diez en los cinco exámenes! ¿Puedes creerlo?

Consejero: ¡Genial, Dennis! ¡Estoy muy orgulloso de ti!

Clasificación: *nivel 4*

Explicación: *El consejero está siendo auténtico, expresando sus sentimientos espontáneamente. El comentario de "Estoy muy orgulloso de ti" podría ser un poco problemático en el sentido de que el aconsejado podría querer seguir complaciendo al consejero en lugar de encontrar motivación interna para esforzándose en la escuela. Como comentario aislado podría no tener importancia, pero si hubiera un patrón de este tipo de respuesta auténtica podría ser contraproducente a largo plazo.*

Consejero: ¡Eso es tremendo, Dennis! ¡Es una maravilla verte tan emocionado por los resultados de tu esfuerzo!

Clasificación: *nivel 4.5*

Explicación: *Esta respuesta es similar a la respuesta anterior en que el consejero comparte espontáneamente sus sentimientos. Sin embargo, es una mejor respuesta porque cuando el consejero dice, "Es una maravilla verte tan emocionado", está compartiendo su propia respuesta emocional (i.e., "maravilloso"), aunque la felicidad del consejero se centra en la emoción del aconsejado sobre los resultados de sus exámenes. Por lo tanto, hay menos probabilidad de que el aconsejado siga esforzándose en la escuela para complacer al consejero.*

Consejero: ¡Ya era hora de que te esforzaras un poco en tus estudios!

Clasificación: *nivel 1*

Explicación: *La respuesta es juiciosa, centrándose en los errores de no haber puesto esfuerzo en sus estudios en el pasado en lugar de centrarse en los aspectos positivos de la situación actual.*

Consejero: Ahora que has demostrado que sí puedes, ¡tal vez deberías de aplicar a ese master que dijiste que te interesaba!

Clasificación: *nivel 2.5*

Explicación: *Mientras que el consejero puede estar declarando auténticamente su opinión, la respuesta está dando consejos indirectamente. Las respuestas auténticas avanzadas son más directas y más respetuosas en su entrega.*

CAPÍTULO 13

Inténtalo

1. Aconsejado: Gabriel ha venido a verte porque "se siente enojado todo el tiempo". Él dice que la ira comenzó cuando él no pudo entrar en la universidad que quería y tuvo que conformarse con una escuela estatal en su ciudad natal. Gabriel dice que "desde la universidad, nada ha salido a mi manera. Es como si el mundo existiese para tenerme decaído".

Dominio(s) de crecimiento: *afectivo*

Justificación: *Gabriel parece carecer de cierta conciencia de sí mismo en cuanto al papel que desempeña en su propia historia.*

Dominio(s) de crecimiento: *cognitivo*

Justificación: *El lenguaje absolutista que Gabriel usa al decir que "nada" ha salido a su manera deja espacio para explorar dónde podría haber excepciones a esta percepción y desafiar el pensamiento de todo o nada que Gabriel está demostrando.*

2. Aconsejado: Laura es la madre de Grace, de quince años. Laura está "harta" de la continua delincuencia de Grace en la escuela y de su actitud irrespetuosa en casa. Laura ha venido a ti buscando recomendaciones sobre qué más hacer.

Dominio(s) de crecimiento: *conductual*

Justificación: *Mientras una consejería adicional podría revelar la necesidad de abordar los afectos o los dominios cognitivos, en primera instancia esto implica una estrategia de crecimiento conductual al proveer a Laura con tareas prácticas sobre cómo hablar, establecer límites y disciplinar a Grace.*

3. Aconsejado: Toma el escenario anterior, pero esta vez, Grace, de quince años de edad, es tu aconsejado. Ella está enojada con su mamá por "controlarla excesivamente" y desea que mamá "me deje sola para hacer mis cosas". Grace afirma que sus decisiones deberían afectarle solamente a ella y que no debería importarle a su mamá porque es la vida de Grace.

Dominio(s) de crecimiento: *afectivo*

Justificación: *Grace parece no tener conciencia de cómo su comportamiento y actitud afectan a los que la rodean. Puede ser beneficioso ayudar a Grace a concentrarse en desarrollar una mayor conciencia de sí misma en cuanto a los motivos y objetivos detrás de su comportamiento, así como la implicación de esos comportamientos en los que la rodean.*

4. Aconsejado: Diane es una mujer soltera de treinta y ocho años que nunca ha estado casada. Ha venido a consejería porque su relación más reciente acaba de terminar después de tres años. Te dice que parece no encontrar alegría o el significado de la vida y siente como si Dios no cuidara de ella o de su felicidad. Ella niega cualquier idea suicida, pero siente que su vida es un desperdicio de monotonía sin sentido.

Dominio(s) de crecimiento: *cognitivo*

Justificación: *Similar a Gabriel, el lenguaje de Diane está todo en el lado "negativo" de la escala emocional. Utilizar las técnicas de replanteamiento y confrontación podría ser útil para Diane.*

Dominio(s) de crecimiento: *afectivo*

Justificación: *Diane también puede carecer de la capacidad de expresar la totalidad de sus emociones. El uso de empatía y empatía intuitiva con Diane puede facilitar el desarrollo de su propia autoconciencia y habilidad para permanecer en el presente en vez de ver toda su vida como una catástrofe.*

5. Aconsejado: Andrea ha venido a consejería porque tiene problemas para sentirse conectada dentro de su comunidad y de su matrimonio. Ella habla con absolutos como "nunca", "siempre", "nadie" y "todo el mundo". En concreto, afirma que "tengo que hacer *todo* el trabajo en mi matrimonio" y "no me quedará *ninguna* amiga aquí después de que Joy se mude este verano, y no quiero tener que

527

empezar de nuevo". A lo largo de su narración, escuchas casos en los que su marido, aunque aparentemente pasivo, hace intentos de conectar con Andrea, y Andrea tiene varias conexiones sociales y amigos dentro de una distancia razonable.

Dominio(s) de crecimiento: *cognitivo*

Justificación: *Andrea utiliza muchos términos absolutos en su vocabulario y parece tener algunas contradicciones aparentes en su historia (no tener amigos frente a perder a un amigo que se muda). El cuidado-atención y la eliminación de absolutos de su lenguaje puede resultar beneficioso para Andrea en aumentar su capacidad para hacer frente a situaciones que ella considera indeseables.*

6. Aconsejado: Mi jefe acaba de informarme de que tengo que ir a un viaje de negocios a final de mes. Tengo miedo mortal de volar, pero no hay otra manera de llegar a esa reunión fuera del estado. No sé qué voy a hacer.

Dominio(s) de crecimiento: *conductual*

Justificación: *Como se indica en el capítulo, las estrategias conductuales funcionan mejor cuando se trata de miedo o fobias.*

APÉNDICE B

ACTIVIDADES ADICIONALES DE APRENDIZAJE

CAPÍTULO 2

Mano a mano. Necesitarás una hoja de papel, sin líneas, y lápices de colores, rotuladores o ceras. Coloca tu mano izquierda en la hoja de papel y traza su contorno con la mano derecha. Luego, junto a ese trazo, traza tu mano derecha usando tu izquierda. ¿Qué trazo se hizo con tu mano dominante (i.e., si eres diestro, seleccionarás tu trazo a la mano izquierda)? En cada uno de los dedos trazados, escribe una sola frase adjetiva o corta que represente un punto fuerte sobre quién eres como persona o como consejero. Ahora, en el otro trazo que se hizo con tu mano no dominante, escribe un solo adjetivo o frase corta que represente un área de crecimiento o debilidad en tu vida. Colorea, decorar o modifica creativamente cada trazado. Comparte tu resultado final con un compañero.

CAPÍTULO 3

No me gusta tu tono. Con un compañero, comunica cada una de las siguientes oraciones como si estuvieras siendo genuinamente elogioso al receptor del mensaje:

1. Ese traje te queda muy bien.
2. Eres tan inteligente.
3. Este es el mejor pollo asado que he probado.

Ahora, repite cada línea, pero elije una emoción subyacente diferente, como molestia, sarcasmo, insulto o miedo. ¿Qué cambia en tu tono, la velocidad del habla, la inflexión y el timbre?

Todo en mi cabeza. Esta actividad te pide que observes lo que percibes de ti mismo en un ambiente público o social con la intención consciente de observar tus propias técnicas de percepción. Por ejemplo, mientras entras en tu tienda de comida local, observa a la gente que te rodea y perfecciona realmente. ¿Quién a tu alrededor es más rico? ¿Pobre? ¿Quién ha tenido un día difícil? ¿Quién se siente entusiasmado con la vida? ¿Cuáles son las emociones que lees en la cara de la cajera? ¿En qué basas tus percepciones?

Esta misma actividad se puede hacer en una fiesta o un domingo por la mañana cuando entras en la iglesia. Para ir un paso más allá, podrías involucrar a alguien a tu alrededor y comprobar tus percepciones con ellos, buscando confirmación y refutación de tus observaciones.

Diversión de la telenovela. A pesar de sus líneas de argumentos a menudo raciales o inmorales, las telenovelas son buenas para algo: percibir. Pon una telenovela que hayas grabado (o está disponible en línea) y observa lo suficiente para obtener la esencia de lo que está pasando en el programa, a continuación, silencia el volumen. ¿Que ves? ¿Cómo se siente un personaje con respecto el otro? ¿Es su conversación amorosa, despectiva, llena de dolor o sospechosa? ¿Qué notas sobre las expresiones faciales, movimientos corporales y uso del espacio en la habitación? Activa y reproduce la misma escena, pero con volumen esta vez. ¿Qué tan exactas fueron sus percepciones? ¿Qué contribuyó o restó a tu exactitud?

CAPÍTULO 4

Espejito, espejito. Esta actividad requiere grupos de tres y probablemente requerirá que los participantes tengan la capacidad de mover sus sillas alrededor. Asígnense los roles de (1) el consejero, (2) el aconsejado y (3) el observador. Organizar las sillas para que el consejero y el consejero estén uno frente al otro y para que el consejero pueda sentarse en S.I.C.A.R. El observador debe sentarse al lado y ligeramente detrás del aconsejado, también frente al consejero. En esta actividad, los roles se asignarán como de la siguiente manera:

Aconsejado: Dile a tu consejero acerca de alguien en tu vida a quien admiras o consideras ser tu héroe. ¿Quién es esta persona? ¿Qué papel ha desempeñado esta persona en tu vida? ¿Qué te gusta o admiras de esa persona? ¿Qué es verdad sobre esta persona que desearías que fuese verdad sobre ti?

Consejero: Usando solamente las técnicas discutidas en este capítulo, escucha la historia de tu colega. Recuerda permanecer en S.I.C.A.R., no hablar y vigilar tus expresiones faciales.

Observador: Frente al consejero, es tu trabajo reflejar cada movimiento físico, expresión facial y forma no verbal de comunicación exhibida por el consejero. Eres el espejo humano del consejero.

Después de esta conversación de dos a tres minutos, interrogaos como grupo y discutid lo siguiente:

1. ¿Cómo fue para el consejero no poder usar palabras?
2. ¿Qué notó el consejero sobre su propio físico? ¿Su comodidad en la silla? ¿Su capacidad para permanecer enfocado en el aconsejado? ¿Las percepciones de su rostro y cuerpo mientras escuchaba al aconsejado?
3. ¿Qué observó el consejero en el "espejo"?
4. ¿Cómo fue para el aconsejado compartir su historia sin ningún comentario verbal por parte del consejero?
5. ¿Qué notó el observador acerca de la presencia del consejero y de la comunicación no verbal?

Intercambiad los papeles y repetidlo hasta que todos hayan practicado cada papel al menos una vez.

Inténtalo: *villanos verbales*. Repasa los villanos verbales discutidos en el capítulo cuatro y contesta las siguientes preguntas para cada uno.

El coach

1. ¿Cocones a alguien que utilice este villano verbal en particular en sus conversaciones interpersonales o de ayuda? ¿Cómo te sientes cuando esta persona responde de tal manera?

_____

_____

2. ¿Cuál es probablemente la intención positiva del consejero que se acerca a un aconsejado o a una historia de un aconsejado desde esta perspectiva?

_____

_____

3. ¿De qué manera este villano verbal puede ser ineficaz o perjudicial para una relación de consejería?

_____

_____

4. Proporciona un ejemplo cómo podría esto verse en una conversación en la vida real.

_____

_____

El detective (alias el periodista)

1. ¿Cocones a alguien que utilice este villano verbal en particular en sus conversaciones interpersonales o de ayuda? ¿Cómo te sientes cuando esta persona responde de tal manera?

_____

_____

2. ¿Cuál es probablemente la intención positiva del consejero que se acerca a un aconsejado o a una historia de un aconsejado desde esta perspectiva?

_____

_____

3. ¿De qué manera este villano verbal puede ser ineficaz o perjudicial para una relación de consejería?

Actividades adicionales de aprendizaje

---

4. Proporciona un ejemplo cómo podría esto verse en una conversación en la vida real.

El diagnosticador

1. ¿Cocones a alguien que utilice este villano verbal en particular en sus conversaciones interpersonales o de ayuda? ¿Cómo te sientes cuando esta persona responde de tal manera?

---

2. ¿Cuál es probablemente la intención positiva del consejero que se acerca a un aconsejado o a una historia de un aconsejado desde esta perspectiva?

---

3. ¿De qué manera este villano verbal puede ser ineficaz o perjudicial para una relación de consejería?

---

4. Proporciona un ejemplo cómo podría esto verse en una conversación en la vida real.

El doctor

1. ¿Cocones a alguien que utilice este villano verbal en particular en sus conversaciones interpersonales o de ayuda? ¿Cómo te sientes cuando esta persona responde de tal manera?

533

2. ¿Cuál es probablemente la intención positiva del consejero que se acerca a un aconsejado o a una historia de un aconsejado desde esta perspectiva?

3. ¿De qué manera este villano verbal puede ser ineficaz o perjudicial para una relación de consejería?

4. Proporciona un ejemplo cómo podría esto verse en una conversación en la vida real.

El florista

1. ¿Cocones a alguien que utilice este villano verbal en particular en sus conversaciones interpersonales o de ayuda? ¿Cómo te sientes cuando esta persona responde de tal manera?

2. ¿Cuál es probablemente la intención positiva del consejero que se acerca a un aconsejado o a una historia de un aconsejado desde esta perspectiva?

3. ¿De qué manera este villano verbal puede ser ineficaz o perjudicial para una relación de consejería?

4. Proporciona un ejemplo cómo podría esto verse en una conversación en la vida real.

El gurú

1. ¿Cocones a alguien que utilice este villano verbal en particular en sus conversaciones interpersonales o de ayuda? ¿Cómo te sientes cuando esta persona responde de tal manera?

_____

_____

2. ¿Cuál es probablemente la intención positiva del consejero que se acerca a un aconsejado o a una historia de un aconsejado desde esta perspectiva?

_____

_____

3. ¿De qué manera este villano verbal puede ser ineficaz o perjudicial para una relación de consejería?

_____

_____

4. Proporciona un ejemplo cómo podría esto verse en una conversación en la vida real.

_____

_____

El verdugo

1. ¿Cocones a alguien que utilice este villano verbal en particular en sus conversaciones interpersonales o de ayuda? ¿Cómo te sientes cuando esta persona responde de tal manera?

_____

_____

2. ¿Cuál es probablemente la intención positiva del consejero que se acerca a un aconsejado o a una historia de un aconsejado desde esta perspectiva?

_____

_____

3. ¿De qué manera este villano verbal puede ser ineficaz o perjudicial para una relación de consejería?

_____

_____

4. Proporciona un ejemplo cómo podría esto verse en una conversación en la vida real.

_____

_____

El espíritu (no) santo

1. ¿A quién sabes que utiliza este villano verbal en particular en sus conversaciones interpersonales o de ayuda? ¿Cómo se siente cuando esta persona responde de tal manera?

_____

_____

2. ¿Cuál es probablemente la intención positiva del consejero que se acerca a un aconsejado o a una historia de un asesino desde esta perspectiva?

_____

_____

3. ¿De qué manera este villano verbal puede ser ineficiente o perjudicial para una relación de consejería?

_____

_____

4. Proporcione un ejemplo de lo que esto podría sonar en una conversación en la vida real.

_____

_____

El mago

1. ¿Cocones a alguien que utilice este villano verbal en particular en sus conversaciones interpersonales o de ayuda? ¿Cómo te sientes cuando esta persona responde de tal manera?

_____

_____

2. ¿Cuál es probablemente la intención positiva del consejero que se acerca a un aconsejado o a una historia de un aconsejado desde esta perspectiva?

_____

_____

3. ¿De qué manera este villano verbal puede ser ineficaz o perjudicial para una relación de consejería?

_____

_____

4. Proporciona un ejemplo cómo podría esto verse en una conversación en la vida real.

_____

_____

Tu villano verbal personal: _____

1. ¿Cocones a alguien que utilice este villano verbal en particular en sus conversaciones interpersonales o de ayuda? ¿Cómo te sientes cuando esta persona responde de tal manera?

_____

_____

2. ¿Cuál es probablemente la intención positiva del consejero que se acerca a un aconsejado o a una historia de un aconsejado desde esta perspectiva?

_____

_____

3. ¿De qué manera este villano verbal puede ser ineficaz o perjudicial para una relación de consejería?

_____

_____

4. Proporciona un ejemplo cómo podría esto verse en una conversación en la vida real.

_____

_____

CAPÍTULO 5

Solo los hechos. Formad grupos de dos. Con un compañero, haced turnos en el papel de consejero y consejero.

Aconsejado: Durante tres minutos, tú debes de compartir acerca de unas vacaciones o un viaje que hiciste o uno que te gustaría hacer. Habla acerca de dónde fuiste, cómo llegaste allí, quién estaba contigo, cómo fue el viaje, etc. Siéntete libre de incluir tanta descripción o detalle como consideres oportuno.

Consejero: Tú estás limitado a utilizar exclusivamente las técnicas de atender y reflejar el contenido. Escucha la historia del aconsejado y refleja el contenido que escuchas utilizando las fórmulas que se encuentran en este capítulo. Concluye la conversación con un resumen de reflexión.

Consejero de tres cabezas. En esta actividad una persona (instructor o estudiante) asume el papel de un personaje ficticio, utilizando las descripciones de los personajes a continuación. Tres estudiantes colectivamente harán las veces de consejero. En esta actividad los tres estudiantes funcionan como un consejero, capaz de combinar las respuestas de los demás y acercarse conjuntamente a la situación del aconsejado. *Solo el reflejo del contenido puede ser utilizado por el consejero de tres cabezas en respuesta a estos escenarios.*

1. Eres un estudiante de primer año en la universidad hablando con el asistente de las habitaciones para residentes. Tu nuevo compañero de cuarto escuchando música a todo volumen y lo hace hasta muy tarde. Esto está obstaculizando el hecho de que puedas estudiar y dormir.
2. Durante el fin de semana fuiste a una reunión familiar. Habla acerca de cómo fue, quién estaba allí y qué pasó. Esto puede basarse en tu familia, una familia ficticia o una combinación de los dos.
3. Eres es un jugador de fútbol/fútbol sala de la escuela secundaria que acaba de entrar al equipo de la universidad como estudiante de primer año. Le está diciendo a su pastor de jóvenes todo sobre eso.

CAPÍTULO 6

La historia sin palabras. Tu instructor buscará tres piezas de música instrumental, preferiblemente música clásica o una pista instrumental de la banda sonora de una película. Con las luces apagadas, escucha la primera pieza de música. Imagina en tu mente lo que sucede a lo largo de la canción. ¿Quien se implica? ¿Cómo se ve el paisaje? ¿Que está pasando? ¿Cuál es el estado de ánimo de la música, de la historia? ¿Se mantiene igual o cambia con diferentes movimientos? ¿Qué experimentan los participantes a lo largo de la canción? ¿Qué emociones percibes o evocas en ti mientras escuchas? Después de que la canción haya terminado, anota rápidamente tus pensamientos, sentimientos e impresiones. Comparte con la clase lo que percibiste.

Consejero de tres cabezas. En esta actividad una persona (instructor o estudiante) asume el papel de un personaje ficticio, utilizando las descripciones de los personajes a continuación. Tres estudiantes colectivamente harán las veces de consejero. En esta actividad los tres estudiantes funcionan como un consejero, capaz de combinar las respuestas de los demás y acercarse conjuntamente a la situación del aconsejado. *El consejero de tres cabezas solo puede reflejar el contenido y reflejar el sentimiento en respuesta a estos escenarios.*

1. Eres es un hombre que no está satisfecho con su trabajo, aunque provee muy bien para su familia y tiene buenos beneficios laborales.
2. Eres una chica de veintiún años cuya madre siempre la presiona para bajar de peso.
3. Eres es una estrella masculina de tenis de catorce años de edad, reconocido nacionalmente, pero prefieres pasar su tiempo libre con amigos o jugar al ajedrez o al golf recreativamente. Mamá y papá están planeando enviarte lejos para la escuela secundaria para "convertirte en un jugador de tenis profesional".

Ampliar el vocabulario afectivo. Echa un vistazo a la tabla de vocabulario afectivo al final del capítulo seis. Elige una palabra de la lista que no usas regularmente, pero que no sería incongruente o inadecuada con quien eres. Comprométete a incorporar esa nueva palabra en tus conversaciones cotidianas al menos dos veces al día durante la próxima semana. Con el tiempo esa nueva palabra se convertirá en una parte muy natural y normal de tu repertorio afectivo.

Otra versión de esta actividad es escuchar a otras personas mientras usan palabras afectivas en la conversación. ¿Usa alguien una palabra que te gusta, aprecias o te intriga? Búscalas en un diccionario para asegurarte de que entiendes su verdadero significado y luego comienza a incorporarlo como se describe anteriormente.

CAPÍTULO 7

Consejero de tres cabezas. En esta actividad una persona (instructor o estudiante) asume el papel de un personaje ficticio, utilizando las descripciones de los personajes a continuación. Tres estudiantes colectivamente harán las veces de consejero. En esta actividad los tres estudiantes funcionan como un consejero, capaz de combinar las respuestas de los demás y acercarse conjuntamente a la situación del aconsejado. *El consejero de tres cabezas solo puede reflejar el contenido, el reflejar el sentimiento y la reflexión empática en respuesta a estos escenarios.*

1. Tienes doce años y acabas de saber que vas a repetir un curso.
2. Eres una estudiante de primer año de universidad de dieciocho años de edad, que acaba de descubrir que no fue aceptada en la hermandad que escogió.
3. Eres una mujer de sesenta y cinco años cuyo marido acaba de morir. Estás sola ahora en una nueva comunidad y tienes fondos limitados.

CAPÍTULO 8

Dime más. En cada uno de los siguientes casos, subraya todos los elementos de la historia del aconsejado que parezcan imprecisos o que podrían expresarse con mayor claridad. A continuación, escribe dos declaraciones o preguntas aclaradoras diferentes que un consejero podría usar para facilitar la comprensión profunda de la historia por parte del aconsejado. Compara tus respuestas con las de un compañero y analiza las similitudes y diferencias que hay en las respuestas.

Escenario 1:

Aconsejada: ¡Oh Dios mío! ¡Oh Dios mío! ¡Oh Dios mío! No vas a creer lo que pasó esta semana. ¡Estoy más que emocionada!

Aclaración del consejero 1:

Aclaración del consejero 2:

Escenario 2:

Aconsejado: Ser adolescente es lo peor. Estoy deseando ser adulto, porque entonces podré hacer lo que quiera sin tener que informar a nadie. Estoy cansado de que mi madre se meta en mis asuntos todo el tiempo.

Aclaración del consejero 1:

Aclaración del consejero 2:

Escenario 3:

Escribe tu propio caso para un aconsejado. En parejas, intercambiad los casos y proporcionad posibles aclaraciones entre vosotros.

Aconsejado:
Aclaración del consejero 1:

Aclaración del consejero 2:

Consejero de tres cabezas. En esta actividad una persona (instructor o estudiante) asume el papel de un personaje ficticio, utilizando las descripciones de los personajes a continuación. Tres estudiantes colectivamente harán las veces de consejero. En esta actividad los tres estudiantes funcionan como un consejero, capaz de combinar las respuestas de los demás y acercarse conjuntamente a la situación del aconsejado. *El consejero de tres cabezas solo puede reflejar contenido, reflejar los sentimientos, utilizar la empatía básica y técnicas de aclaración en respuesta a estos casos.*

1. Eres una estudiante en tu último año de bachillerato, que estás comprometida y con planes casarse después de la escuela secundaria. Tu padre está teniendo dificultades para aceptar el compromiso. Hay muchos conflictos en casa, y estás pensando en mudarte e vivir con tu prometido.
2. Eres una mujer de veinte años que tiene una relación con un hombre divorciado de cuarenta años. Tus amigos están en contra de la relación.
3. Eres una mujer de unos cuarenta años que no consigue quedar embarazada. Tu esposo y tú estáis tratando de decidir entre la adopción o refinanciar la casa para pagar un tratamiento de fertilidad.

CAPÍTULO 9

Personas en tu vida. Reflexiona y luego anota tus respuestas a las siguientes preguntas. Cuando las hayas contestado, compártelas con un compañero.

- ¿Alguna vez has conocido a alguien que parece "ver dentro de tu alma"?
- ¿Qué tipo de persona parece saber lo que estás pensando y sintiendo sin que se lo digas?
- ¿De qué manera demuestra esta persona el uso de la empatía intuitiva?
- ¿Qué te gusta con respecto a estar cerca de esta persona?
- ¿Qué te hace sentir incómodo con esta persona?
- ¿Cómo podrías esa conciencia beneficiarte al desarrollar tu propia técnica del uso de empatía intuitiva?

Mi vida en una canción. Si pudieras crear una lista de reproducción de las cinco canciones que mejor capturan o resumen tu vida, ¿cuáles serían? Escríbalas abajo. A continuación, identifica los principales temas, motivaciones o valores que se expresan en esa canción. Cuando tu lista esté completa, compártela con un compañero o en grupos pequeños. Aquellos que escuchan pueden proporcionar una mayor observación sobre los posibles temas subyacentes dentro de tu selección de canciones.

1. _____

Tema:

_____

2. _____

Tema:

_____

3 _____

Tema:

_____

4. _____

Tema:

_____

5. _____

Tema:

_____

¿Cómo se relaciona esta actividad con la empatía intuitiva? Escríbelo aquí.

_____

_____

Consejero de tres cabezas. En esta actividad una persona (instructor o estudiante) asume el papel de un personaje ficticio, utilizando las descripciones de los personajes a continuación. Tres estudiantes colectivamente harán las veces de consejero. En esta actividad los tres estudiantes funcionan como un consejero, capaz de combinar las respuestas de los demás y acercarse conjuntamente a la situación del aconsejado. *El consejero de tres cabezas solo puede reflejar el contenido, reflejar el sentimiento, usar la reflexión empática básica, las técnicas de aclaración y la empatía intuitiva, en respuesta a estos casos.*

1. Eres un estudiante de secundaria que ha sido enviado por su entrenador de fútbol para reunirse con el consejero de la escuela debido a un comportamiento agresivo en el partido de anoche. Estás enojado, retraído y a la defensiva porque tienes miedo de que el entrenador te siente en el banquillo para el juego de esta noche. Estar en el banquillo significaría perder la oportunidad de que te vean jugar los ojeadores universitarios que estarán allí y así perder la oportunidad de ir a la universidad con una beca deportiva. Nadie sabe lo importante que es la universidad para que puedas ayudar a proveer para tu familia en el futuro.

2. Ha descubierto recientemente que su pareja te ha sido infiel. No estás segura si deseas dejarlo o continuar y hacer que funcione. Tenéis un hijo juntos.

3. Eres una mujer de negocios que se siente despreciada por la familia de su marido porque trabaja fuera de casa, lo que requiere que los niños vayan a la guardería.

CAPÍTULO 10

Cuidando las metáforas. En grupos pequeños o como clase, elaborad una lista conjunta de tantas metáforas diferentes como sea posible. Podéis usar las que se proporcionan en este capítulo como trampolines para el proceso de pensamiento. Observad especialmente de las metáforas que tienen matices culturales o geográficos, tomando tiempo para explicar metáforas desconocidas para vosotros.

Jugando con las metáforas. En grupos pequeños, haced que un individuo del grupo presente una metáfora (o elija una metáfora del ejercicio anterior). Los otros en el grupo pueden entonces escoger una de las tres estrategias de Strong: (a) explicar, (b) extender o (c) crear y presentar. La siguiente persona puede elegir otra de las categorías de Strong, y así sucesivamente, hasta que se hayan utilizado las tres. Luego pedid a alguien más que presente una metáfora y continúe el proceso.

Actividades adicionales de aprendizaje

CAPÍTULO 11

Consejero de tres cabezas. En esta actividad una persona (instructor o estudiante) asume el papel de un personaje ficticio, utilizando las descripciones de los personajes a continuación. Tres estudiantes colectivamente harán las veces de consejero. En esta actividad los tres estudiantes funcionan como un consejero, capaz de combinar las respuestas de los demás y acercarse conjuntamente a la situación del aconsejado. *El consejero de tres cabezas solo puede reflejar el contenido, reflejar los sentimientos, usar la empatía, aclaraciones y la confrontación, en respuesta a estos escenarios.*

1. Eres un estudiante que no está seguro de qué carrera estudiar.
2. Has estado trabajando en un puesto de trabajo sin ninguna gratificación durante ocho años y quieres encontrar algo nuevo, pero temes lo desconocido y el efecto en los amigos y la familia. La mayoría de tus amigos son de tu trabajo, y proporciona estabilidad financiera básica para tu familia.
3. Estás en una relación y comprometida (tres años), pero uno de tus ex ha comenzado a llamarte de nuevo. Nunca lo superaste. Los sentimientos antiguos y nuevos están empezando a aflorar.

CAPÍTULO 12

En este momento. Para esta actividad necesitarás una revista con varias imágenes. También puedes compilar una colección de al menos cinco a diez imágenes que incluyan una variedad de personas, lugares, artículos, etc. Con un compañero, mira una imagen o foto a la vez y escribe la primera palabra descriptiva o frase que viene a la mente (p. ej., *pacífico, magnífico, enfadado, odioso, celoso o feliz*). La clave de esto es no sobrepensar o razonar tu respuesta, solo escríbela. Cuando hayas pasado por la colección, vuelve atrás y comenta con tu compañero cuál fue tu reacción y explícale de dónde piensa que la reacción vino de tu interior. En muchos sentidos, esta actividad es de autenticidad, inmediatez y autorrevelación, al mismo tiempo. A continuación, reflexiona sobre qué imágenes eran más fáciles o más difíciles para mostrarte genuino y por qué.

545

Consejero de tres cabezas. En esta actividad una persona (instructor o estudiante) asume el papel de un personaje ficticio, utilizando las descripciones de los personajes a continuación. Tres estudiantes colectivamente harán las veces de consejero. En esta actividad los tres estudiantes funcionan como un consejero, capaz de combinar las respuestas de los demás y acercarse conjuntamente a la situación del aconsejado. *El consejero de tres cabezas solo puede reflejar el contenido, la reflexión empática, las técnicas de aclaración, la confrontación, la metáfora, la inmediatez, la autenticidad y la autorrevelación, en respuesta a estos casos.*

1. Eres una niña de dieciséis años que viene a la escuela desprendiendo un olor insoportable. En la última semana metieron a tu madre en la cárcel, dejándote a ti ya tus dos hermanos durmiendo en un patio sucio lleno de basura.
2. Eres una niña o niños de primaria que es intimidado consistentemente en la escuela.
3. Eres una esposa y madre que ha estado viviendo con un marido abusivo durante años. Siempre te quejas, pero no puedes dejar esa vida.

CAPÍTULO 13

Siendo realistas. Piensa en tres situaciones diferentes de la vida real de las que has formado parte. Escribe cada una como un caso de estudio, cambiando los nombres de las personas y las características según sea necesario. Cada caso debe tener aproximadamente un párrafo y debe proporcionar información suficiente para que un lector pueda identificar los principales problemas y posibles metas para el posible aconsejado. Cuando los casos se hayan escrito, intercambiarlos con un compañero. Ahora identifica el dominio de las estrategias de crecimiento que serían más adecuados para cada escenario. Confirma tus respuestas con tu compañero.

CAPÍTULO 14

Ecomapa. Siguiendo el modelo de la figura 14.5, en una hoja de papel en blanco dibuja tu propio ecomapa. La influencia relativa de diferentes esferas se puede indicar dibujando círculos más grandes y más pequeños. Llena las personas o grupos en cada una de las diversas esferas de tu propia vida. A continuación, agrega los distintos tipos de líneas que describen el tipo de relación que tienes con cada esfera.

Explique tu ecomapa a un compañero, identifica un área en la que te gustaría ver el cambio e identifica los recursos que ya existen en tu sistema que podrían ayudar a facilitar ese cambio. Si no existen recursos, considera lo que podría necesitar ser agregado.

¿De quién es la responsabilidad? En parejas o equipos, identificad quiénes defenderán la "responsabilidad del aconsejado" y quién defenderá la "responsabilidad del consejero", y aplicad esa perspectiva en los siguientes casos:

- Una aconsejada se siente incomprendida por su familia que la mantiene presionada para "simplemente superarlo y seguir adelante". Ella ha venido a terapia por una historia de trauma y abuso. ¿De quién es la responsabilidad de abogar por el aconsejado frente a su familia? ¿Por qué?
- Un aconsejado necesita ser derivado a un centro de tratamiento de la adicción. ¿De quién es la responsabilidad de encontrar opciones de lugares para el tratamiento? ¿Por qué?
- Un aconsejado acaba de tomar un nuevo trabajo que le trae mucho estrés y tensión, ya que requiere muchos viajes y trabajar muchas noches por semana. El aconsejado es consciente de que esta inconsistencia del horario a menudo puede servir como un desencadenante para sus episodios bipolares. ¿De quién es la responsabilidad de abogar por el aconsejado dentro del lugar de trabajo? ¿Por qué?
- Un aconsejado adolescente está siendo intimidado en la escuela y tiene miedo de decírselo a sus padres. ¿De quién es la responsabilidad de abogar por el aconsejado frente a sus padres? ¿Con la escuela? ¿Por qué?

CAPÍTULO 15

La relación de temas teológicos con la consejería. La teología sistemática, el estudio de las doctrinas del cristianismo ortodoxo, describe una serie de subtemas que se relacionan con el estudio de Dios y cómo interactúa con Su creación. Hay tanta riqueza en teología que se convierte en un reto poder traducir este rico vocabulario, la reflexión bíblica y la sofisticación conceptual a un lenguaje y significado que enriquezcan y desafíen la psicología, la consejería y el diálogo terapéutico. Aquí hay una sugerencia, con algunos ejemplos para empezar:

Tabla B.1. Conceptos teológicos de un lenguaje amistoso para el aconsejado

"Ologías" de la Teología	Concepto Bíblico	Concepto de las Ciencias Sociales	Lenguaje Amistoso Para el Aconsejado
Pneumatología	Espíritu Santo	Compás interior	Ayudador, guía
Santificación	Semejanza a Cristo	Desarrollo, madurez	Crecimiento, cambio
Eclesiología	El cuerpo de Cristo, la Iglesia	Comunidad, pertenencia	Relaciones, intimidad
Escatología	Segunda venida de Cristo	Gratificación posterior, futuro	Expectativas, esperanza, duración
Hamartiología	Pecado, mal	Responsabilidad, disfunción	Quebrantamiento, sufrimiento, heridas
(añade tus propios ejemplos)			

1. Identifica otros conceptos teológicos y rellena el concepto bíblico relacionado, el concepto de ciencias sociales y el lenguaje amistoso para el aconsejado. Trata de no forzar el concepto (eiségesis), pero tampoco te preocupes demasiado por la equivalencia exacta.
2. Un teólogo podría reírse (¡o molestarse!) por la forma en que este ejercicio disminuye los conceptos teológicos. Sin

embargo, un concepto es tan valioso como su capacidad de afectar la vida de una manera concreta. ¿Estás de acuerdo o no? ¿Por qué?

Identificando lo sagrado. Utilizando las pautas proporcionadas en este capítulo, y teniendo en cuenta todo lo que has aprendido hasta ahora acerca de las microtécnicas, elabora una respuesta terapéuticamente apropiada a la declaración del aconsejado que pudiera abrir la conversación para incluir una dimensión espiritual. A continuación, identifica la técnica utilizada y explica la razón para usarla, indicando la dirección que se espera que tome la conversación. Cuando hayas terminado, comparte tus respuestas dentro de grupos pequeños, proporcionando observaciones mutuas. Nota: aquí no hay bien o mal; el objetivo es hacerte pensar sobre las implicaciones de una respuesta particular.

1. **Aconsejado:** Realmente no tiene mucho sentido. Trato de hacer lo correcto y siempre falla. Falta una pieza; la fórmula con la que crecí no funciona.

   Consejero: _____

   _____

   Técnica: _____

   Explicación: _____

   _____

2. **Aconsejado:** Iba a la sinagoga cuando era niño. Incluso tuve mi Benei Mitzbá. Pero yo odiaba esas cosas. No entiendo por qué mi familia sigue practicando todas esas reglas y viejas tradiciones.

   Consejero: _____

   _____

   Técnica: _____

   Explicación: _____

   _____

3. Aconsejado: Yo voy a la iglesia, pero no entiendo todas esas palabras como la *redención* y la *santificación*. Supongo que ya que no los entiendo realmente no se aplican a mí. ¡Pero disfruto de mis amigos allí, y la música es genial!

Consejero: _____

_____

Técnica: _____

Explicación: _____

_____

4. Aconsejado: ¿Es usted una persona religiosa? Lo último que quiero es que alguien empiece a tratar de convencerme de que su fe debe ser la mía.

Consejero: _____

_____

Técnica: _____

Explicación: _____

_____

5. Aconsejado: ¿Qué hay de todas esas cosas sobrenaturales? Algunos de los programas de televisión con espíritus y poderes especiales son bastante buenos. No es real, ¿verdad?

Consejero: _____

_____

Técnica: _____

Explicación: _____

_____

6. Aconsejado: Soy una persona que solo cree lo que puedo ver por mí mismo. La ciencia tiene sentido. Si hay investigación para respaldarlo, estoy bien con eso. Todo lo demás es falso.

Consejero: _____

_____

Técnica: _____

Explicación: _____

_____

7. Aconsejado: Mi primo está medio loco. Él hace todo lo que tiene que Dios le revela y lo que Dios quiere que él haga. Incluso ha estado en el hospital y tiene que tomar medicamentos. Él es realmente un fanático religioso. Espero que no sea contagioso.

Consejero: _____

_____

Técnica: _____

Explicación: _____

_____

8. Aconsejado: Me siento tan molesto por todas las cosas horribles que le suceden a la gente. No puedo imaginarme haciendo lo que haces, escuchando todo el día a la gente y su dolor.

Consejero: _____

_____

Técnica: _____

Explicación: _____

_____

APÉNDICE C

EJERCICIOS PARA GRUPOS PEQUEÑOS Y TAREAS DE ANÁLISIS DE TRANSCRIPCIÓN

A continuación se presenta un conjunto de nueve ejercicios para grupos pequeños que pueden utilizarse conjuntamente en secuencia utilizando este manual. Los ejercicios están alineados con los capítulos del texto en secuencia, comenzando con el capítulo cuatro. Los ejercicios utilizan grupos de tres estudiantes, cada uno turnándose para hacer el papel de consejero, aconsejado y observador. Los estudiantes necesitan grabar audio o video de los juegos ya que se les requerirá transcribir las respuestas que dan al aconsejado. Se proporciona una plantilla de observaciones detallada para cada capítulo, que se puede presentar y calificar.

Sugerimos que el enfoque de la clasificación no esté en que los estudiantes proporcionen la mejor respuesta, sino en la capacidad de los estudiantes para evaluar con precisión sus respuestas y seleccionar mejores respuestas en la plantilla. Especialmente más al inicio de los ejercicios, la ansiedad del estudiante puede ser bastante alta, y no se espera que las respuestas sean siempre acertadas o útiles.

Se proporciona una asignación final de análisis de transcripción como una manera útil de resumir el curso y los ejercicios en grupos pequeños. Esto también se puede utilizar como una tarea de secuencia evaluada.

Nota para el instructor: Las plantillas incluidas en este apéndice son solo para fines informativos. Hemos proporcionado formularios para rellenar que corresponden a la plantilla de respuesta para cada ejercicio de grupo pequeño en el sitio web que contiene los recursos del instructor. Vaya al sitio web para descargar las plantillas, que puede poner a disposición de los estudiantes (p. ej., subirlo a su sitio web de clase, enviar por correo electrónico a los estudiantes o agregar los espacios de escritura y la foto) para que tengan el espacio que necesitan para completar el formulario para una entrevista en particular.

CAPÍTULO 4: COMPORTAMIENTO EN LA ATENCIÓN

Instrucciones: Para este y todos los ejercicios en grupos pequeños, se necesitará formar grupos de tres. Toma unos minutos para presentarte a otros miembros de tu grupo pequeño. Antes de comenzar, toma de treinta a sesenta segundos para anotar cómo te sientes y lo que estás pensando antes de comenzar la sesión. A continuación, realiza breves entrevistas (un mínimo de dos a cuatro minutos cada una), alternando los roles de consejero, aconsejado y observador. Graba cada entrevista en un dispositivo de grabación digital que tenga capacidades de grabación de audio y video. Cada estudiante necesitará hacer el papel del consejero.

En el rol de consejero, practica atender a la comunicación del aconsejado. Trabaja en el mantenimiento de S.I.C.A.R. mientras que recibes lo que el aconsejado tiene que decir. No puedes usar ninguna respuesta verbal o alentadores mínimos.

En el papel de aconsejado, coopera y proporciona suficiente información para que el consejero practique. Para esta sesión, describe un recuerdo de un evento o una persona que ha sido importante para ti (positiva o negativamente). Este recuerdo debe ser algo con lo que puedes conectar emocionalmente y comunicarte totalmente con el consejero.

En el papel de observador, opera el equipo de grabación y controla el tiempo. Observa si el consejero muestra el contacto visual adecuado, expresión facial, gestos/postura, tono verbal/ritmo y respuestas verbales.

Después de la entrevista, permite que el consejero comience la discusión al hablar de cómo se sentía estar en el rol de consejero con ese aconsejado (usando las siguientes preguntas como guía). A continuación, permite que el aconsejado proporcione su opinión sobre cómo se sentía al estar en el papel de aconsejado con este consejero. Por último, permite que el observador proporcione observaciones sobre lo que percibió acerca de la interacción entre consejero y aconsejado. La discusión debe ser sin juicio y centrada en las respuestas positivas, así como menos eficaces. Posibles sugerencias para el tiempo juntos en grupos pequeños incluyen:

• Como consejero, percibí al aconsejado haciendo las siguientes expresiones con su cara:

• Como consejero, percibí al aconsejado usando un tono de voz que expresaba:

• Como consejero, percibí la inflexión y la cadencia en el habla del aconsejado como expresión de:

• Como aconsejado, percibí el uso del espacio del consejero como expresión de:

• Como aconsejado, percibí al consejero haciendo las siguientes expresiones con su rostro:

• Como aconsejado, percibí el uso que el consejero hizo de S.I.C.A.R. como:

• Como aconsejado, encontré que el uso que el consejero hizo de _____ fue _____ (de ayuda /distracción /etc.).

- Como observador, percibí al aconsejado/consejero haciendo las siguientes expresiones con sus caras:

- Como observador, percibí el uso del espacio del aconsejado como una expresión de:

- Como aconsejado, percibí el uso que el consejero hizo de S.I.C.A.R. como:

CAPÍTULO 4: COMPORTAMIENTO EN LA ATENCIÓN—HOJA DE TRABAJO

Plantilla de la tarea:

Nombre: _____

Otros participantes: _____

Tarea escrita: Observa la grabación tuya en la función de consejero. Escribe tus pensamientos personales, sentimientos, reflexiones y observaciones de la sesión. Tu escrito debe de extenderse de una a dos páginas.

Técnica: Reflexión

Percepción
✓ ¿Qué escuchaste en la historia de tu aconsejado? ¿Fue lo que escuchaste basado en sus palabras, o su comportamiento no verbal, o ambos? Obtén apoyo de la grabación.

Atender-S.I.C.A.R.
✓ ¿Qué aspectos de S.I.C.A.R. surgen más naturalmente en ti? ¿Qué aspectos de S.I.C.A.R. son más difíciles para ti? Argumenta tus respuestas con evidencias en tu grabación.

El yo como instrumento:

✓ ¿Qué villanos verbales pasaban por tu cabeza mientras escuchabas la historia del aconsejado?

_____

_____

✓ ¿Qué sentías *antes* de comenzar esta sesión? ¿Qué sentías *durante* esta sesión? ¿Qué sentías *después* de esta sesión?

_____

_____

✓ ¿Cuáles fueron tus percepciones de la sesión al ver la grabación en comparación con tus percepciones durante la sesión? ¿Qué resultó similar? ¿Qué resultó diferente?

_____

_____

Evaluación general de la técnica: Para ser incluido en tu informe de una a dos páginas:

✓ ¿Qué hiciste bien en esta sesión (particularmente con respecto al objetivo de la técnica)?

_____

_____

✓ ¿En qué necesitas continuar trabajando?

_____

_____

CAPÍTULO 5: REFLEJANDO EL CONTENIDO

Instrucciones: En grupos de tres, realiza breves entrevistas (un mínimo de tres a cinco minutos y al menos cuatro respuestas de consejero), alternando los roles de consejero, aconsejado y observador. Graba cada entrevista en un dispositivo de grabación digital que tenga capacidades de grabación de audio y video. Cada estudiante necesitará hacer el papel del consejero.

En el papel de consejero, practica parafrasear las declaraciones del aconsejado para que tanto el contenido como el sentimiento se reflejen. La última respuesta en la serie debe resumir las declaraciones del aconsejado. *No hagas preguntas ni intervengas de otras maneras. Concéntrese solo en la técnica de reflejar el contenido.*

En el papel de aconsejado, coopera y proporciona suficiente información para que el consejero practique. Es importante utilizar un problema real, actual, personal que esté alrededor de cuatro a seis en una escala de uno a diez en términos de nivel de intensidad. Por ejemplo, uno sería alguien que tuvo una lucha por la mañana para decidir si desayunar cereales o avena; un diez implicaría discutir los recuerdos de un evento traumático. De cuatro a un seis podría ser luchas con adaptarse a la escuela de posgrado, la indecisión acerca una carrera en la universidad o planes de carrera después de la graduación, o la aprehensión de estar con la familia durante las próximas vacaciones.

En el papel de observador, opera el equipo de grabación y controla el tiempo. Observa si el consejero es capaz de identificar con precisión el contenido de la historia del aconsejado y de mantener comportamientos apropiados para atender. Proporciona comentarios constructivos después de la sesión.

Después de la entrevista, permite que el consejero comience la discusión al hablar de cómo se sentía estar en el rol de consejero con ese aconsejado (usando las siguientes preguntas como guía). A continuación, permite que el aconsejado proporcione su opinión sobre cómo se sentía al estar en el papel de aconsejado con este consejero. Por último, permite que el observador proporcione observaciones sobre lo que percibió acerca de la interacción entre consejero y aconsejado. La discusión debe ser sin juicio y centrada en las respuestas positivas, así como menos eficaces.

CAPÍTULO 5: REFLEJAR EL CONTENIDO—HOJA DE TRABAJO

Plantilla de la Tarea

Nombre: _____

Otros participantes: _____

Tarea escrita: Observa la grabación tuya en la función de consejero. Elije una sección de la grabación que incluya cuatro respuestas consecutivas de consejero y completa el siguiente formulario. Asegúrate de incluir una respuesta alternativa, aunque te haya gustado la original.

Resumen de lo que viene antes de este segmento de grabación (si la transcripción no es desde el principio):

Respuesta del aconsejado 1 (palabras exactas, no parafraseadas):

Respuesta del consejero 1 (palabras exactas, no parafraseadas):

Evaluación (¿Fue tu respuesta reflexiva o comparable, en lugar de aditiva o sustractiva de la declaración del aconsejado? Si formulaste erróneamente una pregunta, etc., ¿qué te dificultó permanecer en la tarea?):

Una respuesta mejor/alternativa, incluyendo la evaluación (¿qué hace que esta respuesta sea una respuesta buena o mejor?):

Respuesta del aconsejado 2:

Respuesta del consejero 2:

Evaluación:

Una respuesta mejor/alternativa, incluyendo la evaluación

_____

_____

Respuesta del aconsejado 3:

_____

Respuesta del consejero 3:

_____

Evaluación:

_____

_____

Una respuesta mejor/alternativa, incluyendo la evaluación

_____

_____

Respuesta del aconsejado 4:

_____

Respuesta del consejero 4:

_____

Evaluación:

_____

_____

Una respuesta mejor/alternativa, incluyendo la evaluación

_____

_____

Respuesta del aconsejado 5:

_____

Respuesta del consejero 5:

_____

Evaluación:

_____

_____

Una respuesta mejor/alternativa, incluyendo la evaluación

_____

_____

Evaluación general de la técnica:

✓ *Lo que hice bien en esta sesión* (particularmente con respecto a la técnica del objetivo):

_____

_____

✓ *Lo que necesito mejorar:*

_____

_____

✓ *El yo como instrumento de reflexión* (¿Qué estaba pasando dentro de mi mente, emociones, cuerpo, etc.? ¿Con qué villanos verbales estaba luchando? ¿Qué fue lo que me distrajo durante esta sesión?):

_____

_____

Nivel de Competencia (NC)

NC1: No utiliza la técnica del objetivo apropiadamente.

NC2: A veces utiliza técnica del objetivo apropiadamente.

NC3: Utiliza a menudo la técnica del objetivo apropiadamente.

NC4: Utiliza regularmente la técnica del objetivo apropiadamente.

NC5: Consistente y apropiadamente utiliza la técnica del objetivo.

En este ejercicio siento que he utilizado la *reflexión de contenido* a un nivel NC de _____.

Comentarios del evaluador:

_____

_____

El alumno utilizó la *reflexión del contenido* a un nivel NC de _____.

CAPÍTULO 6: REFLEJANDO EL CONTENIDO Y LA EMOCIÓN

Instrucciones: En grupos de tres, realiza breves entrevistas (un mínimo de tres a cinco minutos y al menos cuatro respuestas de consejero), alternando los roles de consejero, aconsejado y observador. Graba cada entrevista en un dispositivo de grabación digital que tenga capacidades de grabación de audio y video. Cada estudiante necesitará hacer el papel del consejero.

En el papel de consejero, practica parafrasear las declaraciones del aconsejado para que tanto el contenido como el sentimiento se reflejen. La última respuesta en la serie debe resumir las declaraciones del aconsejado. *No hagas preguntas ni intervengas de otras maneras. Concéntrese solo en la técnica de reflejar el contenido y los sentimientos. Recuerda mantenerlos separados y no mezclar las dos técnicas en una sola declaración.*

En el papel de aconsejado, coopera y proporciona suficiente información para que el consejero practique. Es importante utilizar un problema real, actual, personal que esté alrededor de cuatro a seis en una escala de uno a diez en términos de nivel de intensidad.

En el papel de observador, opera el equipo de grabación y controla el tiempo. Observa si el consejero es capaz de identificar con precisión el contenido de la historia del aconsejado y de mantener comportamientos apropiados para atender. Proporciona comentarios constructivos después de la sesión.

Después de la entrevista, permite que el consejero comience la discusión al hablar de cómo se sentía estar en el rol de consejero con ese aconsejado (usando las siguientes preguntas como guía). A continuación, permite que el aconsejado proporcione su opinión sobre cómo se sentía al estar en el papel de aconsejado con este consejero. Por último, permite que el observador proporcione observaciones sobre lo que percibió acerca de la interacción entre consejero y aconsejado. La discusión debe ser sin juicio y centrada en las respuestas positivas, así como menos eficaces.

CAPÍTULO 6: REFLEJANDO EL CONTENIDO Y LA EMOCIÓN—HOJA DE TRABAJO

Plantilla de la tarea

Nombre: _____

Otros participantes: _____

Tarea escrita: Observa la grabación tuya en la función de consejero. Elije una sección de la grabación que incluya cuatro respuestas consecutivas de consejero y completa el siguiente formulario. Asegúrate de incluir una respuesta alternativa, aunque te haya gustado la original.

Resumen de lo que viene antes de este segmento de grabación (si la transcripción no es desde el principio):

_____

_____

Respuesta del aconsejado 1 (palabras exactas, no parafraseadas):

_____

Respuesta del consejero 1 (palabras exactas, no parafraseadas):

_____

Evaluación (¿Fue tu respuesta reflexiva o comparable, en lugar de aditiva o sustractiva de la declaración del aconsejado? Si formulaste erróneamente una pregunta, etc., ¿qué te dificultó permanecer en la tarea?):

_____

_____

Una respuesta mejor/alternativa, incluyendo la evaluación (¿qué hace que esta respuesta sea una respuesta buena o mejor?):

_____

_____

Respuesta del aconsejado 2:

_____

Respuesta del consejero 2:

_____

Evaluación:

_____

_____

Una respuesta mejor/alternativa, incluyendo la evaluación

_____

_____

Respuesta del aconsejado 3:

_____

Respuesta del consejero 3:

_____

Evaluación:

_____

_____

Una respuesta mejor/alternativa, incluyendo la evaluación

_____

_____

Respuesta del aconsejado 4:

_____

Respuesta del consejero 4:

_____

Evaluación:

_____

_____

Una respuesta mejor/alternativa, incluyendo la evaluación

_____

_____

Respuesta del aconsejado 5:

_____

Respuesta del consejero 5:

_____

Evaluación:

_____

_____

Una respuesta mejor/alternativa, incluyendo la evaluación

_____

_____

Evaluación general de la técnica:
✓ *Lo que hice bien en esta sesión* (particularmente con respecto a técnica del objetivo):

_____

_____

✓ *Lo que necesito mejorar:*

_____

_____

✓ *El yo como instrumento de reflexión* (¿Qué estaba pasando dentro de mi mente, emociones, cuerpo, etc.? ¿Con qué villanos verbales estaba luchando? ¿Qué fue lo que me distrajo durante esta sesión?):

_____

_____

Nivel de Competencia (NC)

NC1: No utiliza la técnica del objetivo apropiadamente.

NC2: A veces utiliza técnica del objetivo apropiadamente.

NC3: Utiliza a menudo la técnica del objetivo apropiadamente.

NC4: Utiliza regularmente la técnica del objetivo apropiadamente.

NC5: Consistente y apropiadamente utiliza la técnica del objetivo.

En este ejercicio siento que he utilizado la *reflexión de contenido* a un nivel NC de _____.

En este ejercicio siento que he utilizado la *reflexión de la emoción* a un nivel NC de _____.

Comentarios del evaluador:

_____

_____

El alumno utilizó la *reflexión del contenido* a un nivel NC de _____.

El alumno utilizó la *reflexión de la emoción* a un nivel NC de _____.

CAPÍTULO 7: NIVEL BÁSICO DE EMPATÍA (NIVEL TRES), REFLEJAR EL CONTENIDO JUNTO CON LA EMOCIÓN

Instrucciones: En grupos pequeños, realiza breves entrevistas (un mínimo de siete a diez minutos y al menos cinco respuestas de consejero), alternando los roles de consejero, aconsejado y observador. Graba cada entrevista en un dispositivo de grabación digital que tenga capacidades de grabación de audio y video. Cada estudiante necesitará hacer el papel del consejero.

En el papel de consejero, practica la reflexión empática, parafrasear las declaraciones del aconsejado para que la empatía sea reflejada. También puedes utilizar cualquier otra técnica que hayas aprendido hasta el momento (atender, reflejar el contenido, reflejar la emoción), pero limítate a las técnicas que has aprendido hasta ahora, y el objetivo debe de ser reflexiones empáticas de nivel tres.

En el papel de aconsejado, coopera y proporciona suficiente información para que el consejero practique. Es importante utilizar un problema real, actual, personal que esté alrededor de cuatro a seis en una escala de uno a diez en términos de nivel de intensidad.

En el papel de observador, opera el equipo de grabación y controla el tiempo. Observa si el consejero es capaz de reflejar la emoción, el contenido y la empatía para el aconsejado.

Después de la entrevista, permite que el consejero comience la discusión al hablar de cómo se sentía estar en el rol de consejero con ese aconsejado (usando las siguientes preguntas como guía). A continuación, permite que el aconsejado proporcione su opinión sobre cómo se sentía al estar en el papel de aconsejado con este consejero. Por último, permite que el observador proporcione observaciones sobre lo que percibió acerca de la interacción entre consejero y aconsejado. La discusión debe ser sin juicio y centrada en las respuestas positivas, así como menos eficaces.

CAPÍTULO 7: NIVEL BÁSICO DE EMPATÍA (NIVEL TRES), REFLEJAR EL CONTENIDO JUNTO CON LA EMOCIÓN

Plantilla de la Tarea

Nombre: _____

Otros participantes: _____

Tarea Escrita: Observa tu grabación en el papel del consejero. Elige una sección de la grabación que incluya cinco respuestas de consejero y completa el siguiente formulario. Asegúrate de incluir una respuesta alternativa, aunque te haya gustado la original. Si tu respuesta fue algo más que una reflexión empática, haz de tu respuesta alternativa una reflexión empática de nivel tres. Si tu respuesta fue más baja o más alta que una reflexión empática de nivel tres, repite tu respuesta para que tu respuesta mejor/alternativa sea una respuesta empática nivel tres. Nota: Ocasionalmente el aconsejado no expresará ningún sentimiento, en cuyo caso puede que tengas que reflejar el contenido en lugar de hacer una reflexión empática. Bajo la sección "Evaluación", incluye cómo se clasificó cada respuesta del consejero en los niveles uno a tres de la escala de empatía, o si era aditiva, comparable o sustractiva si es que era un reflejo del sentimiento o del contenido. Si tu respuesta fue superior a un nivel tres, escribe "por encima del nivel tres". Clasifica también tus "respuestas mejores/alternativas" en la escala correspondiente.

Resumen de lo que viene antes de este segmento de grabación (si la transcripción no es desde el principio):

_____

_____

Respuesta del aconsejado 1 (palabras exactas, no parafraseadas):

_____

Respuesta del consejero 1 (palabras exactas, no parafraseadas):

_____

Evaluación (¿Qué nivel y qué escala? ¿Qué la hace estar en ese nivel? Si formulaste erróneamente una pregunta, etc., ¿qué te dificultó permanecer en la tarea?):

_____

_____

Una respuesta mejor/alternativa, incluyendo la evaluación (Formula una reflexión empática de nivel tres que sea diferente a la que hiciste. ¿Qué la hace ser una respuesta de nivel tres?):

_____

_____

Respuesta del aconsejado 2:

_____

Respuesta del consejero 2:

_____

Evaluación:

_____

_____

Una respuesta mejor/alternativa, incluyendo la evaluación

_____

_____

Respuesta del aconsejado 3:

_____

Respuesta del consejero 3:

_____

Evaluación:

_____

_____

Una respuesta mejor/alternativa, incluyendo la evaluación

_____

_____

Respuesta del aconsejado 4:

_____

Respuesta del consejero 4:

_____

Evaluación:

_____

_____

Una respuesta mejor/alternativa, incluyendo la evaluación

_____

_____

Respuesta del aconsejado 5:

_____

Respuesta del consejero 5:

_____

Evaluación:

_____

_____

Una respuesta mejor/alternativa, incluyendo la evaluación

_____

_____

Evaluación general de la técnica:
✓ *Lo que hice bien en esta sesión* (particularmente con respecto a la técncia del objetivo):

_____

_____

✓ *Lo que necesito mejorar:*

_____

_____

✓ *El yo como instrumento de reflexión* (¿Qué estaba pasando dentro de mi mente, emociones, cuerpo, etc.? ¿Con qué villanos verbales estaba luchando? ¿Qué fue lo que me distrajo durante esta sesión?):

_____

_____

Nivel de Competencia (NC)

NC1: No utiliza la técnica del objetivo apropiadamente.

NC2: A veces utiliza técnica del objetivo apropiadamente.

NC3: Utiliza a menudo la técnica del objetivo apropiadamente.

NC4: Utiliza regularmente la técnica del objetivo apropiadamente.

NC5: Consistente y apropiadamente utiliza la técnica del objetivo.

En este ejercicio siento que he utilizado la *reflexión de contenido* a un nivel NC de _____.

En este ejercicio siento que he utilizado la *reflexión de la emoción* a un nivel NC de _____.

En este ejercicio siento que he utilizado la *reflexión de empatía básica* a un nivel NC de _____.

Comentarios del evaluador:

_____

_____

El alumno utilizó la *reflexión del contenido* a un nivel NC de _____.

El alumno utilizó la *reflexión de la emoción* a un nivel NC de _____.

El alumno utilizó la *empatía básica* a un nivel NC de _____.

CAPÍTULO 8: REFLEXIONES, EMPATÍA BÁSICA Y ACLARACIÓN

Instrucciones: En grupos pequeños, realiza breves entrevistas (un mínimo de diez a trece minutos y al menos *seis* respuestas de consejero), alternando los roles de consejero, aconsejado y observador. Graba cada entrevista en un dispositivo de grabación digital que tenga capacidades de grabación de audio y video. Cada estudiante necesitará hacer el papel del consejero.

En el papel de consejero, practica reflejar el contenido, reflejar la emoción, la empatía básica (nivel tres) y aclarar (estímulos, preguntas abiertas y señalizaciones).

En el papel de aconsejado, coopera y proporciona suficiente información para que el consejero practique. Es importante utilizar un problema real, actual, personal que esté alrededor de cuatro a seis en una escala de uno a diez en términos de nivel de intensidad.

En el papel de observador, opera el equipo de grabación y haz observaciones.

Después de la entrevista, permite que el consejero comience la discusión al hablar de cómo se sentía estar en el rol de consejero con ese aconsejado (usando las siguientes preguntas como guía). A continuación, permite que el aconsejado proporcione su opinión sobre cómo se sentía al estar en el papel de aconsejado con este consejero: si sintió apreciado como aconsejado y qué le resulto de distracción. El observador puede proporcionar comentarios y observaciones basado en las directrices del libor. La discusión debe ser sin juicio y centrada en las respuestas positivas, así como menos eficaces.

CAPÍTULO 8: REFLEXIONES, EMPATÍA BÁSICA Y ACLARACIÓN—HOJA DE TRABAJO

Plantilla de la tarea

Nombre: _____

Otros participantes: _____

Tarea escrita: Observa la grabación tuya en la función de consejero. Elije una sección de la grabación que incluya cuatro respuestas consecutivas de consejero y completa el siguiente formulario. Asegúrate de incluir una respuesta alternativa, aunque te haya gustado la original. En la sección "Evaluación", incluye cómo se calificó cada evaluación del consejero en la escala de empatía. También califica tus "mejores respuestas" en la escala de la empatía. *Debes incluir al menos una respuesta empática de nivel tres y una técnica aclaradora* (estímulo, pregunta abierta o señalización) en tus "mejores respuestas".

Resumen de lo que viene antes de este segmento de grabación (si la transcripción no es desde el principio):

_____

_____

Respuesta del aconsejado 1 (palabras exactas, no parafraseadas):

_____

Respuesta del consejero 1 (palabras exactas, no parafraseadas):

_____

Evaluación (¿En qué nivel de empatía estaba la respuesta? ¿Qué la hace estar a ese nivel? Si formulaste una pregunta, ¿fue abierta o cerrada? ¿Qué te dificultó permanecer en la tarea?):

_____

_____

Una respuesta mejor/alternativa, incluyendo la evaluación (Presenta una respuesta empática de nivel tres o usa una técnica de aclaración. ¿A qué nivel de empatía está la respuesta? ¿Qué la hace estar a ese nivel?)

_____

_____

Respuesta del aconsejado 2:

Respuesta del consejero 2:

Evaluación:

Una respuesta mejor/alternativa, incluyendo la evaluación

Respuesta del aconsejado 3:

Respuesta del consejero 3:

Evaluación:

Una respuesta mejor/alternativa, incluyendo la evaluación

Respuesta del aconsejado 4:

Respuesta del consejero 4:

Evaluación:

Una respuesta mejor/alternativa, incluyendo la evaluación

_____

_____

Respuesta del aconsejado 5:

_____

Respuesta del consejero 5:

_____

Evaluación:

_____

_____

Una respuesta mejor/alternativa, incluyendo la evaluación

_____

_____

Evaluación general de la técnica:
✓ *Lo que hice bien en esta sesión* (particularmente con respecto a la técnica del objetivo):

_____

_____

✓ *Lo que necesito mejorar:*

_____

_____

✓ *El yo como instrumento de reflexión* (¿Qué estaba pasando dentro de mi mente, emociones, cuerpo, etc.? ¿Con qué villanos verbales estaba luchando? ¿Qué fue lo que me distrajo durante esta sesión?):

_____

_____

Nivel de Competencia (NC)

NC1: No utiliza la técnica del objetivo apropiadamente.

NC2: A veces utiliza técnica del objetivo apropiadamente.

NC3: Utiliza a menudo la técnica del objetivo apropiadamente.

NC4: Utiliza regularmente la técnica del objetivo apropiadamente.

NC5: Consistente y apropiadamente utiliza la técnica del objetivo.

En este ejercicio siento que he utilizado la *reflexión de contenido* a un nivel NC de _____.

En este ejercicio siento que he utilizado la *reflexión de la emoción* a un nivel NC de _____.

En este ejercicio siento que he utilizado la *reflexión de empatía básica* a un nivel NC de _____.

En este ejercicio siento que he utilizado la *aclaración* a un nivel NC de _____.

Comentarios del evaluador:

_____

_____

El alumno utilizó la *reflexión del contenido* a un nivel NC de _____.

El alumno utilizó la *reflexión de la emoción* a un nivel NC de _____.

El alumno utilizó la *empatía básica* a un nivel NC de _____.

El alumno utilizó la *aclaración* a un nivel NC de _____.

CAPÍTULO 9: REFLEXIONES, EMPATÍA BÁSICA, ACLARACIÓN Y EMPATÍA INTUITIVA

Instrucciones: En grupos pequeños, realiza breves entrevistas (un mínimo de quince a dieciocho minutos y al menos seis respuestas de consejero), alternando los roles de consejero, aconsejado y observador. Graba cada entrevista en un dispositivo de grabación digital que tenga capacidades de grabación de audio y video. Cada estudiante necesitará hacer el papel del consejero.

En el papel de consejero, practica la reflexión del contenido, la reflexión de la emoción, la empatía básica (nivel tres), aclarar (estimular, preguntas abiertas y señalizaciones, y la empatía intuitiva (nivel cuatro a cinco), si aplica.

En el papel de aconsejado, coopera y proporciona suficiente información para que el consejero practique. Es importante utilizar un problema real, actual, personal que esté alrededor de cuatro a seis en una escala de uno a diez en términos de nivel de intensidad.

En el papel de observador, opera el equipo de grabación y controla el tiempo. Observa si el consejero es capaz de identificar con precisión la emoción y el contenido de la historia del aconsejado y de mantener comportamientos apropiados para atender, y si utiliza las técnicas del objetivo 2 apropiadamente.

Después de la entrevista, permite que el consejero comience la discusión al hablar de cómo se sentía estar en el rol de consejero con ese aconsejado (usando las siguientes preguntas como guía). A continuación, permite que el aconsejado proporcione su opinión sobre cómo se sentía al estar en el papel de aconsejado con este consejero: se sintió apreciado como aconsejado y que le resultó de distracción. Por último, permite que el observador proporcione observaciones sobre lo que percibió acerca de la interacción entre consejero y aconsejado. La discusión debe ser sin juicio y centrada en las respuestas positivas, así como menos eficaces.

CAPÍTULO 9: REFLEXIÓN, EMPATÍA BÁSICA, ACLARACIÓN Y EMPATÍA INTUITIVA—HOJA DE TRABAJO

Plantilla de la tarea

Nombre: _____

Otros participantes: _____

Tarea escrita: Observa la grabación tuya en la función de consejero. Elige una sección de la grabación que incluya cuatro respuestas consecutivas de consejero y completa el siguiente formulario. Asegúrate de incluir una respuesta alternativa, aunque te haya gustado la original. En la sección "Evaluación", incluye cómo se calificó cada evaluación del consejero en la escala de empatía. También califica tus "mejores respuestas" en la escala de la empatía. Debe incluir al menos una respuesta empática de nivel tres y una técnica aclaradora (estímulo, pregunta abierta o señalización) y una respuesta de empatía intuitiva en tus "mejores respuestas".

Resumen de lo que viene antes de este segmento de grabación (*si la transcripción no es desde el principio*):

_____

_____

Respuesta del aconsejado 1 (*palabras exactas, no parafraseadas*):

_____

Respuesta del consejero 1 (*palabras exactas, no parafraseadas*):

_____

Evaluación (¿En qué nivel de empatía estaba tu respuesta? ¿Qué la hace estar a ese nivel? Si formulaste una pregunta, ¿fue abierta o cerrada? ¿Qué te dificultó permanecer en la tarea?):

_____

_____

Una respuesta mejor/alternativa, incluyendo la evaluación (Presenta una respuesta empática de nivel tres, una técnica de aclaración o una declaración de empatía intuitiva. ¿A qué nivel de empatía está la respuesta? ¿Qué la hace estar a ese nivel?):

_____

_____

Respuesta del aconsejado 2:

_____

Respuesta del consejero 2:

_____

Evaluación:

_____

_____

Una respuesta mejor/alternativa, incluyendo la evaluación

_____

_____

Respuesta del aconsejado 3:

_____

Respuesta del consejero 3:

_____

Evaluación:

_____

_____

Una respuesta mejor/alternativa, incluyendo la evaluación

_____

_____

Respuesta del aconsejado 4:

_____

Respuesta del consejero 4:

_____

Evaluación:

_____

_____

Una respuesta mejor/alternativa, incluyendo la evaluación

_____

_____

Respuesta del aconsejado 5:

_____

Respuesta del consejero 5:

_____

Evaluación:

_____

_____

Una respuesta mejor/alternativa, incluyendo la evaluación

_____

_____

Evaluación general de la técnica:
✓ *Lo que hice bien en esta sesión* (particularmente con respecto a la técnica del objetivo):

_____

_____

✓ *Lo que necesito mejorar:*

_____

_____

✓ *El yo como instrumento de reflexión* (¿Qué estaba pasando dentro de mi mente, emociones, cuerpo, etc.? ¿Con qué villanos verbales estaba luchando? ¿Qué fue lo que me distrajo durante esta sesión?):

_____

_____

Nivel de Competencia (NC)

NC1: No utiliza la técnica del objetivo apropiadamente.

NC2: A veces utiliza técnica del objetivo apropiadamente.

NC3: Utiliza a menudo la técnica del objetivo apropiadamente.

NC4: Utiliza regularmente la técnica del objetivo apropiadamente.

NC5: Consistente y apropiadamente utiliza la técnica del objetivo.

En este ejercicio siento que he utilizado la *reflexión de contenido* a un nivel NC de _____.

En este ejercicio siento que he utilizado la *reflexión de la emoción* a un nivel NC de _____.

En este ejercicio siento que he utilizado la *reflexión de empatía básica* a un nivel NC de _____.

En este ejercicio siento que he utilizado la *aclaración* a un nivel NC de _____.

En este ejercicio siento que he utilizado la *empatía intuitiva* a un nivel NC de _____.

Comentarios del evaluador:

_____

_____

El alumno utilizó la *reflexión del contenido* a un nivel NC de _____.

El alumno utilizó la *reflexión de la emoción* a un nivel NC de _____.

El alumno utilizó la *empatía básica* a un nivel NC de _____.

El alumno utilizó la *aclaración* a un nivel NC de _____.

El alumno utilizó la *empatía intuitiva* a un nivel NC de _____.

CAPÍTULO 10: REFLEXIÓN, EMPATÍA BÁSICA, ACLARAR, EMPATÍA INUITIVA Y EL USO DE METÁFORAS

Instrucciones: En grupos pequeños, realiza breves entrevistas (un mínimo de dieciocho a veintidós minutos y al menos seis respuestas de consejero), alternando los roles de consejero, aconsejado y observador. Graba cada entrevista en un dispositivo de grabación digital que tenga capacidades de grabación de audio y video. Cada estudiante necesitará hacer el papel del consejero.

En el papel de consejero, practica la reflexión del contenido, la reflexión de la emoción, la empatía básica (nivel tres), aclarar (estimular, preguntas abiertas y señalizaciones, y la empatía intuitiva (nivel cuatro a cinco), si aplica, e intenta incorporar al menos una metáfora.

En el papel de aconsejado, coopera y proporciona suficiente información para que el consejero practique. Es importante utilizar un problema real, actual, personal que esté alrededor de cuatro a seis en una escala de uno a diez en términos de nivel de intensidad.

En el papel de observador, opera el equipo de grabación y controla el tiempo. Observa si el consejero es capaz de identificar con precisión la emoción y el contenido de la historia del aconsejado y de mantener comportamientos apropiados para atender, y si utiliza las técnicas del objetivo 2 apropiadamente.

Después de la entrevista, permite que el consejero comience la discusión al hablar de cómo se sentía estar en el rol de consejero con ese aconsejado (usando las siguientes preguntas como guía). A continuación, permite que el aconsejado proporcione su opinión sobre cómo se sentía al estar en el papel de aconsejado con este consejero: se sintió apreciado como aconsejado y que le resultó de distracción. Por último, permite que el observador proporcione observaciones sobre lo que percibió acerca de la interacción entre consejero y aconsejado. La discusión debe ser sin juicio y centrada en las respuestas positivas, así como menos eficaces.

CAPÍTULO 10: REFLEXIÓN, EMPATÍA BÁSICA, ACLARACIÓN, EMPATÍA INTUITIVA y USO DE METÁFORAS—HOJA DE TRABAJO

Plantilla de la tarea

Nombre: _____

Otros participantes: _____

Tarea escrita: Observa la grabación tuya en la función de consejero. Elije una sección de la grabación que incluya cuatro respuestas consecutivas de consejero y completa el siguiente formulario. Asegúrate de incluir una respuesta alternativa, aunque te haya gustado la original. En la sección "Evaluación", incluye cómo se calificó cada evaluación del consejero en la escala de empatía. También califica tus "mejores respuestas" en la escala de la empatía. Debe incluir al menos una respuesta empática de nivel tres y una técnica aclaradora (estímulo, pregunta abierta o señalización) y una respuesta de empatía intuitiva en tus "mejores respuestas". Aunque no es requerido, te animamos a que incorpores al menos una respuesta de empatía intuitiva a tus "mejores respuestas".

Resumen de lo que viene antes de este segmento de grabación (si la transcripción no es desde el principio):

_____

_____

Respuesta del aconsejado 1 (palabras exactas, no parafraseadas):

_____

_____

581

Respuesta del consejero 1 (palabras exactas, no parafraseadas):

_____

Evaluación (¿En qué nivel de empatía estaba tu respuesta? ¿Qué la hace estar a ese nivel? Si formulaste una pregunta, ¿fue abierta o cerrada? ¿Qué te dificultó permanecer en la tarea?):

_____

_____

Una respuesta mejor/alternativa, incluyendo la evaluación (Presenta una respuesta empática de nivel tres, una técnica de aclaración, una declaración de empatía intuitiva. ¿A qué nivel de empatía está la respuesta? ¿Qué la hace estar a ese nivel?):

_____

_____

Respuesta del aconsejado 2:

_____

Respuesta del consejero 2:

_____

Evaluación:

_____

_____

Una respuesta mejor/alternativa, incluyendo la evaluación

_____

_____

Respuesta del aconsejado 3:

_____

Respuesta del consejero 3:

_____

Evaluación:

_____

_____

Una respuesta mejor/alternativa, incluyendo la evaluación

_____

_____

Respuesta del aconsejado 4:

_____

Respuesta del consejero 4:

_____

Evaluación:

_____

_____

Una respuesta mejor/alternativa, incluyendo la evaluación

_____

_____

Respuesta del aconsejado 5:

_____

Respuesta del consejero 5:

_____

Evaluación:

_____

_____

Una respuesta mejor/alternativa, incluyendo la evaluación

_____

_____

Evaluación general de la técnica:
✓ *Lo que hice bien en esta sesión* (particularmente con respecto a la técnica del objetivo):

_____

_____

✓ *Lo que necesito mejorar:*

_____

_____

✓ *El yo como instrumento de reflexión* (¿Qué estaba pasando dentro de mi mente, emociones, cuerpo, etc.? ¿Con qué villanos verbales estaba luchando? ¿Qué fue lo que me distrajo durante esta sesión?):

_____

_____

Nivel de Competencia (NC)

NC1: No utiliza la técnica del objetivo apropiadamente.

NC2: A veces utiliza técnica del objetivo apropiadamente.

NC3: Utiliza a menudo la técnica del objetivo apropiadamente.

NC4: Utiliza regularmente la técnica del objetivo apropiadamente.

NC5: Consistente y apropiadamente utiliza la técnica del objetivo.

En este ejercicio siento que he utilizado la *reflexión de contenido* a un nivel NC de _____.

En este ejercicio siento que he utilizado la *reflexión de la emoción* a un nivel NC de _____.

En este ejercicio siento que he utilizado la *reflexión de empatía básica* a un nivel NC de _____.

En este ejercicio siento que he utilizado la *aclaración* a un nivel NC de _____.

En este ejercicio siento que he utilizado la *empatía intuitiva* a un nivel NC de _____.

En este ejercicio siento que he utilizado la *metáfora* a un nivel NC de _____.

Comentarios del evaluador:

_____

_____

El alumno utilizó la *reflexión del contenido* a un nivel NC de _____.

El alumno utilizó la *reflexión de la emoción* a un nivel NC de _____.

El alumno utilizó la *empatía básica* a un nivel NC de _____.

El alumno utilizó la *aclaración* a un nivel NC de _____.

El alumno utilizó la *empatía intuitiva* a un nivel NC de _____.

El alumno utilizó la *metáfora* a un nivel NC de _____.

CAPÍTULO 11: CONFRONTACIÓN (CUIDADO-CONFRONTACIÓN)

Instrucciones: En grupos pequeños, realiza entrevistas (un mínimo de veintidós a veintisiete minutos y al menos seis respuestas de consejero), alternando los roles de consejero, aconsejado y observador. Graba cada entrevista en un dispositivo de grabación digital con capacidades de audio y video.

En el rol de consejero, practica el uso de respuestas de confrontación y otras técnicas necesarias para completar la confrontación. Nota: Debes usar la confrontación apropiadamente, es decir, usar una respuesta empática para dar soporte antes y después de hacer una confrontación. Recuerda que la confrontación implica señalar una discrepancia aparente. ¡La confrontación debe ser manejada con preparación y cuidado!

En el papel de aconsejado, coopera y proporciona suficiente información para que el consejero practique. Puede ser más fácil utilizar algo de tu pasado o el problema de un amigo o miembro de la familia, ¡a menos que usted haya algo en su vida que necesitas confrontar! Si no puede pensar en algo en las categorías anteriores, puedes usar una de las situaciones a continuación (aunque es probable que parezcan más artificiales que una situación real).

1. Un individuo que acaba de lograr algo importante pero niega continuamente ese éxito.
2. Una persona cuyos comentarios indican una angustia considerable por el abandono del hogar por parte de un niño, pero que profesa con enojo su falta de interés en el bienestar del niño.
3. Un miembro de la iglesia cuyos comentarios indican una angustia considerable sobre el plan del pastor que se marcha

585

de la iglesia. La persona profesa ser sumisa a la "voluntad de Dios", pero en realidad está muy enojada con Dios.

4. Un nuevo creyente cuyo cónyuge ha tenido una relación extramatrimonial de larga duración. Los comentarios del creyente indican una angustia considerable sobre el asunto, pero el creyente afirma categóricamente haber "aprendido a vivir con el problema".

5. Un empleado que tiene dificultades para cooperar con los compañeros y que se sienta con los brazos firmemente cruzados, evitando el contacto visual y la conversación en respuesta a los intentos del oficial de personal de discutir el asunto.

6. Un pastor que tiene dificultades para relacionarse con la junta directiva de la iglesia local pero que evita reuniones con el superintendente del distrito sobre el asunto.

7. Un miembro de la facultad de la escuela bíblica que tiene dificultad en relacionarse con el resto de la facultad que evita discutir el asunto con el decano académico.

8. Un miembro del equipo de adoración que llega tarde a la práctica, pero que culpa al líder del equipo por el mal desempeño del grupo. El miembro del equipo está hablando con el pastor o cónyuge del pastor.

9. Un joven que se queda fuera por la noche con los amigos y que ve en casa como un lugar al que tiene que ir a por la comida y dinero. El joven se queja con el pastor de jóvenes de la iglesia de que no le gusta ir a casa porque "mi mamá se queja mucho".

10. Un padre/madre que afirma tener los mejores intereses para su familia en su corazón. El padre cree que esto significa tener tres trabajos para que su familia pueda pagar cosas tales como pases de esquí estacionales, comidas en restaurantes, tercera TV de pantalla plana, etc., a pesar de que tiene muy poco tiempo con su cónyuge y niños.

11. Una persona comprometida que cree que es la voluntad de Dios casarse con un incrédulo.

12. Un joven que, cuando se le niega el permiso de los padres para asistir a una actividad de la iglesia, encuentra una manera de escabullirse y asistir de todos modos.

En el papel de observador, opera el equipo y ten cuidado con las discrepancias del aconsejado para que puedas hacerle observaciones al consejero durante la discusión después de la entrevista con respecto a si se hizo la confrontación apropiadamente.

Después de la entrevista, permite que el consejero comience la discusión al hablar de cómo se sentía estar en el rol de consejero con ese aconsejado. A continuación, permite que el aconsejado proporcione su opinión sobre cómo se sentía al estar en el papel de aconsejado con este consejero. Por último, permite que el observador proporcione observaciones sobre lo que percibió acerca de la interacción entre consejero y aconsejado. La discusión debe ser sin juicio y centrada en las respuestas positivas, efectivas y menos efectivas.

CAPÍTULO 11: CONFRONTACIÓN (CUIDADO-CONFRONTACIÓN)—HOJA DE TRABAJO

Plantilla de la tarea

Nombre: _____

Otros participantes: _____

Tarea escrita: Observa la grabación tuya en la función de consejero. Elije una sección de la grabación que incluya seis respuestas consecutivas de consejero y completa el siguiente formulario. En la sección "Evaluación", incluye cómo se calificó cada evaluación del consejero en la escala de empatía. También califica tus "mejores respuestas" en la escala de la empatía. Nota: Vuelve a leer las descripciones de los niveles de la escala de confrontación. Es diferente de las escalas de empatía. Debes mezclar la empatía y la confrontación, por lo que no debes hacer una respuesta de confrontación cada vez.

Resumen de lo que viene antes de este segmento de grabación

_____

_____

Respuesta del aconsejado 1:

_____

Respuesta del consejero 1:

_____

Evaluación (¿Por qué la consideras efectiva o no efectiva?; nivel de confrontación; nivel de empatía):

_____

_____

Una respuesta mejor/alternativa, incluyendo la evaluación

_____

_____

Respuesta del aconsejado 2:

_____

Respuesta del consejero 2:

_____

Evaluación:

_____

_____

Una respuesta mejor/alternativa, incluyendo la evaluación

_____

_____

Respuesta del aconsejado 3:

_____

Respuesta del consejero 3:

_____

Evaluación:

_____

_____

Una respuesta mejor/alternativa, incluyendo la evaluación

_____

_____

Respuesta del aconsejado 4:

_____

Respuesta del consejero 4:

_____

Evaluación:

_____

_____

Una respuesta mejor/alternativa, incluyendo la evaluación

_____

_____

Respuesta del aconsejado 5:

_____

Respuesta del consejero 5:

_____

Evaluación:

_____

_____

Una respuesta mejor/alternativa, incluyendo la evaluación

_____

_____

Evaluación general de la técnica:
✓ ***Lo que hice bien en esta sesión*** (particularmente con respecto a la técnica del objetivo):

_____

_____

✓ *Lo que necesito mejorar:*

_____

_____

Nivel de competencia (NC)

NC1: No utiliza la técnica del objetivo apropiadamente.

NC2: A veces utiliza técnica del objetivo apropiadamente.

NC3: Utiliza a menudo la técnica del objetivo apropiadamente.

NC4: Utiliza regularmente la técnica del objetivo apropiadamente.

NC5: Consistente y apropiadamente utiliza la técnica del objetivo.

En este ejercicio siento que he utilizado la *reflexión de contenido* a un nivel NC de _____.

En este ejercicio siento que he utilizado la *reflexión de la emoción* a un nivel NC de _____.

En este ejercicio siento que he utilizado la *reflexión de empatía básica* a un nivel NC de _____.

En este ejercicio siento que he utilizado la *aclaración* a un nivel NC de _____.

En este ejercicio siento que he utilizado la *empatía intuitiva* a un nivel NC de _____.

En este ejercicio siento que he utilizado la *confrontación* a un nivel NC de _____.

Comentarios del evaluador:

_____

_____

El alumno utilizó la *reflexión del contenido* a un nivel NC de _____.

El alumno utilizó la *reflexión de la emoción* a un nivel NC de _____.

El alumno utilizó la *empatía básica* a un nivel NC de _____.

El alumno utilizó la *aclaración* a un nivel NC de _____.

El alumno utilizó la *empatía intuitiva* a un nivel NC de _____.

El alumno utilizó la *metáfora* a un nivel NC de _____.

El alumno utilizó la *confrontación* a un nivel NC de _____.

CAPÍTULO 12: DESARROLLANDO
UN ESTILO INDIVIDUAL

Instrucciones: En sus grupos pequeños, realiza entrevistas (un mínimo de treinta minutos y al menos seis respuestas de consejero), alternando los roles de consejero, consejero y observador. Graba cada entrevista en un dispositivo de grabación de audio o grabación digital.

En el papel de consejero, eres libre de usar todas las técnicas que has aprendido hasta este punto, pero no estás obligado a usarlas todas. Esto puede incluir practicar tus técnicas de atención (contacto visual, atención a la postura, atención a lenguaje no verbal, etc.), además de cualquier otra técnica aprendida a lo largo de este proceso: técnicas de reflexión, empatía básica y avanzada, técnicas de aclaración, confrontación, el uso de metáforas, la inmediatez y la autorrevelación. Utiliza la indagación solo cuando sea esencial para obtener información específica. Las respuestas combinadas también son apropiadas, como una paráfrasis y una indagación. Sin embargo, tendrás que justificar el uso de las técnicas específicas en determinados puntos de la sesión en la sección de evaluación de su reporte escrito.

En el papel de aconsejado, coopera y proporciona suficiente información para que el entrevistador pueda practicar. Se recomienda encarecidamente el uso de una situación real de tu propia vida.

En el rol de observador, opera el equipo de grabación y anota tus propias observaciones sobre el uso de las técnicas de ayuda del consejero, incluyendo el uso de comportamientos apropiados para atender.

Después de la entrevista, permite que el consejero comience la discusión al hablar de cómo se sentía estar en el rol de consejero con ese aconsejado. A continuación, permite que el aconsejado proporcione su opinión sobre cómo se sentía al estar en el papel de aconsejado con este consejero. Por último, permite que el observador proporcione observaciones sobre lo que percibió acerca de la interacción entre consejero y aconsejado. La discusión debe ser sin juicio y centrada en las respuestas positivas, efectivas y menos efectivas.

> ### CAPÍTULO 12: DESARROLLANDO UN ESTILO
> ### INDIVIDUAL—HOJA DE TRABAJO

Plantilla de la tarea

Nombre: _____

Otros participantes: _____

Tarea escrita: Observa la grabación tuya en la función de consejero. Elije una sección de la grabación que incluya cuatro respuestas consecutivas de consejero y completa el siguiente formulario. En la sección "Evaluación", incluye cómo se calificó cada evaluación del consejero con respecto a su adecuación. Por ejemplo, si haces una pregunta, evalúa la pregunta en sí (p. ej., es abierta, no es de opción múltiple) y también discute si una técnica diferente habría sido mejor (p. ej., una reflexión empática). Clasifica también las respuestas en los niveles uno a cinco de la escala apropiada (p. ej., empatía, confrontación). Tu respuesta "mejor/alternativa", por lo tanto, puede involucrar la misma técnica o una técnica que tú crees que sería una alternativa mejor. Asegúrate de evaluar también su respuesta "mejor/alternativa". Ten en cuenta que puedes utilizar la inmediatez y la autorrevelación, pero no son necesarias.

Resumen de lo que viene antes de este segmento de grabación (si la transcripción no es desde el principio):

_____

_____

Respuesta del aconsejado 1 (palabras exactas, no parafraseadas):

_____

Respuesta del consejero 1 (palabras exactas, no parafraseadas):

_____

Evaluación (¿Por qué la consideras efectiva o no efectiva?; nivel de confrontación; nivel de empatía):

_____

_____

Una respuesta mejor/alternativa, incluyendo la evaluación

_____

_____

Respuesta del aconsejado 2:

_____

Respuesta del consejero 2:

_____

Evaluación:

_____

_____

Una respuesta mejor/alternativa, incluyendo la evaluación

_____

_____

Respuesta del aconsejado 3:

_____

Respuesta del consejero 3:

_____

Evaluación:

_____

_____

Una respuesta mejor/alternativa, incluyendo la evaluación

_____

_____

Respuesta del aconsejado 4:

_____

Respuesta del consejero 4:

_____

Evaluación:

_____

_____

Una respuesta mejor/alternativa, incluyendo la evaluación

Respuesta del aconsejado 5:

Respuesta del consejero 5:

Evaluación:

Una respuesta mejor/alternativa, incluyendo la evaluación

Evaluación general de la técnica:
✓ *Lo que hice bien en esta sesión* (particularmente con respecto a la técnica del objetivo):

✓ *Lo que necesito mejorar:*

Nivel de Competencia (NC)

NC1: No utiliza la técnica del objetivo apropiadamente.

NC2: A veces utiliza técnica del objetivo apropiadamente.

NC3: Utiliza a menudo la técnica del objetivo apropiadamente.

NC4: Utiliza regularmente la técnica del objetivo apropiadamente.

NC5: Consistente y apropiadamente utiliza la técnica del objetivo.

En este ejercicio siento que he utilizado la *reflexión de contenido* a un nivel NC de _____.

En este ejercicio siento que he utilizado la *reflexión de la emoción* a un nivel NC de _____.

En este ejercicio siento que he utilizado la *reflexión de empatía básica* a un nivel NC de _____.

En este ejercicio siento que he utilizado la *aclaración* a un nivel NC de _____.

En este ejercicio siento que he utilizado la *empatía intuitiva* a un nivel NC de _____.

En este ejercicio siento que he utilizado la *confrontación* a un nivel NC de _____.

En este ejercicio siento que he utilizado la *autorrevelación* a un nivel NC de _____.

En este ejercicio siento que he utilizado la *inmediatez* a un nivel NC de _____.

Comentarios del evaluador:

_____

_____

El alumno utilizó la *reflexión del contenido* a un nivel NC de _____.

El alumno utilizó la *reflexión de la emoción* a un nivel NC de _____.

El alumno utilizó la *empatía básica* a un nivel NC de _____.

El alumno utilizó la *aclaración* a un nivel NC de _____.

El alumno utilizó la *empatía intuitiva* a un nivel NC de _____.

El alumno utilizó la *metáfora* a un nivel NC de _____.

El alumno utilizó la *confrontación* a un nivel NC de _____.

El alumno utilizó la *autorrevelación* a un nivel NC de _____.

El alumno utilizó la *inmediatez* a un nivel NC de _____.

ANÁLISIS DE LA TRANSCRIPCIÓN FINAL

Esta tarea sirve como piedra angular o proyecto sumatorio, en el cual los estudiantes llevan a cabo una sesión de ayuda de cuarenta y cinco a sesenta minutos con un voluntario que hace las veces

595

de aconsejado. Después de aprender a "usar el aquí y ahora" en el capítulo doce, los estudiantes tendrán todas las técnicas necesarias para completar esta tarea y pueden realizar su sesión en cualquier momento después de que completen la clase.

El aconsejado voluntario *no puede* ser un compañero de clase o un estudiante dentro del mismo programa de grado. Además, no puede ser alguien con quien el estudiante/consejero ya tenga una relación social o personal (el voluntario no puede ser un amigo, compañero de habitación, miembro de la familia, compañero de trabajo, miembro del estudio bíblico, etc.). Una opción para encontrar un aconsejado es que los estudiantes "intercambien" amigos/familiares/ conocidos entre sí (p. ej., los compañeros de habitación de Sarah con Kyle y los compañeros de habitación de Kyle con Emily).

Instrucciones para la presentación: Coloca el CD/grabadora digital/unidad de memoria USB en un sobre y grápalo o pon un clip a tu reporte por escrito. Asegúrese de que tu nombre esté en el CD/grabadora digital/unidad de memoria USB en caso de que se separe de tu reporte. El vídeo también se puede cargar en un servidor compartido seguro si existe uno para tu programa de entrenamiento.

Instrucciones para completar la tarea: Graba un vídeo de una sesión de consejería de cuarenta y cinco a sesenta minutos con alguien externo a tu clase como aconsejado. La situación presentada por el aconsejado debe ser una corriente, real, algo más que un juego de roles. Necesitarás obtener el consentimiento firmado por el aconsejado para usar la entrevista para este requisito del curso. A continuación se presenta una guía paso a paso sobre cómo proceder con este requisito.

La parte de la entrevista

1. Ponte en contacto con el aconsejado voluntario y dale una breve explicación de lo que se le pide, es decir, aproximadamente una hora y media de su tiempo en el que comparten una situación actual o pasada de su vida sobre la que les gustaría hablar con alguien. Informa al posible aconsejado que esto es para una tarea de clase y por lo tanto no se puede considerar una sesión real de consejería, aunque utilizarás las técnicas de consejería durante la conversación.

Infórmele que esto será grabado en vídeo con el propósito de evaluar las técnicas del consejero. Programa un tiempo para reuniros—se recomienda que, como consejero, planees una hora y media para la instalación, grabación y empaquetado. Es necesario llevar a cabo esta entrevista/conversación en un lugar privado y tranquilo. Por favor, hable con su instructor con respecto a cualquier habitación disponible en el campus, tales como salas de estudio de la biblioteca, que pueden estar disponibles para tu uso.

2. Después de la llegada del aconsejado, pídele que lea y firme el formulario de consentimiento de entrevista que ha sido diseñado por tu instructor de acuerdo con las políticas de tu institución. (Guarda el formulario firmado, se te enviará con su tarea final.) Indica que se aplica la confidencialidad y repasa verbalmente las excepciones pertinentes a la confidencialidad. Esto implicará el uso de un estilo interactivo diferente del que utilizarás en el resto de la sesión. Graba tu sesión de cuarenta y cinco a sesenta minutos.

3. ¡Lleva a cabo la sesión de consejería! Recuerda concluir dando las gracias al aconsejado por su tiempo, su apertura y su voluntad de ofrecerse voluntario.

La parte escrita de la preparación
1. Observa tu sesión al completo, anotando cuando sentiste que tus técnicas eran particularmente fuertes o cuando eran particularmente débiles.
2. Elije un segmento consecutivo de seis a ocho minutos de grabación que deseas criticar. Necesitas tener un mínimo de seis respuestas de consejero, y preferiblemente diez o más (sin incluir "mmmm" y "ajá", etc.). Si necesitas añadir un par de minutos a su sección transcrita de la grabación para hacer esto posible, por favor, hazlo. Escriba una transcripción del segmento de grabación que has elegido.
3. En la parte superior de tu trabajo escrito, antes del comienzo de la transcripción, incluye una declaración indicando cuánto tiempo duró la entrevista total, cuánto tiempo de la sección transcribiste y a los cuántos minutos en la entrevista comienza la sección transcrita. Por ejemplo: "La entrevista fue un total de 54 minutos, y la sección transcrita comienza a

los 21 minutos en la entrevista y dura 7 minutos". Además, da un breve resumen de tu relación previa con el aconsejado, así como lo que ha sucedido hasta este punto en la entrevista. Por ejemplo: "Conocí a la aconsejada el día de la entrevista, por medio de un amigo en común. Organizamos la entrevista por correo electrónico. Antes de comenzar la transcripción, estuvo hablando de la dificultad que está teniendo con su suegra, que es muy controladora. Justo antes de la transcripción, ella me dijo que su esposo piensa que su madre tiene el derecho de ser así porque ella les está ayudando financieramente."

La parte del análisis escrito
Al igual que tus ejercicios en grupos pequeños, ve a tu transcripción y escribe evaluaciones de cada respuesta de consejero, pero dado que esta es una transcripción final, tus evaluaciones van a ser mucho más presentes de lo que estaban en los ejercicios. Cada evaluación debe incluir lo siguiente: ¿Por qué respondiste de la manera que lo hiciste? Explica lo que estaba pasando por tu mente en ese momento y dónde esperabas ir con tu respuesta. Por ejemplo: "La aconsejada hablaba sin parar y yo sabía que tenía que decir algo para ser evaluado en esta tarea, ¡pero no sabía cómo detenerla! Estaba sintiendo pánico. Finalmente salté, pero me doy cuenta de que lo que dije no fue útil. Mi respuesta carecía de empatía y ni siquiera estaba dentro del tema. Debería haber intervenido antes y haber hecho alguna respuesta empática después de que ella dijo..." O: "Yo quería obtener más información sobre su relación con su padre, pero al hacer la pregunta cerrada, ¡me doy cuenta de que en realidad recibí menos información! Necesitaba hacer una pregunta abierta como, '¿Puedes decirme algo más sobre tu relación con tu familia?' O simplemente seguir reflejando el contenido y los sentimientos mientras empezaba a hablar sobre los miembros de la familia".

Describe tu postura en el momento de la respuesta dada— imagina que tu instructor no pueda ver tu vídeo y describe verbalmente para él o ella lo que tu comunicación no verbal está comunicando (recuerda S.I.C.A.R., así como tus expresiones faciales y movimientos de manos/cuerpo).

Identifica la técnica que usaste (o intentaste usar) en esta respuesta en particular.

Evalúa la calidad de esta respuesta utilizando las escalas y estándares proporcionados en el texto. Cada respuesta debe ser calificada en cada dimensión, incluso si la calificación es "N/A" [no aplica]. Si utilizas una técnica de aclaración, discute la conveniencia de su uso en esta respuesta, por ejemplo, si era abierta o cerrada, si hubiera sido mejor usar una reflexión empática, etc.

Proporciona una respuesta alternativa y *explica* su justificación para el uso de la respuesta alternativa. Se requiere una respuesta alternativa para cada conversación. *Evalúa* la respuesta alternativa de la misma manera (con respecto a la empatía, confrontación, inmediatez/razón fundamental inmediata, etc.) que evaluaste tu respuesta real.

Un ejemplo:

Consejero: Estás enfadado porque él no lo discutió contigo primero.

Explicación: Estaba pensando en lo molesto y enfadado que yo estaría si mi amigo hubiera ido y hubiera hecho planes de ese estilo sin hablar conmigo primero. Normalmente no me siento cómodo usando la palabra enfadado, pero el aconsejado estaba tan molesto que no dudé de que enfadado era la palabra correcta, ¡así que corrí el riesgo y la dije!

Atendiendo: Todavía estaba en S.I.C.A.R. en este punto, pero estaba sentado más recto que de costumbre, ya que me estaba tratando con el aconsejado. Mis ojos estaban enfocados en él, y me estaba esforzando por dejar de mover mi pierna.

Evaluación de las técnicas:

Reflejo del contenido: N/A

Reflejo del sentimiento: N/A

Empatía: Nivel 4—El aconsejado no había usado realmente una palabra tan fuerte, pero estaba implícita en el lenguaje corporal del aconsejado, por lo tanto, es aditiva. El aconsejado confirmó la exactitud de mi respuesta diciendo, "Supongo que me siento enfadado". Si él hubiera negado que se sentía enfadado, habría sido una respuesta de nivel 1 o 2. No lo considero un nivel 5 porque la ira era muy palpable, justo debajo de la percepción del aconsejado.

Aclaración: N/A

Confrontación: Nivel 4—Aunque mi respuesta estaba destinada a ser principalmente empática, y no se señalaron discrepancias, la respuesta es en realidad algo de confrontación porque él no era conscientemente consciente de que estaba enfadado.

Inmediatez: N/A

Autenticidad: Nivel 3—No revelé explícitamente mi propia emoción u opinión, pero mi respuesta no fue ni estéril ni fingida.

Respuesta alternativa: "Por un lado, entiendes por qué tomó la decisión que tomó, pero por el otro te sientes enfadado por no haber hablado primero contigo".

Justificación: Escogí una confrontación suave como una respuesta alternativa porque el aconsejado fue adelante y atrás entre intentar encontrarle sentido a la elección de su amigo, sin dejar de expresar lo que sentía por la decisión.

Evaluación de la técnica:

Reflejo del contenido: N / A

Reflejo del sentimiento N / A

Empatía: Nivel 4—Aunque esto es una confrontación, el uso de "te sientes enfadado…" todavía comunica empatía por lo que el aconsejado mantenía debajo de la superficie.

Aclaración: N/A

Confrontación: Nivel 4—Aunque esto está en la fórmula de un nivel 3, dado que él no era conscientemente consciente de su enfado se convierte en una confrontación de nivel 4.

Inmediatez: N/A

Autenticidad: Nivel 3—Esta respuesta no esconde ni revela quién soy ni qué siento sobre el aconsejado y la situación.

1. Después de dar una crítica "respuesta a respuesta", analiza narrativamente tu trabajo general con este aconsejado, tanto en el segmento que has transcripto como en la sesión en su conjunto. Incluye respuestas a:
- ¿Qué harías diferente?
- ¿Qué harías igual?
- ¿Cómo evaluarías tu capacidad para desarrollar una relación con el aconsejado?
- ¿En qué dirección irías si tuvieras la oportunidad de tener otra sesión o sesiones con el aconsejado? Tu respuesta debe indicar que entiendes lo que está sucediendo con el aconsejado o tienes una idea de cómo intentarías averiguarlo.
- ¿Cómo fue el segmento de consentimiento informado de la entrevista? ¿Cómo te sentiste haciendo esta parte de la entrevista en comparación al resto de la entrevista?
2. Adjunta el consentimiento informado firmado a tu documento final.
3. Vuelve a leer las instrucciones anteriores y compáralas con lo que has escrito. ¿Lo tienes todo?
4. Respira y envía tu tarea (incluyendo el consentimiento informado completo y una grabación digital de tu sesión).
5. ¡Danza de alegría y celebra que lo lograste! ¡Estás un paso más cerca de ser consejero!

TAREA DEL ANÁLISIS DE LA TRANSCRIPCIÓN—HOJA DE TRABAJO

Plantilla de la tarea

Nombre: _____

Otros participantes: _____

Tarea escrita: Observa la grabación tuya en la función de consejero. Elige una sección de la grabación que incluya cuatro respuestas consecutivas de consejero y completa el siguiente formulario. En la sección "Evaluación", incluye cómo se calificó cada evaluación del consejero con respecto a su adecuación. Por ejemplo, si haces una pregunta, evalúa la pregunta en sí (p. ej., es abierta, no es de opción múltiple) y también discute si una técnica diferente habría sido mejor (p. ej., una reflexión empática). Clasifica también las respuestas en los niveles uno a cinco de la escala apropiada (p. ej., empatía, confrontación). Tu respuesta "mejor/alternativa", por lo tanto, puede involucrar la misma técnica o una técnica que tú crees que sería una alternativa mejor. Asegúrate de evaluar también su respuesta "mejor/alternativa". Ten en cuenta que puedes utilizar la inmediatez y la autorrevelación, pero no son necesarias.

Resumen de la relación previa con el aconsejado:

_____

_____

La entrevista duró un total de _____ *minutos, y la sección transcrita comienza a los* _____ *minutos de la entrevista y dura* _____ *minutos.*

Resumen de lo que viene antes de este segmento de grabación:

Respuesta del aconsejado 1:

_____

Respuesta del consejero 1:

_____

Evaluación:

_____

Reflejar el contenido:

_____

Reflejar el sentimiento:

_____

Empatía:

_____

Aclaración:

_____

Confrontación:

_____

Inmediatez:

_____

Autenticidad:

_____

Una respuesta mejor/alternativa, incluida la evaluación

_____

Reflejar el contenido:

_____

Reflejar el sentimiento:

_____

Empatía:

_____

Aclaración:

_____

Confrontación:

_____

Inmediatez:

_____

Autenticidad:

_____

Respuesta del consejero 2:

_____

Respuesta del consejero 2:

_____

Evaluación:

_____

Reflejar el contenido:

_____

Reflejar el sentimiento:

_____

Empatía:

Aclaración:

Confrontación:

Inmediatez:

Autenticidad:

Una respuesta mejor/alternativa, incluida la evaluación

Reflejar el contenido:

Reflejar el sentimiento:

Empatía:

Aclaración:

Confrontación:

Inmediatez:

Autenticidad:

Respuesta del consejero 3:

Respuesta del consejero 3:

_____

Evaluación:

_____

Reflejar el contenido:

_____

Reflejar el sentimiento:

_____

Empatía:

_____

Aclaración:

_____

Confrontación:

_____

Inmediatez:

_____

Autenticidad:

_____

Una respuesta mejor/alternativa, incluida la evaluación

_____

Reflejar el contenido:

_____

Reflejar el sentimiento:

_____

Empatía:

_____

Aclaración:

_____

Confrontación:

_____

Inmediatez:

_____

Autenticidad:

_____

Respuesta del consejero 4:

_____

Respuesta del consejero 4:

_____

Evaluación:

_____

Reflejar el contenido:

_____

Reflejar el sentimiento:

_____

Empatía:

_____

Aclaración:

_____

Confrontación:

_____

Inmediatez:

_____

Autenticidad:

_____

Una respuesta mejor/alternativa, incluida la evaluación

_____

Reflejar el contenido:

_____

Reflejar el sentimiento:

_____

Empatía:

_____

Aclaración:

_____

Confrontación:

_____

Inmediatez:

_____

Autenticidad:

_____

Respuesta del consejero 5:

_____

Respuesta del consejero 5:

_____

Evaluación:

_____

Reflejar el contenido:

_____

Reflejar el sentimiento:

_____

Empatía:

_____

Aclaración:

_____

Confrontación:

_____

Inmediatez:

_____

Autenticidad:

_____

Una respuesta mejor/alternativa, incluida la evaluación

_____

Reflejar el contenido:

_____

Reflejar el sentimiento:

_____

Empatía:

_____

Aclaración:

_____

Confrontación:

_____

Inmediatez:

_____

Autenticidad:

_____

Respuesta del consejero 6:

_____

Respuesta del consejero 6:

_____

Evaluación:

_____

Reflejar el contenido:

_____

Reflejar el sentimiento:

_____

Empatía:

_____

Aclaración:

_____

Confrontación:

_____

Inmediatez:

_____

Autenticidad:

_____

Una respuesta mejor/alternativa, incluida la evaluación

_____

Reflejar el contenido:

_____

Reflejar el sentimiento:

_____

Empatía:

_____

Aclaración:

_____

Confrontación:

_____

Inmediatez:

_____

Autenticidad:

_____

Repite el proceso tantas veces como te sea necesario

Evaluación general de las técnicas:
✓ **Lo que hice bien en esta sesión** *(particularmente con respecto a la técnica del objetivo):*

_____

_____

✓ *Lo que necesito mejorar:*

_____

_____

Nivel de competencia (NC)

NC1: No utiliza la técnica del objetivo apropiadamente.

NC2: A veces utiliza técnica del objetivo apropiadamente.

NC3: Utiliza a menudo la técnica del objetivo apropiadamente.

NC4: Utiliza regularmente la técnica del objetivo apropiadamente.

NC5: Consistente y apropiadamente utiliza la técnica del objetivo.

En este ejercicio siento que he utilizado la *reflexión de contenido* a un nivel NC de _____.

En este ejercicio siento que he utilizado la *reflexión de la emoción* a un nivel NC de _____.

En este ejercicio siento que he utilizado la *reflexión de empatía básica* a un nivel NC de _____.

En este ejercicio siento que he utilizado la *aclaración* a un nivel NC de _____.

En este ejercicio siento que he utilizado la *empatía intuitiva* a un nivel NC de _____.

En este ejercicio siento que he utilizado la *confrontación* a un nivel NC de _____.

Comentarios del evaluador:

_____

_____

El alumno utilizó la *reflexión del contenido* a un nivel NC de _____.

El alumno utilizó la *reflexión de la emoción* a un nivel NC de _____.

El alumno utilizó la *empatía básica* a un nivel NC de _____.

El alumno utilizó la *aclaración* a un nivel NC de _____.

El alumno utilizó la *empatía intuitiva* a un nivel NC de _____.

El alumno utilizó la *confrontación* a un nivel NC de _____.

APÉNDICE D

LA RELACIÓN ENTRE LA PSICOLOGÍA Y LA RELIGIÓN

Como se mencionó en el capítulo quince, este tema se conecta a un tema más amplio y que va más allá del alcance de este libro. Sin embargo, para algunos lectores esta pregunta está en el centro de lo que los cristianos interesados en la consejería necesitan comprender antes de ir más lejos en el desarrollo de las técnicas eficaces de ayuda a las personas. Este apéndice tratará de esbozar algunas de las cuestiones relacionadas con este tema, desde nuestra propia perspectiva, que pueden o no encajar con las suyas.

LA INTERACCIÓN DE LA PSICOLOGÍA CON LA EXPERIENCIA RELIGIOSA Y ESPIRITUAL

La historia de la psicología y su manejo de la dimensión religiosa de la experiencia humana incluye una literatura masiva sobre la psicología de la religión que atestigua la importancia del tema y su importancia para las relaciones de consejería (p. ej., Leach y Sato, 2013 Walker, Gorsuch y Tan, 2004). Durante siglos los autores han discutido experiencias humanas que trascienden los aspectos del aquí y ahora de nuestras vidas. Palabras como *numinoso, sobrenatural, místico, santo, sublime, trascendente y sagrado* apuntan a algo más allá de nuestra existencia diaria, encarnada, que para muchos no es reducible a la explicación natural o científica. Las religiones pueden ser definidas como sistemas que las personas han construido para explicar y, a menudo, para controlar estas experiencias. El problema en la cultura occidental moderna es que hemos intentado explicar estas experiencias y reducirlas a explicaciones científicas. El *posmodernismo* puede describirse como un esfuerzo por regresar a una cosmovisión que valora tal experiencia en conjunción con la ciencia y otras formas de conocer.

Esto no es solo el ámbito de los estudios religiosos, la filosofía y los gurús de la nueva era; el campo de la consejería también ha luchado para responder a las tensiones entre una cosmovisión moderna y científica, basada en la investigación y tratamientos y enfoques empíricamente validados, y las cosmovisiones pre y posmodernas que ven la realidad y el proceso del cambio como algo más que lo que puede ser empíricamente estudiado y comprendido. La psicología, en su aparición relativamente reciente en la historia del pensamiento humano, ha luchado para ser vista como una ciencia y establecer su identidad junto con las ciencias fuertes como la biología y la física. Como tal ha sido suspicaz de lo sagrado y ha favorecido una epistemología científica (teoría del conocimiento). Sin embargo, en su enfoque de estudio, comprensión de los seres humanos y la experiencia humana, el debate sigue haciendo estragos con respecto a si todo lo que los seres humanos son y experimentan es explicable científicamente. El reciente énfasis en la neurofisiología y las intervenciones psicofarmacológicas es parte de este esfuerzo continuo para explicar y controlar la experiencia y el comportamiento humano aparte de una dimensión espiritual. Nuestra perspectiva, que exponemos en los siguientes párrafos, es que necesitamos tanto lo científico como lo espiritual: no es uno ni el otro; son ambos.

Apoyo teórico

Históricamente, las teorías de consejería no han respaldado fácilmente la creencia religiosa. Desde Freud, existe un prejuicio que percibe esencialmente la religión y la espiritualidad como un síntoma de inmadurez psicológica o incluso de patología. *El Futuro de una ilusión* de Freud (1927/1978), en el que afirmaba su creencia de que Dios y el cristianismo son ilusiones, así como otros de sus escritos, desafiaban claramente la orientación religiosa de la vida e influían en generaciones de profesionales de la salud mental, independientemente de su acuerdo con las otras teorías y prácticas teóricas de Freud.

Sin embargo, no todas las principales teorías de consejería fueron tan negativas sobre el papel de lo sagrado en el proceso de ayuda. Carl Jung, un discípulo de Freud que rompió con la orientación teórica de Freud y desarrolló su propio enfoque de consejería, fue fuertemente influenciado por el cristianismo, las religiones orientales y el ocultismo. Jung incluyó muchos elementos religiosos en su teoría y afirmó abiertamente una orientación espiritual a la vida. Frecuentemente se le cita diciendo: "He tratado a cientos de pacientes. Entre aquellos que estaban en la segunda mitad de la vida—es decir, más de treinta y cinco—no ha habido uno cuyo problema en última instancia no fuera el de encontrar una visión religiosa de la vida" (Ulanov y Dueck, 2008).

Albert Ellis, el fundador de la terapia de racional emotiva conductual, una vez consideró la religión como una fuente de creencias irracionales que son disfuncionales. Más adelante, Ellis declaró: "Creo que puedo decir con seguridad que la Biblia judeocristiana es un libro de autoayuda que probablemente ha permitido a más personas hacer cambios de personalidad y de comportamiento más extensos e intensivos que todos los terapeutas profesionales juntos" (Ellis, 1993, p. 336).

Los ejemplos del valor de la espiritualidad en consejería son muchos (cf. Frame, 2003; Gorsuch, 2002, Pargament, 2011; Richards y Bergin, 2005; Sperry, 2011), pero la visión predominante, apoyada por una reacción cultural en occidente contra la religión organizada, continúa. Si bien la espiritualidad en general y en los abstracto es aceptada, las creencias religiosas específicas fuertemente sostenidas, o la afirmación o lealtad personal a las doctrinas teológicas de una religión particular, siguen siendo vistas como deficientes. Esta adhesión a ciertas doctrinas religiosas particulares se considera restrictiva de la libertad humana, que interfiere con el desarrollo del yo único, que depende de mirar a los demás para su afirmación y pertenencia personal, para su desarrollo inmaduro o para estar simplemente fuera de contacto con el siglo XXI.

LA RELACIÓN DEL CRISTIANISMO CON LA CIENCIA DE LA PSICOLOGÍA

Los cristianos, particularmente los evangélicos del siglo pasado, han recelado bastante de la cosmovisión científica porque rechaza en gran medida la religión y la validez de una cosmovisión deísta. Los cristianos creen en una relación personal con Dios, un ser que es completamente Otro y no simplemente una parte de mí, que creó y sostiene al universo y que envió a Jesús para redimirnos personalmente. El rechazo de este sistema de creencias, los sistemas religiosos asociados (la Iglesia) y la experiencia espiritual personal dejan a los consejeros cristianos con una profunda tensión, donde esencialmente nuestras creencias religiosas y nuestra vocación están en contradicción. Una revisión de las décadas de literatura sobre esta tensión (cf. Stevenson, Eck y Hill, 2007 es una buena visión de conjunto de la literatura) no es el propósito de este apéndice, pero basta con decir que este es otro ejemplo de *ambos/y, el uno o el otro*: la ciencia, la Escritura y la experiencia humana, junto con otras fuentes de conocimiento, coexisten entre sí para formar la compleja condición humana. Las personas embebidas en esta complejidad se sienten atraídas a entender la complejidad de Dios, quien las creó, las sostiene y las cura.

Desde una perspectiva cristiana Worthington (2010), entre muchos otros escritores en el campo de la integración de la psicología y la teología (o consejería y fe) ha hecho un trabajo admirable al defender el enfoque científico de la psicología y demostrar cómo la psicología puede beneficiar a la teología cristiana, ayudando así a los cristianos a vivir sus vidas de una manera más sana y santa. Al final de este apéndice se muestra una lista de resultados de investigación relacionada con las intervenciones espirituales. No solo las intervenciones de consejería secular deben ser validadas empíricamente, sino también intervenciones y enfoques cristianos (ver Worthington, Johnson, Hook y Aten, 2013). No debemos temer aplicar métodos de investigación científica a las intervenciones y enfoques cristianos. En última instancia, sugerimos que la buena ciencia y la buena teología y los estudios bíblicos no se contradicen entre sí, ya que la experiencia humana es fundamentalmente espiritual y psicológica (Benner, 1988, 1998) y, agregamos, sociológica.

UN ENFOQUE PARA ENTENDER LA LITERATURA DE INTEGRACIÓN

A medida que leas a varios autores sobre la integración, encontrarás que parece que un autor está hablando de algo completamente diferente al otro, y sin embargo ambos lo llaman "integración". Hace años, se hizo evidente para nosotros (Heather y Fred) Que las personas a menudo discutían sobre diferentes tipos o niveles de integración, centrándose en los diferentes componentes del proceso. A la luz de esto, sugerimos que existen cinco niveles de integración (Gingrich y Worthington, 2007). A continuación se describen brevemente. En la tabla 15.2 se dan ejemplos concretos de cada nivel de integración.

1. *Presupuestos* (p. ej., cosmovisión, suposiciones, creencias, valores)—¿cuáles son las creencias básicas?
2. *Teóricos* (p. ej., modelos de personalidad, salud, patología, consejería) —¿cuáles son las creencias acerca de la naturaleza de la persona y sobre cómo cambia la gente?
3. *Intervención* (p. ej., evaluación, conceptualización de casos, técnicas, habilidades) ¿cuáles son las creencias sobre cómo se realiza la consejería?
4. *Relación terapéutica* (p. ej., establecimiento de la práctica, unión, respuesta a la resistencia y crecimiento, terminación)— ¿cuáles son las creencias acerca de cómo ayuda la relación de consejería al proceso?
5. Personales (p. ej., funcionar como una persona espiritualmente integrada)—como consejeros ¿en qué manera funcionamos de manera integrada?

Nuestra afirmación es que muchas de las confusiones sobre la integración ocurren cuando la gente está hablando en diferentes niveles. Por ejemplo, ¿son todas las técnicas psicológicas carentes de valor porque las presuposiciones fundamentales de la teoría de consejería relacionada no son bíblicas? La integración efectiva ocurre en todos los niveles, y un modelo pensativo de consejería nos obliga a averiguar cómo la psicología y la espiritualidad están relacionadas en cada nivel.

LA RELACIÓN DE LA CONSEJERÍA BASADA EN LA FE EN LOS ENFOQUES SECULARES

Al igual que con tantos temas en el campo más amplio de la consejería, hay una amplia gama de opiniones sobre cómo la

Tabla D.1 Ejemplos de niveles de integración

	Ejemplo Positivo	Ejemplo Negativo	Ejemplos Comunes (positivo y negativo) relacionados con la espiritualidad
Presuposicional	Las personas fueron hechas a imagen de Dios pero son propensas al pecado	Las personas son intrínsecamente buenas.	La espiritualidad tiene poco que ver con los problemas personales
Teórico	Las distorsiones del pensamiento son una causa común de los problemas emocionales.	Las emociones deben de ser reprimidas y su impacto disminuido.	Todas las dificultades emocionales son el resultado del distanciamiento con Dios
Intervención	En una sesión, pedir a una pareja que hablen sobre un tema en concreto.	Uso de un sustituto sexual para enseñar sobre el funcionamiento sexual.	Practicar un ejemplo bíblico de disciplinas espirituales
Relación terapéutica	Tener una última sesión para concluir correctamente.	Bromear sobre un malentendido del aconsejado.	El consejero impone sus propias creencias espirituales al aconsejado
Personal	Ser inapropiadamente genuino con el aconsejado.	Un consejero que finge tenerlo todo junto cuando las cosas se están desmoronando desesperadamente	El consejero se siente enojado con Dios, pero intenta ayudar al aconsejado a que trabaje en temas similares

espiritualidad y la consejería están relacionados. Además, específicamente dentro del campo de la consejería cristiana también hay una amplia gama en relación con este tema. Johnson (2010) editó el libro "Cinco Vistas", que describe la gama de puntos de vista protestantes predominantemente evangélicos sobre la integración. Un resumen breve y probablemente demasiado simplista de los modelos es el punto de vista de la consejería *bíblica* (la

Biblia es el manual de consejería, proveyendo todo lo que necesitamos para discernir la verdad a través del poder del Espíritu); la concepción de la *psicología cristiana* (la construcción de una "psicología" explícitamente cristiana en su totalidad a partir de principios cristianos con métodos cristianos basados en las Escrituras, la teología y la historia de la Iglesia, sin negar cierto valor a la psicología moderna y a la investigación empírica); el punto de vista *perspectivo* (cada disciplina académica, psicología, teología, lingüística, etc., tiene una perspectiva única que ofrecer, pueden estar en desacuerdo a veces pero uno no niegan al otro); la visión *transformacional* (la práctica de la psicología está basada en la persona del consejero y los procesos de consejería son fundamentalmente cristianos en espíritu); y la visión de la *integración* (revelación especial, dada por Dios en la Biblia, es en última instancia consistente con la revelación general, descubierta en la ciencia). Estos cinco enfoques se ilustran utilizando el mismo caso de estudio en el libro editado por Greggo y Sisemore (2012).

**Principios fundamentales para abordar
las cuestiones espirituales**
(Richards y Bergin, 2005)

- ✓ respeto por la autonomía y la libertad del aconsejado
- ✓ sensibilidad y empatía por las creencias R/E del aconsejado
- ✓ flexibilidad y capacidad de respuesta a las creencias R/E del aconsejado

---

En el campo más amplio de la consejería, la Asociación para los Valores Espirituales, Éticos y Religiosos en la Consejería (ASERVIC, 2009), cuyos estándares han sido respaldados por la Asociación Americana de Consejería (ACA), es una voz que aboga por la inclusión de temas espirituales en consejería. Estas normas sirven para afirmar la naturaleza esencialmente espiritual de la consejería y las personas, que va más allá de los valores específicos de una religión y enfatiza los elementos innatamente espirituales que hacen a alguien un ser humano. Las competencias de ASERVIC (ver más abajo) presentan un caso convincente de que no solo hay maneras específicas en las que los consejeros tienen que dirigirse, sino que hay técnicas y entrenamientos que los consejeros deben tener. La historia del desarrollo de las competencias está detallada en Robertson y Young (2011). Las competencias abarcan temas tales como la cultura y la cosmovisión, la concienciación de los consejeros, el desarrollo humano y espiritual, la comunicación sobre cuestiones espirituales, la evaluación y el diagnóstico y tratamiento (véase también Brownell, 2015). Independientemente de que tus conversaciones de consejería estén en contextos que estén explícitamente basados en la fe, y si tu aconsejado está o no dispuesto a tener conversaciones con respecto a la espiritualidad, estas competencias ayudan al consejero a tomar decisiones sobre por qué, cómo y cuándo abordar asuntos espirituales. Los valores a este respecto son relativamente simples: el respeto, la sensibilidad, la empatía, la flexibilidad y la capacidad de respuesta son esenciales (Richards y Bergin, 2005).

Si la consejería está ocurriendo en un contexto explícitamente basado en la fe o no, la autonomía del aconsejado es considerada primordial. No tenemos derecho a imponer nuestras creencias a los demás; sin embargo, podemos compartir nuestras creencias si el aconsejado da su consentimiento (como con muchos asuntos en la consejería, el *consentimiento* informado del consejero es la clave). La empatía también puede ser aplicada a las creencias religiosas de un aconsejado. Nuestro enfoque debe estar en buscar entender el viaje espiritual único del aconsejado en lugar de juzgar con sutiliza o explícitamente la veracidad y la ortodoxia de su teología. Incluso para los cristianos, puede haber una amplia gama de creencias sobre muchos temas espirituales. Ser flexible en nuestra consideración de cómo los aconsejados interpretan y aplican sus creencias, y cómo responden a las mismas, es un proceso de ayuda fundamental para ayudarles. Recuerda que la empatía no significa acuerdo o respaldo.

En las siguientes páginas hay tres documentos relacionados. El primero son las competencias de ASERVIC, presentadas en los párrafos anteriores. Es muy alentador que la Asociación Americana de Consejería, la principal asociación profesional de consejería en los Estados Unidos, haya respaldado estas competencias. Permite a los cristianos y personas de todas las orientaciones R/E abordar los temas de R/E en consejería, por supuesto con las precauciones apropiadas y la conciencia ética.

En relación con la necesidad de discernir cuidadosamente el uso de las intervenciones R/E en consejería, el segundo documento extiende el modelo de toma de decisiones de Chapelle (2000), discutido en el capítulo quince, con descripciones de los pasos y ejemplos de casos. La aplicación de las intervenciones R/E debe ser cuidadosamente considerada.

El tercer documento es una breve lista de estudios de investigación sobre las intervenciones R/E. La lectura de los títulos de los artículos proporciona una idea del tipo de investigación que se está llevando a cabo para demostrar que al menos algunas intervenciones R/E son efectivas. Esta validación empírica apoya la creencia integrativa de que la interpretación bíblica exacta, la teología sana, la espiritualidad sana y la evidencia científica sólida son en última instancia compatibles. Esto confirma nuestra creencia de que la revelación de Dios de sí mismo en la naturaleza y en las Escrituras es finalmente unificada.

ASERVIC Competencias para abordar las cuestiones espirituales y religiosas en consejería (2009)

Preámbulo

Las Competencias para abordar las cuestiones espirituales y religiosas en consejería son pautas que complementan, no reemplazan, los valores y estándares expuestos en el Código de Ética de la ACA. En consonancia con el Código de Ética de la ACA (2005), el objetivo de las Competencias ASERVIC es "reconocer la diversidad y adoptar un enfoque intercultural que apoye el valor, la dignidad, el potencial y la singularidad de las personas dentro de su contexto social y cultural" (p. 3). Estas Competencias están diseñadas para ser utilizadas en conjunto con orientaciones de consejería basadas en la evidencia y que se alineen con las mejores prácticas de consejería. Este Preámbulo debe acompañar cualquier publicación o difusión, total o parcial, de las Competencias de ASERVIC.

Cultura y cosmovisión

1. El consejero profesional puede describir las semejanzas y diferencias entre espiritualidad y religión, incluyendo las creencias básicas de varios sistemas espirituales, las principales religiones del mundo, el agnosticismo y el ateísmo.

2. El consejero profesional reconoce que las creencias del consejero (o ausencia de creencias) acerca de la espiritualidad y/o la religión son fundamentales para su cosmovisión y pueden influir en el funcionamiento psicosocial.

Conciencia del consejero

3. El consejero profesional explora activamente sus propias actitudes, creencias y valores acerca de la espiritualidad y/o la religión.

4. El consejero profesional evalúa continuamente la influencia de sus propias creencias y valores espirituales y/o religiosos en la consejería y en el proceso de consejería.

5. El consejero profesional puede identificar los límites de su comprensión de la perspectiva espiritual y/o religiosa del aconsejado y está familiarizado con los recursos religiosos y espirituales, incluidos los líderes, que pueden ser vías de consulta y a quienes el consejero puede referirse.

Desarrollo humano y espiritual

6. El consejero profesional puede describir y aplicar diversos modelos de desarrollo espiritual y/o religioso y su relación con el desarrollo humano.

Comunicación

7. El consejero profesional responde a las comunicaciones del consejo sobre espiritualidad y/o religión con aceptación y sensibilidad.

8. El consejero profesional usa conceptos espirituales y/o religiosos que son consistentes con las perspectivas espirituales y/o religiosas del aconsejado y que son aceptables para el aconsejado.

9. El consejero profesional puede reconocer temas espirituales y/o religiosos en la comunicación de consejería y es capaz de abordarlos con el aconsejado cuando son terapéuticamente relevantes.

Evaluación

10. Durante los procesos de admisión y evaluación, el consejero profesional se esfuerza por entender la perspectiva espiritual y/o religiosa de un aconsejado recopilando información de los aconsejados y/o de otras fuentes.

Diagnóstico y tratamiento

11. Al hacer un diagnóstico, el consejero profesional reconoce que las perspectivas espirituales y/o religiosas del aconsejado pueden (a) mejorar el bienestar; (b) contribuir a los problemas de los aconsejados; y/o (c) exacerbar los síntomas.
12. El consejero profesional establece metas con el aconsejado que son consistentes con las perspectivas espirituales y/o religiosas del aconsejado.
13. El consejero profesional puede (a) modificar las técnicas terapéuticas para incluir las perspectivas espirituales y/o religiosas de un aconsejado, y (b) utilizar prácticas espirituales y/o religiosas como técnicas cuando sea apropiado y aceptable para el punto de vista de un aconsejado.
14. El consejero profesional puede aplicar terapéuticamente la teoría y la investigación actual que apoya la inclusión de las perspectivas y prácticas espirituales y/o religiosas de un aconsejado.

Tabla D.2. Un proceso para la aplicación de intervenciones espirituales en consejería

Paso	Descripción	Reflexiones	Ejemplos
1	¿Por qué el aconsejado está buscando ayuda y los temas de R/E son relevantes?	¿Es relevante el uso de intervenciones espirituales para el problema que presenta el asesor? No tenemos derecho a usar una intervención porque nos gusta cuando no se relaciona directamente con el motivo por el cual el aconsejado vino a verte.	Si el aconsejado desea asesoramiento financiero, orientación profesional o consejos de gestión del tiempo, la introducción de la meditación puede no resultar muy respetuoso con el aconsejado.

(continuado)

Tabla D.2. (*continuado*)

Paso	Descripción	Reflexiones	Ejemplos
2	Comprueba la conveniencia de utilizar las intervenciones R/E en este contexto/ situación.	¿Es apropiado usar intervenciones espirituales dado el ambiente público o privado en el cual la consejería está teniendo lugar? ¿Es apropiado usar las intervenciones espirituales dadas las fronteras y las responsabilidades de la función de ayuda?	Practicar oración curativa interna en un restaurante de comida rápida probablemente no es apropiado. Incluso si el ambiente es privado, ¿está la intervención de R/E abierta a interpretaciones alternativas si es observada por alguien más (por ejemplo, la imposición de manos)? Si tu papel es el de un consejero profesional en una agencia secular, ten cuidado al usar intervenciones espirituales.
3	Evalúa la compatibilidad de tu perspectiva de fe con la perspectiva de fe del aconsejado.	El papel de consejero es muy influyente; el consejero es visto como un experto en muchos aspectos. Añade a eso cualquier papel (p. ej., ordenación, líder de iglesia) o entrenamiento (por ejemplo, seminario) que puedas tener y tu influencia aumentará.	Incluso dentro de la misma tradición de fe (p. ej., evangélica o católica), hay una amplia gama de perspectivas teológicas y de culto. Por supuesto, nuestras intervenciones cristianas R/E pueden no ser apropiadas con los consejeros que representan diferentes religiones del mundo.

(*continuado*)

Tabla D.2. (*continuado*)

Paso	Descripción	Reflexiones	Ejemplos
4	Evalúa tu competencia en el uso de una intervención R/E relevante.	Haz tu propio esfuerzo para obtener la educación y el entrenamiento necesarios. Muchas intervenciones R/E tienen aplicaciones específicas dependiendo de los contextos y tradiciones específicas de la iglesia o de la denominación. Se han realizado investigaciones empíricas sobre muchas intervenciones (p. ej., sanidad interior). Respeta estas fuentes y experiencia.	La soledad puede producir una angustia interna no intencionada para un aconsejado. ¿Sabes cómo manejar tal situación? ¿Te has familiarizado con la literatura sobre el uso y mal uso de la oración y la meditación, por ejemplo? Los ritos y sacramentos religiosos (p. ej. la Cena del Señor) tienen significados y procedimientos significativos y pueden requerir cualificaciones específicas en algunas tradiciones.
5	Obtén el consentimiento informado de los aconsejados (¡pídeles su permiso!).	Describe y discute las intervenciones que deseas usar y busca el permiso del aconsejado antes de usar las intervenciones espirituales.	Solo se necesita un momento para explicar el valor de las Escrituras, y muchas personas no están en contra de las Escrituras; más bien, simplemente no saben cómo se aplica.
6	En medio del uso de una intervención de R/E continúa usando responsablemente lo que sabes acerca de la consejería útil.	El uso de una intervención R/E no significa que otras técnicas de consejería no son relevantes.	La empatía es importante también durante el uso de las intervenciones R/E.

(*continuado*)

Tabla D.2. (*continuado*)

Paso	Descripción	Reflexiones	Ejemplos
7	Prioriza el respeto a las creencias y prácticas de los aconsejados y su derecho a elegir.	No hagas proselitismo o utilices la consejería como un "púlpito" para imponer tus propios valores religiosos al aconsejado. El derecho de los aconsejados de elegir libremente, sin ningún sentimiento de coerción, es esencial para la seguridad.	El objetivo es ayudar a los aconsejados a experimentar a Dios de una manera diferente que abrirá nuevas posibilidades. El acuerdo del aconsejado con tus creencias y valores no es la meta.
8	Dependiendo del contexto y de tu papel, documenta cuidadosamente el uso de las intervenciones espirituales.	Según sea apropiado para el contexto, mantén un registro que describa claramente la justificación, el uso y la eficacia de cada intervención espiritual empleada en el proceso de consejería.	Incluso en contextos informales de consejería, mantener notas sobre la duración y ubicación de las reuniones, los temas de discusión y las intervenciones sugeridas pueden indicar un nivel de preocupación y atención, así como recordarte la próxima vez que os reunáis de lo que sucedió la última vez.

Tabla D.2. (*continuado*)

Paso	Descripción	Reflexiones	Ejemplos
9	Conecta la intervención R/E a la razón por la que el aconsejado está buscando ayuda y promueve el bienestar general del aconsejado.	Las intervenciones R/E que no son relevantes para el problema de presentación del aconsejado son más fácilmente confundidas como coercitivas. Siempre considera la seguridad y el bienestar del aconsejado con cualquier intervención que se emplee en el proceso de consejería.	Esto es particularmente importante con intervenciones más dramáticas y potentes (p. ej., liberación/ exorcismo). Sin embargo, incluso para intervenciones más comunes es posible, por ejemplo, que la oración sea malentendida, mal aplicada y mal administrada.

Fuente: Modificado de Chapelle, 2000

Una muestra de los resultados de investigaciones relacionadas con intervenciones espirituales

Los siguientes títulos de artículos de investigación son solo una pequeña muestra de los muchos estudios interesantes sobre las intervenciones espirituales. Los primeros seis se centran en la oración como una intervención; los tres últimos proporcionan ejemplos de intervenciones espirituales en general.

✓ Funciones de la oración cristiana en el proceso de afrontamiento (Bade y Cook, 2008)

✓ Una nueva mirada a la comprensión de la mente y la emoción de los niños: El caso de la oración (Bamford y Lagattuta, 2010)

✓ Orar en una sociedad secularizada: un estudio empírico de prácticas y variedades de oración (Bänziger, Janssen y Scheepers, 2008)

✓ Las preferencias de los consejeros cristianos con respecto a la oración como una intervención de consejería (Weld y Eriksen, 2007)

✓ Una exploración cualitativa de cómo el uso de la oración en la consejería y la psicoterapia puede ser éticamente problemático (Gubi, 2009)

✓ El ministerio de oración teofóstico en la práctica clínica: Cuestiones y preocupaciones (Hunter y Yarhouse, 2009b)

✓ Uso clínico de enfoques religiosos explícitos: Problemas de integración de roles cristianos (Hathaway, 2009)

✓ Percepciones de los estudiantes de consejería sobre el entrenamiento en la consejería religiosa/espiritual: Un estudio cualitativo (Henriksen, Polonyi, Bornsheuer-Boswell, Greger y Watts, 2015)

✓ Consideraciones y recomendaciones para el uso de intervenciones de base religiosa en un contexto acreditado (Hunter y Yarhouse, 2009a)

✓ Oración y bienestar subjetivo: Un examen de seis diferentes tipos de oración (Whittington y Scher, 2010)

REFERENCIAS

Adams, J. E. (1970). *Competent to counsel.* Phillipsburg, NJ: Presbyterian and Reformed.

———. (1981). *Ready to restore: A layman's guide to Christian counseling.* Phillipsburg, NJ: Presbyterian and Reformed.

Alcoholics Anonymous World Services (2002). *Twelve steps and twelve traditions.* New York, NY: Author.

Allen, V. B., Folger, W. A., y Pehrsson, D. (2007). Reflective process in play therapy: A practical model for supervising counseling students. *Education, 127*(4), 472-79.

American Counseling Association (2014). *ACA Code of Ethics.* Alexandria, VA: Author.

American Psychiatric Association (2013). *Diagnostic and statistics manual of mental disorders* (5th ed.; DSM-5). Washington, DC: Author.

Anderson, L. W., y Krathwohl, D. R. (2001). *A taxonomy for learning, teaching and assessing: A revision of Bloom's Taxonomy.* New York, NY: Longman.

Anderson, N. T. (1990). *The bondage breaker.* Eugene, OR: Harvest House.

Anderson, N. T., Zuehlke, T. E., y Zuehlke, J. S. (2000). *Christ centered therapy: The practical integration of theology and psychology.* Grand Rapids, MI: Zondervan.

Anderson, R., y Ross, V. (1998). *Questions of communication: A practical introduction to theory* (2nd ed.). Boston, MA: Bedford/St. Martin's.

Antony, M. M. (2014). Behavior therapy. In D. Wedding y R. J. Corsini (Eds.), *Current psychotherapies* (10th ed.) (193-230). Belmont, CA: Brooks/Cole.

Appleby, D. W., y Ohlschlager, G. (Eds.). (2013). *Transformative encounters: The intervention of God in Christian counseling and pastoral care.* Downers Grove, IL: InterVarsity Press.

Arterburn, S., y Felton, J. (1991). *Toxic faith: Understanding and overcoming religious addiction.* Nashville, TN: Thomas Nelson.

Association for the Spiritual, Ethical, and Religious Values in Counseling (ASERVIC). (2009). *Competencies for addressing spiritual and religious issues in counseling.* Retrieved from www.aservic.org/resources/spiritual-competencies/.

Aten, J. D., y Leach, M. M. (Eds.). (2008). *Spirituality and the therapeutic process: A comprehensive resource from intake to termination.* Washington, DC: American Psychological Association.

Augsburger, D. W. (1986). *Pastoral counseling across cultures.* Philadelphia, PA: Westminster.

Averbeck, R. E. (2008). Spirit, community, and mission: A biblical theology for spiritual formation. *Journal of Spiritual Formation & Soul Care, 1,* 27-53.

Backus, W. (2006). *Telling each other the truth.* Minneapolis, MN: Bethany House.

Backus, W., y Chapian, M. (2014). *Telling yourself the truth.* Minneapolis, MN: Bethany House.

Bade, M. K., y Cook, S. W. (2008). Functions of Christian prayer in the coping process. *Journal for the Scientific Study of Religion, 47*(1), 123-33.

Baker, H. (1998). *Soul keeping: Ancient paths of spiritual direction.* Colorado Springs, CO: NavPress.

Baker, S. B., Daniels, T. G., y Greeley, A. T. (1990). Systematic training of graduate level counselors: Narrative and meta-analytic reviews of three major programs. *e Counseling Psychologist, 18,* 355-421.

Ball, R. A., y Goodyear, R. K. (1991). Self-reported professional practices of Christian psychotherapists. *Journal of Psychology and Christianity, 10*(2), 144-53.

Bamford, C., y Lagattuta, K. H. (2010). A new look at children's understanding of mind and emotion: The case of prayer. *Developmental Psychology, 46*(1), 78-92.

Bänziger, S., Janssen, J., y Scheepers, P. (2008). Praying in a secularized society: An empirical study of praying practices and varieties. *International Journal for the Psychology of Religion, 18*(3), 256-65.

Barker, P. (1985). *Using metaphors in psychotherapy.* New York, NY: Brunner/Mazel.

Barnett, J. E. (1998). Should psychotherapists self-disclose? Clinical and ethical considerations. In J. L. Thomas, S. Knapp y L. VandeCreek (Eds.), *Innovations in clinical practice: A sourcebook: Vol. 16* (419-28). Sarasota, FL: Professional Resource Press.

Bartholomew, K., y Horowitz, L. M. (1991). Attachment styles among young adults: A test of a four-category model. *Journal of Personality and Social Psychology, 61*, 226-44.

Barton, R. H. (2009). *Sacred rhythms: Arranging our lives for spiritual transformation.* Downers Grove, IL: InterVarsity Press.

Bayne, R., y Thompson, K L. (2000). Counsellor response to clients' metaphors: An evaluation and re refinement of Strong's model. *Counselling Psychology Quarterly, 13*, 37-49.

Beck, J. R. (1999). *Jesus and personality theory.* Downers Grove, IL: InterVarsity Press.

Beck, J. R., y Demarest, B. (2005). *The human person in theological and psychological perspective: A biblical anthropology for the twenty-first century.* Grand Rapids, MI: Kregel.

Beck, T. D. (2009). The divine dis-comforter: The Holy Spirit's role in transformative suffering. *Journal of Spiritual Formation y Soul Care, 2*, 199-218.

Benn, A. E., Jones, G. W., y Rosenfield, S. (2008). Analysis of instructional consultants' questions and alternatives to questions during the problem identification interview. *Journal of Educational y Psychological Consultation, 18*(1), 54-80. doi:10.1080/10474410701864115

Benner, D. G. (1983). The incarnation as a metaphor for psychotherapy. *Journal of Psychology and Theology, 11*, 287-94.

———. (1988). *Psychotherapy and the spiritual quest.* Grand Rapids, MI: Baker.

————. (1998). *Care of souls: Revisioning Christian nurture and counsel*. Grand Rapids, MI: Baker Books.

————. (2002). *Sacred companions: The gift of spiritual friendship & direction*. Downers Grove, IL: InterVarsity Press.

————. (2003). *Surrender to love: Discovering the heart of Christian spirituality*. Downers Grove, IL: InterVarsity Press.

————. (2004). *The gift of being yourself: The sacred call to self-discovery*. Downers Grove, IL: InterVarsity Press.

————. (2005). *Desiring God's will: Aligning our hearts with the heart of God*. Downers Grove, IL: InterVarsity Press.

————. (2010). *Opening to God: Lectio divina and life as prayer*. Downers Grove, IL: Inter- Varsity Press.

————. (2015). Then and now: Response from David G. Benner. *The EMCAPP Journal: Christian Psychology Around the World, 7 Canada*. Retrieved from http://emcapp.ignis.de/7.

Bernard, J. M., Clingerman, T. L., y Gilbride, D. D. (2011). Personality type and clinical supervision interventions. *Counselor Education & Supervision*, *50*(3), 154-70.

Bernard, J. M., y Goodyear, R. K. (2013). *Fundamentals of clinical supervision* (5th ed.). Upper Saddle River, NJ: Pearson.

Blomberg, C. L. (2012). *Interpreting the parables* (2nd ed.). Downers Grove, IL: IVP Academic.

Bloom, B. S., Engelhart, M. D., Furst, E. J., Hill, W. H., y Krathwohl, D. R. (1956). *Taxonomy of educational objectives: The classification of educational goals. Book I: Cognitive domain*. New York, NY: David McKay.

Bonhoeffer, D. (1937/1995). *The cost of discipleship*. New York, NY: Touchstone.

Bowen, M. (1978). *Family therapy in clinical practice*. New York, NY: Jason Aronson.

Bowlby, J. (1988). *A secure base: Clinical applications of attachment theory*. New York, NY: Basic Books.

Boyatzis, C. J., y Varghese, R. (1994). Children's emotional associations with colors. *The Journal of Genetic Psychology*, *155*(1), 77-85.

Brodsky, S. L., y Lichtenstein, B. (1999). Don't ask questions: A psychotherapeutic strategy for treatment of involuntary clients. *American Journal of Psychotherapy*, *53*(2), 215-20.

Bronfenbrenner, U. (1999). Environments in developmental perspective: Theoretical and operational models. In S. L. Friedman
y T. D. Wachs (Eds.), *Measuring environment across the life
span: Emerging methods and concepts* (3-28). Washington, DC:
American Psychological Association Press.

Brown, B. (2012). *Daring greatly: How the courage to be vulnerable
transforms the way we live, love, parent, and lead.* New York,
NY: Gotham Books.

Brown, J. E. (1997). The Question Cube: A model for developing
question repertoire in training couple and family therapist.
Journal of Marital and Family Therapist, 23(1).

Brownell, P. (2015). *Spiritual competency in psychotherapy.* New
York, NY: Springer.

Buckland, S. (2006). *Netherlands—culture smart! e essential guide
to customs & culture.* New York, NY: Random House.

Buechler, S. (2002). Fromm's spirited values and analytic neutra-
lity. *International Forum of Psychoanalysis, 11,* 275-78.

Cade, B., y O'Hanlon, W. H. (1993). *A brief guide to brief therapy.*
New York, NY: Norton.

Calhoun, A. A. (2015). *Spiritual disciplines handbook: Practices that
transform us.* Downers Grove, IL: InterVarsity Press.

Carlson, D. (1976). Jesus' style of relating: e search for a biblical view of counseling. *Journal of Psychology and Theology,
4,* 181-92.

Carter, J. D., y Narramore, B. (1979). *e integration of psychology
and theology: An introduction.* Grand Rapids, MI: Zondervan.

Casey, J. A. (1999). Computer assisted simulation for counselor training of basic skills. *Journal of Technology in Counseling 1*(1).

Cashwell, C. S., Young, J. S., Fulton, C. L., Willis, B. T., Gior-
dano, A., Daniel, L. W., Crocke, J., Tate, B. N., y Welch, M.
L. (2013). Clinical behaviors for addressing religious/spiritual
issues: Do we practice what we preach? *Counseling and Values,
58,* 45-58. doi: 10.1002/j.2161-007X.2013.00024.x

Chan, S., y Lee, E. (2004). Families with Asian roots. In E. W.
Lynch y M. J. Hanson (Eds.), *Developing cross-cultural competence: A guide for working with children and their families*
(3rd ed.) (219-98). Baltimore, MD: Brookes.

Chang, V., Scott, S., y Decker, C. (2013). *Developing helping skills: A step-by-step approach to competency* (2nd ed.). Belmont, CA: Brooks/Cole.

Chao, R. C.-L. (2011). Managing stress and maintaining well-being: Social support, problem- focused coping, and avoidant coping. *Journal of Counseling & Development, 89*, 338-48.

Chapelle, W. (2000). A series of progressive legal and ethical decision making steps for using Christian spiritual interventions in psychotherapy. *Journal of Psychology and Theology, 28*(1), 43-53.

Chudler, E. H. (2014). *Autonomic nervous system.* Retrieved from https://faculty.washington. edu/chudler/auto.html

Clinton, T., y Sibcy, G. (2002). *Attachments: Why you love, feel and act the way you do.* Brentwood, TN: Integrity.

Cloud, H., y Townsend, J. (1994). *False assumptions.* Grand Rapids, MI: Zondervan.

———. (2001). *How people grow: What the Bible reveals about personal growth.* Grand Rapids, MI: Zondervan.

Coe, J. H. (2000). Musings on the Dark Night of the Soul: Insights from St. John of the Cross on a developmental spirituality. *Journal of Psychology and Theology, 28*, 293-307.

Collins, B. (2012). Metaphorical communication in working with couples. *Psychodynamic Practice, 18*, 339-44.

Cook, M. (2011). *Graduate counseling students' use of Facebook privacy settings: Implications for self-disclosure* (Unpublished MA thesis). Denver Seminary, Denver, CO.

Cooper, M. L., Albino, A. W., Orcutt, H. K., y Williams, N. (2004). Attachment styles and intrapersonal adjustment: A longitudinal study from adolescence into young adulthood. In W. S. Rholes y J. A. Simpson (Eds.), *Adult attachment: Theory, research, and clinical implications* (438-66). New York, NY: Guilford.

Corey, G. (2013). *Theory and practice of counseling and psychotherapy* (9th ed.). Belmont, CA: Brooks/Cole.

Corey, G., y Corey, M. S. (2011). *Becoming a helper* (6th ed.). Stamford, CT: Cengage Learning.

Crabb, L. (1988). *Inside out: Real change is possible if you are willing to start om the inside out.* Colorado Springs, CO: NavPress.

————. (1997). *Connecting: Healing for ourselves and our relationships*. Nashville, TN: Nelson.

————. (1999). *The safest place on earth: Where people connect and are forever changed*. Nashville, TN: Nelson.

Dael, N., Mortillaro, M., y Scherer, K. R. (2012). Emotion expression in body action and posture. *Emotion, 12*(5), 1085-1101. doi:10.1037/a0025737

Damasio, A. R. (2012). *Self comes to mind: Constructing the conscious brain*. New York, NY: Vintage Books.

Day-Vines, N. L., Wood, S. M., Grothaus, T., Graigen, L., Holman, A., Dotson-Blake, K., y Douglass, M. J. (2007). Broaching the subjects of race, ethnicity, and culture during the counseling process. *Journal of Counseling and Development, 85*, 401-9.

De Stefano, J., Mann-Feder, V., y Gazzola, N. (2010). A qualitative study of client experiences of working with novice counsellors. *Counselling & Psychotherapy Research, 10*(2), 139-46. doi:10.1080/14733141003770713

Decenteceo, E. T. (1997). *Rehab: Psychosocial rehabilitation for social transformation—some programs and concepts*. Manila, Philippines: Bukal Publications.

Decker, E. E., Jr.,(2002). e Holy Spirit in counseling: A review of Christian counseling journal articles (1985–1999). *Journal of Psychology and Christianity, 21*, 21-28.

Demarest, B. (1999). *Satisfy your soul: Restoring the heart of Christian spirituality*. Colorado Springs, CO: NavPress.

————. (2009). *Seasons of the soul: Stages of spiritual development*. Downers Grove, IL: InterVarsity Press.

Denney, R. M., Aten, J. D., y Gingrich, F. (2008). Using spiritual self-disclosure in counseling and psychotherapy. *Journal of Psychology y Theology, 36*(4), 294-302.

Diel, P. (1975/1986). *Symbolism in the Bible: Its psychological significance*. San Francisco, CA: Harper & Row.

Doherty, W. J. (1999). Morality and spirituality in therapy. In F. Walsh (Ed.), *Spiritual resources in family therapy* (189-91). New York, NY: Guilford.

Dougherty, R. M. (1995). *Group spiritual direction: Community for discernment*. Mahwah, NJ: Paulist.

Dueck, A., y Reimer, K. (2009). *A peaceable psychology: Christian therapy in a world of many cultures*. Grand Rapids, MI: Brazos.

Duru, E. (2008). e predictive analysis of adjustment difficulties from loneliness, social support, and social connectedness. *Educational Sciences, Theory y Practice, 8*(3), 849-56.

Eckert, K. G., y Kimball, C. N. (2003). God as a secure base and haven of safety: Attachment theory as a framework for understanding relationship to God. In T. W. Hall y M. R. McMinn (Eds.), *Spiritual formation, counseling, and psychotherapy* (105-23). New York, NY: Nova Science Publishers.

Egan, A. (2010). Conscience, spirit, discernment: The Holy Spirit, the spiritual exercises and the formation of moral conscience. *Journal of Theology for Southern Africa, 138*, 57-70.

Egan, G. (2014). *The skilled helper: A problem-management and opportunity-development approach to helping* (10th ed.). Belmont, CA: Brooks/Cole.

Elliot, A. J., y Maier, M. A. (2007). Color and psychological functioning. *Current Direction in Psychological Science, 16*(5), 250-54. doi: 10.111/j.1467-8721.2007.00514.x

Elliott, M. (2006). *Faithful feelings: Rethinking emotion in the New Testament*. Grand Rapids, MI: Kregel.

———. (2014). *Feel: The power of listening to your heart*. Grand Rapids, MI: Kregel.

Ellis, A. (1993). The advantages and disadvantages of self-help therapy materials. *Professional Psychology: Research and Practice, 24*(3), 335-39.

Enroth, R. M. (1992). *Churches that abuse*. Grand Rapids, MI: Zondervan.

———. (1994). *Recovering from churches that abuse*. Grand Rapids, MI: Zondervan.

Entwistle, D. N. (2010). *Integrative approaches to psychology and Christianity: An introduction to worldview issues, philosophical foundations, and models of integration* (2nd ed.). Eugene, OR: Cascade Books.

Evans, D. R., Hearn, M. T., Uhlemann, M. R., y Ivey, A. E. (2011). *Essential interviewing: A programmed approach to effective communication* (8th ed.). Belmont, CA: Brooks/Cole.

Faranda, F. (2014). Working with images in psychotherapy: An embodied experience of play and metaphor. *Journal of Psychotherapy Integration, 24*, 65-77.

Foley, V. D. (1979). Family therapy. In R. J. Corsini (Ed.), *Current psychotherapies* (2nd ed.) (460-99). Itasca, IL: F. E. Peacock.

Foster, R. J. (1998). *Streams of living water: Celebrating the great traditions of the faith.* San Francisco, CA: HarperCollins.

———. (2002). *Celebration of discipline: e path to spiritual growth.* San Francisco, CA: Harper.

Fowler, J. W. (1984). *Becoming adult, becoming Christian: Adult development and Christian faith.* San Francisco, CA: Harper & Row.

Frame, M. W. (2003). *Integrating religion and spirituality into counseling.* Pacific Grove, CA: Brooks/Cole.

Freud, S. (1927/1978). *The future of an illusion.* London, England: Hogarth.

Friedman, E. (1985). *Generation to generation: Family process in church and synagogue.* New York, NY: Guilford.

Fryling, A. (2008). *Seeking God together: An introduction to group spiritual direction.* Downers Grove, IL: InterVarsity Press.

Garland, D. R. (1999). *Family ministry: A comprehensive guide.* Downers Grove, IL: InterVarsity Press.

Garre, M. T., y Portman, T. A. A. (2011). *Counseling Native Americans.* Belmont, CA: Cengage.

Garwick, A. (2000). What do providers need to know about American Indian culture? Recommendations from urban Indian family caregivers. *Families, Systems & Health: The Journal of Collaborative Family Healthcare, 18*(2), 177-89.

Gazda, G. M., Balzer, F. J., Childers, W. C., Nealy, A. U., Phelps, R. E., y Walters, R. P. (2005). *Human relations development: A manual for educators* (7th ed.). Boston, MA: Pearson.

Gelo, O. C. G., y Mergenthaler, E. (2012). Unconventional metaphors and emotional-cognitive regulation in a metacognitive interpersonal therapy. *Psychotherapy Research, 22*, 159-75.

Gingrich, F., y Smith, B. M. (Eds.). (2014). Special Issue: Psychology in the global context. *Journal of Psychology and Christianity, 33*(2).

Gingrich, F., y Smith, B. M. (in press). *Global mental health: Expanding the church's transforming mission.* Downers Grove, IL: InterVarsity Press.

Gingrich, F., y Worthington, E. L., Jr. (2007). Supervision and the integration of faith into clinical practice: Research considerations. *Journal of Psychology and Christianity, 26*, 342-55.

Gingrich, H. D. (2013). *Restoring the shattered self: A Christian counselor's guide to complex trauma.* Downers Grove, IL: IVP Academic.

Goleman, D. (2006). *Social intelligence: The new science of human relationships.* New York, NY: Bantam.

Goldstein, G., y Suzuki, J. (2015). e analyst's authenticity: "If you see something, say something." *Journal of Clinical Psychology: In Session, 71*(5), 451-56.

Gorsuch, R. L. (2002). *Integrating psychology and spirituality?* Westport, CN: Praeger.

Gottman, J. M., y Gottman, J. S. (2007). *And baby makes three: The six-step plan for preserving marital intimacy and rekindling romance a er baby arrives.* New York, NY: Crown.

Gottman, J. M., y Silver, N. (2000). *The seven principles for making marriage work: A practical guide om the country's foremost relationship expert.* New York, NY: Three Rivers.

Green, H. (1964/2004). *I never promised you a rose garden: A novel.* New York, NY: St. Martin's Press.

Greggo, S. P. (2007). Biblical metaphors for corrective emotional relationships in group work. *Journal of Psychology and Theology, 35*, 153-62.

———. (2016, in press). *Assessment in Christian counseling.* Downers Grove, IL: IVP Academic.

Greggo, S. P., y Lawrence, K. (2012). Clinical appraisal of spirituality: In search of Rapid Assessment Instruments (RAIs) for Christian counseling. *Journal of Psychology and Christianity, 31*(3), 253-66.

Greggo, S. P., y Sisemore, T. (Eds.). (2012). *Counseling and Christianity: Five approaches.* Downers Grove, IL: InterVarsity Press.

Gross, J. J. (2014). Emotional regulation: Conceptual and empirical foundations. In J. J. Gross (Ed.), *Handbook of Emotion Regulation* (2nd ed.). New York, NY: Guilford.

Gubi, P. M. (2009). A qualitative exploration into how the use of prayer in counselling and psychotherapy might be ethically problematic. *Counselling and Psychotherapy Research, 9*(2), 115-21.

Guernsey, D., y Guernsey, L (1991). *Birthmarks: Breaking free from the destructive imprints of your family history.* Dallas, TX: Word.

Hall, T. W., y McMinn, M. R. (Eds.). (2003). *Spiritual formation, counseling and psychotherapy.* New York, NY: Nova Science.

Hammond, D. C., Hepworth, D. H., y Smith, V. G. (1977). *Improving therapeutic communication.* San Francisco, CA: Jossey-Bass.

———. (2002). *Improving therapeutic communication: A guide for developing effective techniques.* San Francisco, CA: Jossey-Bass.

Hampson, P. (2012). "By knowledge and by love": The integrative role of *habitus* in Christian psychology. *Edification, 6*(1), 5-18. (See also the commentaries on this article, pp. 19-42).

Hankle, D. D. (2010). The therapeutic implications of the imprecatory psalms in the Christian counseling setting. *Journal of Psychology and Theology, 38*(4), 275-80.

Hansen, G. W. (1997, Feb. 3). The emotions of Jesus and why we need to experience them. *Christianity Today*, 43.

Hathaway, W. L. (2009). Clinical use of explicit religious approaches: Christian role integration Issues. *Journal of Psychology and Christianity, 28*(2), 105-22.

Hayes, B. G. (2008). Counselor education: Integration of teaching strategies. *Journal of Technology in Counseling, 5*(1).

Hearn, M. (1976). *Three models of training counselors: A comparative study.* Ontario, Canada: University of Western Ontario Press.

Henriksen, R. C., Polonyi, M. A., Bornsheuer-Boswell, J. N., Greger, R. G., y Wa s, R. E. (2015). Counseling students' perceptions of religious/spiritual counseling training: A qualitative study. *Journal of Counseling and Development, 93*, 59-69.

Hill, C., y O'Brien, K. (1999). *Helping skills.* Washington, DC: American Psychological Association.

Hollon, S. D., y Ponniah, K. (2010). A review of empirically supported psychological therapies for mood disorders in adults. *Depression aand Anxiety (1091-4269), 27*(10), 891-932.

Hunter, L. A., y Yarhouse, M. A. (2009a). Considerations and recommendations for the use of religiously-based interventions in a licensed setting. *Journal of Psychology and Christianity, 28*(2), 159-66.

————. (2009b). Theophostic prayer ministry in clinical practice: Issues and concerns. *Journal of Psychology and Christianity*, *28*(2), 149-58.

Hutchison, A. N., y Gerstein, L. H. (2012). What's in a face? Counseling trainees' ability to read emotions. *Training and Education in Professional Psychology*, *6*(2), 100-112. doi:10.1037/a0028807

Ivey, A. E., Ivey, M. B., y Zalaque, C. P. (2014). *Intentional interviewing and counseling: Facilitating client development in a multicultural society* (8th ed.). Boston, MA: Brooks/Cole.

Jack, R. E. (2013). Culture and facial expressions of emotion. *Visual Cognition*, *21*(9/10), 1248-86. doi:10.1080/13506285. 2013.835367

Jensen, J. V. (1985). Perspective on nonverbal intercultural communication. In L. A. Samovar y R. E. Porter (Eds.), *Intercultural communication: A reader* (256-72). Belmont, CA: Wadsworth.

Jocano, F. L. (1997). *Filipino value system: A cultural definition.* Quezon City, Philippines: PUNLAD Research House.

Johnson, E. L. (Ed.). (2010). *Psychology and Christianity: Five views.* Downers Grove, IL: InterVarsity Press.

Johnson, S. M. (2004a). Attachment theory: A guide for healing couple relationships. In W. S. Rholes y J. A. Simpson (Eds.), *Adult attachment: Theory, research, and clinical implications* (367-87). New York, NY: Guilford.

————. (2004b). *The practice of emotionally focused couple therapy: Creating connection* (2nd ed.). New York, NY: Brunner-Routledge.

Jones, S. L., y Butman, R. E. (2011). *Modern psychotherapies: A comprehensive Christian appraisal* (2nd ed.). Downers Grove, IL: InterVarsity Press.

Kaya, N., y Epps, H. H. (2004). Relationship between color and emotion: A study of college students. *College Student Journal*, *38*(3), 396-405.

Kearney, R. (2007). Narrating pain: The power of catharsis. *Paragraph*, *30*(1), 51-66.

Killen, M., y Coplan, R. J. (Eds.). (2011). *Social development in childhood and adolescence: A contemporary reader.* Hoboken, NJ: Wiley-Blackwell.

Kim-van Daalen, L. (2012). The Holy Spirit, common grace, and secular psychotherapy. *Journal of Psychology & Theology, 40,* 229-39.

King, J., trans. (1847–1850). *Calvin's commentaries, 33, Ma hew, Mark and Luke, Part III.* Retrieved from www.sacred-texts.com

Kinnaman, D., y Lyons, G. (2012). *unChristian: What a new generation really thinks about Christianity . . . and why it matters.* Grand Rapids, MI: Baker.

Kleinman, A., Eisenberg, L., y Good, B. (1978). Culture, illness, and care: Clinical lessons from anthropologic and cross-cultural research. *Annals of Internal Medicine, 88,* 83-93.

Klofstad, C. A., Anderson, R. C., y Peters, S. (2012). Sounds like a winner: Voice pitch influences perception of leadership capacity in both men and women. *Proceedings of the Royal Society B.* doi:10.1098/rspb.2012.0311

Koenig, H. G. (2011). *Spirituality and health research: Methodology, measurement, analyses, and resources.* West Conshohocken, PA: Templeton.

————. (2012). Religion, spirituality, and health: The research and clinical implications. *International Scholarly Research Network (ISRN) Psychiatry.* Article ID 278730. doi:10.5402/2012/278730

Koenig, H. G., King, D., y Carson, V. B. (2012). *Handbook of religion and health* (2nd ed.). New York, NY: Oxford University Press.

Kopp, R. R., y Craw, M. J. (1998). Metaphoric language, metaphoric cognition, and cognitive therapy. *Psychotherapy, 35,* 306-11.

Kudler, H. S., Krupnick, J. L., Blank, A. S., Jr., Herman, J. L., y Horowitz, M. J. (2010). Psychodynamic therapy for adults. In E. B. Foa, T. M. Keane, M. J. Friedman y J. A. Cohen (Eds.), *Effective treatments for PTSD* (2nd ed.) (346-69). New York, NY: Guildford Press.

Kuntze, J., van der Molen, H. T., y Born, M. P. (2009). Increase in counselling communication skills after basic and advanced microskills training. *British Journal of Educational Psychology, 79,* 175-88.

LaBarre, W. (1985). Paralinguistics, kinesics and cultural anthropology. In L. A. Samovar y R. E. Porter (Eds.), *Intercultural communication: A reader* (272-79). Belmont, CA: Wadsworth.

L'Abate, L. (Ed). (1998). *Family psychopathology: e relational roots of dysfunctional behavior.* New York, NY: Guilford.

Lambert, M. J., y Barley, D. E. (2002). Research summary on the therapeutic relationship and psychotherapy outcome. In J. C. Norcross (Ed.), *Psychotherapy relationships that work: therapist contributions and responsiveness to patients.* New York, NY: Oxford University Press.

Lanier, S. (2006). *Foreign to familiar: A guide to understanding hot and cold climate cultures.* Hagerstown, MD: McDougal.

Larkin, E. E. (1967). The three spiritual ways. In *e published articles of Ernest E. Larkin.* Retrieved from http://carmelnet.org/larkin/larkin092.pdf

Leach, M. M., y Sato, T. (2013). A content analysis of the *Psychology of Religion and Spirituality journal*: The initial four years. *Psychology of Religion and Spirituality, 5*(2), 61-68. doi:10.1037/a0032602

Lee, R. W, y Jordan, J. L. (2008). Counseling laboratories and clinics: Making the most of technology. *Journal of Technology in Counseling, 5*(1). Retrieved from http://techcounseling.net/Archive/Vol5_1/Lee.htm

Leibert, T. W., Smith, J. B., y Agaskar, V. R. (2011). Relationship between the working alliance and social support on counseling outcome. *Journal of Clinical Psychology, 67*(7), 709-19. doi: 10.1002/jclp.2080

Levine, A., y Heller, R. (2010). *Attached: The new science of adult attachment and how it can help you find—and keep—love.* New York, NY: Tarcher.

Lewis, C. S. (1950/1977). *The lion, the witch, and the wardrobe.* Middlesex, UK: Puffin. Linehan, M. (1993). Cognitive-behavioral treatment of borderline personality disorder. New York, NY: Guilford.

Little, C., Packman, J., Smaby, M. H., y Maddux, C. D. (2005). The Skilled Counselor Training Model: Skills acquisition, self-assessment, and cognitive complexity. *Counselor Education and Supervision, 44,* 189-200.

Lyddon, W. J., Clay, A. L., y Sparks, C. L. (2001). Metaphor and change in counseling. *Journal of Counseling and Development, 79,* 269-74.

Manning, B. (2002). *Abba's child: The cry of the heart for intimate belonging.* Colorado Springs, CO: NavPress.

———. (2004). *The wisdom of tenderness: What happens when God's fierce mercy transforms our lives.* New York, NY: HarperOne.

———. (2005). *The ragamuffin gospel: Good news for the bedraggled, beat-up, and burnt out.* Colorado Springs, CO: Multnomah.

———. (2009). *Ruthless trust: The ragamuffin's path to God.* New York, NY: HarperCollins.

———. (2009). *The furious longing of God.* Colorado Springs, CO: David C. Cook.

Mason, M. (1985). *The mystery of marriage: Meditations on the miracle.* Sisters, OR: Multnomah.

McCarthy, A. K. (2014). Relationship between rehabilitation counselor efficacy for counseling skills and client outcomes. *Journal of Rehabilitation, 80*(2), 3-11.

McGee, R. (2003). *The search for significance: Seeing your true worth through God's eyes.* Nashville, TN: Thomas Nelson.

McHenry, B., y McHenry, J. (2015). *What therapists say and why they say it: Effective therapeutic responses and techniques.* New York, NY: Routledge.

McMinn, M. R. (1996). *Psychology, theology, and spirituality in Christian counseling.* Wheaton, IL: Tyndale.

McMinn, M. R., y Campbell, C. D. (2007). *Integrative psychotherapy: Toward a comprehensive Christian approach.* Downers Grove, IL: IVP Academic.

McRay, B. W., Yarhouse, M. A., y Butman, R. E. (2016). *Modern psychopathologies: A comprehensive Christian appraisal.* (2nd ed.). Downers Grove, IL: InterVarsity Press.

McWilliams, N. (2011). *Psychoanalytic diagnosis: Understanding personality structure in the clinical process* (2nd ed.). New York, NY: Guilford.

Mehrabian, A. (1971). *Silent messages.* Belmont, CA: Wadsworth.

Meyer, E. (2014). *The culture map: Breaking through the invisible boundaries of global business.* New York, NY: Public A airs.

Miles, A. (2011). *Domestic violence: What every pastor needs to know* (2nd ed.). Minneapolis, MN: Augsburg Fortress.

Monroe, P. (2005, Oct.). *Connecting people to God: Guidelines for using Scripture in counseling.* Seminar presented at AACC Conference, Nashville, TN.

Moon, G. W. (1997). *Homesick for Eden: A soul's journey to joy.* Ann Arbor, MI: Vine.

Moon, G. W., Bailey, J. W., Kwasny, J. C., y Willis, D. E. (1991). Training in the use of Christian disciplines as counseling techniques within religiously oriented graduate training programs. *Journal of Psychology and Christianity, 10*(2), 154-65.

Moon, G. W., y Benner, D. G. (Eds.). (2004). *Spiritual direction & the care of souls: A guide to Christian approaches and practice.* Downers Grove, IL: InterVarsity Press.

Morrison, J. (2014). *Diagnosis made easier: Principles and techniques for mental health clinicians.* New York, NY: Guilford.

Mulholland, M. R., Jr. (1993). *Invitation to a journey: A roadmap for spiritual formation.* Downers Grove, IL: InterVarsity Press.

Murphy, B. C., y Dillon, C. (2008). *Interviewing in action in a multicultural world* (3rd ed.). Belmont, CA: Thompson Brooks/Cole.

Mwiti, G. K., y Dueck, A. (2006). *Christian counseling: An African indigenous perspective.* Pasadena, CA: Fuller Seminary Press.

Newell, J. P. (2000). *Celtic benediction: Morning and night prayer.* Grand Rapids, MI: Eerdmans.

Nisbett, R. E. (2003). *The geography of thought: How Asians and Westerners think differently… and why.* New York, NY: Free Press.

Norcross, J. C. (2010). The therapeutic relationship. In B. L. Duncan, S. D. Miller, B. E. Wampold, y M. A. Hubble (Eds.), *e heart and soul of change* (2nd ed., pp. 113-41). Washington, DC: American Psychological Association.

————. (2011). *Psychotherapy relationships that work* (2nd ed.). New York, NY: Oxford University Press.

Nouwen, H. J. M. (1972). *The wounded healer: Ministry in contemporary society.* New York, NY: Doubleday.

————. (1994). *Here and now: Living in the Spirit.* New York, NY: Crossroad.

Nydell, M. K. (1996). *Understanding Arabs: A guide for Westerners.* Yarmouth, ME: Intercultural Press.

Oden, T. C. (1987). *Classical pastoral care, Vol. 3, Pastoral counsel.* Grand Rapids, MI: Baker.

Okun, B. F., y Kantrowitz, R. E. (2015). *Effective helping: Interviewing and counseling techniques* (8th ed.). Boston, MA: Cengage Learning.

Orlowski, B. (2010). *Spiritual abuse recovery: Dynamic research on finding a place of wholeness.* Eugene, OR: Wipf and Stock.

Ortberg, J. (2015). *The life you've always wanted: Spiritual disciplines for ordinary people.* Grand Rapids, MI: Zondervan.

Palmer, P. (1999). *The active life: A spirituality of work, creativity, and caring.* New York, NY: Jossey-Bass.

Pargament, K. I. (2011). *Spiritually integrated psychotherapy: Understanding and addressing the sacred.* New York, NY: Guilford.

PDM Task Force. (2006). *Psychodynamic Diagnostic Manual.* Silver Spring, MD: Alliance of Psychoanalytic Organizations.

Pedersen, P. B., y Ivey, A. (1993). *Culture-centered counseling and interviewing skills: A practical guide.* Westport, CT: Praeger.

Pedersen, P. B., Lonner, W. J., Draguns, J. G., Trimble, J. E., & Scharrón-del Rio, M. R. (2016). *Counseling across cultures.* Thousand Oaks, CA: Sage.

Peterman, G. W. (2013). *Joy and tears: e emotional life of the Christian.* Chicago, IL: Moody.

Plante, T. G. (2009). *Spiritual practices in psychotherapy.* Washington, DC: APA.

———. (2014). Four steps to improve religious/spiritual cultural competence in professional psychology. *Spirituality in Clinical Practice, 1*(4), 288-92. doi:10.1037/scp0000047

Polcin, D. L., Mulia, N., y Jones, L. (2012). Substance users' perspectives on helpful and unhelpful confrontation: Implications for recovery. *Journal of Psychoactive Drugs, 44*(2), 144-52. doi: 10.1080/02791072.2012.684626

Powlison, D. (2010). *The biblical counseling movement: History and context.* Greensboro, NC: New Growth.

Prechtel, D. L. (2012). *Where two or three are gathered: Spiritual direction for small groups.* New York, NY: Morehouse.

Press, B. (2011). *I am because we are: African wisdom in image and proverb.* St. Paul, MN: Books for Africa.

Prochaska, J. O., & DiClemente, C. C. (1983). Stages and processes of self-change of smoking: Towards an integrative model of change. *Journal of Consulting and Clinical Psychology, 51*, 390-95.

Prochaska, J. O., y Norcross, J. C. (2013). *Systems of psychotherapy: A transtheoretical analysis* (8th ed.). Stamford, CT: Cengage Learning.

Rautalinko, E. (2013). Reflective listening and open-ended questions in counselling: Preferences moderated by social skills and cognitive ability. *Counselling & Psychotherapy Research, 13*(1), 24-31. doi:10.1080/14733145.2012.687387

Ray, D. (2004). Supervision of basic and advanced skills in play therapy. *Journal of Professional Counseling: Practice, Theory & Research, 32*(2), 28-41.

Reinert, D. F., Edwards, C. E., y Hendrix, R. R. (2009). Attachment theory and religiosity: A summary of empirical research with implications for counseling Christian clients. *Counseling and Values, 53*, 112-25.

Richards, P. S., y Bergin, A. E. (2005). *A spiritual strategy for counseling and psychotherapy* (2nd ed.). Washington, DC: American Psychological Association.

Robert, T. E., y Kelly, V. A. (2010). Metaphor as an instrument for orchestrating change in counselor training and the counseling process. *Journal of Counseling & Development, 88*, 1 82-88.

———. (Eds.). (2014). *Critical incidents in integrating spirituality into counseling.* Alexandria, VA: American Counseling Association.

Robertson, L. A., y Young, M. E. (2011). e revised ASERVIC spiritual competencies. In C. S. Cashwell y J. S. Young (Eds.), *Integrating spirituality and religion into counseling: A guide to competent practice* (2nd ed.) (25-42). Alexandria, VA: American Counseling Association.

Robinson, T. L., y Howard-Hamilton, M. F. (2000). *The convergence of race, ethnicity, and gender.* Columbus, OH: Merrill.

Rogers, C. R. (1957/1992). Thee necessary and sufficient conditions of therapeutic personality change. *Journal of Consulting Psychology, 21*(2), 95-103. doi:10.1037/h0045357; *Journal of Consulting and Clinical Psychology, 60*, 827-32. doi:10.1037/0022-006X.60.6.827

———. (1961/1992). *On becoming a person: A therapist's view of psychotherapy.* New York, NY: Houghton Mifflin.

Rollnick, S., y Miller, W. R. (1995). What is motivational interviewing? *Behavioural and Cognitive Psychotherapy, 23*, 325-34.

Rothbaum, F., Morelli, G., Pott, M., y Liu-Constant, Y. (2000). Immigrant-Chinese and Euro-American parents' physical closeness with young children: Themes of family relatedness. *Journal of Family Psychology, 14*, 334-38.

Sanders, R. K. (Ed.). (2013). *Christian counseling ethics: A handbook for psychologists, therapists and pastors* (2nd ed.). Downers Grove, IL: IVP Academic.

Scazzero, P. (2006). *Emotionally healthy spirituality: It's impossible to be spiritually mature while remaining emotionally immature.* Grand Rapids, MI: Zondervan.

Schaub, B. G., y Schaub, R. (1990). e use of mental imagery techniques in psychodynamic psychotherapy. *Journal of Mental Health Counseling, 12,* 405-14.

Seligman, L., y Reichenberg, L. W. (2014). *Selecting effective treatments: A comprehensive systematic guide to treating mental disorders* (4th ed.). San Francisco, CA: John Wiley.

Shallcross, S. L., Frazier, P. A., y Anders, S. L. (2014). Social resources mediate the relations between attachment dimensions and distress following potentially traumatic events. *Journal of Counseling Psychology, 61*(3), 352-62. doi:10.1037/a0036583

Sharpley, C. F., Jeffrey, A. M., y McMah, T. (2006). Counsellor facial expression and client- perceived rapport. *Counselling Psychology Quarterly, 19*(4), 343-56. doi:10.1080/09515070601058706

Sherer, M., y Rogers, R. W. (1980). Effects of therapist's nonverbal communication on rated skill and e effectiveness. *Journal of Clinical Psychology, 36*(3), 696-700.

Siegel, D. (2007). *The mindful brain.* New York, NY: Norton.

Sims, P. A. (2003). Working with metaphor. *American Journal of Psychotherapy, 57,* 528-36.

Sims, P. A., y Whynot, C. A. (1997). Hearing metaphor: An approach to working with family-generated metaphor. *Family Process, 36,* 341-55. doi:10.1111/j.1545-5300.1997.00341.x

Smith, E. M. (2005). *Healing life's hurts through theophostic Prayer.* Campbellsville, KY: New Creation.

Smith, J. B. (2009). *The good and beautiful God: Falling in love with the God Jesus knows.* Downers Grove, IL: InterVarsity Press.

Solomon, A. (2008, Oct. 29). Notes on an exorcism. e Moth [podcast]. Retrieved from http://themoth.org/posts/stories/notes-on-an-exorcism

Sommers-Flanagan, J., y Sommers-Flanagan, R. (2014). *Clinical interviewing* (5th ed.). New York, NY: Wiley.

Sperry, L. (2003). Integrating spiritual direction functions in the practice of psychotherapy. *Journal of Psychology and Theology*, *31*, 3-13.

Sperry, L. (2011). *Spirituality in clinical practice: Theory and practice of spiritually oriented psychotherapy* (2nd ed.). New York, NY: Routledge.

Stark, M. (1999). *Modes of therapeutic action: Enhancement of knowledge, provision of experience, and engagement in relationship*. Northvale, NJ: Jason Aronson.

Stevenson, D. H., Eck, B. E., y Hill, P. C. (Eds.). (2007). *Psychology and Christianity integration: Seminal works that shaped the movement*. Batavia, IL: Christian Association of Psychological Studies.

Strong, T. (1989). Metaphors and client change in counselling. *International Journal for the Advancement of Counseling*, *12*, 203-13.

Sue, D. W., y Sue, D. (2016). *Counseling the culturally diverse: Theory and practice* (7th ed). New York, NY: John Wiley & Sons.

Tallman, B. (2005). *Archetypes for spiritual direction: Discovering the heroes within*. Mahwah, NJ: Paulist.

Tamase, K., y Katu, M. (1990). Effect of questions about factual and affective aspects of life events on an introspective interview. *Bulletin of Institute for Educational Research* (Nara University of Education), *39*, 151-63.

Tan, S-Y. (1994). Ethical considerations in religious psychotherapy: Potential pitfalls and unique resources. *Journal of Psychology and Theology*, *22*(4), 389-94.

———. (1996). Practicing the presence of God: e work of Richard J. Foster and its applications to psychotherapeutic practice. *Journal of Psychology and Christianity*, *15*(1), 17-28.

———. (2011a). *Counseling and psychotherapy: A Christian perspective*. Grand Rapids, MI: Baker.

———. (2011b). Mindfulness and Acceptance-Based Cognitive Behavioral therapies: Empirical evidence and clinical applications from a Christian perspective. *Journal of Psychology and Christianity*, *30*(3), 243-49.

Tan, S-Y., y Castillo, M. (2014). Self-care and beyond: A brief literature review from a Christian perspective. *Journal of Psychology & Christianity*, *33*(1), 90-95.

Tan, S-Y., y Gregg, D. (1997). *Disciplines of the Holy Spirit: How to connect to the Spirit's power and presence.* Grand Rapids, MI: Zondervan.

Tay, D. (2012). Applying the notion of metaphor types to enhance counseling protocols. *Journal of Counseling & Development, 90,* 142-49.

Taylor, A. (1980). The systematic skill-building approach to counselor training for clergy. *The Journal of Pastoral Care, 34*(3), 159-67.

Thompson, C. (2010). *Anatomy of the soul: Surprising connections between neuroscience and spiritual practices that can transform your life and relationships.* Carol Stream, IL: Tyndale House.

Tisdale, T. C., Doehring, C. E., y Lorraine-Poirier, V. (2004). Three voices, one song: Perspectives on the care of persons from a psychologist, spiritual director and pastoral counselor. In G. W. Moon y D. G. Benner (Eds.), *Spiritual direction and the care of souls: A guide to Christian approaches and practices* (219-42). Downers Grove, IL: InterVarsity Press.

Toporek, R. L., Lewis, J. A., y Ra s, M. J. (2010). e ACA advocacy competencies: An overview. In M. J. Ra s, R. L. Toporek y J. A. Lewis, *ACA advocacy competencies: A social justice framework for counselors* (11-20). Alexandria, VA: American Counseling Association.

Tozer, A. W. (1959). *The value of a sanctified imagination.* Retrieved from http://lovestthoume.com/FeedMySheep/SanctifiedImagination.html

Treat, S., y Hof, L. (1987). *Pastoral marital therapy: A practical primer for ministry to couples.* Mahwah, NJ: Paulist.

Turnell, A., y Lipchik, E. (1999). The role of empathy in brief therapy: e overlooked but vital context. *Australian and New Zealand Journal of Family Therapy, 20*(4), 177-82.

Turock, A. (1978). Effective challenging through additive empathy. *Personnel & Guidance Journal, 57*(3), 144-49.

Ulanov, A. B., y Dueck, A. (2008). *The living God and our living psyche: What Christians can learn om Carl Jung.* Grand Rapids, MI: Eerdmans.

University College, London Institute of Cognitive Neuroscience. (2011). *Autonomic bodily responses.* Retrieved from www.icn.ucl.ac.uk/

Experimental-Techniques/Autonomic-bodily-responses/ Autonomic-bodily-responses.htm

van Velsor, P. (2004). Revisiting basic counseling skills with children. *Journal of Counseling & Development, 82*, 313-18.

Von Glahn, J. (2012). Nondirectivity and the facilitation of a therapeutic cathartic release. *Person-Centered & Experiential Psychotherapies, 11*(4), 277-88.

Walker, D. F., Gorsuch, R. L., y Tan, S. (2004). Therapists' integration of religion and spirituality in counseling: A meta-analysis. *Counseling & Values, 49*(1), 69-80.

Ward, D. E. (1984). Termination of individual counseling: Concepts and strategies. *Journal of Counseling and Development, 63*(1), 21-25.

Webb, H. P., y Peterson, E. H. (2009). *Small group leadership as spiritual direction.* Grand Rapids, MI: Zondervan.

Weld, C., y Eriksen, K. (2007). Christian clients' preferences regarding prayer as a counseling intervention. *Journal of Psychology and Theology, 35*, 328-41.

Whittington, B. L., y Scher, S. J. (2010). Prayer and subjective well-being: An examination of six different types of prayer. *International Journal for the Psychology of Religion, 20*(1), 59-68.

Wilson, G. T. (2005). Behavior therapy. In R. J. Corsini y D. Wedding (Eds.), *Current Psychotherapies* (7th ed.) (202-68). Belmont, CA: Brooks/Cole.

Witteman, C. L. M., Spaanjaars, N. L., y Aarts, A. A. (2012). Clinical intuition in mental health care: A discussion and focus groups. *Counseling Psychology Quarterly, 25*(1), 19-29.

Wong, Y. J., y Rochlen, A. B. (2005). Demystifying men's emotional behavior: New directions and implications for counseling and research. *Psychology of Men & Masculinity, 6*, 62-72. doi:10.1037/1524-9220.6.1.62

Wood, J. T. (1995). Gendered interaction: Masculine and feminine styles of verbal communication. In K. S. Verderber (Ed.), *VOICES: A selection of multicultural readings* (18-29). Belmont, CA: Wadsworth.

Worthington, E. L., Jr. (2001). *Five steps to forgiveness: e art and science of forgiving.* New York, NY: Crown.

————. (2010). *Coming to peace with psychology: What Christians can learn from psychological science.* Downers Grove, IL: InterVarsity Press.

Worthington, E. L., Jr., Johnson, E. L., Hook, J. N., y Aten, J. D. (Eds.). (2013). *Evidence-based practices for Christian counseling and psychotherapy.* Downers Grove, IL: InterVarsity Press.

Wright, H. N. (1984). *Training Christians to counsel.* Eugene, OR: Harvest House.

————. (1986*). Self-talk, imagery, and prayer in counseling.* Dallas, TX: Word.

Young, M. E. (1992). *Counseling methods and techniques: An eclectic approach.* New York, NY: Macmillan.

————. (2009). *Learning the art of helping: Building blocks and techniques* (4th ed.). Upper Saddle River, NJ: Pearson.

LISTA DE TABLAS
Y FIGURAS

ÍNDICE DE AUTORES Y TEMAS

Appleby, 299, 457, 630
aprendiz(es), 20–21, 23, 25–27, 40–
44, 61–62, 64–65, 115, 128, 137,
218, 342, 401, 404, 461, 488, 493
apuntar, apuntando, 19, 154, 170,
190, 227, 230-1, 248, 254, 258,
344, 365, 375-77, 420, 431, 474
Aquino, 48
argot, 506
Aristóteles, 48
arquetipo(s), 301
arriesgando, 250, 279
Arterburn, 440, 630
ASERVIC, 444, 449, 459, 619–621,
630, 646
Asperger, 263
Aten, 457, 616, 630, 635, 651
atender, 11, 25, 86, 95, 123–125,
127–128, 137–138, 140–141,
143–144, 146–150, 168, 192, 199,
381, 449, 486, 492, 538, 554, 556,
558, 562, 566, 576, 580, 591, 654
atención, 58, 69, 80, 83, 89, 94–95,
103, 106, 108, 111–112, 125–
128, 131, 134, 138, 141, 144,
147, 150–151, 160, 167, 172,
182, 198, 200, 215–216, 240,
245, 247, 250, 261, 271, 302,
310–312, 315, 318–319, 321,
325, 333–334, 339, 341, 346–
348, 353–355, 359–360, 367,
375, 381, 384, 389–390, 392,
401, 404, 407, 409, 425–426,
429, 432, 441, 444–445, 461,
477, 482, 486–487, 489–490,
508, 511, 516–518, 524, 528,
554, 556, 591, 626
atendiendo, 95, 339, 599
atento(a), 127, 284, 375, 378,
446, 449
ateo(s), 436
Augsburger, 496, 630
autenticidad, 12, 77, 87, 94, 126,
144–145, 207, 288, 319, 337–339,
341–344, 346–352, 355–361, 516,
545–546, 600, 603–610, 654

auténtico, 82, 288, 339, 342, 357,
361–362, 525
auténticamente, 148, 342, 526
autónomas, 107
autonomía, 35, 367, 381–382,
422–423, 619–620
autoritario, 76
autorreflexión, 3, 65, 71, 73, 75, 77,
90, 248, 314, 336, 473
autorreflexivo, 95
autorrevelar, 354, 457
autorrevelación, 12, 94, 192, 228,
337–338, 343–344, 351–354,
358–361, 370, 457, 516–517,
545–546, 591–592, 595,
602, 655
Averbeck, 446, 630
ayudador(s), 17, 83, 117, 148, 192,
472, 473, 484, 548

B

Backus, 313, 630
baile, 157, 176, 500, 502, 504
Bandura, 371
Barley, 388–389, 642
Barnett, 352, 631
barrera(s), 23, 102, 132, 279, 361,
414–415, 487
basada en la fe, 2, 430, 617
Bayne, 290–292, 631
Beck, 119, 372, 407, 446
Benn, 236, 631
Benner, 91–92, 192, 194, 290,
371, 432–433, 616, 631–632,
644, 649
Bergin, 145, 615, 619–620, 646
Bernard, 489, 490
Biblia, 299, 302, 321–322, 373, 391,
425, 429, 433, 440, 445, 615, 619
bíblicamente, 1, 3, 372, 426,
431, 495
bíblico, 21, 51, 57, 65, 75, 118, 146,
159, 175, 190, 194, 216, 248,
264, 281, 328, 340, 342, 360,

368, 371–374, 376–381, 386, 457,
459, 491, 526–528
cognición(es), 58, 371, 406,
470, 523
cognitivamente, 198, 202, 373, 380,
389, 419
colaborar, 416
colaborativamente, 368, 474
colectivo, 396
colectivamente, 420, 538–541,
543, 545–546
comienzo(s), 13, 463, 467, 488
comisión, 322
compasión, 17, 134, 175, 193, 218,
322, 340, 445, 496
competente, 2, 23, 26, 28
competentemente, 371
competencia, 23, 25, 32, 215, 401,
441, 449, 454, 459, 489, 561,
565, 570, 574, 579, 584, 590,
594, 610, 625
comportamiento, 26, 38, 48,
58–59, 68, 76, 102, 107, 118, 141,
148–149, 155, 172, 185, 197, 228,
288, 309, 311, 313, 316, 320–322,
326–327, 334, 340, 344–345, 347,
355, 361, 364, 367–368, 370–372,
374, 377–379, 381, 383, 386, 400,
402, 404, 406, 422, 430, 457–458,
470, 477–479, 483–484, 492, 522–
523, 527, 544, 554, 556, 614–615
comportamientos, 48–49, 65, 95,
103, 108, 118–119, 124, 230,
247, 255, 326, 355, 365, 367,
372–373, 378, 403, 407, 427,
430, 444, 527, 558, 562, 576,
580, 591
compulsivo(a), 263, 302, 407, 442,
444, 486
comunicación, 3, 6, 27, 30, 36, 99–
105, 109, 112, 119–121, 123–127,
129, 131, 149–151, 159–160,
192, 206, 213–214, 216, 220, 228,
249–250, 260, 262–263, 281–282,
286, 290, 297–298, 302, 306, 343,

353, 358, 360, 378, 398, 404, 417,
516, 531, 554, 598, 620, 622
comunicado, 186, 200–201, 203, 261,
265, 291, 347, 393
comunicar, 69, 106–107, 109, 132,
145, 160, 171, 181–182, 201–204,
244, 281–284, 297–299, 321, 482
conceptualizar, 33, 52, 56, 155
conceptualización, 371, 376, 407,
457, 617
conciencia, 19, 65, 71, 74–75, 78, 89,
94, 102, 117, 125–126, 180, 215,
225–226, 229, 231, 237, 259, 262,
265, 272, 286, 301, 330, 339, 355,
358, 361, 366–367, 370, 378, 383,
392, 413, 446, 449, 489, 497, 522,
526–527, 542, 620, 622
concisa, 158–159, 178, 203
conciso, 204
conclusión, 42, 60, 88, 118, 121, 150,
164, 168, 186, 223, 251, 254, 276,
290, 301, 336, 361, 382, 392, 422,
453, 469, 471, 477, 481, 492–493,
495, 523
concluir, 13, 59, 163–164, 173, 264,
463–464, 597, 618
conclusiones, 103, 145, 465, 469–
470, 484
concreto, 51, 122, 134, 280, 385, 388,
420, 527, 618
concreción, 41, 109
concretamente, 115, 213, 315, 388
condenado, 67
condición, 104, 146, 263, 334, 616
condiciones, 42, 93–94, 98, 137,
216, 338, 370–371, 380, 407
conectado, 83, 187, 190, 268, 327,
376, 423, 431
conectando, 12, 145, 189, 192,
273, 281
conectividad, 410
conexión(es), 21, 57, 65, 118, 146,
159, 175, 194, 248, 264, 281, 328,
340, 373, 420, 470
confesión, 66, 391, 455–456

F

neutralidad, 341
Newell, 497, 644
niños, 56, 67, 108, 115–116, 132, 150,
175, 180, 222, 284, 371, 404, 457,
500, 514, 544, 546, 586, 627
NIRE, 213
Nisbett, 422
no verbal(es), 27, 94–95, 100–101,
105, 109, 112, 115, 118, 120, 122,
124, 126–127, 129, 135, 137, 140,
145, 160, 173, 177, 182, 199, 215,
251, 262, 274, 342, 354
Norcross, 65, 314, 366–367,
642, 644–645
normas, 46, 111, 114, 139, 149,
448, 619
normativo, 133
noutética, 328, 455
Nouwen, 355–356, 495, 644
Nuevo Testamento, 160, 281–282,
329, 373, 396, 412, 420–
421, 431–432
Nydell, 120, 644

O

objetivo, 11, 13, 19–20, 34–35, 37,
43, 49, 51, 54–55, 57, 59, 73,
93–98, 115, 128, 181, 192, 201,
205, 225–229, 231–232, 234, 237,
240, 247–249, 254, 256, 259, 272,
280, 283, 293, 310, 313, 316–317,
322, 326–327, 336, 352, 364–365,
375–377, 380–381, 385, 392, 417,
422, 441, 461, 465, 467, 471, 474,
489–490, 549, 557, 561, 565–566,
570, 574–576, 579–580, 583–584,
589–590, 594, 610, 621, 626
observar, 26, 45–46, 106–107, 124,
134–135, 144, 274, 400, 451,
455, 530
observación, 26, 94, 228, 543
observador(es), 141
observas, 182, 345, 355
obsesivo, 263, 302, 407, 442, 444
obsesivo compulsivo, 263
obstáculo(s), 149, 289, 327, 415, 479

occidentales, 23, 110, 118, 282, 390,
397, 409, 422, 434, 450, 492
Ohlschlager, 299, 457, 630
oír, 113, 197, 207, 263, 464
oído, 97, 114, 163, 179, 192, 196,
318, 398, 483
Okun, 75, 259, 370, 372, 376, 644
Oman, 457
omnipotente, 90
opción(es), 24, 39, 115, 135, 148,
156–157, 228, 239, 242–243, 255,
268, 277, 284–285, 291–292, 301,
327, 329, 350, 353, 357, 378–379,
382, 402, 413, 454, 464, 468,
471–472, 476, 478–479, 481, 499,
504–505, 547, 592, 596, 601
opcional, 326
orar, 39, 341, 371, 420, 438, 455,
457–458, 627
oración, 36, 48, 52, 58, 86, 106–
107, 117, 126, 203, 229, 235,
278, 299, 347, 372–373, 392,
432, 439, 442, 452–453, 455,
457, 497, 624–625, 627–628
Orcutt, 494
Orlowski, 440, 645
Ortberg, 90, 371–372, 645
ortodoxo, 547

P

Pablo, 67, 194–196, 342, 373,
399, 470
paciencia, 29, 33, 61, 185, 273, 313,
326, 331, 340, 343, 446
pacto, 431
pagdadala, 295
Palmer, 432, 645
pánico, 187, 263, 464, 598
parábola(s), 282, 298, 301
paradoja, 415, 421
paradójica, 422
parafrasear, 156–157, 159, 558,
562, 566
paráfrasis, 41, 155, 283, 591
paralenguaje, 121
paranoia, 161

Peterman, 58, 645
Peters, 106, 641
Peterson, 421, 650
piadoso, 76
Pilates, 81
Plante, 449, 457, 645
plantilla(s), 25, 554
Platón, 48
pneumatología, 548
Poirier, 452, 649
Polcin, 312, 645
Portman, 120, 637
positivo, 41, 48, 69, 72, 90, 147, 187,
211, 230, 302, 423, 426, 440, 444,
511, 618
positivamente, 126, 159, 338
positividad, 143
postraumático, 263, 407, 411, 485
postura, 111, 121, 129, 135, 137–138,
140, 144–145, 555, 591, 598
Pott, 182, 646
Powlison, 328, 645
práctica(s), 1, 26–27, 46–47, 78, 81,
102, 230, 311, 353, 365, 371, 382,
426–427, 430, 432, 438, 444, 452,
455, 457–459, 471, 479, 527, 615,
621, 623, 626–627
practicantes, 3, 295, 452
práctico, 1, 90, 312, 391
precaución(es), 214, 217, 242, 330,
417, 620
precisión, 100, 129, 148, 181, 199,
207, 260–262, 283, 295, 299, 400,
503, 510, 512, 516, 518, 522, 524,
553, 558, 562, 576, 580
precontemplación, 366
predicar, 70
predicadores, 216
preferencia, 75, 88, 369
preferible, 134
preferiblemente, 538, 597
preferido, 68
preferir, 68
preguntar, 125, 137, 239, 249, 329,
391, 413, 438, 480
preguntar(s), 129, 352, 503

premarital, 76
prematuro, 484
preparación, 24, 236, 367, 380, 386,
478, 585, 597
preparado, 75, 87, 296
presencia, 11, 123, 132, 134, 136–137,
143–145, 147, 151, 170, 190,
197–198, 213–214, 273, 407, 417,
425, 431, 457, 479, 496, 531
Pretchel, 421
prevención, 332, 367, 427, 457,
465, 486
prevenir, 230, 484
principio(s), 2, 21, 41, 75, 115, 145,
160, 222, 231, 332, 345, 348, 355,
400, 411, 434, 457–458, 492,
514, 619
Prochaska, 366–368, 645
profesión, 67, 406, 449
profesionalidad, 430
profesionalmente, 85, 130, 453
profesor(es), 78
profeta(s), 69, 89, 189, 303, 333
profético,profetizar, 69–70, 215,
333, 495
profundizar, 12, 19, 22, 51, 54, 57,
85, 97–98, 168, 172, 225–226, 234,
237, 254, 263, 265, 272, 276, 282,
292, 297, 365, 453, 458, 491, 519
profundización, 226, 273, 310,
375–376, 474
programado, 25, 41, 43
progresivamente, 36
progreso, 51, 64, 168, 229, 241,
275, 319, 327, 331, 463,
465–466, 469, 480
promulgación(es), 231, 349, 358, 404
proselitismo, 322, 626
provocar, 255, 263, 359
proyectar, 118, 122, 193, 386
psicoanálisis, 348
psicoanalista, 53
psicoanalítico, 348–349
psicodinámico, 104, 490
psicoeducativas, 213
psicofarmacéuticos, 487

sarcasmo, 313, 530
sarcástico, 187
Satanás, 299, 436
Scazzero, 58, 647
Scharrón, 274, 645
Schaub, 286, 647
Scher, 628, 650
Scherer, 173, 635
Seamands, 455
secuencia, 15, 44, 302, 376, 403,
423, 553–554
secuenciado, 44, 653
secuencial, 3, 49
secuencialmente, 18
secular, 15, 297, 427, 452, 459, 616,
624, 641
Seligman, 22, 647
seminario, 2, 7–8, 27, 252, 349, 624
señales, 30, 36, 108–109, 120–121,
126, 135, 140, 215, 244,
251, 273–274
señalización(es), 235, 244, 256, 571,
575, 580
sensaciones, 202, 285
sensibilidad(es), 45, 249, 331,
371, 619–622
sensible, 3, 108, 240, 272, 390, 441
sensoriomotoras, 294
sensorial, 370
sentado, 58, 477, 599
sentido, 18, 26, 30–31, 35, 48, 53,
56–57, 61, 73, 77, 79, 85–86, 89,
96, 109, 117–118, 127, 129, 135,
154, 158, 170, 172, 178–179, 193–
195, 197, 207, 214, 217, 220, 223,
227, 234, 238, 253, 255–256, 258,
262, 264, 268, 274, 279, 284, 286,
290, 292, 311, 314–315, 319, 333,
342, 344, 355, 359, 361, 364, 369,
372, 374, 376, 381, 385–386, 388,
390–391, 411, 417–418, 433–437,
440, 449, 451, 467–468, 476, 512,
525, 527, 549–550, 600
Sequedad, 91
sexismo, 215
sexualidad, 75–76, 110

Shallcross, 411, 647
Sharpley, 126, 647
Sherer, 126, 647
Sibcy, 494, 634
Siegel, 286, 647
silencio(s), 121
silenciado, 144
simbolismo, 264, 444
simbólico, 345
simbolizar, 283–284
simpatía, 39, 110, 121, 125–126, 129,
198, 212
simpatizante, 39
Sims, 290, 647
simulación(es), 27
sinceridad, 343, 347, 373
sinceramente, 175, 344
sincero, 311, 313, 340
sinónimo(s), 302, 340, 512
síntoma(s), 22, 53, 55–57, 79–80,
108, 161, 172, 285, 345, 365, 370,
383–384, 393, 427, 442, 444,
452, 623
sintomatología, 444
sintomático, 364
sintonización, 436
sintonizado, 146
sistémica, 398, 404, 413
Skinner, 371
Smaby, 41, 642
Smythe, 400–401, 403–404
soberanía, 430, 445
soberano, 301
soledad, 103, 371, 410, 413, 432, 455,
463, 625
solucionable, 326
solución(es), 39, 48, 51, 143, 154, 190,
216, 229, 326–327, 345, 363–364,
375, 412–413, 429, 448
somático, 285, 427
Sommers, 241, 647
Spaanjaars, 115, 650
Sparks, 283, 642
Sperry, 452–453, 457, 615, 648, 655
Stevenson, 616, 648
suavizar, 313, 321

ÍNDICE DE TEXTOS BÍBLICOS